머리말

또 떨어졌다!

또 떨어졌다고 너무 실망하지 마세요. 최근 3년간 컴활 실기 시험 합격률은 2급이 45.7%이고, 1급은 13%입니다. 게다가 두 번 이상 응시하는 수험생들이 많음에도 불구하고 이 정도 합격률이라면, 누구나 한 번쯤 떨어질 수 있다는 거죠. 하지만 또 떨어지면 안 되잖아요. 이 책에 수록된 기출문제를 꼭 풀어보고 시험장에 들어가세요. 시나공 실기 기본서가 출간되고 나서 새롭게 출제된 기출문제가 유형별로 완벽하게 복원되어 있습니다.

최신 기출문제를 완벽하게 복원했습니다.

시나공 독자 지원실에는 문의 전화가 참 많이 옵니다. 학습중에 전화하는 사람, 상시 시험 보고 나와서 바로 전화하는 사람, 이렇게 질문 받은 내용과 시나공 홈페이지에 올라온 시험문제 관련 질문을 시나공 선생님들이 꼼꼼하게 기존 기출문제와 대조하여 유형별로 분류한 다음 최대한 유사하게 복원했습니다. 이 책을 세 번만 풀어보고 시험장에 가면 여러분도 컴활 유단자가 되어 "당황하지 않고 답안 작성을 완벽하게 끝~!" 할 수 있습니다.
혹시 시험장에서 새로운 문제를 발견하면 꼭 알려주세요. 바로 복원하여 시나공 홈페이지에 올리겠습니다.

'실제 시험장을 옮겨 놓았다!'에 대한 동영상 강의가 있습니다.

이 책은 초보자가 보기에는 조금 힘들 수 있습니다. 컴활 시험에 출제되는 기능의 기본적인 사용법은 알고 있다는 전제하에 해설을 최대한 줄였습니다. 시나공 실기 기본서 출간 후 새롭게 출제된 문제 유형을 빠르게 전달하는 게 이 책의 목적이기 때문입니다. '실제 시험장을 옮겨 놓았다!'에 대한 동영상 강의를 두 번 이상 시청한 후 공부해도 생략된 해설로 인해 학습에 어려움을 느끼는 수험생은 아직 시험 볼 준비가 덜 된 것입니다. 확실한 합격을 위해서는 시나공 실기 기본서를 먼저 공부하는 것이 좋습니다.

온라인 채점 서비스를 적절하게 활용하세요.

실제 시험 보는 기분으로 시간을 맞춰놓고 문제를 푼 다음 온라인 채점 서비스를 이용해서 채점하세요. 점수는 물론 틀린 부분이 왜 틀렸는지도 알려줍니다. 틀린 부분을 확인했으면 기출 유형별 기능 정리표를 보고 틀린 부분과 비슷한 문제만 찾아서 집중적으로 풀어 봅니다. 절대 눈으로만 봐서는 안 됩니다. 틀린 문제는 또 틀릴 확률이 매우 높으니까요.

끝으로 이 책으로 공부하는 모든 수험생들이 한 번에 합격할 수 있기를 진심으로 기원합니다.

시나공 대표저자 강윤석

목차 CONTENTS

준비운동

1. 2025년 기출유형별 기능 정리표	6
2. 스프레드시트 편, 이렇게 준비하세요.	8
3. 데이터베이스 편, 이렇게 준비하세요.	12
4. 수험생을 위한 아주 특별한 서비스	16
5. 동영상 강의 시청 방법	18
6. 실습용 데이터 파일을 사용하려면?	19
7. 온라인 채점 서비스를 이용하려면?	20

1부 스프레드시트 실무(엑셀)

1장 실제 시험장을 옮겨 놓았다! 24

2장 최신기출유형

기출유형 01회	80
기출유형 02회	97
기출유형 03회	112
기출유형 04회	128
기출유형 05회	144
기출유형 06회	159
기출유형 07회	174
기출유형 08회	188
기출유형 09회	203
기출유형 10회	216
합격수기 – 구혜린	231

2부 데이터베이스 실무(액세스)

1장 실제 시험장을 옮겨 놓았다! 234

합격수기 – 장재희	292

2장 최신기출유형

기출유형 01회	294
기출유형 02회	306
기출유형 03회	319
기출유형 04회	332
기출유형 05회	344
기출유형 06회	356
기출유형 07회	368
기출유형 08회	380
기출유형 09회	394
기출유형 10회	406

동영상 강의

🎬 동영상 강의가 제공되는 부분입니다.

*동영상 강의는 [시나공 홈페이지] → [컴퓨터활용능력] → [1급 실기] → [동영상 강좌] → [토막강의]에서 시청하면 됩니다.

컴퓨터활용능력
1급 실기

2026
시나공

기출문제집

길벗알앤디(강윤석, 김용갑, 김우경, 김종일) 지음

지은이 길벗알앤디
강윤석, 김용갑, 김우경, 김종일

IT 서적을 기획하고 집필하는 출판 기획 전문 집단으로, 2003년부터 길벗출판사의 IT 수험서인 〈시험에 나오는 것만 공부한다!〉 시리즈를 기획부터 집필 및 편집까지 총괄하고 있다. 30여 년간 자격증 취득에 관한 교육, 연구, 집필에 몰두해 온 강윤석 실장을 중심으로 IT 자격증 시험의 분야별 전문가들이 모여 국내 IT 수험서의 수준을 한 단계 높이기 위한 다양한 연구와 집필 활동에 전념하고 있다.

컴퓨터활용능력 1급 실기 기출문제집 – 시나공 시리즈 ⑱
The Practical Examination for Advanced Computer Proficiency Certificate – Work Book

초판 발행 · 2026년 1월 5일

지은이 · 길벗알앤디(강윤석, 김용갑, 김우경, 김종일)
발행인 · 이종원
발행처 · (주)도서출판 길벗
출판사 등록일 · 1990년 12월 24일
주소 · 서울시 마포구 월드컵로 10길 56(서교동)
주문 전화 · 02)332-0931   **팩스** · 02)323-0586
홈페이지 · www.gilbut.co.kr   **이메일** · gilbut@gilbut.co.kr

기획 및 책임 편집 · 강윤석(kys@gilbut.co.kr), 김미정(kongkong@gilbut.co.kr), 임은정(eunjeong@gilbut.co.kr)
표지 및 본문 디자인 · 강은경, 윤석남   **제작** · 이준호, 손일순, 이진혁   **마케팅** · 조승모, 유영은
영업관리 · 김명자   **독자지원** · 윤정아   **유통혁신** · 한준희

편집진행 및 교정 · 길벗알앤디(강윤석 · 김용갑 · 김우경 · 김종일)   **일러스트** · 윤석남
전산편집 · 예다움   **CTP 출력 및 인쇄** · 금강인쇄   **제본** · 금강제본

- 이 책은 저작권법의 보호를 받는 저작물로 이 책에 실린 모든 내용, 디자인, 이미지, 편집 구성은 허락 없이 복제하거나 다른 매체에 옮겨 실을 수 없습니다.
- 인공지능(AI) 기술 또는 시스템을 훈련하기 위해 이 책의 전체 내용은 물론 일부 문장도 사용하는 것을 금지합니다.
- 잘못 만든 책은 구입한 서점에서 바꿔 드립니다.

ⓒ 길벗알앤디, 2026

ISBN 979-11-407-1666-1 13000
(길벗 도서번호 030976)

정가 22,000원

독자의 1초를 아껴주는 정성 길벗출판사
(주)도서출판 길벗 IT단행본, 성인어학, 교과서, 수험서, 경제경영, 교양, 자녀교육, 취미실용 www.gilbut.co.kr
길벗스쿨 국어학습, 수학학습, 주니어어학, 어린이단행본, 학습단행본 www.gilbutschool.co.kr

시나공 홈페이지 www.sinagong.co.kr

준비운동

1 2025년 기출유형별 기능 정리표
2 스프레드시트 편, 이렇게 준비하세요.
3 데이터베이스 편, 이렇게 준비하세요.
4 수험생을 위한 아주 특별한 서비스
5 동영상 강의 시청 방법
6 실습용 데이터 파일을 사용하려면?
7 온라인 채점 서비스를 이용하려면?

2025년 기출유형별 기능 정리표

스프레드시트 실무(엑셀)

※ 색으로 진하게 표시된 부분은 2025년에 새롭게 출제된 기능입니다.

회차	기본작업	계산작업	분석작업	기타작업
실제 시험장	1. 고급 필터 • 문구점이 "화" 자를 포함하고, '날짜'의 월이 5월이거나 7월인 데이터 표시 • FIND, AND, OR, MONTH 사용		1. 피벗 테이블 빈셀에 "***" 표시 2. 중복된 항목 제거 '날짜', '문구점', '품목코드' 열을 기준으로 중복된 값이 입력된 전체 행 삭제	3. VBA ① 콤보 상자의 목록에 현재 날짜부터 5일전까지의 날짜 표시 ③ '종료' 단추를 클릭하면 '기타작업-1' 시트의 [A1] 셀에 "판매 현황"을 입력한 후 폼을 종료
01회	2. 조건부 서식 '가입년월일'이 홀수 달이고 2019년 1월 1일 이후인 데이터의 전체 행 3. 페이지 레이아웃 오류 셀은 공백으로, 컬러는 흑백으로 인쇄	5. 상품종류별 최대 월불입액을 제외한 상품종류별 월불입액의 평균 계산 • AVERAGE, IF, MAX 함수를 이용한 배열 수식	1. 피벗 테이블 시간 데이터를 오전/오후로 그룹 지정 2. 정렬 '지점명'을 '여의도-명동-강남-합정' 순으로 정렬하고, 동일한 경우 '월불입액'의 셀 색이 파랑, 빨강, 조건부 서식 아이콘이 ✔인 순으로 표시되도록 정렬	2. 매크로 ② 조건부 서식을 이용하여 아이콘 집합의 '4색 원'으로 표시 3. VBA ③ '종료' 단추를 클릭하면 현재 시간이 표시된 메시지를 표시한 후 폼을 종료
02회	2. 조건부 서식 '성별'이 '남'이고 '면접' 점수가 상위 10위까지인 데이터의 전체 행	5. 학과명에 "정보"가 포함된 학생들에 대해 성별 면접의 평균을 계산 • IF, AVERAGE, IFERROR, FIND 함수를 사용한 배열 수식으로 작성	1. 피벗 테이블 각 항목 다음 빈 줄 삽입 2. 데이터 유효성 검사/데이터 표 • 0~100까지의 정수만 입력되도록 제한 대상 설정 • 학과성적과 어학테스트에 따른 총점 계산	1. 차트 추세선 이름을 '학과성적 추세선'으로 지정 3. VBA ② '기타작업-2' 시트의 [I5:I8] 영역의 값을 'cmb학과명' 목록에 추가 ③ '종료' 단추를 클릭하면 폼의 캡션 속성을 이용하여 폼 이름이 표시된 메시지를 표시한 후 폼을 종료
03회	2. 조건부 서식 • '고객코드'의 첫 번째 글자가 '1' 이면서 "C"를 포함하는 전체 행 • AND, LEFT, IFERROR, SEARCH 함수 사용	1. 사용자 정의 함수 'fn비고' 작성하기 • 고객코드의 다섯 번째 글자가 1~30이면 "우수고객", 4~60이면 "신규고객", 그렇지 않으면 공백으로 표시 • Select문 이용 2. 대리점과 매출금액에 따른 할인금액 계산 • 할인금액 = 매출금액 × 할인율 • MATCH 함수의 인수를 배열로 지정하여 표에서 할인율 데이터 찾기, MATCH(C3, {"합정", "신촌"},-1) • HLOOKUP, MATCH 함수 사용	1. 피벗 테이블 • 사용자 지정 서식을 이용하여 값이 양수면 0.0%, 0이나 음수면 "*"가 표시되도록 설정 • 행 머리글, 열 머리글, '줄무늬 행' 옵션 지정 2. 데이터 유효성 검사/필터 • '고객코드'가 6글자로 입력되도록 제한 대상 설정 • '매출금액'이 상위 25%인 데이터 행만 표시되도록 숫자 필터 설정	1. 차트 ② '미수금' 계열의 표식을 '원(●)'으로 표시 ③ 가로(항목) 축의 축 위치를 '눈금'으로 지정 2. 매크로 ② 셀의 값을 백만원 단위로 표시하는 매크로 작성
04회	2. 조건부 서식 예매일자가 수요일이나 금요일인 데이터의 전체 행 3. 시트 보호 차트를 편집할 수 없도록 잠금 적용	구분별 누적 개수 계산하기 • 구분이 "M"으로 시작하면 "뮤지컬", "C"로 시작하면 "콘서트"로 구분을 표시한 다음 그 뒤에 누적 개수를 표시하고, 그렇지 않으면 "그외"로 표시한 후 그 뒤에 누적 개수를 표시함 • 표시 예 : 콘서트(1), 콘서트(2), 뮤지컬(1)	1. 피벗 테이블 • '월'과 '분기'로 그룹 지정 • 각 그룹 하단에 최대와 최소 부분합 표시 2. 텍스트 나누기 • [B3:B28] 영역의 데이터를 각 열로 구분되어 입력 • 데이터는 세미콜론(;)과 슬래시(/)로 구분됨	1. 차트 ② 차트 제목은 시트의 [A1] 셀과 연결하여 표시 ④ "11월" 계열을 워크시트에 삽입된 클립아트를 이용하여 표시 3. 매크로 ① 사용자 지정 표시 형식을 이용하여 한 셀의 왼쪽에는 강당, 오른쪽에는 예매수량 표시
05회	2. 조건부 서식 • 열 번호가 홀수이면서 [A1:J1] 영역의 마지막 글자가 "주"인 데이터의 전체 열 • AND, COLUMN, ISODD, RIGHT 함수 사용 3. 페이지 레이아웃 • 페이지 나누기 실행 • 머리글에 이미지 삽입	3. 첫째주와 둘째주의 상위 1~3위의 평균 계산 • 소수점 이하 첫째 자리에서 반올림하여 정수로 표시 • ROUND, AVERAGE, LARGE 함수와 배열 상수 이용 5. 그래프 표시하기 • 셋째주와 넷째주의 차이만큼 그래프 표시 • (넷째주-셋째주)/10'의 결과만큼 "▶" 또는 "◀" 표시 • IFERROR, ABS, REPT 함수 사용	1. 피벗 테이블 • '첫째주', '둘째주', '셋째주', '넷째주'의 평균을 계산하는 '전체평균' 계산 필드 추가 • 20일 단위로 그룹 지정 2. 통합 '구분'별 '총금액'의 합계와 '가격'의 '평균' 계산	1. 차트 ① 차트의 색상형을 '다양한 색상표 3'으로 지정 ② 데이터 계열 위치를 '열'로 변경한 후 계열 순서 변경 ④ 가로(항목) 축과 레이블 사이의 간격을 300으로 지정 ⑤ 세로 막대 모양을 '원통형'으로 지정
06회	3. 시트 보호 도형의 텍스트 잠금 해제	1. 사용자 정의 함수 'fn비고' 작성하기 • 불규칙한 길이의 문자열에서 특정 위치의 문자열(숫자)을 추출하여 계산 • 추출한 숫자가 100 이상이면 100으로 나눠 몫인 "■"의 개수를 표시 • IF문과 FOR문 이용	2. 데이터 유효성 검사/시나리오 • 판매량을 10으로 나눈 값만큼 "◆"가 반복되어 표시되도록 제한 대상 설정 • 할인율 변경에 따른 금액의 변동 시나리오 작성	1. 차트 ① 보조 세로(값) 축의 표시 형식 지정 ※ 사용자 지정 서식을 '0"%"로 지정 ⑤ 채우기를 '약품.PNG'로 지정하고, '그림 또는 질감 채우기'의 '다음 배율에 맞게 쌓기'의 '단위/사진'을 10으로 지정
07회	2. 조건부 서식 성별이 '여'이고, 수업과목이 '발레' 또는 '네일아트'가 아닌 전체 행	1. 수업코드 표시하기 • 수업과목이 "네일아트"면 11, "바이올린"이면 22, "발레"면 33, "스포츠댄스"면 44, "요가"면 55, "음악줄넘기"면 66, "하모니카"면 77을 표시한 후 강사코드의 세 번째 글자가 1이면 "M", 2이면 "W" 표시 • 표시 예 : 강사코드가 "NY231"이고 수업과목이 "네일아트" → 11W	1. 피벗 테이블 오류 셀에 "없음" 표시 2. 정렬 행을 기준으로 '왼쪽에서 오른쪽으로 정렬	1. 차트 기본 세로 축과 보조 세로 축의 축 위치 변경 3. VBA ③ '종료' 단추를 클릭하면 전체 강사인원이 표시된 메시지 박스를 표시한 후 폼을 종료
08회	2. 조건부 서식 행 번호가 2의 배수이고 '과목'이 '국사'인 데이터의 전체 행		1. 피벗 테이블 '수강코드2'가 '국어'인 자료만 별도의 시트에 작성	1. 차트 '대시 종류'를 '사각 점선'으로 지정 2. VBA 글꼴색을 'RGB(250, 0, 0)'으로 설정
09회			1. 피벗 테이블 '확장(+)/축소(-)' 단추가 표시되지 않도록 설정	1. 차트 ③ '수량' 계열의 계열 이름을 "판매수량"으로 변경
10회	1. 고급 필터 '거래일'이 6월 이전이고, '할부금액'이 상위 10위 이내이면서, '거래시간'이 오전 10시부터 오후 3시 30분까지인 데이터 표시	3. 고객명의 성이 "김"씨나 "안"씨인 고객의 할부기간별 빈도수 계산하기 ▶ FREQUENCY, IF, LEFT 함수를 사용한 배열 수식으로 작성	1. 목표값 찾기 전체 평균이 20,000,000이 되려면 "모닝"의 할부금액이 얼마가 되는지를 구함	1. 차트 ④ 차트에 '최고/최저값 연결선'을 표시 3. VBA ② '등록' 단추를 클릭하면 거래시간에 따라 "오전" 또는 "오후"를 구분란에 입력

다음은 2025년에 출제된 기출문제 유형 중 새롭게 출제되었거나 수험생이 조금이라도 어렵게 느낄 수 있는 내용을 정리한 것입니다.
학습이 더 필요한 항목을 찾아서 집중적으로 풀어보시기 바랍니다.

데이터베이스 실무(액세스)

※ 색으로 진하게 표시된 부분은 2025년에 새롭게 출제된 기능입니다.

회차	DB구축	입력 및 수정 기능 구현	조회 및 출력 기능 구현	처리 기능 구현
실제 시험장	1. 테이블 완성 ④ 입력된 내용은 모두 '*' 형태로 표시되도록 입력 마스크 설정	2. 조건부 서식 • 날짜가 짝수날인 경우	1. 보고서 완성 ④ 오늘 날짜가 '2021년 11월'과 같이 표시되도록 설정(Format, Now 함수 사용) ⑤ 홀수 쪽에만 페이지 번호 표시(IIf, Mod 사용)	
01회		1. 폼 완성 ② '연락처' 필드에서 ')' 이후의 글자를 추출한 후 앞에 "010-"를 덧붙여 표시	1. 보고서 완성 ② 오늘 날짜가 "2025년도"와 같이 표시되도록 형식 속성 설정	3. 크로스탭 쿼리 〈그림〉을 보고 열 머리글을 내림차순으로 정렬
02회		1. 폼 완성 ① 컨트롤의 너비(가장 넓은 너비로) 조정 ② 잠금 속성 설정	2. GotFocus 기능 구현 내용에 따른 메시지 표시(MsgBox, If ~ ElseIf ~ EndIf)	1. 일반 쿼리 날짜를 조건으로 사용 2. 테이블 추가 쿼리 '7'로 시작하는 자료
03회	1. 테이블 완성 ③ 1.42 이상 3.42 미만의 값만 입력되도록 유효성 검사 규칙 속성 설정 2. 엑셀 파일 가져오기 가져올 시트를 지정하고, 필드의 데이터 형식을 바이트로 설정	1. 폼 완성 ① 특수 효과 : 새김(밑줄) 2. 더블클릭 기능 구현 '대화 상자' 모드로 폼 여는 매크로 생성	1. 보고서 완성 ④ 현재 날짜를 '6월 9일 (월)'과 같이 표시되도록 형식 속성 설정 2. 더블클릭 기능 구현 컨트롤의 첫 글자에 따른 메시지 표시(Select ~ Case문, Left 함수, & 연산자 사용)	4. 업데이트 쿼리 매개 변수로 입력받은 값을 이용해 필드 값 변경
04회		2. 조건부 서식(규칙 2개 적용) • 규칙1 - 조건 2개를 And로 연결 • 규칙2 - 필드 값이 10,000 이하인 경우 서식 지정 3. 클릭 기능 구현 필터 수행 후 컨트롤로 포커스 이동(ApplyFilter, GoToControl 함수 사용)	1. 보고서 완성 ② 배경색을 'Access 테마 7'로 변경 ④ 머리글 영역이 매 페이지마다 반복적으로 인쇄되도록 설정	1. 업데이트 쿼리 Max 함수와 하위 쿼리를 사용 2. 크로스탭 쿼리 마지막 2자리가 "요금"이나 "용돈"으로 끝나는 레코드만 조회(Right 함수, In 연산자 사용)
05회	1. 테이블 완성 ⑤ '테이블 속성'의 유효성 검사 규칙 설정(Between 연산자)	1. 폼 완성 ① 홀수와 짝수 행에 다른 배경색 ③ DMax 함수를 이용해 최고 점수 표시하기 2. 클릭 기능 구현 '읽기 전용' 모드로 폼 여는 매크로 생성	1. 보고서 완성 ② 컨트롤들 간의 가로 간격을 모두 같게 설정 2. 더블클릭 기능 구현 올해 진급 인원수 표시(Msgbox, Year, Date, Dcount, Month 함수)	4. 크로스탭 쿼리 조건에 맞는 행 머리글 표시(IIf, Left 함수)
06회	3. 텍스트 파일 가져오기 Access에서 제공하는 기본키 설정		3. 더블클릭 기능 구현 필드 값을 기준으로 내림차순 정렬(Order By 속성 사용)	4. 매개 변수 쿼리 필드의 값이 Null인 경우 매개 변수로 입력받은 값에 문자열을 덧붙여 업데이트
07회		1. 폼 완성 ② 그림 컨트롤 삽입 : 너비, 높이, 유형, 이름 지정 2. 조건부 서식 특정 필드가 Null인 경우 서식 적용	1. 보고서 완성 ② 필드의 값 뒤에 " 학생"이 표시되도록 형식 속성 설정 2. 컨트롤로 포커스 이동 메시지 상자에서 〈아니오〉 클릭 시 지정한 컨트롤로 포커스 이동	1. 그룹 쿼리 계산된 결과 값 만큼 "■"로 표시(String, Sum 함수) 2. 그룹 쿼리 필드의 마지막 다섯 글자를 제외한 나머지 글자를 "*"로 표시하고, 필드의 앞쪽에 "HP 010-"를 붙여 표시(String, Len, Right 함수, & 연산자)
08회	1. 테이블 완성 ④ 필드의 값이 'Feb-Sat-2021'과 같이 표시되도록 형식을 설정	1. 폼 완성 ② "부" 글자 전까지 추출한 필드명에 계산된 근무년수를 덧붙여 표시(Left, InStr, Dsum, Format 함수)	2. 포커스 이동(GotFocus)시 기능 구현 구매금액이 2,000,000 이상이면, '5%할인', 1,000,000 이상이면 '3%할인', 그렇지 않으면 '할인제외' 메시지를 표시(Select ~ Case문 사용)	2. 테이블 생성 쿼리 최대값과 평균을 구한 후 평균을 반올림하여 소수 첫째 자리까지 표시(Max, Avg, Round 함수)
09회	1. 테이블 완성 ⑤ 하이퍼링크 데이터 형식 설정	3. 컨트롤 원본 레코드의 총 계수에 따른 내용 표시(IIf, Dcount 함수 사용)		3. 크로스탭 쿼리 '쿼리' 속성의 열 머리글 필드에서 표시할 열 머리글 설정
10회	1. 테이블 완성 ④ '생산일자' 필드에는 기본적으로 오늘 날짜의 다음 날이 입력되도록 설정(DateAdd, Date 사용)	1. 폼 완성 ② 컨트롤에 마우스를 가져가면 관련 텍스트가 나타나도록 설정(컨트롤 팁 텍스트) 2. 조건부 서식 필드 값이 지정한 값과 같은 경우 서식 지정	2. 클릭 기능 구현 데이터 형식이 Yes/No 형식인 필드의 값이 False인 레코드만 표시되도록 구현	4. 크로스탭 쿼리 제품코드의 네 번째 문자가 1부터 3까지인 것만 조회(Like 연산자)

스프레드시트 편, 이렇게 준비하세요.

준비가 끝났다면 이제부터는 전략입니다.

기출문제집을 공부한다는 것은 기본적인 학습을 모두 마친 후 최종 정리하면서 새롭게 출제된 기능이라든지 본인에게 약한 부분을 찾아 보강하는 것이지 기출문제만으로 시험 준비를 해야겠다는 매우 위험한 생각은 버려야 합니다. 기본서 공부를 마치고 지금 이 책을 보시고 계신다면 분명 시험이 코앞이겠죠. 아시다시피 컴활1급 실기 엑셀, 액세스 시험시간은 각각 45분으로 작업 시간이 턱없이 부족합니다. 물론 충분한 학습으로 모든 문제를 주어진 시간 안에 완벽하게 풀 수 있도록 준비한 수험생들은 이곳을 패스하고 바로 기출 문제를 풀어보셔도 됩니다. 그것이 아니라면 이제는 전략을 세울 때입니다. 합격 점수는 100점이 아닌 70점이고 1점으로 떨어질 수도 있으니까요. 지금쯤이면 자신이 무엇을 잘하고 못하는지 알고 있을 겁니다. 출제기능 분석표를 참조하여 합격 점수 70점을 맞기 위한 자신만의 전략을 세우세요. 포기할 부분은 포기하고 확실하게 점수를 얻어야 할 부분은 한 번 더 확실하게 공부하는 거죠. 다음은 최소 78점을 목표로 했을 때의 시나공 IT 자격증 전문가가 추천하는 학습 전략입니다.

기본작업(15점) + 계산작업(18점) + 분석작업(20점) + 기타작업(25점) → 합격(78점)

[문제 1] 기본작업(15점) – 15점 만점을 목표로 합니다.

만점을 얻기 위해서는 조건 지정 연습을 충분히 해야 합니다.

[문제1]은 다음 5가지 기능 중 3가지를 조합하여 출제되며, 배점은 15점입니다. 특별히 어렵게 출제되는 문제는 없지만 15점을 모두 얻기 위해서는 간혹 고급 필터와 조건부 서식에 주어지는 까다로운 조건까지 만들 수 있도록 조건 지정 연습을 충분히 해야 합니다. 고급 필터나 조건부 서식에서 조건을 지정하는 원리는 2번 [계산작업]을 푸는 방법과 동일하니 논리식을 충분히 연습할 수 있는 [계산작업]을 먼저 공부하는 것도 한 가지 방법입니다. 세부 기능별로 해당 기능이 포함된 기출문제 유형을 표시해 놓았으니 학습이 더 필요한 부분을 골라 집중적으로 풀어보세요.

출제 기능	세부 기능	세부 기능 포함 기출유형	배점(15)	목표점수
고급 필터	함수로 조건 지정	실제시험장, 1회, 2회, 3회, 4회, 6회, 7회, 8회, 9회, 10회	5점짜리 1문항	5점
	수식으로 조건 지정	5회		
조건부 서식	AND 조건 – 함수 사용	1회, 2회, 3회, 4회, 5회, 6회, 7회, 10회	5점짜리 1문항	5점
	AND 조건 – '*'	실제시험장, 8회		
	OR 조건 – 함수 사용	1회, 4회, 9회		
시트 보호		2회, 4회, 6회, 8회	5점짜리 1문항	5점
통합 문서 보기		2회, 6회, 8회		
페이지 레이아웃		실제시험장, 1회, 3회, 5회, 7회, 9회, 10회		
합계			15점	15점

[문제 2] 계산작업(30점) – 최소 18점을 목표로 합니다.
가장 많은 시간을 투자해서 공부해야 하지만 실제 시험장에서는 가장 나중에 풀어야 합니다.

컴활 1급의 [계산작업]에는 함수의 사용법만 알면 풀 수 있는 단순 함수식은 출제되지 않습니다. 출제되는 5문제 모두 조건문과 중첩 함수를 이용하여 논리식을 세워 계산하는 문제가 출제되는데, 일반수식 2문제, 배열수식 2문제, 그리고 사용자 정의 함수 문제가 1개 출제됩니다. 각 문제에 대한 배점은 6점으로 동일합니다. 충분한 연습을 하지 않아 일부를 포기해야 한다면 사용자 정의 함수 문제와 어려운 논리식 문제 1개를 포기하세요. 그동안 출제된 사용자 정의 함수 문제는 쉽게 출제된 편이지만 더 깊이 들어간다면 [기타작업]의 프로시저보다 어려울 수 있는 부분입니다. 최악의 경우 6점을 포기한다고 생각하고 기출문제 수준 정도로만 이해하세요. 그리고 일반수식이나 배열수식 문제에 간혹 출제되는 고난이도의 논리식 문제도 최악의 경우 포기한다고 생각하세요. 대신 나머지 3문제는 꼭 맞혀야 합니다. [계산문제] 학습에 대한 자세한 설명은 시나공 기본서를 참조하시기 바랍니다.

그리고 실제 시험장에서 알아야 할 것이, [계산작업]은 다른 작업을 모두 마친 다음에 해야 한다는 것입니다. 풀릴 듯 말 듯한 계산문제를 잡고 고민하다 보면 시험 종료 시간이 돌아옵니다.

기출유형	출제 함수	배점(30)	난이도	목표점수
실제시험장	VLOOKUP, MATCH, IFERROR, AVERAGE, IF, TEXT, SUM, INDEX, MATCH, MAX	6점짜리 5문항	상	18점
1회	INDEX, MATCH, YEAR, ROUNDUP, FV, TEXT, QUOTIENT, DAYS, TODAY, AVERAGE, IF, MAX	6점짜리 5문항	중	24점
2회	SUMPRODUCT, CONCAT, REPT, QUOTIENT, REPT, SUM, IF, AVERAGE, IFERROR, FIND	6점짜리 5문항	상	18점
3회	HLOOKUP, IF, TEXT, SUM, INDEX, MATCH, MAX, COUNTIFS	6점짜리 5문항	상	18점
4회	LEFT, AVERAGEIFS, MAXA, MONTH, TEXT, DCOUNTA, IF, COUNTIF	6점짜리 5문항	상	18점
5회	IF, SUMPRODUCT, OFFSET, MATCH, ROUND, AVERAGE, LARGE, IFERROR, ABS, REPT	6점짜리 5문항	중	24점
6회	IF, LEFT, SUBSTITUTE, TEXT, IFERROR, VLOOKUP, MIN, AVERAGE, YEAR	6점짜리 5문항	하	30점
7회	LOOKUP, MID, MAX, VLOOKUP, MATCH, TEXT, SUM, IFERROR, AVERAGEIFS	6점짜리 5문항	중	24점
8회	IF, LEFT, COUNT, LEFT, RIGHT, DSUM, AVERAGE	6점짜리 5문항	하	30점
9회	TEXT, WORKDAY, SUM, MONTH, MAX, IF, LEFT, INDEX, MATCH, MAX, YEAR	6점짜리 5문항	하	30점
10회	ROUNDDOWN, VLOOKUP, IF, MONTH, IFERROR, AVERAGE, INDEX, MATCH, MIN, FREQUENCY, LEFT	6점짜리 5문항	중	24점
평균		30점		23.5점

스프레드시트 편, 이렇게 준비하세요.

[문제 3] 분석작업(20점) – 20점을 목표로 합니다.

피벗 테이블의 세부 옵션까지도 꼼꼼하게 살펴볼 필요가 있습니다.

[문제3]은 다음 기능 중에서 2문제가 나오는데, 한 문제는 피벗 테이블을 만들어 수정하는 문제가 고정적으로 출제되고, 나머지 한 문제는 중복된 항목을 제거하고 자동 필터를 적용하는 등 2~3가지의 데이터 분석 기능이 혼합된 문제가 출제됩니다. [분석작업]에서는 20점을 모두 취득해야 하므로 피벗 테이블의 세부 옵션까지도 꼼꼼하게 살펴 볼 필요가 있습니다. 나머지 한 문제로 출제되는 기능은 종류가 여럿이긴 하지만 한두 번만 따라하면 누구나 쉽게 익힐 수 있는 기능이니 [문제3]에서는 20점 모두 취득하는 것을 목표로 공부해야 합니다.

출제 기능	세부 기능	세부 기능 포함 기출유형	배점(20)	목표점수
피벗 테이블	피벗 테이블 작성, 레이아웃 지정	모든 유형	10점짜리 1문항 (보통 4~5개의 세부 기능 출제) (부분 점수 없음)	10점
	피벗 테이블 스타일 지정	실제시험장, 1회, 2회, 3회, 6회, 7회, 8회, 9회, 10회		
	표시 형식 지정	실제시험장, 1회, 2회, 3회, 4회, 5회, 6회, 7회, 8회, 9회, 10회		
	그룹 지정	실제시험장, 1회, 2회, 5회, 6회, 8회, 9회		
	계산 필드 추가	5회, 7회		
	그룹 하단에 부분합 표시	5회, 7회, 9회		
	데이터 순서 지정	1회, 6회, 8회		
	특정 데이터만 표시	1회 9회, 10회		
	기타(빈셀/오류 셀 표시, 하위 수준 표시, 줄 무늬 옵션 지정, 사용자 지정 서식 등)			
중복된 항목 제거		실제시험장	10점짜리 1문항 (보통 2~3개의 기능이 출제) (부분 점수 없음)	10점
정렬		1회, 7회		
부분합		실제시험장, 8회		
조건부 서식		5회, 10회		
자동 필터		1회, 3회, 7회		
데이터 유효성 검사		2회, 3회, 6회, 7회, 8회, 9회		
데이터 통합		4회, 5회, 9회		
시나리오		6회		
목표값 찾기		10회		
데이터 표		2회		
텍스트 나누기		4회		
합계			20점	20점

[문제 4] 기타작업(35점) – 최소 25점을 목표로 합니다.

포기할 건 포기하고 확실한 건 더욱 확실하게!

[문제4]는 차트를 수정하는 문제, 매크로를 작성하는 문제, 프로시저를 작성하는 문제가 출제되는데 차트는 2점짜리 5문항, 매크로는 5점짜리 2문항, 프로시저는 5점짜리 3문항이 출제됩니다. 차트의 경우 지시사항대로 수정만 하면 되는 간단한 문제지만 10점을 모두 얻기 위해서는 간단한 서식설정에서 계열의 추가, 변경, 추세선의 추가 등 차트와 관계된 모든 기능을 완전히 알고 있어야 합니다. 매크로의 경우는 조건부 서식이나 사용자 지정 표시 형식

전문가의 조언

등이 출제되기 때문에 조건을 지정하는 방법이나 사용자 지정 표시 형식의 표기법 등을 정확히 알아둘 필요가 있습니다. 그리고 수험생 가운데는 매크로를 어렵게 생각하는 경우가 있는데, 매크로는 몇 가지만 이해하면 생각보다 쉽게 점수를 얻을 수 있는 부분이니 절대 포기하지 마세요. 프로시저는 많은 시간동안 충분한 연습을 거쳐야 완전히 이해할 수 있는 프로그래밍 분야입니다. 시험에는 5점짜리 3문제가 출제되는데, 최악의 경우 10점은 포기한다고 생각하고 지금까지 출제된 주요 코드 10개만 암기하고 다른 작업 영역에 보다 많은 시간을 할애하는 편이 훨씬 효율적입니다.

출제 기능	세부 기능		세부 기능 포함 기출유형	배점(35)	목표점수
차트	차트 제목 및 각 축 제목		실제시험장, 1회, 2회, 7회, 8회, 9회, 10회	2점짜리 5문항	10점
	범례 서식 지정(위치, 도형스타일 등)		실제시험장, 3회, 7회, 8회, 9회, 10회		
	세로(축) 서식 지정(최대값, 표시 단위 등)		실제시험장, 1회, 6회, 8회, 10회		
	데이터 계열 서식(레이블, 계열 겹치기, 간격너비 등)		1회, 2회, 5회, 6회, 7회, 8회		
	그림 영역(질감)		1회, 6회, 9회		
	차트 영역 서식 지정(테두리, 그림자 등)		실제시험장, 1회, 2회, 3회, 4회, 7회		
	데이터 추가 및 수정		실제시험장, 4회, 8회		
	차트 종류 변경		3회, 5회, 6회, 8회, 9회		
	기타(추세선 추가, 계열 위치 변경, 계열 순서 변경, 계열 이름 변경, 차트 스타일, 설명선, 대시 종류 등)				
매크로	매크로 작성	사용자 지정 표시 형식	모든 유형	5점짜리 2문항	10점
		조건부 서식	1회, 2회, 7회, 8회		
	매크로 연결	도형, 단추에 매크로 연결	모든 유형		
프로시저	폼 실행 및 초기화	폼 실행(Show)	모든 유형	5점짜리 1문항	5점
		RowSource	실제시험장, 1회, 2회, 4회, 6회, 7회, 8회, 10회		
		AddItem	실제시험장, 3회, 9회		
		List	8회		
		With ~ End With	9회		
	폼의 자료를 워크시트에 입력	Listindex	실제시험장, 1회, 4회, 6회, 7회, 8회, 10회	5점짜리 1문항	
		List	실제시험장, 6회, 8회		
		If ~ End If	2회, 3회, 6회		
		Format	4회, 7회, 8회		
		Msgbox	6회		
		SetFocus	4회, 9회		
		기타(Ucase, Date, Val, Int 등)			
	워크시트 자료를 폼에 표시	Listindex	1회		
		For Each ~ Next	5회		
		If ~ End If	5회		
		Msgbox	5회		
		Format	1회		
	폼 종료 및 이벤트 프로시저	폼 종료(Unload Me)	모든 유형	5점짜리 1문항	
		Msgbox	1회, 2회, 4회, 7회, 10회		
		Format	1회, 3회		
		Font(Bold, Name, Size, Color 등)	3회, 5회, 8회		
		기타(Target, Activate, Time 등)			
합계				35점	25점

데이터베이스 편, 이렇게 준비하세요.

액세스도 잘해야 합니다.

데이터베이스도 스프레드시트와 마찬가지로 간혹 기존 유형을 벗어나는 문제가 출제되나 70점을 받지 못할 만큼 어렵거나 갑자기 새로운 문제가 출제된 적은 없었습니다.

명심할 게 하나 있습니다. 합격점수는 평균 70점이 아닙니다. 엑셀, 액세스 각각 70점 이상 받아야 합격입니다. "난 엑셀을 잘하니까 액세스에서 잃은 점수를 엑셀에서 보충하면 돼!" 이런 생각은 불합격의 지름길입니다. 엑셀을 아무리 잘 한다 해도 액세스도 잘해야 합니다. 자신만의 전략을 세워 포기할 부분은 포기하고 확실하게 점수를 얻어야 할 부분은 한 번 더 확실하게 다져 놓으세요. 다음은 최소 83점을 목표로 했을 때의 시나공 IT 자격증 전문가가 추천하는 학습 전략입니다.

DB구축(25점) + 입력 및 수정 기능 구현(15점) + 조회 및 출력 기능 구현(15점) + 처리 기능 구현(28점) → 합격(83점)

[문제 1] DB구축(25점) - 25점을 목표로 합니다.

특별히 어렵게 출제될 내용이 없습니다. 25점 만점을 목표로 공부하세요.

[문제1]은 데이터베이스 시스템을 사용하기 위해서 테이블을 완성하고 테이블과의 관계를 설정하고 필요한 외부 데이터를 가져오거나 혹은 내보내는, 한마디로 말해 필요한 데이터베이스를 구축하는 문제가 출제되는 영역입니다. DB 구축에서는 테이블 완성, 관계 설정, 외부 데이터 연결/내보내기/가져오기에서 3문제가 출제됩니다. 기본키, 참조 무결성, 인덱스, 유효성 검사 등 데이터베이스의 기본적인 기능에 대한 이해만 있으면 누구나 쉽게 해결할 수 있는 문제들입니다. 출제 기능 분석표에서 조금이라도 낯선 기능을 발견했다면 그 기능이 포함된 문제만 찾아서 집중적으로 풀어보세요.

출제 기능	세부 기능	세부 기능 포함 기출유형	배점(25)	목표점수
테이블 완성		모든 유형	3점짜리 5문항	15점
관계		모든 유형	5점짜리 1문항	5점
필드의 조회 속성	콤보상자 설정	실제시험장, 1회, 4회, 9회, 10회	5점짜리 1문항	5점
데이터 생성	엑셀 파일 가져오기	2회, 3회		
	텍스트 파일 가져오기	5회, 6회		
	엑셀 파일 연결하기	8회		
	텍스트 파일 연결하기	7회		
합계			25점	25점

전문가의 조언

[문제 2] 입력 및 수정 기능 구현(20점) – 최소 15점을 목표로 합니다.
어려운 검색식을 세워야 하는 5점짜리 1문제는 포기할 수 있습니다.

[문제 2]는 테이블에 들어 있는 데이터를 조작하기 위한 폼에 대한 문제입니다. 폼 자체에 대한 속성 지정하기, 폼에 배치한 컨트롤에 대한 속성 지정하기, 특정 컨트롤들의 세부적인 속성 설정하기, 폼에 배치한 단추에 입력, 수정, 삭제 기능 설정하기, 다른 폼이나 쿼리 테이블 호출하기, 하위 폼 연결하기 등의 문제가 출제될 수 있습니다. 시험에서는 위 기능 중에서 3문제를 조합하여 20점으로 출제됩니다. 특별하게 어려운 문제는 없지만 [문제 2]에서 20점 만점이 아니라 15점을 목표로 하는 이유는 매크로 함수를 이용해 폼이나 보고서에서 자료 조회 시 어려운 검색식을 세워야 하는 5점짜리 문제가 1개 정도 나올 가능성이 있기 때문입니다. 마찬가지로 출제 기능 분석표에서 낯선 기능을 발견했다면 집중적으로 풀어보세요.

출제 기능	세부 기능	세부 기능 포함 기출유형	배점(20)	목표점수
폼 완성		모든 유형	3점짜리 3문항	9점
콤보상자 설정		2회, 8회	6점짜리 1문항	6점
하위폼 추가하기		1회, 6회		
폼 조건부 서식		실제시험장, 4회, 5회, 7회, 10회		
매크로 함수	OpenReport	실제시험장, 2회, 6회, 7회, 8회, 10회	5점짜리 1문항	0점
	ApplyFilter	1회, 4회		
	OpenForm	3회, 5회		
	CloseWindow	8회, 9회		
	MessageBox	2회		
	Now	2회		
합계			20점	15점

데이터베이스 편, 이렇게 준비하세요.

[문제 3] 조회 및 출력 기능 구현(20점) – 최소 15점을 목표로 합니다.
어려운 검색 식을 세워야 하는 5점짜리 1문제는 포기할 수 있습니다.

[문제 3]은 테이블에 들어 있는 데이터를 폼에서 조회하고 결과를 보고서에 출력하는 문제입니다. [문제 2]가 주로 폼에 대한 문제라면 [문제 3]은 주로 보고서에 대한 문제입니다. [문제 3]은 보고서 자체에 대한 속성 및 출력 형식 지정하기, 데이터 필터링하기, 특정 자료 찾기, 인쇄하기 등의 기능 중에서 2문제를 조합하여 20점으로 출제됩니다. [문제 3]도 특별하게 어려운 문제는 없지만 20점 만점이 아니라 15점을 목표로 하는 이유는 이벤트 프로시저 구현 시 어려운 검색식을 세워야 하는 5점짜리 문제가 1개 정도 나올 가능성이 있기 때문입니다. 마찬가지입니다. 출제 기능 분석표에서 낯선 기능을 발견했다면 찾아서 집중적으로 풀어보세요.

출제 기능	세부 기능	세부 기능 포함 기출유형	배점(20)	목표점수
보고서 완성		모든 유형	3점짜리 5문항	15점
프로시저	FilterOn	실제시험장, 4회, 10회	5점짜리 1문항	0점
	MsgBox	2회, 5회, 7회, 8회, 9회		
	If ~ Else ~ End If	2회		
	Select ~ Case	3회, 8회		
	Dcount	5회		
	Year, Month, Date 함수	5회		
	OrderBy	6회		
	Time	7회		
	Left 함수	3회		
합계			20점	15점

[문제 4] 처리 기능 구현(35점) – 최소 28점을 목표로 합니다.
쿼리를 포기하면 합격할 수 없습니다. 숙달될 때까지 반복해서 연습하세요.

2024년 컴퓨터활용능력 1급 실기 합격률이 6.9%였습니다. 보통 16% 언저리를 유지하던 합격률이 급락한 가장 큰 이유는 쿼리가 5문제로 늘어났고, 각 문제에 주어진 조건이 많아졌다는 것입니다. 1과목 [계산 작업]에 비하면 어려운 것은 아닌데, 문제도 많고 쿼리에 반영해야 할 조건이 많다 보니 시간이 매우 부족했다는 것이 시험 본 수험생 대다수의 목소리였습니다. 문제로 출제되는 크로스탭 쿼리, 테이블 생성 쿼리, 업데이트 쿼리, 그룹 쿼리, 매개 변수 쿼리, 이 다섯 개 쿼리의 개념을 이해하는 건 어렵지 않습니다. 그런데 아시다시피 실기 시험은 개념을 이해하는 게 아니라 문제 풀이 기계가 되어 제한된 시간 내에 완벽하게 작업을 끝내는 것입니다. 문제를 보자마자 쿼리 작성기에 설정해야 할 일들이 파노라마처럼 펼쳐지지 않으면, 그 문제는 포기해야 합니다. 2023년 이전에는 쿼리 문제를 포기해도 다른 문제를 다 맞히면 합격할 수 있었지만, 이제는 다른 문제를 다 맞혀도 65점이기 때문에 절대 합격할 수 없습니다. 피해갈 수 없다는 거죠. 교재에 다양한 문제를 수록했으니 숙달될 때까지 반복해서 연습하세요. 만약 시험장에서 정말 시간이 부족하면 크로스탭 쿼리 문제를 포기해야 할 수도 있으니 28점을 목표로 공부하세요.

출제 기능	세부 기능	세부 기능 포함 기출유형	배점(35)	목표점수
쿼리	일반 쿼리	5회	7점짜리 5문항	28점
	그룹 쿼리	시험장, 1회, 2회, 3회, 5회, 6회, 7회, 8회, 9회, 10회		
	크로스탭 쿼리	시험장, 1회, 2회, 3회, 4회, 5회, 7회, 8회, 9회, 10회		
	매개변수 쿼리	시험장, 1회, 2회, 3회, 4회, 5회, 6회, 8회, 9회, 10회		
	불일치 검색 쿼리	4회, 5회		
	수정 쿼리	시험장, 1회, 2회, 3회, 4회, 6회, 7회, 8회, 9회		
	추가 쿼리	2회		
	테이블 생성 쿼리	시험장, 1회, 3회, 4회, 6회, 7회, 8회, 9회, 10회		
합계			35점	28점

1등만이 드릴 수 있는 1등 혜택!
수험생을 위한 아주 특별한 서비스

 서비스 하나 — 시나공 홈페이지 **시험 정보 제공!**

IT 자격증 시험, 혼자 공부하기 막막하다고요? 시나공 홈페이지에서 대한민국 최대, 50만 회원들과 함께 공부하세요.

지금 sinagong.co.kr에 접속하세요!

시나공 홈페이지에서는 최신기출문제와 해설, 시험대비자료, 선배들의 합격 수기와 합격 전략, 책 내용에 대한 문의 및 관련 자료 등 IT 자격증 시험을 위한 모든 정보를 제공합니다.

 서비스 둘 — 수험생 지원센터 **무엇이든 물어보세요!**

공부하다 답답하거나 궁금한 내용이 있으면, 시나공 홈페이지 '묻고 답하기' 게시판에 질문을 올리세요. 길벗알앤디의 전문가들이 빠짐없이 답변해 드립니다.

 서비스 셋 — 합격을 위한 **학습 자료**

시나공 홈페이지 회원으로 가입하면 시험 준비에 필요한 학습 자료를 내려받을 수 있습니다.

• **기출문제** : 최근에 출제된 기출문제를 제공합니다. 최신기출문제로 현장 감각을 키우세요.

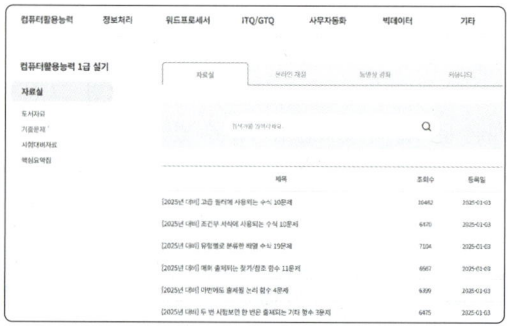

 서비스 넷 — 실기 시험 대비 **온라인 특강 서비스**

㈜도서출판 길벗에서는 실기 시험 준비를 위한 온라인 특강을 제공하고 있습니다. 다음과 같은 방법으로 이용하세요.

실기 특강 온라인 강좌는 이렇게 이용하세요!

1. 시나공 홈페이지(sinagong.co.kr)에 접속하여 로그인하세요.
2. 상단 메뉴 중 [컴퓨터활용능력] → [1급 실기] → [동영상 강좌] → [실기특강]을 클릭하세요..
3. 실기 특강 목록에서 원하는 강좌를 클릭하여 시청하세요.

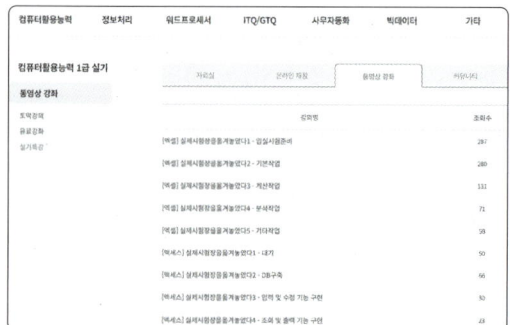

시나공 시리즈는 단순한 책 한 권이 아닙니다. 여러분이 시나공 시리즈 책 한 권을 구입한 순간, Q&A 서비스부터 최신기출문제, 각종 학습 자료까지 IT 자격증 최고 전문가들이 제공하는 온라인&오프라인 합격 보장 교육 프로그램이 함께합니다.

서비스 다섯 — 시나공 만의 동영상 강좌

독학이 가능한 친절한 교재가 있어도 준비할 시간이 부족하다면?

길벗출판사의 '동영상 강좌(유료)' 이용 안내

1. 시나공 홈페이지(sinagong.co.kr)에 접속하여 로그인하세요.
2. 상단 메뉴 중 [컴퓨터활용능력] → [1급 실기] → [동영상 강좌] → [유료강의]를 클릭하세요.
3. 원하는 강좌를 선택하고 [수강 신청하기]를 클릭하세요.
4. 우측 상단의 [마이길벗] → [나의 동영상 강좌]로 이동하여 강좌를 수강하세요.

※ 기타 동영상 이용 문의 : 독자지원(02-332-0931)

시나공 서비스 이용을 위한 회원 가입 방법

1. 시나공 홈페이지(sinagong.co.kr)에 접속하여 우측 상단의 〈회원가입〉을 클릭하고 〈이메일 주소로 회원가입〉을 클릭합니다.
   ※ 회원가입은 소셜 계정으로도 가입할 수 있습니다.
2. 가입 약관 동의를 선택한 후 〈동의〉를 클릭합니다.
3. 회원 정보를 입력한 후 〈이메일 인증〉을 클릭합니다.

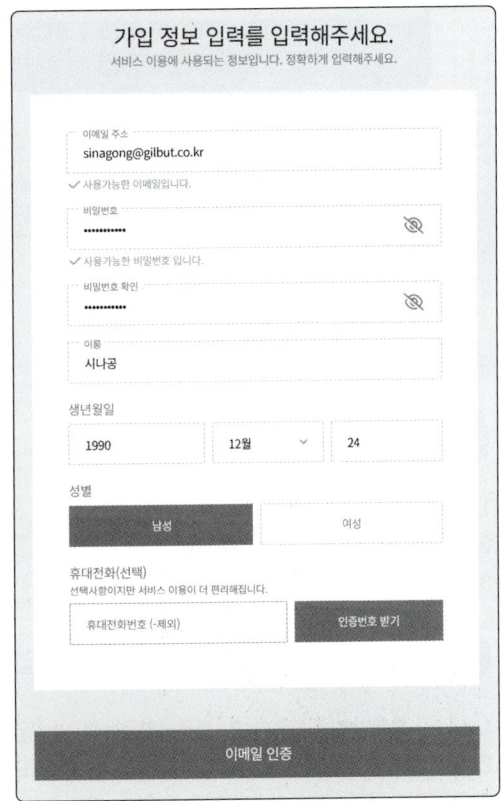

4. 회원 가입 시 입력한 이메일 계정으로 인증 메일이 발송됩니다. 수신한 인증 메일을 열어 이메일 계정을 인증하면 회원가입이 완료됩니다.

실제 시험장을 옮겨 놓았다!
동영상 강의 제공

한 번에 합격할 수 있도록 시험의 전 과정을 따라하기 식으로 설명하는 '실제 시험장을 옮겨 놓았다!'를 동영상 강의로 제공합니다.

동영상 강의 시청 방법

다음의 세 가지 방법을 이용하여 시나공 저자의 속 시원한 강의를 바로 동영상으로 확인하세요.

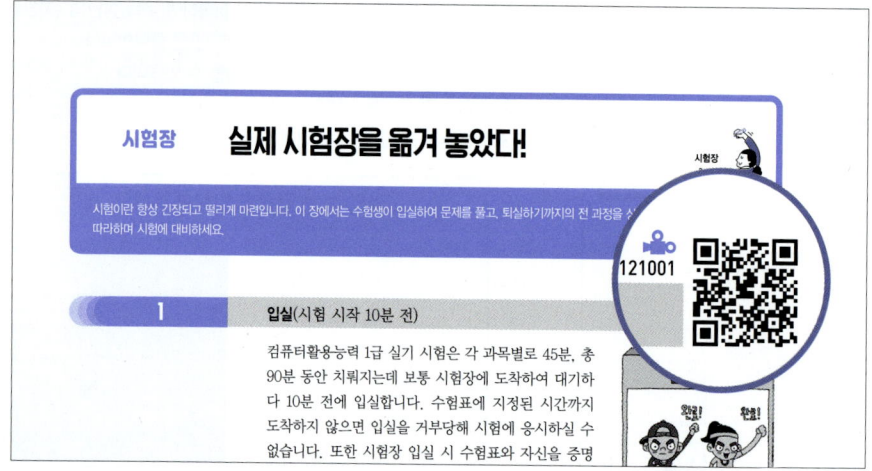

구입 도서 등록이 완료되면 다음의 세 가지 합격 보장 서비스를 이용할 수 있습니다.

하나 스마트폰으로 QR코드를 찍어보세요!

1. 스마트폰으로 QR코드 리더 앱을 실행하세요.
2. 동영상 강의 QR코드를 스캔하세요.
3. 스마트폰을 통해 동영상 강의가 시작됩니다.

둘 시나공 홈페이지에서 토막강의 번호를 입력하세요!

1. 시나공 홈페이지에 접속한 후 [컴퓨터활용능력] → [1급 실기] → [동영상 강좌] → [토막강의]를 클릭하세요.
2. '강의번호'에 토막강의 번호를 입력하면 강의목록이 표시됩니다.
3. 강의명을 클릭하면 토막강의를 볼 수 있습니다.

셋 유튜브에서는 이렇게 이용하세요!

1. 유튜브 검색 창에 "시나공" + 동영상 강의 번호를 입력하세요.

2. 검색된 항목 중 원하는 토막강의를 클릭하여 시청하세요.

실습용 데이터 파일을 사용하려면?

1. 시나공 홈페이지에 접속하여 오른쪽 상단의 〈로그인〉을 클릭한 후 아이디와 패스워드를 넣고 로그인하세요.

2. 위쪽의 메인 메뉴에서 [컴퓨터활용능력] → [1급 실기] → [도서자료실]을 클릭하세요.

3. 자료실 도서목록에서 [2026 시나공 컴퓨터활용능력 1급 실기 기출문제집]을 클릭한 후 [실습예제]를 클릭합니다.

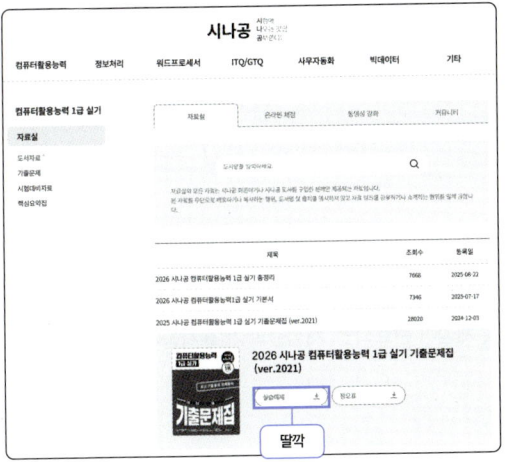

4. 내 컴퓨터 '다운로드' 폴더에 들어가 실습 예제 파일의 압축을 풀어줍니다.

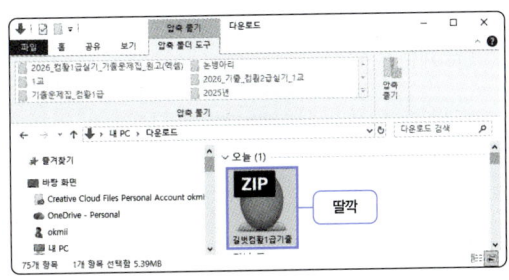

5. '길벗컴활1급기출' 폴더에 다음 그림과 같이 실습용 폴더와 파일이 있는지 확인하세요. 이 폴더에 저장된 파일은 책에 수록된 문제를 풀 때 사용됩니다.

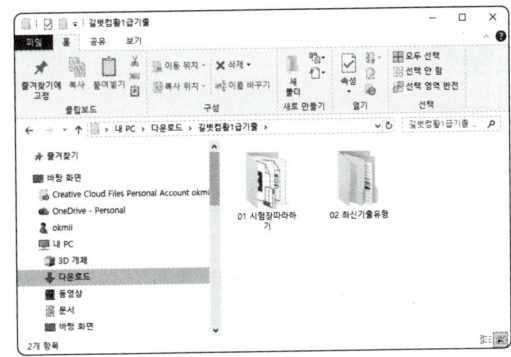

폴더 및 파일의 용도
- 01 시험장따라하기 : 1장 '실제 시험장을 옮겨 놓았다!'의 문제 및 정답 파일
- 02 최신기출유형 : 기출유형에서 사용되는 문제 및 정답 파일

온라인 채점 서비스를 이용하려면?

1 채점하기

1. 시나공 홈페이지(sinagong.co.kr)에 접속하여 오른쪽 상단의 〈로그인〉을 클릭한 후 아이디와 패스워드를 넣고 로그인하세요.

   ※ '이메일 주소(아이디)'가 없는 경우에는 〈회원가입〉을 클릭하여 회원으로 가입하세요. '회원가입'에 대한 내용은 17쪽을 참고하세요.

2. 위쪽의 메인 메뉴에서 [컴퓨터활용능력] → [1급 실기] → [온라인채점] → [채점하기]를 클릭하세요.

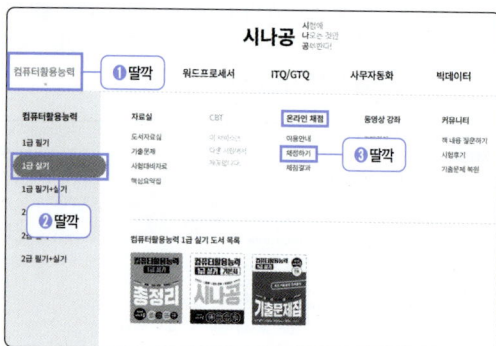

3. '온라인 채점'에서 채점할 도서로 '2026 시나공 컴퓨터활용능력 1급 실기 기출문제집'을 클릭하세요.

   ※ 간혹 '2026 시나공 컴퓨터활용능력 1급 실기 기본서'를 선택하는 경우가 있습니다. 교재명을 잘 확인한 후 꼭 '2026 시나공 컴퓨터활용능력 1급 실기 기출문제집'을 선택하세요.

4. '시험 유형 선택'에서 채점할 파일의 '과목', '시험 유형', '시험 회차'를 차례로 선택하세요. 아래쪽에 '채점할 파일 등록' 창이 나타납니다.

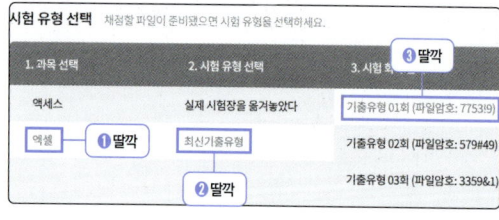

5. 채점할 파일을 '채점할 파일 등록' 창으로 드래그하거나 〈파일 업로드〉를 클릭한 후 '열기' 대화상자에서 채점할 파일을 선택하고 〈열기〉를 클릭하세요.

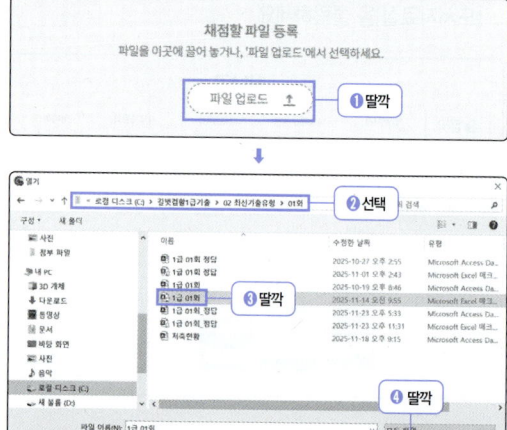

6. 파일이 업로드 된 후 〈채점하기〉를 클릭하면 채점이 수행됩니다.

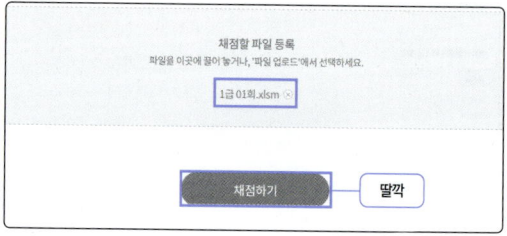

7. 채점이 완료되면 '채점결과'가 표시됩니다.

온라인 채점 서비스를 이용하려면?

2 틀린 부분 확인하기

'채점결과'에는 시험 유형, 점수, 합격 여부 그리고 감점 내역이 표시되며, 왼쪽의 문제 번호를 클릭하면 해당 문제의 감점 내역을 확인할 수 있습니다. 올바르게 작성했는데도 틀리다고 표시된 경우에는 시나공 홈페이지 위쪽의 메인 메뉴에서 [커뮤니티]를 클릭하여 해당 문제에 대해 궁금한 점을 문의할 수 있습니다.

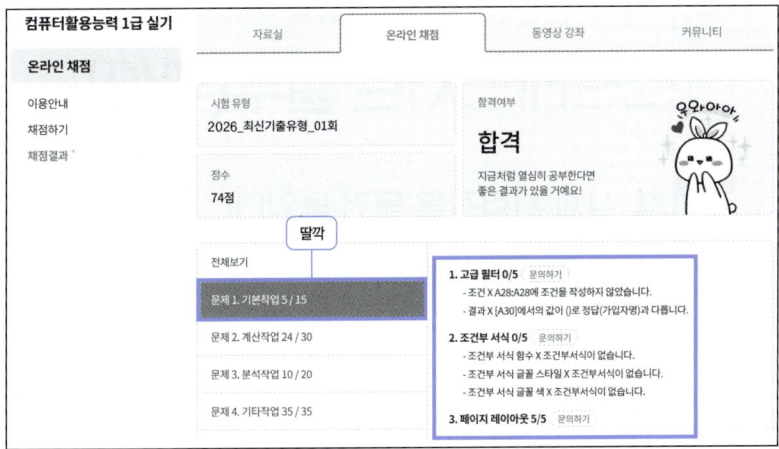

스프레드시트 실무(엑셀)

1장 실제 시험장을 옮겨 놓았다!
2장 최신기출유형

1장

실제 시험장을 옮겨 놓았다!

1 입실(시험 시작 10분 전)
2 신분증 및 수험표 확인
3 유의사항 및 컴퓨터 확인
4 문제 확인
5 문제 풀이
6 엑셀 시험 마무리

시험장 | 실제 시험장을 옮겨 놓았다!

시험이란 항상 긴장되고 떨리게 마련입니다. 이 장에서는 수험생이 입실하여 문제를 풀고, 퇴실하기까지의 전 과정을 상세히 다루었으니 차근차근 따라하며 시험에 대비하세요.

121001

1. 입실(시험 시작 10분 전)

컴퓨터활용능력 1급 실기 시험은 각 과목별로 45분, 총 90분 동안 치뤄지는데 보통 시험장에 도착하여 대기하다 10분 전에 입실합니다. 수험표에 지정된 시간까지 도착하지 않으면 입실을 거부당해 시험에 응시하실 수 없습니다. 또한 시험장 입실 시 수험표와 자신을 증명할 수 있는 신분증을 반드시 지참해야 합니다.

2. 신분증 및 수험표 확인

시험장에 입실하여 자신의 인적사항과 자리 번호가 표시된 컴퓨터에 앉아서 기다리면 시험 감독위원이 여러분이 소지한 신분증과 수험표를 통해 본인 인증 과정을 거칩니다. 신분증은 주민등록증, 운전면허증을 포함하여 '대한상공회의소'가 공지한 신분증 인정 범위에 속한 증명서만이 신분증으로 인정됩니다.

3. 유의사항 및 컴퓨터 확인

컴퓨터 화면 상단에는 시험 관련 유의사항이, 하단에는 〈연습하기〉 버튼이 표시됩니다. 유의사항을 꼼꼼하게 읽어본 후 〈연습하기〉 버튼을 눌러 엑셀과 액세스가 정상적으로 작동하는지 확인합니다. 문제가 있는 경우 손을 들고 감독관을 불러 조치를 받아야 합니다.

4   문제 확인

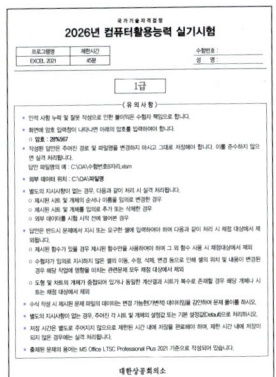 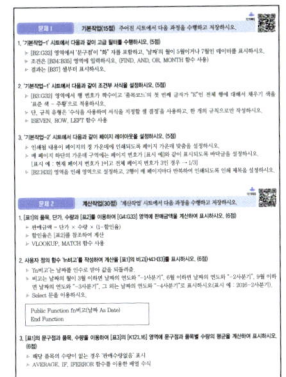 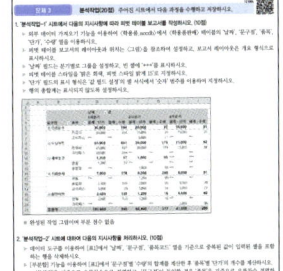 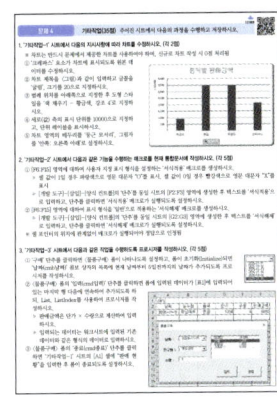

문제는 모니터에 표시되며, 보통 지시사항과 풀어야 할 문제를 포함한 4면으로 되어 있습니다. 확인하고 이상이 있으면 감독위원에게 문의하여 처리하세요.

다음은 최근 출제 경향이 잘 반영된 기출문제입니다. 풀이 과정을 따라하면서 전반적인 시험 분위기를 익히기 바랍니다.

 **전문가의 조언**

다음에 제시된 문제는 시험을 치른 학생들의 기억을 토대로 복원한 것이므로, 일부 내용이 실제 시험과 다를 수 있습니다.

실제 시험장에서 엑셀 문제를 풀 때는 몇 가지 요령이 필요합니다.

첫째, 아는 문제는 바로 풀지만 모르거나 바로 생각나지 않는 문제는 일단 표시해 두고 다음 문제를 풉니다.

둘째, [문제 2] 계산작업은 다른 모든 문제를 푼 다음 가장 나중에 풉니다.

셋째, [문제 2] 계산작업을 풀 때, 머릿속에 대략의 수식이 바로 세워지는 문제는 바로 풀어야 하지만, 수식이 바로 세워지지 않는 문제는 일단 표시해 두고 다음 문제를 풀어야 합니다.

이런 순서로 문제를 푸는 이유는 풀릴 듯 말 듯한 문제를 고민하다 시간을 다 허비하는 실수를 방지하기 위해서입니다.

공부할 때는 [문제2 계산작업]을 가장 먼저 공부해야 하지만, 실제 시험장에서는 가장 나중에 푸는 것이 좋습니다.

국가기술자격검정

2026년 컴퓨터활용능력 실기시험

프로그램명	제한시간
EXCEL 2021	45분

수험번호 :

성　　명 :

1급

〈 유 의 사 항 〉

- 인적 사항 누락 및 잘못 작성으로 인한 불이익은 수험자 책임으로 합니다.
- 화면에 암호 입력창이 나타나면 아래의 암호를 입력하여야 합니다.
  - 암호 : 28%567
- 작성된 답안은 주어진 경로 및 파일명을 변경하지 마시고 그대로 저장해야 합니다. 이를 준수하지 않으면 실격 처리됩니다.
  답안 파일명의 예 : C:\OA\수험번호8자리.xlsm
- **외부 데이터 위치 : C:\OA\파일명**
- 별도의 지시사항이 없는 경우, 다음과 같이 처리 시 실격 처리됩니다.
  - 제시된 시트 및 개체의 순서나 이름을 임의로 변경한 경우
  - 제시된 시트 및 개체를 임의로 추가 또는 삭제한 경우
  - 외부 데이터를 시험 시작 전에 열어본 경우
- 답안은 반드시 문제에서 지시 또는 요구한 셀에 입력하여야 하며 다음과 같이 처리 시 채점 대상에서 제외됩니다.
  - 제시된 함수가 있을 경우 제시된 함수만을 사용하여야 하며 그 외 함수 사용 시 채점대상에서 제외
  - 수험자가 임의로 지시하지 않은 셀의 이동, 수정, 삭제, 변경 등으로 인해 셀의 위치 및 내용이 변경된 경우 해당 작업에 영향을 미치는 관련문제 모두 채점 대상에서 제외
  - 도형 및 차트의 개체가 중첩되어 있거나 동일한 계산결과 시트가 복수로 존재할 경우 해당 개체나 시트는 채점 대상에서 제외
- 수식 작성 시 제시된 문제 파일의 데이터는 변경 가능한(가변적) 데이터임을 감안하여 문제 풀이를 하시오.
- 별도의 지시사항이 없는 경우, 주어진 각 시트 및 개체의 설정값 또는 기본 설정값(Default)으로 처리하시오.
- 저장 시간은 별도로 주어지지 않으므로 제한된 시간 내에 저장을 완료해야 하며, 제한 시간 내에 저장이 되지 않은 경우에는 실격 처리됩니다.
- 출제된 문제의 용어는 MS Office LTSC Professional Plus 2021 기준으로 작성되어 있습니다.

대한상공회의소

문제 1   기본작업(15점)   주어진 시트에서 다음 과정을 수행하고 저장하시오.

1. '기본작업-1' 시트에서 다음과 같이 고급 필터를 수행하시오. (5점)
- [B2:G32] 영역에서 '문구점'이 "화" 자를 포함하고, '날짜'의 월이 5월이거나 7월인 데이터를 표시하시오.
- 조건은 [B34:B35] 영역에 입력하시오. (FIND, AND, OR, MONTH 함수 사용)
- 결과는 [B37] 셀부터 표시하시오.

2. '기본작업-1' 시트에서 다음과 같이 조건부 서식을 설정하시오. (5점)
- [B3:G32] 영역에서 행 번호가 짝수이고 '품목코드'의 첫 번째 글자가 "E"인 전체 행에 대해서 채우기 색을 '표준 색 - 주황'으로 적용하시오.
- 단, 규칙 유형은 '수식을 사용하여 서식을 지정할 셀 결정'을 사용하고, 한 개의 규칙으로만 작성하시오.
- ISEVEN, ROW, LEFT 함수 사용

3. '기본작업-2' 시트에서 다음과 같이 페이지 레이아웃을 설정하시오. (5점)
- 인쇄될 내용이 페이지의 정 가운데에 인쇄되도록 페이지 가운데 맞춤을 설정하시오.
- 매 페이지 하단의 가운데 구역에는 페이지 번호가 [표시 예]와 같이 표시되도록 바닥글을 설정하시오.
  [표시 예 : 현재 페이지 번호가 1이고 전체 페이지 번호가 3인 경우 → 1/3]
- [B2:H32] 영역을 인쇄 영역으로 설정하고, 2행이 매 페이지마다 반복하여 인쇄되도록 인쇄 제목을 설정하시오.

문제 2   계산작업(30점)   '계산작업' 시트에서 다음 과정을 수행하고 저장하시오.

1. [표1]의 품목, 단가, 수량과 [표2]를 이용하여 [G4:G33] 영역에 판매금액을 계산하여 표시하시오. (6점)
- 판매금액 = 단가 × 수량 × (1-할인율)
- 할인율은 [표2]를 참조하여 계산
- VLOOKUP, MATCH 함수 사용

2. 사용자 정의 함수 'fn비고'를 작성하여 계산을 [표1]의 비고[H4:H33]를 표시하시오. (6점)
- 'fn비고'는 날짜를 인수로 받아 값을 되돌려줌
- 비고는 날짜의 월이 3월 이하면 날짜의 연도와 "-1사분기", 6월 이하면 날짜의 연도와 "-2사분기", 9월 이하면 날짜의 연도와 "-3사분기", 그 외는 날짜의 연도와 "-4사분기"로 표시하시오.(표시 예 : 2016-2사분기).
- Select 문을 이용하시오.

```
Public Function fn비고(날짜 As Date)

End Function
```

3. [표1]의 문구점과 품목, 수량을 이용하여 [표3]의 [K12:L16] 영역에 문구점과 품목별 수량의 평균을 계산하여 표시하시오. (6점)
- 해당 품목의 수량이 없는 경우 '판매수량없음' 표시
- AVERAGE, IF, IFERROR 함수를 이용한 배열 수식

4. [표1]의 문구점을 이용하여 [표3]의 [M12:M16] 영역에 문구점별 판매건수를 계산하여 표시하시오. (6점)
   ▶ 표시 예 : 5건
   ▶ SUM, TEXT 함수를 이용한 배열 수식

5. [표1]을 이용하여 [표4]의 [J20] 셀에 수량이 가장 많은 품목의 품목명과 문구점을 계산하여 표시하시오. (6점)
   ▶ 표시 예 : 크레파스-화진아트
   ▶ INDEX, MATCH, MAX 함수와 & 연산자 사용

문제 3 분석작업(20점) 주어진 시트에서 다음 과정을 수행하고 저장하시오.

1. '분석작업-1' 시트에서 다음의 지시사항에 따라 피벗 테이블 보고서를 작성하시오. (10점)
   ▶ 외부 데이터 가져오기 기능을 이용하여 〈학용품.accdb〉에서 〈학용품판매〉 테이블의 '날짜', '문구점', '품목', '단가', '수량' 열을 이용하시오.
   ▶ 피벗 테이블 보고서의 레이아웃과 위치는 〈그림〉을 참조하여 설정하고, 보고서 레이아웃은 개요 형식으로 표시하시오.
   ▶ '날짜' 필드는 분기별로 그룹을 설정하고, 빈 셀에 '***'를 표시하시오.
   ▶ 피벗 테이블 스타일을 '밝은 회색, 피벗 스타일 밝게 15'로 지정하시오.
   ▶ '단가' 필드의 표시 형식은 '값 필드 설정'의 셀 서식에서 '숫자' 범주를 이용하여 지정하시오.
   ▶ 행의 총합계는 표시되지 않도록 설정하시오.

	A	B	C	D	E	F	G	H	I
1									
2				날짜	값				
3				1사분기		2사분기		3사분기	
4		문구점	품목	합계 : 단가	합계 : 수량	합계 : 단가	합계 : 수량	합계 : 단가	합계 : 수량
5		⊟ 남경문구		30,000	164	20,000	35	15,000	51
6			리코더	30,000	164	15,000	24	15,000	51
7			크레파스	***	***	5,000	11	***	***
8		⊟ 모닝아트		65,000	461	30,000	179	15,000	92
9			리코더	45,000	197	30,000	179	15,000	92
10			크레파스	20,000	264	***	***	***	***
11		⊟ 새싹문구		1,200	57	1,000	99	***	***
12			연필	1,200	57	***	***	***	***
13			종합장	***	***	1,000	99	***	***
14		⊟ 신화상사		7,000	178	8,200	248	6,000	51
15			연필	***	***	1,200	99	***	***
16			종합장	2,000	149	2,000	95	1,000	29
17			크레파스	5,000	29	5,000	54	5,000	22
18		⊟ 화진아트		2,400	135	1,200	16	5,000	86
19			연필	2,400	135	1,200	16	***	***
20			크레파스	***	***	***	***	5,000	86
21		총합계		105,600	995	60,400	577	41,000	280

※ 완성된 작업 그림이며 부분 점수 없음

2. '분석작업-2' 시트에 대하여 다음의 지시사항을 처리하시오. (10점)
   ▶ 데이터 도구를 이용하여 [표1]에서 '날짜', '문구점', '품목코드' 열을 기준으로 중복된 값이 입력된 셀을 포함하는 행을 삭제하시오.
   ▶ [부분합] 기능을 이용하여 [표1]에서 '문구점'별 '수량'의 합계를 계산한 후 '품목'별 '단가'의 개수를 계산하시오.
     - '문구점'을 기준으로 오름차순으로 정렬하고, '문구점'이 동일한 경우 '품목'을 기준으로 오름차순 정렬하시오.
     - 합계와 개수는 위에 명시된 순서대로 처리하시오.

문제 4

기타작업(35점) 주어진 시트에서 다음의 과정을 수행하고 저장하시오.

1. '기타작업-1' 시트에서 다음의 지시사항에 따라 차트를 수정하시오. (각 2점)
   ※ 차트는 반드시 문제에서 제공한 차트를 사용하여야 하며, 신규로 차트 작성 시 0점 처리됨
   ① '크레파스' 요소가 차트에 표시되도록 원본 데이터를 수정하시오.
   ② 차트 제목을 〈그림〉과 같이 입력하고 글꼴을 '굴림', 크기를 20으로 지정하시오.
   ③ 범례 위치를 아래쪽으로 지정한 후 도형 스타일을 '색 채우기 – 황금색, 강조 4'로 지정하시오.
   ④ 세로(값) 축의 표시 단위를 10000으로 지정하고, 단위 레이블을 표시하시오.
   ⑤ 차트 영역의 테두리를 '둥근 모서리', 그림자를 '안쪽: 오른쪽 아래'로 설정하시오.

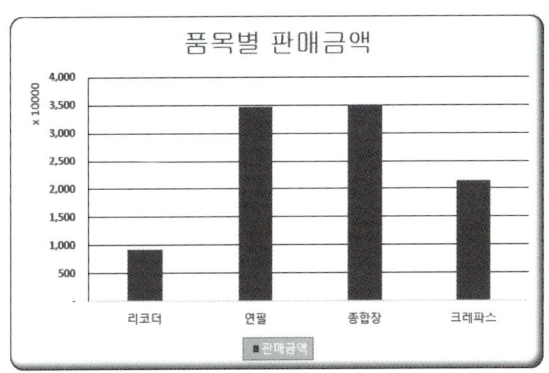

2. '기타작업-2' 시트에서 다음과 같은 기능을 수행하는 매크로를 현재 통합문서에 작성하시오. (각 5점)
   ① [F6:F15] 영역에 대하여 사용자 지정 표시 형식을 설정하는 '서식적용' 매크로를 생성하시오.
   ▶ 셀 값이 1일 경우 파랑색으로 영문 대문자 "O"를 표시, 셀 값이 0일 경우 빨강색으로 영문 대문자 "X"를 표시
   ▶ [개발 도구]-[삽입]-[양식 컨트롤]의 '단추'를 동일 시트의 [F2:F3] 영역에 생성한 후 텍스트를 '서식적용'으로 입력하고, 단추를 클릭하면 '서식적용' 매크로가 실행되도록 설정하시오.
   ② [F6:F15] 영역에 대하여 표시 형식을 '일반'으로 적용하는 '서식해제' 매크로를 생성하시오.
   ▶ [개발 도구]-[삽입]-[양식 컨트롤]의 '단추'를 동일 시트의 [G2:G3] 영역에 생성한 후 텍스트를 '서식해제'로 입력하고, 단추를 클릭하면 '서식해제' 매크로가 실행되도록 설정하시오.
   ※ 셀 포인터의 위치에 관계없이 매크로가 실행되어야 정답으로 인정됨

3. '기타작업-3' 시트에서 다음과 같은 작업을 수행하도록 프로시저를 작성하시오. (각 5점)
   ① '구매' 단추를 클릭하면 〈물품구매〉 폼이 나타나도록 설정하고, 폼이 초기화(Initialize)되면 '날짜(cmb날짜)' 콤보 상자의 목록에 현재 날짜부터 5일전까지의 날짜가 추가되도록 프로시저를 작성하시오.

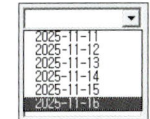

   ② 〈물품구매〉 폼의 '입력(cmd입력)' 단추를 클릭하면 폼에 입력된 데이터가 [표1]에 입력되어 있는 마지막 행 다음에 연속하여 추가되도록 하되, List, ListIndex를 사용하여 프로시저를 작성하시오.
   ▶ 판매금액은 단가 × 수량으로 계산하여 입력하시오.
   ▶ 입력되는 데이터는 워크시트에 입력된 기존 데이터와 같은 형식의 데이터로 입력하시오.
   ③ 〈물품구매〉 폼의 '종료(cmd종료)' 단추를 클릭하면 '기타작업-1' 시트의 [A1] 셀에 "판매 현황"을 입력한 후 폼이 종료되도록 설정하시오.

5 문제 풀이

감독위원이 시험 시작을 알리면 시험관련 유의사항의 화면에서 사라지고 파일명이 수험번호로 지정된 문제 파일이 화면에 나타납니다.

 전문가의 조언

- 수험생 여러분은 'C:\길벗컴활1급기출\01 시험장따라하기' 폴더에서 '12345678.xlsm'을 실행시킨 다음 따라하시면 됩니다.
- 실제 시험장에서는 자동으로 '수험번호.xlsm' 파일이 생성됩니다. 수험번호는 8자리 숫자이므로 수험번호가 12345678이라면 '12345678.xlsm' 파일이 자동으로 생성됩니다.
- 시험 시작을 알리면, 암호 입력 대화상자가 표시되지 않고 바로 문제 파일이 열립니다. 혹시라도 암호 입력 대화상자가 표시된다면, 당황하지 말고 문제 1면의 〈유의사항〉에 표시된 암호를 직접 입력하면 됩니다.

 전문가의 조언

빠른 실행 도구 모음의 '저장(🖫)' 아이콘을 클릭하여 수시로 저장해야 합니다. 시험 중에 정전이나 기타의 이유로 컴퓨터가 다운될 경우, 저장하지 않아서 잃어버린 내용을 복구하는 시간은 주어지지 않습니다.

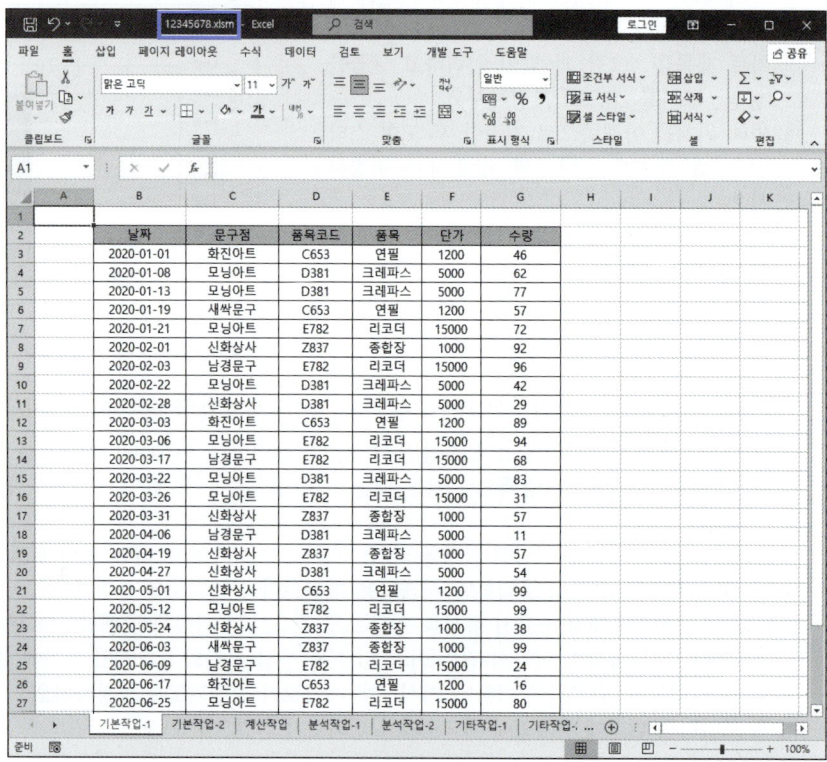

궁금해요 시나공 Q&A 베스트

Q 일부 액티브 콘텐츠를 사용할 수 없다는 '보안 경고'가 나타나요.

A 이름 상자 위에 '보안 경고'가 표시되면 보안 경고 메시지의 오른쪽에 있는 〈콘텐츠 사용〉을 클릭하세요.

> 문제 1   기본작업 풀이

01. 고급 필터 수행하기

1. '기본작업-1' 시트를 선택한 후 먼저 고급 필터에 사용할 조건을 입력해야 합니다. [B34] 셀에 **조건**, [B35] 셀에 =AND(FIND("화",C3))=1,OR(MONTH(B3)=5,MONTH(B3)=7))를 입력하세요.

 전문가의 조언

- 함수나 식의 계산값을 고급 필터의 찾을 조건으로 지정하는 경우, 조건 지정 범위의 첫 행에 입력될 조건 필드명은 원본 데이터의 필드명과 다른 문자열을 입력하거나 생략해야 합니다.
- 문제에 제시된 FIND, AND, OR, MONTH 함수를 모두 사용하여 조건을 지정해야 합니다.

2. 조건을 입력했으면 데이터 범위(B2:G32) 안에 셀 포인터를 놓고, [데이터] → 정렬 및 필터 → **고급**을 클릭하세요. '고급 필터' 대화상자가 나타나면 현재 데이터가 있는 영역이 아닌 다른 장소에 추출하기 위해 '다른 장소에 복사'를 선택하고, 목록 범위를 지정하는 범위 지정 단추(↑)를 클릭하세요.

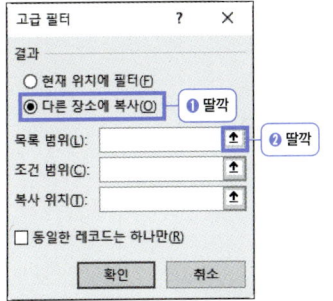

 **전문가의 조언**

고급 필터를 수행하기 전에 셀 포인터 위치가 데이터 범위(B2:G32) 안에 있었다면 '목록 범위'가 자동으로 지정됩니다.

3. [B2:G32] 영역을 마우스로 드래그하면 셀 주소가 '목록 범위' 난에 표시됩니다. 범위 지정 단추(🔝)를 다시 한 번 클릭하면 '고급 필터' 대화상자로 돌아갑니다.

	A	B	C	D	E	F	G	H
1								
2		날짜	문구점	품목코드	품목	단가	수량	
3		2020-01-01	화진아트	C653	연필	1200	46	
4		2020-01-08	모닝아트	D381	크레파스	5000	62	
5		2020-01-13	모닝아트	D381	크레파스	5000	77	
6		2020-01-19	새싹문구	C653	연필	1200	57	
7		2020-01-21	모닝아트	E782	리코더	15000	72	
8		2020-02-01	신화상사	Z837	종합장	1000	92	
9		2020-02-03	남경문구	E782	리코더	15000	96	
10		2020-02-22	모닝아트	D381	크레파스	5000	42	
11		2020-02-28	신화상사	D381	크레파스	5000	29	
12		2020-03-03				1200	89	
13		2020-03-06					94	
14		2020-03-17	남경문구	E782	리코더	15000	68	
15		2020-03-22	모닝아트	D381	크레파스	5000	83	
16		2020-03-26	모닝아트	E782	리코더	15000	31	
17		2020-03-31	신화상사	Z837		1000	57	
18		2020-04-06	남경문구	D381	크레파스	5000	11	
19		2020-04-19	신화상사	Z837	종합장	1000	57	
20		2020-04-27	신화상사	D381	크레파스	5000	54	
21		2020-05-01	신화상사	C653	연필	1200	99	
22		2020-05-12	모닝아트	E782	리코더	15000	99	
23		2020-05-24	신화상사	Z837	종합장	1000	38	
24		2020-06-03	새싹문구	Z837	종합장	1000	99	
25		2020-06-09	남경문구	E782	리코더	15000	24	
26		2020-06-17	화진아트	C653	연필	1200	16	
27		2020-06-25	모닝아트	E782	리코더	15000	80	
28		2020-07-01	남경문구	E782	리코더	15000	51	
29		2020-07-11	신화상사	D381	크레파스	5000	22	
30		2020-07-21	화진아트	D381	크레파스	5000	86	
31		2020-07-31	신화상사	Z837	종합장	1000	29	
32		2020-08-06	모닝아트	E782	리코더	15000	92	
33								

4. 같은 방법으로 '조건 범위'와 '복사 위치'를 그림과 같이 지정하고 〈확인〉을 클릭하세요.

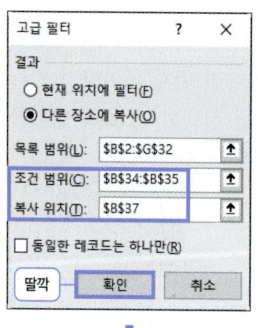

	A	B	C	D	E	F	G	H
33								
34		조건						
35		FALSE						
36								
37		날짜	문구점	품목코드	품목	단가	수량	
38		2020-05-01	신화상사	C653	연필	1200	99	
39		2020-05-24	신화상사	Z837	종합장	1000	38	
40		2020-07-11	신화상사	D381	크레파스	5000	22	
41		2020-07-21	화진아트	D381	크레파스	5000	86	
42		2020-07-31	신화상사	Z837	종합장	1000	29	

02. 조건부 서식 지정하기

1. 필드명을 제외한 [B3:G32] 영역을 화살표 방향으로 드래그하여 블록으로 지정한 후 [홈] → 스타일 → 조건부 서식 → **새 규칙**을 선택하세요.

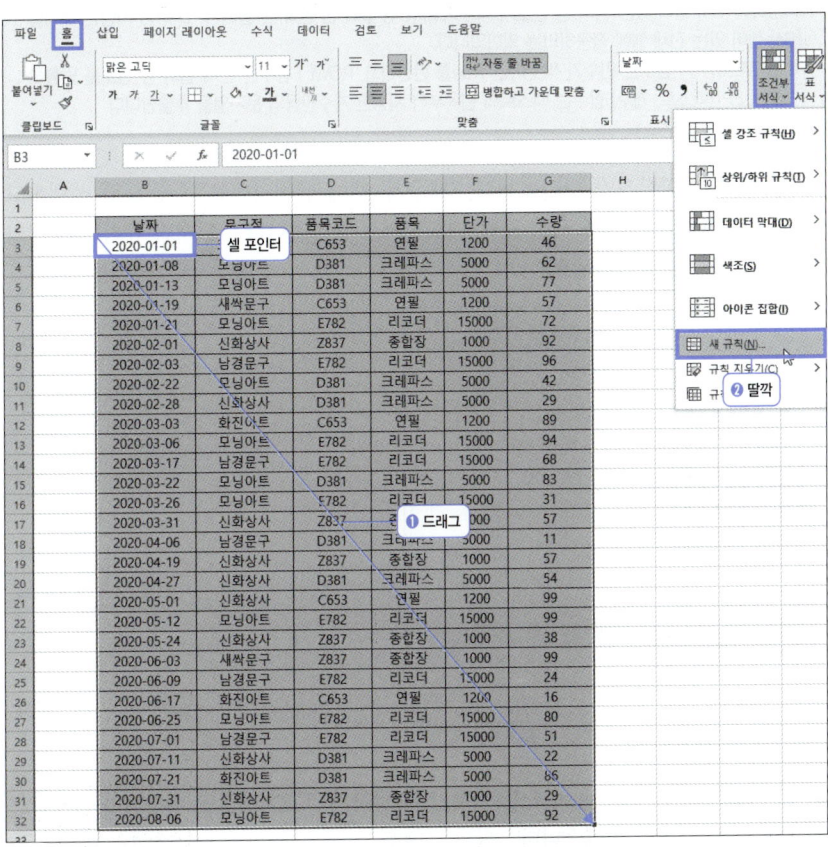

> **전문가의 조언**
>
> 조건부 서식을 적용할 범위를 지정할 때 필드의 제목은 지정하지 않는다는 것을 기억하세요.

> **전문가의 조언**
>
> 범위를 지정했을 때는 흰색으로 반전된 셀이 현재 셀 포인터가 있는 위치입니다.

2. '새 서식 규칙' 대화상자가 나타납니다. '수식을 사용하여 서식을 지정할 셀 결정'을 선택한 다음 그림과 같이 조건을 입력하고 〈서식〉을 클릭하세요.

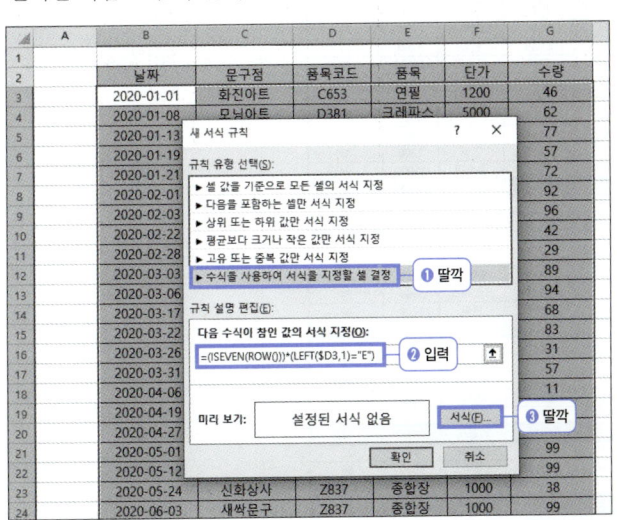

> **전문가의 조언**
>
> • 수식을 사용하여 조건을 설정하려면 '새 서식 규칙' 대화상자에서 '수식을 사용하여 서식을 지정할 셀 결정'을 선택해야 합니다.
> • '새 서식 규칙' 대화상자에서 조건으로 수식을 입력할 때 방향키(→, ←, ↑, ↓)를 누르면 현재 셀 포인터를 기준으로 이동된 셀 주소가 입력됩니다. 그러므로 수식을 수정할 위치로 이동할 때는 방향키가 아니라 마우스로 직접 해당 위치를 클릭해야 합니다.

전문가의 조언

범위로 지정한 행 전체에 같은 서식이 적용되게 하려면 수식에 사용되는 셀 주소 중 기준이 되는 셀 주소의 열 번호 앞에 '$'를 붙여야 합니다. 여기서는 품목코드가 있는 첫 번째 주소인 [D3] 셀이 기준이 되는 셀 주소에 해당됩니다.

잠깐만요 =(ISEVEN(ROW( )))*(LEFT($D3,1)="E")

현재 셀 포인터가 [B3] 셀에 있으니 [B3] 셀이 있는 행의 행 번호가 짝수이고, [D3] 셀의 맨 왼쪽 한 글자가 "E"이면 지정한 서식을 [B3] 셀이 있는 전체 행에 적용하라는 의미입니다. 만약 셀 포인터가 [B4] 셀로 이동하면 [B4] 셀이 있는 행의 행 번호가 짝수이고, [D4] 셀의 맨 왼쪽 한 글자가 "E"이면 지정한 서식을 [B4] 셀이 있는 전체 행에 적용하라는 의미입니다.

※ ISEVEN(인수) 함수는 인수가 짝수이면 True를 반환하고, ROW( ) 함수는 현재 셀의 행 번호를 반환하고, LEFT(텍스트, 개수) 함수는 텍스트의 왼쪽부터 지정한 개수만큼의 문자열을 추출합니다.

3. '셀 서식' 대화상자가 나타납니다. '채우기' 탭에서 배경색을 '주황'으로 선택하고 〈확인〉을 클릭하세요. '새 서식 규칙' 대화상자로 돌아옵니다. '새 서식 규칙' 대화상자에서도 〈확인〉을 클릭하세요.

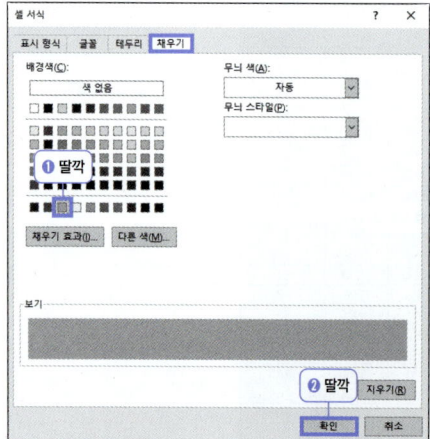

4. 행 번호가 짝수이고, '품목코드'의 첫 번째 글자가 "E"인 자료만 배경색이 주황으로 표시된 것을 확인할 수 있습니다.

	A	B	C	D	E	F	G	H
1								
2		날짜	문구점	품목코드	품목	단가	수량	
3		2020-01-01	화진아트	C653	연필	1200	46	
4		2020-01-08	모닝아트	D381	크레파스	5000	62	
5		2020-01-13	모닝아트	D381	크레파스	5000	77	
6		2020-01-19	새싹문구	C653	연필	1200	57	
7		2020-01-21	모닝아트	E782	리코더	15000	72	
8		2020-02-01	신화상사	Z837	종합장	1000	92	
9		2020-02-03	남경문구	E782	리코더	15000	96	
10		2020-02-22	모닝아트	D381	크레파스	5000	42	
11		2020-02-28	신화상사	D381	크레파스	5000	29	
12		2020-03-03	화진아트	C653	연필	1200	89	
13		2020-03-06	모닝아트	E782	리코더	15000	94	
14		2020-03-17	남경문구	E782	리코더	15000	68	
15		2020-03-22	모닝아트	D381	크레파스	5000	83	
16		2020-03-26	모닝아트	E782	리코더	15000	31	
17		2020-03-31	신화상사	Z837	종합장	1000	57	
18		2020-04-06	남경문구	D381	크레파스	5000	11	
19		2020-04-19	신화상사	Z837	종합장	1000	57	
20		2020-04-27	신화상사	D381	크레파스	5000	54	
21		2020-05-01	신화상사	C653	연필	1200	99	
22		2020-05-12	모닝아트	E782	리코더	15000	99	
23		2020-05-24	신화상사	Z837	종합장	1000	38	
24		2020-06-03	새싹문구	Z837	종합장	1000	99	
25		2020-06-09	남경문구	E782	리코더	15000	24	
26		2020-06-17	화진아트	C653	연필	1200	16	
27		2020-06-25	모닝아트	E782	리코더	15000	80	
28		2020-07-01	남경문구	E782	리코더	15000	51	
29		2020-07-11	신화상사	D381	크레파스	5000	22	
30		2020-07-21	화진아트	D381	크레파스	5000	86	
31		2020-07-31	신화상사	Z837	종합장	1000	29	
32		2020-08-06	모닝아트	E782	리코더	15000	92	

03. 페이지 레이아웃 설정하기

1. '기본작업-2' 시트를 선택한 후 [페이지 레이아웃] → **페이지 설정**의 을 클릭하세요. '페이지 설정' 대화상자가 나타납니다.

2. 인쇄될 내용이 정 가운데에 인쇄되도록 설정해야 합니다. '페이지 설정' 대화상자의 '여백' 탭에서 '페이지 가운데 맞춤'의 '가로'와 '세로'를 선택하세요.

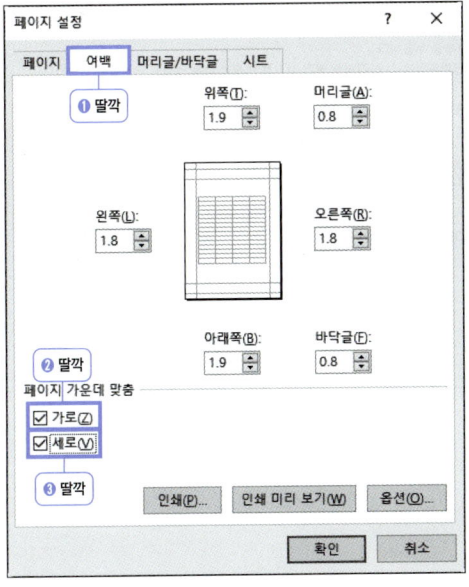

3. 페이지 번호가 페이지 하단의 가운데에 표시되도록 설정해야 합니다. '페이지 설정' 대화상자에서 '머리글/바닥글' 탭을 선택한 후 〈바닥글 편집〉을 클릭하세요. '바닥글' 대화상자가 나타납니다.

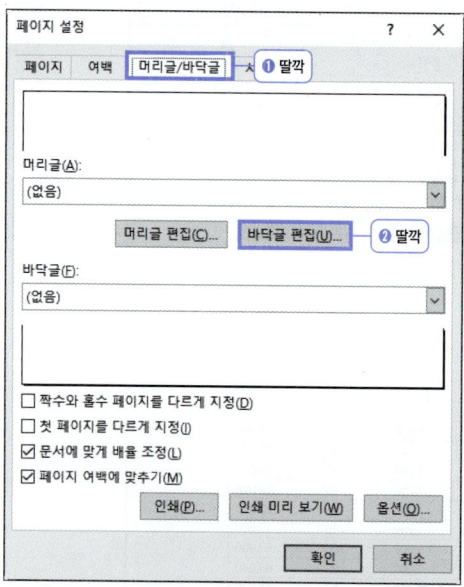

4. '바닥글' 대화상자에서 '가운데 구역'을 클릭한 후 '페이지 번호 삽입(📄)' 아이콘을 클릭하면 '가운데 구역'에 '&[페이지 번호]'가 표시됩니다. 이어서 '&[페이지 번호]' 뒤에 /를 입력하고 '전체 페이지 수 삽입(📄)' 아이콘을 클릭한 다음 〈확인〉을 클릭하세요.

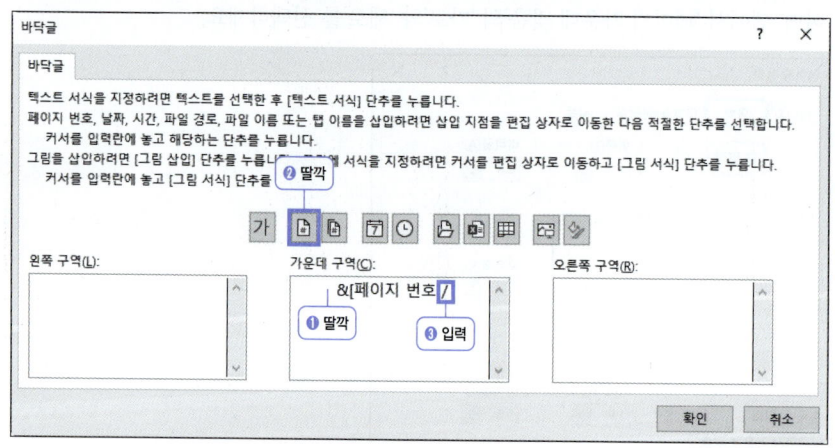

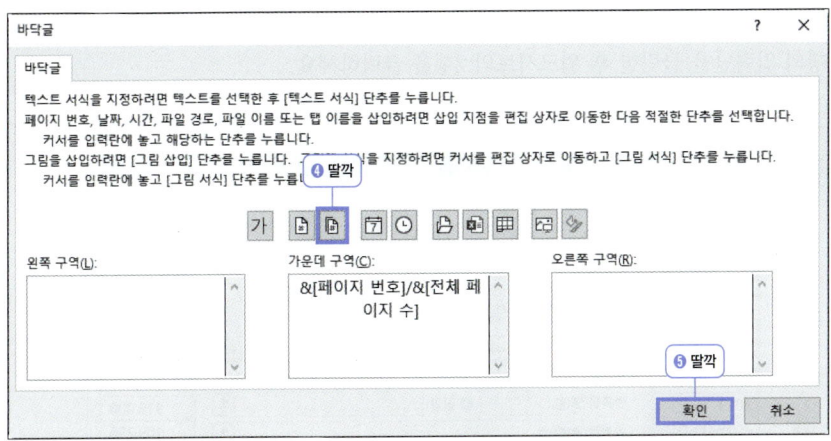

5. [B2:H32] 영역을 인쇄 영역으로 설정해야 합니다. '페이지 설정' 대화상자의 '시트' 탭을 선택하고 인쇄 영역의 입력난을 클릭한 후 [B2:H32] 영역을 드래그하여 범위로 지정하세요.

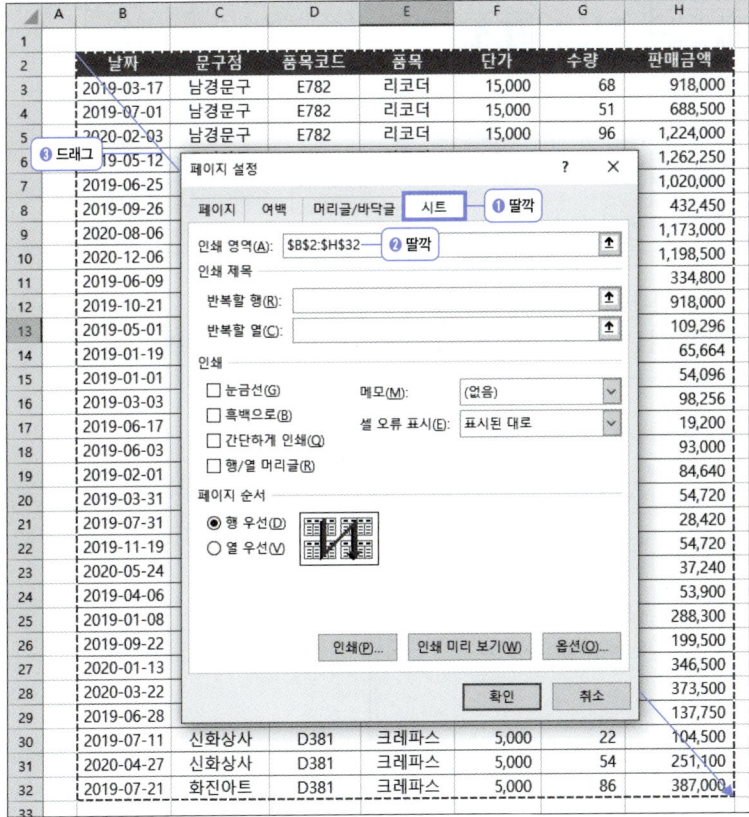

전문가의 조언

2행 중 어디를 클릭하든 2행 전체가 반복 행으로 지정됩니다.

6. 2행이 매 페이지마다 반복하여 인쇄되도록 설정해야 합니다. '인쇄 제목'의 반복할 행의 입력난을 클릭한 후 워크시트의 2행을 클릭하세요.

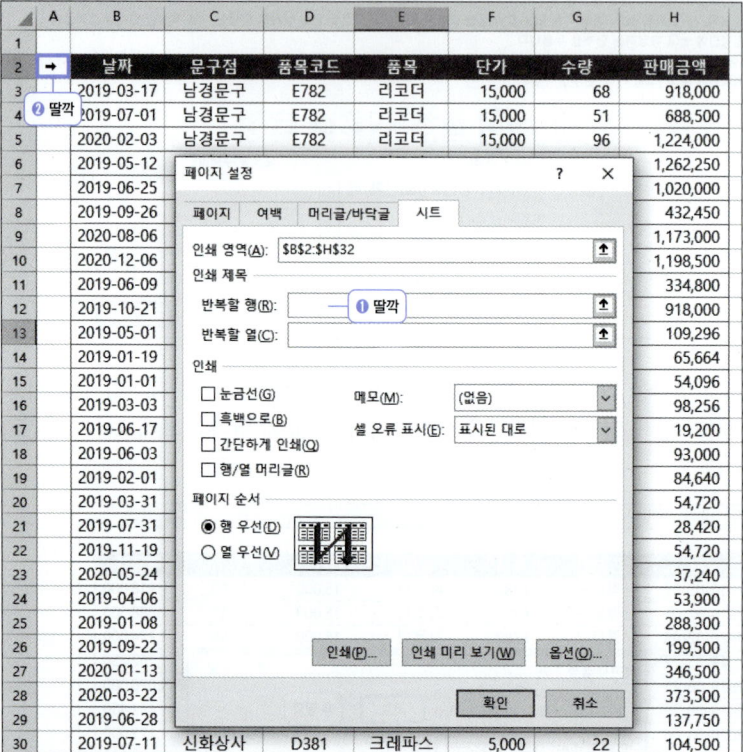

7. 페이지 설정 결과를 확인하기 위해 '페이지 설정' 대화상자에서 〈인쇄 미리 보기〉 단추를 클릭합니다. '인쇄 미리 보기' 화면은 Esc 를 누르면 종료됩니다.

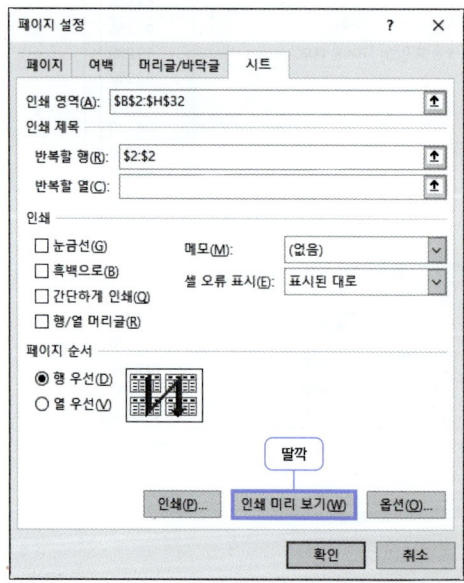

1페이지

날짜	문구점	품목코드	품목	단가	수량	판매금액
2019-03-17	남경문구	E782	리코더	15,000	68	918,000
2019-07-01	남경문구	E782	리코더	15,000	51	688,500
2020-02-03	남경문구	E782	리코더	15,000	96	1,224,000
2019-05-12	모닝아트	E782	리코더	15,000	99	1,262,250
2019-06-25	모닝아트	E782	리코더	15,000	80	1,020,000
2019-09-26	모닝아트	E782	리코더	15,000	31	432,450
2020-08-06	모닝아트	E782	리코더	15,000	92	1,173,000
2020-12-06	모닝아트	E782	리코더	15,000	94	1,198,500
2019-06-09	신화상사	E782	리코더	15,000	24	334,800
2019-10-21	화진아트	E782	리코더	15,000	72	918,000
2019-05-01	남경문구	C653	연필	1,200	99	109,296
2019-01-19	새싹문구	C653	연필	1,200	57	65,664
2019-01-01	화진아트	C653	연필	1,200	46	54,096
2019-03-03	화진아트	C653	연필	1,200	89	98,256
2019-06-17	화진아트	C653	연필	1,200	16	19,200
2019-06-03	새싹문구	Z837	종합장	1,000	100	93,000
2019-02-01	신화상사	Z837	종합장	1,000	92	84,640
2019-03-31	신화상사	Z837	종합장	1,000	57	54,720
2019-07-31	신화상사	Z837	종합장	1,000	29	28,420
2019-11-19	신화상사	Z837	종합장	1,000	57	54,720
2020-05-24	신화상사	Z837	종합장	1,000	38	37,240
2019-04-06	남경문구	D381	크레파스	5,000	11	53,900
2019-01-08	모닝아트	D381	크레파스	5,000	62	288,300
2019-09-22	모닝아트	D381	크레파스	5,000	42	199,500
2020-01-13	모닝아트	D381	크레파스	5,000	77	346,500
2020-03-22	모닝아트	D381	크레파스	5,000	83	373,500
2019-06-28	신화상사	D381	크레파스	5,000	29	137,750
2019-07-11	신화상사	D381	크레파스	5,000	22	104,500

2페이지

날짜	문구점	품목코드	품목	단가	수량	판매금액
2020-04-27	신화상사	D381	크레파스	5,000	54	251,100
2019-07-21	화진아트	D381	크레파스	5,000	86	387,000

문제 2 계산작업 풀이

'계산작업' 시트를 선택하세요.

	A	B	C	D	E	F	G	H
1								
2	[표1]							
3	날짜	문구점	품목코드	품목	단가	수량	판매금액	비고
4	2019-07-21	화진아트	D381	크레파스	5,000	86		
5	2019-07-31	신화상사	Z837	종합장	1,000	29		
6	2020-05-24	신화상사	Z837	종 딸깍	1,000	38		
7	2019-06-03	새싹문구	Z837	종합장	1,000	100		

> **전문가의 조언**
> 일반 수식을 입력한 후 Ctrl + Enter 를 누르면 셀 포인터가 이동되지 않고 입력이 완성되므로, 셀 포인터를 한 칸 위로 이동하지 않고 바로 자동 채우기를 할 수 있습니다.

01. 판매금액 구하기

1. [G4] 셀에 다음과 같이 입력한 후 결과를 확인하세요.

=E4*F4*(1-VLOOKUP(D4,$J$5:$O$8,MATCH(F4,$K$4:$O$4,1)+1,FALSE))

수식의 이해

수식을 이해할 때는 우선순위에 따라 안쪽에서부터 바깥쪽 방향으로 수식이나 함수를 하나씩 상수로 변환하면서 이해하면 쉽습니다.
=E4*F4*(1-VLOOKUP(D4,J5:O8,MATCH(F4,K4:O4,1)+1,FALSE))
　　　　　　　　　　　　　　　　　❶

1. ❶ MATCH(F4,K4:O4,1) : [K4:O4] 영역에서 [F4] 셀의 값 86이 있는 위치는 4입니다. 이 값을 ❶에 대입하면 다음과 같습니다.
=E4*F4*(1-VLOOKUP(D4,J5:O8,4+1,FALSE))
　　　　　　　　　　　　❷

2. ❷ VLOOKUP(D4,J5:O8,4+1,FALSE) : [D4] 셀의 값이 "크레파스"이므로 계산 순서는 다음과 같습니다.
㉠ [J5:O8] 영역의 가장 왼쪽 열에서 [D4] 셀의 값 "크레파스"를 찾습니다. 2행에 있습니다.
㉡ "크레파스"가 있는 2행에서 5열에 있는 값 10%를 찾아서 반환합니다.

	I	J	K	L	M	N	O
3		[표2] 할인율					
4		수량	1개	20개	50개	70개	100개
5		리코더	5%	7%	10%	15%	20%
6		크레파스	2%	5%	7%	10%	15%
7		연필	0%	2%	4%	8%	10%
8		종합장	0%	2%	4%	8%	7%

※ VLOOKUP(찾을값, 범위, 열 번호, 옵션) 함수에서 열 번호에 '+1'을 한 이유는 열 위치를 맞추기 위해서 입니다. 수량이 1개일 경우 MATCH 함수의 결과값은 1인데, VLOOKUP 함수의 범위(J5:O8)에서 할인율은 2열부터 입력되어 있으므로 1을 더해 열 위치를 맞춘 것입니다.

㉢ 10%를 ❷에 대입하면 다음과 같습니다.
3. =E4*F4*(1-10%) → 5000*86*(1-10%) : 결과값인 387,0000이 [G4] 셀에 입력됩니다.

2. 결과를 확인한 후 [G33] 셀까지 자동 채우기 핸들을 드래그하여 수식을 복사하세요.

02. 사용자 정의 함수를 이용한 비고 구하기

1. Alt + F11을 눌러 VBE를 호출하세요.
2. 프로젝트 탐색기 창에서 바로 가기 메뉴를 호출하여 [삽입] → **모듈**을 선택하세요.

- VBE는 Visual Basic Editor를 말합니다.
- 바로 가기 메뉴를 호출한다는 것은 마우스 오른쪽 버튼을 클릭한다는 것 알고 있죠?
- [개발 도구] → 코드 → Visual Basic을 클릭해도 VBE가 호출됩니다.
- 워크시트 이름의 바로 가기 메뉴에서 [코드 보기]를 선택해도 VBE가 호출됩니다.

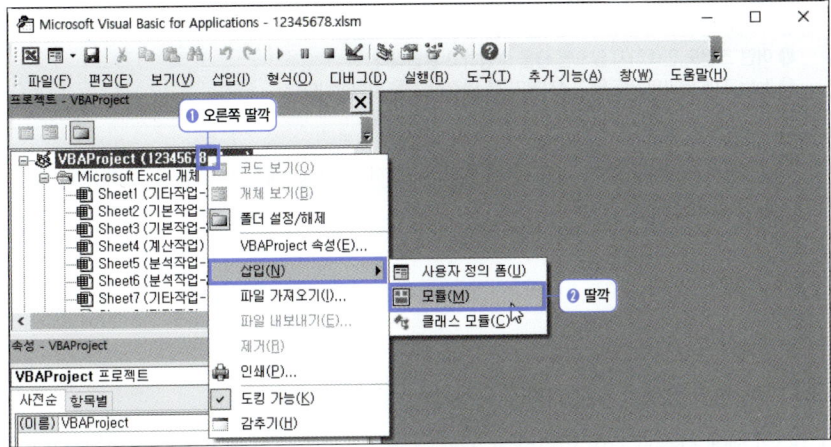

3. 프로젝트 탐색기 창에 모듈이 추가됩니다. 추가된 모듈의 코드 창에 다음과 같이 코드를 입력한 후 '보기 Microsoft Excel(📊)' 아이콘을 클릭하면 워크시트로 돌아갑니다.

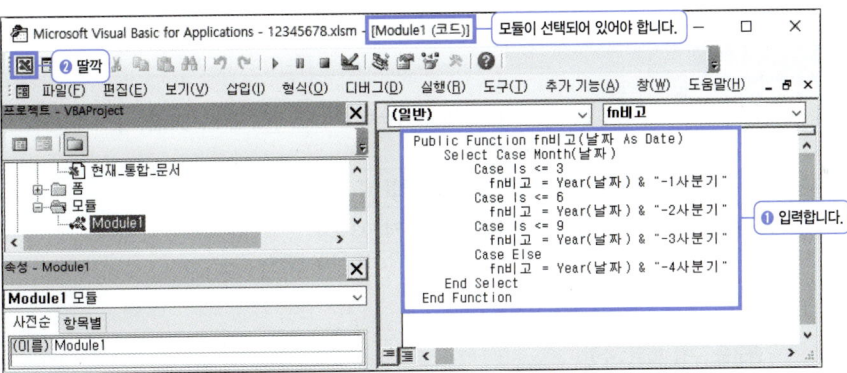

잠깐만요 | 사용자 정의 함수 코드

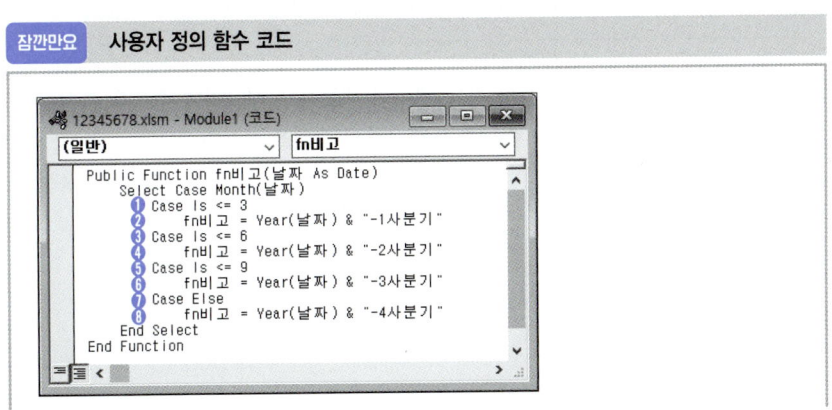

실제 시험장을 옮겨 놓았다! **41**

❶ 날짜가 3월 이하면 ❷를 수행하고 끝냅니다.
❷ 'fn비고'에 날짜의 연도와 "-1사분기"를 연결한 것을 치환합니다.
❸ 날짜가 6월 이하면 ❹를 수행하고 끝냅니다.
❹ 'fn비고'에 날짜의 연도와 "-2사분기"를 연결한 것을 치환합니다.
❺ 날짜가 9월 이하면 ❻을 수행하고 끝냅니다.
❻ 'fn비고'에 날짜의 연도와 "-3사분기"를 연결한 것을 치환합니다.
❼ 어떤 조건도 만족하지 않으면 ❽을 수행하고 끝냅니다.
❽ 'fn비고'에 날짜의 연도와 "-4사분기"를 연결한 것을 치환합니다.

4. [H4] 셀에 다음과 같이 입력한 후 [H33] 셀까지 자동 채우기 핸들을 드래그하여 수식을 복사하세요.

=fn비고(A4)

03. 문구점과 품목별 수량의 평균 구하기

1. [K12] 셀에 다음과 같이 입력한 후 Ctrl + Shift + Enter 를 눌러 배열 수식을 완성하세요.

=IFERROR(AVERAGE(IF(($B$4:$B$33=$J12)*($D$4:$D$33=K11),$F$4:$F$33)),"판매수량없음")

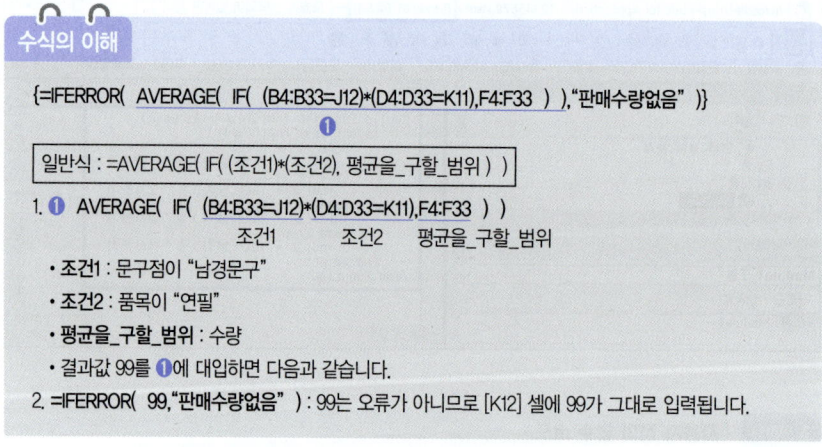

2. 결과를 확인한 후 [K16] 셀까지 자동 채우기 핸들을 드래그하여 수식을 복사한 후 다시 [L16] 셀까지 자동 채우기 핸들을 드래그하여 수식을 복사하세요.

04. 문구점별 판매건수 구하기

1. [M12] 셀에 다음과 같이 입력한 후 Ctrl + Shift + Enter를 눌러 배열 수식을 완성하세요.

=TEXT(SUM(($B$4:$B$33=J12)*1), "0건")

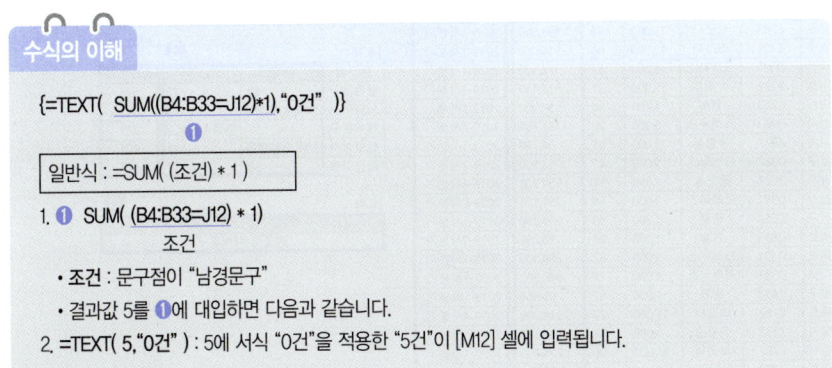

2. 결과를 확인한 후 [M16] 셀까지 자동 채우기 핸들을 드래그하여 수식을 복사하세요.

05. 수량이 가장 많은 품목과 문구점 구하기

1. [J20] 셀에 다음과 같이 입력한 후 결과를 확인하세요.

=INDEX(A4:H33,MATCH(MAX(F4:F33),F4:F33,0),4) & "-" & INDEX(A4:H33,MATCH(MAX(F4:F33),F4:F33,0),2)

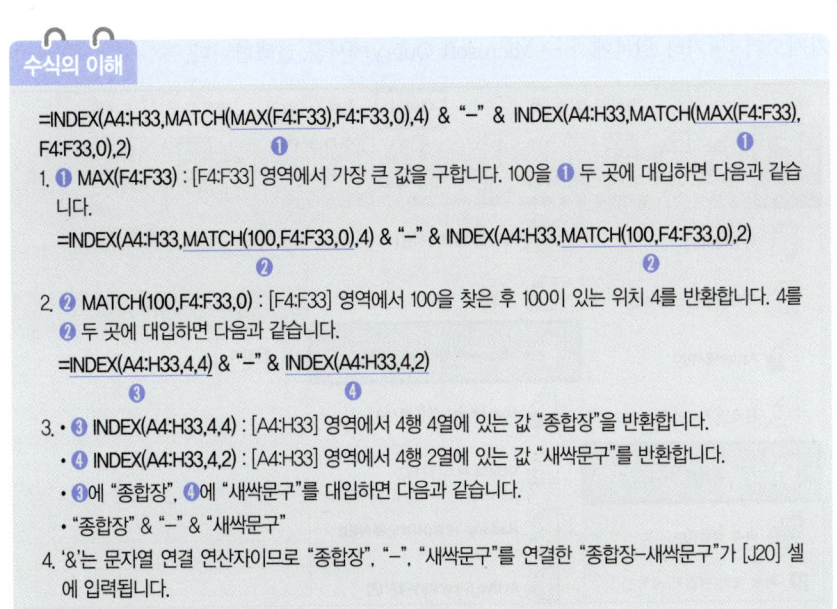

2. 모든 계산 작업을 완료하면 다음 그림과 같은 결과가 표시됩니다.

	A	B	C	D	E	F	G	H	I	J	K	L	M	N	O
1															
2	[표1]									[표2] 할인율					
3	날짜	문구점	품목코드	품목	단가	수량	판매금액	비고		수량	1개	20개	50개	70개	100개
4	2019-07-21	화진아트	D381	크레파스	5,000	86	387,000	2019-3사분기		리코더	5%	7%	10%	15%	20%
5	2019-07-31	신화상사	Z837	종합장	1,000	29	28,420	2019-3사분기		크레파스	2%	5%	7%	10%	15%
6	2020-05-24	신화상사	Z837	종합장	1,000	38	37,240	2020-2사분기		연필	0%	2%	4%	8%	10%
7	2019-06-03	새싹문구	Z837	종합장	1,000	100	93,000	2019-2사분기		종합장	0%	2%	4%	8%	7%
8	2019-05-12	모닝아트	E782	리코더	15,000	99	1,262,250	2019-2사분기							
9	2020-12-06	모닝아트	E782	리코더	15,000	94	1,198,500	2020-4사분기							
10	2019-03-17	남경문구	E782	리코더	15,000	68	918,000	2019-1사분기		[표3]					
11	2020-03-22	모닝아트	D381	크레파스	5,000	83	373,500	2020-1사분기		문구점	연필	리코더	판매건수		
12	2019-09-26	모닝아트	E782	리코더	15,000	31	432,450	2019-3사분기		남경문구	99	72	5건		
13	2019-01-01	화진아트	C653	연필	1,200	46	54,096	2019-1사분기		모닝아트	판매수량없음	79	9건		
14	2019-06-28	신화상사	D381	크레파스	5,000	29	137,750	2019-2사분기		새싹문구	57	판매수량없음	2건		
15	2019-03-31	신화상사	Z837	종합장	1,000	57	54,720	2019-1사분기		신화상사	판매수량없음	24	9건		
16	2019-04-06	남경문구	D381	크레파스	5,000	11	53,900	2019-2사분기		화진아트	50	72	5건		
17	2019-11-19	신화상사	Z837	종합장	1,000	57	54,720	2019-4사분기							
18	2020-04-27	신화상사	D381	크레파스	5,000	54	251,100	2020-2사분기		[표4]					
19	2019-05-01	남경문구	C653	연필	1,200	99	109,296	2019-2사분기		[표4] 수량이 가장 많은 품목과 문구점					
20	2019-03-03	화진아트	C653	연필	1,200	89	98,256	2019-1사분기		종합장-새싹문구					
21	2019-01-08	모닝아트	D381	크레파스	5,000	62	288,300	2019-1사분기							
22	2020-01-13	모닝아트	D381	크레파스	5,000	77	346,500	2020-1사분기							
23	2019-01-19	새싹문구	C653	연필	1,200	57	65,664	2019-1사분기							
24	2019-10-21	화진아트	E782	리코더	15,000	72	918,000	2019-4사분기							
25	2019-02-01	신화상사	Z837	종합장	1,000	92	84,640	2019-1사분기							
26	2020-02-03	남경문구	E782	리코더	15,000	96	1,224,000	2020-1사분기							
27	2019-09-22	모닝아트	D381	크레파스	5,000	42	199,500	2019-3사분기							
28	2019-07-01	남경문구	E782	리코더	15,000	51	688,500	2019-3사분기							
29	2019-07-11	신화상사	D381	크레파스	5,000	22	104,500	2019-3사분기							
30	2019-06-09	신화상사	E782	리코더	15,000	24	334,800	2019-2사분기							
31	2019-06-17	화진아트	C653	연필	1,200	16	19,200	2019-2사분기							
32	2019-06-25	모닝아트	E782	리코더	15,000	80	1,020,000	2019-2사분기							
33	2020-08-06	모닝아트	E782	리코더	15,000	92	1,173,000	2020-3사분기							

문제 3   분석작업 풀이

01. 피벗 테이블 만들기

1. '분석작업-1' 시트를 선택한 다음 [데이터] → 데이터 가져오기 및 변환 → 데이터 가져오기 → 기타 원본에서 → Microsoft Query에서를 선택합니다.

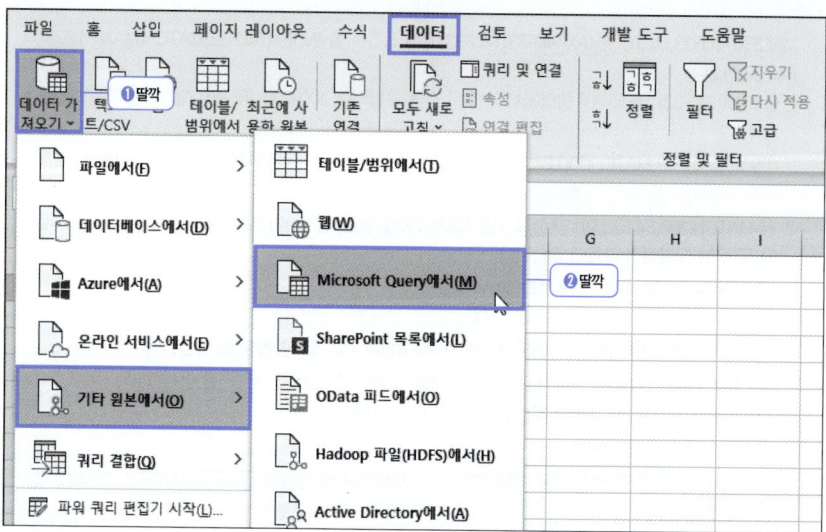

2. '데이터 원본 선택' 대화상자가 나타납니다. '데이터베이스' 탭에서 'MS Access Database*'를 선택하고 〈확인〉을 클릭하세요.

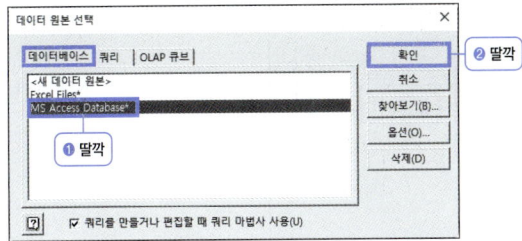

3. '데이터베이스 선택' 대화상자가 나타납니다. '학용품.accdb'를 선택하고 〈확인〉을 클릭하세요.

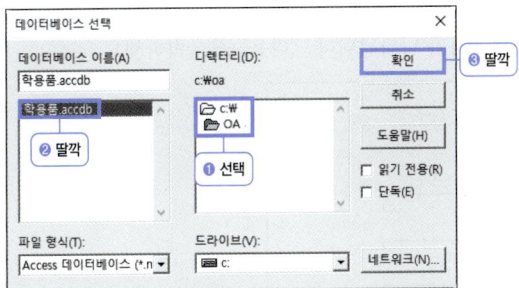

 전문가의 조언

실제 시험에서는 불러올 데이터베이스 파일이 'C:\OA' 폴더 안에 들어 있습니다. 수험생 여러분은 '길벗컴활1급기출\01 시험장따라하기' 폴더 안에 들어 있는 '학용품.accdb' 파일을 선택하면 됩니다.

4. 필요한 필드를 선택하는 '쿼리 마법사 – 열 선택' 대화상자가 나타납니다. '학용품판매' 테이블을 더블클릭하세요. 필드가 아래로 펼쳐져 나타납니다.

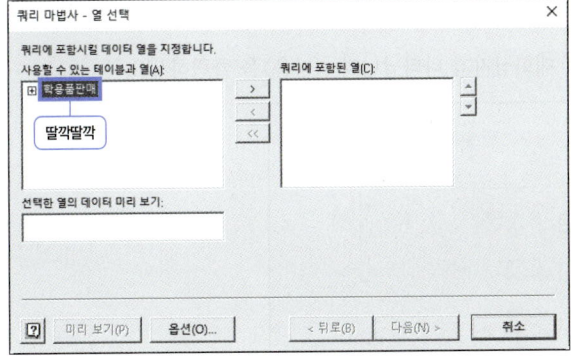

실제 시험장을 옮겨 놓았다! **45**

5. '쿼리 마법사 – 열 선택' 대화상자에서 '날짜', '문구점', '품목', '단가', '수량' 열을 더블클릭하여 차례대로 선택한 후 〈다음〉을 클릭하세요.

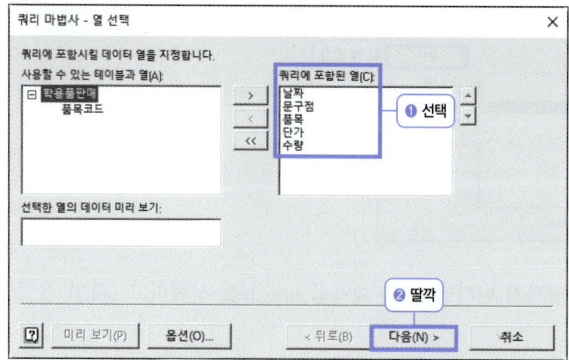

6. '쿼리 마법사 – 데이터 필터' 대화상자가 나타납니다. 〈다음〉을 클릭하세요.

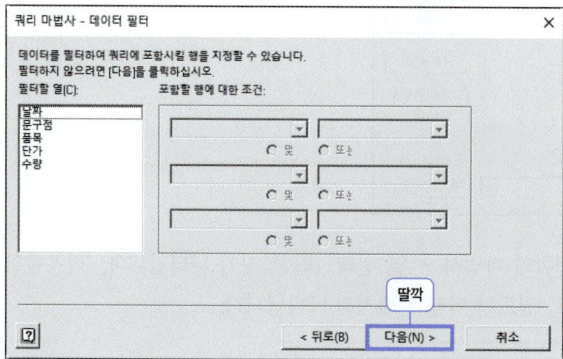

7. '쿼리 마법사 – 정렬 순서' 대화상자가 나타납니다. 〈다음〉을 클릭하세요.

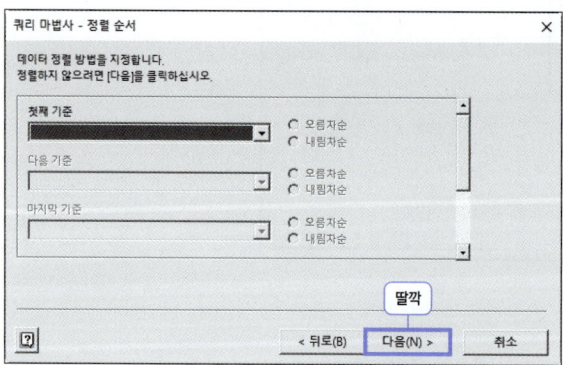

8. '쿼리 마법사 – 마침' 대화상자가 나타납니다. 'Microsoft Excel(으)로 데이터 되돌리기'가 선택되어 있는지 확인하고 〈마침〉을 클릭하세요.

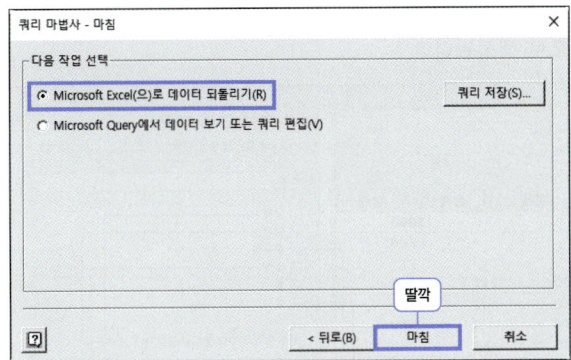

9. '데이터 가져오기' 대화상자가 나타납니다. 표시할 방법으로 '피벗 테이블 보고서'를, 작성할 위치로 '기존 워크시트'의 [B2] 셀을 지정한 후 〈확인〉을 클릭하세요. 데이터가 없는 빈 피벗 테이블과 피벗 테이블의 구성 요소를 지정할 수 있는 '피벗 테이블 필드' 창이 표시됩니다.

 전문가의 조언

작성한 피벗 테이블이 표시될 위치는 문제에 제시된 그림을 보고 판단해야 합니다. 피벗 테이블의 행과 열이 시작하는 부분을 지정하면 됩니다.

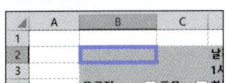

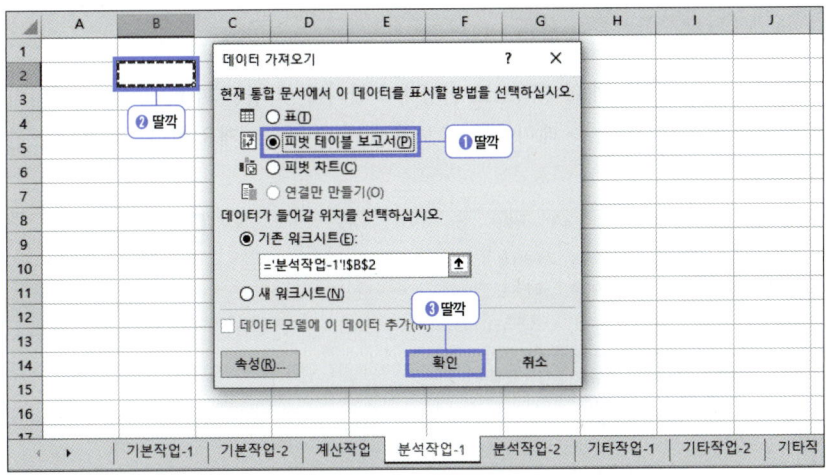

전문가의 조언

- 행이나 열 영역에 날짜 형식의 필드를 지정하면 해당 필드의 데이터에 따라 자동으로 '연', '분기', '월' 등의 필드가 생성되고 **그룹**이 자동으로 지정됩니다.
- 사용하는 엑셀 프로그램의 버전이 교재와 다른 경우 '년(생년월일)', '분기(생년월일)', '개월(생년월일)' 등으로 표시될 수 있습니다. 시험장에서는 교재처럼 표시된다는 것을 알아두세요.

10. '피벗 테이블 필드' 창에서 행 영역에 '문구점'과 '품목', 열 영역에 '날짜', 값 영역에 '단가'와 '수량'을 끌어다 놓으세요. 행이나 열 영역에 날짜 형식의 필드를 지정하면 '연', '월', '분기' 등의 필드가 자동으로 생성되고, 값 영역에 두 개 이상의 필드를 넣으면 열 영역에 'Σ 값'이 자동으로 생성됩니다.

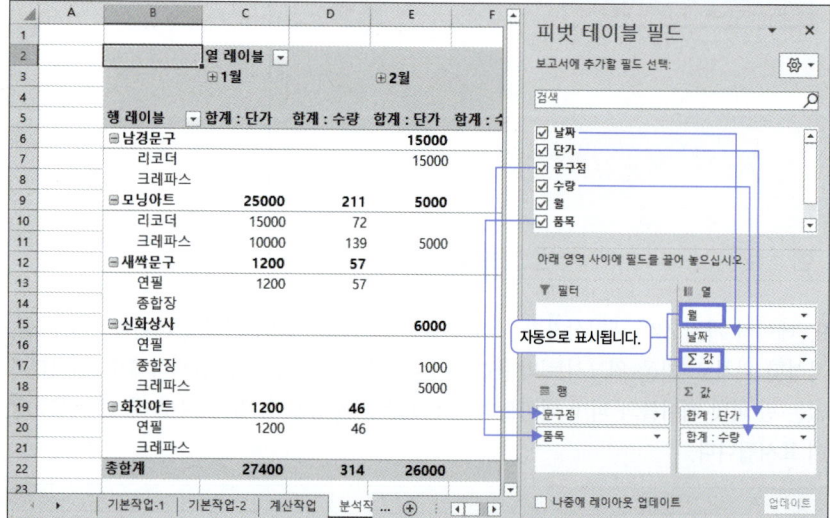

11. 보고서 레이아웃을 개요 형식으로 변경해야 합니다. 작성된 피벗 테이블의 임의의 셀을 클릭한 후 [디자인] → 레이아웃 → 보고서 레이아웃 → **개요 형식으로 표시**를 선택하세요.

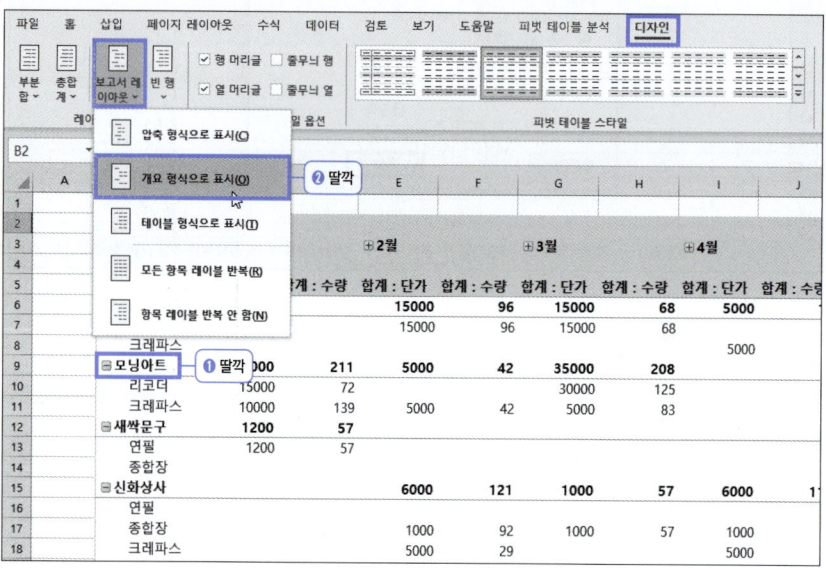

12. '날짜' 필드에 대해 분기별로 그룹을 지정해야 합니다. '날짜' 필드의 바로 가기 메뉴에서 [그룹]을 선택하세요.

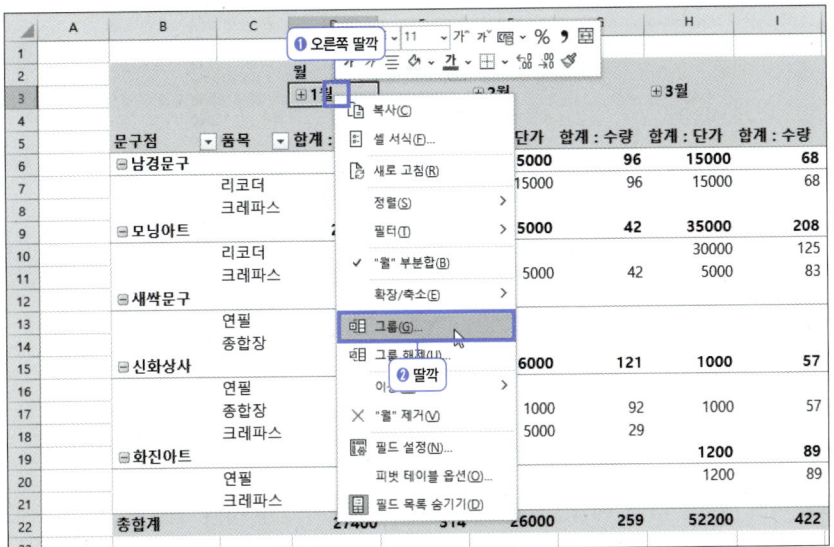

13. '그룹화' 대화상자가 표시됩니다. '그룹화' 대화상자에서 '일'과 '월'의 선택을 해제하고 '분기'를 선택한 후 〈확인〉을 클릭하세요.

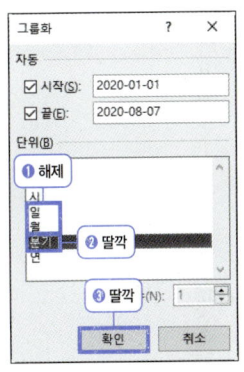

 전문가의 조언

사용하는 엑셀 프로그램의 버전이 교재와 다른 경우 '날짜' 필드를 기준으로 그룹을 지정하면 '날짜'가 '분기(날짜)'로 표시될 수 있습니다. '분기(날짜)'를 '날짜'로 변경할 수 없으니 그대로 두면 됩니다.

14. 빈 셀에 '***'를 표시해야 합니다. 작성된 피벗 테이블의 임의의 셀을 클릭한 후 바로 가기 메뉴에서 [**피벗 테이블 옵션**]을 선택하세요.

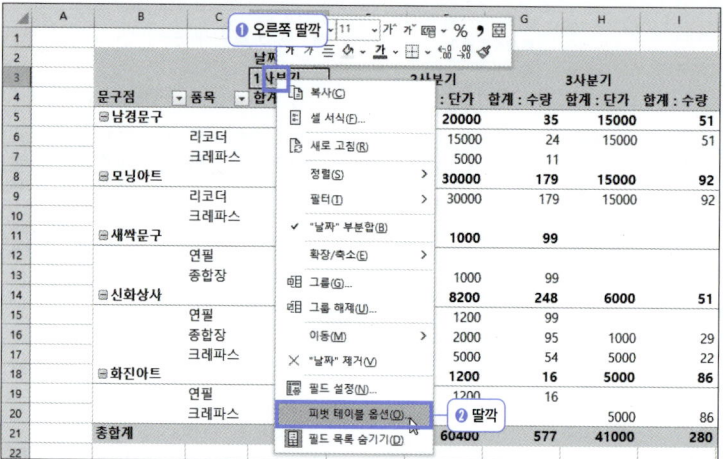

15. '피벗 테이블 옵션' 대화상자가 표시됩니다. '레이아웃 및 서식' 탭에서 '빈 셀 표시'에 ***를 입력한 후 〈확인〉을 클릭하세요.

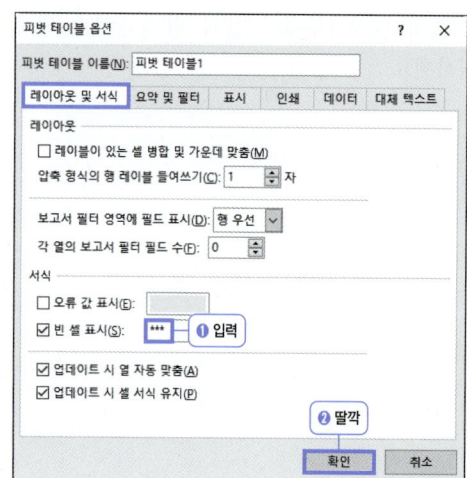

16. 피벗 테이블 스타일을 지정해야 합니다. 작성된 피벗 테이블의 임의의 셀을 클릭한 후 [디자인] → **피벗 테이블 스타일**의 ▼(자세히)를 클릭하여 '밝은 회색, 피벗 스타일 밝게 15'를 선택하세요.

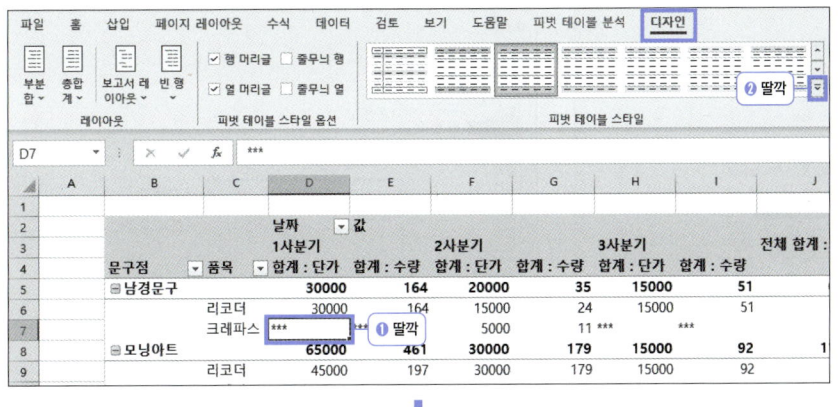

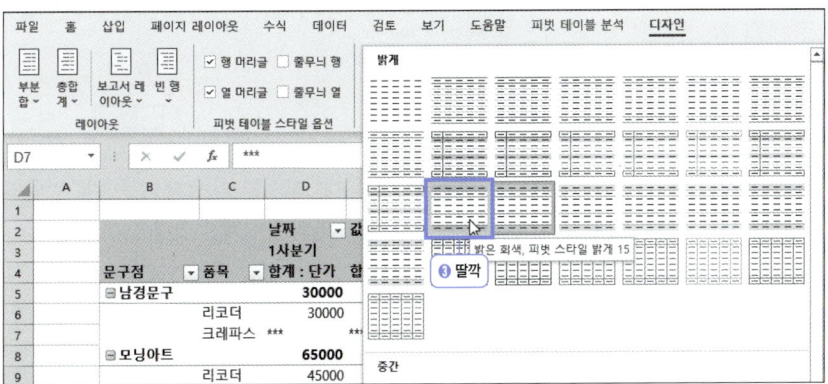

17. 셀 서식을 지정해야 합니다. '단가'가 표시된 임의의 셀을 클릭한 후 바로 가기 메뉴에서 [**값 필드 설정**]을 클릭하세요.

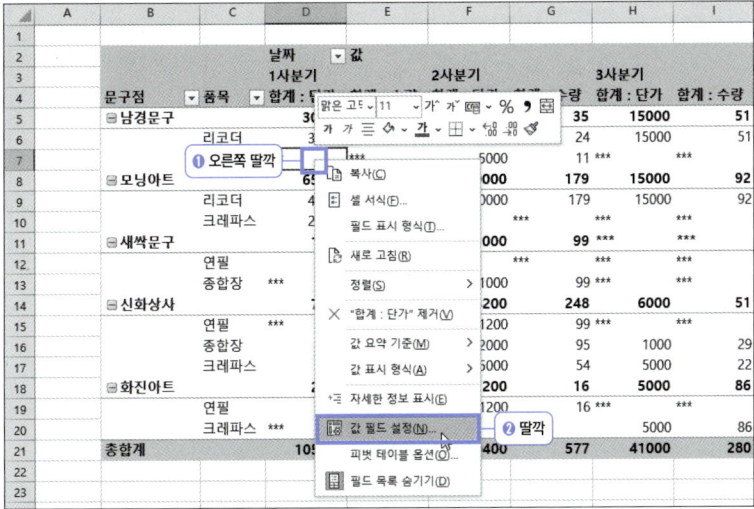

18. '값 필드 설정' 대화상자의 〈표시 형식〉을 클릭하고 '셀 서식' 대화상자에서 범주의 '숫자'와 '1000 단위 구분 기호 사용'을 선택한 후 〈확인〉을 클릭하세요. 다시 '값 필드 설정' 대화상자가 표시되면 여기에서도 〈확인〉을 클릭하세요.

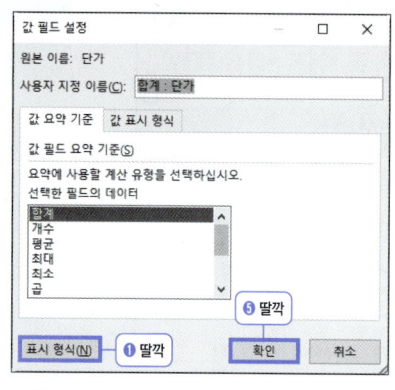
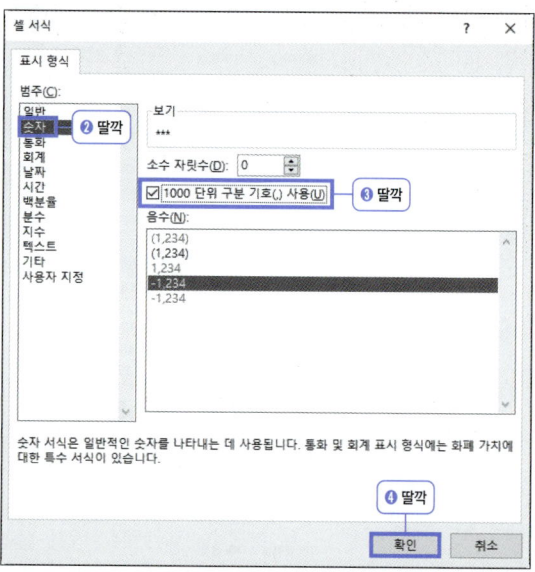

19. 행의 총합계가 표시되지 않도록 설정해야 합니다. 작성된 피벗 테이블에서 임의의 셀을 클릭한 후 [디자인] → 레이아웃 → 총합계 → **열의 총합계만 설정**을 선택하세요.

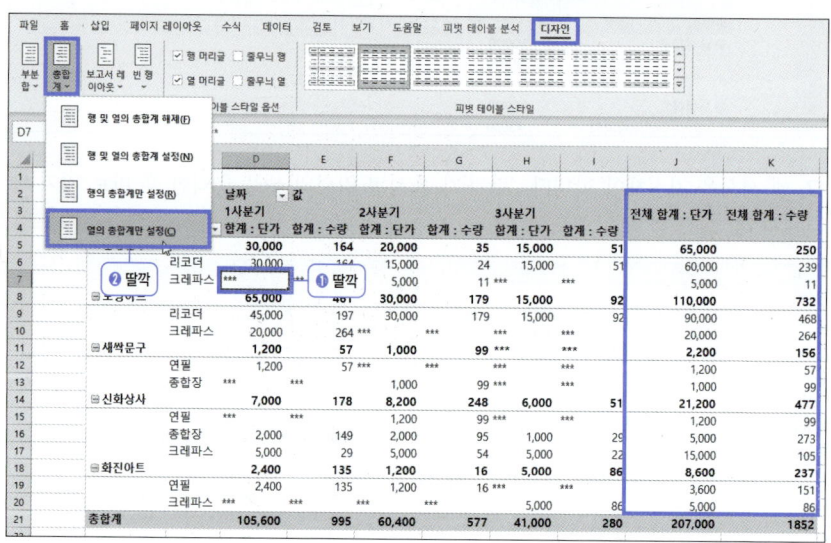

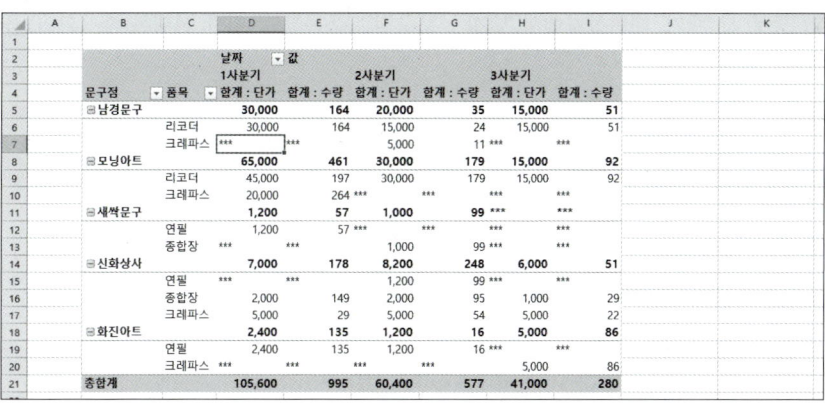

02. 중복된 항목 제거 / 부분합

1 중복된 항목 제거 실행하기

1. '분석작업-2' 시트를 선택한 다음 데이터가 입력된 임의의 셀을 클릭한 후 [데이터] → 데이터 도구 → **중복된 항목 제거**를 클릭하세요. '중복 값 제거' 대화상자가 나타납니다.

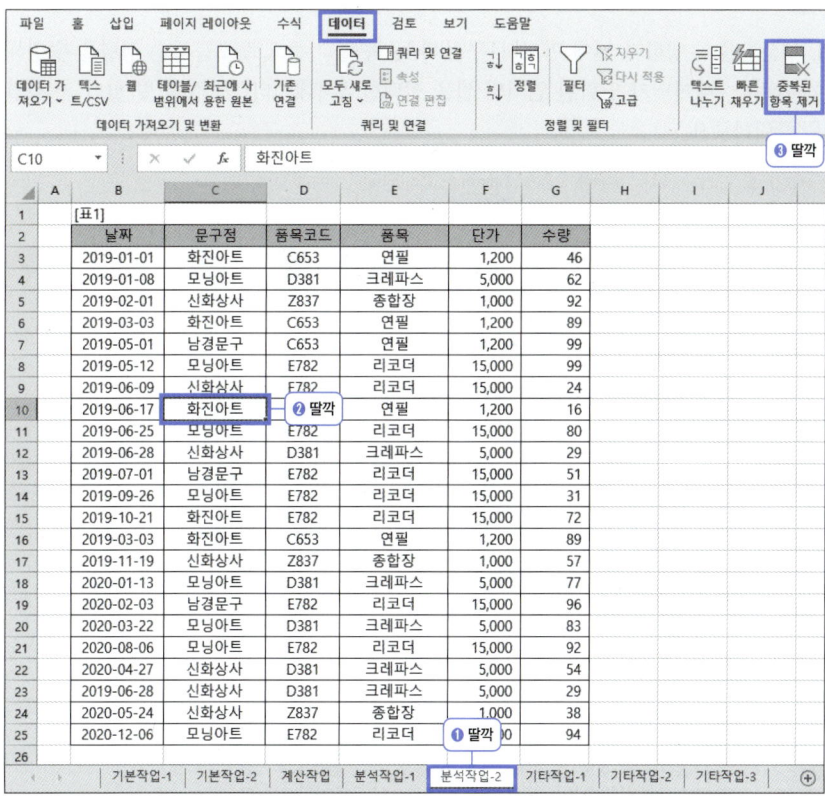

2. '중복 값 제거' 대화상자에서 '날짜', '문구점', '품목코드' 열만 선택한 후 〈확인〉을 클릭하세요.

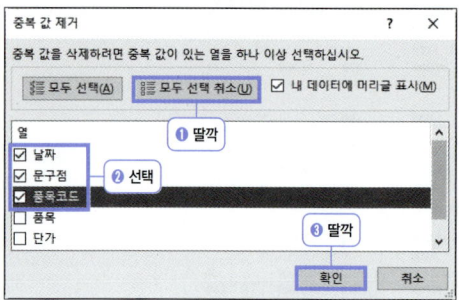

3. 'Microsoft Excel' 대화상자에서 〈확인〉을 클릭하세요.

2 부분합 작성하기

1. 부분합을 수행하기 전에 먼저 '문구점'과 '품목'을 기준으로 오름차순 정렬을 수행해야 합니다. 데이터가 입력된 임의의 셀을 선택한 후 [데이터] → 정렬 및 필터 → **정렬**을 클릭하세요.

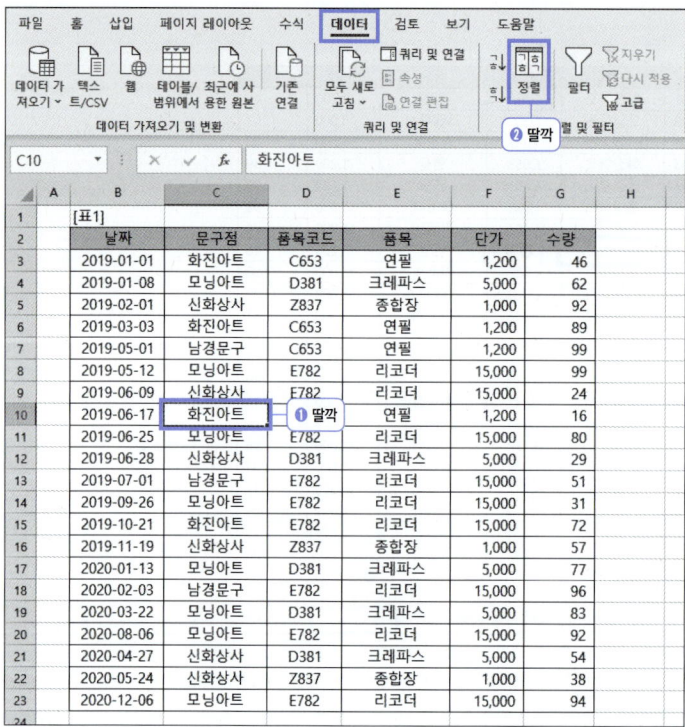

2. '정렬' 대화상자가 나타납니다. 첫째 기준을 '문구점'별 '오름차순'으로 지정하기 위해 '정렬' 대화상자에서 다음과 같이 지정하세요. 이어서 정렬 기준을 추가하기 위해 〈기준 추가〉를 클릭하세요.

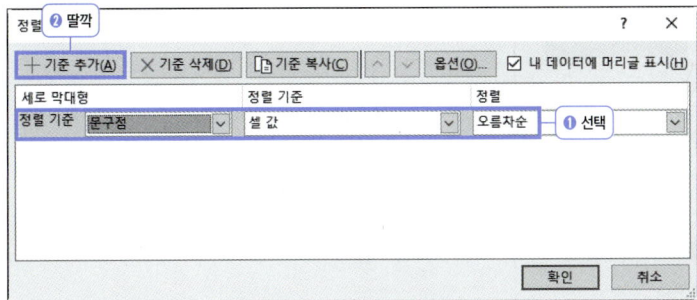

3. 둘째 기준을 '품목'별 '오름차순'으로 지정하기 위해 '정렬' 대화상자에서 그림과 같이 지정한 후 〈확인〉을 클릭하세요. '문구점'과 '품목'을 기준으로 데이터가 정렬됩니다.

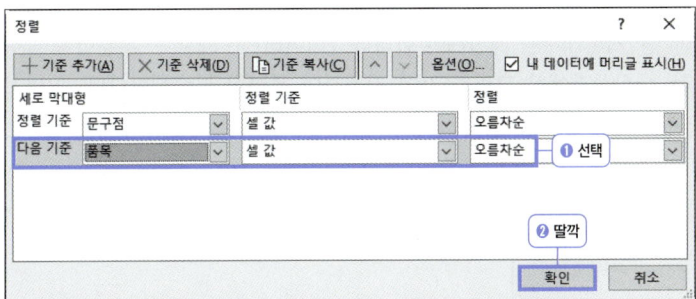

4. 부분합을 지정해야 합니다. 데이터가 입력된 임의의 셀을 클릭한 후 [데이터] → 개요 → **부분합**을 클릭하세요.

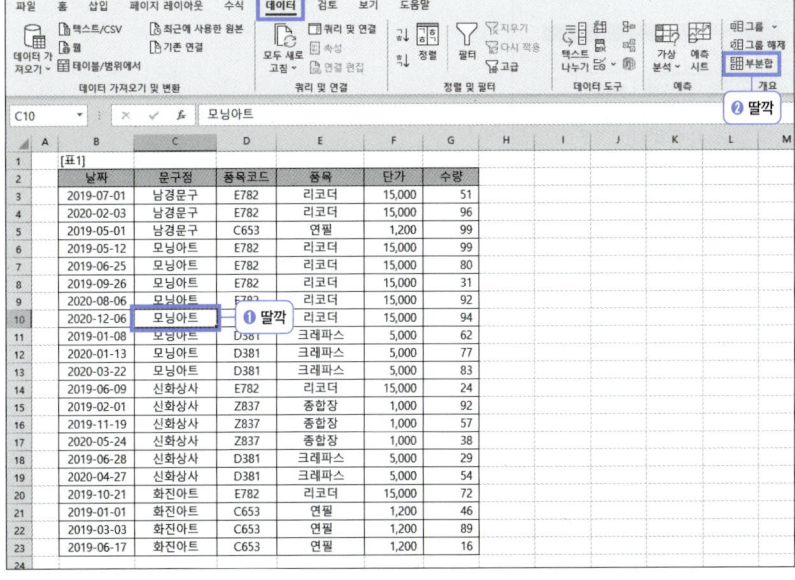

5. '부분합' 대화상자가 나타납니다. '문구점'별 '수량'의 합계를 계산해야 합니다. '부분합' 대화상자에서 다음과 같이 지정한 후 〈확인〉을 클릭하세요.

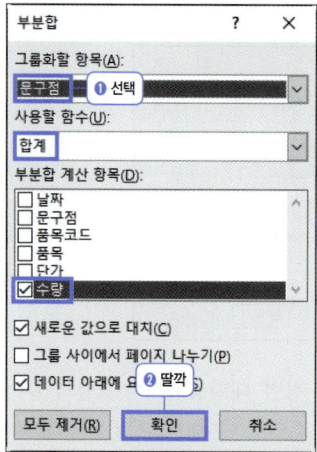

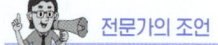

'새로운 값으로 대치' 해제

부분합을 2번 수행할 경우 가장 중요한 것! 두 번째 부분합부터는 '부분합' 대화상자에서 반드시 '새로운 값으로 대치'를 해제해야 한다는 것 잊으면 안 됩니다.

6. 이제 '품목'별 '단가'의 개수를 계산해야 합니다. [데이터] → 개요 → **부분합**을 클릭하세요. '부분합' 대화상자에서 그림과 같이 지정하여 부분합을 수행합니다. 그리고 가장 중요한 것! '새로운 값으로 대치'를 클릭하여 체크(☑) 표시를 해제해야 한다는 것, 잊으면 안 됩니다.

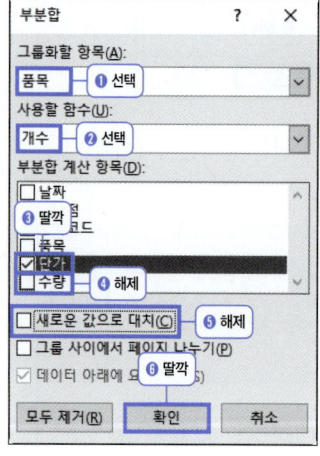

[표1]

날짜	문구점	품목코드	품목	단가	수량
2019-07-01	남경문구	E782	리코더	15,000	51
2020-02-03	남경문구	E782	리코더	15,000	96
			리코더 개수	2	
2019-05-01	남경문구	C653	연필	1,200	99
			연필 개수	1	
	남경문구 요약				246
2019-05-12	모닝아트	E782	리코더	15,000	99
2019-06-25	모닝아트	E782	리코더	15,000	80
2019-09-26	모닝아트	E782	리코더	15,000	31
2020-08-06	모닝아트	E782	리코더	15,000	92
2020-12-06	모닝아트	E782	리코더	15,000	94
			리코더 개수	5	
2019-01-08	모닝아트	D381	크레파스	5,000	62
2020-01-13	모닝아트	D381	크레파스	5,000	77
2020-03-22	모닝아트	D381	크레파스	5,000	83
			크레파스 개수	3	
	모닝아트 요약				618
2019-06-09	신화상사	E782	리코더	15,000	24
			리코더 개수	1	
2019-02-01	신화상사	Z837	종합장	1,000	92
2019-11-19	신화상사	Z837	종합장	1,000	57
2020-05-24	신화상사	Z837	종합장	1,000	38
			종합장 개수	3	
2019-06-28	신화상사	D381	크레파스	5,000	29
2020-04-27	신화상사	D381	크레파스	5,000	54
			크레파스 개수	2	
	신화상사 요약				294
2019-10-21	화진아트	E782	리코더	15,000	72
			리코더 개수	1	
2019-01-01	화진아트	C653	연필	1,200	46
2019-03-03	화진아트	C653	연필	1,200	89
2019-06-17	화진아트	C653	연필	1,200	16
			연필 개수	3	
	화진아트 요약				223
			전체 개수	21	
	총합계				1,381

문제 4 기타작업 풀이

01. 차트 수정하기

1 데이터 추가하기

전문가의 조언

차트의 바로 가기 메뉴에서 [데이터 선택]을 선택해도 됩니다.

1. '기타작업-1' 시트를 선택하세요. '크레파스'의 판매금액을 차트에 추가해야 합니다. 차트를 마우스로 클릭한 후 [차트 디자인] → 데이터 → **데이터 선택**을 클릭하세요.

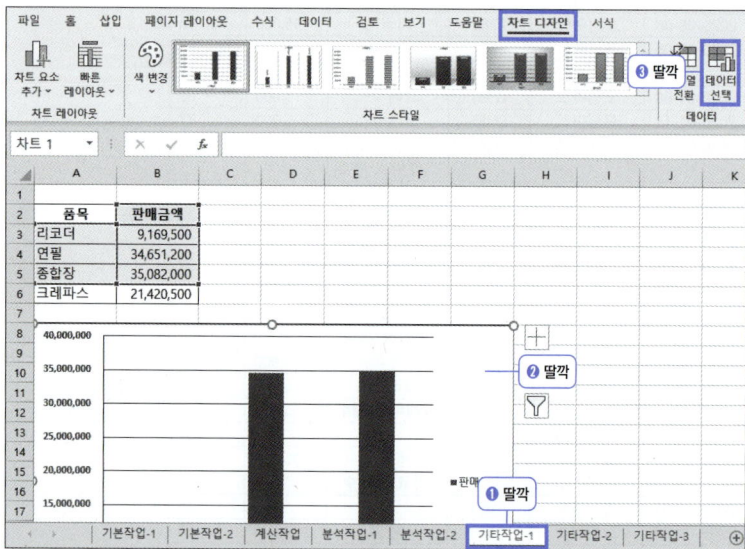

2. '데이터 원본 선택' 대화상자가 표시됩니다. '범례 항목(계열)'의 '판매금액'을 선택한 후 〈편집〉을 클릭하세요.

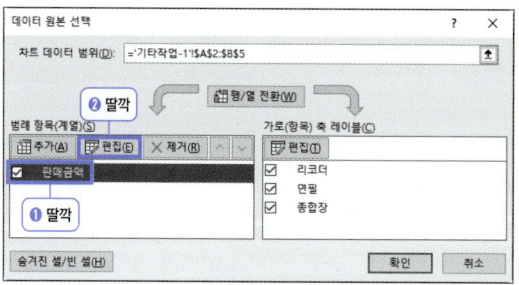

3. '계열 편집' 대화상자가 나타납니다. '계열 값'의 범위 지정 단추(↑)를 클릭하고 [Ctrl]을 누른 누른 채 [B6] 셀을 클릭한 후 다시 범위 지정 단추(□)를 클릭하세요. 이어서 〈확인〉을 클릭하세요.

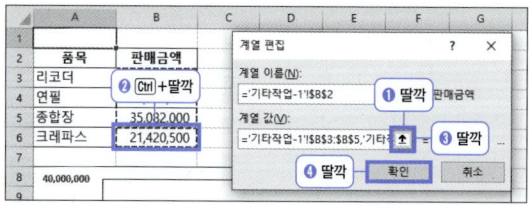

4. '데이터 원본 선택' 대화상자에서 '가로(항목) 축 레이블'의 〈편집〉을 클릭하세요.

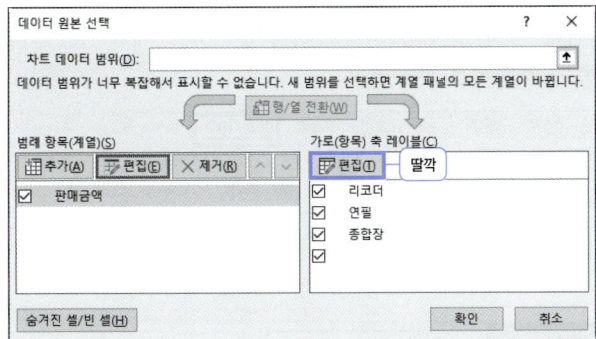

5. '축 레이블' 대화상자가 나타납니다. Ctrl을 누른 채 [A6] 셀을 클릭한 후 〈확인〉을 클릭하세요.

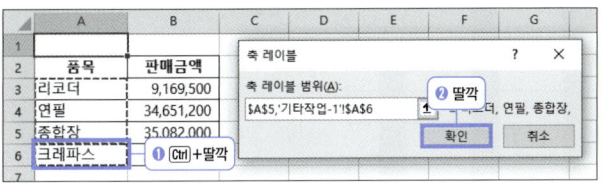

 전문가의 조언

차트에 데이터를 추가하는 다른 방법
추가할 영역을 선택하고 Ctrl+C 를 눌러 복사합니다. 차트를 선택하고 Ctrl+V를 눌러 붙여넣기합니다. 간혹 이 기능이 실행되지 않는 컴퓨터가 있습니다. 이때는 '데이터 원본 선택' 대화상자를 이용하세요.

6. '데이터 원본 선택' 대화상자에서 〈확인〉을 클릭하세요.

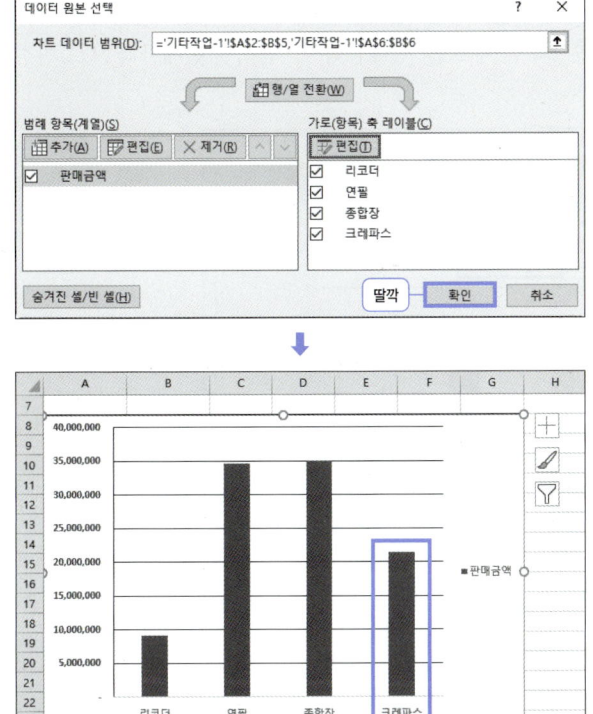

전문가의 조언

차트 제목을 표시하는 다른 방법

차트를 선택하면 표시되는 '⊞'(차트 요소)를 클릭한 후 [차트 제목] → 차트 위를 선택하세요.

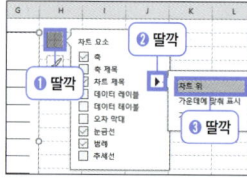

② 차트 제목 입력하기

1. 차트 제목을 입력하기 위해 차트를 선택하고 [차트 디자인] → 차트 레이아웃 → 차트 요소 추가 → 차트 제목 → **차트 위**를 선택합니다.

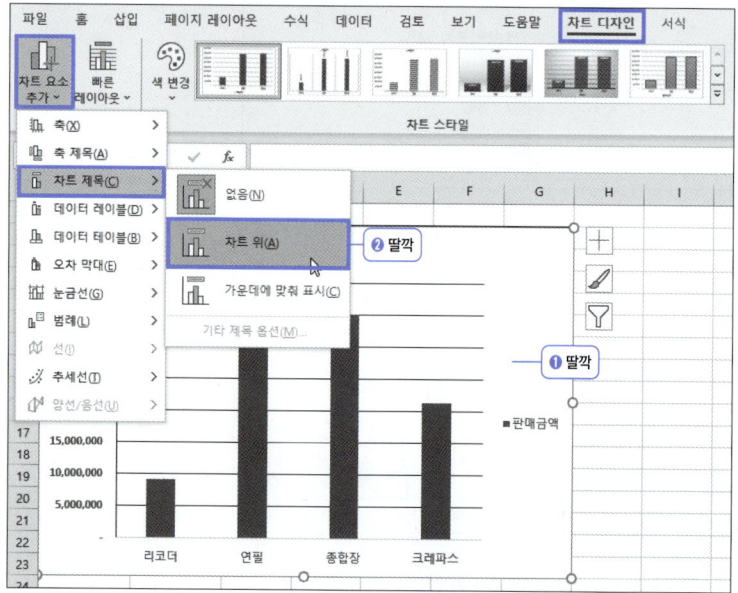

2. 차트에 "판매금액"이 표시됩니다. 제목이 선택된 상태에서 수식 입력줄을 클릭하고 **품목별 판매금액**을 입력한 후 Enter 를 누르면 "판매금액"이 "품목별 판매금액"으로 변경됩니다.

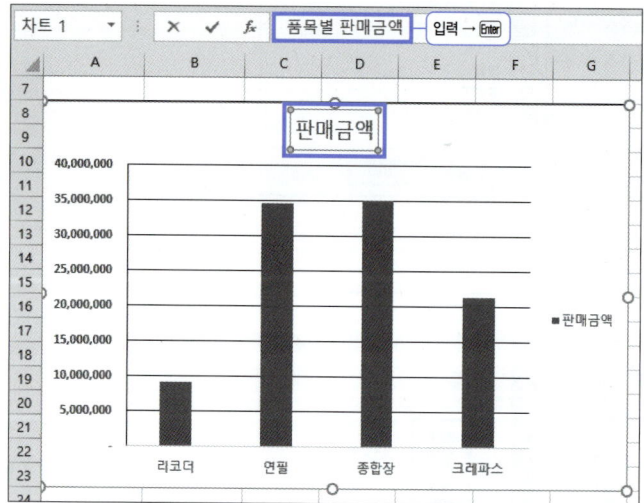

전문가의 조언

• 일반적으로 차트에 차트 제목을 표시하면 '차트 제목'이라고 표시되지만 데이터 계열이 하나인 경우에는 계열 이름이 차트 제목으로 표시됩니다.

• 차트 제목을 수식 입력줄에 입력하지 않고 자동으로 입력된 "판매금액" 부분을 마우스로 드래그하여 지운 다음 입력해도 결과는 같습니다.

궁금해요 시나공 Q&A 베스트

Q 수식 입력줄에 제목을 입력해도 차트에 반영이 안돼요!

A 차트 제목을 선택하지 않았기 때문입니다. 먼저 차트 제목 부분을 선택한 후 수식 입력줄에 원하는 내용을 입력해 보세요.

3. 차트 제목에 서식을 지정해야 합니다. 차트 제목을 클릭하여 선택한 후 [홈] → 글꼴 그룹에서 글꼴은 '굴림', 크기는 **20**으로 지정하세요.

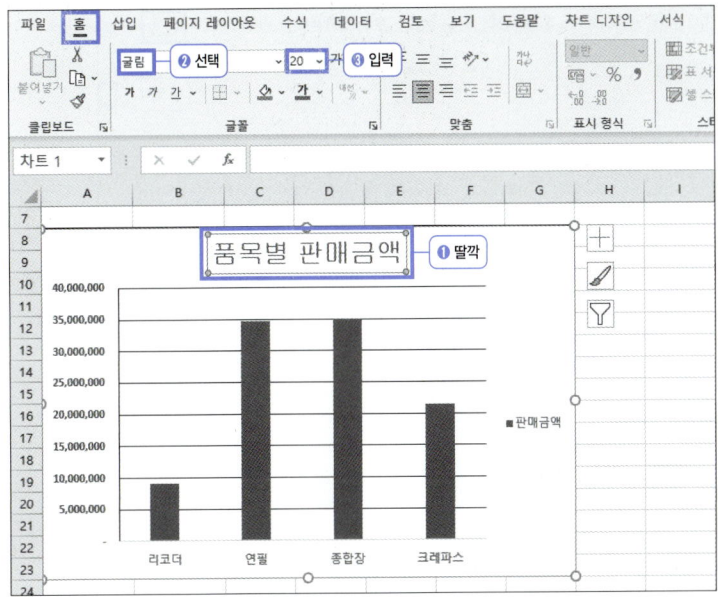

③ 범례 서식 설정하기

1. 범례 위치를 아래쪽으로 지정해야 합니다. 차트 제목이 선택된 상태에서 [차트 디자인] → 차트 레이아웃 → 차트 요소 추가 → 범례 → **아래쪽**을 선택하세요.

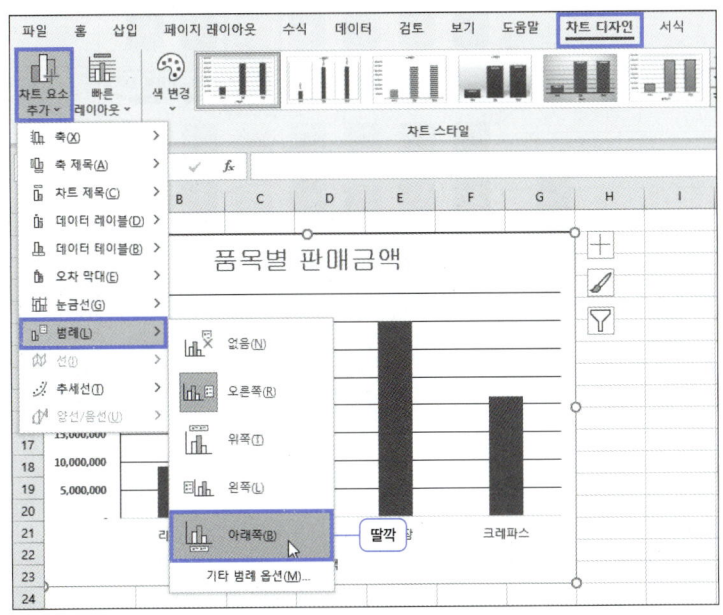

범례 위치를 변경하는 다른 방법

차트를 선택하면 표시되는 '⊞(차트 요소)'를 클릭한 후 [범례] → 아래쪽을 선택하세요.

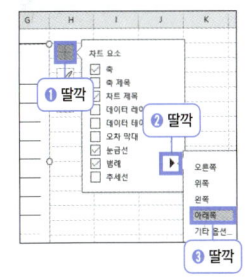

2. 범례에 도형 스타일을 지정해야 합니다. 범례를 선택한 후 [서식] → **도형 스타일**의 ▼(자세히)를 클릭한 후 '색 채우기 – 황금색, 강조 4'를 선택하세요.

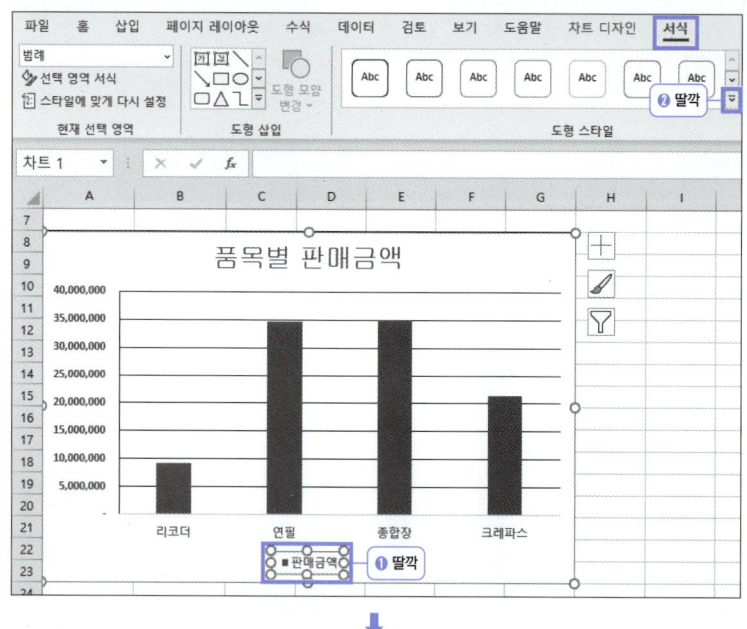

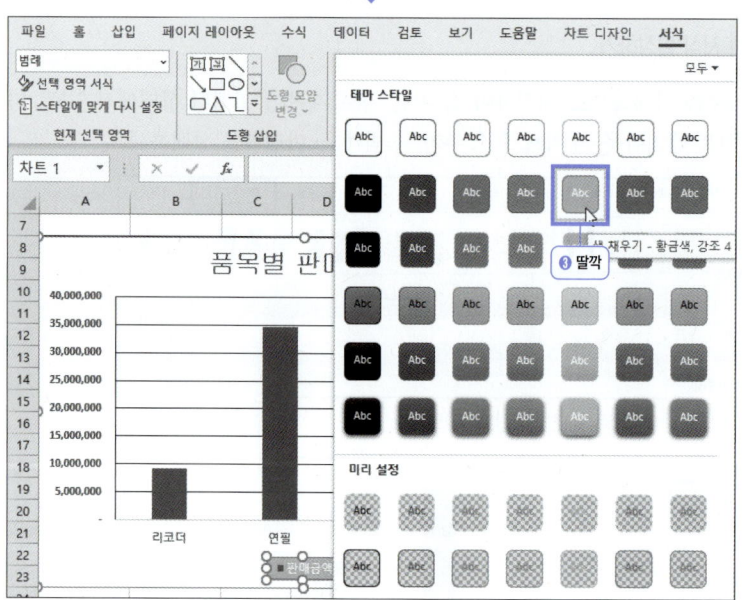

4 표시 단위 및 단위 레이블 지정하기

1. 세로(값) 축의 표시 단위를 '10000'으로 지정하고 단위 레이블을 표시해야 합니다. 세로(값) 축을 더블클릭하세요.

전문가의 조언

세로(값) 축의 바로 가기 메뉴에서 [축 서식]을 선택해도 됩니다.

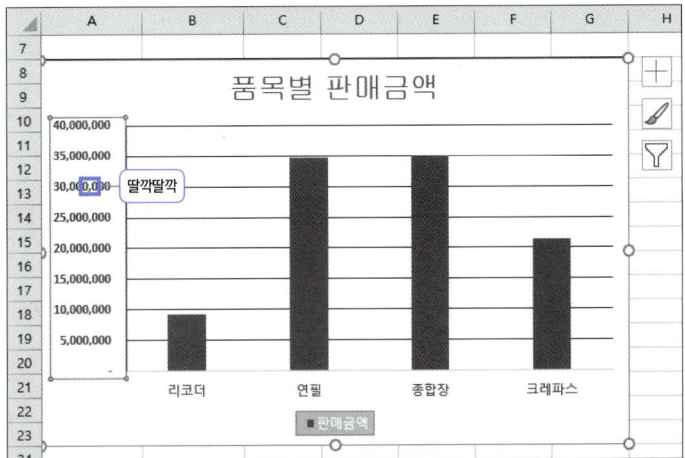

2. '축 서식' 창이 나타납니다. [축 옵션] → (축 옵션) → **축 옵션**에서 '표시 단위'를 10000으로 지정하고 '차트에 단위 레이블 표시'를 선택한 후 '닫기(×)' 단추를 클릭하세요.

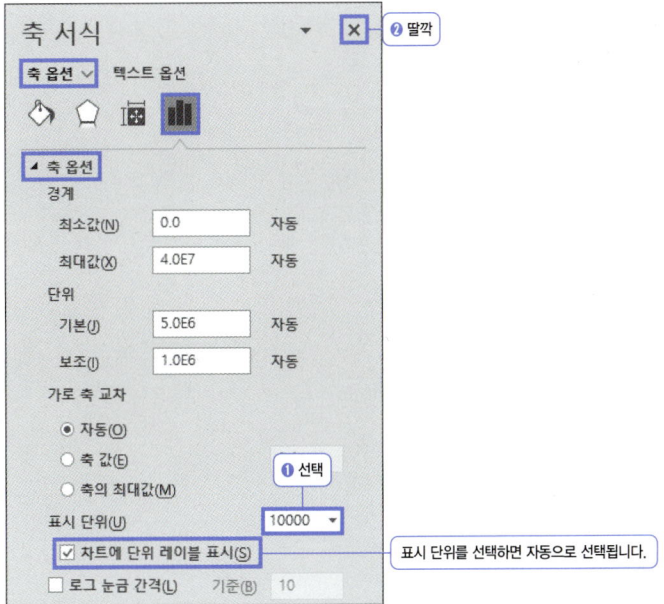

실제 시험장을 옮겨 놓았다! **63**

전문가의 조언

차트의 바로 가기 메뉴에서 [차트 영역 서식]을 선택해도 됩니다.

5 차트 영역 서식 설정하기

1. 차트 영역에 '둥근 모서리'와 '안쪽: 오른쪽 아래' 그림자를 설정해야 합니다. 차트 영역을 더블클릭하세요.

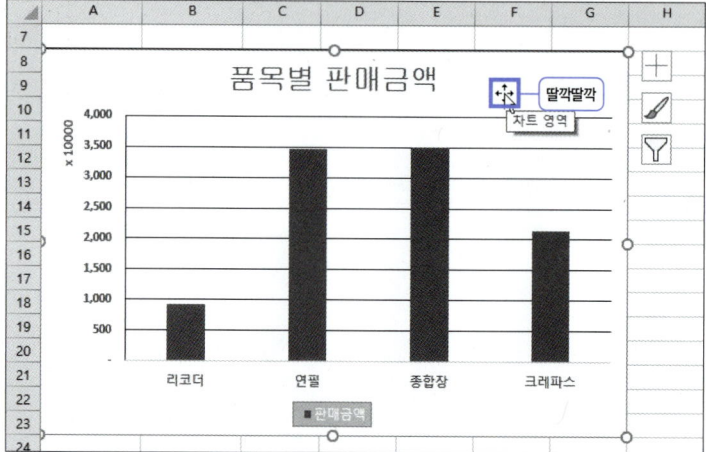

2. '차트 영역 서식' 창이 나타납니다. [차트 옵션] → (채우기 및 선) → **테두리**에서 '둥근 모서리'를 선택하세요.

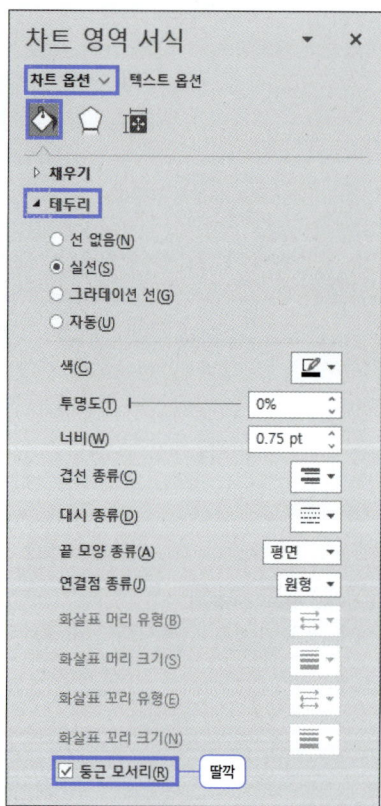

3. 이어서 [차트 옵션] → (효과) → **그림자**에서 '안쪽: 오른쪽 아래'를 선택한 후 '닫기( )' 단추를 클릭하세요.

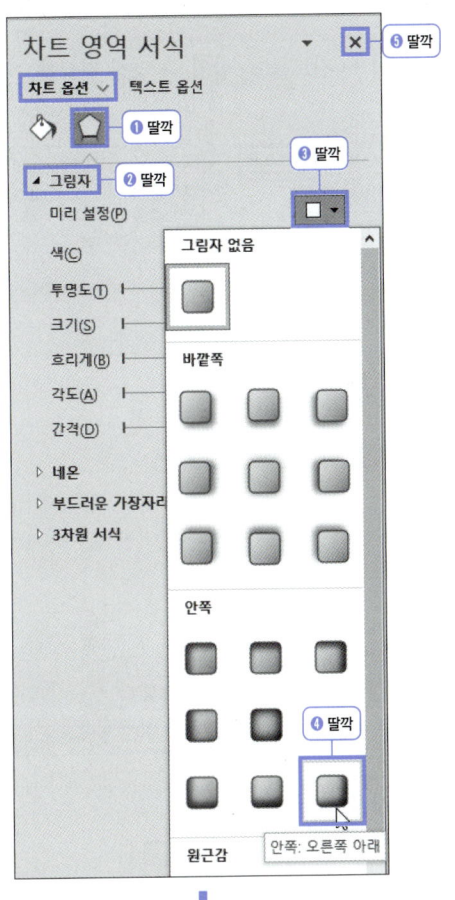

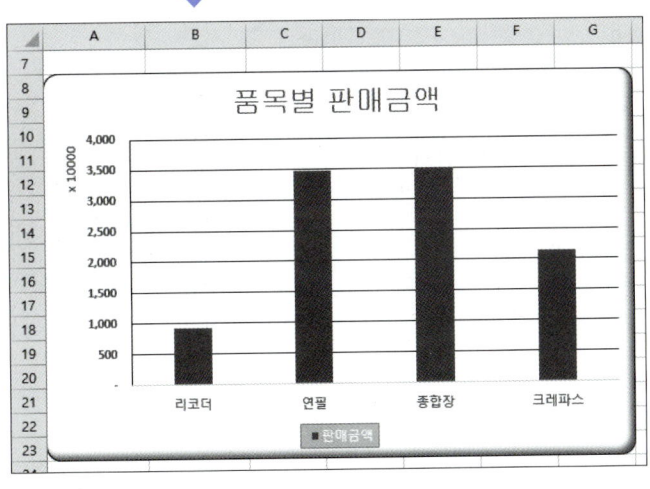

실제 시험장을 옮겨 놓았다! **65**

02. 매크로 작성하기

1 '서식적용' 단추 만들기

1. '기타작업-2' 시트를 선택한 다음 [개발 도구] → 컨트롤 → 삽입 → 양식 컨트롤 → ▫(단추)를 선택하세요.

> **궁금해요** 시나공 Q&A 베스트
>
> **Q** 리본 메뉴에 [개발 도구]가 없어요!
>
> **A** [파일] → 옵션 선택 → 'Excel 옵션' 대화상자의 '리본 사용자 지정' 탭 클릭 → '기본' 탭의 '개발 도구'를 선택해 주세요.

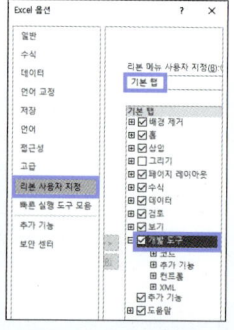

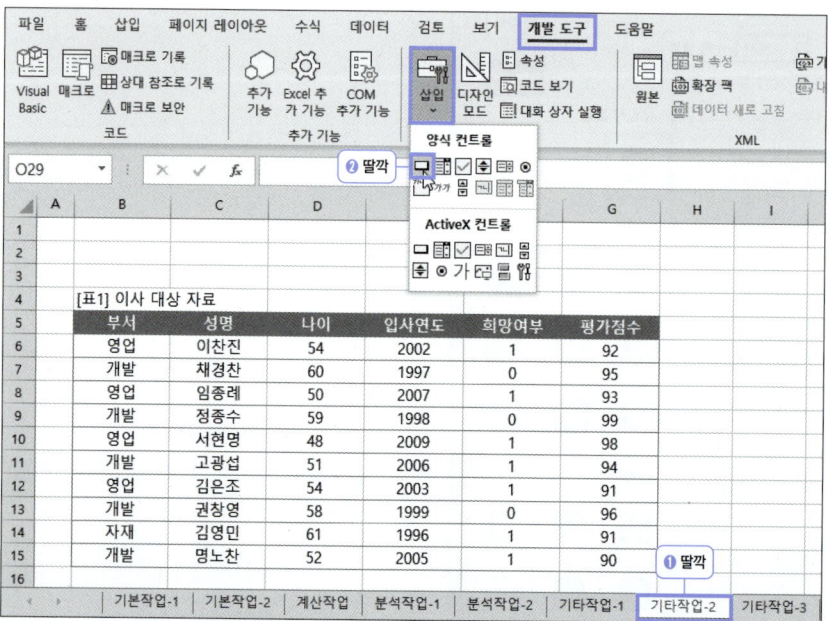

전문가의 조언

단추를 셀에 정확히 맞추려면 Alt 를 누른 채 드래그하세요.

2. 마우스 포인터가 '+'로 바뀌면 [F2:F3] 영역에 맞게 드래그하세요.

② '서식적용' 매크로 지정하기

1. '매크로 지정' 대화상자가 나타납니다. 매크로 이름에 **서식적용**을 입력하고, 〈기록〉을 클릭하세요.

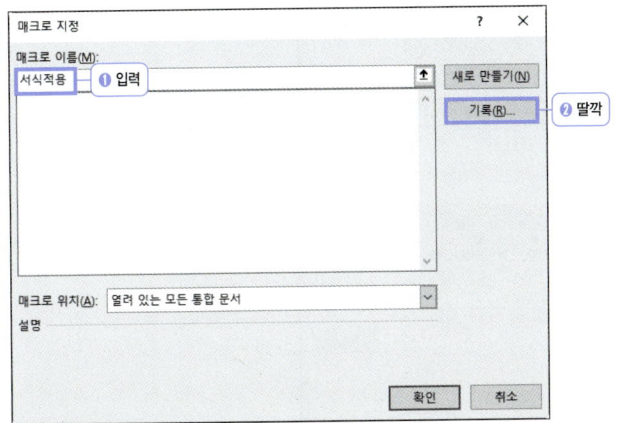

2. '매크로 기록' 대화상자가 나타납니다. '매크로 기록' 대화상자의 매크로 이름에는 "서식적용"이 입력되어 있습니다. 〈확인〉을 클릭하세요.

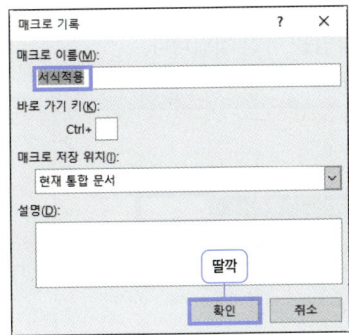

3. 매크로 기록 중임을 알리는 '기록 중지' 아이콘이 상태 표시줄에 나타납니다. 서식을 적용할 [F6:F15] 영역을 블록으로 지정한 후 Ctrl + 1 을 누르세요.

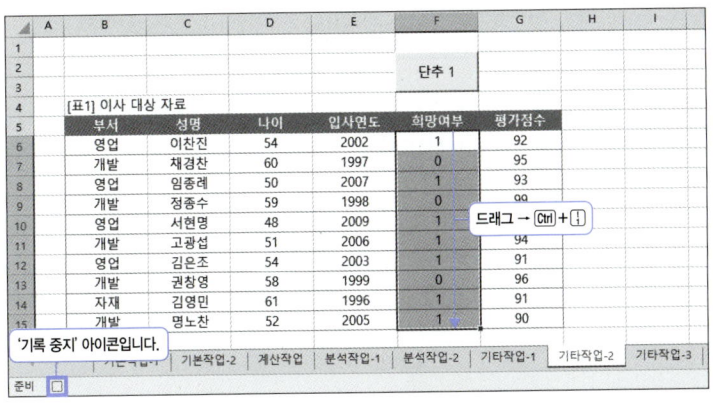

 전문가의 조언

'셀 서식' 대화상자를 실행하는 다른 방법
- 방법1 : [홈] → 표시 형식의 🖼 클릭
- 방법2 : 바로 가기 메뉴에서 [셀 서식] 선택

4. '셀 서식' 대화상자가 나타납니다. '셀 서식' 대화상자의 '표시 형식' 탭에서 '사용자 지정'을 선택한 후 '형식'에 **[파랑][=1]"O";[빨강][=0]"X"**를 입력하고 〈확인〉을 클릭하세요.

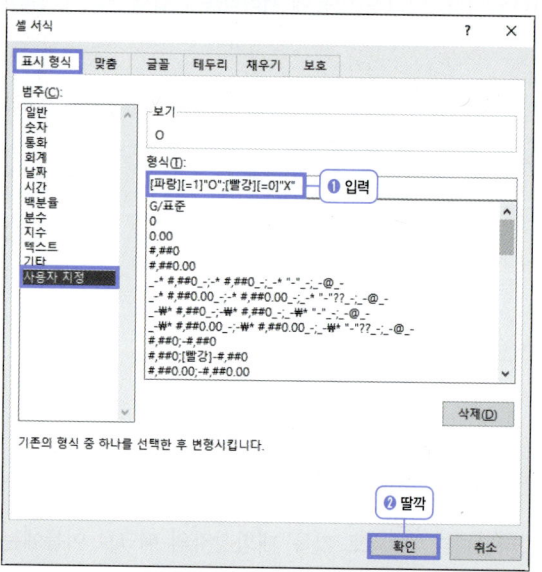

전문가의 조언

임의의 셀을 클릭하여 블록 설정을 해제하는 이유는 계산 결과를 편리하게 확인하기 위해서 입니다. 블록이 설정된 상태로 매크로 작성을 종료해도 채점과는 무관합니다.

5. 임의의 셀을 클릭하여 설정된 범위를 해제한 후 상태 표시줄의 '기록 중지(□)' 아이콘을 클릭하세요. 이제 '서식적용' 매크로 기록 작업을 마친 것입니다.

	A	B	C	D	E	F	G	H	I
1									
2							단추 1		
3									
4		[표1] 이사 대상 자료							
5		부서	성명	나이	입사연도	희망여부	평가점수		
6		영업	이찬진	54	2002	O	92		
7		개발	채경찬	60	1997	X	95		❶ 딸깍
8		영업	임종례	50	2007	O	93		
9		개발	정종수	59	1998	X	99		
10		영업	서현명	48	2009	O	98		
11		개발	고광섭	51	2006	O	94		
12		영업	김은조	54	2003	O	91		
13		개발	권창영	58	1999	X	96		
14		자재	김영민	61	1996	O	91		
15		개발	명노찬	52	2005	O	90		
16 ❷ 딸깍									

6. '단추'의 텍스트를 변경해야 합니다. '단추'의 바로 가기 메뉴에서 **[텍스트 편집]**을 선택하세요. 이어서 **단추 1**을 삭제하고 **서식적용**을 입력한 다음 임의의 셀을 클릭하여 '단추'의 텍스트 편집 상태를 해제하세요.

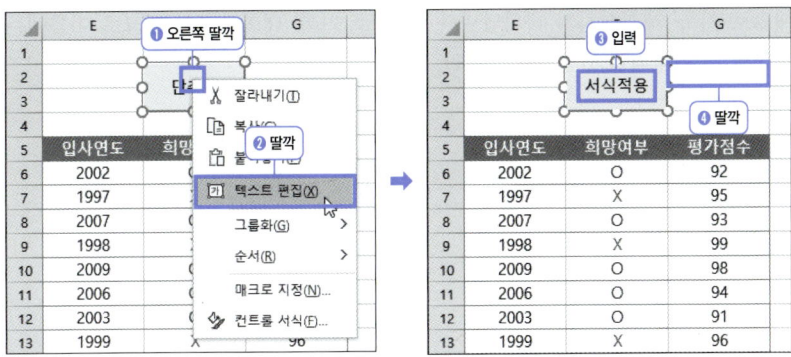

③ '서식해제' 단추 만들기

[개발 도구] → 컨트롤 → 삽입 → 양식 컨트롤 → ▭(단추)를 선택한 후 마우스 포인터가 '+'로 바뀌면 [G2:G3] 영역에 맞게 드래그하세요.

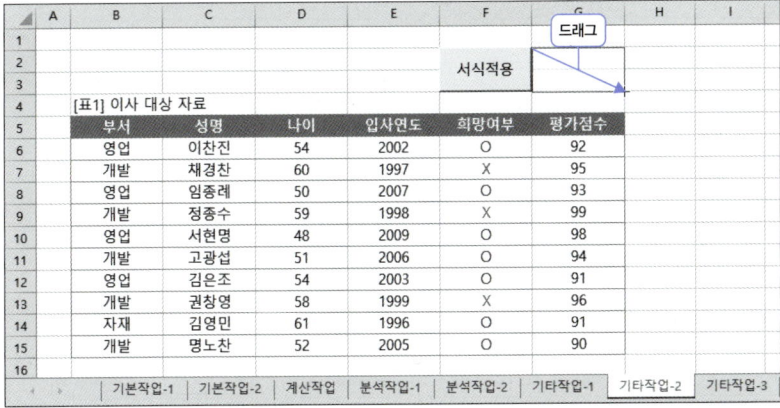

④ '서식해제' 매크로 지정하기

1. '매크로 지정' 대화상자가 나타납니다. 매크로 이름에 **서식해제**를 입력하고, 〈기록〉을 클릭하세요.

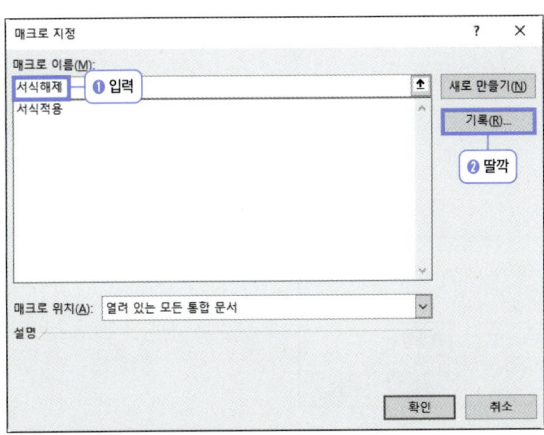

2. '매크로 기록' 대화상자가 나타납니다. '매크로 기록' 대화상자의 매크로 이름에는 "서식해제"가 입력되어 있습니다. 〈확인〉을 클릭하세요.

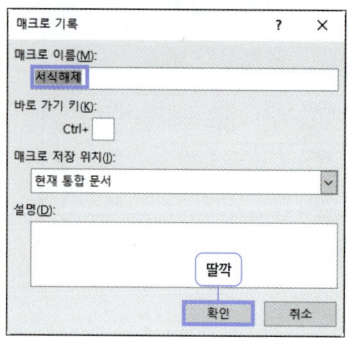

3. 매크로 기록 중임을 알리는 '기록 중지' 아이콘이 상태 표시줄에 나타납니다. 서식을 적용할 [F6:F15] 영역을 블록으로 지정한 후 Ctrl + 1 을 누르세요.

4. '셀 서식' 대화상자가 나타납니다. '셀 서식' 대화상자의 '표시 형식' 탭에서 '일반'을 선택한 후 〈확인〉을 클릭하세요.

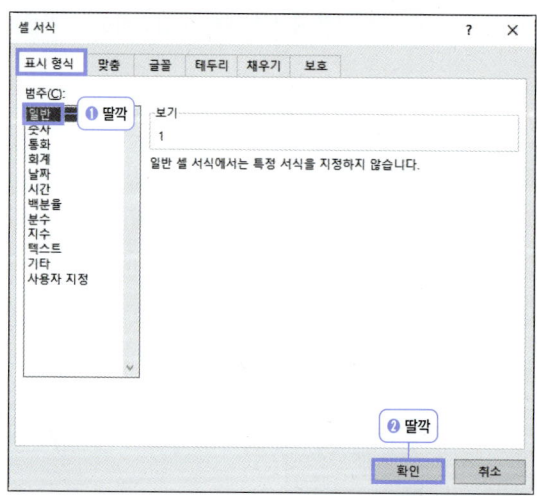

5. 임의의 셀을 클릭하여 설정된 범위를 해제한 후 상태 표시줄의 '기록 중지(□)' 아이콘을 클릭하세요. '서식해제' 매크로 기록 작업을 마친 것입니다.

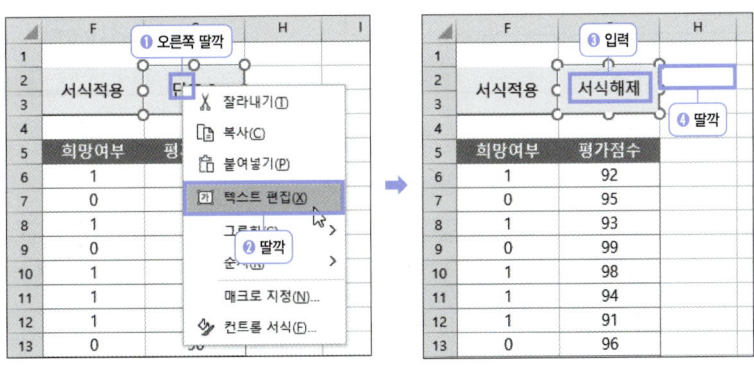

6. '단추'의 텍스트를 변경해야 합니다. '단추'의 바로 가기 메뉴에서 [**텍스트 편집**]을 선택하세요. 이어서 **단추 2**를 삭제하고 **서식해제**를 입력한 다음 임의의 셀을 클릭하여 '단추'의 텍스트 편집 상태를 해제하세요.

7. '서식적용' 단추와 '서식해제' 단추를 차례로 클릭하여 매크로가 정상적으로 동작하는지 확인하세요.

> **전문가의 조언**
>
> 매크로 작성을 잘못하였을 경우에는 기존에 작성했던 매크로를 삭제한 후 다시 작성하면 됩니다. 매크로를 삭제하는 방법은 [개발 도구] → 코드 → **매크로**를 클릭한 후 '매크로' 대화상자가 나타나면 삭제할 매크로 이름을 선택한 다음 〈삭제〉를 클릭하면 됩니다.

03. 프로시저 작성하기

1 〈물품구매〉 폼 표시하기

1. '기타작업-3' 시트를 선택한 후 [개발 도구] → 컨트롤 → **디자인 모드**를 클릭하세요. '구매' 단추가 디자인 모드로 변경됩니다. '구매' 단추를 더블클릭하세요.

전문가의 조언

VBE 호출 방법
- [개발 도구] → 코드 → Visual Basic 클릭
- Alt + F11
- 시트 이름의 바로 가기 메뉴에서 [코드 보기] 선택

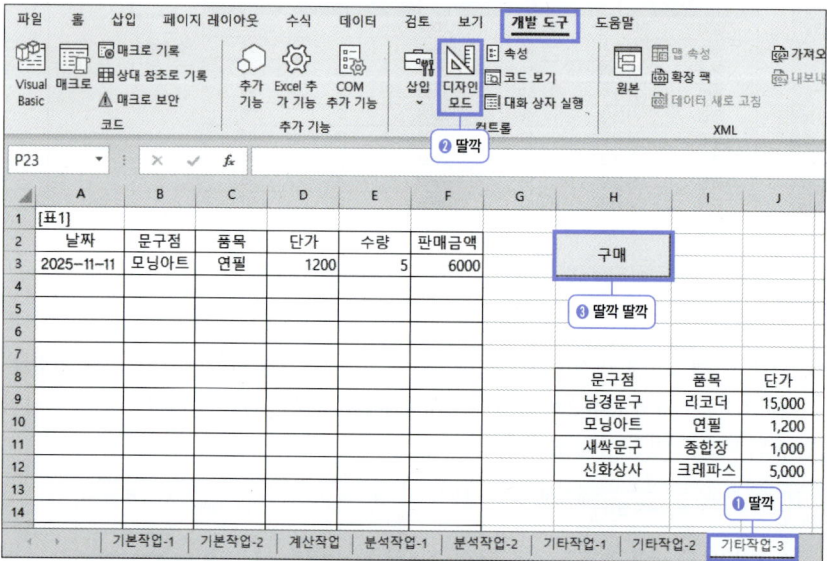

2. VBE가 실행됩니다. 실행된 VBE에는 'cmd구매_Click( )' 프로시저가 자동으로 나타나 있습니다. 다음 그림과 같이 코드를 입력하세요.

전문가의 조언

결과를 확인하려면 워크시트의 [개발 도구] → 컨트롤 → 디자인 모드를 다시 클릭하여 디자인 모드를 해제한 후 '구매' 단추를 클릭하세요. 정상적으로 실행된다면 〈물품구매〉 폼이 화면에 나타납니다.

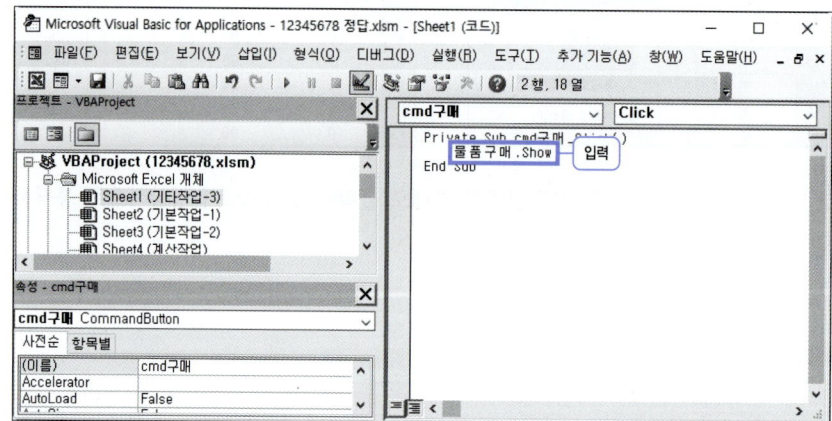

코드 설명

'물품구매.Show'에서 '물품구매'는 폼의 이름이고, 'Show'는 폼을 화면에 나타나게 하는 메서드입니다. 즉 〈물품구매〉 폼을 화면에 표시하라는 명령입니다.

② 폼이 실행되면 자동으로 콤보 상자 채우기

1. 프로젝트 탐색기 창에서 〈물품구매〉 폼을 더블클릭하세요.

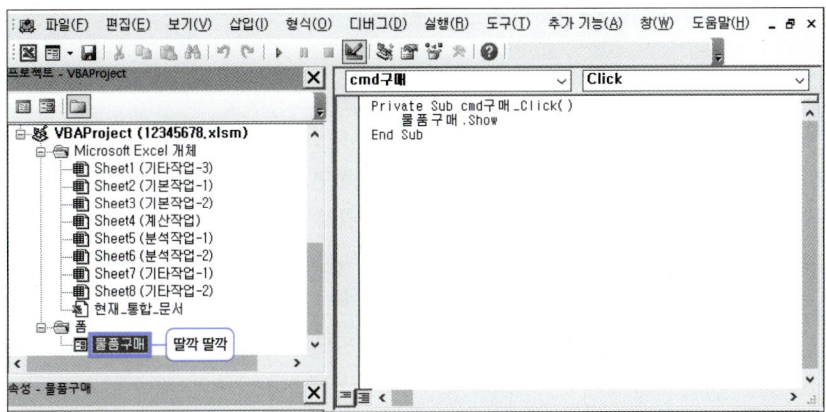

2. 〈물품구매〉 폼이 코드 창에 표시됩니다. 코드 창에서 〈물품구매〉 폼을 더블클릭하거나 프로젝트 탐색기 창의 '코드 보기(▣)' 아이콘을 클릭하세요.

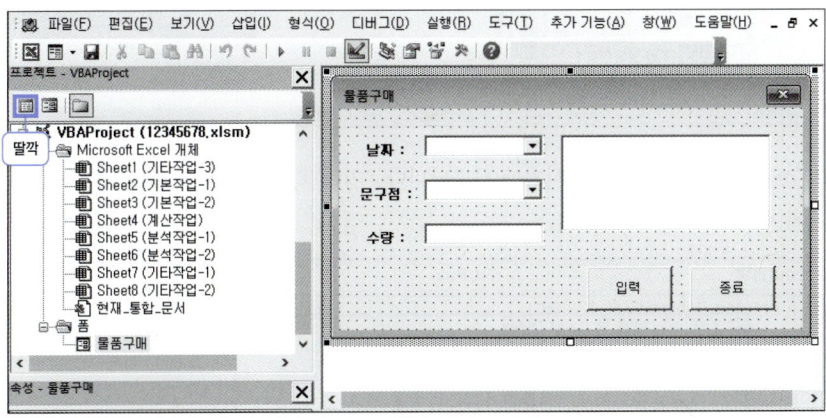

3. 코드 입력 창에 'UserForm_Initialize( )' 프로시저가 나타납니다. 'UserForm_Initialize( )' 프로시저에 다음과 같이 코드를 입력하세요.

| 코 드 설 명 | • cmb날짜.AddItem Date − 5 : cmb날짜 콤보 상자에 현재 날짜에서 5를 뺀 값을 목록으로 추가합니다.
　－ 셀의 자료가 아닌 데이터를 직접 콤보 상자나 목록 상자에 추가하려면 AddItem 메서드를 이용합니다.
　－ Date는 시스템의 현재 날짜를 알아내는 명령어입니다.
• 나머지도 차례로 cmb날짜 콤보 상자의 목록으로 추가합니다. |

❸ 폼의 자료를 워크시트에 입력하기

1. 프로젝트 탐색기에서 〈물품구매〉 폼을 더블클릭하면 〈물품구매〉 폼이 화면에 나타납니다. '입력' 단추 클릭 시 수행할 코드를 입력하기 위해 '입력' 단추를 더블클릭합니다.

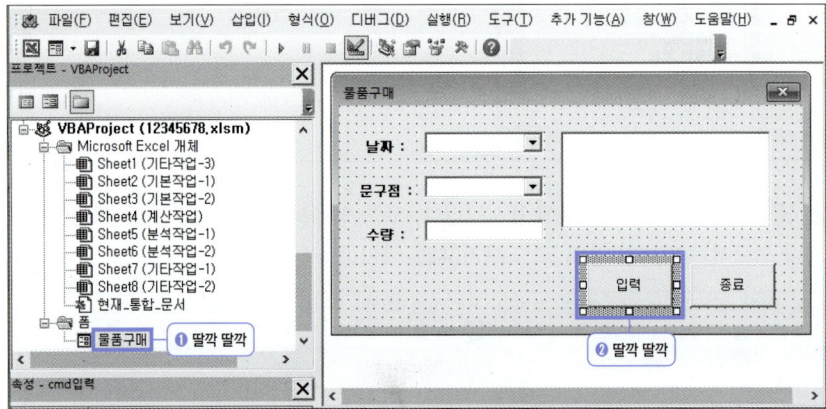

2. 'cmd입력_Click( )' 프로시저가 나타납니다. '입력' 단추 클릭 시 수행할 코드를 그림과 같이 입력하세요.

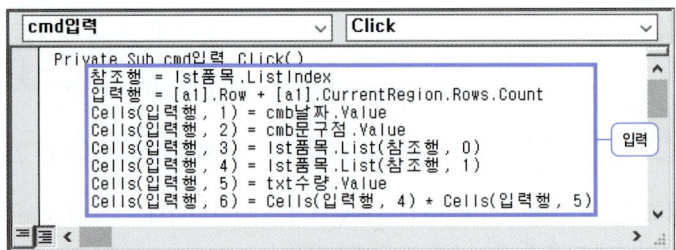

| 코 드 설 명 | ```
Private Sub cmd입력_Click()
❶ 참조행 = lst품목.ListIndex
❷ 입력행 = [a1].Row + [a1].CurrentRegion.Rows.Count
❸ Cells(입력행, 1) = cmb날짜.Value
❹ Cells(입력행, 2) = cmb문구점.Value
❺ Cells(입력행, 3) = lst품목.List(참조행, 0)
❻ Cells(입력행, 4) = lst품목.List(참조행, 1)
❼ Cells(입력행, 5) = txt수량.Value
❽ Cells(입력행, 6) = Cells(입력행, 4) * Cells(입력행, 5)
``` |

❶ '참조행' 변수에 lst품목 목록 상자에서 선택한 목록의 인덱스 번호를 치환합니다. 목록 상자의 행 번호는 0에서 시작하므로 목록 상자에서 3행을 클릭했다면 '참조행'에는 2가 치환됩니다.
　• ListIndex는 목록 상자 컨트롤의 목록 부분에서 선택한 항목의 인덱스 번호를 반환하거나 설정하는 속성입니다.
```

❷ '입력행' 변수에 [a1] 셀의 행 번호인 1과 [a1] 셀과 연결된 범위에 있는 데이터의 행수를 더하여 치환합니다. (1+3=4).
❸ 4행 1열에 cmb날짜의 값을 입력합니다.
– Value는 컨트롤에 값을 지정하는 속성입니다.
❹ 4행 2열에 cmb문구점의 값을 입력합니다.
❺ 4행 3열에 lst품목 목록 상자의 참조행, 0열에 있는 데이터를 입력합니다.
• List는 목록 상자나 콤보 상자 목록의 항목 위치를 지정하는 속성입니다. 행 번호와 열 번호는 0부터 시작하므로 lst품목.List(0,0)은 lst품목 목록 상자의 1행 1열에 있는 데이터를 의미합니다.
• lst품목 목록 상자에서 세 번째 행에 있는 '종합장'을 선택하면 인덱스 번호(ListIndex)는 0부터 시작하므로 2가 참조행 변수에 치환됩니다. 'lst품목.List(참조행,0)'은 'lst품목.List(2,0)'으로 lst품목 목록 상자의 세 번째 행, 첫 번째 열에 있는 데이터 "종합장"을 의미합니다.
❻ 4행 4열에 lst품목 목록 상자의 참조행, 1열에 있는 데이터를 입력합니다.
❼ 4행 5열에 txt수량의 값을 입력합니다.
❽ 4행 6열에 '(4행 4열의 데이터)*(4행 5열의 데이터)'의 결과를 입력합니다.

4 폼 종료하기

1. 프로젝트 탐색기에서 〈물품구매〉 폼을 더블클릭하면 〈물품구매〉 폼이 화면에 나타납니다. '종료' 단추 클릭시 수행할 코드를 입력하기 위해 '종료' 단추를 더블클릭합니다.

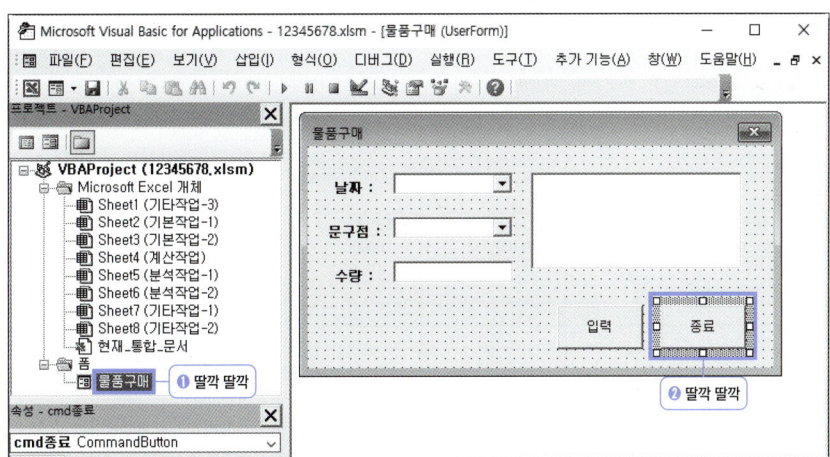

2. 'cmd종료_Click( )' 프로시저가 나타납니다. '종료' 단추 클릭 시 수행할 코드를 그림과 같이 입력하세요.

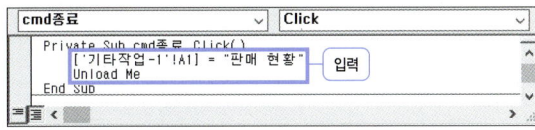

코드 설명
• ['기타작업-1'!A1] = "판매 현황" : '기타작업-1' 시트의 [A1] 셀에 판매 현황을 입력합니다.
– 워크시트 이름에 한글, 영어 외의 문자가 있을 경우 작은따옴표(')로 묶어줍니다.
• Unload Me : 현재 작업중인 폼을 화면과 메모리에서 제거합니다.
– Unload는 현재 메모리에서 실행중인 개체를 제거하는 명령입니다.
– Me는 현재 작업중인 폼을 말합니다. 다른 폼을 지정하려면 폼의 이름을 정확하게 기록해야 합니다. 현재 〈물품구매〉 폼에서 작업하고 있으므로 Unload 물품구매라고 입력해도 같은 결과가 나옵니다.

5 실행 결과 확인하기

1. VBE '표준' 도구 모음의 '보기 Microsoft Excel(🔲)' 아이콘을 클릭하세요.

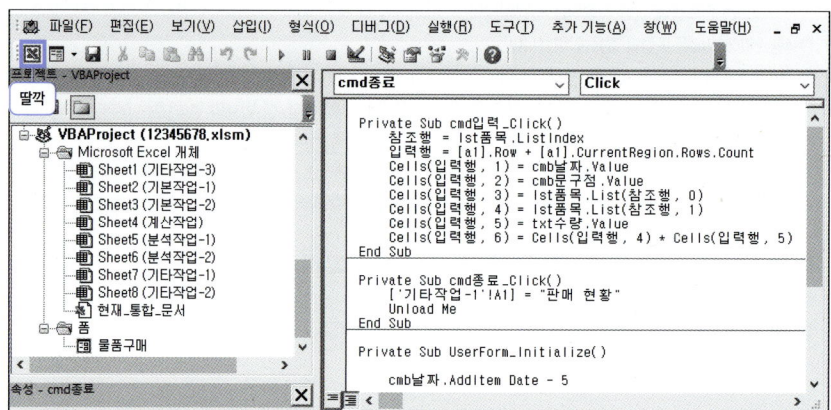

2. '기타작업-3' 워크시트로 돌아옵니다. [개발 도구] → 컨트롤 → **디자인 모드**를 클릭하여 디자인 모드를 해제하세요.

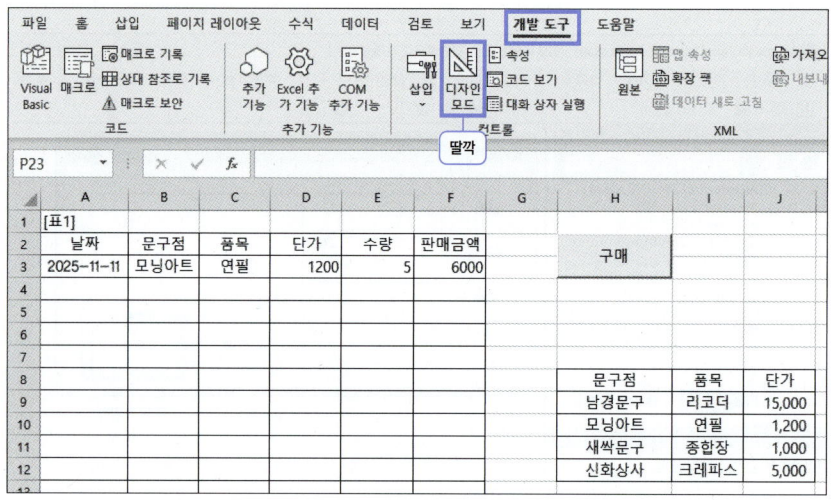

3. 실행 결과를 확인하기 위해 '구매' 단추를 클릭합니다. 〈물품구매〉 폼이 나타나고, 'cmb날짜' 콤보 상자에 목록이 표시됩니다.

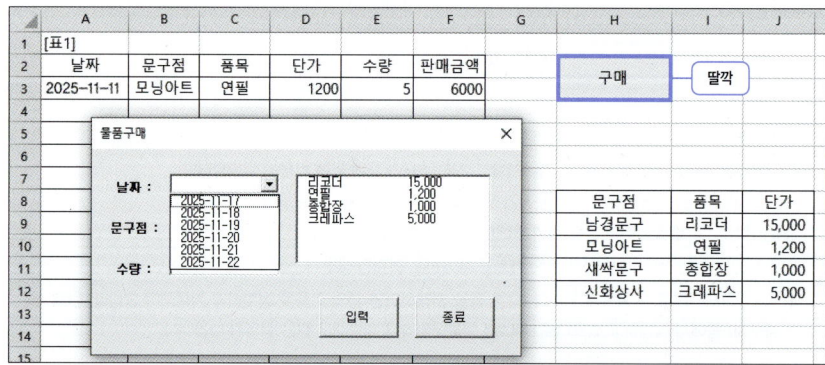

전문가의 조언

'cmb날짜' 콤보 상자 목록에 표시되는 날짜는 현재 날짜에 따라 다릅니다.

4. 데이터를 입력하고 '입력' 단추를 클릭하여 결과를 확인하세요. 폼에 입력한 데이터가 워크시트에 입력됩니다.

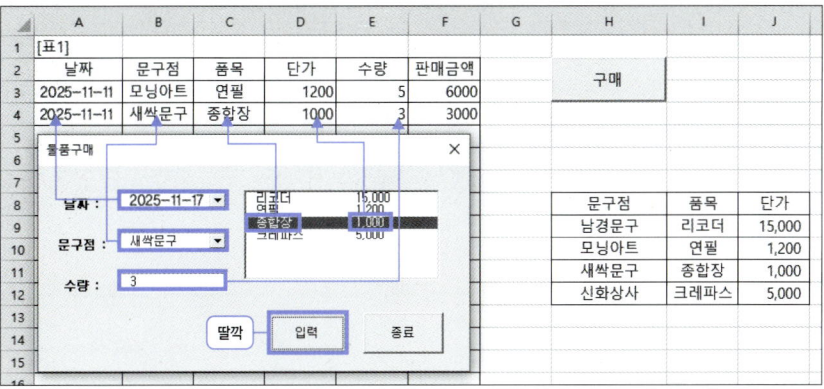

5. '종료' 단추를 클릭하여 결과를 확인하세요. 폼이 종료되고 '기타작업-1' 시트의 [A1] 셀에 **판매 현황**이 입력됩니다.

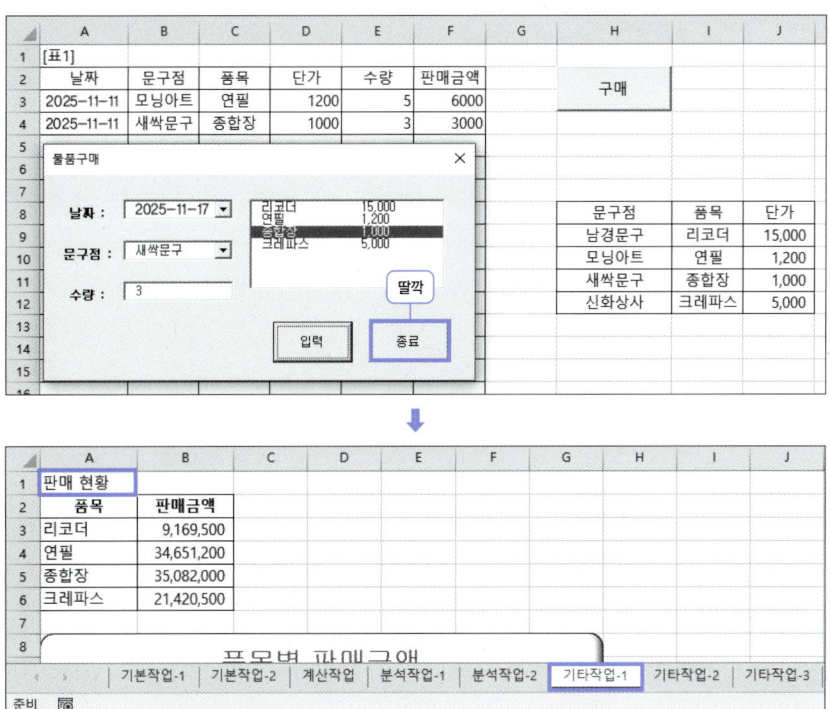

잠깐만요 온라인 채점 서비스

온라인 채점 서비스를 이용하여 여러분이 완성한 답안 파일을 채점해 보세요. 온라인 채점 서비스 이용법은 20쪽을 참고하세요.

6 엑셀 시험 마무리

시험이 종료된 후 바로 데이터베이스 시험을 시작합니다. 2과목도 성공적으로 완수하길 바랍니다.

2장

최신기출유형

기출유형 01회
기출유형 02회
기출유형 03회
기출유형 04회
기출유형 05회
기출유형 06회
기출유형 07회
기출유형 08회
기출유형 09회
기출유형 10회

기·출·유·형 01회 2026년 컴퓨터활용능력 1급 실기

프로그램명	제한시간
EXCEL 2021	45분

수험번호 :
성　　명 :

1급

〈 유 의 사 항 〉

- 인적 사항 누락 및 잘못 작성으로 인한 불이익은 수험자 책임으로 합니다.
- 화면에 암호 입력창이 나타나면 아래의 암호를 입력하여야 합니다.
  - 암호 : 7753!9
- 작성된 답안은 주어진 경로 및 파일명을 변경하지 마시고 그대로 저장해야 합니다. 이를 준수하지 않으면 실격 처리됩니다.
  답안 파일명의 예 : C:\OA\수험번호8자리.xlsm
- **외부 데이터 위치 : C:\OA\파일명**
- 별도의 지시사항이 없는 경우, 다음과 같이 처리 시 실격 처리됩니다.
  - 제시된 시트 및 개체의 순서나 이름을 임의로 변경한 경우
  - 제시된 시트 및 개체를 임의로 추가 또는 삭제한 경우
  - 외부 데이터를 시험 시작 전에 열어본 경우
- 답안은 반드시 문제에서 지시 또는 요구한 셀에 입력하여야 하며 다음과 같이 처리 시 채점 대상에서 제외됩니다.
  - 제시된 함수가 있을 경우 제시된 함수만을 사용하여야 하며 그 외 함수 사용 시 채점대상에서 제외
  - 수험자가 임의로 지시하지 않은 셀의 이동, 수정, 삭제, 변경 등으로 인해 셀의 위치 및 내용이 변경된 경우 해당 작업에 영향을 미치는 관련문제 모두 채점 대상에서 제외
  - 도형 및 차트의 개체가 중첩되어 있거나 동일한 계산결과 시트가 복수로 존재할 경우 해당 개체나 시트는 채점 대상에서 제외
- 수식 작성 시 제시된 문제 파일의 데이터는 변경 가능한(가변적) 데이터임을 감안하여 문제 풀이를 하시오.
- 별도의 지시사항이 없는 경우, 주어진 각 시트 및 개체의 설정값 또는 기본 설정값(Default)으로 처리하시오.
- 저장 시간은 별도로 주어지지 않으므로 제한된 시간 내에 저장을 완료해야 하며, 제한 시간 내에 저장이 되지 않은 경우에는 실격 처리됩니다.
- 출제된 문제의 용어는 MS Office LTSC Professional Plus 2021 기준으로 작성되어 있습니다.

대한상공회의소

문제 1
기본작업(15점) 주어진 시트에서 다음 과정을 수행하고 저장하시오.

1. '기본작업-1' 시트에서 다음과 같이 고급 필터를 수행하시오. (5점)
   ▶ [A2:I25] 영역에서 '상품종류'가 "청약"으로 시작하고 '성별'이 "여"이거나, '지점명'이 "여의도"이고 '월불입액'이 150,000원 이상인 데이터를 표시하시오.
   ▶ 조건은 [A27:A28] 영역에 입력하시오. (LEFT, OR, AND 함수 사용)
   ▶ 결과는 [A30] 셀부터 표시하시오.

 **전문가의 조언**

컴활 1급 실기 시험에 출제되는 기능의 기본적인 사용법은 알고 있다는 전제하에 해설을 간략화 했습니다. 본 기출문제집은 시나공 컴활 실기 기본서 출간후에 새롭게 출제된 문제 유형을 빠르게 전달하는데 목적을 뒀기 때문입니다. 해설이 생략된 부분에 대해 어려움을 느끼시는 수험생은 시나공 컴활 실기 기본서 교재를 먼저 공부하시기 바랍니다. 아니면 저렴한 가격으로 제공되는 동영상 강의를 수강하는 것도 한 가지 방법입니다.

2. '기본작업-1' 시트에서 다음과 같이 조건부 서식을 설정하시오. (5점)
   ▶ [A3:I25] 영역에서 '가입년월일'이 홀수 달이고 2019년 1월 1일 이후인 행 전체에 대해서 글꼴 스타일은 '굵게', 글꼴 색은 '표준 색 - 빨강'을 적용하시오.
   ▶ 단, 규칙 유형은 '수식을 사용하여 서식을 지정할 셀 결정'을 사용하고, 한 개의 규칙으로만 작성하시오.
   ▶ MONTH, MOD, AND, DATE 함수 사용

3. '기본작업-2' 시트에서 다음과 같이 페이지 레이아웃을 설정하시오. (5점)
   ▶ 기존 인쇄 영역에 [A28:I38] 영역을 인쇄 영역으로 추가하고, 페이지의 내용이 자동으로 확대/축소되어 인쇄되도록 설정하시오.
   ▶ 행 머리글(1, 2, 3 등)과 열 머리글(A, B, C 등)이 인쇄되도록 설정하시오.
   ▶ 홀수 페이지 상단의 왼쪽 구역과 짝수 페이지 상단의 오른쪽 구역에는 페이지 번호가 [표시 예]와 같이 표시되도록 머리글을 설정하시오.
   [표시 예 : 현재 페이지 번호가 1인 경우 → 1페이지]
   ▶ 오류 셀은 공백으로 표시되고 컬러는 흑백으로 인쇄되도록 설정하시오.

문제 2
계산작업(30점) '계산작업' 시트에서 다음 과정을 수행하고 저장하시오.

1. [표1]의 가입년월일, 상품종류와 [표2]를 이용하여 [I3:I35] 영역에 상품종류와 가입연도에 따른 연이율을 계산하여 표시하시오. (6점)
   ▶ INDEX, MATCH, YEAR 함수 사용

2. [표1]의 월불입액, 계약기간(월), 납입시점, 연이율을 이용하여 [J3:J35] 영역에 만기금액을 계산하여 표시하시오. (6점)
   ▶ 만기금액은 계약기간(월) 동안 연이율로 매월 초나 말에 예금한 후 매월 복리로 계산되어 만기에 찾게 되는 금액을 양수로 계산
   ▶ 만기금액은 올림하여 천의 자리까지만 표시
   ▶ FV, ROUNDUP, IF 함수 사용

3. [표1]의 가입년월일과 현재 시스템의 날짜를 이용하여 [K3:K35] 영역에 현재까지 납입한 총납입개월수를 계산하여 표시하시오. (6점)

   ▶ 총납입개월수는 월단위로 표시하되, 일 수가 부족한 달은 개월 수에 포함하지 않음
   ▶ 한달을 30일로 계산
   ▶ 표시 예 : 02개월
   ▶ TEXT, DAYS, QUOTIENT, TODAY 함수 사용

4. 사용자 정의 함수 'fn비고'를 작성하여 [표1]의 비고[L3:L35]를 표시하시오. (6점)

   ▶ 'fn비고'는 지점명, 월불입액을 인수로 받아 값을 되돌려줌
   ▶ 비고는 월불입액이 150,000 이상이고, 지점명이 "명동"이거나 "여의도"이면 지점명과 월불입액을 표시하고, 그렇지 않으면 빈칸으로 표시하시오.
   ▶ 지점명과 월불입액 앞에 "15만원이상-"을 표시하고, 월불입액은 천단위마다 콤마를 표시하시오(표시 예 : 15만원이상-여의도250,000).

   ```
   Public Function fn비고(지점명, 월불입액)

   End Function
   ```

5. [표1]의 상품종류와 월불입액을 이용하여 [표2]의 [F40:F42] 영역에 상품종류별 월불입액의 평균을 계산하여 표시하시오. (6점)

   ▶ 단, 상품종류별 가장 많은 월불입액은 제외하고 계산하시오.
   ▶ AVERAGE, IF, MAX 함수를 이용한 배열 수식

문제 3

분석작업(20점) 주어진 시트에서 다음 과정을 수행하고 저장하시오.

1. '분석작업-1' 시트에서 다음의 지시사항에 따라 피벗 테이블 보고서를 작성하시오. (10점)

   ▶ 외부 데이터 가져오기 기능을 이용하여 〈저축현황.accdb〉에서 〈가입자별저축〉 테이블의 '가입시간', '상품종류', '지점명', '월불입액', '연이율' 열을 이용하시오.
   ▶ 피벗 테이블 보고서의 레이아웃과 위치는 〈그림〉을 참조하여 설정하고, 보고서 레이아웃을 개요 형식으로 표시하시오.
   ▶ '가입시간' 필드를 오전/오후로 그룹을 지정한 후 〈그림〉과 같이 표시되도록 '가입시간'을 삭제하시오.
   ▶ 피벗 테이블 스타일은 '연한 주황, 피벗 스타일 보통 3'으로 설정하고, '상품종류'는 〈그림〉과 같이 정렬하시오.
   ▶ '값 필드 설정'의 셀 서식을 이용하여 '월불입액' 필드의 표시 형식은 '회계' 범주에서, '연이율' 필드의 표시 형식은 '백분율' 범주에서 지정하시오.
   ▶ '지점명' 필드가 "강남"이거나 "여의도"인 데이터만을 표시하시오.

	A	B	C	D	E	F	G
1							
2		지점명	(다중 항목) ▼				
3					상품종류 ▼		
4		가입시간2 ▼	값	청약예금	청약저축	정기적금	총합계
5							
6		오전					
7			평균 : 월불입액	143,750	83,333	142,500	126,818
8			평균 : 연이율	2.95%	2.47%	2.13%	2.52%
9		오후					
10			평균 : 월불입액		110,000	166,667	138,333
11			평균 : 연이율		2.80%	2.00%	2.40%
12		전체 평균 : 월불입액		143,750	96,667	152,857	130,882
13		전체 평균 : 연이율		2.95%	2.63%	2.07%	2.48%

※ 완성된 작업 그림이며 부분 점수 없음

2. '분석작업-2' 시트에 대하여 다음의 지시사항을 처리하시오. (10점)

▶ [정렬] 기능을 이용하여 '지점명'을 '여의도 – 명동 – 강남 – 합정' 순으로 정렬하고, 동일한 '지점명'인 경우 '월불입액'의 셀 색이 '파랑(RGB : 0, 119, 192) – 빨강(RGB : 255, 0, 0)', 조건부 서식 아이콘이 '✔' 순으로 위에 표시되도록 정렬하시오.

▶ [필터] 기능을 이용하여 [표1]의 '가입년월일' 필드가 2019년 이후이고, '상품종류'가 "금" 자로 끝나는 데이터만을 표시하시오.

문제 4 기타작업(35점) 주어진 시트에서 다음 과정을 수행하고 저장하시오.

1. '기타작업-1' 시트에서 다음의 지시사항에 따라 차트를 수정하시오. (각 2점)

※ 차트는 반드시 문제에서 제공한 차트를 사용하여야 하며, 신규로 차트 작성 시 0점 처리됨

① 차트 제목을 〈그림〉과 같이 입력한 후 글꼴 '궁서', 크기 20으로 지정하시오.
② 기본 세로 축의 제목을 추가하여 [D3] 셀과 연동하고, 텍스트 상자의 텍스트 방향을 '세로'로 설정하시오.
③ 세로(값) 축의 기본 단위와 최대값을 〈그림〉과 같이 지정하고 그림 영역에 '파랑 박엽지' 질감을 지정하시오.
④ '하반기' 저축 금액이 가장 많은 '정기적금' 데이터 요소에 데이터 레이블 '값'을 지정하시오.
⑤ 차트 영역의 테두리 스타일은 '둥근 모서리', 그림자는 '오프셋: 오른쪽 아래'로 표시하시오.

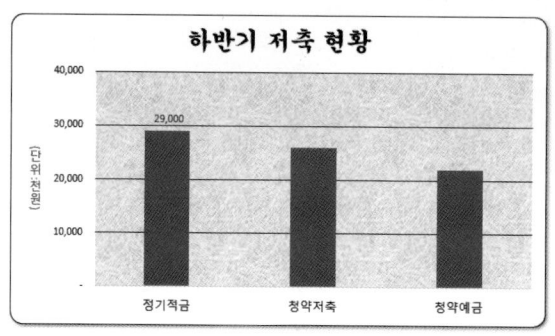

2. '기타작업-2' 시트에서 다음과 같은 기능을 수행하는 매크로를 현재 통합문서에 작성하시오. (각 5점)

① [H5:H30] 영역에 사용자 지정 표시 형식을 설정하는 '서식적용' 매크로를 생성하시오.
▶ 셀 값이 3% 이상이면 빨강색으로 숫자 앞에 "★"를 표시하고, 2.5% 이상이면 파랑색으로 숫자 앞에 "☆"를 표시하고, 2.5% 미만은 숫자만 표시하고, 텍스트면 "※"로 표시하되, 숫자는 모두 백분율로 소수점 첫째 자리까지 표시하시오.
[표시 예 : 0.036인 경우 → ★3.6%, 0.025인 경우 → ☆2.5%, 0인 경우 → 0.0%]
▶ [개발 도구] → [삽입] → [양식 컨트롤]의 '단추'를 동일 시트의 [F1:G2] 영역에 생성한 후 텍스트를 "서식적용"으로 입력하고, 단추를 클릭하면 '서식적용' 매크로가 실행되도록 설정하시오

② [I5:I30] 영역에 조건부 서식을 적용하는 '아이콘보기' 매크로를 생성하시오.
▶ 규칙 유형은 '셀 값을 기준으로 모든 셀의 서식 지정'으로 선택하고, 서식 스타일은 '아이콘 집합', 아이콘 스타일은 '4색 원'으로 설정하시오.
▶ 숫자를 200,000 이상, 200,000 미만 150,000 이상, 150,000 미만 100,000 이상, 100,000 미만으로 설정하시오.
▶ [개발 도구] → [삽입] → [양식 컨트롤]의 '단추'를 동일 시트의 [H1:I2] 영역에 생성한 후 텍스트를 "아이콘보기"로 입력하고, 단추를 클릭하면 '아이콘보기' 매크로가 실행되도록 설정하시오
※ 셀 포인터의 위치에 관계없이 매크로가 실행되어야 정답으로 인정됨

3. '기타작업-3' 시트에서 다음과 같은 작업을 수행하도록 프로시저를 작성하시오. (각 5점)

① '가입자검색' 단추를 클릭하면 〈가입자검색화면〉 폼이 나타나고, 폼이 초기화되면 [B4:B29] 영역의 값이 '가입자명'(cmb가입자명) 콤보 상자의 목록에 표시되도록 프로시저를 작성하시오.
② 〈가입자검색화면〉 폼의 '가입자명'(cmb가입자명) 콤보 상자에서 조회할 '가입자명'을 선택하고 '검색'(cmd검색) 단추를 클릭하면 워크시트의 [표1]에서 해당 데이터를 찾아 폼에 표시하는 프로시저를 작성하시오.
▶ ListIndex 속성을 이용하시오.

▶ '연이율'은 백분율로 소수점 첫째 자리까지 표시하고 '월불입액'은 천 단위마다 콤마를 표시하시오.

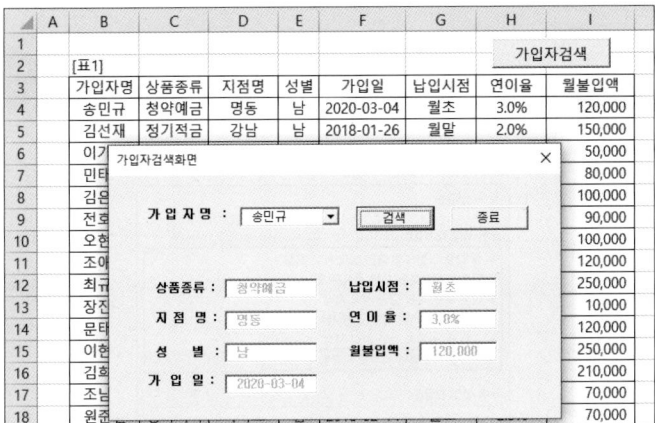

③ 〈가입자검색화면〉 폼의 '종료'(cmd종료) 단추를 클릭하면 〈그림〉과 같은 현재 시간이 표시된 메시지를 표시한 후 폼이 종료되도록 프로시저를 작성하시오.

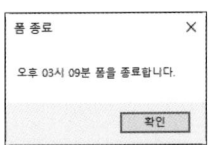

01회 컴퓨터활용능력 1급 실기(엑셀) 정답 및 해설

문제 1   기본작업

01. 고급 필터

정답

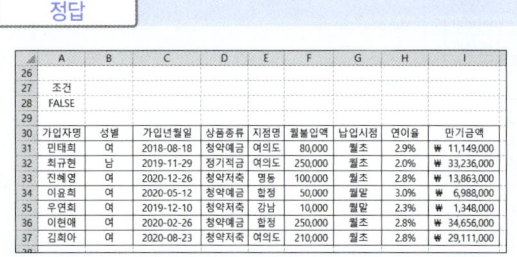

1. [A27] 셀에 조건, [A28] 셀에 =OR(AND(LEFT(D3,2)="청약",B3="여"),AND(E3="여의도",F3)= 150000))을 입력한다.
2. '고급 필터' 대화상자

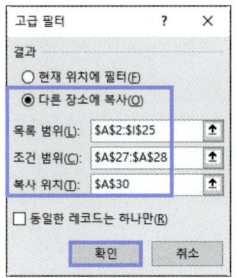

02. 조건부 서식

정답

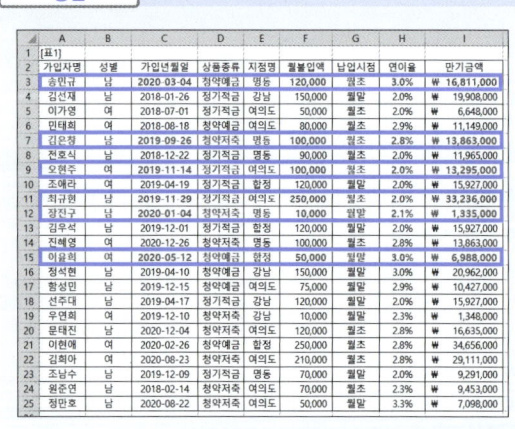

'새 서식 규칙' 대화상자

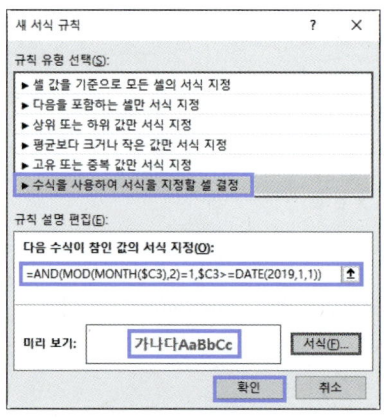

03. 페이지 레이아웃

정답

1 페이지

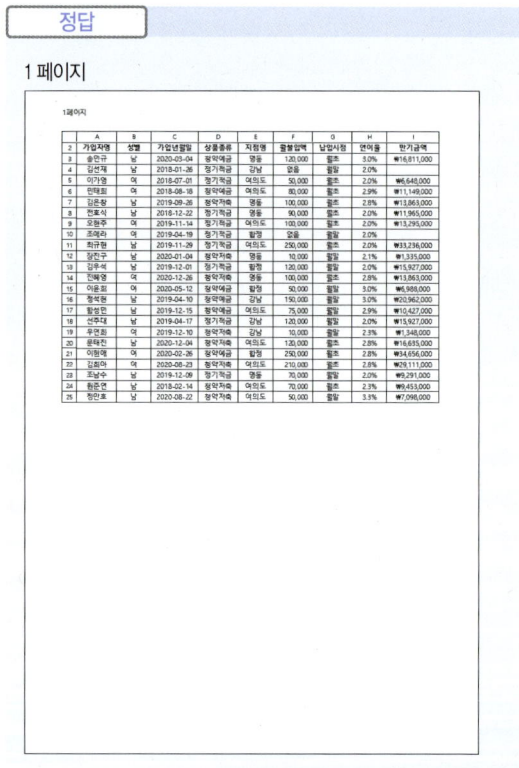

2 페이지

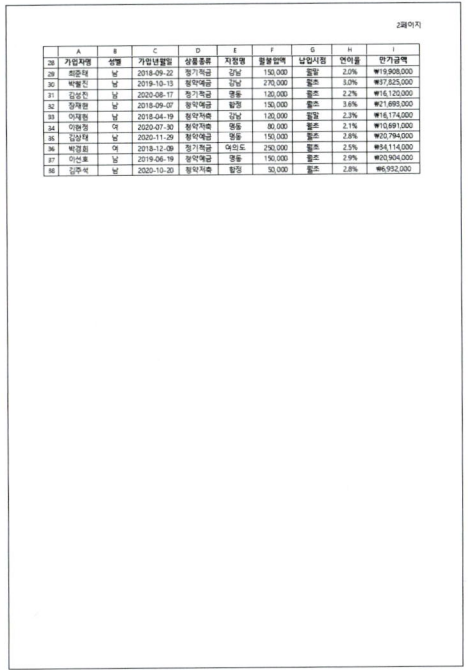

1. 자동 맞춤 지정

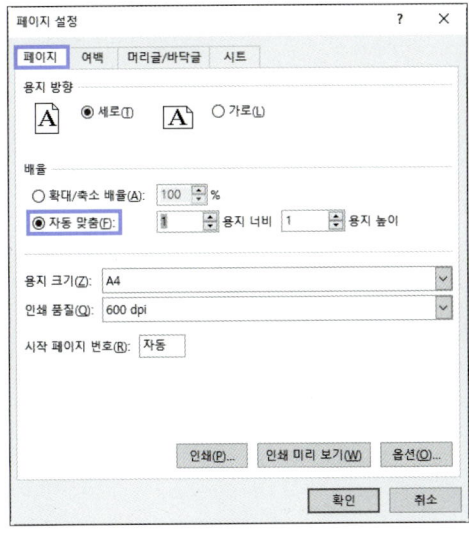

2. '페이지 설정' 대화상자의 '머리글/바닥글' 탭

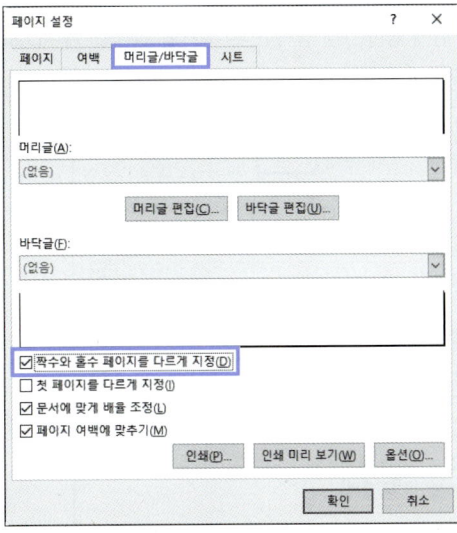

3. '머리글' 대화상자의 '홀수 페이지 머리글' 탭

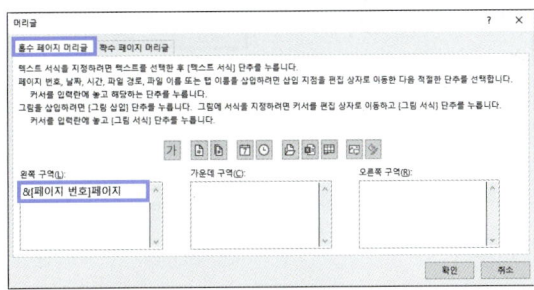

4. '머리글' 대화상자의 '짝수 페이지 머리글' 탭

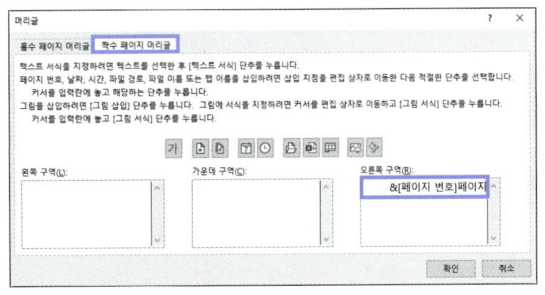

5. '페이지 설정' 대화상자의 '시트' 탭
'페이지 설정' 대화상자의 '시트' 탭에서 '인쇄 영역'에 입력된 범위 뒤에 콤마(,)를 입력한 후 추가할 영역을 마우스로 드래그하여 추가한다.

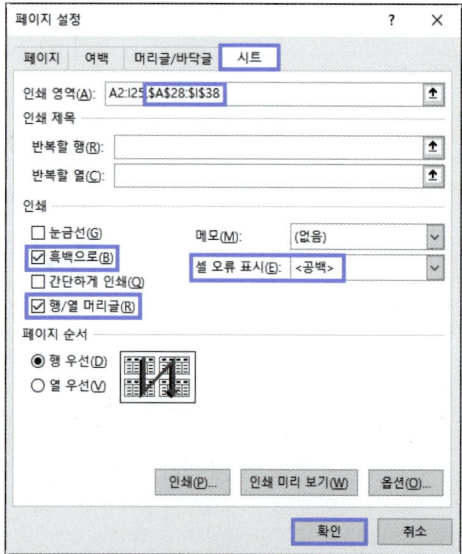

인쇄 영역으로 추가할 [A28:I38] 영역을 블록으로 지정한 후 [페이지 레이아웃] → 페이지 설정 → 인쇄 영역 → **인쇄 영역 추가**를 선택해도 됩니다.

문제 2   계산작업

정답

	A	B	C	D	E	F	G	H	I	J	K	L
1	[표1]											
2	가입자명	성별	가입년월일	상품종류	지점명	월불입액	계약기간(월)	납입시점	연이율	만기금액	총납입개월수	비고
3	김우석	남	2019-12-01	정기적금	합정	120,000	120	월말	2.0%	₩15,927,000	59개월	
4	박경희	여	2016-12-09	정기적금	여의도	250,000	120	월초	2.2%	₩33,584,000	96개월	15만원이상-여의도250,000
5	선주대	남	2019-04-17	정기적금	강남	120,000	120	월말	2.0%	₩15,927,000	67개월	
6	김은창	남	2019-09-26	청약저축	명동	100,000	120	월초	2.3%	₩13,504,000	62개월	
7	전호식	남	2018-12-22	정기적금	명동	90,000	120	월초	2.0%	₩11,965,000	71개월	
8	송민규	남	2020-03-04	청약예금	명동	120,000	120	월초	2.8%	₩16,635,000	56개월	
9	이재현	남	2018-04-19	청약저축	강남	120,000	120	월말	2.3%	₩16,174,000	79개월	
10	우연희	여	2019-12-10	청약저축	강남	10,000	120	월말	2.3%	₩1,348,000	59개월	
11	이가영	여	2016-07-01	정기적금	여의도	50,000	120	월말	2.2%	₩6,717,000	101개월	
12	정석현	남	2019-04-10	청약예금	강남	150,000	120	월말	2.9%	₩20,853,000	67개월	
13	함성민	남	2019-12-15	청약예금	여의도	75,000	120	월말	2.9%	₩10,427,000	59개월	
14	김상태	남	2020-11-29	청약예금	명동	150,000	120	월초	2.8%	₩20,794,000	47개월	15만원이상-명동150,000
15	문태진	남	2016-12-04	청약저축	여의도	120,000	120	월초	2.8%	₩16,635,000	96개월	
16	진혜영	여	2020-12-26	청약예금	명동	100,000	120	월초	2.1%	₩13,364,000	46개월	
17	민태희	여	2017-08-18	청약예금	여의도	80,000	120	월초	3.0%	₩11,208,000	87개월	
18	이현정	여	2020-07-30	청약저축	명동	80,000	120	월초	2.1%	₩10,691,000	51개월	
19	김주석	남	2020-10-20	청약저축	합정	50,000	120	월초	2.1%	₩6,682,000	49개월	
20	이윤희	여	2020-05-12	청약예금	합정	50,000	120	월말	2.8%	₩6,915,000	54개월	
21	최준태	남	2018-09-22	정기적금	강남	150,000	120	월말	2.0%	₩19,908,000	74개월	
22	박철진	남	2019-10-13	청약예금	강남	270,000	120	월초	2.9%	₩37,626,000	61개월	
23	김성진	남	2020-08-17	청약예금	명동	120,000	120	월말	1.5%	₩15,546,000	51개월	
24	장재현	남	2018-09-07	청약예금	합정	150,000	120	월초	2.9%	₩20,904,000	74개월	
25	오현주	남	2019-11-14	청약저축	여의도	100,000	120	월초	2.1%	₩13,295,000	60개월	
26	조애라	여	2019-04-19	정기적금	합정	120,000	120	월말	2.0%	₩15,927,000	67개월	
27	최규현	남	2016-11-29	정기적금	여의도	250,000	120	월초	2.2%	₩33,584,000	96개월	15만원이상-여의도250,000
28	장진구	남	2020-01-04	청약저축	명동	10,000	120	월초	2.1%	₩1,335,000	58개월	
29	이현애	여	2020-02-26	청약예금	합정	250,000	120	월초	2.8%	₩34,656,000	57개월	
30	김희아	여	2020-08-23	청약저축	여의도	210,000	120	월초	2.1%	₩28,064,000	51개월	15만원이상-여의도210,000
31	조남수	남	2019-12-09	정기적금	명동	70,000	120	월말	2.0%	₩9,291,000	59개월	
32	원준연	남	2018-02-14	청약저축	여의도	70,000	120	월초	2.3%	₩9,453,000	81개월	
33	김선재	남	2016-01-26	정기적금	강남	150,000	120	월말	2.2%	₩20,114,000	106개월	
34	이선호	남	2019-06-19	청약저축	명동	150,000	120	월말	2.9%	₩20,904,000	65개월	15만원이상-명동150,000
35	정만호	남	2020-08-22	청약저축	여의도	50,000	120	월초	2.1%	₩6,671,000	51개월	
36												
37	[표2] 연이율											
38		2014년 이상 2016년 미만	2016년 이상 2018년 미만	2018년 이상 2020년 미만	2020년 이상	월불입액 평균						
39	상품종류											
40	정기적금	2.5%	2.2%	2.0%	1.5%	₩ 109,000						
41	청약저축	3.3%	2.8%	2.3%	2.1%	₩ 71,000						
42	청약예금	3.6%	3.0%	2.9%	2.8%	₩ 130,556						

❶ 연이율(I3)

=INDEX($B$40:$E$42, MATCH(D3,$A$40:$A$42,0), MATCH(YEAR(C3),$B$38:$E$38,1))

❷ 만기금액(J3)

=ROUNDUP(FV(I3/12,G3,-F3,,IF(H3="월초",1,0)),-3)

❸ 총납입개월수(K3)

=TEXT(QUOTIENT(DAYS(TODAY( ), C3),30), "00개월")

※ 결과값은 현재 날짜에 따라 다르게 표시됩니다.

❹ 비고(L3)

=fn비고(E3,F3)

[사용자 정의 함수]
Visual Basic Editor의 모듈에 다음과 같이 코드를 입력 한다.

```
Public Function fn비고(지점명, 월불입액)
    If 월불입액 >= 150000 And (지점명 = "명동" Or 지점명 = "여의도") Then
        fn비고 = "15만원이상-" & 지점명 & Format(월불입액, "#,###")
    Else
        fn비고 = ""
    End If
End Function
```

❺ 월불입액 평균(F40)

{=AVERAGE(IF(($D$3:$D$35=A40) * ($F$3:$F$35 <> MAX(($D$3:$D$35=A40) * $F$3:$F$35)), $F$3:$F$35))}

문제 3 분석작업

01. 피벗 테이블

1. [데이터] → 데이터 가져오기 및 변환 → 데이터 가져오기 → 기타 원본에서 → Microsoft Query에서를 선택한다.
2. '데이터 원본 선택' 대화상자에서 'MS Access Database*'를 선택하고, 〈확인〉을 클릭한다.
3. '데이터베이스 선택' 대화상자에서 '저축현황.accdb'를 선택하고, 〈확인〉을 클릭한다.
4. '쿼리 마법사 – 열 선택' 대화상자에서 그림과 같이 열을 선택하고, 〈다음〉을 클릭한다.

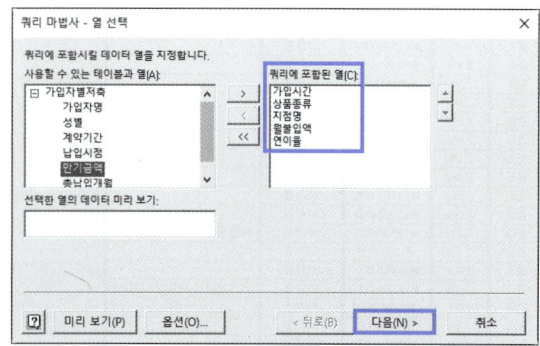

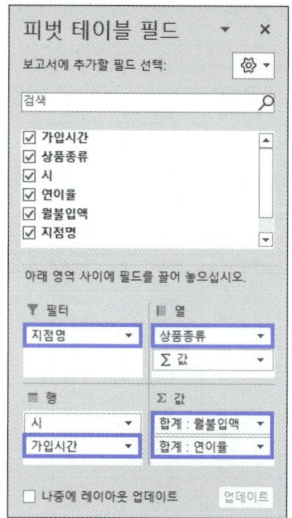

5. '쿼리 마법사 – 데이터 필터' 대화상자에서 〈다음〉을 클릭한다.
6. '쿼리 마법사 – 정렬 순서' 대화상자에서 〈다음〉을 클릭한다.
7. '쿼리 마법사 – 마침' 대화상자에서 〈마침〉을 클릭한다.
8. '데이터 가져오기' 대화상자에서 표시할 방법으로 '피벗 테이블 보고서'를, 작성 위치로 '기존 워크시트', [B4] 셀을 지정하고 〈확인〉을 클릭한다.
9. '피벗 테이블 필드' 창에서 각 필드를 그림과 같이 지정한다.

> 피벗 테이블의 행과 열 영역에 시간 형식의 필드를 넣으면 시, 분 등의 필드가 자동으로 생성되고 값 영역에 두 개 이상의 필드를 넣으면 값 필드가 자동으로 생성됩니다.

10. 열 영역에 자동으로 생긴 'Σ 값' 필드를 행 영역으로 드래그하여 이동한다.

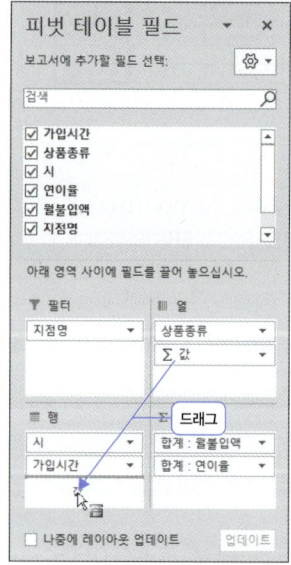

11. 작성된 피벗 테이블에서 임의의 셀을 클릭한 후 [디자인] → 레이아웃 → 보고서 레이아웃 → **개요 형식으로 표시**를 선택한다.

12. 작성된 피벗 테이블에서 값인 '월불입액'의 바로 가기 메뉴에서 [값 요약 기준] → **평균**을 선택한다.
13. 작성된 피벗 테이블에서 값인 '연이율'의 바로 가기 메뉴에서 [값 요약 기준] → **평균**을 선택한다.
14. 자동으로 지정된 그룹을 해제하기 위해 '가입시간'이 표시된 임의의 셀을 클릭한 후 바로 가기 메뉴에서 [**그룹 해제**]를 선택한다.

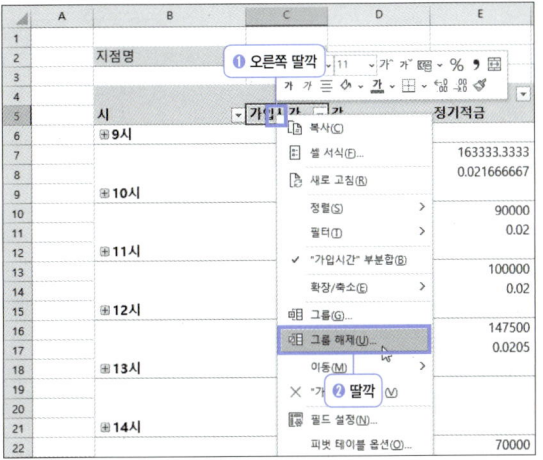

15. [B6:B60] 영역을 블록으로 지정한 후 바로 가기 메뉴에서 [**그룹**]을 선택한다.

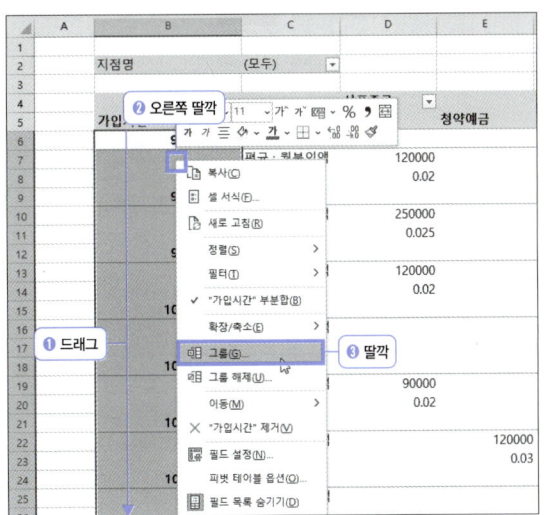

16. 수식 입력줄에서 '그룹1'을 **오전**으로 변경한다.

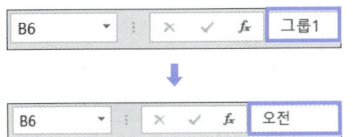

17. [B66:B137] 영역을 블록으로 지정한 후 바로 가기 메뉴에서 [**그룹**]을 선택한다.
18. 수식 입력줄에서 '그룹2'를 **오후**로 변경한다.
19. '피벗 테이블 필드' 창의 행 영역에 있는 '가입시간' 필드를 '피벗 테이블 필드' 창 바깥쪽으로 드래그하여 삭제한다.

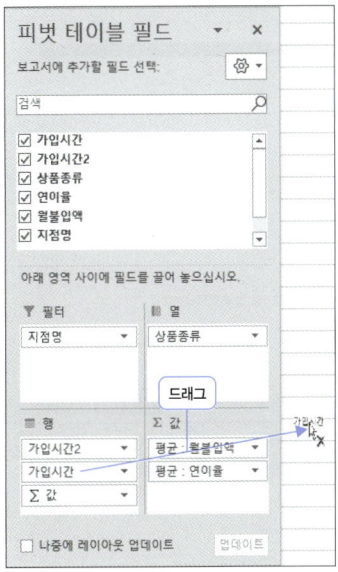

20. 작성된 피벗 테이블에서 임의의 셀을 클릭한 후 [디자인] → 피벗 테이블 스타일의 ▼ → 중간 → **연한 주황, 피벗 스타일 보통 3**을 선택한다.
21. '정기적금'을 마지막 번째 영역에 표시하기 위해 '정기적금'을 마우스로 클릭한 다음 다시 테두리 부분을 클릭하여 F열로 드래그한다.

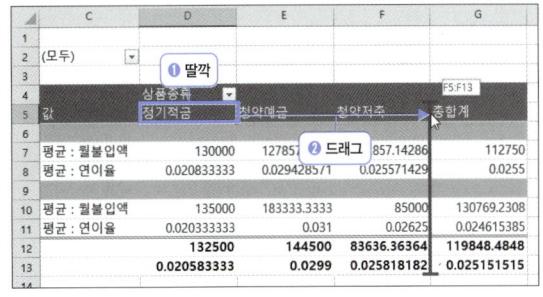

22. '월불입액'이 표시되어 있는 임의의 셀을 클릭한 후 바로 가기 메뉴에서 [**값 필드 설정**]을 선택한다.
23. '값 필드 설정' 대화상자에서 〈표시 형식〉을 클릭한다.

24. '셀 서식' 대화상자에서 그림과 같이 지정한 후 〈확인〉을 클릭한다.

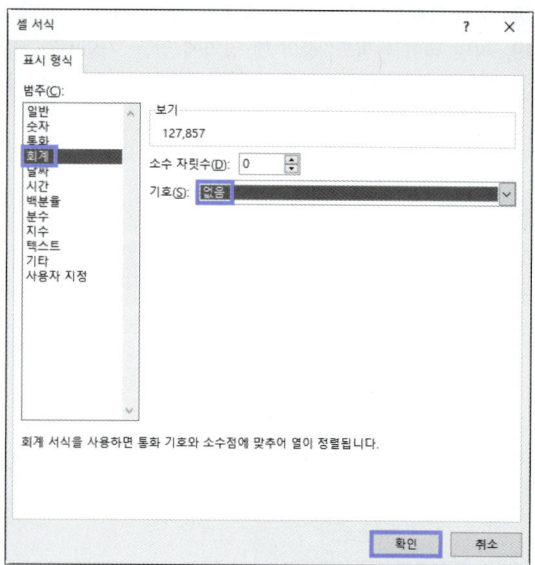

25. '값 필드 설정' 대화상자에서도 〈확인〉을 클릭한다.
26. 같은 방법으로 '연이율'의 표시 형식을 그림과 같이 지정한다.

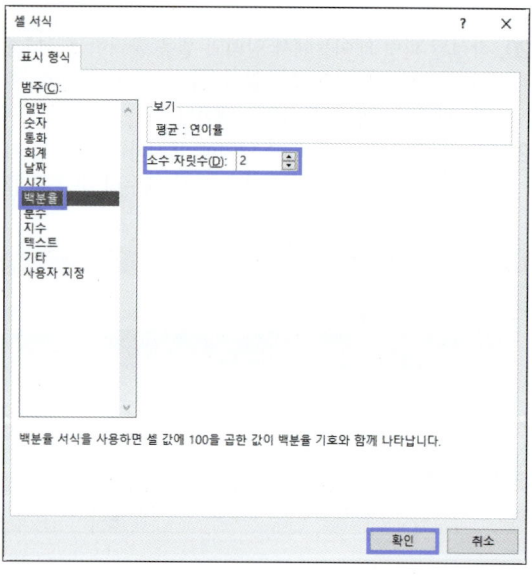

27. '지점명'의 목록 단추(▼)를 클릭한 후 그림과 같이 지정하고 〈확인〉을 클릭한다.

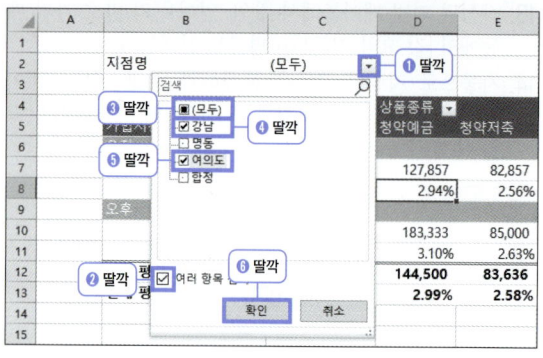

02. 정렬 / 필터

정답

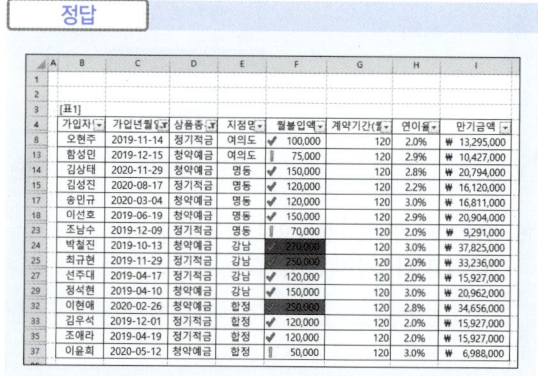

1. [B4:I37] 영역을 선택한 후 [데이터] → 정렬 및 필터 → **정렬**을 클릭한다.
2. '정렬' 대화상자에서 '열'에 '지점명', '정렬 기준'에 '셀 값', '정렬'에 '사용자 지정 목록'을 선택한다.
3. '사용자 지정 목록' 대화상자에서 그림과 같이 지정한 후 〈확인〉을 클릭한다.

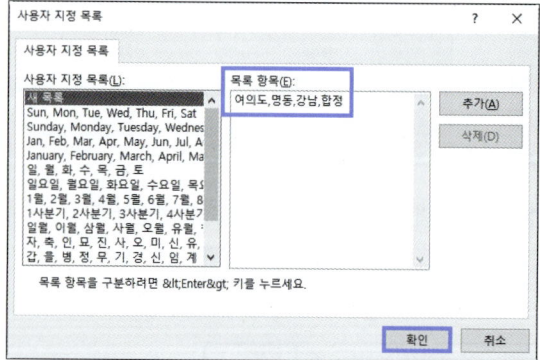

4. '정렬' 대화상자에서 〈기준 추가〉 단추를 이용하여 다음과 같이 지정한 후 〈확인〉을 클릭한다.

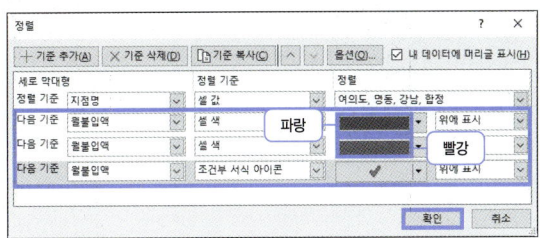

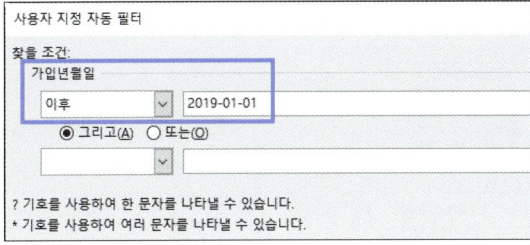

5. 데이터가 입력된 임의의 셀을 클릭한 후 [데이터] → 정렬 및 필터 → **필터**를 클릭한다.
6. '가입년월일' 필드의 자동 필터 단추()를 클릭한 후 [날짜 필터] → **이후**를 선택한다.
7. '사용자 지정 자동 필터' 대화상자에서 그림과 같이 지정하고 〈확인〉을 클릭한다.

8. '상품종류' 필드의 자동 필터 단추()를 클릭한 후 [텍스트 필터] → **끝 문자**를 선택한다.
9. '사용자 지정 자동 필터' 대화상자에서 그림과 같이 지정하고 〈확인〉을 클릭한다.

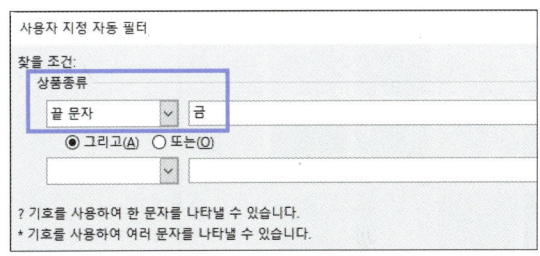

문제 4   기타작업   〈정답〉

01. 차트 서식

❷ [D3] 셀과 연결하여 축 제목 표시 및 텍스트 방향 변경

1. 차트 영역을 선택한 후 [차트 디자인] → 차트 레이아웃 → 차트 요소 추가 → 축 제목 → **기본 세로**를 선택한다.
2. 차트에 삽입된 '축 제목'을 선택한 후 수식 입력줄을 클릭하여 =을 입력한 다음 [D3] 셀을 클릭하고 Enter를 누른다.
3. 세로(값) 축 제목을 더블클릭한 후 '축 제목 서식' 창의 [제목 옵션] → (크기 및 속성) → **맞춤**에서 텍스트 방향을 '세로'로 지정한다.

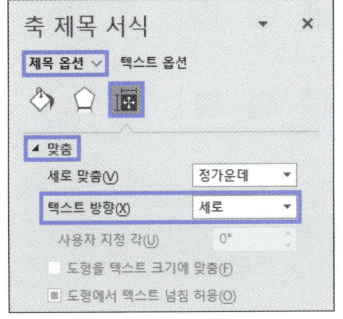

❸ 세로(값) 축 및 그림 영역 서식 지정

• 세로(값) 축의 주 단위 및 최대값 눈금 지정

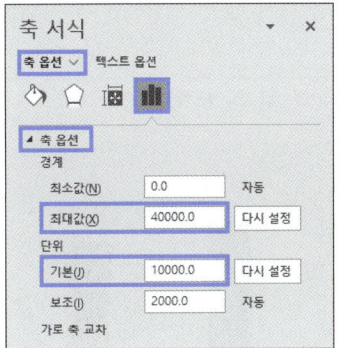

• 그림 영역 서식 지정

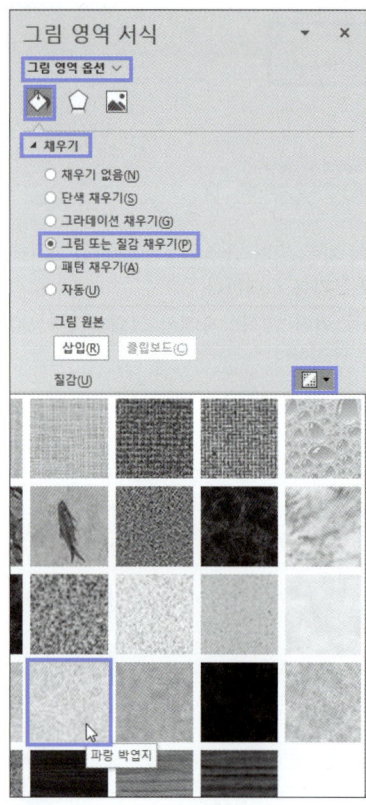

❹ '하반기'의 '정기적금'에 데이터 레이블 표시

1. '하반기' 계열을 클릭하여 '하반기' 계열이 모두 선택된 상태에서 '정기적금'을 다시 한 번 클릭하면 '정기적금' 만 선택된다.

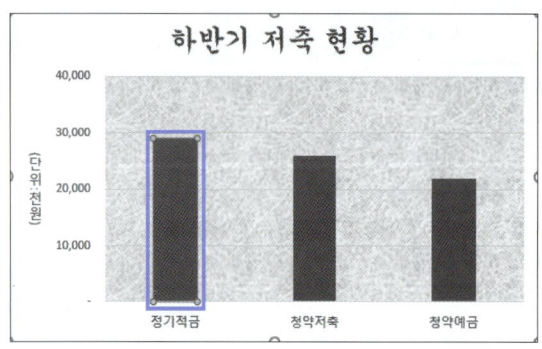

2. '정기적금'만 선택된 상태에서 바로 가기 메뉴의 [데이터 레이블 추가]를 선택한다.

❺ 차트 영역 서식 지정
• 테두리

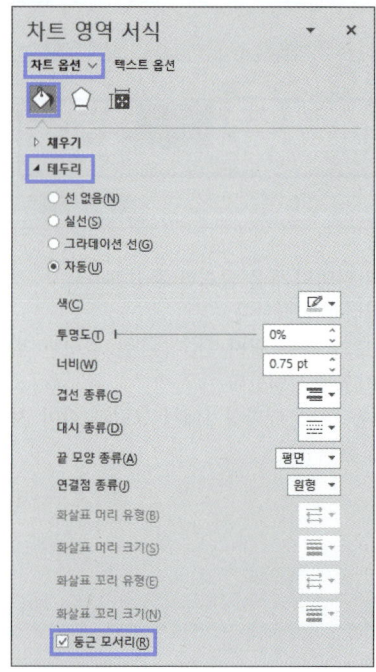

• 그림자

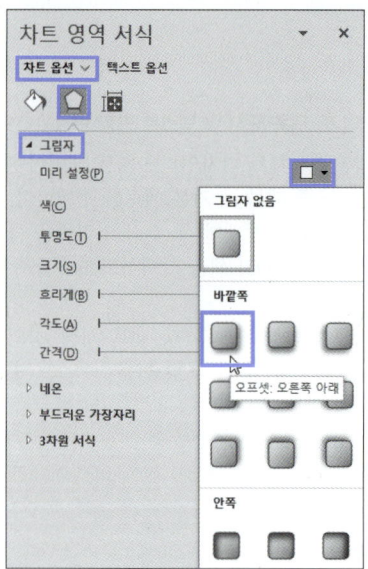

02. 매크로

정답

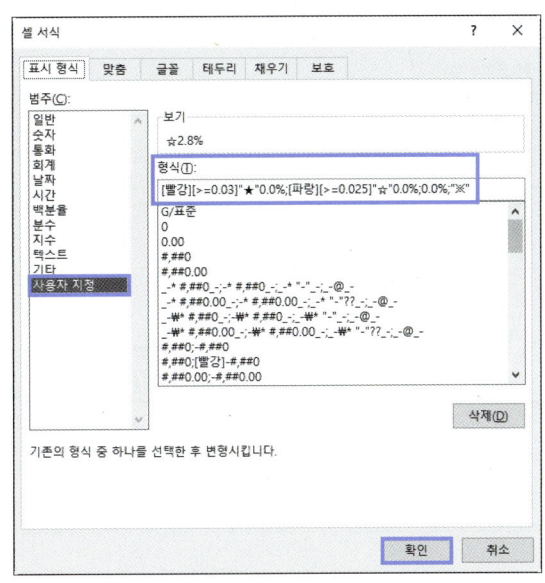

❶ '서식적용' 매크로

1. [개발 도구] → 컨트롤 → 삽입 → **양식 컨트롤**에서 '**단추**'를 선택한 후 [F1:G2] 영역에 맞게 드래그한다.
2. '매크로 지정' 대화상자의 매크로 이름에 **서식적용**을 입력하고, 〈기록〉을 클릭한다.
3. '매크로 기록' 대화상자에서 〈확인〉을 클릭한다.
4. 서식을 적용할 [H5:H30] 영역을 블록으로 지정한 후 Ctrl + 1 을 누른다.
5. '셀 서식' 대화상자에서 그림과 같이 지정한 후 〈확인〉을 클릭한다.
6. 임의의 셀을 클릭한 후 '기록 중지(□)' 아이콘을 클릭한다.
7. '단추'의 바로 가기 메뉴에서 [**텍스트 편집**]을 선택한 후 텍스트를 **서식적용**으로 수정한다.

❷ '아이콘보기' 매크로

1. [개발 도구] → 컨트롤 → 삽입 → **양식 컨트롤**에서 '**단추**'를 선택한 후 [H1:I2] 영역에 맞게 드래그한다.
2. '매크로 지정' 대화상자의 매크로 이름에 **아이콘보기**를 입력하고, 〈기록〉을 클릭한다.
3. '매크로 기록' 대화상자에서 〈확인〉을 클릭한다.
4. 서식을 적용할 [I5:I30] 영역을 블록으로 지정한 후 [홈] → 스타일 → 조건부 서식 → **새 규칙**을 선택한다.
5. '새 서식 규칙' 대화상자에서 그림과 같이 지정하고, 〈확인〉을 클릭한다.

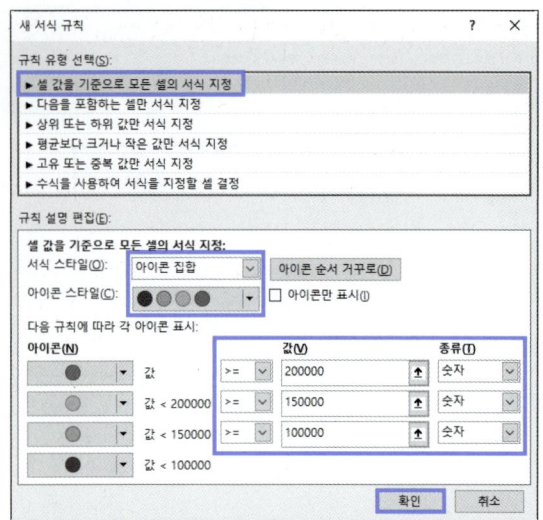

6. 임의의 셀을 클릭한 후 '기록 중지(□)' 아이콘을 클릭한다.
7. '단추'의 바로 가기 메뉴에서 [**텍스트 편집**]을 선택한 후 텍스트를 **아이콘보기**로 수정한다.

'아이콘보기' 매크로를 실행할 때마다 조건부 서식에 새 규칙이 추가됩니다. 조건부 서식이 지정된 임의의 셀을 클릭한 후 [홈] → 스타일 → 조건부 서식 → **규칙 관리**를 선택하면 나타나는 '조건부 서식 규칙 관리자' 대화상자에 하나의 규칙만 남기고 나머지 규칙은 모두 삭제하세요.

03. VBA

❶ '가입자검색' 단추 클릭과 폼 초기화 프로시저 작성
• '가입자검색' 단추 클릭 프로시저

```
Private Sub cmd가입자검색_Click( )
    가입자검색화면.Show
End Sub
```

• 폼 초기화 프로시저

```
Private Sub UserForm_Initialize( )
    cmb가입자명.RowSource = "B4:B29"
End Sub
```

❷ '검색' 단추 클릭 프로시저

```
Private Sub cmd검색_Click( )
   ❶ 참조행 = cmb가입자명.ListIndex + 4
   ❷ txt상품종류.Value = Cells(참조행, 3)
      txt지점명.Value = Cells(참조행, 4)
      txt성별.Value = Cells(참조행, 5)
      txt가입일.Value = Cells(참조행, 6)
      txt납입시점.Value = Cells(참조행, 7)
      txt연이율.Value = Format(Cells(참조행, 8), "0.0%")
      txt월불입액.Value = Format(Cells(참조행, 9), "#,###")
End Sub
```

❶ • cmb가입자명.ListIndex는 콤보 상자에서 선택한 가입자명의 상대위치를 반환합니다. 콤보 상자에서 상대적인 위치는 0에서 시작하므로 '김선재'를 선택하면 cmb가입자명.ListIndex는 1을 반환합니다.
• 워크시트에서 '김선재'에 대한 정보는 5행에 입력되어 있으므로 '김선재'가 있는 행을 지정하기 위해 cmb가입자명.ListIndex에 반환된 값 1에 4를 더한 것입니다.
• 결론적으로 4를 더한 이유는 [표1]의 실제 데이터의 위치가 워크시트의 4행부터 시작하기 때문입니다.
❷ txt상품종류 컨트롤에 '참조행', 3열에 있는 데이터를 표시합니다. 나머지도 동일한 방법으로 수행합니다.

❸ '종료' 단추 클릭 프로시저

```
Private Sub cmd종료_Click( )
    MsgBox Format(Time, "AMPM HH시 MM분") & " 폼을 종료합니다.", , "폼 종료"
    Unload Me
End Sub
```

기·출·유·형 02회

2026년 컴퓨터활용능력 1급 실기

프로그램명	제한시간
EXCEL 2021	45분

수험번호 :
성　　명 :

1급

〈 유 의 사 항 〉

- 인적 사항 누락 및 잘못 작성으로 인한 불이익은 수험자 책임으로 합니다.
- 화면에 암호 입력창이 나타나면 아래의 암호를 입력하여야 합니다.
  - 암호 : 579#49
- 작성된 답안은 주어진 경로 및 파일명을 변경하지 마시고 그대로 저장해야 합니다. 이를 준수하지 않으면 실격 처리됩니다.
  답안 파일명의 예 : C:\OA\수험번호8자리.xlsm
- **외부 데이터 위치 : C:\OA\파일명**
- 별도의 지시사항이 없는 경우, 다음과 같이 처리 시 실격 처리됩니다.
  - 제시된 시트 및 개체의 순서나 이름을 임의로 변경한 경우
  - 제시된 시트 및 개체를 임의로 추가 또는 삭제한 경우
  - 외부 데이터를 시험 시작 전에 열어본 경우
- 답안은 반드시 문제에서 지시 또는 요구한 셀에 입력하여야 하며 다음과 같이 처리 시 채점 대상에서 제외됩니다.
  - 제시된 함수가 있을 경우 제시된 함수만을 사용하여야 하며 그 외 함수 사용 시 채점대상에서 제외
  - 수험자가 임의로 지시하지 않은 셀의 이동, 수정, 삭제, 변경 등으로 인해 셀의 위치 및 내용이 변경된 경우 해당 작업에 영향을 미치는 관련문제 모두 채점 대상에서 제외
  - 도형 및 차트의 개체가 중첩되어 있거나 동일한 계산결과 시트가 복수로 존재할 경우 해당 개체나 시트는 채점 대상에서 제외
- 수식 작성 시 제시된 문제 파일의 데이터는 변경 가능한(가변적) 데이터임을 감안하여 문제 풀이를 하시오.
- 별도의 지시사항이 없는 경우, 주어진 각 시트 및 개체의 설정값 또는 기본 설정값(Default)으로 처리하시오.
- 저장 시간은 별도로 주어지지 않으므로 제한된 시간 내에 저장을 완료해야 하며, 제한 시간 내에 저장이 되지 않은 경우에는 실격 처리됩니다.
- 출제된 문제의 용어는 MS Office LTSC Professional Plus 2021 기준으로 작성되어 있습니다.

대한상공회의소

문제 1

기본작업(15점) 주어진 시트에서 다음 과정을 수행하고 저장하시오.

1. '기본작업-1' 시트에서 다음과 같이 고급 필터를 수행하시오. (5점)
   - ▶ [B2:H27] 영역에서 '학과명'이 "문예창작과" 또는 "문헌정보학과"이면서, '학과성적', '어학테스트', '면접'의 점수가 모두 80 이상인 데이터를 표시하시오.
   - ▶ 조건은 [B29:B30] 영역에 입력하시오. (AND, OR, COUNTIF 함수 사용)
   - ▶ 결과는 [B32] 셀부터 표시하시오.

2. '기본작업-1' 시트에서 다음과 같이 조건부 서식을 설정하시오. (5점)
   - ▶ [B3:H27] 영역에서 '성별'이 "남"이고, '면접' 점수가 상위 10위까지인 전체 행에 대해서 글꼴 스타일은 '굵은 기울임꼴', 글꼴 색은 '표준 색 – 파랑'을 적용하시오.
   - ▶ 단, 규칙 유형은 '수식을 사용하여 서식을 지정할 셀 결정'을 사용하고, 한 개의 규칙으로만 작성하시오.
   - ▶ AND, LARGE 함수 사용

3. '기본작업-2' 시트에서 다음과 같이 시트 보호와 통합 문서 보기를 설정하시오. (5점)
   - ▶ [F3:I28] 영역은 데이터를 수정할 수 있도록 셀 잠금을 해제한 후 잠긴 셀의 내용과 워크시트를 보호하시오.
   - ▶ 잠긴 셀의 선택, 잠기지 않은 셀의 선택, 셀 서식은 허용하고, 시트 보호 해제 암호는 지정하지 마시오.
   - ▶ '기본작업-2' 시트를 페이지 나누기 보기로 표시하고, [B2:I28] 영역만 1페이지로 인쇄되도록 페이지 나누기 구분선을 조정하시오.

문제 2

계산작업(30점) '계산작업' 시트에서 다음 과정을 수행하고 저장하시오.

1. [표1]의 학과성적, 어학테스트, 면접을 이용하여 [H3:H34] 영역에 총점을 계산하여 표시하시오. (6점)
   - ▶ '총점'은 각 항목 점수에 항목별 가중치를 곱한 값들의 합으로 계산
   - ▶ 항목별 가중치는 학과성적은 70%, 어학테스트는 20%, 면접은 10%로 계산
   - ▶ SUMPRODUCT 함수를 이용한 배열 상수

2. [표1]의 학과성적을 이용하여 [I3:I34] 영역에 다음과 같이 "★"를 표시하시오. (6점)
   - ▶ 학과성적이 79일 경우 : ★★★★★★★☆☆
   - ▶ 학과성적이 85일 경우 : ★★★★★★★★☆☆
   - ▶ CONCAT, REPT, QUOTIENT 함수 사용

3. 비고를 계산하는 사용자 정의 함수 'fn비고'를 작성하여 계산을 수행하시오. (6점)
   ▶ 'fn비고'는 '학과성적', '어학테스트', '면접', '총점'을 인수로 받아 비고를 계산하여 되돌려줌
   ▶ 비고는 '학과성적', '어학테스트', '면접'이 모두 80 이상이고, '총점'이 95 이상이면 "성적장학금대상자", 그 이외에는 공백을 표시하시오.
   ▶ 'fn비고' 함수를 이용하여 [J3:J34] 영역에 계산하시오.

   ```
   Public Function fn비고(학과성적, 어학테스트, 면접, 총점)

   End Function
   ```

4. [표1]의 성별을 이용하여 [표2]의 [B38:B39] 영역에 성별별 인원수를 계산하여 표시하시오. (6점)
   ▶ 표시 예 : 10명
   ▶ SUM, IF 함수와 & 연산자를 이용한 배열 수식

5. [표1]의 학과명, 성별, 면접을 이용하여 학과명에 "정보"가 포함된 학생들에 대해 성별별 면접의 평균을 [표2]의 [C38:C39] 영역에 계산하여 표시하시오. (6점)
   ▶ IF, AVERAGE, IFERROR, FIND 함수를 이용한 배열 수식

문제 3 분석작업(20점) 주어진 시트에서 다음 과정을 수행하고 저장하시오.

1. '분석작업-1' 시트의 지시사항에 따라 피벗 테이블 보고서를 작성하시오. (10점)
   ▶ 외부 데이터 가져오기 기능을 이용하여 〈학과별성적.accdb〉에서 〈문과계열〉 테이블의 '학과명', '학년', '성별', '학과성적', '어학테스트', '면접', '총점' 열을 이용하시오.
   ▶ '총점' 열이 85점 이상인 행만을 대상으로 하시오.
   ▶ 피벗 테이블 보고서의 레이아웃과 위치는 〈그림〉과 같이 설정하고, 보고서 레이아웃은 개요 형식으로 설정하시오.
   ▶ '학과명' 필드가 "국어국문학과"와 "중국어과"는 "탐구형 학과"로, "문예창작과"와 "문헌정보학과"는 "예술·관습형 학과"로 그룹을 설정하고, 〈그림〉을 참조하여 하위 수준 표시 여부를 설정하시오.
   ▶ 피벗 테이블 스타일은 '밤색, 피벗 스타일 어둡게 3'을 설정하고, 각 항목 다음에 빈 줄을 삽입하시오.
   ▶ 값 영역의 표시 형식은 '값 필드 설정'의 셀 서식에서 '숫자' 범주를 이용하여 소수 자릿수를 1로 설정하시오.

전문가의 조언

문제의 지시사항으로 "외부 데이터 가져오기 기능을 이용하여"라는 문구 대신에 "외부 데이터 연결 기능을 이용하여"라는 문구가 제시될 수도 있으며, 이 경우 외부 데이터 가져오기 기능을 이용하는 방법과 동일하게 작업을 수행하면 됩니다.

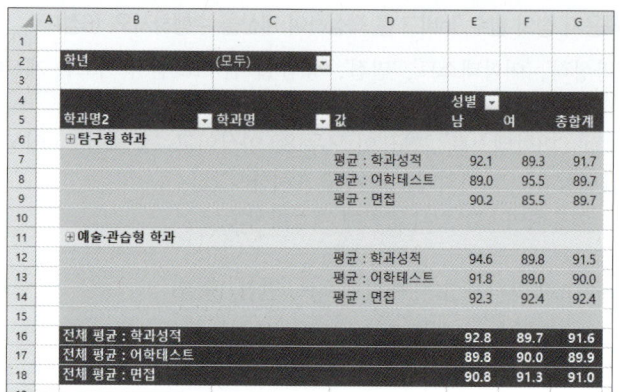

※ 작업이 완성된 그림이며 부분 점수는 없음

2. '분석작업-2' 시트에 대하여 다음의 지시사항을 처리하시오. (10점)

▶ [데이터 유효성 검사] 기능을 이용하여 [B13:B16]과 [C12:F12] 영역에는 0~100까지의 정수만 입력되도록 제한 대상을 설정하시오.
  - [B13:B16]과 [C12:F12] 영역을 클릭한 경우 〈그림〉과 같은 설명 메시지를 표시하고, 유효하지 않은 데이터를 입력한 경우 〈그림〉과 같은 오류 메시지가 표시되도록 설정하시오.

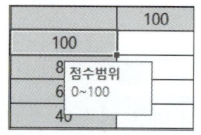 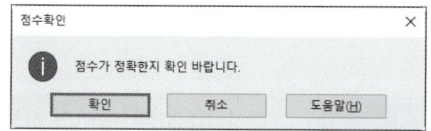

▶ [데이터 표] 기능과 [표1]을 이용하여 [표2]의 [C13:F16] 영역에 '학과성적'과 '어학테스트'의 점수에 따른 '총점'을 계산하시오.

문제 4 기타작업(35점) 주어진 시트에서 다음 과정을 수행하고 저장하시오.

1. '기타작업-1' 시트에서 다음의 지시사항에 따라 차트를 수정하시오. (각 2점)

※ 차트는 반드시 문제에서 제공한 차트를 사용하여야 하며, 신규로 차트 작성시 0점 처리됨

① 차트 제목 및 각 축에 대한 제목은 〈그림〉과 같이 표시하고 기본 세로 축 제목의 텍스트 방향을 '세로'로 설정하시오.
② '면접' 계열에 〈그림〉과 같이 데이터 레이블을 표시한 후 데이터 레이블 도형을 '타원', 글꼴 크기를 10, 글꼴 스타일을 '굵게'로 지정하시오.
③ '면접' 계열에 계열 겹치기를 20%, 간격 너비를 100%, 도형 효과를 미리 설정의 '기본 설정 1'로 지정하시오.
④ '학과성적' 계열에 '3구간 이동 평균' 추세선을 추가한 후 추세선 이름을 '학과성적 추세선'으로 지정하시오.
⑤ 차트 영역에 '둥근 모서리'와 '오프셋: 아래쪽' 그림자를 지정하고, 그림 영역에 패턴 채우기를 '점선: 10%'로 지정하시오.

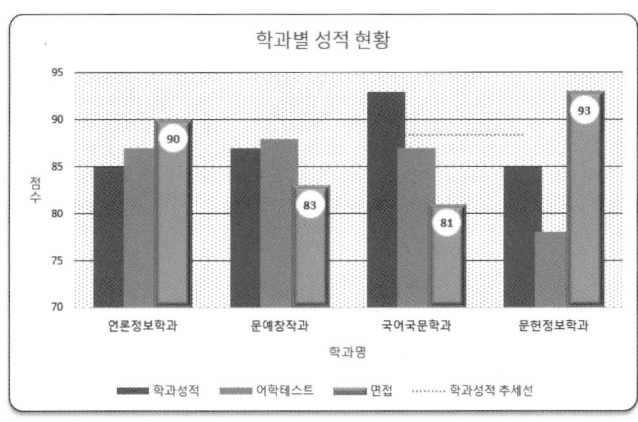

2. '기타작업-2' 시트에서 다음과 같은 기능을 수행하는 매크로를 현재 통합문서에 작성하시오. (각 5점)

① [D5:G30] 영역에 대하여 사용자 지정 표시 형식을 설정하는 '서식' 매크로를 생성하시오.
- ▶ 셀 값이 95 이상이면 빨강색으로 "A+"를 표시하고 뒤에 괄호( ) 안에 점수를 소수점 첫째 자리까지 표시, 셀 값이 90 이상이면 검정색으로 "A"를 표시, 그 외는 공백으로 표시하고, 텍스트는 파랑색으로 표시
  [표시 예 : 97.69인 경우 → A+(97.7), 92인 경우 → A]
- ▶ [도형] → [기본 도형]의 '사각형: 빗면(□)'을 동일 시트의 [F2:F3] 영역에 생성한 후 텍스트를 "서식"으로 입력하고, 도형을 클릭하면 '서식' 매크로가 실행되도록 설정하시오.

② [G5:G30] 영역에 대하여 조건부 서식을 적용하는 '그래프' 매크로를 생성하시오.
- ▶ 규칙 유형은 '셀 값을 기준으로 모든 셀의 서식 지정'으로 선택하고, 서식 스타일은 '데이터 막대', 최소값은 백분위수 10, 최대값은 백분위수 90으로 설정하시오.
- ▶ 막대 모양은 채우기를 '그라데이션 채우기', 색을 '표준 색-주황'으로 설정하시오.
- ▶ [도형] → [기본 도형]의 '사각형: 빗면(□)'을 동일 시트의 [G2:G3] 영역에 생성한 후 텍스트를 "그래프"로 입력하고, 도형을 클릭하면 '그래프' 매크로가 실행되도록 설정하시오.

3. '기타작업-3' 시트에서 다음과 같은 작업을 수행하도록 프로시저를 작성하시오. (각 5점)

① '성적입력' 단추를 클릭하면 〈성적입력〉 폼이 나타나도록 설정하고, 폼이 초기화(Initialize)되면 '기타작업-2' 시트의 [I5:I8] 영역의 값이 '학과명'(cmb학과명) 목록에 추가되고, 옵션 버튼의 '1학년'(opt1학년)이 선택되도록 프로시저를 작성하시오.

② 〈성적입력〉 폼의 '입력'(cmd입력) 단추를 클릭하면 폼에 입력된 데이터가 [표1]에 입력되어 있는 마지막 행 다음에 연속하여 추가되도록 프로시저를 작성하시오.

▶ '성명' 앞에 입력되는 순서를 나타내는 번호를 입력하시오.
▶ '학년'은 선택한 항목(1학년, 2학년, 3학년, 4학년)에 맞게 입력하시오.
▶ 입력되는 데이터는 워크시트에 입력된 기존 데이터와 같은 형식의 데이터로 입력하시오.

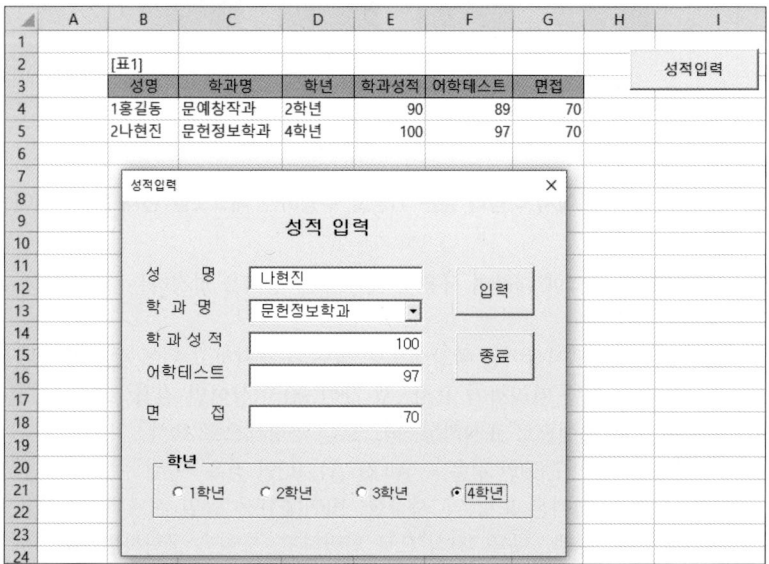

③ 〈성적입력〉 폼의 '종료'(cmd종료) 단추를 클릭하면 해당 폼의 캡션 속성을 이용하여 그림과 같은 메시지를 표시한 후 폼이 종료되도록 설정하시오.

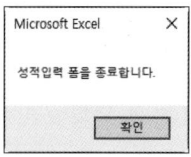

02회 컴퓨터활용능력 1급 실기(엑셀) 정답 및 해설

문제 1 기본작업

01. 고급 필터

정답

	A	B	C	D	E	F	G	H
28								
29		조건						
30		TRUE						
31								
32		학과명	성명	학년	성별	학과성적	어학테스트	면접
33		문예창작과	김한웅	3	남	97.3	97	96
34		문예창작과	백준걸	3	여	97.3	98	82
35		문헌정보학과	이나영	2	여	91.5	98	88
36		문예창작과	김태정	4	남	81.1	82	82
37		문헌정보학과	이원섭	3	남	81.1	87	82
38		문헌정보학과	유근숙	2	여	94	88	90
39		문예창작과	강흥석	2	남	93.3	97	91
40		문예창작과	한성현	3	남	91.5	88	88
41		문헌정보학과	김경희	2	여	93.5	95	92

1. [B29] 셀에 조건, [B30] 셀에 =AND(OR(B3="문예창작과",B3="문헌정보학과"),COUNTIF(F3:H3,">=80")=3)을 입력한다.
2. '고급 필터' 대화상자

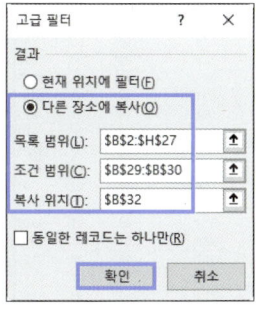

02. 조건부 서식

정답

	A	B	C	D	E	F	G	H
1								
2		학과명	성명	학년	성별	학과성적	어학테스트	면접
3		*문예창작과*	*김한웅*	*3*	*남*	*97.3*	*97*	*96*
4		문예창작과	김진영	2	여	88.4	78	99
5		문헌정보학과	최금희	3	여	79.3	91	96
6		문예창작과	백준걸	3	여	97.3	98	82
7		문헌정보학과	이나영	2	여	91.5	98	88
8		문예창작과	김태정	4	남	81.1	82	82
9		문헌정보학과	이원섭	3	남	81.1	87	82
10		문헌정보학과	유근숙	2	여	94	88	90
11		국어국문학과	민병철	3	남	93.5	92	87
12		국어국문학과	배대승	3	남	79.3	78	69
13		중국어과	황선칠	4	남	72.8	98	80
14		문예창작과	문은아	2	여	72.8	99	80
15		문예창작과	강흥석	2	남	93.3	97	91
16		*국어국문학과*	*윤여송*	*2*	*남*	*93.3*	*98*	*92*
17		중국어과	허기상	2	남	94	92	89
18		국어국문학과	박영후	2	남	97.7	88	88
19		*중국어과*	*이준식*	*3*	*남*	*97.3*	*78*	*92*
20		문예창작과	한성현	3	남	91.5	88	88
21		문헌정보학과	김경희	2	여	93.5	95	92
22		*중국어과*	*김세현*	*2*	*남*	*79.3*	*87*	*97*
23		*국어국문학과*	*정창삼*	*3*	*남*	*88.4*	*87*	*95*
24		*중국어과*	*박병훈*	*2*	*남*	*88.4*	*91*	*95*
25		중국어과	박상준	3	남	91.7	95	88
26		중국어과	최재석	2	남	93.3	94	79
27		*국어국문학과*	*김형섭*	*3*	*남*	*97.7*	*99*	*95*

'새 서식 규칙' 대화상자

=AND($E3="남",$H3>=LARGE($H$3:$H$27,10))

03. 시트 보호 / 통합 문서 보기

정답

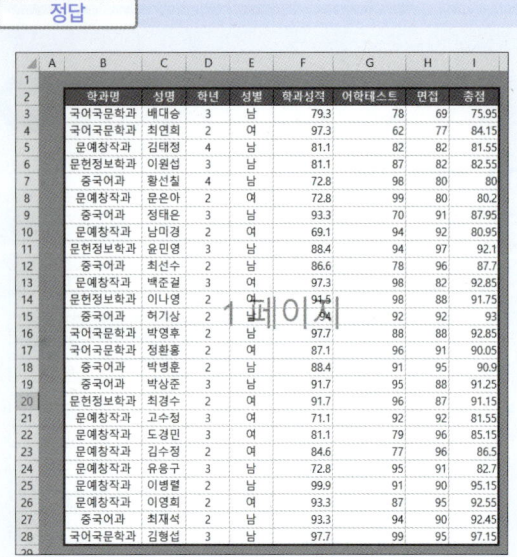

1. [F3:I28] 영역에 대한 '셀 서식' 대화상자

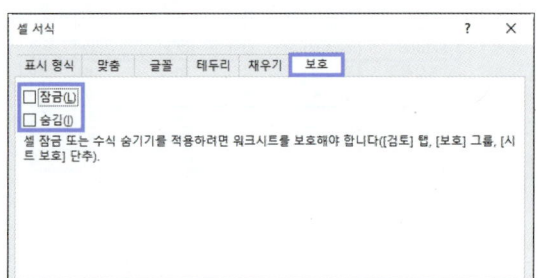

2. '시트 보호' 대화상자

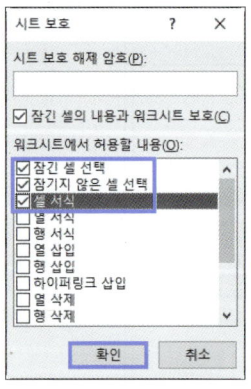

3. 통합 문서 보기
[보기] → 통합 문서 보기 → **페이지 나누기 미리 보기**를 선택한 후 [B2:I28] 영역만 1페이지로 인쇄되도록 그림과 같이 페이지 나누기 구분선을 마우스로 드래그하여 조정한다.

문제 2 계산작업

	A	B	C	D	E	F	G	H	I	J
1	[표1]									
2	학과명	성명	학년	성별	학과성적	어학테스트	면접	총점	학과성적지수	비고
3	언론정보학과	김세환	2	남	79.3	87	97	82.61	★★★★★★★★☆☆	
4	언론정보학과	박극준	3	남	91.5	96	76	90.85	★★★★★★★★★☆	
5	문예창작과	김기상	2	남	72.2	84	59	73.24	★★★★★★★☆☆☆	
6	문예창작과	김수정	2	여	84.6	77	96	84.22	★★★★★★★★☆☆	
7	국어국문학과	김형섭	3	남	97.7	99	95	97.69	★★★★★★★★★☆	성적장학금대상자
8	문예창작과	유응구	3	남	72.8	95	91	79.06	★★★★★★★☆☆☆	
9	국어국문학과	박영후	2	남	97.7	88	88	94.79	★★★★★★★★★☆	
10	문예창작과	고수정	3	여	75.2	92	52	76.24	★★★★★★★☆☆☆	
11	문예창작과	도경민	3	여	81.1	79	96	82.17	★★★★★★★★☆☆	
12	문예창작과	김한웅	3	남	97.3	97	96	97.11	★★★★★★★★★☆	성적장학금대상자
13	문예창작과	김진영	2	남	88.4	78	99	87.38	★★★★★★★★☆☆	
14	국어국문학과	정참삼	3	남	88.4	87	95	88.78	★★★★★★★★☆☆	
15	문헌정보학과	유근숙	2	여	94.0	88	90	92.4	★★★★★★★★★☆	
16	국어국문학과	민병철	3	남	93.5	92	38	87.65	★★★★★★★★☆☆	
17	문헌정보학과	최금희	3	여	79.3	91	96	83.31	★★★★★★★★☆☆	
18	국어국문학과	최준성	3	남	93.3	91	82	91.71	★★★★★★★★★☆	
19	국어국문학과	차용숙	4	여	91.5	60	80	84.05	★★★★★★★★☆☆	
20	문예창작과	이영희	2	여	93.3	87	95	92.21	★★★★★★★★★☆	
21	언론정보학과	최재석	2	남	53.0	94	90	64.9	★★★★★☆☆☆☆☆	
22	언론정보학과	이준석	3	남	97.3	78	92	92.91	★★★★★★★★★☆	
23	문예창작과	강흥석	2	남	93.3	97	91	93.81	★★★★★★★★★☆	
24	국어국문학과	윤여송	2	남	93.3	98	92	94.11	★★★★★★★★★☆	
25	언론정보학과	최선수	2	남	86.6	78	96	85.82	★★★★★★★★☆☆	
26	문예창작과	백준걸	3	여	97.3	98	52	92.91	★★★★★★★★★☆	
27	문헌정보학과	이나영	2	여	91.5	45	88	81.85	★★★★★★★★☆☆	
28	언론정보학과	허기상	2	남	94.0	92	95	93.4	★★★★★★★★★☆	
29	문예창작과	한성현	3	남	91.5	88	88	90.45	★★★★★★★★★☆	
30	언론정보학과	김경식	2	남	93.5	88	87	91.75	★★★★★★★★★☆	
31	문헌정보학과	윤민영	3	남	88.4	94	97	90.38	★★★★★★★★★☆	
32	문헌정보학과	홍지연	3	여	69.0	92	95	76.2	★★★★★★★☆☆☆	
33	문헌정보학과	김경희	3	여	93.5	62	92	87.05	★★★★★★★★☆☆	
34	문예창작과	이병렬	2	남	99.9	91	90	97.13	★★★★★★★★★☆	성적장학금대상자
35										
36	[표2]									
37	성별	인원수	면접 평균							
38	남	20명	90.875							
39	여	12명	92.2							

① 총점(H3)
=SUMPRODUCT(E3:G3,{0.7,0.2,0.1})

SUMPRODUCT(배열1, 배열2)는 배열1과 배열2를 곱한 후 결과를 모두 더하는 함수입니다. 함수 인수로 배열을 지정할 때는 특정 영역을 범위로 지정하거나 배열 상수를 직접 입력할 수 있습니다. 배열 상수를 직접 입력할 때는 열의 구분은 쉼표(,)로, 행의 구분은 세미콜론(;)으로, 그리고 인수의 구분은 중괄호({ })로 합니다. 'SUMPRODUCT(E3:G3,{0.7,0.2,0.1})'에서 첫 번째 인수로 입력된 [E3:G3] 영역이 열로 구분되어 있는 3개의 셀이므로 상수로 입력된 두 번째 인수는 첫 번째 인수의 개수와 같은 3개의 숫자를 쉼표(,)로 구분하고, 세 개가 한 개의 인수임을 나타내기 위해 앞뒤에 중괄호({ })를 입력해야 합니다. 만약에 첫 번째 인수로 입력한 [E3:G3] 영역이 [E3:E5]처럼 행으로 구분되어 있는 3개의 셀이라면 두 번째 인수도 3개의 숫자를 세미콜론(;)으로 구분하여 {0.7;0.2;0.1}과 같이 입력해야 합니다.

② 학과성적지수(I3)
=CONCAT(REPT("★",QUOTIENT(E3,10)), REPT("☆",10−QUOTIENT(E3,10)))

③ 비고(J3)
=fn비고(E3,F3,G3,H3)

[사용자 정의 함수]
Visual Basic Editor의 모듈에 다음과 같이 코드를 입력한다.

```
Public Function fn비고(학과성적, 어학테스트, 면접, 총점)
    If 학과성적 >= 80 And 어학테스트 >= 80 And 면접 >= 80 And 총점 >= 95 Then
        fn비고 = "성적장학금대상자"
    Else
        fn비고 = " "
    End If
End Function
```

❹ 인원수(B38)

{=SUM(IF($D$3:$D$34=A38, 1)) & "명"}

❺ 면접 평균(C38)

{=AVERAGE(IF(($D$3:$D$34=A38) * IFERROR(FIND("정보",$A$3:$A$34))>=1,FALSE),$G$3:$G$34))}

=AVERAGE(IF((조건1) * (조건2), 평균을_구할_범위))

=AVERAGE(IF(($D$3:$D$34=A38) * IFERROR(FIND("정보",
❶
$A$3:$A$34))=1,FALSE),$G$3:$G$34))
─────────
❷

❶ FIND("정보",$A$3:$A$34) : 학과명에서 "정보"를 찾아 그 위치를 반환합니다.
❷ IFERROR(❶)=1, FALSE) : '❶'=1'의 결과로 오류가 발생했으면 "FALSE"를 반환하고, 그렇지 않으면 '❶=1'의 결과인 "True"를 반환합니다. 예를 들어 ❶의 반환값이 3이라면 '3'=1'이 참이 되어 "True"를 반환하는 것입니다.
❸ AVERAGE(IF(($D$3:$D$34=A38) * ❷ , $G$3:$G$34))
         조건1   조건2   평균을_구할_범위
• 조건1 : 성별이 "남"
• 조건2 : 학과명에 "정보" 포함
• 평균을_구할_범위 : 면접

[함수 설명]
• FIND(찾을 텍스트, 문자열, 시작 위치) : '문자열'의 '시작 위치'에서부터 '찾을 텍스트'를 찾아 그 위치를 반환합니다. '시작 위치'는 생략이 가능합니다.
• IFERROR(인수, 오류 시 표시할 값) : '인수'로 지정한 수식이나 셀에서 오류가 발생했으면 '오류 시 표시할 값'을 반환하고, 그렇지 않으면 인수로 주어진 함수식의 결과값을 반환합니다.

문제 3 분석작업 정답

01. 피벗 테이블

1. [데이터] → 데이터 가져오기 및 변환 → 데이터 가져오기 → 기타 원본에서 → Microsoft Query에서를 선택한다.
2. '데이터 원본 선택' 대화상자에서 'MS Access Database*'를 선택하고, 〈확인〉을 클릭한다.
3. '데이터베이스 선택' 대화상자에서 '학과별성적.accdb'를 선택하고, 〈확인〉을 클릭한다.
4. '쿼리 마법사 – 열 선택' 대화상자에서 그림과 같이 열을 선택하고, 〈다음〉을 클릭한다.

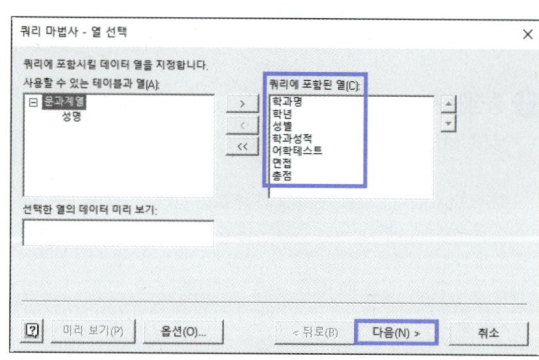

5. '쿼리 마법사 – 데이터 필터' 대화상자에서 다음과 같이 지정하고 〈다음〉을 클릭한다.

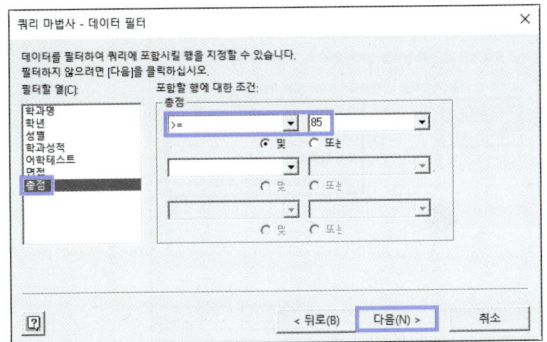

6. '쿼리 마법사 – 정렬 순서' 대화상자에서 〈다음〉을 클릭한다.
7. '쿼리 마법사 – 마침' 대화상자에서 〈마침〉을 클릭한다.
8. '데이터 가져오기' 대화상자에서 표시할 방법으로 '피벗 테이블 보고서'를, 작성 위치로 '기존 워크시트', [B4] 셀을 지정하고 〈확인〉을 클릭한다.
9. '피벗 테이블 필드' 창에서 각 필드를 그림과 같이 지정한다.

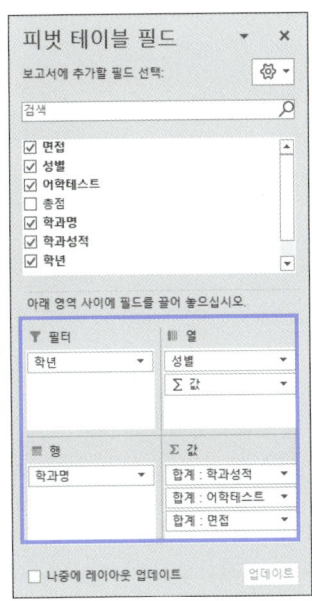

10. 열 영역에 자동으로 생긴 'Σ 값' 필드를 행 영역으로 드래그하여 이동한다.
11. 작성된 피벗 테이블에서 임의의 셀을 클릭한 후 [디자인] → 레이아웃 → 보고서 레이아웃 → **개요 형식으로 표시**를 선택한다.
12. 작성된 피벗 테이블에서 값인 '학과성적'의 바로 가기 메뉴에서 [값 요약 기준] → **평균**을 선택한다.
13. 작성된 피벗 테이블에서 값인 '어학테스트'의 바로 가기 메뉴에서 [값 요약 기준] → **평균**을 선택한다.
14. 작성된 피벗 테이블에서 값인 '면접'의 바로 가기 메뉴에서 [값 요약 기준] → **평균**을 선택한다.
15. 작성된 피벗 테이블의 행 레이블에서 "국어국문학과"와 "중국어과"를 블록으로 지정한 후 바로 가기 메뉴에서 [**그룹**]을 선택한다.
16. "그룹1"을 클릭한 후 수식 입력줄에서 "그룹1"을 **탐구형 학과**로 변경한다.
17. 나머지 항목도 같은 방법으로 그룹을 지정한 후 "그룹2"를 **예술·관습형 학과**로 변경한다.
   ※ 특수 문자 '·'는 한글 자음 ㄱ을 입력하고 [한자]를 눌러 입력하면 됩니다.
18. '학과명' 영역의 바로 가기 메뉴에서 [확장/축소] → **전체 필드 축소**를 선택한다.
19. 작성된 피벗 테이블에서 임의의 셀을 클릭한 후 [디자인] → 피벗 테이블 스타일의 ▼ → 어둡게 → **밤색, 피벗 스타일 어둡게 3**을 선택한다.
20. 이어서 [디자인] → 레이아웃 → 빈 행 → **각 항목 다음에 빈 줄 삽입**을 선택한다.
21. '학과성적'이 표시되어 있는 임의의 셀을 클릭한 후 바로 가기 메뉴에서 [**값 필드 설정**]을 선택한다.
22. '값 필드 설정' 대화상자에서 〈표시 형식〉을 클릭한다.
23. '셀 서식' 대화상자에서 그림과 같이 지정한 후 〈확인〉을 클릭한다.

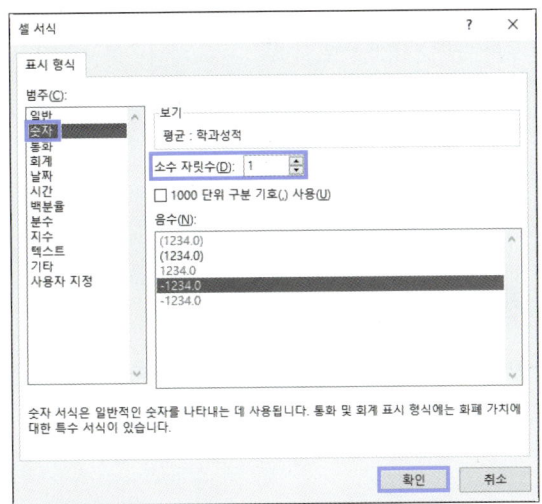

24. '값 필드 설정' 대화상자에서도 〈확인〉을 클릭한다.
25. 같은 방법으로 '어학테스트'와 '면접'에 대해서도 표시 형식을 지정한다.

02. 데이터 유효성 검사 / 데이터 표

정답

	A	B	C	D	E	F
9		[표2] 학과성적과 어학테스트에 따른 총점				
10						
11			학과성적			
12		82.61	100	80	60	40
13	여학테스트	100	99.7	85.7	71.7	57.7
14		80	95.7	81.7	67.7	53.7
15		60	91.7	77.7	63.7	49.7
16		40	87.7	73.7	59.7	45.7

1. '데이터 유효성' 대화상자의 '설정' 탭

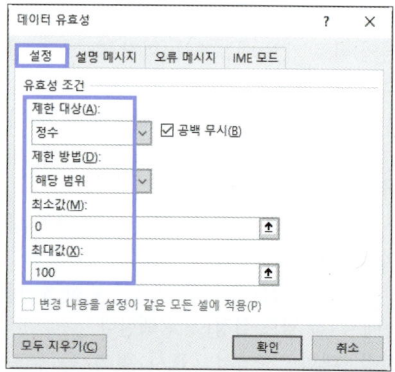

2. '데이터 유효성' 대화상자의 '설명 메시지' 탭

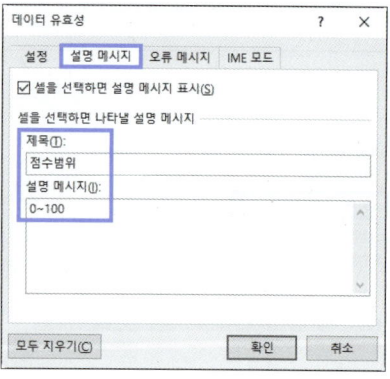

3. '데이터 유효성' 대화상자의 '오류 메시지' 탭

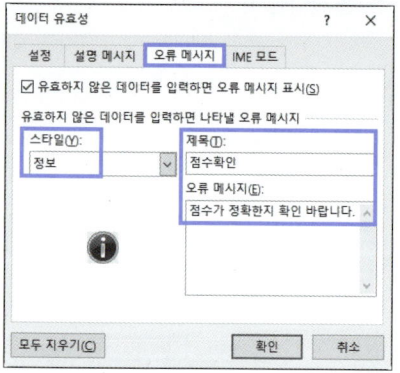

4. '데이터 테이블' 대화상자

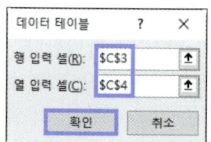

※ [B12] : =SUMPRODUCT(C3:C5,D3:D5)

문제 4 기타작업

01. 차트 서식

1 세로 축 제목의 텍스트 방향 변경

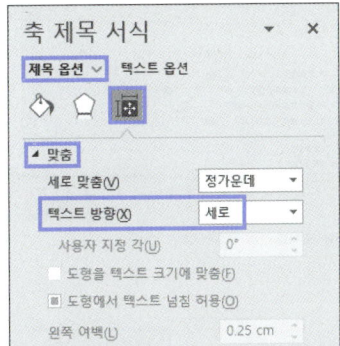

2 데이터 계열에 값 표시 및 데이터 레이블 도형 지정

1. '면접' 계열을 선택한 후 [차트 디자인] → 차트 레이아웃 → 차트 요소 추가 → 데이터 레이블 → **안쪽 끝에**를 선택한다.
2. 데이터 레이블을 선택한 후 바로 가기 메뉴에서 [데이터 레이블 도형 변경] → **타원**을 선택한다.

3 계열 겹치기 / 간격 너비 / 도형 효과 지정

1. 계열겹치기 및 간격 너비 지정

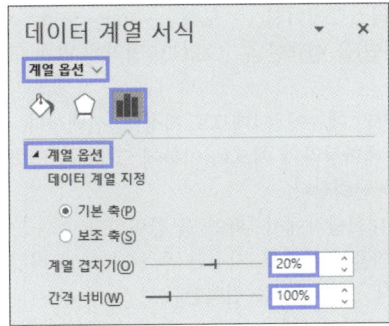

2. '면접' 계열을 선택한 후 [서식] → 도형 스타일 → 도형 효과 → 미리 설정 → **기본 설정 1**을 선택한다.

4 '3구간 이동 평균' 추세선 추가

1. '학과성적' 계열의 바로 가기 메뉴에서 [**추세선 추가**]를 선택한다.
2. '추세선 서식' 창의 [추세선 옵션] → (추세선 옵션) → **추세선 옵션**에서 그림과 같이 지정한 후 '닫기(×)' 단추를 클릭한다.

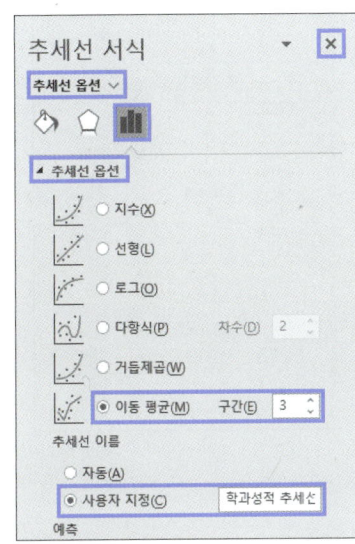

5 패턴 채우기 지정

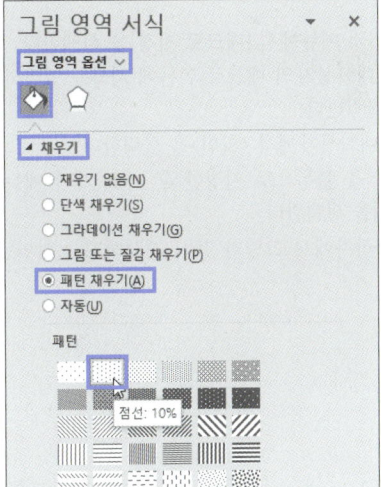

02. 매크로

정답

	A	B	C	D	E	F	G
1							
2						서식	그래프
3	[표1]						
4	학과명	성명	학년	학과성적	어학테스트	면접	총점
5	국어국문학과	배대승	3				
6	국어국문학과	정환홍	2	A+(95.2)	A+(97.0)	A	A+(95.4)
7	국어국문학과	최연희	2	A+(97.3)	미응시		
8	문예창작과	김태정	4				
9	중국어과	박병훈	2		A	A+(95.0)	A
10	중국어과	박상준	3	A	A+(95.0)		A
11	문헌정보학과	이원섭	2				
12	중국어과	황선칠	4		A+(98.0)		
13	문예창작과	문은아	2		A+(99.0)		
14	중국어과	정태은	3	A		A	
15	문예창작과	남미경	2	미응시	A	A	
16	문헌정보학과	윤민영	3		A	A+(97.0)	A
17	중국어과	최선수	2			A+(96.0)	
18	문예창작과	백준걸	3	A+(97.3)	A+(98.0)	A+(97.0)	A+(97.4)
19	문헌정보학과	이나영	2		A+(98.0)	A	
20	중국어과	허기상	2	A	A	A	
21	국어국문학과	박영후	2	A+(97.7)			
22	문헌정보학과	최경수	2		A+(96.0)		A
23	문예창작과	고수정	3		A	A	
24	문예창작과	도경민	3			A+(96.0)	
25	문예창작과	김수정	2			A+(96.0)	
26	문예창작과	유용구	3		A+(95.0)	A	
27	문예창작과	이병렬	2	A+(99.9)	A+(95.0)	A	A+(96.3)
28	문예창작과	이영희	2	A		A+(95.0)	
29	중국어과	최재석	2	A	A	A	
30	국어국문학과	김형섭	3	A+(97.7)	A+(99.0)	A+(95.0)	A+(97.2)

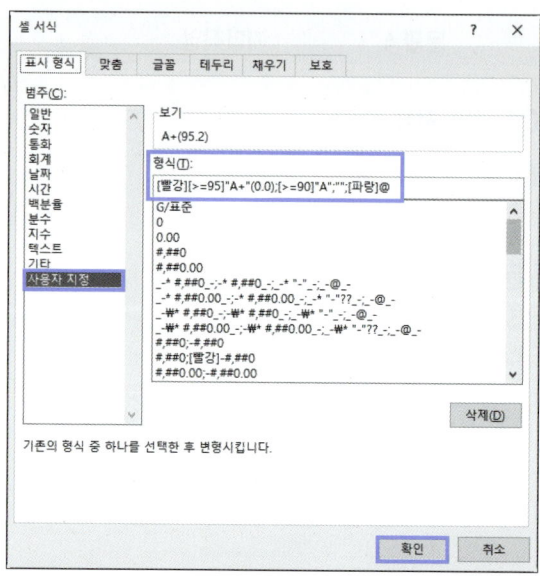

[빨강][>=95]"A+"(0.0) ; [>=90]"A" ; " " ; [파랑]@
　　 95 이상　　　　　 90 이상　 그외 숫자　텍스트

❶ '서식' 매크로

1. [삽입] → 일러스트레이션 → 도형 → 기본 도형 → □(사각형: 빗면)을 선택한 후 [F2:F3] 영역에 맞게 드래그한다.
2. 도형의 바로 가기 메뉴에서 [**매크로 지정**]을 선택한다.
3. '매크로 지정' 대화상자의 매크로 이름에 **서식**을 입력하고 〈기록〉을 클릭한다.
4. '매크로 기록' 대화상자에서 〈확인〉을 클릭한다.
5. [D5:G30] 영역을 블록으로 지정한 후 바로 가기 메뉴에서 [**셀 서식**]을 선택한다.
6. '셀 서식' 대화상자에서 그림과 같이 지정하고, 〈확인〉을 클릭한다.

7. 임의의 셀을 클릭한 후 '기록 중지(□)' 아이콘을 클릭한다.
8. '도형'의 바로 가기 메뉴에서 [**텍스트 편집**]을 선택한 후 **서식**을 입력한다.

❷ '그래프' 매크로

1. [삽입] → 일러스트레이션 → 도형 → 기본 도형 → □(사각형: 빗면)을 선택한 후 [G2:G3] 영역에 맞게 드래그한다.
2. 도형의 바로 가기 메뉴에서 [**매크로 지정**]을 선택한다.
3. '매크로 지정' 대화상자의 매크로 이름에 **그래프**를 입력하고 〈기록〉을 클릭한다.
4. '매크로 기록' 대화상자에서 〈확인〉을 클릭한다.
5. [G5:G30] 영역을 블록으로 지정한 후 [홈] → 스타일 → 조건부 서식 → **새 규칙**을 선택한다.
6. '새 서식 규칙' 대화상자에서 그림과 같이 지정하고, 〈확인〉을 클릭한다.

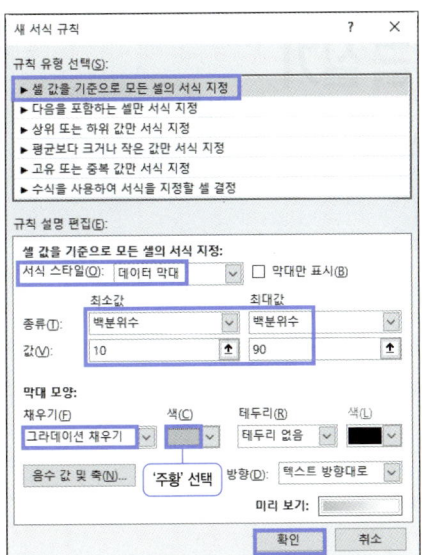

7. 임의의 셀을 클릭한 후 '기록 중지(□)' 아이콘을 클릭한다.
8. '도형'의 바로 가기 메뉴에서 [**텍스트 편집**]을 선택한 후 **그래프**를 입력한다.

03. VBA

❶ '성적입력' 단추 클릭과 폼 초기화 프로시저
• '성적입력' 단추 클릭 프로시저

```
Private Sub cmd성적입력_Click( )
    성적입력.Show
End Sub
```

• 폼 초기화 프로시저

```
Private Sub UserForm_Initialize( )
    cmb학과명.RowSource = "'기타작업-2'!I5:I8"
    opt1학년.Value = True
End Sub
```

❷ '입력' 단추 클릭 프로시저

```
Private Sub cmd입력_Click( )
 ❶ 입력행 = [B2].Row + [B2].CurrentRegion.Rows.Count
 ❷ Cells(입력행, 2) = 입력행 - 3 & txt성명.Value
 ❸ Cells(입력행, 3) = cmb학과명.Value
 ❹ If opt1학년.Value = True Then
        Cells(입력행, 4) = "1학년"
 ❺ ElseIf opt2학년.Value = True Then
        Cells(입력행, 4) = "2학년"
 ❻ ElseIf opt3학년.Value = True Then
        Cells(입력행, 4) = "3학년"
 ❼ Else
        Cells(입력행, 4) = "4학년"
    End If
 ❽ Cells(입력행, 5) = txt학과성적.Value
 ❾ Cells(입력행, 6) = txt어학테스트.Value
 ❿ Cells(입력행, 7) = txt면접.Value
End Sub
```

❶ '입력행' 변수에 [B2] 셀의 행 번호인 2와 [B2] 셀과 연결된 범위에 있는 데이터의 행 수를 더하여 치환합니다(4).
❷ '입력행-3'의 결과와 txt성명 컨트롤의 값을 연결해 입력행 2열에 입력합니다.
  • 데이터를 처음 입력한다면 '입력행'의 값 4에서 3을 빼면 1이고, '입력행'의 값은 데이터를 입력할 때마다 1씩 증가하므로, '입력행-3'의 값은 데이터를 입력할 때마다 1, 2, 3, …으로 변경됩니다.
❸ cmd학과명 컨트롤의 값을 '입력행' 3열에 입력합니다.
❹ opt1학년을 선택하면 '입력행' 4열에 "1학년"을 입력한 후 If문을 종료합니다.
❺ opt2학년을 선택하면 '입력행' 4열에 "2학년"을 입력한 후 If문을 종료합니다.
❻ opt3학년을 선택하면 '입력행' 4열에 "3학년"을 입력한 후 If문을 종료합니다.
❼ 그렇지 않으면 '입력행' 4열에 "4학년"을 입력한 후 If문을 종료합니다.
❽ txt학과성적 컨트롤의 값을 '입력행' 5열에 입력합니다.
❾ txt어학테스트 컨트롤의 값을 '입력행' 6열에 입력합니다.
❿ txt면접 컨트롤의 값을 '입력행' 7열에 입력합니다.

❸ '종료' 단추 클릭 프로시저

```
Private Sub cmd종료_Click( )
    MsgBox Me.Caption & " 폼을 종료합니다."
    Unload Me
End Sub
```

기·출·유·형 03회 2026년 컴퓨터활용능력 1급 실기

프로그램명	제한시간
EXCEL 2021	45분

수험번호 :
성　명 :

1급

〈 유 의 사 항 〉

- 인적 사항 누락 및 잘못 작성으로 인한 불이익은 수험자 책임으로 합니다.
- 화면에 암호 입력창이 나타나면 아래의 암호를 입력하여야 합니다.
  ○ 암호 : 3359&1
- 작성된 답안은 주어진 경로 및 파일명을 변경하지 마시고 그대로 저장해야 합니다. 이를 준수하지 않으면 실격 처리됩니다.
  답안 파일명의 예 : C:\OA\수험번호8자리.xlsm
- 외부 데이터 위치 : C:\OA\파일명
- 별도의 지시사항이 없는 경우, 다음과 같이 처리 시 실격 처리됩니다.
  ○ 제시된 시트 및 개체의 순서나 이름을 임의로 변경한 경우
  ○ 제시된 시트 및 개체를 임의로 추가 또는 삭제한 경우
  ○ 외부 데이터를 시험 시작 전에 열어본 경우
- 답안은 반드시 문제에서 지시 또는 요구한 셀에 입력하여야 하며 다음과 같이 처리 시 채점 대상에서 제외됩니다.
  ○ 제시된 함수가 있을 경우 제시된 함수만을 사용하여야 하며 그 외 함수 사용 시 채점대상에서 제외
  ○ 수험자가 임의로 지시하지 않은 셀의 이동, 수정, 삭제, 변경 등으로 인해 셀의 위치 및 내용이 변경된 경우 해당 작업에 영향을 미치는 관련문제 모두 채점 대상에서 제외
  ○ 도형 및 차트의 개체가 중첩되어 있거나 동일한 계산결과 시트가 복수로 존재할 경우 해당 개체나 시트는 채점 대상에서 제외
- 수식 작성 시 제시된 문제 파일의 데이터는 변경 가능한(가변적) 데이터임을 감안하여 문제 풀이를 하시오.
- 별도의 지시사항이 없는 경우, 주어진 각 시트 및 개체의 설정값 또는 기본 설정값(Default)으로 처리하시오.
- 저장 시간은 별도로 주어지지 않으므로 제한된 시간 내에 저장을 완료해야 하며, 제한 시간 내에 저장이 되지 않은 경우에는 실격 처리됩니다.
- 출제된 문제의 용어는 MS Office LTSC Professional Plus 2021 기준으로 작성되어 있습니다.

대한상공회의소

문제 1   기본작업(15점) 주어진 시트에서 다음 과정을 수행하고 저장하시오.

1. '기본작업' 시트에서 다음과 같이 고급 필터를 수행하시오. (5점)

- ▶ [A2:G20] 영역에서 '고객코드'의 세 번째 글자가 "A"이거나 "B"이고, '매출금액'이 60,000 이상인 행에 대하여 '고객코드', '대리점명', '담당자', '매출금액' 열을 순서대로 표시하시오.
- ▶ 조건은 [A22:A23] 영역에 입력하시오. (AND, OR, MID 함수 사용)
- ▶ 결과는 [A25] 셀부터 표시하시오.

2. '기본작업' 시트에서 다음과 같이 조건부 서식을 설정하시오. (5점)

- ▶ [A3:G20] 영역에서 '고객코드'의 첫 번째 글자가 '1'이면서 "C"를 포함하는 전체 행에 대해서 글꼴 스타일을 '굵게', 글꼴 색을 '표준 색 - 빨강'으로 적용하시오.
- ▶ 단, 규칙 유형은 '수식을 사용하여 서식을 지정할 셀 결정'을 사용하고, 한 개의 규칙으로만 작성하시오.
- ▶ AND, LEFT, IFERROR, SEARCH 함수 이용

3. '기본작업' 시트에서 다음과 같이 페이지 레이아웃을 설정하시오. (5점)

- ▶ 인쇄 용지가 가로로 인쇄되도록 용지 방향을 설정하시오.
- ▶ 인쇄될 내용이 페이지의 정 가운데에 인쇄되도록 페이지 가운데 맞춤을 설정하시오.
- ▶ 매 페이지 하단의 오른쪽 구역에는 페이지 번호가 [표시 예]와 같이 표시되도록 바닥글을 설정하시오.
  [표시 예 : 현재 페이지 번호가 1이고, 전체 페이지 번호가 3인 경우 → 3페이지 중 1페이지]
- ▶ [A1:H21] 영역을 인쇄 영역으로 설정하고, 눈금선이 인쇄되도록 설정하시오.

문제 2   계산작업(30점) '계산작업' 시트에서 다음 과정을 수행하고 저장하시오.

1. 사용자 정의 함수 'fn비고'를 작성하여 비고[H3:H20]를 계산하여 표시하시오. (6점)

- ▶ 'fn비고'는 고객코드를 인수로 받아 비고를 계산하는 함수이다.
- ▶ '비고'는 고객코드의 다섯 번째 글자가 1~3이면 "우수고객", 4~6이면 "신규고객", 그렇지 않으면 공백으로 표시하시오.
- ▶ Select문 이용

```
Public Function fn비고(고객코드)

End Function
```

2. [표1]의 대리점명, 매출금액, 그리고 [표3]을 이용하여 [I3:I20] 영역에 대리점명과 매출금액에 따른 할인금액을 계산하여 표시하시오. (6점)

   ▶ 할인금액 = 매출금액 × 할인율
   ▶ 할인율은 [표3]을 참조하여 계산
   ▶ HLOOKUP, MATCH 함수 사용

3. [표1]의 담당자와 매출금액을 이용하여 [표2]의 [B24:B27] 영역에 담당자별 매출금액의 합계를 계산하여 표시하시오. (6점)

   ▶ 표시 예 : 319,000원
   ▶ SUM, TEXT 함수를 이용한 배열 수식

4. [표1]을 이용하여 [표2]의 [C24:C27] 영역에 담당자별 미수금이 가장 많은 고객의 고객명을 표시하시오. (6점)

   ▶ INDEX, MATCH, MAX 함수를 이용한 배열 수식

5. [표1]의 담당자와 매출금액을 이용하여 [표3]의 [G26:I26] 영역에 매출금액별 '담당자'가 "강석희"인 거래건수를 계산하여 표시하시오. (6점)

   ▶ 매출금액에 따른 거래건수

매출액	거래건수
25,000	25,000 이하인 거래건수
60,000	60,000 이하인 거래건수
90,000	90,000 이하인 거래건수

   ▶ 거래 건수 뒤에 "건" 표시(표시 예 : 5건)
   ▶ COUNTIFS 함수와 & 연산자 이용

문제 3 분석작업(20점) 주어진 시트에서 다음 과정을 수행하고 저장하시오.

1. '분석작업-1' 시트의 지시사항에 따라 피벗 테이블 보고서를 작성하시오. (10점)

   ▶ 외부 데이터 원본으로 〈매출현황.csv〉의 데이터를 사용하시오.
     – 원본 데이터는 쉼표(,)로 분리되어 있으며, 첫 행에 머리글이 포함되어 있음
     – '대리점명', '담당자', '받은금액', '미수금' 열만 가져와 데이터 모델에 이 데이터를 추가하시오.
   ▶ 피벗 테이블 보고서의 레이아웃과 위치는 〈그림〉과 같이 설정하고, 보고서 레이아웃은 개요 형식으로 설정하시오.
   ▶ '받은금액'과 '미수금' 필드는 열 합계 비율을 기준으로 나타나도록 작성하시오.
   ▶ 값 영역의 표시 형식은 '값 필드 설정'의 셀 서식에서 사용자 지정 서식을 이용하여 값이 양수면 0.0%, 0이나 음수면 "*"가 표시되도록 설정하시오.

▶ 피벗 테이블 스타일은 '연한 녹색, 피벗 스타일 밝게 21', 피벗 테이블 스타일 옵션은 '행 머리글', '열 머리글', '줄무늬 행'을 설정하시오.

	A	B	C	D	E	F	G	H
1								
2				담당자				
3	대리점명	값		강석희	김민국	민상주	이선진	총합계
4	목동							
5		합계: 받은금액		8.3%	*	79.1%	*	20.4%
6		합계: 미수금		2.7%	*	77.4%	*	18.2%
7	신림							
8		합계: 받은금액		*	*	*	100.0%	17.5%
9		합계: 미수금		*	*	*	100.0%	10.6%
10	신촌							
11		합계: 받은금액		*	100.0%	*	*	31.1%
12		합계: 미수금		*	100.0%	*	*	30.3%
13	합정							
14		합계: 받은금액		91.7%	*	20.9%	*	30.9%
15		합계: 미수금		97.3%	*	22.6%	*	40.9%
16	전체 합계: 받은금액			100.0%	100.0%	100.0%	100.0%	100.0%
17	전체 합계: 미수금			100.0%	100.0%	100.0%	100.0%	100.0%

※ 작업이 완성된 그림이며 부분 점수는 없음

2. '분석작업-2' 시트에 대하여 다음의 지시사항을 처리하시오. (10점)

▶ [데이터 유효성 검사] 기능을 이용하여 [B4:B21] 영역에는 '고객코드'가 6글자로 입력되도록 제한 대상을 설정하시오.
　– [B4:B21] 영역의 셀을 클릭할 경우 〈그림〉과 같은 설명 메시지를 표시하고, 유효하지 않은 데이터를 입력해도 오류 메시지가 표시되지 않도록 설정하시오.

고객코드	대리점명
36AB80	신촌
15B	입력방법 동
15C	6자로 림
15B	입력하세요! 동
78CD11	신림

　– LEN 함수를 이용하여 설정하시오.
　– IME 모드가 '영문'이 되도록 설정하시오.
▶ [필터] 기능을 이용하여 '매출금액'을 기준으로 내림차순 정렬한 후 '매출금액'이 상위 25%인 데이터 행만 표시되도록 숫자 필터를 설정하시오.

문제 4 기타작업(35점) 주어진 시트에서 다음 과정을 수행하고 저장하시오.

1. '기타작업-1' 시트에서 다음의 지시사항에 따라 차트를 수정하시오. (각 2점)
※ 차트는 반드시 문제에서 제공한 차트를 사용하여야 하며, 신규로 차트 작성시 0점 처리됨
① '미수금' 계열의 차트 종류를 '표식이 있는 꺾은선형'으로 변경한 후 보조 축을 지정하시오.
② '미수금' 계열의 표식을 '삼각형(▲)'으로 표시한 후 크기를 10으로 지정하시오.

③ 범례 위치를 〈그림〉과 같이 표시한 후 범례에 '강한 효과 - 파랑, 강조 1' 도형 스타일을 적용하시오.
④ 기본 세로 주 눈금선을 표시하고 가로(항목) 축의 축 위치를 '눈금'으로 지정하시오.
⑤ 차트 영역의 테두리 스타일은 '둥근 모서리', 그림자는 '안쪽: 가운데'로 표시하시오.

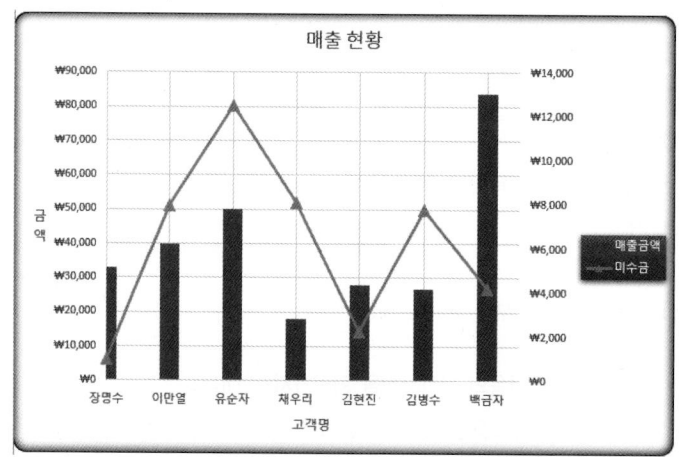

2. '기타작업-2' 시트에서 다음과 같은 기능을 수행하는 매크로를 현재 통합문서에 작성하시오. (각 5점)

① [C6:C23] 영역에 사용자 지정 표시 형식을 설정하는 '날짜서식' 매크로를 생성하시오.
   ▶ '대출만기일'을 [표시 예]와 같이 표시하시오.
     [표시 예 : 2020-01-20일 경우 → 01월 20일(월)]
   ▶ [개발 도구] → [삽입] → [양식 컨트롤]의 '단추'를 동일 시트의 [E2:E3] 영역에 생성한 후 텍스트를 "날짜서식"으로 입력하고, 단추를 클릭하면 '날짜서식' 매크로가 실행되도록 설정하시오.

② [D6:F23] 영역에 사용자 지정 표시 형식을 설정하는 '백만단위' 매크로를 생성하시오.
   ▶ 셀의 값을 백만원 단위로 표시하시오.
     [표시 예 : 1,589,000,000일 경우 → 1,589백만원]
   ▶ [개발 도구] → [삽입] → [양식 컨트롤]의 '단추'를 동일 시트의 [F2:F3] 영역에 생성한 후 텍스트를 "백만단위"로 입력하고, 단추를 클릭하면 '백만단위' 매크로가 실행되도록 설정하시오.
   ※ 셀 포인터의 위치에 관계없이 매크로가 실행되어야 정답으로 인정됨

3. '기타작업-3' 시트에서 다음과 같은 작업을 수행하도록 프로시저를 작성하시오. (각 5점)

① '고객관리' 단추를 클릭하면 〈고객관리〉 폼이 나타나고, 폼이 초기화되면 결제 방식이 나타나는 목록 상자(lst결제방식)의 목록에는 '현금', '카드', '포인트'가 표시되도록 프로시저를 작성하시오.

② '고객관리' 폼의 '입력'(cmd입력) 단추를 클릭하면 폼에 입력된 데이터가 시트의 표에 입력되어 있는 마지막 행 다음에 연속하여 추가되도록 프로시저를 작성하시오.
   ▶ '고객등급'은 해당 항목(고급, 실버, 일반)이 선택되는 경우에 따라 '고급', '실버', '일반'으로 입력하시오.
   ▶ '할인금액'은 '결제방식'이 '현금'이면 '매출금액'의 10%, '카드'이면 '매출금액'의 5%, '포인트'이면 0으로 입력하시오.
   ▶ 입력되는 데이터는 워크시트에 입력된 기존 데이터와 같은 형식의 데이터로 입력하시오.

③ '고객관리' 폼의 '종료'(cmd종료) 단추를 클릭하면 [D2] 셀에 현재 날짜를 표시하고, 글꼴 스타일을 '굵게'로 지정한 후 폼이 종료되도록 구현하시오.
   ▶ 현재 날짜는 FORMAT 함수를 이용하여 '2025년 10월 17일 금요일'과 같은 형식으로 표시하시오.

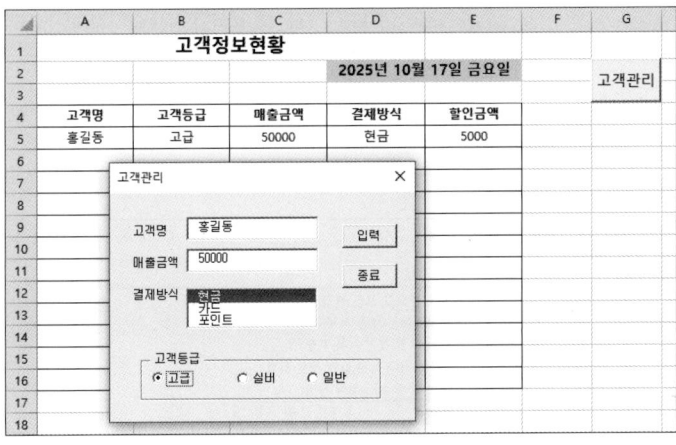

03회 컴퓨터활용능력 1급 실기(엑셀) 정답 및 해설

문제 1   기본작업

01. 고급 필터

정답

	A	B	C	D
21				
22	조건			
23	FALSE			
24				
25	고객코드	대리점명	담당자	매출금액
26	31BG25	합정	강석희	60,000
27	98AG10	합정	강석희	75,600
28	13AG10	합정	강석희	64,000
29	26AD78	신림	이선진	84,000
30	36AB80	신촌	김민국	89,000
31	14AD72	신촌	김민국	110,000
32	78AU17	합정	강석희	94,000

1. 고급 필터 조건 및 추출할 필드명 입력

	A	B	C	D
21				
22	조건			
23	FALSE			
24				
25	고객코드	대리점명	담당자	매출금액

[A23] : =AND(OR(MID(B3,3,1)="A",MID(B3,3,1)="B"),E3>=60000)

2. '고급 필터' 대화상자

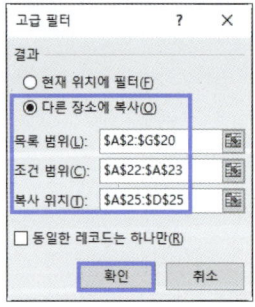

02. 조건부 서식

정답

	A	B	C	D	E	F	G
1							
2	고객명	고객코드	대리점명	담당자	매출금액	받은금액	미수금
3	유순자	12AH78	합정	민상주	50,000	37,500	12,500
4	박수영	31BG25	합정	강석희	60,000	58,200	1,800
5	장명수	12AB58	목동	민상주	33,000	32,010	990
6	노진일	78CD11	목동	강석희	21,000	18,480	2,520
7	김현진	15BC80	목동	민상주	28,000	25,760	2,240
8	정민호	98AG10	합정	강석희	75,600	45,360	30,240
9	김승철	15CD70	신림	이선진	79,800	57,456	22,344
10	이만열	12AC77	목동	민상주	39,780	31,824	7,956
11	이미연	78CD11	목동	강석희	19,800	9,504	10,296
12	김병수	15BC80	목동	민상주	26,800	19,028	7,772
13	신현호	13AG10	합정	강석희	64,000	42,240	21,760
14	백금자	26AD78	신림	이선진	84,000	79,800	4,200
15	구웅회	36AB80	신촌	김민국	89,000	66,750	22,250
16	성은희	14AD72	신촌	김민국	110,000	74,800	35,200
17	박근호	35C256	신촌	김민국	120,000	102,000	18,000
18	정상옥	78AU17	합정	강석희	94,000	58,280	35,720
19	채우리	14BB71	목동	민상주	18,000	9,900	8,100
20	송수희	78CR90	목동	민상주	19,000	13,490	5,510

'새 서식 규칙' 대화상자

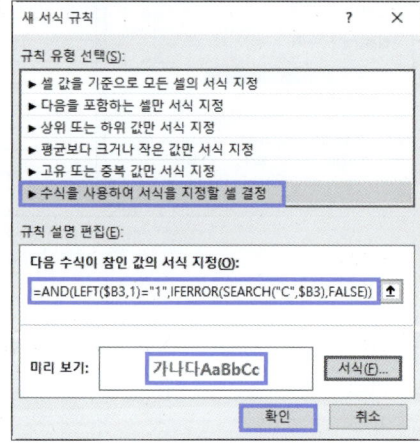

03. 페이지 레이아웃

> 정답

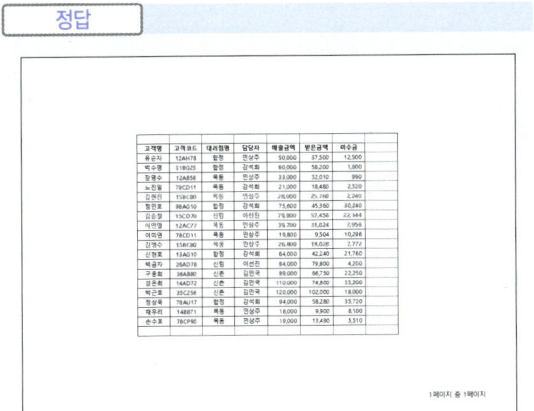

2. '페이지 설정' 대화상자의 '시트' 탭

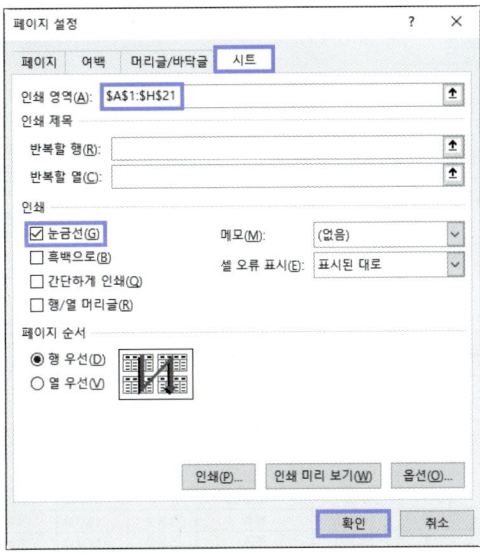

1. '바닥글' 대화상자

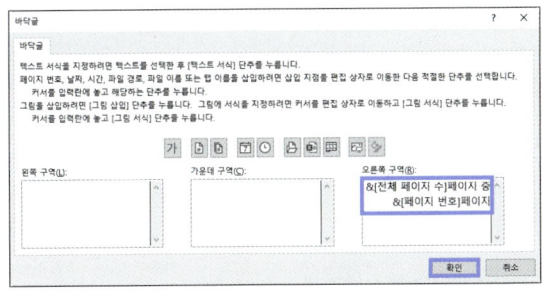

문제 2 계산작업

	A	B	C	D	E	F	G	H	I
1	[표1]								
2	고객명	고객코드	대리점명	담당자	매출금액	받은금액	미수금	비고	할인금액
3	백금자	26AD78	신림	이선진	84,000	79,800	4,200		3,360
4	유순자	12AH78	합정	민상주	50,000	37,500	12,500		1,750
5	박수영	31BG25	합정	강석희	60,000	58,200	1,800	우수고객	2,700
6	장명수	12AB58	목동	민상주	33,000	32,010	990	신규고객	990
7	노진일	78CD11	목동	강석희	21,000	18,480	2,520	우수고객	420
8	김현진	15BC80	목동	민상주	28,000	25,760	2,240		840
9	정민호	98AG10	합정	강석희	75,600	45,360	30,240	우수고객	3,402
10	김승철	15CD70	신림	이선진	79,800	57,456	22,344		3,192
11	이만열	12AC77	목동	민상주	39,780	31,824	7,956		1,193
12	이미연	78CD11	목동	민상주	19,800	9,504	10,296	우수고객	396
13	김병수	15BC80	목동	민상주	26,800	19,028	7,772		804
14	신현호	13AG10	합정	강석희	64,000	42,240	21,760	우수고객	2,880
15	구웅희	36AB80	신촌	김민국	89,000	66,750	22,250		3,560
16	성은희	14AD72	신촌	김민국	110,000	74,800	35,200		5,500
17	박근호	35C256	신촌	김민국	120,000	102,000	18,000	신규고객	6,000
18	정상욱	78AU17	합정	강석희	94,000	58,280	35,720	우수고객	5,170
19	채우리	14BB71	목동	민상주	18,000	9,900	8,100		360
20	손수호	78CP90	목동	민상주	19,000	13,490	5,510		380
21									
22	[표2]				[표3]				
23	담당자	매출금액합계	최대미수금고객명		대리점명	-	25,000	60,000	90,000
24	김민국	319,000원	성은희		합정	2.5%	3.5%	4.5%	5.5%
25	강석희	314,600원	정상욱		기타	2.0%	3.0%	4.0%	5.0%
26	이선진	163,800원	김승철		거래건수		1건	2건	4건
27	민상주	234,380원	유순자						

❶ 비고(H3)

=fn비고(B3)

[사용자 정의 함수]
Visual Basic Editor의 모듈에 다음과 같이 코드를 입력한다.

```
Public Function fn비고(고객코드)
    Select Case Mid(고객코드, 5, 1)
        Case 1 To 3
            fn비고 = "우수고객"
        Case 4 To 6
            fn비고 = "신규고객"
        Case Else
            fn비고 = ""
    End Select
End Function
```

❷ 할인금액(I3)

=E3*HLOOKUP(E3, $F$23:$I$25, MATCH(C3, {"합정","신촌"}, -1)+1)

MATCH(C3,{"합정","신촌"},-1)

- MATCH(찾을값, 범위, 옵션)는 '범위'에서 '옵션'을 적용하여 '찾을값'과 같은 데이터를 찾아 그 위치에 대한 일련번호를 반환하는 함수입니다.
- {"합정", "신촌"} : [표1]의 대리점명은 "목동", "신림", "신촌", "합정" 중 하나인데, [표3] 매출금액별 할인율의 '대리점명'에는 "합정"과 "기타"가 있습니다. 즉 대리점명을 "합정"과 "합정" 이외의 대리점으로 구분하여 할인율을 적용해야 하는데, 찾을 데이터가 "합정"과 "기타"처럼 내림차순으로 정렬되어 있는 경우에는 "합정"만 정확히 찾아 1을 반환하고 나머지 "목동", "신림", "신촌"은 모두 "기타"에 해당하는 2를 반환하게 하면 됩니다. 이렇게 하려면 "목동", "신림", "신촌", "합정"을 내림차순으로 정렬한 뒤 첫 번째와 두 번째에 해당하는 데이터 "합정"과 "신촌"만 사용하면 됩니다. MATCH 함수의 옵션 "-1"은 찾을 값과 정확하게 일치하는 데이터가 없으면 찾으려고 하는 값보다 크면서 가장 근접한 값을 찾아 일련번호를 반환하기 때문입니다. "합정"과 "신촌"은 정확하게 찾아 1과 2를 반영하고, "신림"과 "목동"은 정확한 값이 없으므로 각각 "신림"과 "목동"보다 크면서 가장 근접한 값 "신촌"을 찾아 그에 해당하는 일련번호 2를 반환합니다. 만약 찾을 데이터를 "합정"과 "기타"로 해서 찾으면 "신촌", "신림", "목동"은 모두 정확한 값이 없으니 자기보다 크면서 가장 근접한 값 "합정"을 찾아 1을 반환합니다. 그러니까 "신촌"이 "기타" 역할을 하게 만든 거죠.
- -1 : 옵션을 -1로 지정하면 '찾을값'과 같은 값이 없을 경우 '찾을값'보다 크면서 가장 근접한 값을 찾습니다. 이때 '범위'는 반드시 내림차순으로 정렬되어 있어야 합니다.

※ =MATCH("신림", {"합정", "신촌"}, -1) : "신림"을 {"합정", "신촌"}에서 찾는데, "신림"과 일치하는 값이 없으므로 "신림"보다 큰 값 중에서 가장 근접한 값을 찾습니다. "목동", "신림", "신촌", "합정"을 내림차순으로 정렬하면 "합정", "신촌", "신림", "목동" 순이므로 "신림"보다 큰 값 중에서 가장 근접한 값은 "신촌"입니다. 즉 MATCH 함수의 결과는 두 번째 있는 "신촌"을 반환하므로 2가 됩니다.

❸ 매출금액합계(B24)

{=TEXT(SUM(($D$3:$D$20=A24)*$E$3:$E$20), "#,###원")}

❹ 최대미수금고객명(C24)

{=INDEX($A$3:$I$20,MATCH(MAX(($D$3:$D$20=A24)*$G$3:$G$20), ($D$3:$D$20=A24)*$G$3:$G$20,0),1)}

{=INDEX($A$3:$I$20,MATCH(MAX(($D$3:$D$20=A24) * $G$3:$G$20), ($D$3:$D$20=A24) * $G$3:$G$20,0),1)}
　　　　　　　　　　　　　　　　　　❶
❷

❶ MAX(($D$3:$D$20=A24)*$G$3:$G$20) : 담당자를 비교하여 담당자가 "김민국"인 고객의 미수금 중 최대값을 구합니다.
❷ MATCH(❶, ($D$3:$D$20=A24) * $G$3:$G$20,0) : ❶번에서 구한 최대 미수금을 미수금 범위(담당자가 "김민국"인 고객의 미수금)에서 찾아 그 위치를 일련번호로 반환합니다.
❸ INDEX($A$3:$I$20, ❷, 1) : ❷번에서 구한 일련번호를 행 번호로 하고, 열 번호는 1로 하여 [A3:I20] 영역에서 행 번호와 열 번호에 해당하는 내용을 반환합니다.

❺ 거래건수(G26)

=COUNTIFS($D$3:$D$20,"강석희",$E$3:$E$20,"<="&G23) & "건"

문제 3 분석작업

01. 피벗 테이블

1. [삽입] → 표 → **피벗 테이블**을 클릭한다.
2. '피벗 테이블 만들기' 대화상자에서 '외부 데이터 원본 사용'을 선택한 후 〈연결 선택〉을 클릭한다.
3. '기존 연결' 대화상자에서 〈더 찾아보기〉를 클릭한다.
4. '데이터 원본 선택' 대화상자에서 '매출현황.csv'를 선택한 후 〈열기〉를 클릭한다.
5. '텍스트 마법사 – 3단계 중 1단계' 대화상자에서 '구분 기호로 분리됨'과 '내 데이터에 머리글 표시'를 선택한 후 〈다음〉을 클릭한다.

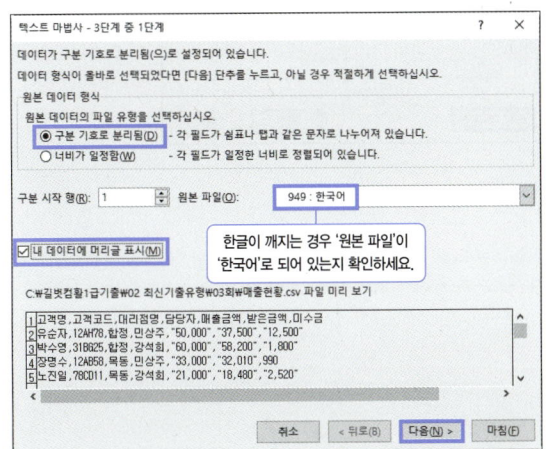

6. '텍스트 마법사 – 3단계 중 2단계' 대화상자에서 구분 기호를 '쉼표'로 지정한 후 〈다음〉을 클릭한다.

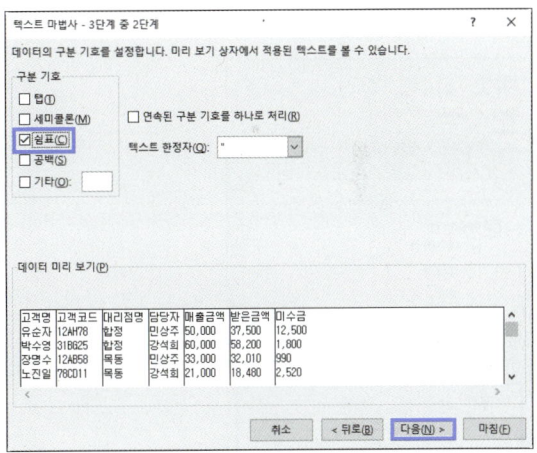

7. '텍스트 마법사 – 3단계 중 3단계' 대화상자의 '데이터 미리 보기'에서 '고객명' 열을 클릭한 후 '열 데이터 서식'에서 '열 가져오지 않음(건너뜀)'을 선택한다.

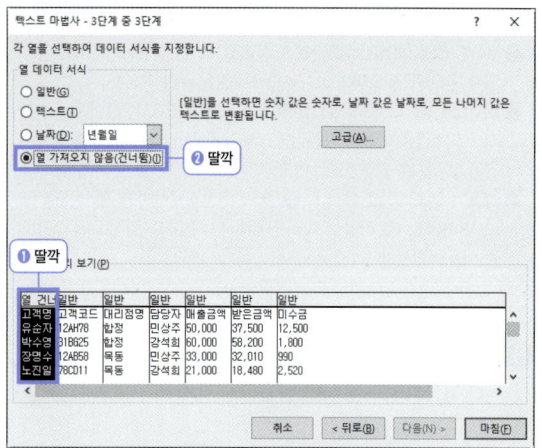

8. 같은 방법으로 '고객코드'와 '매출금액' 열을 모두 '열 가져오지 않음(건너뜀)'으로 지정한 후 〈마침〉을 클릭한다.
9. '피벗 테이블 만들기' 대화상자에서 작성 위치로 '기존 워크시트', [B2] 셀을 지정하고 '데이터 모델에 이 데이터 추가'를 선택한 후 〈확인〉을 클릭한다.
10. '피벗 테이블 필드' 창에서 각 필드를 그림과 같이 지정한다.

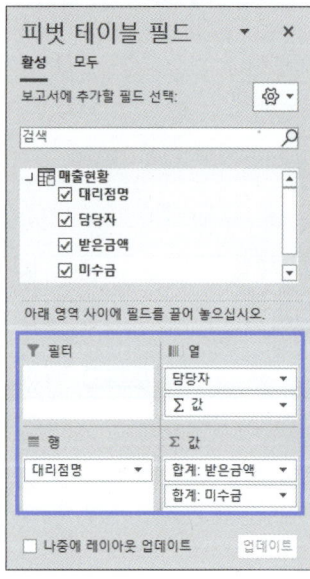

11. 열 영역에 자동으로 생긴 'Σ 값' 필드를 행 영역으로 드래그하여 이동한다.

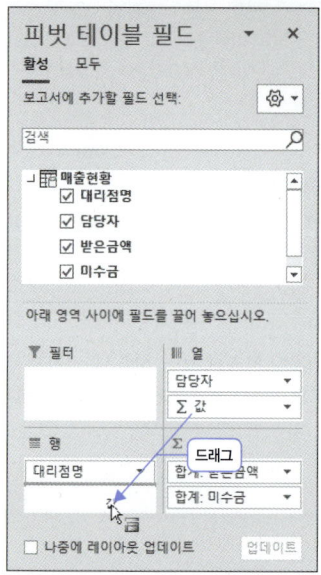

12. 작성된 피벗 테이블에서 임의의 셀을 클릭한 후 [디자인] → 레이아웃 → 보고서 레이아웃 → **개요 형식으로 표시**를 선택한다.
13. '받은금액'의 바로 가기 메뉴에서 [**값 필드 설정**]을 선택한 후 '값 필드 설정' 대화상자의 '값 표시 형식' 탭에서 그림과 같이 지정하고 〈표시 형식〉을 클릭한다.

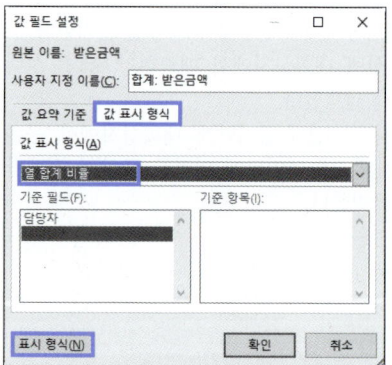

14. '셀 서식' 대화상자에서 그림과 같이 지정한 후 〈확인〉을 클릭한다.

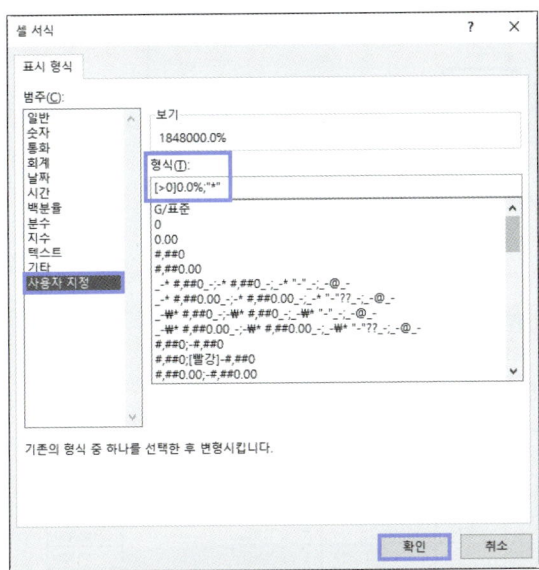

15. '값 필드 설정' 대화상자에서도 〈확인〉을 클릭한다.
16. '미수금'의 바로 가기 메뉴에서 [**값 필드 설정**]을 선택한 후 '값 필드 설정' 대화상자의 '값 표시 형식' 탭에서 다음과 같이 지정하고 〈표시 형식〉을 클릭한다.

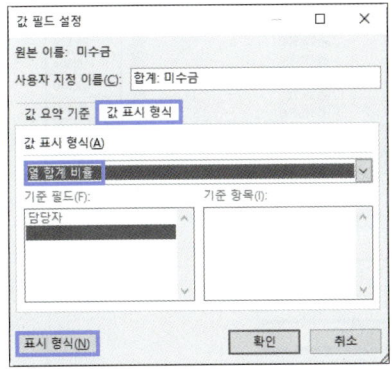

17. '셀 서식' 대화상자에서 그림과 같이 지정한 후 〈확인〉을 클릭한다.

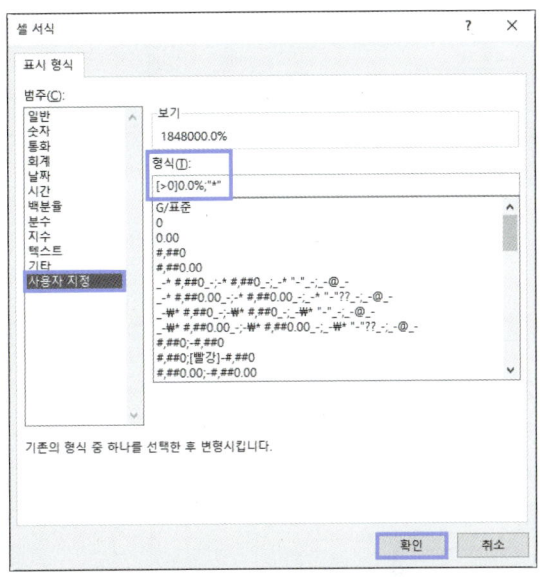

18. '값 필드 설정' 대화상자에서도 〈확인〉을 클릭한다.
19. 작성된 피벗 테이블의 임의의 셀을 클릭한 후 [디자인] → 피벗 테이블 스타일의 ▼(자세히) → 밝게 → **연한 녹색, 피벗 스타일 밝게 21**을 선택한다.
20. 이어서 [디자인] → 피벗 테이블 스타일 옵션 → 줄무늬 행을 선택한다.

02. 데이터 유효성 검사 / 필터

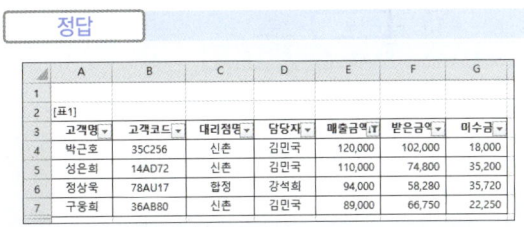

1. '데이터 유효성' 대화상자의 '설정' 탭

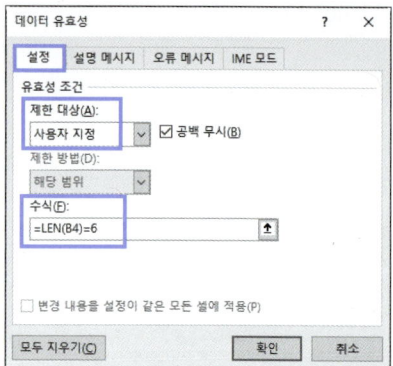

2. '데이터 유효성' 대화상자의 '설명 메시지' 탭

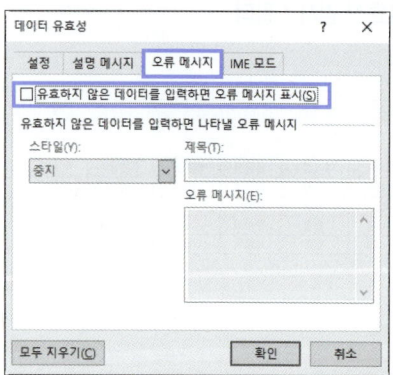

3. '데이터 유효성' 대화상자의 '오류 메시지' 탭

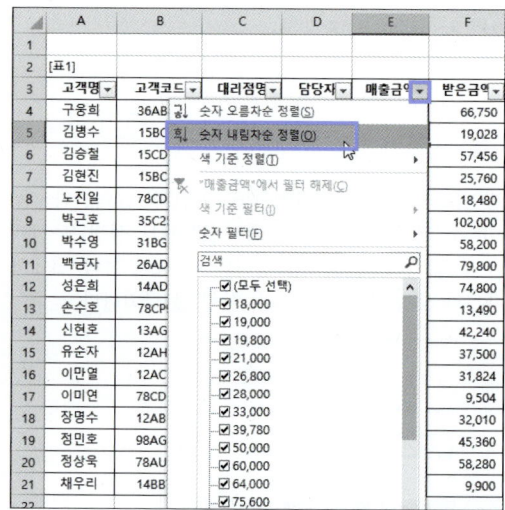

4. '데이터 유효성' 대화상자의 'IME 모드' 탭

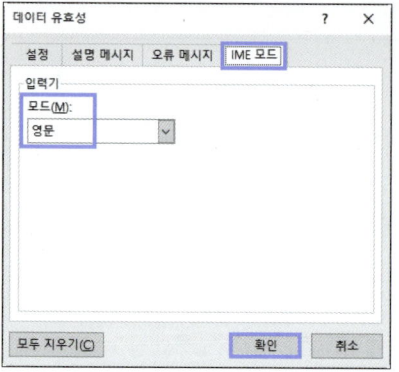

5. '매출금액' 필터의 정렬

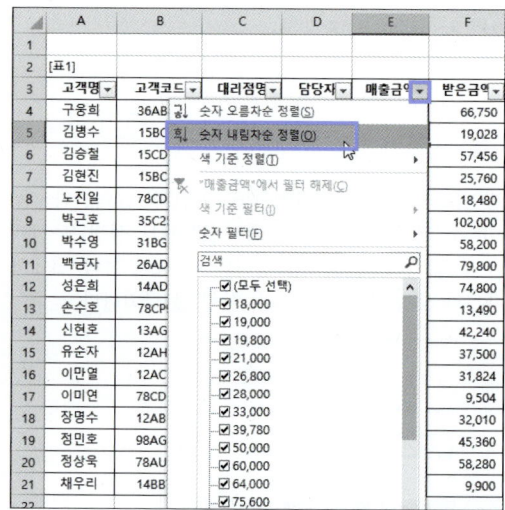

6. '매출금액'의 숫자 필터

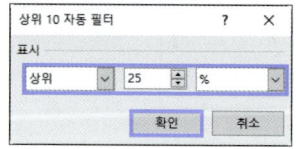

문제 4 기타작업

01. 차트

① 차트 종류 변경 및 보조 축 지정

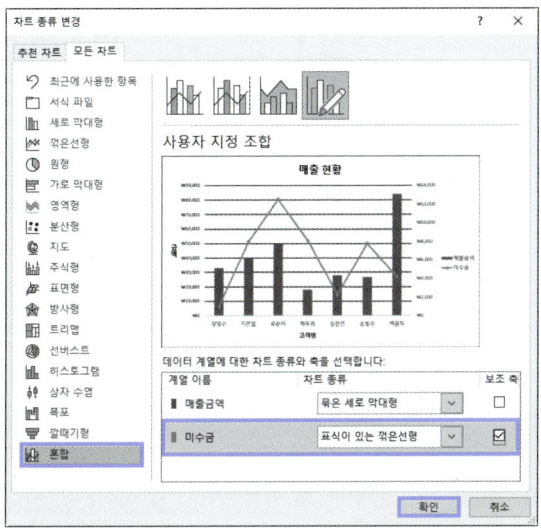

② '미수금' 계열의 표식 종류 변경

'미수금' 계열을 더블클릭한 후 '데이터 계열 서식' 창의 [계열 옵션] → (채우기 및 선) → 표식 → **표식 옵션**에서 그림과 같이 지정하고 '닫기(✕)' 단추를 클릭한다.

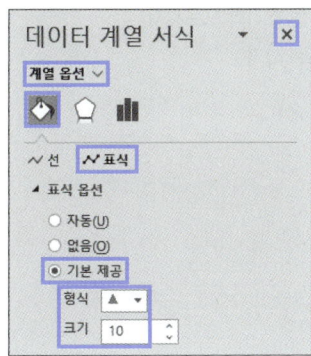

③ 범례 서식에 도형 스타일 지정

범례를 선택한 후 [서식] → 도형 스타일 → **강한 효과 - 파랑, 강조 1**을 선택한다.

④ 기본 세로 주 눈금선 표시 및 가로(항목) 축의 축 위치 지정

1. 차트 영역을 클릭한 후 [차트 디자인] → 차트 레이아웃 → 차트 요소 추가 → 눈금선 → **기본 주 세로**를 선택한다.
2. 가로(항목) 축을 더블클릭한 후 '축 서식' 창의 [축 옵션] → (축 옵션) → **축 옵션**에서 '축 위치'를 '눈금'으로 지정한 후 '닫기(✕)' 단추를 클릭한다.

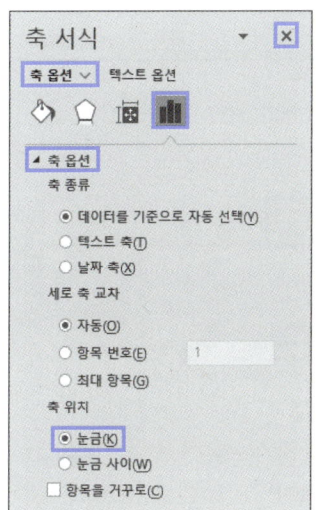

02. 매크로

정답

	A	B	C	D	E	F
1						
2					날짜서식	백만단위
3						
4		[표1]				
5		고객명	대출만기일	매출금액	받은금액	미수금
6		구웅희	01월 20일(월)	89백만원	67백만원	22백만원
7		김병수	03월 20일(금)	27백만원	19백만원	8백만원
8		김승철	04월 06일(월)	80백만원	57백만원	22백만원
9		김현진	04월 06일(월)	28백만원	26백만원	2백만원
10		노진일	04월 12일(일)	21백만원	18백만원	3백만원
11		박근호	04월 15일(수)	120백만원	102백만원	18백만원
12		박수영	04월 20일(월)	60백만원	58백만원	2백만원
13		백금자	04월 21일(화)	84백만원	80백만원	4백만원
14		성은희	04월 22일(수)	110백만원	75백만원	35백만원
15		손수호	04월 23일(목)	19백만원	13백만원	6백만원
16		신현호	04월 25일(토)	64백만원	42백만원	22백만원
17		유순자	05월 20일(수)	50백만원	38백만원	13백만원
18		이만열	06월 20일(토)	40백만원	32백만원	8백만원
19		이미연	09월 20일(일)	20백만원	10백만원	10백만원
20		장명수	10월 20일(화)	33백만원	32백만원	1백만원
21		정민호	10월 20일(화)	76백만원	45백만원	30백만원
22		정상욱	11월 20일(금)	94백만원	58백만원	36백만원
23		채우리	12월 20일(일)	18백만원	10백만원	8백만원

① '날짜서식' 매크로

1. [개발 도구] → 컨트롤 → 삽입 → 양식 컨트롤 → □(단추)를 클릭한 후 [E2:E3] 영역에 맞게 드래그 한다.
2. '매크로 지정' 대화상자의 매크로 이름에 **날짜서식**을 입력하고 〈기록〉을 클릭한다.
3. '매크로 기록' 대화상자에서 〈확인〉을 클릭한다.
4. [C6:C23] 영역을 블록으로 지정한 후 바로 가기 메뉴에서 [**셀 서식**]을 선택한다.
5. '셀 서식' 대화상자에서 그림과 같이 지정한 후 〈확인〉을 클릭한다.

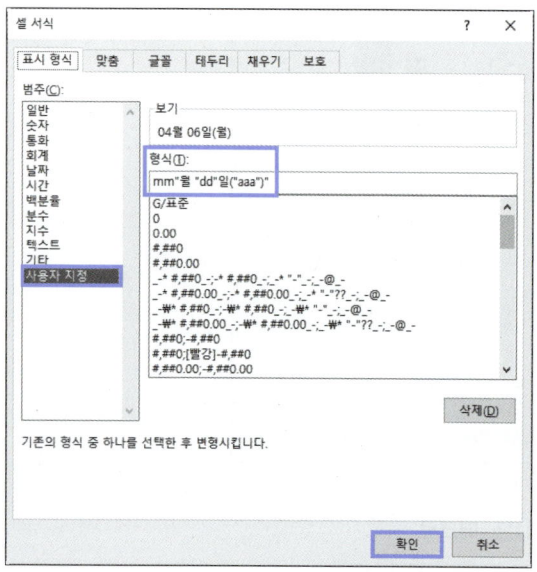

6. 임의의 셀을 클릭한 후 '기록 중지(□)' 아이콘을 클릭한다.
7. '단추'의 바로 가기 메뉴에서 [**텍스트 편집**]을 선택한 후 텍스트를 **날짜서식**으로 변경한다.

② '백만단위' 매크로

1. [개발 도구] → 컨트롤 → 삽입 → 양식 컨트롤 → □(단추)를 클릭한 후 [F2:F3] 영역에 맞게 드래그 한다.
2. '매크로 지정' 대화상자의 매크로 이름에 **백만단위**를 입력하고 〈기록〉을 클릭한다.
3. '매크로 기록' 대화상자에서 〈확인〉을 클릭한다.
4. [D6:F23] 영역을 블록으로 지정한 후 바로 가기 메뉴에서 [**셀 서식**]을 선택한다.
5. '셀 서식' 대화상자에서 그림과 같이 지정한 후 〈확인〉을 클릭한다.

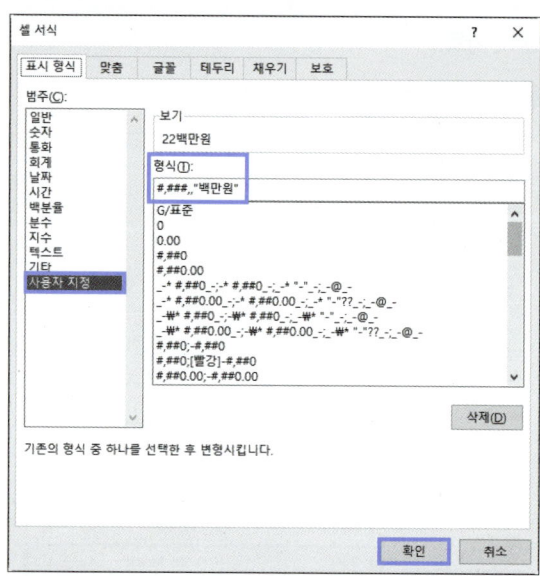

6. 임의의 셀을 클릭한 후 '기록 중지(□)' 아이콘을 클릭한다.
7. '단추'의 바로 가기 메뉴에서 [**텍스트 편집**]을 선택한 후 텍스트를 **백만단위**로 변경한다.

03. VBA

① '고객관리' 단추 클릭과 폼 초기화 프로시저

• '고객관리' 단추 클릭 프로시저

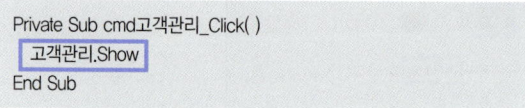

• 폼 초기화 프로시저

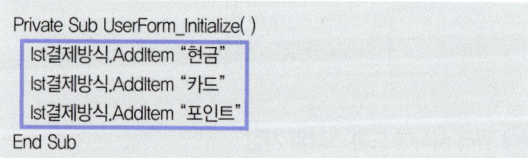

❷ '입력' 단추 클릭 프로시저

```
Private Sub cmd입력_Click( )
  ❶ 입력행 = [A4].Row + [A4].CurrentRegion.Rows.Count
  ❷ Cells(입력행, 1) = txt고객명.Value
  ❸ If opt고급.Value = True Then
        Cells(입력행, 2) = "고급"
  ❹ ElseIf opt실버.Value = True Then
        Cells(입력행, 2) = "실버"
  ❺ Else
        Cells(입력행, 2) = "일반"
     End If
  ❻ Cells(입력행, 3) = txt매출금액.Value
     Cells(입력행, 4) = lst결제방식.Value
     If lst결제방식.Value = "현금" Then
        Cells(입력행, 5) = txt매출금액.Value * 0.1
     ElseIf lst결제방식.Value = "카드" Then
        Cells(입력행, 5) = txt매출금액.Value * 0.05
     Else
        Cells(입력행, 5) = 0
     End If
End Sub
```

❶ '입력행' 변수에 [A4] 셀의 행 번호인 4와 [A4] 셀과 연결된 범위에 있는 데이터의 행수를 더하여 치환합니다.
❷ txt고객명의 값을 입력행 1열에 입력합니다.
❸ opt고급을 선택했으면 입력행 2열에 "고급"을 입력한 후 lf문을 종료합니다.
❹ opt실버를 선택했으면 입력행 2열에 "실버"를 입력한 후 lf문을 종료합니다.
❺ ❸과 ❹의 조건을 모두 만족하지 않았으면 입력행 2열에 "일반"을 입력한 후 lf문을 종료합니다.
❻ txt매출금액의 값을 입력행 3열에 입력합니다. 나머지도 동일한 방법으로 수행합니다.

❸ '종료' 단추 클릭 프로시저

```
Private Sub cmd종료_Click( )
  [D2] = Format(Date, "yyyy년 mm월 dd일 aaaa")
  [D2].Font.Bold = True
  Unload Me
End Sub
```

기·출·유·형

04회 2026년 컴퓨터활용능력 1급 실기

프로그램명	제한시간	수험번호 :
EXCEL 2021	45분	성　명 :

1급

〈 유 의 사 항 〉

- 인적 사항 누락 및 잘못 작성으로 인한 불이익은 수험자 책임으로 합니다.
- 화면에 암호 입력창이 나타나면 아래의 암호를 입력하여야 합니다.
  ○ 암호 : 9%7316
- 작성된 답안은 주어진 경로 및 파일명을 변경하지 마시고 그대로 저장해야 합니다. 이를 준수하지 않으면 실격 처리됩니다.
  답안 파일명의 예 : C:\OA\수험번호8자리.xlsm
- **외부 데이터 위치 : C:\OA\파일명**
- 별도의 지시사항이 없는 경우, 다음과 같이 처리 시 실격 처리됩니다.
  ○ 제시된 시트 및 개체의 순서나 이름을 임의로 변경한 경우
  ○ 제시된 시트 및 개체를 임의로 추가 또는 삭제한 경우
  ○ 외부 데이터를 시험 시작 전에 열어본 경우
- 답안은 반드시 문제에서 지시 또는 요구한 셀에 입력하여야 하며 다음과 같이 처리 시 채점 대상에서 제외됩니다.
  ○ 제시된 함수가 있을 경우 제시된 함수만을 사용하여야 하며 그 외 함수 사용 시 채점대상에서 제외
  ○ 수험자가 임의로 지시하지 않은 셀의 이동, 수정, 삭제, 변경 등으로 인해 셀의 위치 및 내용이 변경된 경우 해당 작업에 영향을 미치는 관련문제 모두 채점 대상에서 제외
  ○ 도형 및 차트의 개체가 중첩되어 있거나 동일한 계산결과 시트가 복수로 존재할 경우 해당 개체나 시트는 채점 대상에서 제외
- 수식 작성 시 제시된 문제 파일의 데이터는 변경 가능한(가변적) 데이터임을 감안하여 문제 풀이를 하시오.
- 별도의 지시사항이 없는 경우, 주어진 각 시트 및 개체의 설정값 또는 기본 설정값(Default)으로 처리하시오.
- 저장 시간은 별도로 주어지지 않으므로 제한된 시간 내에 저장을 완료해야 하며, 제한 시간 내에 저장이 되지 않은 경우에는 실격 처리됩니다.
- 출제된 문제의 용어는 MS Office LTSC Professional Plus 2021 기준으로 작성되어 있습니다.

대한상공회의소

문제 1

기본작업(15점) 주어진 시트에서 다음 과정을 수행하고 저장하시오.

1. '기본작업-1' 시트에서 다음과 같이 고급 필터를 수행하시오. (5점)
   - [A2:F28] 영역에서 '예매일자'의 일이 20일 이후이고, '예매수량'이 '예매수량'의 평균 이상인 데이터를 표시하시오.
   - 조건은 [A30:A31] 영역에 입력하시오. (DAY, AVERAGE, AND 함수 사용)
   - 결과는 [A34] 셀부터 표시하시오.

2. '기본작업-1' 시트에서 다음과 같이 조건부 서식을 설정하시오. (5점)
   - [A3:F28] 영역에서 '예매일자'의 요일이 '수요일'이거나 '금요일'인 전체 행에 대해서 글꼴 색을 '표준 색 – 파랑', 글꼴 스타일을 '굵은 기울임꼴'로 적용하시오.
   - 단, 규칙 유형은 '수식을 사용하여 서식을 지정할 셀 결정'을 사용하고, 한 개의 규칙으로만 작성하시오.
   - OR, WEEKDAY 함수 사용
   - WEEKDAY의 2번 유형 사용

3. '기본작업-2' 시트에서 다음과 같이 시트 보호를 설정하시오. (5점)
   - 워크시트 전체 셀의 셀 잠금을 해제한 후 [E4:E11] 영역에만 셀 잠금과 수식 숨기기를 적용하여 이 영역의 내용만을 보호하시오.
   - 차트를 편집할 수 없도록 잠금을 적용하시오.
   - 잠긴 셀의 선택, 잠기지 않은 셀의 선택, 행 서식, 열 삽입은 허용하시오.
   - 단, 시트 보호 암호는 지정하지 마시오.

문제 2

계산작업(30점) '계산작업' 시트에서 다음 과정을 수행하고 저장하시오.

1. [표4]의 구분을 이용하여 [G15:G40] 영역에 구분별 누적개수를 계산하여 표시하시오. (6점)
   - 구분이 "M"으로 시작하면 "뮤지컬", "C"로 시작하면 "콘서트"로 구분을 표시한 다음 그 뒤에 누적 개수를 표시하고, 그렇지 않으면 "그외"로 표시한 후 그 뒤에 누적 개수를 표시함
   - 표시 예 : 콘서트(1), 콘서트(2), 뮤지컬(1), 그외(1)
   - IF, COUNTIF, LEFT 함수 사용

2. [표4]의 공연이름, 예매수량, 총금액을 이용하여 [표1]의 [B3:B10] 영역에 공연이름별 예매수량이 5개 이상인 총금액의 평균을 계산하여 표시하시오. (6점)
   - AVERAGEIFS 함수 사용

3. [표4]의 예매일자와 예매수량을 이용하여 [표2]의 [E3:E5] 영역에 예매월별 최대 예매수량을 계산하여 표시하시오. (6점)
   - MAXA, MONTH 함수를 이용한 배열 수식

4. [표4]의 가격과 예매수량을 이용하여 [표3]의 [D8] 셀에 가격이 30,000 이상이고 예매수량이 20 이상인 예매 건수를 계산하여 표시하시오. (6점)
   ▶ 조건은 [D10:H13] 영역에 입력
   ▶ 예매 건수 뒤에 "개"를 표시(0일 경우 '0개'로 표시)
   ▶ DCOUNTA, TEXT 함수 사용

5. 할인액을 계산하는 사용자 정의 함수 'fn할인액'을 작성하여 계산을 수행하시오. (6점)
   ▶ 'fn할인액'은 구분과 총금액을 인수로 받아 할인액을 계산하는 함수이다.
   ▶ 할인액은 구분의 뒤 세 글자가 "뮤지컬"이고 총금액이 300,000 이상이면 총금액의 15%, 구분의 뒤 세 글자가 "콘서트"이고 총금액이 300,000 이상이면 총금액의 10%, 그 이외에는 공백을 표시하시오.
   ▶ 'fn할인액' 함수를 이용하여 [H15:H40] 영역에 계산하시오.

```
Public Function fn할인액(구분, 총금액)

End Function
```

문제 3

분석작업(20점) 주어진 시트에서 다음 과정을 수행하고 저장하시오.

1. '분석작업-1' 시트에서 다음의 지시사항에 따라 피벗 테이블 보고서를 작성하시오. (10점)
   ▶ 외부 데이터 원본으로 〈공연관리.accdb〉에서 〈공연예약〉 테이블을 이용하시오.
   ▶ 피벗 테이블 보고서의 레이아웃과 위치는 〈그림〉과 같이 설정하고, 보고서 레이아웃은 개요 형식으로 설정하시오.
   ▶ '예매일자' 필드를 〈그림〉과 같이 '월'과 '분기'로 그룹을 작성하고, 각 그룹 하단에 최대와 최소 부분합을 표시하시오.
   ▶ 빈 셀은 '***'로 표시하고 레이블이 있는 셀은 병합하고 가운데 맞춤이 되도록 설정하시오.
   ▶ 값 영역의 표시 형식은 '값 필드 설정'의 셀 서식에서 '회계' 범주를 이용하여 지정하시오.

	A	B	C	D	E	F
1						
2	구분	뮤지컬 ▼				
3						
4				공연이름 ▼		
5	분기 ▼	예매일자 ▼	값	천사의노래	피노키오	총합계
6	⊟1사분기					
7		2월				
8			최대 : 예매수량	27	21	27
9			최대 : 총금액	837,000	417,900	837,000
10	1사분기 최대 : 예매수량			27	21	27
11	1사분기 최대 : 총금액			837,000	417,900	837,000
12	1사분기 최소 : 예매수량			27	21	21
13	1사분기 최소 : 총금액			837,000	417,900	417,900
14	⊟2사분기					
15		4월				
16			최대 : 예매수량	6	19	19
17			최대 : 총금액	186,000	378,100	378,100
18		5월				
19			최대 : 예매수량	21	***	21
20			최대 : 총금액	651,000	***	651,000
21		6월				
22			최대 : 예매수량	***	9	9
23			최대 : 총금액	***	179,100	179,100
24	2사분기 최대 : 예매수량			21	19	21
25	2사분기 최대 : 총금액			651,000	378,100	651,000
26	2사분기 최소 : 예매수량			2	9	2
27	2사분기 최소 : 총금액			62,000	179,100	62,000
28	⊟3사분기					
29		8월				
30			최대 : 예매수량	***	5	5
31			최대 : 총금액	***	99,500	99,500
32	3사분기 최대 : 예매수량			***	5	5
33	3사분기 최대 : 총금액			***	99,500	99,500
34	3사분기 최소 : 예매수량			***	5	5
35	3사분기 최소 : 총금액			***	99,500	99,500
36	전체 최대 : 예매수량			27	21	27
37	전체 최대 : 총금액			837,000	417,900	837,000

※ 작업이 완성된 그림이며 부분 점수는 없음

2. '분석작업-2' 시트에 대하여 다음의 지시사항을 처리하시오. (10점)
   ▶ [데이터 도구]를 이용하여 [표1]의 [B3:B28] 영역의 데이터를 각 열로 구분되어 입력되도록 실행하시오.
      - 데이터는 세미콜론(;)과 슬래시(/)로 구분되어 있음
   ▶ 데이터 도구 [통합] 기능을 이용하여 [표1]에 있는 데이터에 대해 [표2]의 [I3:K7] 영역에 '구분'별 '예매수량'의 평균과 '총금액'의 합계를 계산하시오.

문제 4 　기타작업(35점) 주어진 시트에서 다음 과정을 수행하고 저장하시오.

1. '기타작업-1' 시트에서 다음의 지시사항에 따라 차트를 수정하시오. (각 2점)
   ※ 차트는 반드시 문제에서 제공한 차트를 사용하여야 하며, 신규로 차트 작성시 0점 처리됨
   ① '12월' 계열을 차트에 추가하시오.
   ② 차트 레이아웃을 '레이아웃 3'으로 지정한 후 차트 스타일을 '스타일 6'으로 지정하시오.

③ 차트 제목은 시트의 [A1] 셀과 연결하여 표시하고, 글꼴 색 '흰색, 배경 1', 채우기 색 '표준 색 – 파랑'을 지정하시오.
④ '11월' 계열을 워크시트에 삽입된 클립아트를 이용하여 〈그림〉과 같이 표시하시오.
⑤ 차트 영역의 테두리 스타일은 '둥근 모서리', 그림자는 '오프셋: 오른쪽'으로 표시하시오.

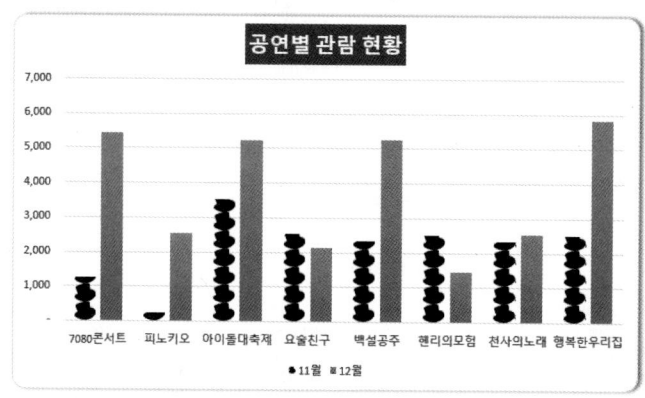

2. '기타작업-2' 시트에서 다음과 같은 기능을 수행하는 매크로를 현재 통합문서에 작성하시오. (각 5점)

① [D4:D11] 영역에 사용자 지정 표시 형식을 설정하는 '서식적용' 매크로를 생성하시오.
  ▶ '예매수량'이 100명 이상이면 빨강색으로 "대강당", 70명 이상이면 "[중강당]", 그 외는 "[소강당]"을 '예매수량' 앞에 표시하되, '강당'은 셀의 왼쪽에 붙여서 표시하고, '예매수량'은 셀의 오른쪽에 붙여서 표시하시오.
    [표시 예 : '예매수량'이 100명인 경우 → [대강당   100],
              '예매수량'이 0명인 경우 → [소강당   0]]
  ▶ [도형] → [사각형]의 '육각형(⬡)'을 [D13:D14] 영역에 생성한 후 텍스트를 "서식적용"으로 입력하고, 도형을 클릭하면 '서식적용' 매크로가 실행되도록 설정하시오.
② [D4:D11] 영역에 표시 형식을 '일반'으로 적용하는 '서식해제' 매크로를 생성하시오.
  ▶ [도형] → [사각형]의 '육각형(육각형(⬡)'을 [E13:E14] 영역에 생성한 후 텍스트를 "서식해제"로 입력하고, 도형을 클릭하면 '서식해제' 매크로가 실행되도록 설정하시오.
※ 셀 포인터의 위치에 관계없이 매크로가 실행되어야 정답으로 인정됨

3. '기타작업-3' 시트에서 다음과 같은 작업을 수행하도록 프로시저를 작성하시오. (각 5점)

① '공연예매' 단추를 클릭하면 〈공연예매관리〉 폼이 나타나고, 폼이 초기화되면 [K5:K12] 영역의 값이 '공연명'(cmb공연명) 콤보 상자의 목록에 표시되도록 프로시저를 작성하시오.

② 〈공연예매관리〉 폼의 '예매'(cmd예매) 단추를 클릭하면 폼에 입력된 데이터가 시트의 표에 입력되어 있는 마지막 행 다음에 연속하여 추가되도록 프로시저를 작성하시오.
- ▶ '예매일자'에는 오늘 날짜를 입력하시오.
- ▶ '구분'과 '가격'은 [K4:M12] 영역을 참조하여 산출하되, ListIndex 속성을 이용하시오.
- ▶ '총금액'은 '가격×좌석수'로 계산하되, Format을 이용하여 천 단위마다 콤마와 "원"을 표시하시오.
- ▶ '공연장'(txt공연장) 컨트롤로 포커스가 이동되도록 설정하시오.

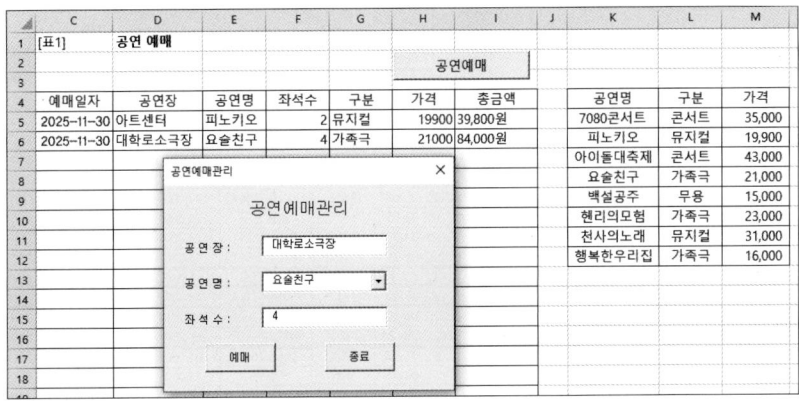

③ 〈공연예매관리〉 폼의 '종료'(cmd종료) 단추를 클릭하면, 〈그림〉과 같은 전체 예매 건수를 표시한 메시지 박스를 표시한 후 폼이 종료되도록 프로시저를 작성하시오.

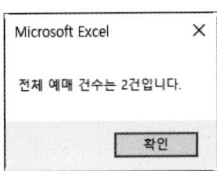

04회 컴퓨터활용능력 1급 실기(엑셀)

정답 및 해설

문제 1 　　기본작업

01. 고급 필터

정답

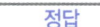

1. [A30] 셀에 **조건**, [A31] 셀에 =AND(DAY(A3)>=20,E3>=AVERAGE($E$3:$E$28))을 입력한다.
2. '고급 필터' 대화상자

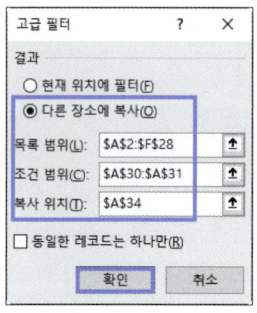

02. 조건부 서식

정답

'새 서식 규칙' 대화상자

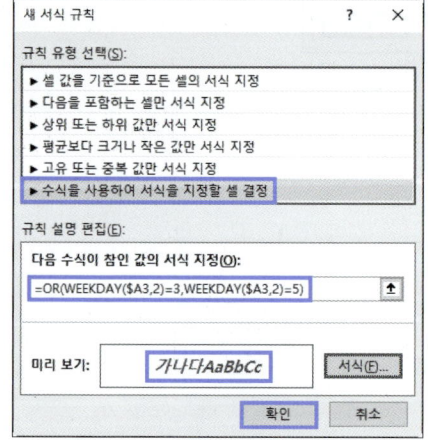

WEEKDAY(날짜, 옵션) 함수에서 옵션을 2로 지정하면 요일번호를 1(월요일)에서 7(일요일)까지의 숫자로 표시합니다.

03. 시트 보호

1. 워크시트 전체에 대한 '셀 서식' 대화상자

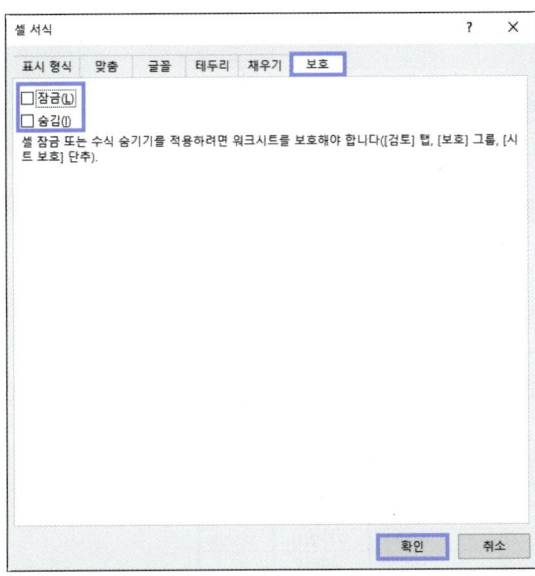

2. [E4:E11] 영역에 대한 '셀 서식' 대화상자

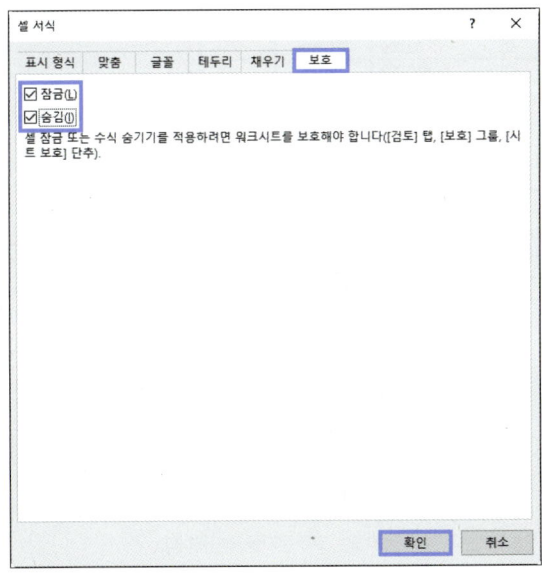

3. '차트 영역 서식' 창

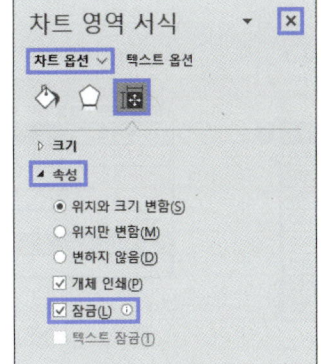

4. '시트 보호' 대화상자

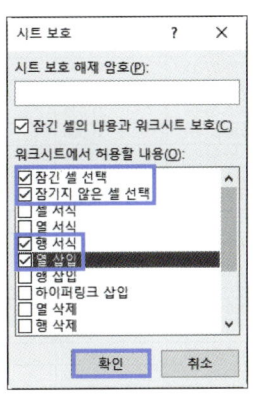

문제 2   계산작업

정답

	A	B	C	D	E	F	G	H
1	[표1] 공연별 매출액			[표2] 2/4분기 월별 최대 예매수량				
2	공연이름	총금액 평균 ❷		예매월	최대 예매수량 ❸			
3	7080콘서트	367,500		4	32			
4	피노키오	268,650		5	29			
5	아이돌대축제	1,182,500		6	26			
6	요술친구	315,000						
7	백설공주	180,000		[표3] 가격이 30,000 이상, 예매수량이 20 이상인 예매 건수 ❹				
8	헨리의모험	437,000		4개				
9	천사의노래	558,000						
10	행복한우리집	280,000		가격	예매수량			
11				>=30000	>=20			
12								
13	[표4]						❶	❺
14	공연이름	구분	예매일자	가격	예매수량	총금액	누적개수	할인액
15	7080콘서트	C-콘서트	2020-06-09	35,000	3	105,000	콘서트(1)	
16	피노키오	M-뮤지컬	2020-04-05	19,900	19	378,100	뮤지컬(1)	56,715
17	아이돌대축제	C-콘서트	2020-05-08	43,000	29	1,247,000	콘서트(2)	124,700
18	요술친구	K-가족극	2020-02-05	21,000	15	315,000	그외(1)	
19	백설공주	Y-무용	2020-07-15	15,000	19	285,000	그외(2)	
20	7080콘서트	C-콘서트	2020-06-05	35,000	10	350,000	콘서트(3)	35,000
21	요술친구	K-가족극	2020-05-03	21,000	2	42,000	그외(3)	
22	천사의노래	M-뮤지컬	2020-02-01	31,000	27	837,000	뮤지컬(2)	125,550
23	헨리의모험	K-가족극	2020-04-07	23,000	6	138,000	그외(4)	
24	행복한우리집	K-가족극	2020-01-09	16,000	5	80,000	그외(5)	
25	피노키오	M-뮤지컬	2020-02-12	19,900	21	417,900	뮤지컬(3)	62,685
26	아이돌대축제	C-콘서트	2020-06-02	43,000	26	1,118,000	콘서트(4)	111,800
27	백설공주	Y-무용	2020-06-09	15,000	3	45,000	그외(6)	
28	헨리의모험	K-가족극	2020-04-08	23,000	32	736,000	그외(7)	
29	천사의노래	M-뮤지컬	2020-05-11	31,000	2	62,000	뮤지컬(4)	
30	행복한우리집	K-가족극	2020-07-08	16,000	30	480,000	그외(8)	
31	7080콘서트	C-콘서트	2020-06-09	35,000	3	105,000	콘서트(5)	
32	행복한우리집	K-가족극	2020-04-05	16,000	2	32,000	그외(9)	
33	7080콘서트	C-콘서트	2020-05-19	35,000	11	385,000	콘서트(6)	38,500
34	천사의노래	M-뮤지컬	2020-05-07	31,000	21	651,000	뮤지컬(5)	97,650
35	백설공주	Y-무용	2020-03-24	15,000	5	75,000	그외(10)	
36	피노키오	M-뮤지컬	2020-06-08	19,900	9	179,100	뮤지컬(6)	
37	피노키오	M-뮤지컬	2020-08-14	19,900	5	99,500	뮤지컬(7)	
38	천사의노래	M-뮤지컬	2020-04-02	31,000	6	186,000	뮤지컬(8)	
39	아이돌대축제	C-콘서트	2020-07-11	43,000	4	172,000	콘서트(7)	
40	헨리의모험	K-가족극	2020-06-02	23,000	2	46,000	그외(11)	

❶ 누적개수(G15)

=IF(LEFT(B15,1)="M","뮤지컬("&COUNTIF($B$15:B15,"M*")&")",IF(LEFT(B15,1)="C","콘서트("&COUNTIF($B$15:B15,"C*")&")","그외("&COUNTIF($B$15:B15,"<>M*")-COUNTIF($B$15:B15,"C*")&")"))

COUNTIF($B$15:B15,"M*")의 의미

[B15:B15] 영역에서 "M"으로 시작하는 구분의 개수를 반환합니다. [G15] 셀에 입력한 수식의 채우기 핸들을 드래그하여 나머지 셀에도 수식을 입력하면 아래와 같이 변경되면서 누적 개수를 계산합니다.

- [G15] 셀 : COUNTIF($B$15:B15,"M*") → [B15:B15] 영역에서 "M"으로 시작하는 구분의 개수를 구합니다.
- [G16] 셀 : COUNTIF($B$15:B16,"M*") → [B15:B16] 영역에서 "M"으로 시작하는 구분의 개수를 구합니다.
  ⋮
- [G40] 셀 : COUNTIF($B$15:B40,"M*") → [B15:B40] 영역에서 "M"으로 시작하는 구분의 개수를 구합니다.

※ 'M*'는 "M"으로 시작하는 모든 문자를 의미합니다.

❷ 총금액 평균(B3)

=AVERAGEIFS($F$15:$F$40,$A$15:$A$40,A3,$E$15:$E$40,">=5")

❸ 최대 예매수량(E3)

{=MAXA((MONTH($C$15:$C$40)=D3)*($E$15:$E$40))}

MAXA 함수는 주어진 인수 중에서 가장 큰 값을 반환하는 함수로, MAX 함수와 다른 점은 숫자는 물론, 빈 셀, 논리값(TRUE, FALSE), 숫자로된 텍스트 등도 인수로 사용할 수 있다는 것입니다. 이 문제의 경우 예매수량이 모두 숫자로 되어 있으므로 MAX 함수를 사용해도 되지만 문제에 제시된 함수가 MAXA 함수이므로 반드시 이 함수를 이용하여 수식을 작성해야 합니다.

❹ 가격이 30,000 이상, 예매수량이 20 이상인 예매 건수(D8)

=TEXT(DCOUNTA(A14:H40,A14,D10:E11), "0개")

• '가격이 30000 이상이고 예매수량이 20 이상인 예매 건수'에 대한 조건은 〈그림〉과 같이 지정합니다.

	D	E
9		
10	가격	예매수량
11	>=30000	>=20

• '~이고, ~인'이므로 AND 조건식으로 설정해야 하며, 조건 설정 방법은 고급 필터와 동일합니다. 즉 AND 조건일 때는 같은 행에, OR 조건일 때는 다른 행에 조건을 지정해야 합니다.

❺ 할인액(H15)

=Fn할인액(B15,F15)

[사용자 정의 함수]

Visual Basic Editor의 모듈에 다음과 같이 코드를 입력한다.

```
Public Function Fn할인액(구분, 총금액)
    If Right(구분, 3) = "뮤지컬" And 총금액 >= 300000 Then
        Fn할인액 = 총금액 * 0.15
    ElseIf Right(구분, 3) = "콘서트" And 총금액 >= 300000 Then
        Fn할인액 = 총금액 * 0.1
    Else
        Fn할인액 = ""
    End If
End Function
```

문제 3 분석작업

01. 피벗 테이블

1. [삽입] → 표 → **피벗 테이블**을 클릭한다.
2. '피벗 테이블 만들기' 대화상자에서 '외부 데이터 원본 사용'을 선택한 후 〈연결 선택〉을 클릭한다.
3. '기존 연결' 대화상자에서 〈더 찾아보기〉를 클릭한다.
4. '데이터 원본 선택' 대화상자에서 '공연관리.accdb'를 선택한 후 〈열기〉를 클릭한다.
5. '피벗 테이블 만들기' 대화상자에서 작성 위치로 '기존 워크시트', [A4] 셀을 지정한 후 〈확인〉을 클릭한다.
6. '피벗 테이블 필드' 창에서 각 필드를 그림과 같이 지정한다.

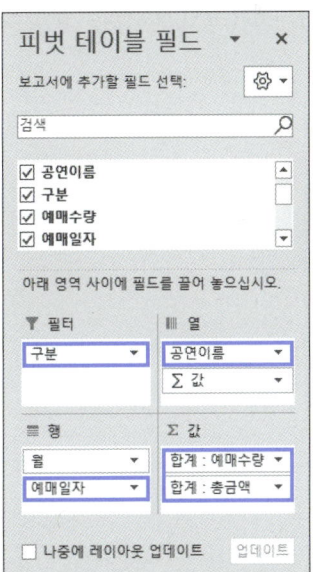

7. 열 영역에 자동으로 생긴 'Σ 값' 필드를 행 영역으로 드래그하여 이동한다.

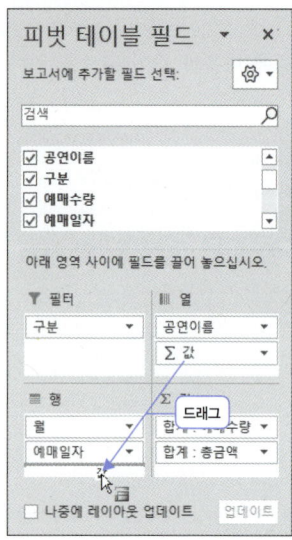

8. 작성된 피벗 테이블에서 임의의 셀을 클릭한 후 [디자인] → 레이아웃 → 보고서 레이아웃 → **개요 형식으로 표시**를 선택한다.
9. 작성된 피벗 테이블에서 값인 '예매수량'의 바로 가기 메뉴에서 [값 요약 기준] → **최대값**을 선택한다.
10. 작성된 피벗 테이블에서 값인 '총금액'의 바로 가기 메뉴에서 [값 요약 기준] → **최대값**을 선택한다.
11. '예매일자'가 표시되어 있는 임의의 셀을 클릭한 후 바로 가기 메뉴에서 [**그룹**]을 선택한다.
12. '그룹화' 대화상자에서 그림과 같이 지정하고 〈확인〉을 클릭한다.

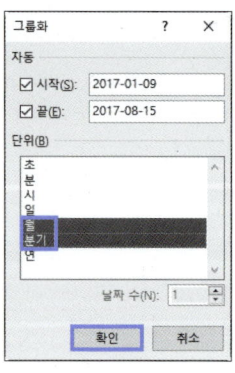

13. 요약이 표시된 셀을 선택한 후 바로 가기 메뉴에서 [**필드 설정**]을 선택한다.

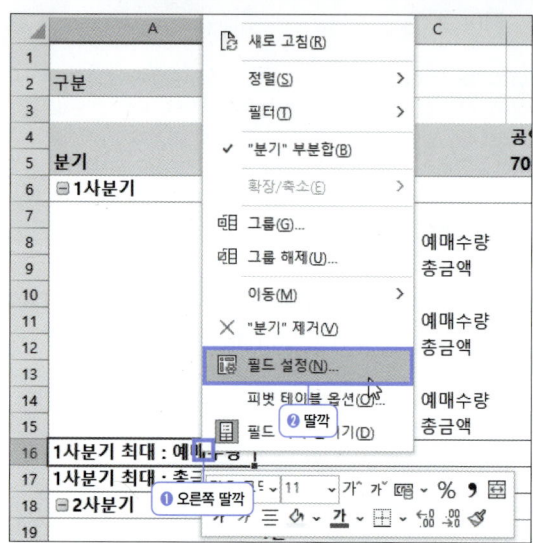

14. '필드 설정' 대화상자에서 그림과 같이 지정한 후 〈확인〉을 클릭한다.

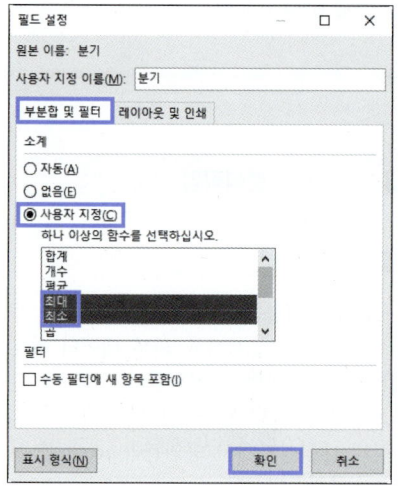

15. 작성된 피벗 테이블의 임의의 셀을 클릭한 후 바로 가기 메뉴에서 [피벗 테이블 옵션]을 선택하고, '피벗 테이블 옵션' 대화상자에서 그림과 같이 지정한 후 〈확인〉을 클릭한다.

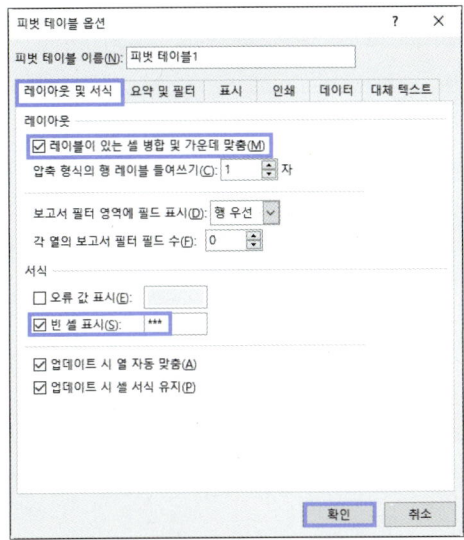

16. 작성된 피벗 테이블에서 '예매수량'이 표시되어 있는 임의의 셀을 클릭한 후 바로 가기 메뉴에서 [값 필드 설정]을 선택한다.
17. '값 필드 설정' 대화상자에서 〈표시 형식〉을 클릭한다.
18. '셀 서식' 대화상자에서 그림과 같이 지정한 후 〈확인〉을 클릭한다.

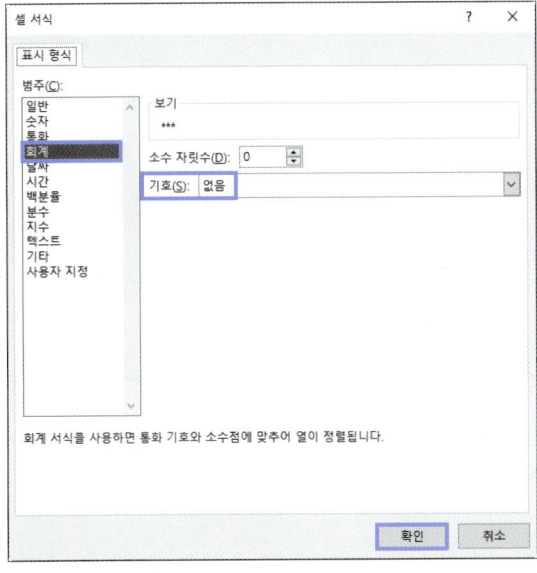

19. '값 필드 설정' 대화상자에서도 〈확인〉을 클릭한다.
20. 같은 방법으로 '총금액'에 대해서도 표시 형식을 지정한다.
21. '구분'의 목록 단추(▼)를 클릭하여 '뮤지컬'을 선택한 후 〈확인〉을 클릭한다.

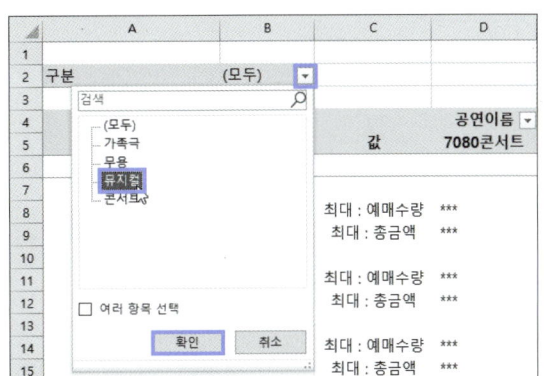

문제에 '구분'의 '뮤지컬'만 표시되도록 지정하라는 지시사항은 없지만 문제로 제시된 그림에 보고서 필터의 구분에 '뮤지컬'이 선택되어 있으므로 동일하게 지정해야 합니다.

02. 텍스트 나누기 / 통합

정답

1. [B3:B28] 영역을 블록으로 지정한 후 [데이터] → 데이터 도구 → **텍스트 나누기** 클릭

2. '텍스트 마법사 3단계 중 2단계' 대화상자

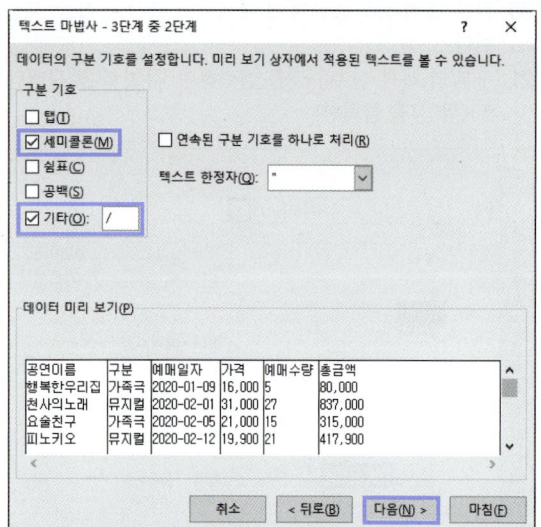

3. [I3:K3] 영역에 다음과 같이 입력한 후 [I3:K3] 영역을 블록으로 지정

	I	J	K
2	[표2]		
3	구분	예매수량	총금액
4			
5			
6			

4. '총금액' 합계의 '통합' 대화상자 실행

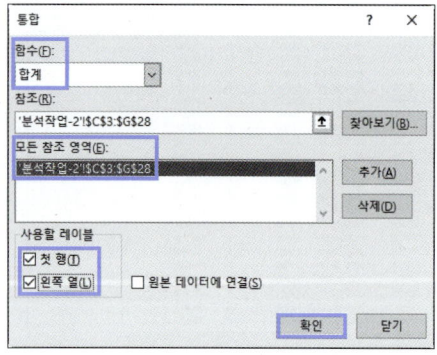

5. [I3:J3] 영역을 블록으로 지정한 후 '예매수량' 평균의 '통합' 대화상자 실행

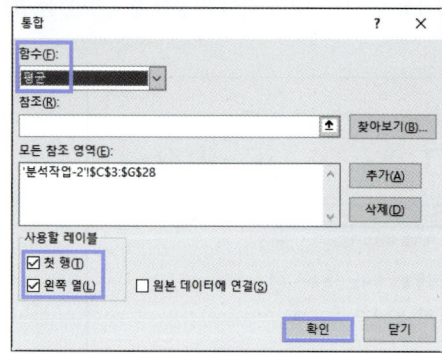

문제 4   기타작업   정답

01. 차트

① '12월(D3:D11)' 추가하기

1. 차트 영역의 바로 가기 메뉴에서 [데이터 선택]을 선택한다.
2. '데이터 원본 선택' 대화상자에서 범례 항목(계열)의 〈추가〉를 클릭한다.
3. '계열 편집' 대화상자에서 그림과 같이 지정하고 〈확인〉을 클릭한다.

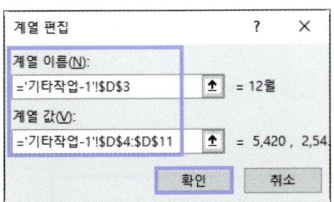

4. '데이터 원본 선택' 대화상자에서도 〈확인〉을 클릭한다.

[D3:D11] 영역을 블록으로 지정하고 Ctrl+C를 눌러 복사한 후 차트를 선택한 다음 Ctrl+V를 눌러 붙여넣기 해도 됩니다.

② 차트 레이아웃 및 스타일 지정

1. 차트를 클릭한 후 [차트 디자인] → 차트 레이아웃 → 빠른 레이아웃 → **레이아웃 3**을 선택한다.
2. [차트 디자인] → 차트 스타일 → **스타일 6**을 선택한다.

③ [A1] 셀과 연결하여 차트 제목 표시

1. 차트에 삽입된 '차트 제목'을 선택한 후 수식 입력줄을 클릭하여 =을 입력한 다음 [A1] 셀을 클릭하고 Enter 를 누른다.

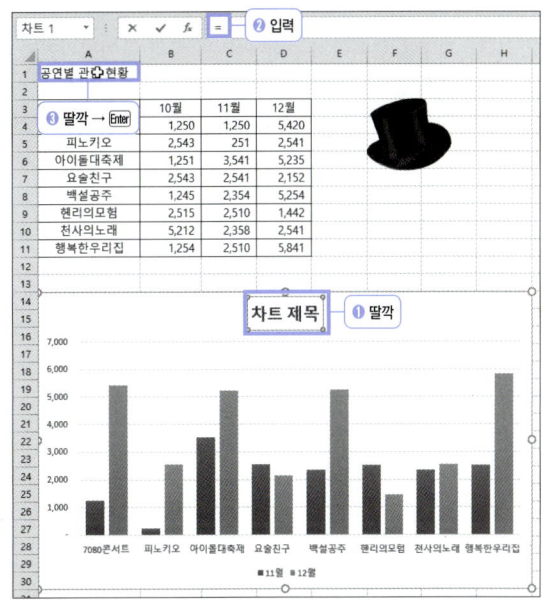

2. 차트 제목이 선택된 상태에서 [홈] → 글꼴 그룹에서 글꼴 색을 '흰색, 배경 1', 채우기 색을 '표준 색 – 파랑'으로 지정한다.

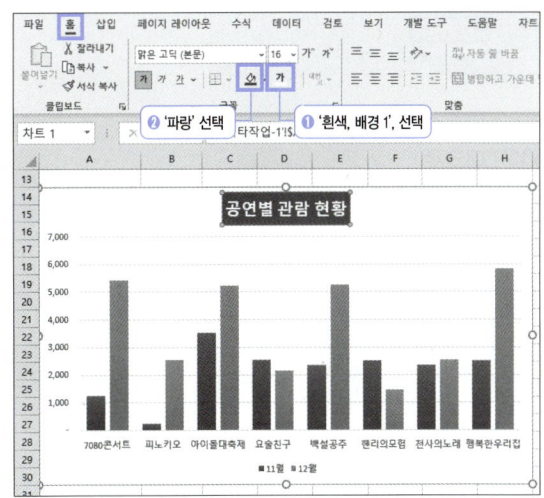

❹ 데이터 계열을 클립아트로 표시하기

1. 워크시트에 삽입된 클립아트를 선택한 후 Ctrl+C를 눌러 복사한다.
2. '11월' 계열을 선택한 후 Ctrl+V를 눌러 붙여넣기한다.
3. '11월' 계열을 더블클릭한 후 '데이터 계열 서식' 창의 [계열 옵션] → (채우기 및 선) → **채우기**에서 그림과 같이 지정하고 '닫기(X)' 단추를 클릭한다.

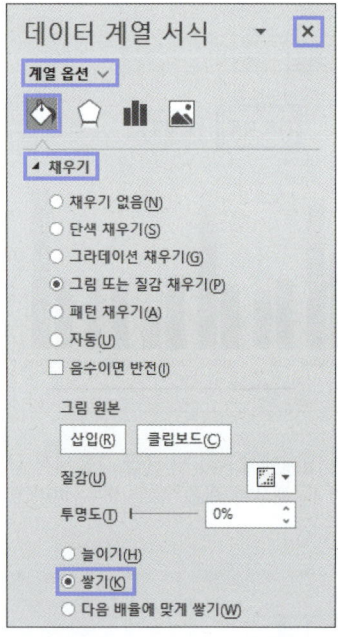

02. 매크로

정답

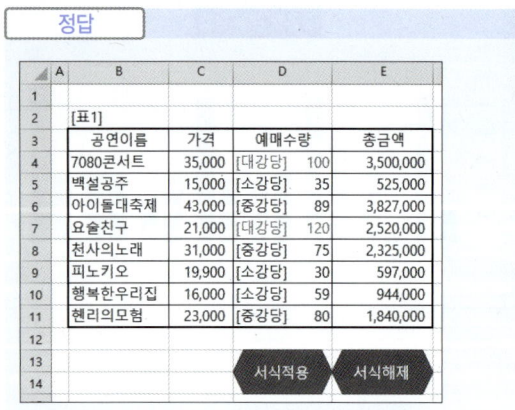

❶ '서식적용' 매크로

1. [삽입] → 일러스트레이션 → 도형 → 기본 도형 → ◯(육각형)을 선택한 후 [D13:D14] 영역에 맞게 드래그한다.
2. 도형의 바로 가기 메뉴에서 [**매크로 지정**]을 선택한다.
3. '매크로 지정' 대화상자의 매크로 이름에 **서식적용**을 입력하고 〈기록〉을 클릭한다.
4. '매크로 기록' 대화상자에서 〈확인〉을 클릭한다.
5. 서식을 적용할 [D4:D11] 영역을 블록으로 지정한 후 Ctrl+1을 누른다.
6. '셀 서식' 대화상자에서 그림과 같이 지정한 후 〈확인〉을 클릭한다.

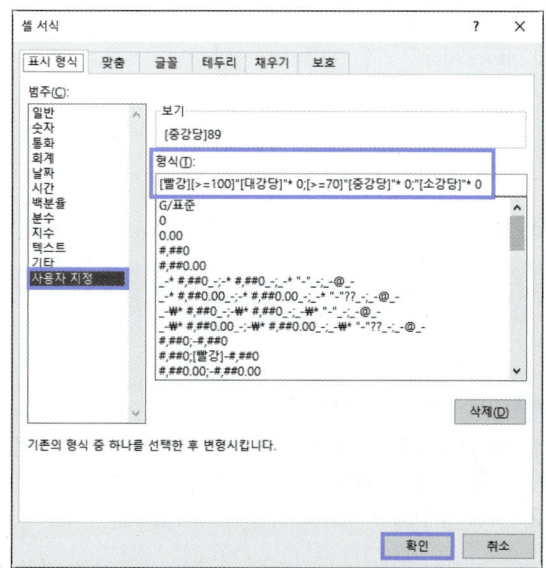

※ 서식 코드 중 * 기호는 * 기호 다음에 있는 특정 문자를 셀의 너비만큼 반복하여 채웁니다. * 다음에 빈칸을 삽입하였으므로 빈칸을 셀의 너비만큼 반복하여 채웁니다.

7. 임의의 셀을 클릭한 후 '기록 중지(☐)' 아이콘을 클릭한다.
8. '도형'의 바로 가기 메뉴에서 [**텍스트 편집**]을 선택한 후 **서식적용**을 입력한다.

❷ '서식해제' 매크로

1. [삽입] → 일러스트레이션 → 도형 → 기본 도형 → ◯(육각형)을 선택한 후 [E13:E14] 영역에 맞게 드래그한다.
2. 도형의 바로 가기 메뉴에서 [**매크로 지정**]을 선택한다.

3. '매크로 지정' 대화상자의 매크로 이름에 **서식해제**를 입력하고 〈기록〉을 클릭한다.
4. '매크로 기록' 대화상자에서 〈확인〉을 클릭한다.
5. 서식을 적용할 [D4:D11] 영역을 블록으로 지정한 후 Ctrl + 1 을 누른다.
6. '셀 서식' 대화상자에서 그림과 같이 지정한 후 〈확인〉을 클릭한다.

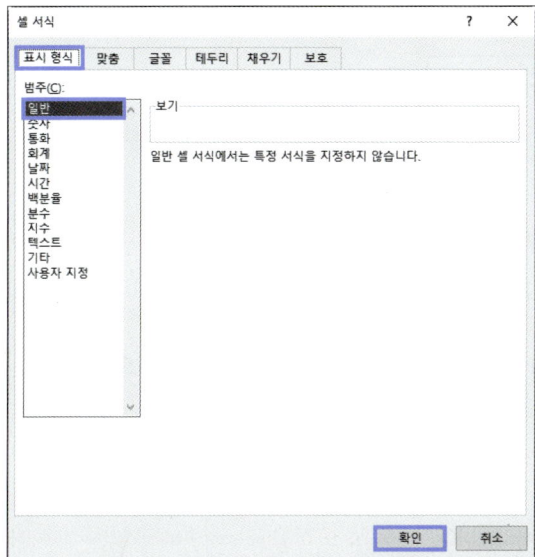

7. 임의의 셀을 클릭한 후 '기록 중지(□)' 아이콘을 클릭한다.
8. '도형'의 바로 가기 메뉴에서 [**텍스트 편집**]을 선택한 후 **서식해제**를 입력한다.

03. VBA

❶ '공연예매' 단추 클릭과 폼 초기화 프로시저

• '공연예매' 단추 클릭 프로시저

```
Private Sub cmd공연예매_Click( )
    공연예매관리.Show
End Sub
```

• 폼 초기화 프로시저

```
Private Sub UserForm_Initialize( )
    cmb공연명.RowSource = "K5:K12"
End Sub
```

❷ '예매' 단추 클릭 프로시저

```
Private Sub cmd예매_Click( )
❶   참조행 = cmb공연명.ListIndex + 5
❷   입력행 = [C4].Row + [C4].CurrentRegion.Rows.Count
❸   Cells(입력행, 3) = Date
    Cells(입력행, 4) = txt공연장.Value
    Cells(입력행, 5) = cmb공연명.Value
    Cells(입력행, 6) = txt좌석수.Value
    Cells(입력행, 7) = Cells(참조행, 12)
    Cells(입력행, 8) = Cells(참조행, 13)
    Cells(입력행, 9) = Format(Cells(입력행, 6) * Cells(입력행, 8), "#,###원")
    txt공연장.SetFocus
End Sub
```

❶ • 'cmb공연.ListIndex'는 콤보 상자에서 선택한 공연의 상대위치를 반환합니다. 콤보 상자에서 상대적인 위치는 0에서 시작하므로 '피노키오'를 선택하면 'cmb공연.ListIndex'는 1을 반환합니다.
  • 워크시트에서 '피노키오'에 대한 정보는 6행에 입력되어 있으므로 '피노키오'가 있는 행을 지정하기 위해 'cmb공연.ListIndex'에 반환한 값 1에 5를 더한 것입니다.
  • 결론적으로 5를 더한 이유는 실제 데이터의 위치가 워크시트의 5행부터 시작하기 때문입니다.
❷ '입력행' 변수에 [C4] 셀의 행 번호인 4와 [C4] 셀과 연결된 범위에 있는 데이터의 행수를 더하여 치환합니다.
❸ 현재 시스템의 날짜를 입력행 3열에 입력합니다. 나머지도 동일한 방법으로 수행합니다.

❸ '종료' 단추 클릭 프로시저

```
Private Sub cmd종료_Click( )
    MsgBox "전체 예매 건수는 " & [C4].CurrentRegion.Rows.Count - 1 & "건입니다."
    Unload Me
End Sub
```

'[C4].CurrentRegion.Rows.Count'를 통해 [C4] 셀과 연결된 범위에 있는 데이터의 행수(3)를 구한 후 각 열의 필드명이 있는 한 행을 빼서(-1) 전체 데이터의 개수를 구합니다(2).

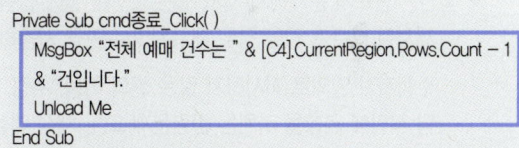

기·출·유·형

05회 2026년 컴퓨터활용능력 1급 실기

프로그램명	제한시간	수험번호 :
EXCEL 2021	45분	성　명 :

1급

〈 유 의 사 항 〉

- 인적 사항 누락 및 잘못 작성으로 인한 불이익은 수험자 책임으로 합니다.
- 화면에 암호 입력창이 나타나면 아래의 암호를 입력하여야 합니다.
  ○ 암호 : 5!3917
- 작성된 답안은 주어진 경로 및 파일명을 변경하지 마시고 그대로 저장해야 합니다. 이를 준수하지 않으면 실격 처리됩니다.
  답안 파일명의 예 : C:\OA\수험번호8자리.xlsm
- **외부 데이터 위치 : C:\OA\파일명**
- 별도의 지시사항이 없는 경우, 다음과 같이 처리 시 실격 처리됩니다.
  ○ 제시된 시트 및 개체의 순서나 이름을 임의로 변경한 경우
  ○ 제시된 시트 및 개체를 임의로 추가 또는 삭제한 경우
  ○ 외부 데이터를 시험 시작 전에 열어본 경우
- 답안은 반드시 문제에서 지시 또는 요구한 셀에 입력하여야 하며 다음과 같이 처리 시 채점 대상에서 제외됩니다.
  ○ 제시된 함수가 있을 경우 제시된 함수만을 사용하여야 하며 그 외 함수 사용 시 채점대상에서 제외
  ○ 수험자가 임의로 지시하지 않은 셀의 이동, 수정, 삭제, 변경 등으로 인해 셀의 위치 및 내용이 변경된 경우 해당 작업에 영향을 미치는 관련문제 모두 채점 대상에서 제외
  ○ 도형 및 차트의 개체가 중첩되어 있거나 동일한 계산결과 시트가 복수로 존재할 경우 해당 개체나 시트는 채점 대상에서 제외
- 수식 작성 시 제시된 문제 파일의 데이터는 변경 가능한(가변적) 데이터임을 감안하여 문제 풀이를 하시오.
- 별도의 지시사항이 없는 경우, 주어진 각 시트 및 개체의 설정값 또는 기본 설정값(Default)으로 처리하시오.
- 저장 시간은 별도로 주어지지 않으므로 제한된 시간 내에 저장을 완료해야 하며, 제한 시간 내에 저장이 되지 않은 경우에는 실격 처리됩니다.
- 출제된 문제의 용어는 MS Office LTSC Professional Plus 2021 기준으로 작성되어 있습니다.

대한상공회의소

문제 1

기본작업(15점) 주어진 시트에서 다음 과정을 수행하고 저장하시오.

1. '기본작업-1' 시트에서 다음과 같이 고급 필터를 수행하시오. (5점)

- [A1:J24] 영역에서 '넷째주'가 '셋째주'보다 큰 행만을 표시하시오.
- 조건은 [A26:C29] 영역에 입력하시오.
- 결과는 [A30] 셀부터 표시하시오.

2. '기본작업-1' 시트에서 다음과 같이 조건부 서식을 설정하시오. (5점)

- [A1:J24] 영역에서 해당 열 번호가 홀수이면서 [A1:J1] 영역의 끝나는 글자가 "주"인 열 전체에 대하여 채우기 색을 '표준 색 – 주황'으로 적용하시오.
- 단, 규칙 유형은 '수식을 사용하여 서식을 지정할 셀 결정'을 사용하고, 한 개의 규칙으로만 작성하시오.
- AND, COLUMN, ISODD, RIGHT 함수 사용

3. '기본작업-2' 시트에서 다음과 같이 페이지 레이아웃을 설정하시오. (5점)

- 인쇄 용지가 가로로 인쇄되도록 용지 방향을 설정하고, 인쇄될 내용이 페이지의 정 가운데에 인쇄되도록 페이지 가운데 맞춤을 설정하시오.
- 1행이 매 페이지마다 반복하여 인쇄되도록 인쇄 제목을 설정하고, 행/열 머리글이 인쇄되도록 설정하시오.
- 매 페이지 상단의 오른쪽 구역에는 회사 로고가 표시되도록 머리글을 설정하시오.
  – 파일명 : 길벗로고.JPG
- 첫 번째 페이지에는 [A1:J12], 두 번째 페이지에는 [A13:J24] 영역이 표시되도록 페이지 나누기를 실행하시오.

문제 2

계산작업(30점) '계산작업' 시트에서 다음 과정을 수행하고 저장하시오.

1. [표1]의 직위, 첫째주, 둘째주, 셋째주, 넷째주와 [표3]을 이용하여 [K3:K29] 영역에 총점을 계산하여 표시하시오. (6점)

- 총점은 직위와 점수에 해당하는 가중치를 적용하여 계산
- 가중치는 [표3]의 [G33:J36] 영역을 참조하여 계산
- SUMPRODUCT, MATCH, OFFSET 함수 사용

2. [표1]의 부서, 직위, 첫째주, 둘째주, 셋째주, 넷째주를 이용하여 [표2]의 [C33:C36] 영역에 직위가 "사원"이거나 "대리"인 사람들의 부서별 첫째주, 둘째주, 셋째주, 넷째주의 전체 평균을 계산하여 표시하시오. (6점)

- 평균은 반올림하여 소수 첫째 자리까지 표시하시오(예 : 82.6666 → 82.7).
- IF, AVERAGE, ROUND 함수를 이용한 배열 수식

3. [표1]의 첫째주와 둘째주를 이용하여 첫째주와 둘째주의 상위 1~3위의 평균을 [표4]의 [L33:M33] 영역에 표시하시오. (6점)
   ▶ 상위 1~3위의 평균은 소수점 이하 첫째 자리에서 반올림하여 정수로 표시하시오.
   ▶ ROUND, AVERAGE, LARGE 함수와 배열 상수를 이용한 배열 수식

4. 평가를 계산하는 사용자 정의 함수 'Fn평가'를 작성하여 계산을 수행하시오. (6점)
   ▶ 'Fn평가'는 첫째주, 둘째주, 셋째주, 넷째주를 인수로 받아 평가를 계산하는 함수이다.
   ▶ 평가는 첫째주, 둘째주, 셋째주, 넷째주의 평균을 구한 후 그 평균이 90 이상이면 "우수", 70 이하면 "저조", 그 이외에는 공백을 표시하시오(Select문 사용).
   ▶ 'Fn평가' 함수를 이용하여 [L3:L29] 영역에 계산하시오.

   ```
   Public Function Fn평가(첫째주, 둘째주, 셋째주, 넷째주)

   End Function
   ```

5. [표1]의 셋째주와 넷째주를 이용하여 [M3:M29] 영역에 셋째주와 넷째주의 차이만큼 그래프를 표시하시오. (6점)
   ▶ '(넷째주-셋째주)/10'의 값만큼 "▶" 또는 "◁" 표시
   ▶ 표시 예 : '(넷째주-셋째주)/10'의 값이 3일 때 "▶▶▶", -3일 때 "◁◁◁"
   ▶ IFERROR, ABS, REPT 함수 사용

문제 3 분석작업(20점) 주어진 시트에서 다음 과정을 수행하고 저장하시오.

1. '분석작업-1' 시트에서 다음의 지시사항에 따라 피벗 테이블 보고서를 작성하시오. (10점)
   ▶ 외부 데이터 원본으로 〈모의주식투자.accdb〉에서 〈9월대회성적〉 테이블을 이용하시오.
   ▶ 피벗 테이블 보고서의 레이아웃과 위치는 〈그림〉을 참조하여 설정하고, 보고서 레이아웃은 개요 형식으로 설정하시오.
   ▶ '첫째주', '둘째주', '셋째주', '넷째주' 필드의 평균을 계산하는 '전체평균' 계산 필드를 추가하시오.
   ▶ '신청일' 필드를 〈그림〉과 같이 그룹을 지정한 후 그룹 하단에 부분합을 표시하시오.
   ▶ 값 영역의 표시 형식은 '값 필드 설정'의 셀 서식에서 '사용자 지정' 범주를 이용하여 지정하시오.

	A	B	C	D	E	F	G	H
1								
2					직위 ▼			
3		합계 : 전체평균						
4		신청일 ▼	부서명 ▼	과장	대리	사원	차장	총합계
5		⊟ 2020-03-01 - 2020-03-20						
6			물류부	0점	152점	86점	0점	238점
7			생산관리부	0점	76점	159점	72점	307점
8			인사재무부	162점	177점	0점	175점	514점
9			전산정보부	222점	0점	138점	0점	360점
10		2020-03-01 - 2020-03-20 요약		384점	405점	383점	247점	1418점
11		⊟ 2020-03-21 - 2020-04-09						
12			물류부	0점	249점	79점	81점	409점
13			생산관리부	0점	0점	0점	87점	87점
14			인사재무부	85점	0점	0점	0점	85점
15			전산정보부	0점	77점	0점	0점	77점
16		2020-03-21 - 2020-04-09 요약		85점	326점	79점	167점	657점
17		⊟ 2020-04-30 - 2020-05-19						
18			생산관리부	80점	78점	73점	0점	232점
19			인사재무부	0점	160점	0점	171점	330점
20			전산정보부	72점	49점	0점	0점	121점
21		2020-04-30 - 2020-05-19 요약		152점	287점	73점	171점	683점
22		⊟ 2020-07-19 - 2020-08-07						
23			물류부	0점	0점	158점	0점	158점
24			생산관리부	74점	236점	0점	71점	381점
25			인사재무부	94점	85점	265점	84점	528점
26			전산정보부	0점	0점	79점	75점	153점
27		2020-07-19 - 2020-08-07 요약		168점	321점	502점	229점	1219점
28		총합계		788점	1339점	1037점	813점	3977점

※ 작업이 완성된 그림이며 부분 점수는 없음

2. '분석작업-2' 시트에 대하여 다음의 지시사항을 처리하시오. (10점)
   ▶ [조건부 서식]의 '상위/하위 규칙'을 이용하여 [F5:F26] 영역에서 평균 미만인 값에 대해 글꼴 스타일은 '굵은 기울임꼴', 글꼴 색은 '표준 색 – 파랑'이 적용되도록 설정하시오.
   ▶ [데이터 통합] 기능을 이용하여 [표1]에서 '성명'의 성이 "김"씨와 "이"씨인 사람들의 '총점'의 평균을 [표2]의 [H5:I6] 영역에 구하시오.

문제 4   기타작업(35점) 주어진 시트에서 다음 과정을 수행하고 저장하시오.

1. '기타작업-1' 시트에서 다음의 지시사항에 따라 차트를 수정하시오. (각 2점)
   ※ 차트는 반드시 문제에서 제공한 차트를 사용하여야 하며, 신규로 차트 작성시 0점 처리됨
   ① 차트 제목을 〈그림〉과 같이 입력한 후 차트의 색상형을 '다양한 색상표 3'으로 하시오.
   ② 데이터 계열 위치를 '열'로 변경한 후 계열 순서를 〈그림〉과 같이 변경하시오.
   ③ 차트 종류를 '3차원 묶은 세로 막대형'으로 변경한 후 3차원 회전의 X와 Y를 0°, 직각으로 축 고정을 지정하시오.
   ④ 가로(항목) 축과 레이블 사이의 간격을 300으로 지정하시오.
   ⑤ '첫째주'의 간격 너비를 70%, 세로 막대 모양을 '원통형'으로 지정하시오.

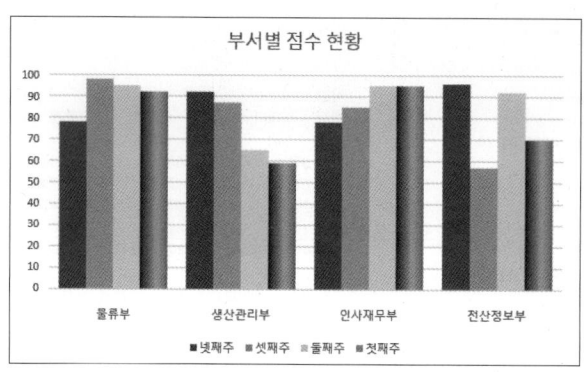

2. '기타작업-2' 시트에서 다음과 같은 기능을 수행하는 매크로를 현재 통합문서에 작성하시오. (각 5점)

① [F5:F26] 영역에 사용자 지정 표시 형식을 설정하는 '점수공개' 매크로를 생성하시오.
- ▶ 셀의 값 뒤에 "점"을 표시하시오.
  [표시 예 : 350일 경우 → 350점, 0일 경우 → 0점]
- ▶ [개발 도구] → [삽입] → [양식 컨트롤]의 '단추'를 동일 시트의 [E2:E3] 영역에 생성한 후 텍스트를 "점수공개"로 입력하고, 단추를 클릭하면 '점수공개' 매크로가 실행되도록 설정하시오.

② [F5:F26] 영역에 사용자 지정 표시 형식을 설정하는 '점수비공개' 매크로를 생성하시오.
- ▶ 셀의 값이 400이면 "만점", 390 이상이면 "우수", 그 외는 "***"로 표시하시오.
- ▶ [개발 도구] → [삽입] → [양식 컨트롤]의 '단추'를 동일 시트의 [F2:F3] 영역에 생성한 후 텍스트를 "점수비공개"로 입력하고, 단추를 클릭하면 '점수비공개' 매크로가 실행되도록 설정하시오.

※ 셀 포인터의 위치에 관계없이 매크로가 실행되어야 정답으로 인정됨

3. '기타작업-3' 시트에서 다음과 같은 작업을 수행하도록 프로시저를 작성하시오. (각 5점)

① '사원조회' 단추를 클릭하면 〈사원정보〉 폼이 나타나도록 프로시저를 작성하시오.

② 〈사원정보〉 폼의 '사원번호'(txt사원번호)에 조회할 사원번호를 입력하고 '조회'(cmd조회) 단추를 클릭하면 워크시트의 [표1]에서 해당 데이터를 찾아 각각의 컨트롤에 표시되도록 프로시저를 작성하시오.
- ▶ 해당 고객의 정보가 없는 경우에는 〈그림〉과 같은 메시지 박스가 표시되도록 프로시저를 작성하시오.

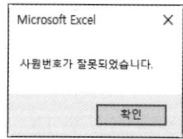

▶ For Each ~ Next문을 이용하여 작성하시오.
▶ Format 함수를 사용하여 사원번호는 항상 대문자로 표시되도록 설정하시오.

③ 워크시트의 데이터가 변경되면(Change) 해당 셀로 셀 포인터가 이동되고 글꼴이 '굴림'으로, 글꼴 크기가 13으로 설정되도록 이벤트 프로시저를 작성하시오.

05회 컴퓨터활용능력 1급 실기(엑셀) 정답 및 해설

문제 1 기본작업

01. 고급 필터

정답

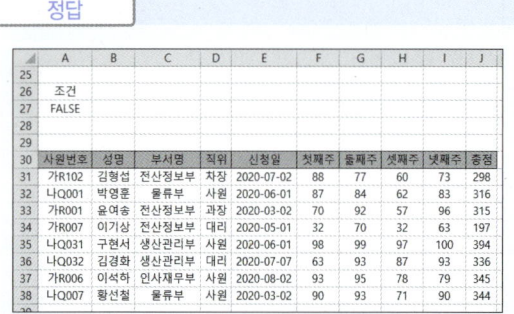

1. [A26] 셀에 조건, [A27] 셀에 =I2>H2를 입력한다.
2. '고급 필터' 대화상자

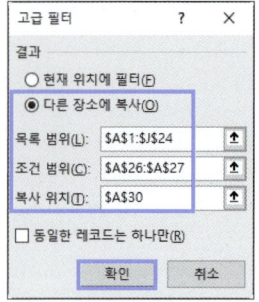

02. 조건부 서식

정답

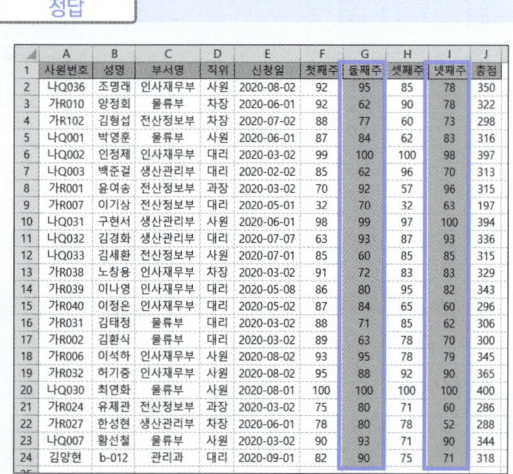

'새 서식 규칙' 대화상자

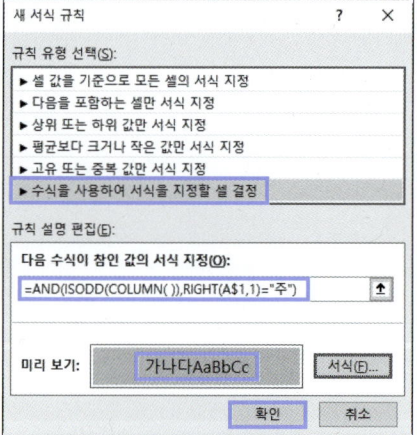

수식 입력 시 셀 주소의 행 번호 앞에 $를 붙인 이유는 조건에 맞는 데이터가 있는 전체 열에 서식을 적용하기 위함입니다.

03. 페이지 레이아웃

정답

1페이지

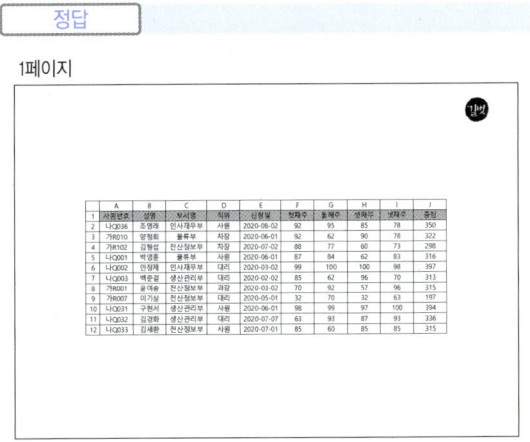

2페이지

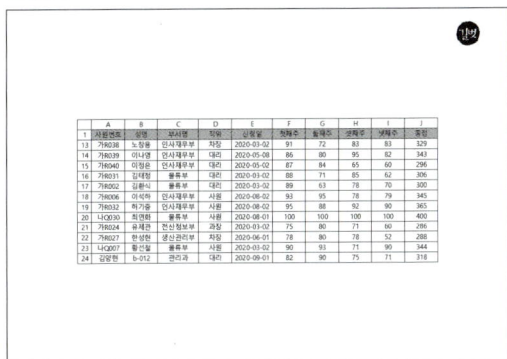

1. '머리글' 대화상자
❶ '머리글' 대화상자에서 오른쪽 구역을 마우스로 클릭한 후 '그림 삽입(🖼)' 아이콘을 클릭한다.

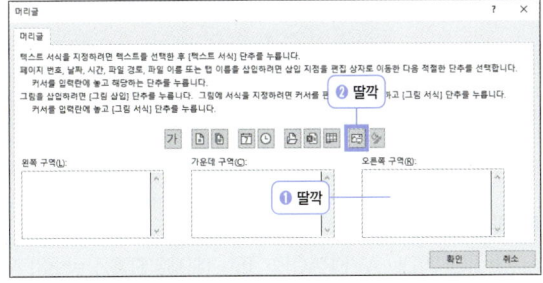

❷ '그림 삽입' 대화상자에서 '파일에서'를 클릭한 후 '길벗로고.JPG' 그림을 선택하고 〈삽입〉을 클릭한다. 이어서 '머리글' 대화상자에서 〈확인〉을 클릭한다.

2. '페이지 설정' 대화상자의 '시트' 탭

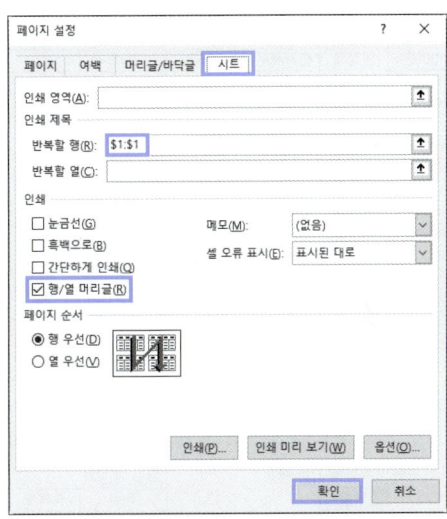

3. 페이지 나누기 실행
[A13] 셀을 클릭한 후 [페이지 레이아웃] → 페이지 설정 → 나누기 → **페이지 나누기 삽입**을 선택한다.

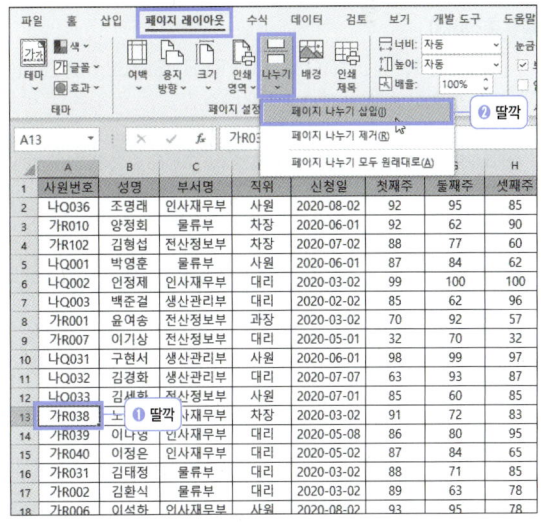

문제 2 계산작업

정답

	A	B	C	D	E	F	G	H	I	J	K	L	M
1	[표1]												
2		사번	이름	부서	직위	신청일	첫째주	둘째주	셋째주	넷째주	총점	평가	그래프
3		가R001	윤여송	전산정보부	과장	2020-03-02	70	92	57	96	78.75		▶▶▶
4		가R007	이기상	전산정보부	대리	2020-05-01	32	70	95	63	67.8	저조	◁◁◁
5		나Q031	구현서	생산관리부	사원	2020-06-01	61	97	75	92	81.7		▶
6		나Q032	김경화	생산관리부	대리	2020-07-07	63	93	87	93	85.2		
7		나Q033	김세환	전산정보부	사원	2020-07-01	85	60	85	85	80		
8		나Q036	조명래	인사재무부	사원	2020-08-02	92	95	85	78	86.3		
9		가R010	양정희	물류부	차장	2020-06-01	92	95	98	78	90.75	우수	◁◁
10		가R102	김형섭	전산정보부	차장	2020-07-02	88	77	60	73	74.5		▶
11		나Q001	박영훈	물류부	사원	2020-06-01	87	84	62	83	77.7		▶▶
12		나Q002	인정제	인사재무부	대리	2020-03-02	92	83	86	95	89.3		
13		나Q003	백준걸	생산관리부	대리	2020-02-02	85	62	96	70	79.2		◁◁
14		나Q030	최연화	물류부	사원	2020-08-01	85	91	78	62	77.2		
15		가R024	유제관	전산정보부	과장	2020-03-02	75	80	71	60	71.5		◁
16		가R027	한성현	생산관리부	차장	2020-06-01	78	80	78	99	83.75		▶▶
17		나Q007	황선철	물류부	사원	2020-03-02	90	93	89	90	90.3	우수	
18		나Q008	방극산	인사재무부	차장	2020-08-01	90	90	82	72	83.5		◁
19		가R038	노창용	인사재무부	차장	2020-03-02	91	72	83	83	82.25		
20		가R039	이나영	인사재무부	대리	2020-05-08	86	80	95	82	86.3		◁
21		가R040	이정은	인사재무부	대리	2020-03-02	87	84	95	60	80.7		◁◁◁
22		가R031	김태정	물류부	대리	2020-03-02	65	80	62	85	73.1		▶▶
23		가R002	김환식	물류부	대리	2020-03-02	89	63	78	95	82.3		▶
24		가R006	이석하	인사재무부	사원	2020-08-02	93	95	78	79	84.7		
25		가R032	허기중	인사재무부	사원	2020-08-02	95	88	85	100	92.1	우수	
26		가R033	이종란	인사재무부	대리	2020-03-02	93	78	89	93	88.8		
27		가R034	최영석	인사재무부	차장	2020-03-02	65	57	95	55	68	저조	◁◁◁
28		나Q037	정태은	인사재무부	차장	2020-05-01	96	65	79	93	83.25		▶
29		나Q038	전광일	인사재무부	차장	2020-05-01	99	62	93	95	87.25		
30													
31		[표2] 대리와 사원의 부서별 평균				[표3] 가중치					[표4] 상위 1~3위의 평균		
32		부서	평균			직위	첫째주	둘째주	셋째주	넷째주		첫째주	둘째주
33		물류부	80.6			차장	25%	25%	25%	25%		97	96
34		생산관리부	81.2			과장	25%	25%	25%	25%			
35		인사재무부	87.2			대리	20%	20%	30%	30%			
36		전산정보부	71.9			사원	20%	20%	30%	30%			

❶ 총점(K3)

=SUMPRODUCT(G3:J3,OFFSET($F$32,MATCH(E3,$F$33:$F$36,0),1,1,4))

=SUMPRODUCT(G3:J3,OFFSET($F$32,MATCH(E3,$F$33:$F$36,0),1,1,4))의 의미

❶ MATCH(E3,$F$33:$F$36,0) : [E3] 셀의 값을 [F33:F36] 영역에서 찾아 그 위치를 일련 번호로 반환합니다(2).
❷ OFFSET($F$32,2,1,1,4) : [F32] 셀을 기준으로 2행 1열 떨어진 셀 주소(G34)를 찾습니다. 이 주소를 기준으로 1행 4열의 범위(G34:J34)를 지정합니다.

❸ SUMPRODUCT(G3:J3,G34:J34)

: [G3:J3]과 [G34:J34]의 각 셀에 입력된 숫자를 같은 열에 있는 숫자끼리 곱한 다음 결과를 모두 더하는 것이므로 수식은 'G3×G34+H3×H34+I3×I34+J3×J34'와 같습니다.

[함수 설명]
OFFSET(범위, 행, 열, 높이, 너비) : 선택한 범위에서 지정한 행과 열만큼 떨어진 위치에 있는 영역의 데이터를 반환합니다.

❷ 평균(C33)

{=ROUND(AVERAGE(IF(($D$3:$D$29=B33) * (($E$3:$E$29="사원")+($E$3:$E$29="대리")),$G$3:$J$29)),1)}

=AVERAGE(IF((조건1) * (조건2), 평균을_구할_범위))

=ROUND(AVERAGE(IF(($D$3:$D$29=B33) * (($E$3:$E$29="사원")+($E$3:$E$29="대리")),$G$3:$J$29)),1)
　　　　　　　　　　　　　　　　　　　❶
　　　　　　　　　　　　　　　　　　　❷

❶ AVERAGE(IF(($D$3:$D$29=B33) * (($E$3:$E$29="사원")+
　　　　　　　　　　조건1　　　　　　　　조건2
($E$3:$E$29="대리")),$G$3:$J$29))
　　　　　　　　평균을_구할 범위
- 조건1 : 부서가 "물류부"
- 조건2 : 직위가 "사원"이거나 "대리"
- 평균을_구할_범위 : 첫째주, 둘째주, 셋째주, 넷째주
※ 조건이 AND 조건일 때는 "*", OR 조건일 때는 "+"로 각 조건을 연결합니다.

❷ ROUND(❶, 1) : ❶에서 구한 값을 반올림하여 소수점 첫째 자리까지 표시합니다.

❸ 상위 1~3위의 평균(L33)

{=ROUND(AVERAGE(LARGE(G3:G29,{1,2,3})), 0)}

❹ 평가(L3)

=Fn평가(G3,H3,I3,J3)

[사용자 정의 함수]
Visual Basic Editor의 모듈에 다음과 같이 코드를 입력한다.

```
Public Function Fn평가(첫째주, 둘째주, 셋째주, 넷째주)
    Select Case (첫째주 + 둘째주 + 셋째주 + 넷째주) / 4
        Case Is >= 90
            Fn평가 = "우수"
        Case Is <= 70
            Fn평가 = "저조"
        Case Else
            Fn평가 = ""
    End Select
End Function
```

❺ 그래프(M3)

=IFERROR(REPT("▶",(J3-I3)/10), REPT("◁",ABS((J3-I3)/10)))

=IFERROR(REPT("▶",(J3-I3)/10), REPT("◁",ABS((J3-I3)/10)))
　　　　　　　　　　❶　　　　　　　　　　　　　　　❷

❶ REPT("▶",(J3-I3)/10) : "▶"를 '(J3-I3)/10'의 값 만큼 반복하여 표시합니다. '(J3-I3)/10'의 값이 음수이면 #VALUE 오류가 나타납니다.
※ REPT(텍스트, 개수)에서 '개수'가 실수일 경우 소수점 이하의 값은 버리고 정수 값 만큼만 텍스트를 반복하여 표시합니다. 예를 들어 '(J3-I3)/10'의 값이 3.19인 경우 지정된 텍스트를 3번 반복하여 표시합니다.

❷ IFERROR(❶, REPT("◁",ABS((J3-I3)/10))) : ❶의 결과로 오류가 발생할 경우 'REPT("◁",ABS((J3-I3)/10))'을 수행하고, 그렇지 않으면 ❶의 결과를 반환합니다.

문제 3 분석작업

01. 피벗 테이블

1. [데이터] → 데이터 가져오기 및 변환 → 데이터 가져오기 → 기타 원본에서 → **Microsoft Query에서**를 선택한다.
2. '데이터 원본 선택' 대화상자에서 'MS Access Database*'를 선택하고, 〈확인〉을 클릭한다.
3. '데이터베이스 선택' 대화상자에서 '모의주식투자.accdb'를 선택하고, 〈확인〉을 클릭한다.
4. '쿼리 마법사 – 열 선택' 대화상자에서 그림과 같이 열을 선택하고, 〈다음〉을 클릭한다.

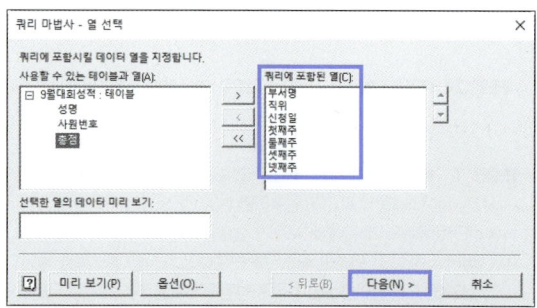

5. '쿼리 마법사 – 데이터 필터' 대화상자에서 〈다음〉을 클릭한다.
6. '쿼리 마법사 – 정렬 순서' 대화상자에서 〈다음〉을 클릭한다.
7. '쿼리 마법사 – 마침' 대화상자에서 〈마침〉을 클릭한다.
8. '데이터 가져오기' 대화상자에서 표시할 방법으로 '피벗 테이블 보고서'를, 작성 위치로 '기존 워크시트', [B3] 셀을 지정하고 〈확인〉을 클릭한다.
9. '피벗 테이블 필드' 창에서 각 필드를 그림과 같이 지정한다.

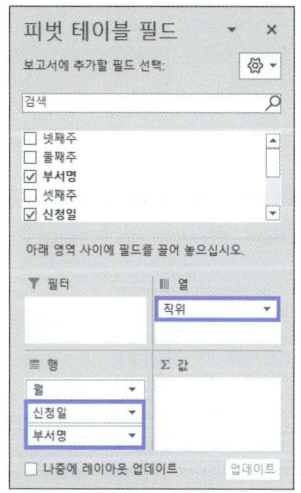

10. 작성된 피벗 테이블에서 임의의 셀을 클릭한 후 [디자인] → 레이아웃 → 보고서 레이아웃 → **개요 형식으로 표시**를 선택한다.
11. [피벗 테이블 분석] → 계산 → 필드, 항목 및 집합 → **계산 필드**를 선택한다.
12. '계산 필드 삽입' 대화상자에서 그림과 같이 지정하고 〈추가〉를 클릭한다. 이어서 〈확인〉을 클릭한다.

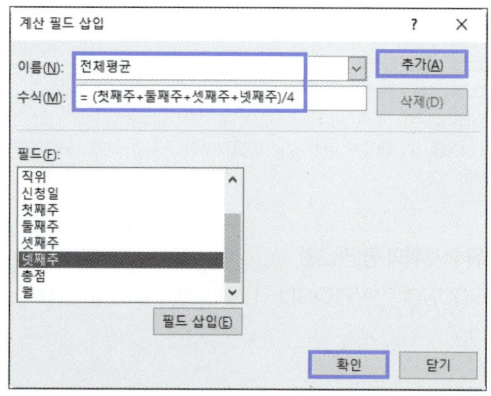

13. '신청일'이 표시되어 있는 임의의 셀을 클릭한 후 바로 가기 메뉴에서 [그룹]을 선택한다.
14. '그룹화' 대화상자에서 그림과 같이 지정하고 〈확인〉을 클릭한다.

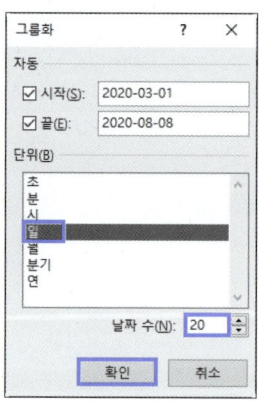

15. 작성된 피벗 테이블의 임의의 셀을 클릭한 후 [디자인] → 레이아웃 → 부분합 → **그룹 하단에 모든 부분합 표시**를 선택한다.
16. 작성된 피벗 테이블에서 값 영역의 임의의 셀을 클릭한 후 바로 가기 메뉴에서 [값 필드 설정]을 선택한다.
17. '값 필드 설정' 대화상자에서 〈표시 형식〉을 클릭한다.
18. '셀 서식' 대화상자에서 그림과 같이 지정한 후 〈확인〉을 클릭한다.

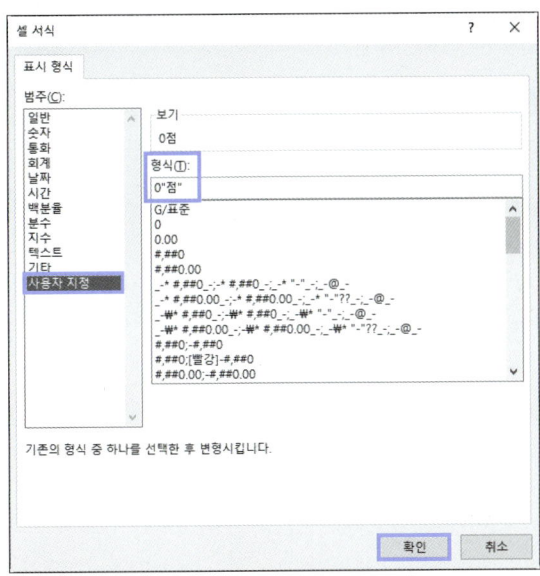

1. [F5:F26] 영역을 블록으로 지정한 후 [홈] → 스타일 → 조건부 서식 → 상위/하위 규칙 → **평균 미만**을 선택한다.
2. '평균 미만' 대화상자의 '적용할 서식'에서 '사용자 지정'을 선택한다.

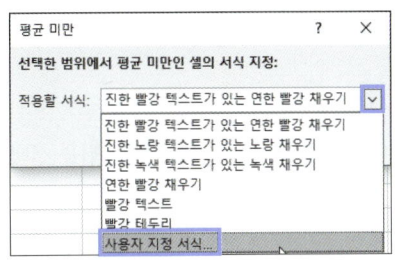

3. '셀 서식' 대화상자에서 글꼴 스타일은 '굵은 기울임꼴', 글꼴 색은 '표준 색 – 파랑'을 지정한 후 〈확인〉을 클릭한다.
4. '평균 미만' 대화상자에서도 〈확인〉을 클릭한다.
5. [H5] 셀에 **김***, [H6] 셀에 **이***를 입력한다.
6. [H4:I6] 영역을 블록으로 지정한 후 [데이터] → 데이터 도구 → **통합**을 클릭한다.
7. '통합' 대화상자에서 그림과 같이 지정하고, 〈확인〉을 클릭한다.

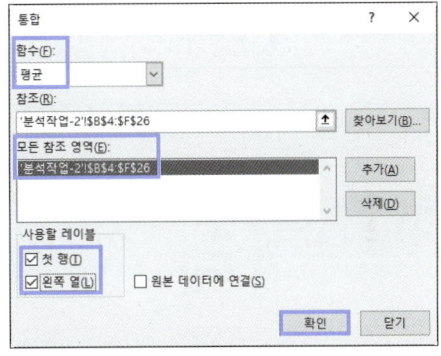

19. '값 필드 설정' 대화상자에서도 〈확인〉을 클릭한다.

02. 조건부 서식 / 통합

정답

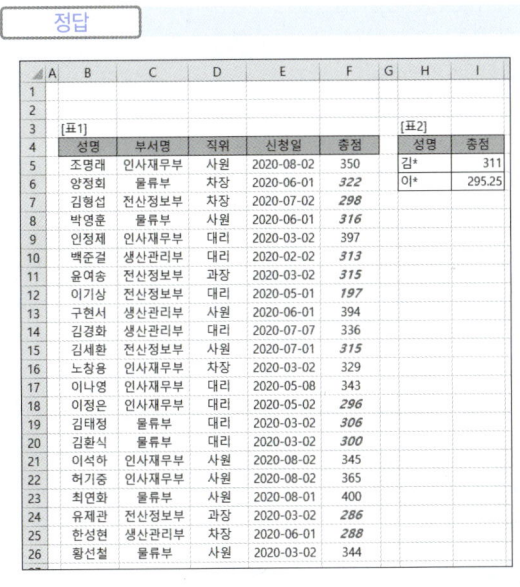

문제 4   기타작업   정답

01. 차트

❶ 색상형 변경

[차트 디자인] → 차트 스타일 → 색 변경 → **다양한 색상 표 3**을 선택한다.

❷ 데이터 계열 위치 및 계열 순서 변경

1. 차트 영역의 바로 가기 메뉴에서 [**데이터 선택**]을 선택한다.
2. '데이터 원본 선택' 대화상자에서 〈행/열 전환〉을 클릭한 후 '범례 항목(계열)'에서 '넷째주'를 선택한 다음 '위로 이동(△)'을 세 번 클릭한다.

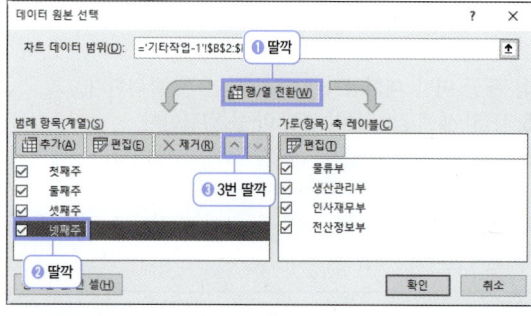

3. 같은 방법으로 나머지 계열의 순서도 그림과 같이 변경한다.

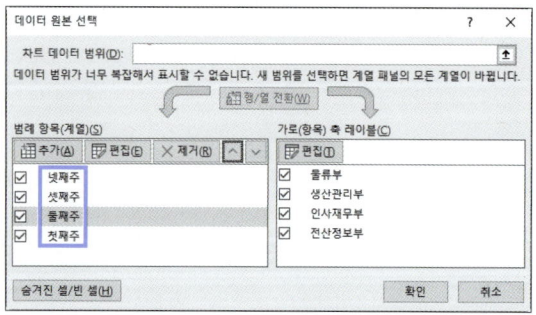

❸ 3차원 회전의 X와 Y 및 '직각으로 축 고정' 설정

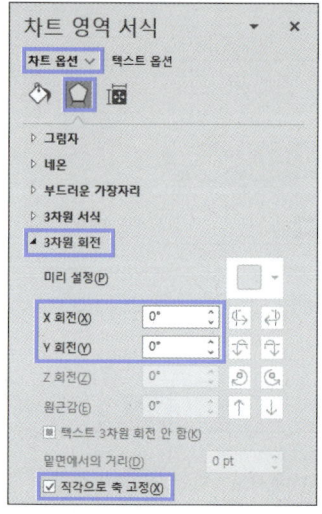

❹ 축과 레이블의 간격 설정

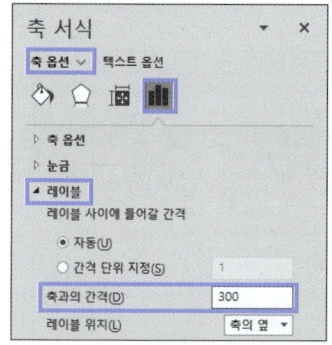

❺ 간격 너비 및 세로 막대 모양 설정

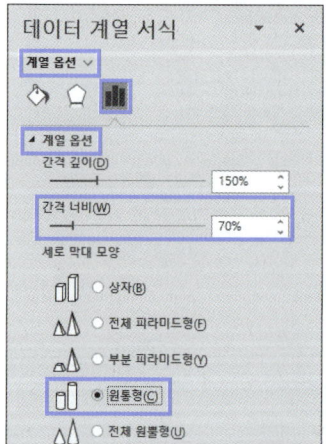

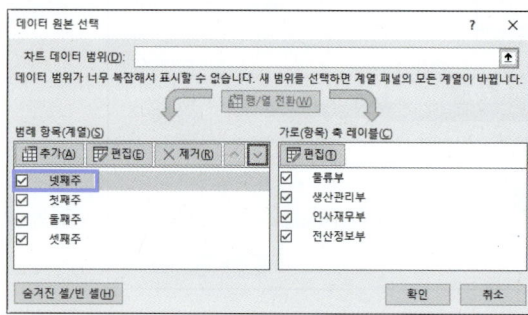

02. 매크로

① '점수공개' 매크로

> 정답

	A	B	C	D	E	F
1						
2					점수공개	
3		[표1]				
4		성명	부서명	직위	신청일	총점
5		조명래	인사재무부	사원	2020-08-02	350점
6		양정회	물류부	차장	2020-06-01	322점
7		김형섭	전산정보부	차장	2020-07-02	298점
8		박영훈	물류부	사원	2020-06-01	316점
9		인정제	인사재무부	대리	2020-03-02	397점
10		백준걸	생산관리부	대리	2020-02-02	313점
11		윤여송	전산정보부	과장	2020-03-02	315점
12		이기상	전산정보부	대리	2020-05-01	197점
13		구현서	생산관리부	사원	2020-06-01	394점
14		김경화	생산관리부	대리	2020-07-07	336점
15		김세환	전산정보부	사원	2020-07-01	315점
16		노창용	인사재무부	차장	2020-03-02	329점
17		이나영	인사재무부	대리	2020-05-08	343점
18		이정은	인사재무부	대리	2020-05-02	296점
19		김태정	물류부	대리	2020-03-02	306점
20		김환식	물류부	대리	2020-03-02	300점
21		이석하	인사재무부	사원	2020-08-02	345점
22		허기중	인사재무부	사원	2020-08-02	365점
23		최연화	물류부	사원	2020-08-01	400점
24		유제관	전산정보부	과장	2020-03-02	286점
25		한성현	생산관리부	차장	2020-06-01	288점
26		황선철	물류부	사원	2020-03-02	344점

1. [개발 도구] → 컨트롤 → 삽입 → 양식 컨트롤 → □(단추)를 선택한 후 [E2:E3] 영역에 맞게 드래그한다.
2. '매크로 지정' 대화상자의 매크로 이름에 **점수공개**를 입력하고 〈기록〉을 클릭한다.
3. '매크로 기록' 대화상자에서 〈확인〉을 클릭한다.
4. [F5:F26] 영역을 블록으로 지정한 후 바로 가기 메뉴에서 [**셀 서식**]을 선택한다.
5. '셀 서식' 대화상자에서 그림과 같이 지정한 후 〈확인〉을 클릭한다.

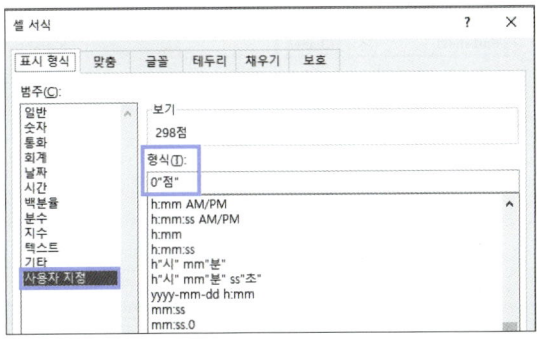

6. 임의의 셀을 클릭한 후 '기록 중지(□)' 아이콘을 클릭한다.
7. '단추'의 바로 가기 메뉴에서 [**텍스트 편집**]을 선택한 후 텍스트를 **점수공개**로 변경한다.

② '점수비공개' 매크로

> 정답

	A	B	C	D	E	F
1						
2					점수공개	점수비공개
3		[표1]				
4		성명	부서명	직위	신청일	총점
5		조명래	인사재무부	사원	2020-08-02	***
6		양정회	물류부	차장	2020-06-01	***
7		김형섭	전산정보부	차장	2020-07-02	***
8		박영훈	물류부	사원	2020-06-01	***
9		인정제	인사재무부	대리	2020-03-02	우수
10		백준걸	생산관리부	대리	2020-02-02	***
11		윤여송	전산정보부	과장	2020-03-02	***
12		이기상	전산정보부	대리	2020-05-01	***
13		구현서	생산관리부	사원	2020-06-01	우수
14		김경화	생산관리부	대리	2020-07-07	***
15		김세환	전산정보부	사원	2020-07-01	***
16		노창용	인사재무부	차장	2020-03-02	***
17		이나영	인사재무부	대리	2020-05-08	***
18		이정은	인사재무부	대리	2020-05-02	***
19		김태정	물류부	대리	2020-03-02	***
20		김환식	물류부	대리	2020-03-02	***
21		이석하	인사재무부	사원	2020-08-02	***
22		허기중	인사재무부	사원	2020-08-02	***
23		최연화	물류부	사원	2020-08-01	만점
24		유제관	전산정보부	과장	2020-03-02	***
25		한성현	생산관리부	차장	2020-06-01	***
26		황선철	물류부	사원	2020-03-02	***

1. [개발 도구] → 컨트롤 → 삽입 → 양식 컨트롤 → □(단추)를 선택한 후 [F2:F3] 영역에 맞게 드래그한다.
2. '매크로 지정' 대화상자의 매크로 이름에 **점수비공개**를 입력하고 〈기록〉을 클릭한다.
3. '매크로 기록' 대화상자에서 〈확인〉을 클릭한다.
4. [F5:F26] 영역을 블록으로 지정한 후 바로 가기 메뉴에서 [**셀 서식**]을 선택한다.
5. '셀 서식' 대화상자에서 그림과 같이 지정한 후 〈확인〉을 클릭한다.

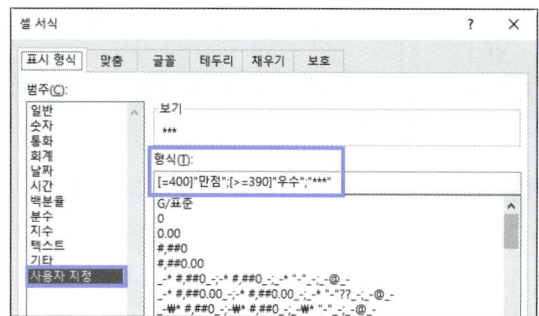

6. 임의의 셀을 클릭한 후 '기록 중지(□)' 아이콘을 클릭한다.
7. '단추'의 바로 가기 메뉴에서 [**텍스트 편집**]을 선택한 후 텍스트를 **점수비공개**로 변경한다.

03. VBA

① '사원조회' 단추 클릭 프로시저

```
Private Sub cmd사원조회_Click( )
    사원정보.Show
End Sub
```

② '조회' 단추 클릭 프로시저

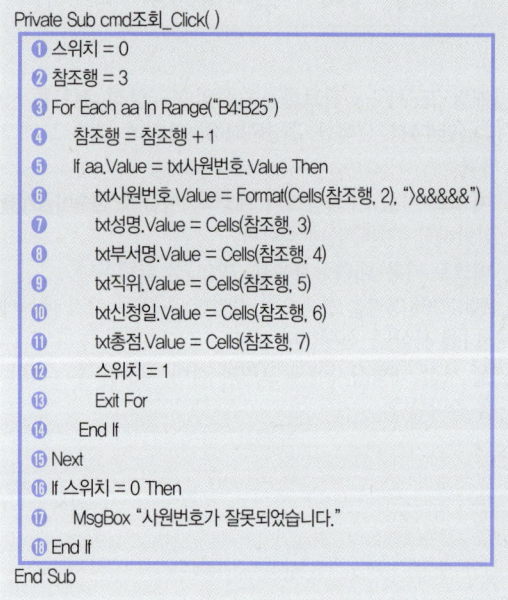

① '스위치' 변수를 0으로 초기화 합니다.
② '참조행' 변수를 3으로 초기화 합니다.
③ [B4:B25] 영역의 각 개체를 aa에 차례로 저장하면서 셀의 수만큼 ④~⑭번을 반복하여 실행합니다.
④ '참조행' 변수에 1을 누적합니다.
  – '참조행'은 txt사원번호 컨트롤에 입력한 사원이 시트의 몇 번째 행에 있는지를 구하기 위해 사용합니다. '참조행'이 4이면 4행에 있는 것입니다.
⑤ aa에 저장된 값(Value)이 txt사원번호 컨트롤에 입력된 값과 같으면 ⑥~⑬번을 실행하고, 그렇지 않으면 ⑭번으로 이동합니다.
⑥ 지정된 셀 위치의 데이터를 txt사원번호 컨트롤에 대문자로 변환하여 표시합니다.
⑦, ⑧, ⑨, ⑩, ⑪ 지정된 셀 위치의 데이터를 'txt성명', 'txt부서명', 'txt직위', 'txt신청일', 'txt총점'에 각각 표시합니다.
⑫ '스위치' 변수에 1을 치환합니다.
⑬ 찾고자 하는 값을 찾았으므로 For Each문을 빠져나가 ⑮번으로 이동합니다.
⑭ If문의 끝입니다.
⑮ For문의 끝입니다. [B4:B25] 영역을 모두 검사했으면 ⑯번으로 가고, 그렇지 않으면 ④~⑭번을 다시 수행합니다.
⑯ '스위치' 변수가 0이면 ⑰번을 실행하고, 그렇지 않으면 ⑱번을 실행합니다. ①번에서 '스위치' 변수에 넣은 0이 그대로라면 ⑰번을 실행하지 않은 것입니다. ⑫번은 txt사원번호 컨트롤에 입력한 사원번호가 [B4:B25] 영역에 있는 경우 실행하는 것으로, 이 코드를 실행하지 않았다면 찾고자 하는 사원번호가 없는 것입니다.
⑰ "사원번호가 잘못되었습니다."가 표시된 메시지 박스를 표시합니다.
⑱ If문의 끝입니다.

③ 워크시트의 Change 이벤트에 기능 구현하기

```
Private Sub Worksheet_Change(ByVal Target As Range)
    Target.Activate
    Target.Font.Name = "굴림"
    Target.Font.Size = 13
End Sub
```

'Worksheet_Change(ByVal Target As Range)' 프로시저는 개체 선택 콤보 상자에서 'Worksheet'를 선택한 후 프로시저 선택 콤보 상자에서 'Change' 프로시저를 선택하면 나타납니다.

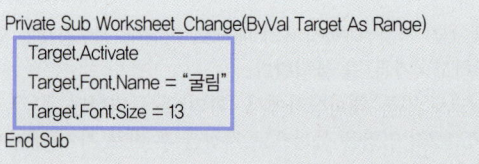

개체 선택 콤보상자   프로시저 선택 콤보상자

기·출·유·형 06회

2026년 컴퓨터활용능력 1급 실기

프로그램명	제한시간	수험번호 :
EXCEL 2021	45분	성　　명 :

1급

〈 유 의 사 항 〉

- 인적 사항 누락 및 잘못 작성으로 인한 불이익은 수험자 책임으로 합니다.

- 화면에 암호 입력창이 나타나면 아래의 암호를 입력하여야 합니다.
  ○ **암호 : 154^11**

- 작성된 답안은 주어진 경로 및 파일명을 변경하지 마시고 그대로 저장해야 합니다. 이를 준수하지 않으면 실격 처리됩니다.
  답안 파일명의 예 : C:\OA\수험번호8자리.xlsm

- **외부 데이터 위치 : C:\OA\파일명**

- 별도의 지시사항이 없는 경우, 다음과 같이 처리 시 실격 처리됩니다.
  ○ 제시된 시트 및 개체의 순서나 이름을 임의로 변경한 경우
  ○ 제시된 시트 및 개체를 임의로 추가 또는 삭제한 경우
  ○ 외부 데이터를 시험 시작 전에 열어본 경우

- 답안은 반드시 문제에서 지시 또는 요구한 셀에 입력하여야 하며 다음과 같이 처리 시 채점 대상에서 제외됩니다.
  ○ 제시된 함수가 있을 경우 제시된 함수만을 사용하여야 하며 그 외 함수 사용 시 채점대상에서 제외

  ○ 수험자가 임의로 지시하지 않은 셀의 이동, 수정, 삭제, 변경 등으로 인해 셀의 위치 및 내용이 변경된 경우 해당 작업에 영향을 미치는 관련문제 모두 채점 대상에서 제외

  ○ 도형 및 차트의 개체가 중첩되어 있거나 동일한 계산결과 시트가 복수로 존재할 경우 해당 개체나 시트는 채점 대상에서 제외

- 수식 작성 시 제시된 문제 파일의 데이터는 변경 가능한(가변적) 데이터임을 감안하여 문제 풀이를 하시오.

- 별도의 지시사항이 없는 경우, 주어진 각 시트 및 개체의 설정값 또는 기본 설정값(Default)으로 처리하시오.

- 저장 시간은 별도로 주어지지 않으므로 제한된 시간 내에 저장을 완료해야 하며, 제한 시간 내에 저장이 되지 않은 경우에는 실격 처리됩니다.

- 출제된 문제의 용어는 MS Office LTSC Professional Plus 2021 기준으로 작성되어 있습니다.

대한상공회의소

문제 1

기본작업(15점) 주어진 시트에서 다음 과정을 수행하고 저장하시오.

1. '기본작업-1' 시트에서 다음과 같이 고급 필터를 수행하시오. (5점)
   - ▶ [A2:F33] 영역에서 '제품코드'의 네 번째 글자가 5 이상이고 '등록일자'의 월이 3 또는 9인 행에 대하여 '제품코드', '제품명', '등록일자', '실적' 열을 순서대로 표시하시오.
   - ▶ 조건은 [A35:A36] 영역에 입력하시오. (AND, OR, MID, MONTH 함수 사용)
   - ▶ 결과는 [A38] 셀부터 표시하시오.

2. '기본작업-1' 시트에서 다음과 같이 조건부 서식을 설정하시오. (5점)
   - ▶ [A3:F33] 영역에서 '제품코드'의 오른쪽 세 글자가 160 이상이고, 제약회사가 "극동제약"이 아닌 전체 행에 대해 글꼴 스타일은 '굵게', 글꼴 색은 '표준색 - 빨강'으로 적용하시오.
   - ▶ 단, 규칙 유형은 '수식을 사용하여 서식을 지정할 셀 결정'을 사용하고, 한 개의 규칙으로만 작성하시오.
   - ▶ AND, RIGHT 함수 사용

3. '기본작업-2' 시트에서 다음과 같이 시트 보호와 통합 문서 보기를 설정하시오. (5점)
   - ▶ [D5:D19] 영역은 데이터를 수정할 수 있도록 셀 잠금을 해제한 후 나머지 잠긴 셀의 내용과 워크시트를 보호하시오.
   - ▶ 도형의 텍스트 잠금은 해제하시오.
   - ▶ 잠긴 셀의 선택과 잠기지 않은 셀의 선택은 허용하고, 시트 보호 해제 암호는 지정하지 마시오.
   - ▶ '기본작업-2' 시트를 페이지 나누기 미리 보기로 표시하고, [B1:D19] 영역만 1페이지로 인쇄되도록 페이지 나누기 구분선을 조정하시오.

문제 2

계산작업(30점) '계산작업' 시트에서 다음 과정을 수행하고 저장하시오.

1. [표1]의 제품명과 제약회사를 이용하여 [E3:E28] 영역에 제품명의 앞 두 글자와 제약회사의 앞 두 글자가 동일하면 제품명의 첫 번째 빈칸을 "★"로 표시하고, 그렇지 않으면 제품명을 그대로 표시하시오. (6점)
   - ▶ 제품명이 "건웅 로딘정 100mg"이고 제약회사가 "건웅제약"인 경우 표시(예 : 건웅★로딘정 100mg)
   - ▶ LEFT, IF, SUBSTITUTE 함수 사용

2. [표1]의 단가와 판매량을 이용하여 [H3:H28] 영역에 금액을 계산하여 표시하시오. (6점)
   - ▶ 금액은 '단가 × 판매량'으로 계산하되, 오류가 발생하면 빈칸으로 표시
   - ▶ 표시 예 : 178,000원
   - ▶ IFERROR, TEXT 함수 사용

3. 비고를 계산하는 사용자 정의 함수 'fn비고'를 작성하여 [I3:I28] 영역에 계산하여 표시하시오. (6점)

   ▶ 'fn비고'는 제품명을 인수로 받아 비고를 계산하는 함수이다.
   ▶ 비고는 제품명에서 "mg" 앞의 숫자가 100 이상이면 해당 숫자를 100으로 나눈 값만큼 "■"를 반복하여 표시하고, 그렇지 않으면 빈칸으로 표시하시오.
   ▶ 제품명이 "건웅 로딘정 100mg"인 경우 : ■
   ▶ 제품명이 "국제 구루메포민정 250mg"인 경우 : ■ ■
   ▶ IF문과 FOR문 이용

   ```
   Public Function fn비고(제품명)

   End Function
   ```

4. [표1]을 이용하여 [표2]의 [A32] 셀에 출시일자가 가장 빠른 제품의 제품명을 표시하시오. (6점)

   ▶ VLOOKUP, HLOOKUP, MAX, MIN 중 알맞은 함수를 선택하여 사용

5. [표1]의 출시일자, 제약회사, 단가, 판매량을 이용하여 [표3]의 [F32:H35] 영역에 제약회사와 출시년도별 단가가 50,000원 이상인 제품들의 판매량 평균을 계산하여 표시하시오. (6점)

   ▶ IF, AVERAGE, YEAR 함수를 이용한 배열 수식

문제 3 분석작업(20점) 주어진 시트에서 다음 과정을 수행하고 저장하시오.

1. '분석작업-1' 시트에서 다음의 지시사항에 따라 피벗 테이블 보고서를 작성하시오. (10점)

   ▶ 외부 데이터 원본으로 〈판매정보.txt〉의 데이터를 사용하시오.
      – 원본 데이터는 세미콜론(;)으로 분리되어 있으며, 첫 행에 머리글이 포함되어 있음
      – '제약회사', '단가', '등록일자', '실적' 열만 가져와 데이터 모델에 이 데이터를 추가하시오.
   ▶ 피벗 테이블 보고서의 레이아웃과 위치는 〈그림〉을 참조하여 설정하고, 보고서 레이아웃은 개요 형식으로 지정하시오.
   ▶ '등록일자' 필드를 연 단위로 그룹을 설정하고, '제약회사' 필드의 순서를 〈그림〉과 같이 변경하시오.
   ▶ 피벗 테이블 스타일은 '연한 파랑, 피벗 스타일 보통 6'으로 설정하고, 값 영역의 표시 형식은 '값 필드 설정'의 셀 서식을 이용하여 '숫자' 범주에서 지정하시오.
   ▶ 행의 총합계는 표시되지 않도록 설정하시오.

	A	B	C	D	E	F	G
1							
2		등록일자(연도)	값				
3		2018		2019		2020	
4	제약회사	평균: 실적	평균: 단가	평균: 실적	평균: 단가	평균: 실적	평균: 단가
5	보람제약					127.5	348.0
6	동광제약	187.3	145.0	185.3	133.8	191.5	137.0
7	대화제약	109.8	1207.5	84.0	265.3	106.3	3745.8
8	근화제약			134.0	334.0		
9	국제약품	153.6	3055.4	128.7	60.3	163.6	176.6
10	고려제약			151.0	709.0		
11	고려은단	167.5	256.7	126.0	50.8	184.4	255.8
12	경인제약	116.8	388.2	146.9	3078.9	205.2	680.4
13	건일제약			224.0	182.0		
14	건웅제약	163.2	570.4	154.1	526.0	128.6	349.2
15	총합계	150.2	999.1	145.9	875.1	155.0	757.8

2. '분석작업-2' 시트에 대하여 다음의 지시사항을 처리하시오. (10점)

▶ [데이터 유효성 검사] 기능을 이용하여 [F4:F8] 영역에는 [E4:E8] 영역의 값을 10으로 나눈 값만큼 "◆"가 반복되어 표시되도록 제한 대상을 설정하시오.
  – [F4:F8] 영역의 셀을 클릭한 경우 〈그림〉과 같은 설명 메시지를 표시하고, 유효하지 않은 데이터를 입력한 경우 〈그림〉과 같은 오류 메시지가 표시되도록 설정하시오.

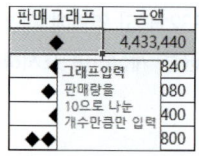

▶ 시나리오 기능을 이용하여 할인율(G2)이 다음과 같이 변동하는 경우 '아시클로버정' 금액(G4)의 변동 시나리오를 작성하시오.
  – 시나리오1 : 시나리오 이름은 '할인율 증가', 할인율이 15%로 증가
  – 시나리오2 : 시나리오 이름은 '할인율 감소', 할인율이 10%로 감소
  – 위 시나리오에 의한 '시나리오 요약' 보고서는 '분석작업-2' 시트 바로 왼쪽에 위치시키시오.

문제 4

기타작업(35점) 주어진 시트에서 다음 과정을 수행하고 저장하시오.

1. '기타작업-1' 시트에서 다음의 지시사항에 따라 차트를 수정하시오. (각 2점)

※ 차트는 반드시 문제에서 제공한 차트를 사용하여야 하며, 신규로 차트 작성시 0점 처리됨
① '달성률' 계열의 차트 종류를 '표식이 있는 꺾은선형'으로 변경하고 보조 축을 설정하시오.
② 보조 세로(값) 축의 값을 〈그림〉과 같이 표시되도록 설정하시오.
③ 그림 영역을 '분홍 박엽지' 질감으로 설정하시오.
④ 달성률이 가장 큰 '경남제약'의 달성률에 레이블을 표시하고, 차트에 가로 눈금선이 표시되지 않도록 설정하시오.

⑤ '판매실적' 계열은 채우기를 '약품.png'로 지정하고, '그림 또는 질감 채우기' – '다음 배율에 맞게 쌓기'의 '단위/사진'을 10으로 지정하시오.

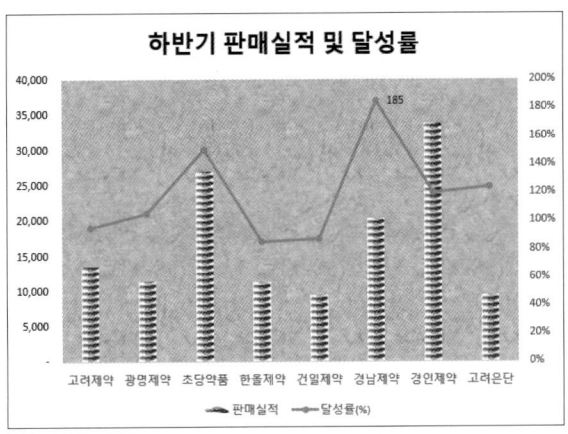

2. '기타작업-2' 시트에서 다음과 같은 기능을 수행하는 매크로를 현재 통합문서에 작성하시오. (각 5점)

① [D3:D10] 영역에 사용자 지정 표시 형식을 설정하는 '구분표시' 매크로를 생성하시오.
▶ 셀 값이 양수이면 "남성", 음수이면 "여성", 0이면 "공통", 텍스트이면 "반품"으로 표시
▶ [도형] → [기본 도형]의 '사각형: 빗면(□)'을 동일 시트의 [E12:E13] 영역에 생성한 후 텍스트를 "구분표시"로 입력하고, 도형을 클릭하면 '구분표시' 매크로가 실행되도록 설정하시오.

② [D3:D10] 영역에 표시 형식을 '일반'으로 적용하는 '서식해제' 매크로를 생성하시오.
▶ [도형] → [기본 도형]의 '사각형: 빗면(□)'을 동일 시트의 [F12:F13] 영역에 생성한 후 텍스트를 "서식해제"로 입력하고, 도형을 클릭하면 '서식해제' 매크로가 실행되도록 설정하시오.

3. '기타작업-3' 시트에서 다음과 같은 작업을 수행하도록 프로시저를 작성하시오. (각 5점)

① '주문하기' 단추를 클릭하면 〈약품주문〉 폼이 나타나고, 폼이 초기화되면 제품목록이 표시되는 '목록상자'(lst제품목록)에는 [I8:L22] 영역의 데이터가 표시되고, '주문날짜'(txt주문날짜)에는 현재 날짜가 표시되도록 프로시저를 작성하시오.

② 〈약품주문〉 폼의 '주문'(cmd주문) 단추를 클릭하면 폼에 입력된 데이터가 시트의 표에 입력되어 있는 마지막 행 다음에 연속하여 추가되도록 프로시저를 작성하시오.
▶ '목록 상자'(lst제품목록)에서 목록을 선택하고 '주문수량'(txt주문수량)을 입력했을 때만 폼의 데이터가 워크시트에 입력되도록 설정하시오.
▶ '목록 상자'(lst제품목록)에서 목록을 선택하지 않았거나, '주문수량'(txt주문수량)을 입력하지 않았거나 1 미만의 값을 입력했다면 〈그림〉과 같은 메시지 박스를 표시하시오.

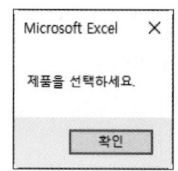 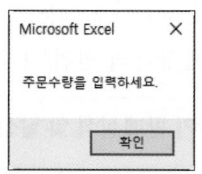

　　[제품을 선택하지 않은 경우]　　[주문수량을 입력하지 않았거나 1 미만의 값을 입력한 경우]

▶ '납입금액'은 '단가×주문수량'으로 계산하시오.
▶ 폼의 '주문'(cmd주문) 단추를 클릭하면 '목록 상자'(lst제품목록)는 아무것도 선택되지 않은 상태가 되도록 설정하시오.
▶ 입력되는 데이터는 워크시트에 입력된 기존 데이터와 같은 형식의 데이터로 입력하시오.

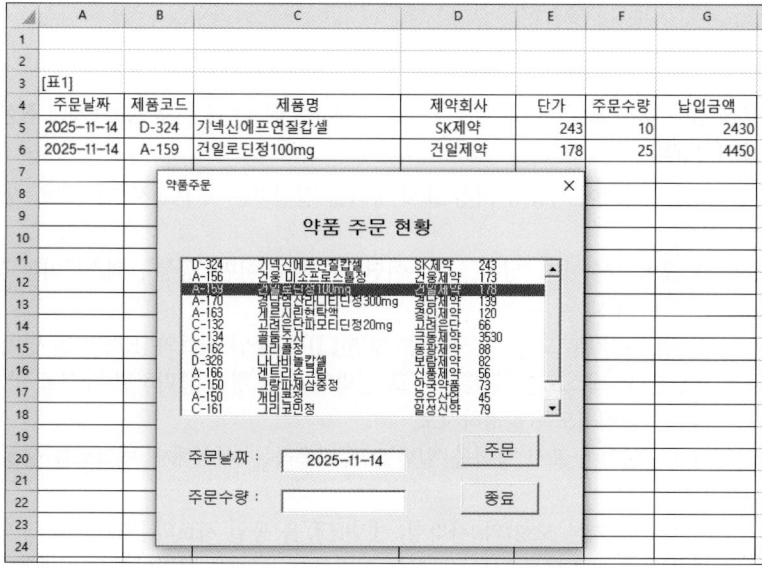

③ 〈약품주문〉 폼의 '종료'(cmd종료) 단추를 클릭하면 폼이 종료되는 이벤트 프로시저를 작성하시오.

06회 컴퓨터활용능력 1급 실기(엑셀) 정답 및 해설

문제 1 기본작업

01. 고급 필터

정답

	A	B	C	D
34				
35	조건			
36	TRUE			
37				
38	제품코드	제품명	등록일자	실적
39	A-156	건용 미소프로스톨정	2019-03-09	297
40	B-160	건용파모티딘정20mg	2019-03-09	144
41	A-162	게론-지현탁액	2019-03-09	224
42	C-150	그랑파제삼중정	2019-09-28	144
43	A-150	개비콘정	2019-03-09	139
44	C-165	그린시드정	2019-09-28	268
45	A-173	경인아테놀올정50mg	2019-03-09	89
46	A-166	겐트리손크림	2019-09-28	129
47	C-162	그리콜정	2016-03-09	89

1. 고급 필터 조건 및 추출할 필드명 입력

	A	B	C	D
34				
35	조건			
36	TRUE			
37				
38	제품코드	제품명	등록일자	실적

[A36]의 수식

방법1 =AND(MID(A3,4,1)>="5",OR(MONTH(E3)=3, MONTH(E3)=9))

방법2 =AND(MID(A3,4,1)*1>=5,OR(MONTH(E3)=3, MONTH(E3)=9))

2. '고급 필터' 대화상자

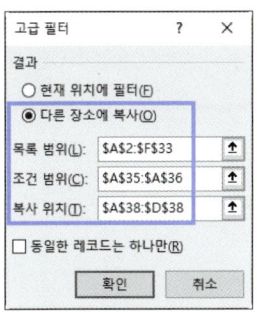

02. 조건부 서식

정답

	A	B	C	D	E	F
1						
2	제품코드	제품명	제약회사	단가	등록일자	실적
3	A-156	건용 미소프로스톨정	건웅제약	173	2019-03-09	297
4	B-160	건용파모티딘정20mg	건웅제약	39	2019-03-09	144
5	A-159	건일로딘정100mg	건일제약	178	2020-05-06	115
6	A-170	경남염산라니티딘정300mg	경남제약	139	2020-05-06	116
7	C-151	그랜슈주 250ml(5%)	한울제약	9103	2020-05-06	139
8	D-324	기넥신에프연질캅셀	SK제약	243	2020-05-06	268
9	A-163	게르시란현탁액	경인제약	120	2020-05-06	297
10	C-144	경인염화리소짐정90mg	경인제약	36	2020-05-06	118
11	C-132	고려온단파모티딘정20mg	고려온단	66	2020-05-06	124
12	C-136	광명피록시캄근육주사	광명제약	1160	2020-05-06	115
13	C-144	국제세파드록실캅셀	국제약품	353	2020-05-06	89
14	A-162	게론-지현탁액	건일제약	182	2019-03-09	224
15	C-150	그랑파제삼중정	안국약품	73	2019-09-28	144
16	C-148	국제황산리보스타마이신주1g	국제약품	881	2020-05-06	192
17	C-137	구루메포민정250mg	영풍제약	52	2019-03-09	129
18	A-150	개비콘정	유유산업	45	2019-03-09	139
19	D-328	나나비놀캅셀	보람제약	82	2019-09-28	118
20	D-338	나리돌캅셀	보람제약	96	2019-09-28	34
21	A-148	개비콘액	유유산업	188	2020-05-06	127
22	C-140	구아브라신캅셀	유유산업	103	2020-05-06	288
23	C-161	그리코민정	일성신약	79	2020-05-06	288
24	C-165	그린시드정	맬화이드코리아	164	2019-09-28	268
25	A-173	경인아테놀올정50mg	경인제약	103	2019-03-09	89
26	C-131	고려 아시클로버크림	고려제약	709	2019-03-09	151
27	C-134	골동주사	극동제약	3530	2019-03-09	297
28	A-166	겐트리손크림	신풍제약	56	2019-09-28	129
29	C-169	극동 메토카르바몰정	극동제약	114	2017-05-06	118
30	C-138	구루메포민정500mg	영풍제약	70	2017-05-06	288
31	C-162	그리콜정	동광제약	88	2016-03-09	89
32	C-128	계명노르플록사신캅셀	보람제약	237	2016-03-09	139
33	A-140	각시원정	초당약품	42	2017-05-06	190

'새 서식 규칙' 대화상자

[새 서식 규칙 대화상자 - 수식을 사용하여 서식을 지정할 셀 결정, 수식: =AND(RIGHT($A3,3)*1>=160,$C3<>"극동제약")]

※ 수식을 =AND(RIGHT($A3,3)="160",$C3<>"극동제약")으로 입력해도 됩니다.

03. 시트 보호 / 통합 문서 보기

정답

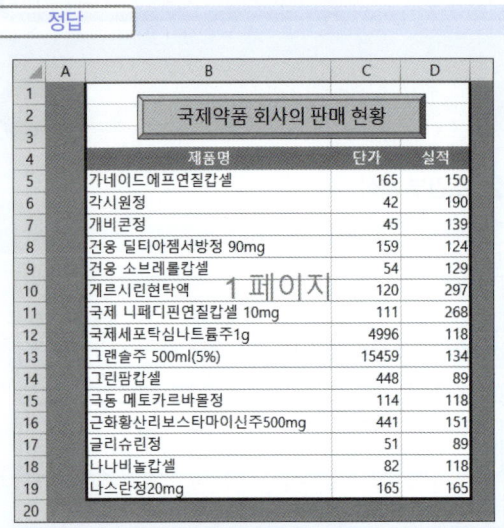

2. '도형 서식' 대화상자
도형의 바로 가기 메뉴에서 [도형 서식]을 선택한다.

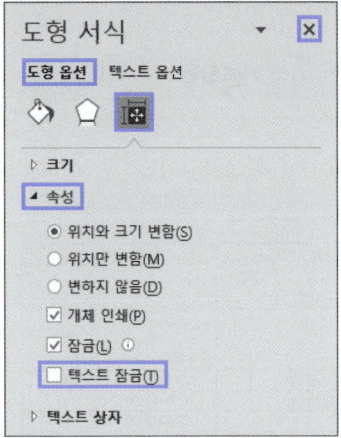

- 잠금 : 선택한 도형의 크기나 위치 등이 변경되지 않도록 보호함
- 텍스트 잠금 : 선택한 도형 안의 텍스트가 선택되거나 수정되지 않도록 보호함

1. [D5:D19] 영역에 대한 '셀 서식' 대화상자

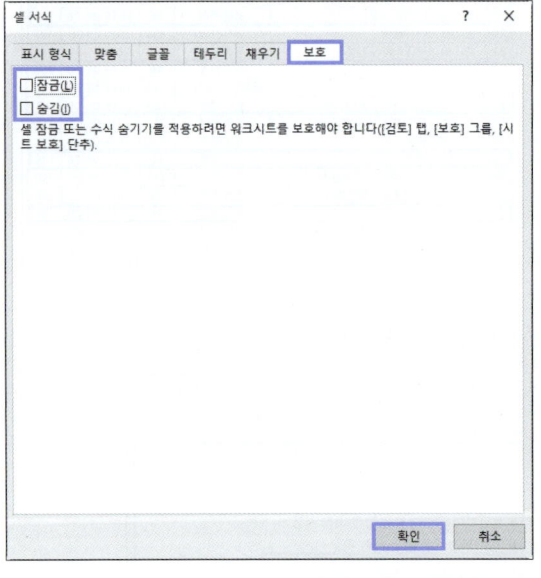

3. '시트 보호' 대화상자

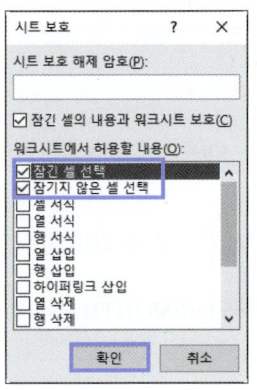

문제 2 계산작업

정답

	A	B	C	D	E	F	G	H	I
1	[표1]								
2	제품코드	출시일자	제품명	제약회사	제품명2	단가	판매량	금액	비고
3	A-159	2019-02-16	건웅 로딘정 100mg	건웅제약	건웅★로딘정 100mg	178,000	115	20,470,000원	■
4	C-137	2019-04-09	국제 구루메포민정 250mg	국제약품	국제★구루메포민정 250mg	59,000	129	7,611,000원	■■
5	B-174	2019-05-06	경인 염화리소짐정 90mg	경인제약	경인★염화리소짐정 90mg	52,000	118	6,136,000원	
6	C-124	2020-09-28	경인 파모티딘정 40mg	경인제약	경인★파모티딘정 40mg	119,000	89	10,591,000원	
7	D-170	2018-01-03	극동 테녹시캄정 20mg	국제약품	극동 테녹시캄정 20mg	312,000	89	27,768,000원	
8	D-146	2018-07-28	아시클로버정 200mg	국제약품	아시클로버정 200mg	458,000	118	54,044,000원	■■
9	B-160	2001-03-09	파모티딘정 20mg	건웅제약	파모티딘정 20mg	39,000	단종		
10	A-140	2020-04-07	국제 각시원정 10mg	국제약품	국제★각시원정 10mg	42,000	190	7,980,000원	
11	C-126	2020-09-08	염화리소짐정 90mg	민중제약	염화리소짐정 90mg	62,000	105	6,510,000원	
12	B-172	2019-06-29	아테놀올정 100mg	경인제약	아테놀올정 100mg	155,000	103	15,965,000원	■
13	B-161	2019-08-06	프로치온아미드정 250mg	건웅제약	프로치온아미드정 250mg	80,000	139	11,120,000원	■■
14	A-151	2020-03-02	노플록사신정 100mg	건웅제약	노플록사신정 100mg	125,000	134	16,750,000원	■
15	A-153	2019-09-28	딜티아젬서방정 30mg	건웅제약	딜티아젬서방정 30mg	53,000	151	8,003,000원	
16	A-150	2018-05-19	로딘정 200mg	건웅제약	로딘정 200mg	235,000	151	35,485,000원	
17	C-130	2018-06-09	염산라니티딘정 300mg	민중제약	염산라니티딘정 300mg	242,000	115	27,830,000원	■■■
18	A-154	2020-02-09	딜티아젬서방정 90mg	건웅제약	딜티아젬서방정 90mg	159,000	124	19,716,000원	
19	A-141	2018-02-25	간필릭 20mg	민중제약	간필릭 20mg	161,000	126	20,286,000원	
20	D-142	2018-03-14	국제 니페디핀연질캅셀 10mg	국제약품	국제★니페디핀연질캅셀 10mg	111,000	268	29,748,000원	
21	A-138	2018-03-06	가티링정 150mg	민중제약	가티링정 150mg		미정		
22	A-139	2018-01-02	국제 가티링정 300mg	국제약품	국제★가티링정 300mg	243,000	164	39,852,000원	■■■
23	C-138	2020-05-06	구루메포민정 500mg	국제약품	구루메포민정 500mg	70,000	288	20,160,000원	■■■■■
24	B-161	2019-07-29	민중게로비솔주 10mg	민중제약	민중게로비솔주★10mg	69,710	124	8,644,040원	
25	C-123	2018-07-05	경인 파모티딘정 20mg	경인제약	경인★파모티딘정 20mg	66,000	118	7,788,000원	
26	A-157	2000-05-06	건웅 미크로노마이신주사 60mg	건웅제약	건웅★미크로노마이신주사 60mg	15,790	단종		
27	B-173	2019-03-09	아테놀올정 50mg	경인제약	아테놀올정 50mg	10,300	89	916,700원	
28	D-344	2018-03-28	나릴정 50mg	국제약품	나릴정 50mg		미정		
29									
30	[표2] 가장 빨리 출시된 제품명				[표3] 제약회사별 출시연도별 판매량 평균				
31	제품명				제약회사	2018	2019	2020	
32	건웅 미크로노마이신주사 60mg				건웅제약	151	135	129	
33					경인제약	118	110.5	89	
34					국제약품	127.8	129	288	
35					민중제약	80.33333	124	105	

① 제품명2(E3)

=IF(LEFT(C3,2)=LEFT(D3,2), SUBSTITUTE(C3," ","★",1), C3)

② 금액(H3)

=TEXT(IFERROR(F3*G3," "),"#,###원")

③ 비고(I3)

=fn비고(C3)

[사용자 정의 함수]
Visual Basic Editor의 모듈에 다음과 같이 코드를 입력한다.

```
Public Function fn비고(제품명)
    If Mid(제품명, Len(제품명) - 4, 3) * 1 >= 100 Then
        For a = 1 To Mid(제품명, Len(제품명) - 4, 3) / 100
            fn비고 = fn비고 & "■"
        Next a
    Else
        fn비고 = ""
    End If
End Function
```

④ 가장 빨리 출시된 제품명(A32)

=VLOOKUP(MIN(B3:B28),B3:I28, 2, FALSE)

⑤ 제약회사별 출시연도별 판매량 평균(F32)

{=AVERAGE(IF(($D$3:$D$28=$E32) * (YEAR($B$3:$B$28)=F$31) * ($F$3:$F$28>=50000), $G$3:$G$28))}

문제 3 분석작업

01. 피벗 테이블

1. [삽입] → 표 → **피벗 테이블**을 클릭한다.
2. '피벗 테이블 만들기' 대화상자에서 '외부 데이터 원본 사용'을 선택한 후 〈연결 선택〉을 클릭한다.
3. '기존 연결' 대화상자에서 〈더 찾아보기〉를 클릭한다.
4. '데이터 원본 선택' 대화상자에서 '판매정보.txt'를 선택한 후 〈열기〉를 클릭한다.
5. '텍스트 마법사 - 3단계 중 1단계' 대화상자에서 '구분 기호로 분리됨'과 '내 데이터에 머리글 표시'를 선택한 후 〈다음〉을 클릭한다.
6. '텍스트 마법사 - 3단계 중 2단계' 대화상자에서 구분 기호를 '세미콜론'으로 지정한 후 〈다음〉을 클릭한다.

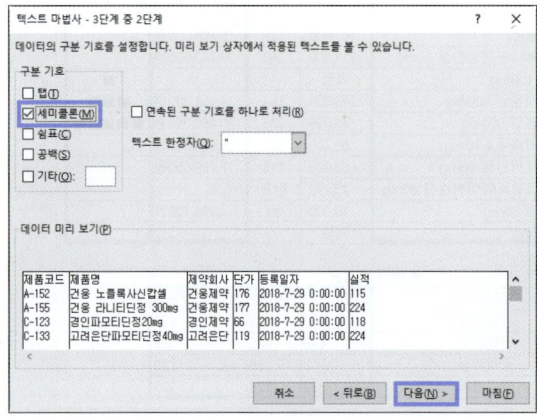

7. '텍스트 마법사 - 3단계 중 3단계' 대화상자의 '데이터 미리 보기'에서 '제품코드' 열을 클릭한 후 '열 데이터 서식'에서 '열 가져오지 않음(건너뜀)'을 선택한다.

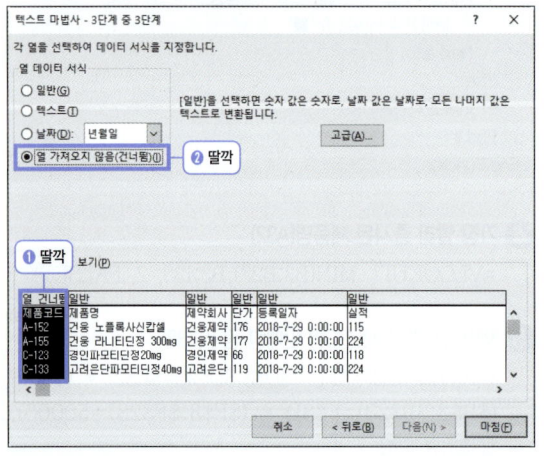

8. 같은 방법으로 '제품명' 열을 '열 가져오지 않음(건너뜀)'으로 지정한 후 〈마침〉을 클릭한다.
9. '피벗 테이블 만들기' 대화상자에서 작성 위치로 '기존 워크시트', [A2] 셀을 지정하고 '데이터 모델에 이 데이터 추가'를 선택한 후 〈확인〉을 클릭한다.
10. '피벗 테이블 필드' 창에서 각 필드를 그림과 같이 지정한다.

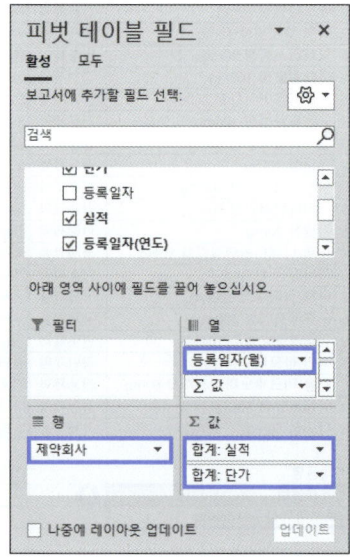

11. 작성된 피벗 테이블에서 임의의 셀을 클릭한 후 [디자인] → 레이아웃 → 보고서 레이아웃 → **개요 형식으로 표시**를 선택한다.
12. 작성된 피벗 테이블에서 값인 '실적'의 바로 가기 메뉴에서 [값 요약 기준] → **평균**을 선택한다.
13. 작성된 피벗 테이블에서 값인 '단가'의 바로 가기 메뉴에서 [값 요약 기준] → **평균**을 선택한다.
14. '등록일자'가 표시되어 있는 임의의 셀을 클릭한 후 바로 가기 메뉴에서 **[그룹]**을 선택한다.
15. '그룹화' 대화상자에서 그림과 같이 지정하고 〈확인〉을 클릭한다.

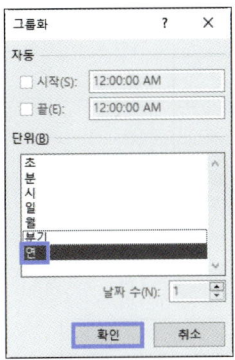

16. '제약회사'의 목록 단추(▼)를 클릭한 후 [**텍스트 내림차순 정렬**]을 선택한다.

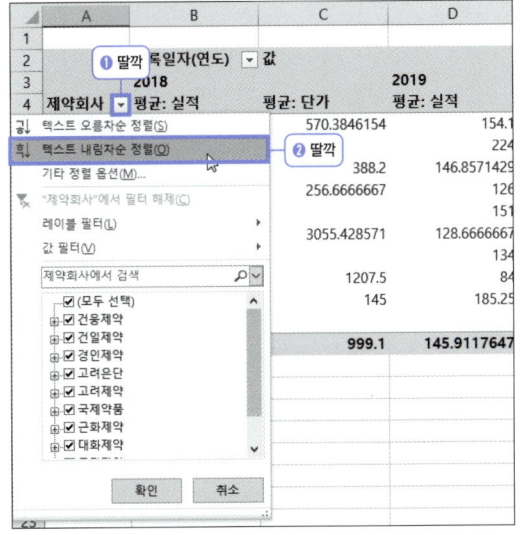

17. 작성된 피벗 테이블에서 임의의 셀을 클릭한 후 [디자인] → 피벗 테이블 스타일의 ▼ → 중간 → **연한 파랑, 피벗 스타일 보통 6**을 선택한다.
18. 작성된 피벗 테이블에서 '실적'이 표시되어 있는 임의의 셀을 클릭한 후 바로 가기 메뉴에서 [**값 필드 설정**]을 선택한다.
19. '값 필드 설정' 대화상자에서 〈표시 형식〉을 클릭한다.
20. '셀 서식' 대화상자에서 그림과 같이 지정한 후 〈확인〉을 클릭한다.

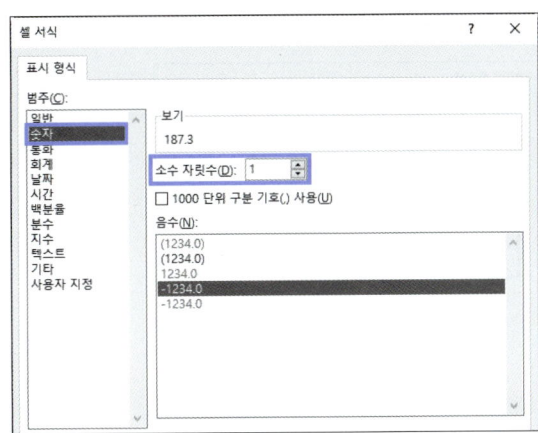

21. '값 필드 설정' 대화상자에서도 〈확인〉을 클릭한다.
22. 같은 방법으로 '단가'에 대해서도 표시 형식을 지정한다.
23. 작성된 피벗 테이블의 임의의 셀을 클릭한 후 [디자인] → 레이아웃 → 총합계 → **열의 총합계만 설정**을 선택한다.

02. 데이터 유효성 검사 / 시나리오

정답

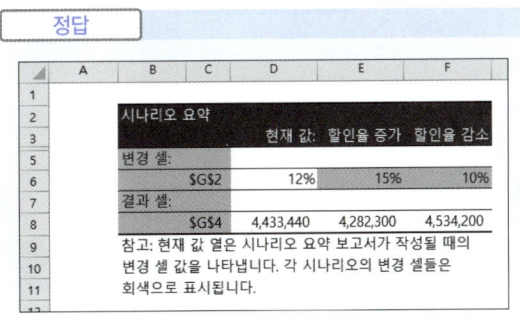

1. '데이터 유효성' 대화상자의 '설정' 탭

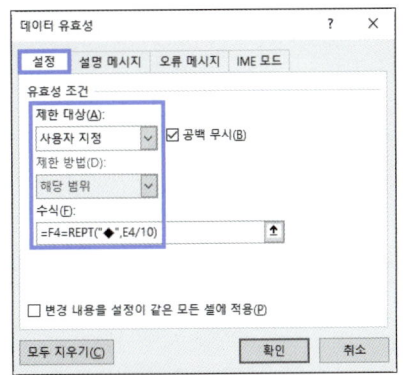

2. '데이터 유효성' 대화상자의 '설명 메시지' 탭

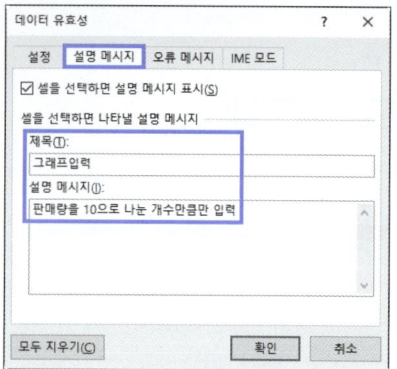

3. '데이터 유효성' 대화상자의 '오류 메시지' 탭

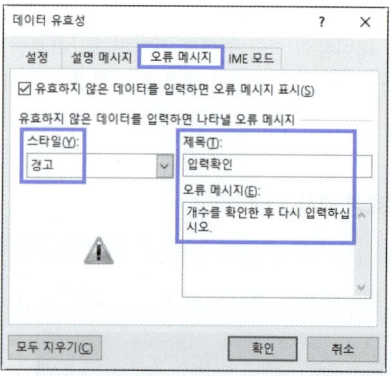

4. '할인율 증가' 시나리오
– '시나리오 편집' 대화상자

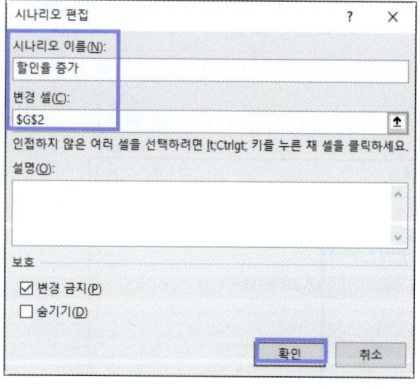

– '시나리오 값' 대화상자

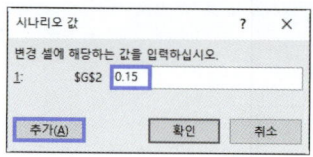

5. '할인율 감소' 시나리오
– '시나리오 편집' 대화상자

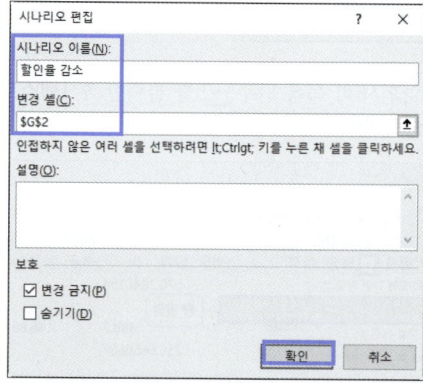

– '시나리오 값' 대화상자

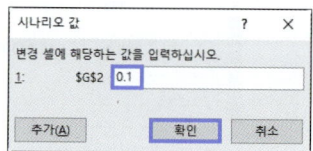

6. '시나리오 요약' 대화상자

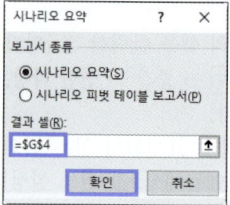

문제 4   기타작업   정답

01. 차트

1 '달성률' 계열의 차트 종류 변경 및 보조 축 지정

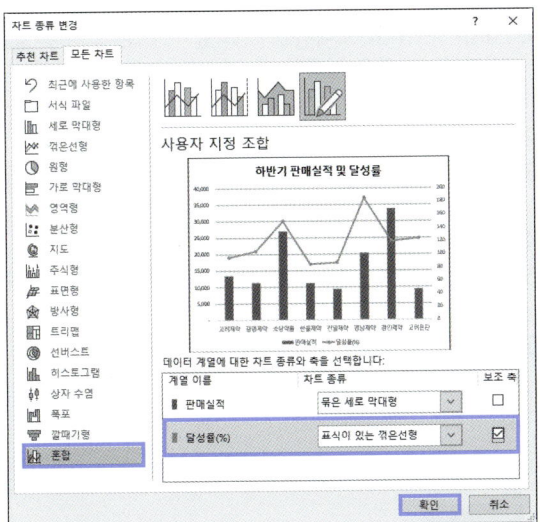

'달성률'이 아닌 '판매실적'을 선택한 상태에서 [계열 차트 종류 변경]을 선택해도 됩니다.

2 보조 세로(값) 축의 표시 형식 지정

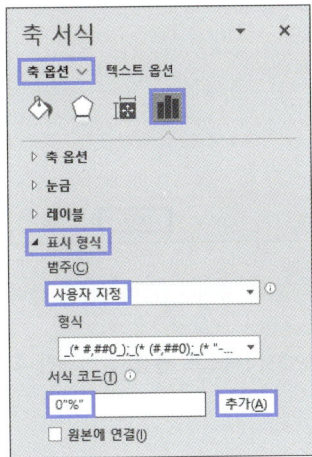

4 '경남제약'의 '달성률'에 데이터 레이블 표시 및 눈금선 삭제

1. '표식이 있는 꺾은선형' 차트를 클릭한 후 '달성률' 계열이 모두 선택된 상태에서 '경남제약'을 다시 한 번 클릭하면 '경남제약'만 선택된다.

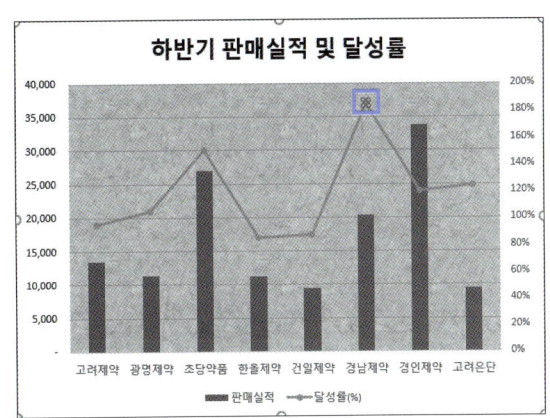

2. '경남제약'만 선택된 상태에서 바로 가기 메뉴의 [데이터 레이블 추가]를 선택한다.
3. 차트에 표시된 가로 눈금선을 선택한 후 Delete를 누른다.

5 '판매실적' 계열을 '약품.png'로 채우기

'판매실적' 계열을 더블클릭한 후 '데이터 계열 서식' 창에서 '약품.png'를 삽입하고 '다음 배율에 맞게 쌓기'의 '단위/사진'을 10으로 지정한다.

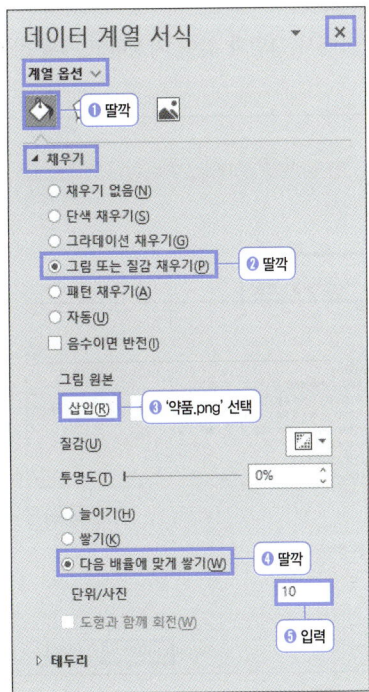

02. 매크로

> 정답

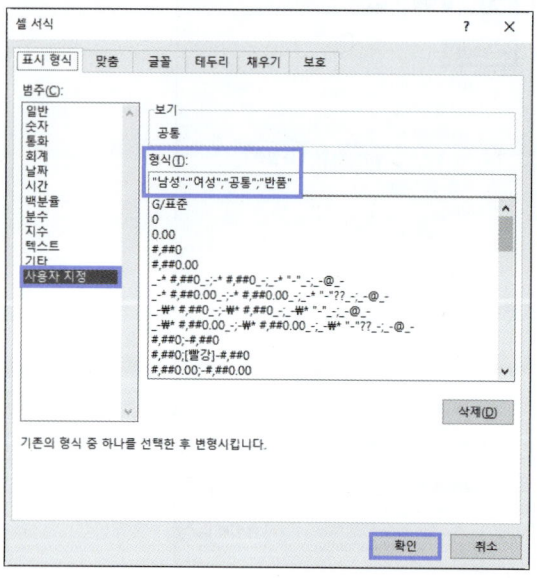

❶ '구분표시' 매크로

1. [삽입] → 일러스트레이션 → 도형 → 기본 도형 → □ (사각형: 빗면)을 선택한 후 [E12:E13] 영역에 맞게 드래그한다.
2. 도형의 바로 가기 메뉴에서 [**매크로 지정**]을 선택한다.
3. '매크로 지정' 대화상자의 매크로 이름에 **구분표시**를 입력하고 〈기록〉을 클릭한다.
4. '매크로 기록' 대화상자에서 〈확인〉을 클릭한다.
5. [D3:D10] 영역을 블록으로 지정한 후 바로 가기 메뉴에서 [**셀 서식**]을 선택한다.
6. '셀 서식' 대화상자에서 그림과 같이 지정하고, 〈확인〉을 클릭한다.

7. 임의의 셀을 클릭한 후 '기록 중지(□)' 아이콘을 클릭한다.
8. '도형'의 바로 가기 메뉴에서 [**텍스트 편집**]을 선택한 후 **구분표시**를 입력한다.

❷ '서식해제' 매크로

1. [삽입] → 일러스트레이션 → 도형 → 기본 도형 → □ (사각형: 빗면)을 선택한 후 [F12:F13] 영역에 맞게 드래그한다.
2. 도형의 바로 가기 메뉴에서 [**매크로 지정**]을 선택한다.
3. '매크로 지정' 대화상자의 매크로 이름에 **서식해제**를 입력하고 〈기록〉을 클릭한다.
4. '매크로 기록' 대화상자에서 〈확인〉을 클릭한다.
5. [D3:D10] 영역을 블록으로 지정한 후 바로 가기 메뉴에서 [**셀 서식**]을 선택한다.
6. '셀 서식' 대화상자에서 그림과 같이 지정하고, 〈확인〉을 클릭한다.

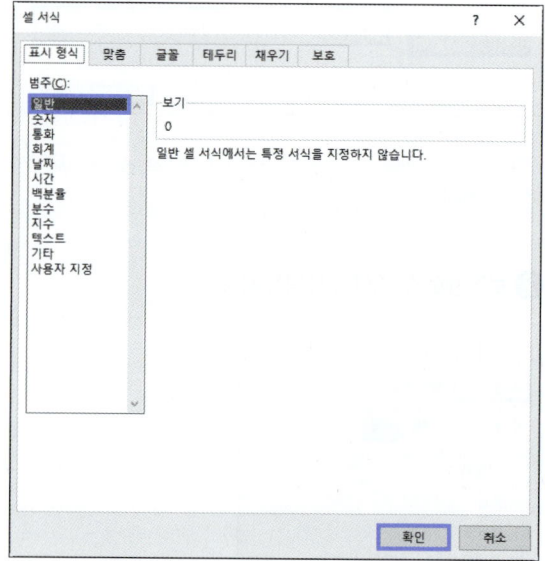

7. 임의의 셀을 클릭한 후 '기록 중지(□)' 아이콘을 클릭한다.
8. '도형'의 바로 가기 메뉴에서 [**텍스트 편집**]을 선택한 후 **서식해제**를 입력한다.

03. VBA

❶ '주문하기' 단추 클릭과 폼 초기화 프로시저

• '주문하기' 단추 클릭 프로시저

```
Private Sub cmd주문하기_Click( )
    약품주문.Show
End Sub
```

• 폼 초기화 프로시저

```
Private Sub UserForm_Initialize( )
    lst제품목록.RowSource = "i8:l22"
    txt주문날짜.Value = Date
End Sub
```

❷ '주문' 단추 클릭 프로시저

```
Private Sub cmd주문_Click( )
    ❶ If IsNull(lst제품목록.Value) Then
    ❷     MsgBox "제품을 선택하세요."
    ❸ ElseIf Val(txt주문수량.Value) < 1 Then
    ❹     MsgBox "주문수량을 입력하세요."
    ❺ Else
    ❻     참조행 = lst제품목록.ListIndex
    ❼     입력행 = [a3].Row + [a3].CurrentRegion.Rows.Count
    ❽     Cells(입력행, 1) = txt주문날짜.Value
    ❾     Cells(입력행, 2) = lst제품목록.List(참조행, 0)
           Cells(입력행, 3) = lst제품목록.List(참조행, 1)
           Cells(입력행, 4) = lst제품목록.List(참조행, 2)
           Cells(입력행, 5) = lst제품목록.List(참조행, 3)
           Cells(입력행, 6) = txt주문수량.Value
           Cells(입력행, 7) = Cells(입력행, 5) * Cells(입력행, 6)
           lst제품목록.Value = ""
    End If
End Sub
```

❶ lst제품목록 목록 상자에서 아무것도 선택하지 않았으면 ❷번을 수행하고 마칩니다.
❷ "제품을 선택하세요."가 표시된 메시지를 표시합니다.
❸ txt주문수량 텍스트 상자에 1 미만의 값을 입력했다면 ❹번을 수행하고 마칩니다.
※ txt주문수량에 아무것도 입력하지 않은 상태에서 Val 함수를 실행하면 결과값으로 0을 반환합니다. 0은 1 미만이므로 txt주문수량에 값을 입력하지 않았을 때의 조건은 따로 지정하지 않아도 됩니다.
❹ "주문수량을 입력하세요."가 표시된 메시지를 표시합니다.
❺ ❶과 ❸의 조건을 만족하지 않으면 ❻번 이후 내용을 모두 수행하고 마칩니다.
❻ lst제품목록.ListIndex는 목록 상자에서 선택한 제품의 상대 위치를 반환합니다. 목록 상자에서 상대적인 위치는 0에서 시작하므로 '건일로단정100mg'을 선택했다면 lst제품목록.ListIndex는 2를 반환합니다.
❼ '입력행' 변수에 [A3] 셀의 행 번호 3과 [A3] 셀과 연결된 범위에 있는 데이터의 행수를 더하여 치환합니다.
❽ 입력행 1열에 txt주문날짜 컨트롤의 값을 입력합니다.
❾ 입력행 2열에 lst제품목록 목록상자의 참조행 0열의 값(제품코드)을 표시합니다. 나머지도 동일한 방법으로 수행합니다.

❸ '종료' 단추 클릭 프로시저

```
Private Sub cmd종료_Click( )
    Unload Me
End Sub
```

기·출·유·형 07회 2026년 컴퓨터활용능력 1급 실기

프로그램명	제한시간
EXCEL 2021	45분

수험번호 :
성   명 :

1급

─〈 유 의 사 항 〉─

- 인적 사항 누락 및 잘못 작성으로 인한 불이익은 수험자 책임으로 합니다.
- 화면에 암호 입력창이 나타나면 아래의 암호를 입력하여야 합니다.
  ○ 암호 : 3&9917
- 작성된 답안은 주어진 경로 및 파일명을 변경하지 마시고 그대로 저장해야 합니다. 이를 준수하지 않으면 실격 처리됩니다.
  답안 파일명의 예 : C:\OA\수험번호8자리.xlsm
- 외부 데이터 위치 : C:\OA\파일명
- 별도의 지시사항이 없는 경우, 다음과 같이 처리 시 실격 처리됩니다.
  ○ 제시된 시트 및 개체의 순서나 이름을 임의로 변경한 경우
  ○ 제시된 시트 및 개체를 임의로 추가 또는 삭제한 경우
  ○ 외부 데이터를 시험 시작 전에 열어본 경우
- 답안은 반드시 문제에서 지시 또는 요구한 셀에 입력하여야 하며 다음과 같이 처리 시 채점 대상에서 제외됩니다.
  ○ 제시된 함수가 있을 경우 제시된 함수만을 사용하여야 하며 그 외 함수 사용 시 채점대상에서 제외
  ○ 수험자가 임의로 지시하지 않은 셀의 이동, 수정, 삭제, 변경 등으로 인해 셀의 위치 및 내용이 변경된 경우 해당 작업에 영향을 미치는 관련문제 모두 채점 대상에서 제외
  ○ 도형 및 차트의 개체가 중첩되어 있거나 동일한 계산결과 시트가 복수로 존재할 경우 해당 개체나 시트는 채점 대상에서 제외
- 수식 작성 시 제시된 문제 파일의 데이터는 변경 가능한(가변적) 데이터임을 감안하여 문제 풀이를 하시오.
- 별도의 지시사항이 없는 경우, 주어진 각 시트 및 개체의 설정값 또는 기본 설정값(Default)으로 처리하시오.
- 저장 시간은 별도로 주어지지 않으므로 제한된 시간 내에 저장을 완료해야 하며, 제한 시간 내에 저장이 되지 않은 경우에는 실격 처리됩니다.
- 출제된 문제의 용어는 MS Office LTSC Professional Plus 2021 기준으로 작성되어 있습니다.

대한상공회의소

문제 1 기본작업(15점) 주어진 시트에서 다음 과정을 수행하고 저장하시오.

1. '기본작업' 시트에서 다음과 같이 고급 필터를 수행하시오. (5점)
   ▶ [A2:K26] 영역에서 '실지급액'이 상위 3위 이내이거나 하위 3위 이내인 행에 대하여 '강사명', '수업과목', '성별', '수당', '실지급액' 열을 순서대로 표시하시오.
   ▶ 조건은 [A28:A29] 영역에 입력하시오. (LARGE, SMALL, OR 함수 사용)
   ▶ 결과는 [A31] 셀부터 표시하시오.

2. '기본작업' 시트에서 다음과 같이 조건부 서식을 설정하시오. (5점)
   ▶ [A3:K26] 영역에서 '성별'이 "여"이고, '수업과목'이 "발레" 또는 "네일아트"가 아닌 전체 행에 대해 글꼴 스타일은 '기울임꼴', 글꼴 색은 '표준 색 – 파랑'으로 적용하시오.
   ▶ 단, 규칙 유형은 '수식을 사용하여 서식을 지정할 셀 결정'을 사용하고, 한 개의 규칙으로만 작성하시오.
   ▶ AND 함수 사용

3. '기본작업' 시트에서 다음과 같이 페이지 레이아웃을 설정하시오. (5점)
   ▶ 인쇄 용지가 가로로 인쇄되도록 용지 방향을 설정하고, 인쇄될 내용이 페이지의 정 가운데에 인쇄되도록 페이지 가운데 맞춤을 설정하시오.
   ▶ 매 페이지 하단의 가운데 구역에는 작성 시간이 [표시 예]와 같이 표시되도록 바닥글을 설정하시오.
   [표시 예 : 8:40 PM]
   ▶ [A2:K26] 영역을 인쇄 영역으로 설정하시오.

문제 2 계산작업(30점) '계산작업' 시트에서 다음 과정을 수행하고 저장하시오.

1. [표1]의 강사코드와 수업과목을 이용하여 [D4:D27] 영역에 수업과목이 "네일아트"면 11, "바이올린"이면 22, "발레"면 33, "스포츠댄스"면 44, "요가"면 55, "음악줄넘기"면 66, "하모니카"면 77을 표시한 후 강사코드의 세 번째 글자가 1이면 "M", 2이면 "W"를 표시하시오. (6점)
   ▶ 표시 예 : 강사코드가 "NY231"이고 수업과목이 "네일아트" → 11W
   ▶ LOOKUP, MID 함수와 배열 상수, & 연산자 사용

2. [표1]과 [표2]를 이용하여 [I4:I27] 영역에 수당을 계산하여 표시하시오. (6점)
   ▶ 수당 = 월급여액 × 수당적용률
   ▶ 수당적용률은 [표2]를 참조하여 수강인원과 전체 근무시간에 따라 계산
   ▶ 전체 근무시간 = 근무시간 × 근무일수
   ▶ 계산한 수당 금액이 100,000 미만이면 수당 대신 100,000을 입력
   ▶ VLOOKUP, MATCH, MAX 함수 사용

3. 보너스를 계산하는 사용자 정의 함수 'fn보너스'를 작성하여 계산을 수행하시오. (6점)

   ▶ 'fn보너스'는 수강인원, 근무시간, 근무일수를 인수로 받아 보너스를 계산하는 함수이다.
   ▶ 보너스는 '수강인원'이 50 이상이고 근무시간이 3 이상, 근무일수가 20 이상이면 200,000, 그 이외에는 공백을 표시하시오.
   ▶ 'fn보너스' 함수를 이용하여 [J4:J27] 영역에 계산하시오.

   ```
   Public Function fn보너스(수강인원, 근무시간, 근무일수)

   End Function
   ```

4. [표1]의 수업과목과 수강인원을 이용하여 [표3]의 [H31:H37] 영역에 수업과목별 수강인원 합계를 계산하여 표시하시오. (6점)

   ▶ 표시 예 : 200명
   ▶ SUM과 TEXT 함수를 이용한 배열 수식

5. [표1]의 수업과목, 수강인원, 월급여액을 이용하여 [표3]의 [I31:I37] 영역에 수업과목별 수강인원이 50명 이상인 수업의 월급여액 평균을 계산하여 표시하시오. (6점)

   ▶ 수식의 결과로 오류가 발생한 경우 빈칸으로 표시하시오.
   ▶ IFERROR, AVERAGEIFS 함수 사용

문제 3

분석작업(20점) 주어진 시트에서 다음 과정을 수행하고 저장하시오.

1. '분석작업-1' 시트에서 다음의 지시사항에 따라 피벗 테이블 보고서를 작성하시오. (10점)

   ▶ 외부 데이터 원본으로 〈문화센터.xlsx〉의 〈상반기수강현황〉 테이블을 이용하시오.
   ▶ 피벗 테이블 보고서의 레이아웃과 위치는 〈그림〉을 참조하여 설정하고, 보고서 레이아웃을 테이블 형식으로 표시하시오.
   ▶ '월급여액'의 합계에 대한 '총합계 비율'을 표시하시오.
   ▶ 피벗 테이블 스타일은 '연한 파랑, 피벗 스타일 보통 9'로 지정하시오.
   ▶ '강사명' 필드는 개수로 계산한 후 사용자 지정 이름을 '인원수'로 변경하시오.
   ▶ '월급여액'을 〈그림〉과 같이 정렬하고, 각 그룹 하단에 평균 부분합을 표시한 후 오류 셀에는 '없음'을 표시하시오.

	A	B	C	D
1				
2	성별	수업과목	인원수	합계 : 월급여액
3	⊟남	스포츠댄스	4	15.55%
4		음악줄넘기	4	14.32%
5		바이올린	1	4.09%
6		하모니카	1	3.27%
7		네일아트	1	2.46%
8	남 평균		없음	3.61%
9	⊟여	발레	4	20.87%
10		요가	4	16.51%
11		네일아트	3	13.64%
12		바이올린	2	9.28%
13	여 평균		없음	4.64%
14	총합계		24	100.00%

2. '분석작업-2' 시트에 대하여 다음의 지시사항을 처리하시오. (10점)

▶ [데이터 유효성 검사] 기능을 이용하여 [C3:C26] 영역에 1과 2 중 선택하여 입력할 수 있도록 제한 대상을 목록으로 설정하시오.
− [C3:C26] 영역의 셀을 클릭한 경우 〈그림〉과 같은 설명 메시지를 표시하고, 유효하지 않은 데이터를 입력한 경우 〈그림〉과 같은 오류 메시지가 표시되도록 설정하시오.

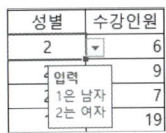 

▶ [정렬] 기능을 이용하여 [D2:G26] 영역을 '행 2'를 기준으로 왼쪽에서 오른쪽으로 정렬하여 '수강인원 − 근무시간 − 근무일수 − 월급여액' 순으로 표시하시오.

문제 4   기타작업(35점) 주어진 시트에서 다음 과정을 수행하고 저장하시오.

1. '기타작업-1' 시트에서 다음의 지시사항에 따라 차트를 수정하시오. (각 2점)

※ 차트는 반드시 문제에서 제공한 차트를 사용하여야 하며, 신규로 차트 작성시 0점 처리됨
① 기본 세로 축과 보조 세로 축의 위치를 서로 바꾸어 표시하시오.
② 차트 제목과 각 축 제목을 〈그림〉과 같이 표시한 후 기본 세로 축 제목과 보조 세로 축 제목의 텍스트 방향을 '세로'로 설정하고 범례를 아래쪽에 표시하시오.
③ '월급여액' 계열에 〈그림〉과 같이 레이블이 표시되도록 설정하시오.
④ '표식이 있는 꺾은선형' 차트로 표시된 '수강인원' 계열의 선을 완만한 선으로 표시하시오.
⑤ 차트 영역에 '색 윤곽선 − 검정, 어둡게 1' 도형 스타일을 지정하시오.

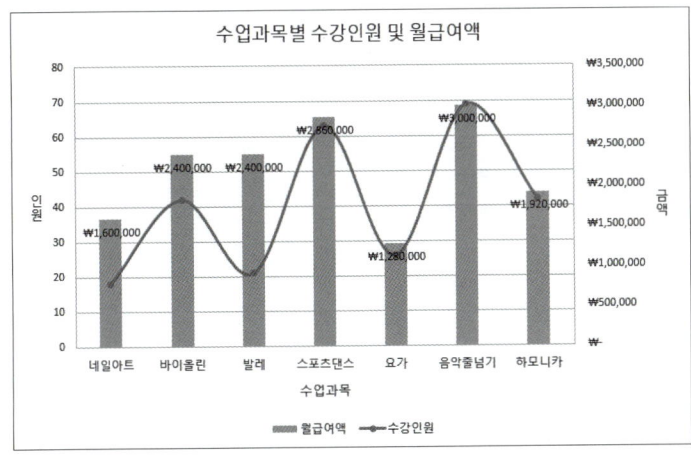

2. '기타작업-2' 시트에서 다음과 같은 기능을 수행하는 매크로를 현재 통합문서에 작성하시오. (각 5점)

① [C3:C26] 영역에 대하여 사용자 지정 표시 형식을 설정하는 '성별표시' 매크로를 생성하시오.
▶ 셀 값이 1이면 파랑색으로 "남자" 표시, 2이면 빨강색으로 "여자" 표시
▶ [개발 도구] → [삽입] → [양식 컨트롤]의 '단추'를 동일 시트의 [I2:I3] 영역에 생성한 후 텍스트를 "성별표시"로 입력하고, 단추를 클릭하면 '성별표시' 매크로가 실행되도록 설정하시오.

② [G3:G26] 영역에 조건부 서식의 그라데이션 채우기 중에서 '빨강 데이터 막대'를 적용하는 '조건부서식' 매크로를 생성하시오.
▶ [개발 도구] → [삽입] → [양식 컨트롤]의 '단추'를 동일 시트의 [I5:I6] 영역에 생성한 후 텍스트를 "조건부서식"으로 입력하고, 단추를 클릭하면 '조건부서식' 매크로가 실행되도록 설정하시오.
※ 셀 포인터의 위치에 관계없이 매크로가 실행되어야 정답으로 인정됨

3. '기타작업-3' 시트에서 다음과 같은 작업을 수행하도록 프로시저를 작성하시오. (각 5점)

① '강사검색' 단추를 클릭하면 〈강사정보검색〉 폼이 나타나고, 폼이 초기화 되면 [A3:A26] 영역의 값이 '강사코드'(cmb강사코드) 콤보 상자의 목록에 표시되도록 프로시저를 작성하시오.

② 〈강사정보검색〉 폼의 '강사코드'(cmb강사코드) 콤보 상자에서 조회할 '강사코드'를 선택하고 '검색'(cmd검색) 단추를 클릭하면 워크시트의 [표1]에서 해당 데이터를 찾아 폼에 표시하는 프로시저를 작성하시오.
▶ ListIndex 속성을 이용하시오.
▶ 월급여액은 천 단위마다 콤마를 표시하시오.

③ 〈강사정보검색〉 폼의 '종료'(cmd종료) 단추를 클릭하면 〈그림〉과 같이 전체 강사인원이 표시된 메시지 박스를 표시한 후 폼이 종료되도록 프로시저를 작성하시오.

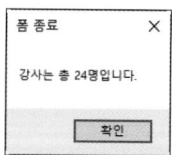

07회 컴퓨터활용능력 1급 실기(엑셀) 정답 및 해설

문제 1 기본작업

01. 고급 필터

정답

	A	B	C	D	E
27					
28	조건				
29	FALSE				
30					
31	강사명	수업과목	성별	수당	실지급액
32	윤여송	바이올린	여	280,000	3,638,000
33	홍지원	네일아트	여	480,000	4,488,000
34	이무성	음악줄넘기	남	48,000	856,800
35	이한나	요가	여	280,000	3,638,000
36	김일심	요가	여	40,000	714,000
37	조미영	발레	여	420,000	5,457,000
38	황규민	요가	여	64,000	1,142,400

1. 고급 필터의 조건 및 추출할 필드명 입력

	A	B	C	D	E
27					
28	조건				
29	FALSE				
30					
31	강사명	수업과목	성별	수당	실지급액

[A29] : =OR(K3>=LARGE($K$3:$K$26,3),K3<=SMALL($K$3:$K$26,3))

2. '고급 필터' 대화상자

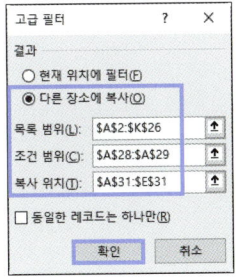

02. 조건부 서식

정답

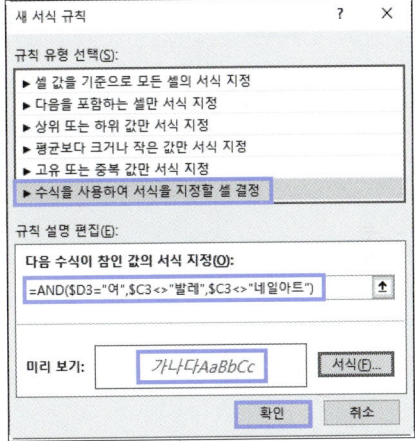

'새 서식 규칙' 대화상자

03. 페이지 레이아웃

정답

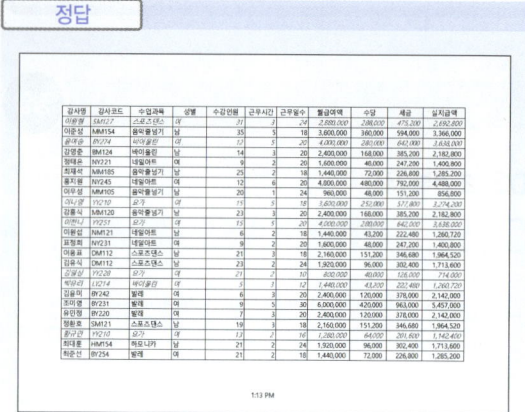

1. '바닥글' 대화상자

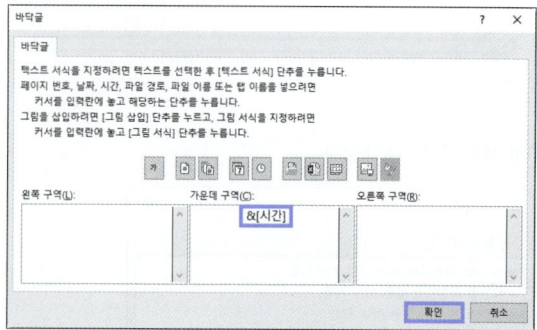

2. '페이지 설정' 대화상자의 '시트' 탭

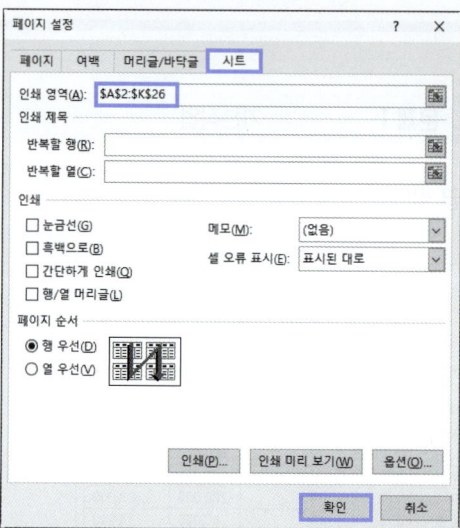

문제 2   계산작업

정답

	A	B	C	D	E	F	G	H	I	J
1										
2	[표1]			❶					❷	❸
3	강사명	강사코드	수업과목	수업코드	수강인원	근무시간	근무일수	월급여액	수당	보너스
4	표정희	NY231	네일아트	11W	18	2	20	₩ 1,600,000	₩ 100,000	
5	이용표	DM112	스포츠댄스	44M	63	3	18	₩ 2,860,000	₩ 286,000	
6	황규민	YY210	요가	55W	26	2	16	₩ 1,280,000	₩ 100,000	
7	이한나	YY251	요가	55W	75	5	20	₩ 4,000,000	₩ 480,000	₩ 200,000
8	강흥식	MM120	음악줄넘기	66M	69	3	20	₩ 3,000,000	₩ 300,000	₩ 200,000
9	유민정	BY220	발레	33W	21	2	20	₩ 2,400,000	₩ 168,000	
10	김일심	YY228	요가	55W	42	2	10	₩ 1,300,000	₩ 100,000	
11	이원형	SM127	스포츠댄스	44M	93	3	24	₩ 2,880,000	₩ 288,000	₩ 200,000
12	이원섭	NM121	네일아트	11M	12	2	18	₩ 1,440,000	₩ 100,000	
13	강영준	BM124	바이올린	22M	42	3	20	₩ 2,400,000	₩ 168,000	
14	박유리	LY214	바이올린	22W	15	3	12	₩ 1,440,000	₩ 100,000	
15	정환호	SM121	스포츠댄스	44M	57	3	18	₩ 2,160,000	₩ 151,200	
16	최재석	MM185	음악줄넘기	66M	50	2	18	₩ 1,940,000	₩ 100,000	
17	최준선	BY254	발레	33W	42	2	18	₩ 1,440,000	₩ 100,000	
18	정태은	NY221	네일아트	11W	18	2	20	₩ 1,600,000	₩ 100,000	
19	김유식	DM112	스포츠댄스	44M	46	2	24	₩ 1,920,000	₩ 100,000	
20	김윤미	BY242	발레	33W	18	3	20	₩ 2,400,000	₩ 120,000	
21	조미영	BY231	발레	33W	45	5	30	₩ 3,800,000	₩ 380,000	
22	최대훈	HM154	하모니카	77M	42	2	24	₩ 1,920,000	₩ 100,000	
23	윤여송	BY274	바이올린	22W	60	5	20	₩ 4,000,000	₩ 480,000	₩ 200,000
24	이무성	MM105	음악줄넘기	66M	20	1	24	₩ 960,000	₩ 100,000	
25	이나영	YY210	요가	55W	75	5	18	₩ 3,600,000	₩ 360,000	
26	이준성	MM154	음악줄넘기	66M	175	5	18	₩ 3,600,000	₩ 360,000	
27	홍지원	NY245	네일아트	11W	72	6	20	₩ 4,800,000	₩ 720,000	₩ 200,000
28										
29	[표2]						[표3]		❹	❺
30			전체 근무시간				수업과목	수강인원 합계	월급여액 평균	
31	수강인원	0	50	100	120		네일아트	120명	₩ 4,800,000	
32	0	3%	5%	7%	7%		바이올린	117명	₩ 4,000,000	
33	20	5%	7%	7%	10%		발레	126명		
34	40	5%	7%	9%	10%		스포츠댄스	259명	₩ 2,633,333	
35	60	10%	10%	12%	15%		요가	218명	₩ 3,800,000	
36	80	10%	10%	12%	15%		음악줄넘기	314명	₩ 2,846,667	
37							하모니카	42명		

❶ 수업코드(D4)

=LOOKUP(C4,{"네일아트","바이올린","발레","스포츠댄스","요가","음악줄넘기","하모니카"},{11,22,33,44,55,66,77})&LOOKUP(MID(B4,3,1),{"1","2"},{"M","W"})

❷ 수당(I4)

=MAX(H4*VLOOKUP(E4,$A$32:$E$36,MATCH(F4*G4,$B$31:$E$31,1)+1),100000)

❸ 보너스(J4)

=fn보너스(E4,F4,G4)

[사용자 정의 함수]
Visual Basic Editor의 모듈에 다음과 같이 코드를 입력한다.

```
Public Function fn보너스(수강인원, 근무시간, 근무일수)
    If 수강인원 >= 50 And 근무시간 >= 3 And 근무일수 >= 20 Then
        fn보너스 = 200000
    Else
        fn보너스 = " "
    End If
End Function
```

❹ 수강인원 합계(H31)

{=TEXT(SUM(($C$4:$C$27=G31)*$E$4:$E$27),"0명")}

❺ 월급여액 평균(I31)

=IFERROR(AVERAGEIFS($H$4:$H$27,$C$4:$C$27,G31,$E$4:$E$27,">=50")," ")

문제 3   분석작업

01. 피벗 테이블

1. [삽입] → 표 → **피벗 테이블**을 클릭한다.
2. '피벗 테이블 만들기' 대화상자에서 '외부 데이터 원본 사용'을 선택한 후 〈연결 선택〉을 클릭한다.
3. '기존 연결' 대화상자에서 〈더 찾아보기〉를 클릭한다.
4. '데이터 원본 선택' 대화상자에서 '문화센터.xlsx'를 선택한 후 〈열기〉를 클릭한다.
5. '테이블 선택' 대화상자에서 '상반기수강현황'을 선택하고 〈확인〉을 클릭한다.

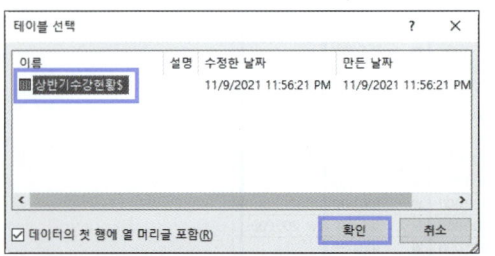

6. '피벗 테이블 만들기' 대화상자에서 피벗 테이블 보고서를 넣을 위치로 '기존 워크시트'의 'A2' 셀을 지정하고 〈확인〉을 클릭한다.
7. '피벗 테이블 필드' 창에서 각 필드를 그림과 같이 지정한다.

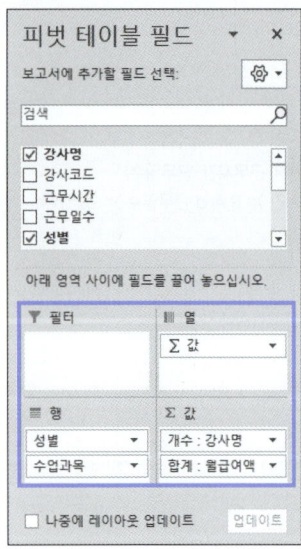

8. 작성된 피벗 테이블의 임의의 셀을 클릭한 후 [디자인] → 레이아웃 → 보고서 레이아웃 → **테이블 형식으로 표시**를 선택한다.
9. 작성된 피벗 테이블에서 값인 '월급여액'의 바로 가기 메뉴에서 [값 필드 설정]을 선택한 후 '값 필드 설정' 대화상자의 '값 표시 형식' 탭에서 그림과 같이 지정하고 〈확인〉을 클릭한다.

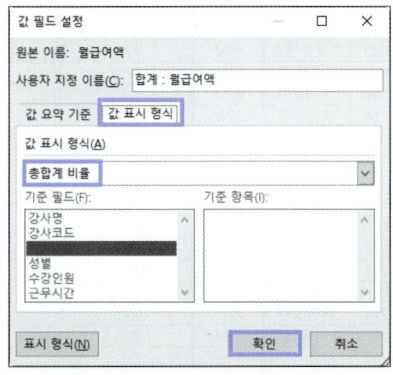

10. 작성된 피벗 테이블에서 임의의 셀을 클릭한 후 [디자인] → 피벗 테이블 스타일의 → 중간 → **연한 파랑, 피벗 스타일 보통 9**를 선택한다.
11. 작성된 피벗 테이블에서 '강사명'이 표시되어 있는 임의의 셀을 클릭한 후 바로 가기 메뉴에서 [**값 필드 설정**]을 선택한다.
12. '값 필드' 설정 대화상자에서 그림과 같이 지정한 후 〈확인〉을 클릭한다.

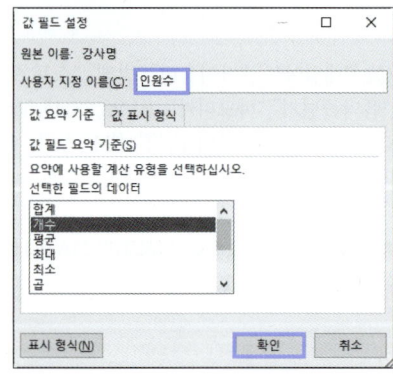

13. '월급여액'이 표시된 임의의 셀을 클릭한 후 [데이터] → 정렬 및 필터 → **숫자 내림차순 정렬(힣)**을 클릭한다.

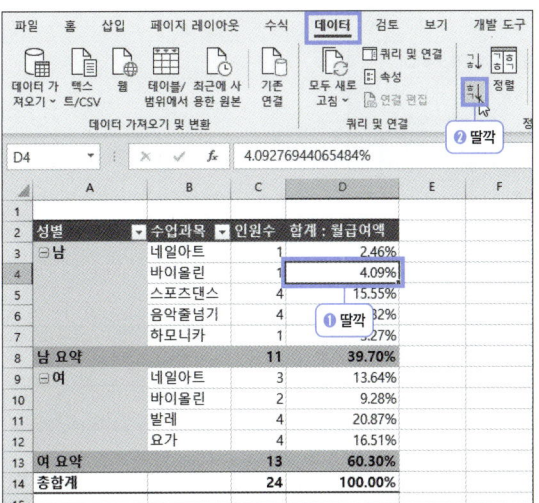

14. 요약이 표시된 셀을 선택한 후 바로 가기 메뉴에서 [**필드 설정**]을 선택한다.

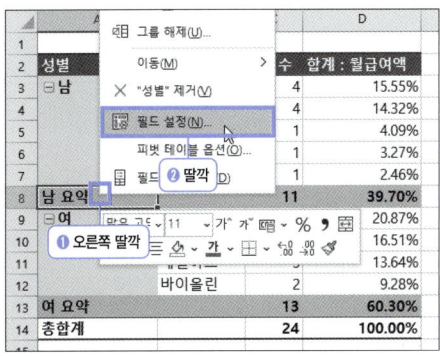

15. '필드 설정' 대화상자에서 그림과 같이 지정한 후 〈확인〉을 클릭한다.

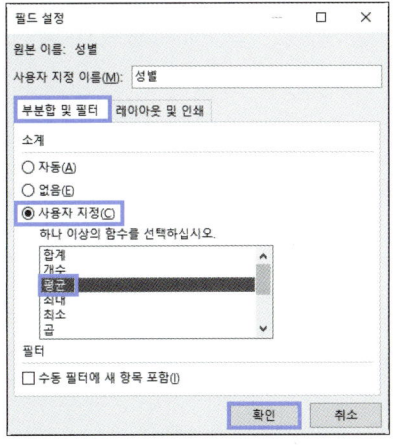

16. 작성된 피벗 테이블에서 임의의 셀을 클릭한 후 바로 가기 메뉴에서 [**피벗 테이블 옵션**]을 선택한다.

17. '피벗 테이블 옵션' 대화상자에서 그림과 같이 지정한 후 〈확인〉을 클릭한다.

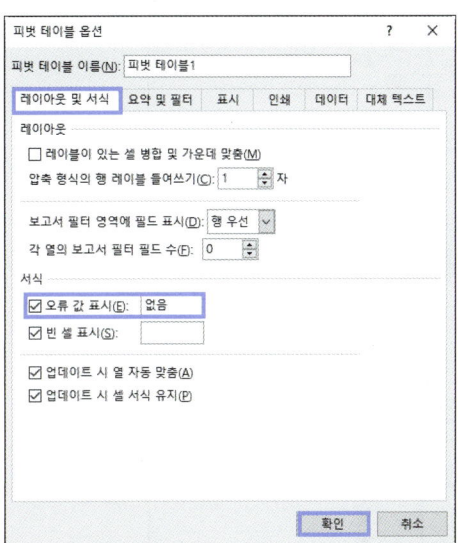

02. 데이터 유효성 검사 / 정렬

정답

	A	B	C	D	E	F	G
1							
2	강사명	수업과목	성별	수강인원	근무시간	근무일수	월급여액
3	김윤미	발레	2	6	3	20	2,400,000
4	조미영	발레	2	9	5	30	6,000,000
5	유민정	발레	2	7	3	20	2,400,000
6	정환호	스포츠댄스	1	19	3	18	2,160,000
7	이원형	스포츠댄스	2	31	3	24	2,880,000
8	이준성	음악줄넘기	1	35	5	18	3,600,000
9	윤여송	바이올린	2	12	5	20	4,000,000
10	강영준	바이올린	1	14	3	20	2,400,000
11	정태은	네일아트	2	9	2	20	1,600,000
12	이무성	음악줄넘기	1	20	1	24	960,000
13	이나영	요가	2	15	5	18	3,600,000
14	강홍식	음악줄넘기	1	23	3	20	2,400,000
15	이한나	요가	2	15	5	20	4,000,000
16	이원섭	네일아트	1	6	2	18	1,440,000
17	표정희	네일아트	2	9	2	20	1,600,000
18	이용표	스포츠댄스	1	21	3	18	2,160,000
19	최재석	음악줄넘기	1	25	2	18	1,440,000
20	홍지원	네일아트	2	12	6	20	4,800,000
21	김유식	스포츠댄스	2	23	2	24	1,920,000
22	김일심	요가	2	21	2	10	800,000
23	박유리	바이올린	2	5	3	12	1,440,000
24	황규민	요가	2	13	2	16	1,280,000
25	최대훈	하모니카	1	21	2	24	1,920,000
26	최준선	발레	2	21	2	18	1,440,000

1. '데이터 유효성' 대화상자의 '설정' 탭

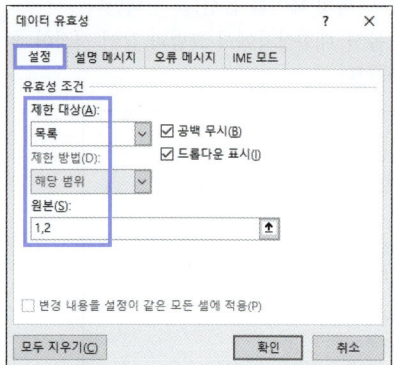

2. '데이터 유효성' 대화상자의 '설명 메시지' 탭

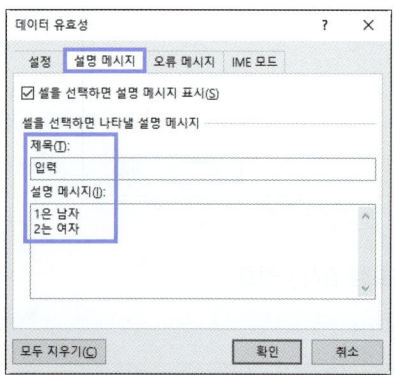

3. '데이터 유효성' 대화상자의 '오류 메시지' 탭

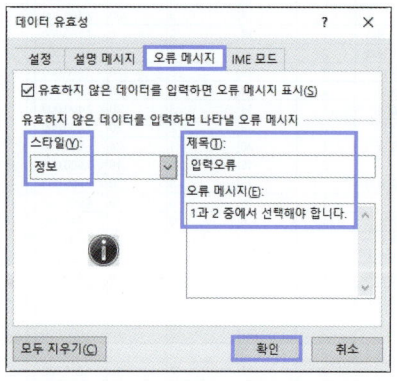

4. '정렬' 대화상자에서 〈옵션〉 단추를 클릭한 후 '정렬 옵션' 대화상자에서 '왼쪽에서 오른쪽' 선택

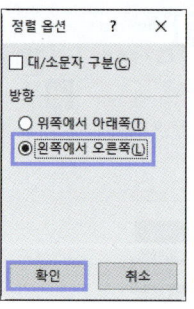

5. '정렬' 대화상자

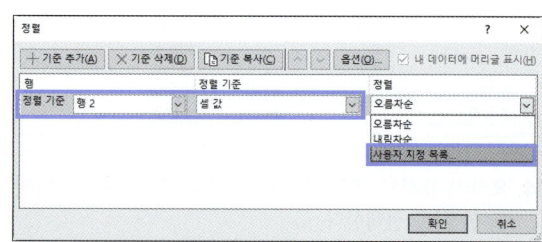

6. '사용자 지정 목록' 대화상자

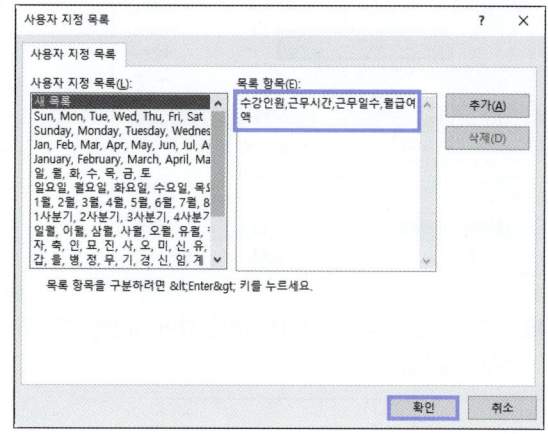

문제 4 기타작업

01. 차트

❶ 기본 세로 축과 보조 세로 축의 위치 변경

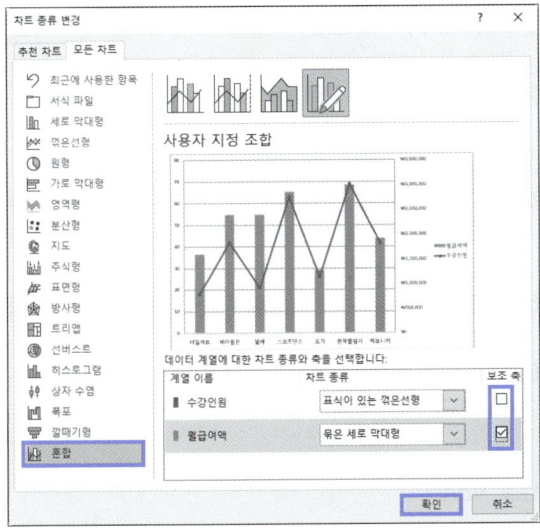

기본 세로 축과 보조 세로 축의 위치를 바꿀 때, 이미 지정된 '수강인원' 계열의 보조 축 옵션을 해제하지 않은 상태에서 '월급여액' 계열의 보조 축 옵션을 선택하면 차트의 가로 눈금선이 제거됩니다. 문제의 그림과 동일하게 가로 눈금선이 표시된 상태에서 보조 축을 변경하려면 '수강인원' 계열의 보조 축 옵션을 해제한 후 '월급여액' 계열의 보조 축 옵션을 선택해야 합니다.

❷ 기본 세로 축 제목과 보조 세로 축 제목의 텍스트 방향 변경

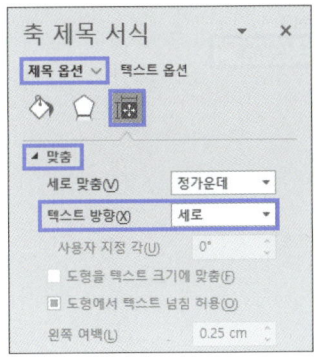

❸ 데이터 레이블 지정

'월급여액' 계열을 선택한 후 [차트 디자인] → 차트 레이아웃 → 차트 요소 추가 → 데이터 레이블 → **안쪽 끝에**를 선택한다.

❹ 데이터 계열 서식 지정

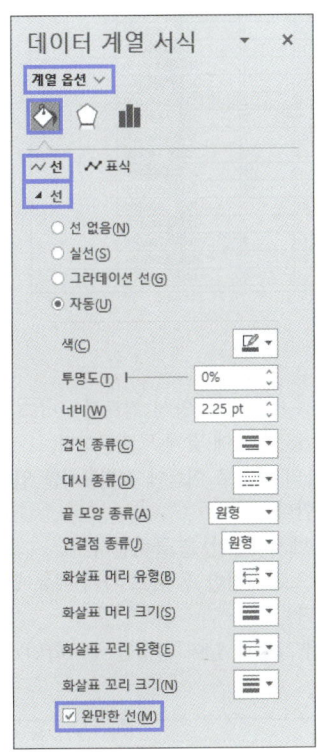

❺ 차트 영역 서식 지정

차트 영역을 선택한 후 [서식] → 도형 스타일의 ▼ → **색 윤곽선 - 검정, 어둡게 1**을 선택한다.

02. 매크로

정답

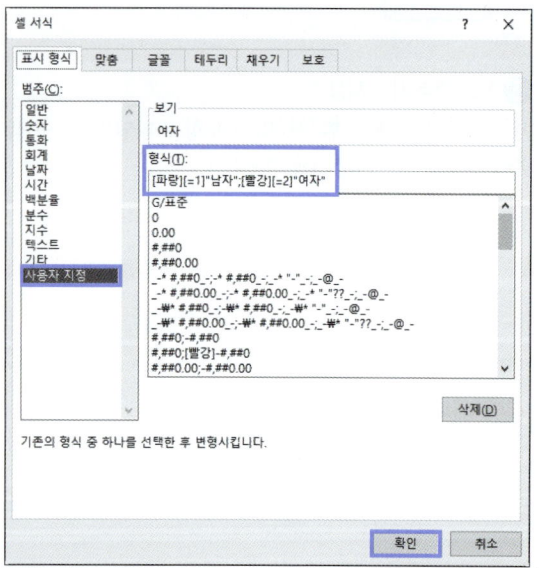

① '성별표시' 매크로

1. [개발 도구] → 컨트롤 → 삽입 → 양식 컨트롤 → □ (**단추**)를 선택한 후 [I2:I3] 영역에 맞게 드래그한다.
2. '매크로 지정' 대화상자의 매크로 이름에 **성별표시**를 입력하고 〈기록〉을 클릭한다.
3. '매크로 기록' 대화상자에서 〈확인〉을 클릭한다.
4. [C3:C26] 영역을 블록으로 지정한 후 바로 가기 메뉴에서 [**셀 서식**]을 선택한다.
5. '셀 서식' 대화상자에서 그림과 같이 지정한 후 〈확인〉을 클릭한다.

6. 임의의 셀을 클릭한 후 '기록 중지(□)' 아이콘을 클릭한다.
7. '단추'의 바로 가기 메뉴에서 [**텍스트 편집**]을 선택한 후 텍스트를 **성별표시**로 변경한다.

② '조건부서식' 매크로

1. [개발 도구] → 컨트롤 → 삽입 → 양식 컨트롤 → □ (**단추**)를 선택한 후 [I5:I6] 영역에 맞게 드래그한다.
2. '매크로 지정' 대화상자의 매크로 이름에 **조건부서식**을 입력하고 〈기록〉을 클릭한다.
3. '매크로 기록' 대화상자에서 〈확인〉을 클릭한다.
4. [G3:G26] 영역을 블록으로 지정한 후 [홈] → 스타일 → 조건부 서식 → 데이터 막대 → 그라데이션 채우기 → **빨강 데이터 막대**를 선택한다.
5. 임의의 셀을 클릭한 후 '기록 중지(□)' 아이콘을 클릭한다.
6. '단추'의 바로 가기 메뉴에서 [**텍스트 편집**]을 선택한 후 텍스트를 **조건부서식**으로 변경한다.

03. VBA

① '강사검색' 단추 클릭과 폼 초기화 프로시저

- '강사검색' 단추 클릭 프로시저

```
Private Sub cmd강사검색_Click( )
    강사정보검색.Show
End Sub
```

- 폼 초기화 프로시저

```
Private Sub UserForm_Initialize( )
    cmb강사코드.RowSource = "A3:A26"
End Sub
```

❷ '검색' 단추 클릭 프로시저

```
Private Sub cmd검색_Click( )
  ❶ 참조행 = cmb강사코드.ListIndex + 3
  ❷ txt강사명.Value = Cells(참조행, 2)
    txt수업과목.Value = Cells(참조행, 3)
    txt성별.Value = Cells(참조행, 4)
    txt수강인원.Value = Cells(참조행, 5)
    txt근무시간.Value = Cells(참조행, 6)
    txt근무일수.Value = Cells(참조행, 7)
    txt월급여액.Value = Format(Cells(참조행, 8), "#,###")
End Sub
```

❶ • cmb강사코드.ListIndex는 콤보 상자에서 선택한 강사코드의 상대위치를 반환합니다. 콤보 상자에서 상대적인 위치는 0에서 시작하므로 'DM128'을 선택하면 cmb강사코드.ListIndex는 2를 반환합니다.
  • 워크시트에서 'DM128'에 대한 정보는 5행에 입력되어 있으므로 'DM128'이 있는 행을 지정하기 위해 cmb강사코드.ListIndex에 반환한 값 2에 3을 더한 것입니다.
  • 결론적으로 3을 더한 이유는 [표1]의 실제 데이터의 위치가 워크시트의 3행부터 시작하기 때문입니다.
❷ txt강사명 컨트롤에 참조행, 2열에 있는 데이터를 표시합니다. 나머지도 동일한 방법으로 수행합니다.

❸ '종료' 단추 클릭 프로시저

```
Private Sub Cmd종료_Click( )
  MsgBox "강사는 총 " & [a1].CurrentRegion.Rows.Count-2 & "명 입니다.", , "폼 종료"
  Unload Me
End Sub
```

'[a1].CurrentRegion.Rows.Count'를 통해 [a1] 셀과 연결된 범위에 있는 데이터의 행수(26)를 구한 후 [표1]과 각 열의 필드명이 입력된 두 행을 빼주므로(-2) 전체 데이터의 개수를 구합니다(24).

	A	B	C	D	E	F	G	H
1	[표1]							
2	강사코드	강사명	수업과목	성별	수강인원	근무시간	근무일수	월급여액
3	BM124	강영준	바이올린	남	14	3	20	2,400,000
4	MM120	강홍식	음악줄넘기	남	23	3	20	2,400,000
5	DM128	김유식	스포츠댄스	남	23	2	24	1,920,000

전체 데이터의 개수

기·출·유·형 08회 2026년 컴퓨터활용능력 1급 실기

프로그램명	제한시간
EXCEL 2021	45분

수험번호 :
성　명 :

1급

〈 유 의 사 항 〉

- 인적 사항 누락 및 잘못 작성으로 인한 불이익은 수험자 책임으로 합니다.
- 화면에 암호 입력창이 나타나면 아래의 암호를 입력하여야 합니다.
  - 암호 : 51^317
- 작성된 답안은 주어진 경로 및 파일명을 변경하지 마시고 그대로 저장해야 합니다. 이를 준수하지 않으면 실격 처리됩니다.
  답안 파일명의 예 : C:\OA\수험번호8자리.xlsm
- **외부 데이터 위치 : C:\OA\파일명**
- 별도의 지시사항이 없는 경우, 다음과 같이 처리 시 실격 처리됩니다.
  - 제시된 시트 및 개체의 순서나 이름을 임의로 변경한 경우
  - 제시된 시트 및 개체를 임의로 추가 또는 삭제한 경우
  - 외부 데이터를 시험 시작 전에 열어본 경우
- 답안은 반드시 문제에서 지시 또는 요구한 셀에 입력하여야 하며 다음과 같이 처리 시 채점 대상에서 제외됩니다.
  - 제시된 함수가 있을 경우 제시된 함수만을 사용하여야 하며 그 외 함수 사용 시 채점대상에서 제외
  - 수험자가 임의로 지시하지 않은 셀의 이동, 수정, 삭제, 변경 등으로 인해 셀의 위치 및 내용이 변경된 경우 해당 작업에 영향을 미치는 관련문제 모두 채점 대상에서 제외
  - 도형 및 차트의 개체가 중첩되어 있거나 동일한 계산결과 시트가 복수로 존재할 경우 해당 개체나 시트는 채점 대상에서 제외
- 수식 작성 시 제시된 문제 파일의 데이터는 변경 가능한(가변적) 데이터임을 감안하여 문제 풀이를 하시오.
- 별도의 지시사항이 없는 경우, 주어진 각 시트 및 개체의 설정값 또는 기본 설정값(Default)으로 처리하시오.
- 저장 시간은 별도로 주어지지 않으므로 제한된 시간 내에 저장을 완료해야 하며, 제한 시간 내에 저장이 되지 않은 경우에는 실격 처리됩니다.
- 출제된 문제의 용어는 MS Office LTSC Professional Plus 2021 기준으로 작성되어 있습니다.

대한상공회의소

문제 1 기본작업(15점) 주어진 시트에서 다음 과정을 수행하고 저장하시오.

1. '기본작업' 시트에서 다음과 같이 고급 필터를 수행하시오. (5점)
   ▶ [A2:G32] 영역에서 '성명'의 끝나는 글자가 "수"이거나, '과목'이 "영어"가 아니고 '학년'이 3학년인 데이터를 표시하되 '성명', '학년', 과목, '담당강사', '수강료' 필드만 표시하시오.
   ▶ 조건은 [A34:A35] 영역에 입력하시오. (AND, OR, RIGHT 함수 사용)
   ▶ 결과는 [A37] 셀부터 표시하시오.

2. '기본작업' 시트에서 다음과 같이 조건부 서식을 설정하시오. (5점)
   ▶ [A3:G32] 영역에서 행 번호가 2의 배수이고 '과목'이 "국사"인 전체 행에 대해 글꼴 스타일은 '기울임꼴', 글꼴 색은 '표준 색 – 빨강'으로 적용하시오.
   ▶ 단, 규칙 유형은 '수식을 사용하여 서식을 지정할 셀 결정'을 사용하고, 한 개의 규칙으로만 작성하시오.
   ▶ MOD, ROW 함수 사용

3. '기본작업' 시트에서 다음과 같이 시트 보호와 통합 문서 보호를 설정하시오. (5점)
   ▶ [G3:G32] 영역에 셀 잠금과 수식 숨기기를 적용한 후 잠긴 셀의 내용과 워크시트를 보호하시오.
   ▶ 잠긴 셀의 선택과 잠기지 않은 셀의 선택은 허용하고, 시트 보호 암호는 지정하지 마시오.
   ▶ '기본작업' 시트를 페이지 나누기 미리 보기로 표시하고, [A2:G32] 영역만 1페이지로 인쇄되도록 페이지 나누기 구분선을 조정하시오.

문제 2 계산작업(30점) '계산작업' 시트에서 다음 과정을 수행하고 저장하시오.

1. [표1]의 수강코드를 이용하여 [E4:E33] 영역에 과목을 계산하여 표시하시오. (6점)
   ▶ 수강코드의 첫 번째 글자가 "가"면 "영어", "나"면 "수학", "다"면 "국어", "라"면 "국사"로 계산
   ▶ IF, LEFT 함수 사용

2. 수강료할인을 계산하는 사용자 정의 함수 'fn수강료할인'을 작성하여 계산을 수행하시오. (6점)
   ▶ 'fn수강료할인'은 수강코드와 수강료를 인수로 받아 수강료할인을 계산하는 함수이다.
   ▶ 수강료할인은 수강코드의 맨 오른쪽 글자가 "1"이면 수강료에서 10%를 할인한 금액, "2"이면 수강료에서 5%를 할인한 금액, "3"이면 수강료를 그대로 표시하시오(Select문 이용).

▶ 'fn수강료할인' 함수를 이용하여 [H4:H33] 영역에 계산하시오.

> Public Function fn수강료할인(수강코드, 수강료)
>
> End Function

3. [표1]의 수강코드를 이용하여 [표2]의 [K4:M7] 영역에 과목과 학년별 수강인원을 계산하여 표시하시오. (6점)
   ▶ 수강코드의 첫 번째와 마지막 글자를 이용하여 계산
   ▶ 수강코드의 마지막 글자는 학년을 의미함
   ▶ COUNT, IF, LEFT, RIGHT 함수를 이용한 배열 수식

4. [표1]을 이용하여 [표3]의 [K12:N12] 영역에 과목별 수강료의 합계를 계산하여 표시하시오. (6점)
   ▶ 조건은 [표3]을 이용
   ▶ DSUM 함수 사용

5. [표1]의 과목과 수강료를 이용하여 [표3]의 [K13:N13] 영역에 과목별 수강료의 평균을 계산하여 표시하시오. (6점)
   ▶ IF, AVERAGE 함수를 이용한 배열 수식

문제 3

분석작업(20점) 주어진 시트에서 다음 과정을 수행하고 저장하시오.

전문가의 조언

문제의 지시사항으로 "외부 데이터 가져오기 기능을 이용하여"라는 문구 대신에 "외부 데이터 연결 기능을 이용하여"라는 문구가 제시될 수도 있으며, 이 경우 외부 데이터 가져오기 기능을 이용하는 방법과 동일하게 작업을 수행하면 됩니다.

1. '분석작업-1' 시트에서 다음의 지시사항에 따라 피벗 테이블 보고서를 작성하시오. (10점)
   ▶ 외부 데이터 가져오기 기능을 이용하여 〈수강현황.accdb〉에서 〈1학기강의〉 테이블의 '수강코드', '성명', '학년', '수강료' 열을 이용하시오.
   ▶ 피벗 테이블 보고서의 레이아웃과 위치는 〈그림〉과 같이 설정하고, 보고서 레이아웃은 개요 형식으로 설정하시오.
   ▶ '수강코드' 필드의 첫 번째 글자가 "가"면 "영어", "나"면 "수학", "다"면 "국어", "라"면 "국사"로 그룹을 작성하시오.
   ▶ 피벗 테이블 스타일은 '연한 주황, 피벗 스타일 밝게 24'로 설정하고, '줄무늬 행' 옵션을 설정하시오.
   ▶ '성명' 필드는 개수로 계산한 후 사용자 지정 이름을 '수강생수'로 변경하시오.
   ▶ '수강료' 필드의 표시 형식은 '값 필드 설정'의 셀 서식에서 '회계' 범주를 이용하여 설정하고 '수강코드2' 필드의 순서를 〈그림〉과 같이 설정하시오.
   ▶ '수강코드2' 필드가 '국어'인 자료만 별도의 시트에 작성하시오(시트명을 '국어'로 지정하고, '분석작업-1' 시트 앞에 위치시킴).

※ 작업이 완성된 그림이며 부분점수 없음

2. '분석작업-2' 시트에 대하여 다음의 지시사항을 처리하시오. (10점)

▶ [데이터 유효성 검사] 기능을 이용하여 [B3:B18] 영역에는 5의 배수만 입력되도록 제한 대상을 설정하시오.
  - [B3:B18] 영역의 셀을 클릭한 경우 〈그림〉과 같은 설명 메시지를 표시하고, 유효하지 않은 데이터를 입력한 경우 〈그림〉과 같은 오류 메시지가 표시되도록 설정하시오.

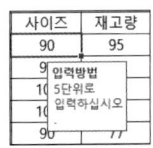 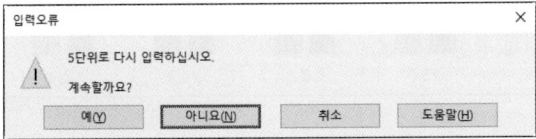

  - MOD 함수 이용

▶ [부분합] 기능을 이용하여 [표1]에서 '사이즈'별 '판매량'의 평균을 계산한 후 '의류코드'의 개수를 계산하시오.
  - '사이즈'를 기준으로 오름차순으로 정렬하고, '사이즈'가 동일한 경우 '의류코드'를 기준으로 오름차순 정렬하시오.
  - 평균과 개수는 위에 명시된 순서대로 처리하시오.

> **문제 4** **기타작업(35점)** 주어진 시트에서 다음 과정을 수행하고 저장하시오.

1. '기타작업-1' 시트에서 다음의 지시사항에 따라 차트를 수정하시오. (각 2점)

    ※ 차트는 반드시 문제에서 제공한 차트를 사용하여야 하며, 신규로 차트 작성시 0점 처리됨

    ① '3학년(E3:E8)' 데이터를 차트에 추가한 후 차트 종류를 '표식이 있는 꺾은선형'으로 변경하시오.
    ② 차트 제목을 〈그림〉과 같이 입력한 후 글꼴을 '굴림', 크기를 15로 설정하시오.
    ③ 범례 위치를 위쪽으로 지정한 후 테두리 색을 '검정, 텍스트 1'로 지정하시오.
    ④ 데이터 레이블을 〈그림〉과 같이 표시하고, '3학년' 계열의 '대시 종류'를 '사각 점선'으로 설정하시오.
    ⑤ 세로(값) 축의 최대값과 기본 단위를 〈그림〉과 같이 설정하시오.

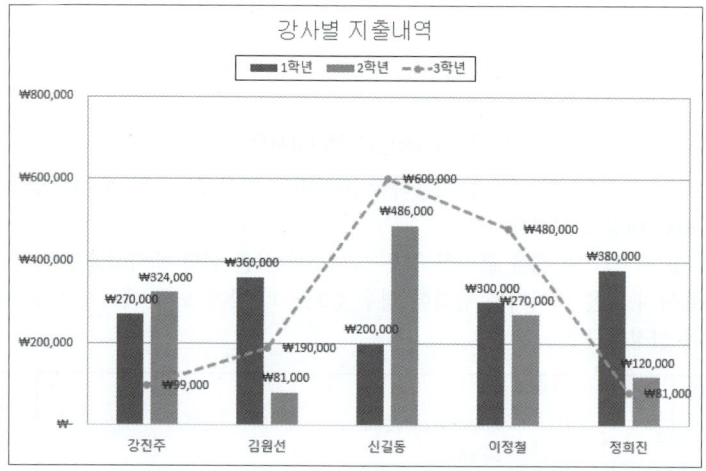

2. '기타작업-2' 시트에서 다음과 같은 기능을 수행하는 매크로를 현재 통합문서에 작성하시오. (각 5점)

    ① [C4:E8] 영역에 사용자 지정 표시 형식을 설정하는 '서식적용' 매크로를 생성하시오.
        ▶ 셀 값이 100,000 이상이면 십만 단위에서 천 단위까지 표시하고, 그 외는 만 단위와 천 단위만을 표시하시오.
        [표시 예 : 금액이 272,000인 경우 → 2십7만2천원, 81,000인 경우 → 8만1천원, 0인 경우 → 0만0천원]
        ▶ [개발 도구] → [삽입] → [양식 컨트롤]의 '단추'를 동일 시트의 [D10:D11] 영역에 생성한 후 텍스트를 "서식적용"으로 입력하고, 단추를 클릭하면 '서식적용' 매크로가 실행되도록 설정하시오
    ② [C4:E8] 영역에 조건부 서식을 적용하는 '색조보기' 매크로를 생성하시오.
        ▶ 규칙 유형은 '셀 값을 기준으로 모든 셀의 서식 지정'으로 선택하고, 서식 스타일은 '3가지 색조'로 설정하시오.

▶ 중간값의 종류를 백분율, 값을 50, 색을 '테마 색 – 흰색, 배경 1, 최대값 색을 '표준 색 – 파랑'으로 표시하시오.
▶ [개발 도구] → [삽입] → [양식 컨트롤]의 '단추'를 동일 시트의 [E10:E11] 영역에 생성한 후 텍스트를 "색조보기"로 입력하고, 단추를 클릭하면 '색조보기' 매크로가 실행되도록 설정하시오.
※ 셀 포인터의 위치에 관계없이 매크로가 실행되어야 정답으로 인정됨

3. '기타작업-3' 시트에서 다음과 같은 작업을 수행하도록 프로시저를 작성하시오. (각 5점)

① '수강등록' 단추를 클릭하면 〈수강등록〉 폼이 나타나고, 폼이 초기화되면 [I4:L12] 영역의 값이 '강의목록'(lst강의목록) 목록 상자의 목록으로 표시되고, 첫 번째 데이터가 선택되도록 프로시저를 작성하시오.

② 〈수강등록〉 폼의 '등록'(cmd등록) 단추를 클릭하면 폼에 입력된 데이터가 시트의 표에 입력되어 있는 마지막 행 다음에 연속하여 추가되도록 프로시저를 작성하시오.
▶ ListIndex와 List를 이용하시오.
▶ 선택한 옵션 단추의 Caption 속성을 이용하여 '학년'을 입력하시오.
▶ '수강료'는 천 단위마다 콤마를 표시하여 입력하시오.

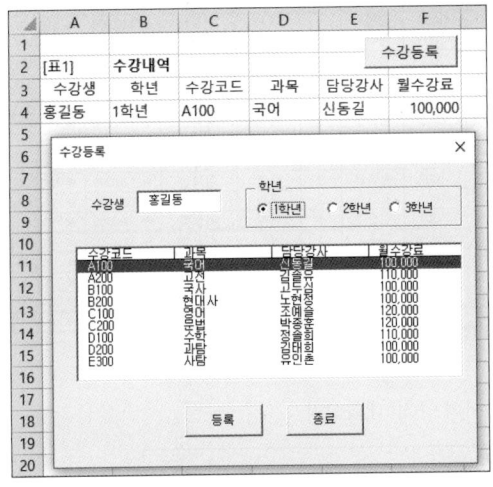

③ '기타작업-3' 시트가 활성화되면 [B2] 셀에 "수강내역"을 입력한 후 글꼴 스타일이 '굵게', 글꼴 색이 'RGB(250, 0, 0)'으로 지정되도록 구현하시오.

08회 컴퓨터활용능력 1급 실기(엑셀) 정답 및 해설

문제 1 기본작업

01. 고급 필터

정답

	A	B	C	D	E
33					
34	조건				
35	FALSE				
36					
37	성명	학년	과목	담당강사	수강료
38	여현수	1	국사	이정철	₩ 90,000
39	김현수	2	국어	고민두	₩ 100,000
40	강민성	3	국어	유삼순	₩ 110,000
41	정창영	3	국사	신길동	₩ 110,000
42	김연지	3	국사	신길동	₩ 110,000
43	강일신	3	국사	신길동	₩ 110,000
44	정민수	3	국어	유삼순	₩ 110,000
45	김희수	3	영어	강진주	₩ 120,000
46	강병규	3	수학	이호섭	₩ 120,000
47	김준수	1	국사	이정철	₩ 90,000
48	정윤호	3	국사	신길동	₩ 110,000

1. 고급 필터의 조건 및 추출할 필드명 입력

	A	B	C	D	E
33					
34	조건				
35	FALSE				
36					
37	성명	학년	과목	담당강사	수강료

[A35] : =OR(RIGHT(B3,1)="수",AND(D3<>"영어",C3=3))

2. '고급 필터' 대화상자

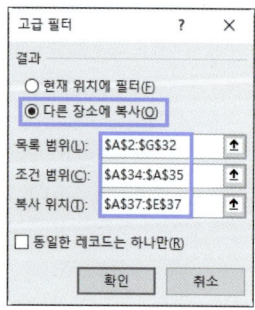

02. 조건부 서식

정답

	A	B	C	D	E	F	G
1							
2	수강코드	성명	학년	과목	담당강사	수강료	수강료할인
3	가002	김진호	2	영어	김원선	₩ 110,000	₩ 104,500
4	라001	여현수	1	국사	이정철	₩ 90,000	₩ 81,000
5	다002	김현수	2	국어	고민두	₩ 100,000	₩ 95,000
6	가003	조영상	3	영어	강진주	₩ 120,000	₩ 120,000
7	가001	지상렬	1	영어	김진민	₩ 110,000	₩ 99,000
8	다001	김애자	1	국어	정희진	₩ 90,000	₩ 81,000
9	다003	강민성	3	국어	유삼순	₩ 110,000	₩ 110,000
10	라003	정창영	3	국사	신길동	₩ 110,000	₩ 110,000
11	다001	김호준	1	국어	정희진	₩ 90,000	₩ 81,000
12	라002	송진윤	2	국사	노정현	₩ 100,000	₩ 95,000
13	다001	장원길	1	국어	정희진	₩ 90,000	₩ 81,000
14	가003	배인숙	3	영어	강진주	₩ 120,000	₩ 120,000
15	가002	우강철	2	영어	김원선	₩ 110,000	₩ 104,500
16	라001	박호준	1	국사	이정철	₩ 90,000	₩ 81,000
17	라003	김연지	3	국사	신길동	₩ 110,000	₩ 110,000
18	나001	현나현	1	수학	황민규	₩ 100,000	₩ 90,000
19	다002	정상영	2	국어	고민두	₩ 100,000	₩ 95,000
20	다001	송우선	1	국어	정희진	₩ 90,000	₩ 81,000
21	라003	강일신	3	국사	신길동	₩ 110,000	₩ 110,000
22	다003	정민수	3	국어	유삼순	₩ 110,000	₩ 110,000
23	가003	김희수	3	영어	강진주	₩ 120,000	₩ 120,000
24	나001	민경성	1	수학	황민규	₩ 100,000	₩ 90,000
25	나003	강병규	3	수학	이호섭	₩ 120,000	₩ 120,000
26	다002	김대호	2	국어	고민두	₩ 100,000	₩ 95,000
27	라001	김준수	1	국사	이정철	₩ 90,000	₩ 81,000
28	라003	정윤호	3	국사	신길동	₩ 110,000	₩ 110,000
29	다001	김원중	1	국어	정희진	₩ 90,000	₩ 81,000
30	가003	진민진	3	영어	강진주	₩ 120,000	₩ 120,000
31	가002	윤은혜	2	영어	김원선	₩ 110,000	₩ 104,500
32	라001	김여진	1	국사	이정철	₩ 90,000	₩ 81,000

'새 서식 규칙' 대화상자

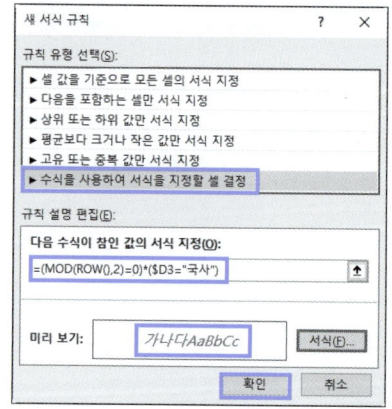

=(MOD(ROW(),2)=0)*($D3="국사")

03. 시트 보호 / 통합 문서 보기

정답

	A	B	C	D	E	F	G
1							
2	수강코드	성명	학년	과목	담당강사	수강료	수강료할인
3	가002	김진호	2	영어	김원선	₩ 110,000	₩ 104,500
4	라001	여현수	1	국사	이정철	₩ 90,000	₩ 81,000
5	다002	김현수	2	국어	고민두	₩ 100,000	₩ 95,000
6	가003	조영상	3	영어	강진주	₩ 120,000	₩ 120,000
7	가001	지상렬	1	영어	김진민	₩ 110,000	₩ 99,000
8	다001	김애자	1	국어	정희진	₩ 90,000	₩ 81,000
9	다003	강민성	3	국어	유삼순	₩ 110,000	₩ 110,000
10	라003	정창영	3	국사	신길동	₩ 110,000	₩ 110,000
11	다001	김호준	1	국어	정희진	₩ 90,000	₩ 81,000
12	라002	송진윤	2	국사	노정현	₩ 100,000	₩ 95,000
13	다001	장원길	1	국어	정희진	₩ 90,000	₩ 81,000
14	가003	배인숙	3	영어	강진주	₩ 120,000	₩ 120,000
15	가002	우강철	2	영어	김원선	₩ 110,000	₩ 104,500
16	라001	박호준	1	국사	이정철	₩ 90,000	₩ 81,000
17	라003	김연지	3	국사	신길동	₩ 110,000	₩ 110,000
18	나001	현나현	1	수학	황민규	₩ 100,000	₩ 90,000
19	다002	정상영	2	국어	고민두	₩ 100,000	₩ 95,000
20	다001	송우선	1	국어	정희진	₩ 90,000	₩ 81,000
21	라003	강일신	3	국사	신길동	₩ 110,000	₩ 110,000
22	다003	정민수	3	국어	유삼순	₩ 110,000	₩ 110,000
23	가003	김희수	3	영어	강진주	₩ 120,000	₩ 120,000
24	나001	민경성	1	수학	황민규	₩ 100,000	₩ 90,000
25	나003	강병규	3	수학	이호섭	₩ 120,000	₩ 120,000
26	다002	김대호	2	국어	고민두	₩ 100,000	₩ 95,000
27	라001	김준수	1	국사	이정철	₩ 90,000	₩ 81,000
28	라003	정윤호	3	국사	신길동	₩ 110,000	₩ 110,000
29	다001	김원중	1	국어	정희진	₩ 90,000	₩ 81,000
30	가003	진민진	3	영어	강진주	₩ 120,000	₩ 120,000
31	가002	윤은혜	2	영어	김원선	₩ 110,000	₩ 104,500
32	라001	김여진	1	국사	이정철	₩ 90,000	₩ 81,000

1. [G3:G32] 영역에 대한 '셀 서식' 대화상자

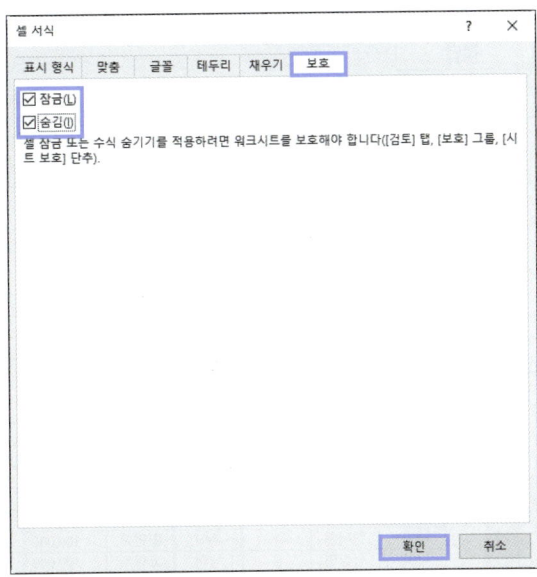

2. '시트 보호' 대화상자

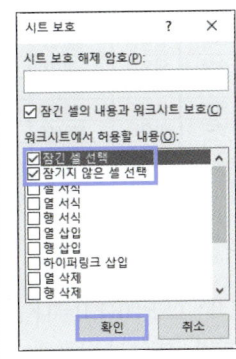

문제 2   계산작업   정답

	A	B	C	D	E	F	G	H	I	J	K	L	M	N
1														
2	[표1]									[표2] 과목별 학년별 수강인원				
3		수강코드	성명	학년	과목	담당강사	수강료	수강료할인		수강코드	1학년	2학년	3학년	
4		다001	김애자	1	국어	정희진	90,000	81,000		가	1	3	4	
5		다003	강민성	3	국어	유삼순	110,000	110,000		나	2	0	1	
6		가003	배인숙	3	영어	강진주	120,000	120,000		다	5	3	2	
7		가002	윤은혜	2	영어	김원선	110,000	104,500		라	4	1	4	
8		다003	정민수	3	국어	유삼순	110,000	110,000						
9		가003	김희수	3	영어	강진주	120,000	120,000		[표3]				
10		다001	김원중	1	국어	정희진	90,000	81,000			과목	과목	과목	과목
11		가003	진민진	3	영어	강진주	120,000	120,000			영어	수학	국사	국어
12		다002	김현수	2	국어	고민두	100,000	95,000		수강료합계	920,000	320,000	900,000	970,000
13		라003	정창영	3	국사	신길동	110,000	110,000		수강료평균	115,000	106,667	100,000	97,000
14		가002	우강철	2	영어	김원선	110,000	104,500						
15		라001	박호준	1	국사	이정철	90,000	81,000						
16		가002	김진호	2	영어	김원선	110,000	104,500						
17		라001	여현수	1	국사	이정철	90,000	81,000						
18		다003	김여진	3	국사	이정철	90,000	81,000						
19		라003	김연지	3	국사	신길동	110,000	110,000						
20		나001	현나현	1	수학	황민규	100,000	90,000						
21		다002	정상영	2	국어	고민두	100,000	95,000						
22		다001	송우선	1	국어	정희진	90,000	81,000						
23		라003	강일신	3	국사	신길동	110,000	110,000						
24		다001	김호준	1	국어	정희진	90,000	81,000						
25		라002	송진윤	2	국사	노정현	100,000	95,000						
26		다001	장원길	1	국어	정희진	90,000	81,000						
27		나001	민경성	1	수학	황민규	100,000	90,000						
28		나003	강병규	3	수학	이호섭	120,000	120,000						
29		다002	김대호	2	국어	고민두	100,000	95,000						
30		가003	조영상	3	영어	강진주	120,000	120,000						
31		가001	지상혈	1	영어	김진민	110,000	99,000						
32		라001	김준수	1	국사	이정철	90,000	81,000						
33		라003	정윤호	3	국사	신길동	110,000	110,000						

❶ 과목(E4)

=IF(LEFT(B4,1)="가","영어",IF(LEFT(B4,1)="나", "수학",IF(LEFT(B4,1)="다","국어","국사")))

❷ 수강료할인(H4)

=fn수강료할인(B4,G4)

[사용자 정의 함수]

Visual Basic Editor의 모듈에 다음과 같이 코드를 입력한다.

```
Public Function fn수강료할인(수강코드, 수강료)
    Select Case Right(수강코드, 1)
        Case "1"
            fn수강료할인 = 수강료 - 수강료 * 0.1
        Case "2"
            fn수강료할인 = 수강료 - 수강료 * 0.05
        Case Else
            fn수강료할인 = 수강료
    End Select
End Function
```

❸ 과목별 학년별 수강인원(K4)

{=COUNT(IF((LEFT($B$4:$B$33,1)=$J4)*(RIGHT ($B$4:$B$33,1)*1=K$3),1))}

=COUNT(IF((조건1) * (조건2), 1))

=COUNT(IF((LEFT($B$4:$B$33,1)=$J4)*(RIGHT($B$4:$B$33,1)*1
=K$3), 1))
       개수를_구할 값   조건1   조건2

- 조건1 : 수강코드의 첫 번째 글자가 "가"
- 조건2 : 수강코드의 끝나는 글자가 "1"
- ※ 화면에는 [K3] 셀의 내용은 서식이 적용되어 "1학년"으로 표시되어 있지만 실제 [K3] 셀에 입력된 데이터는 1입니다. RIGHT는 텍스트 함수로 결과값을 텍스트로 출력하므로, 1을 곱해 수치 데이터로 변경한 후 [K3] 셀과 비교해야 합니다.
- 개수를_구할 값 : '1'이 아닌 다른 숫자를 넣어도 결과는 동일합니다.

❹ 수강료합계(K12)
=DSUM($B$3:$H$33,$G$3,K10:K11)

❺ 수강료평균(K13)
{=AVERAGE(IF($E$4:$E$33=K11,$G$4:$G$33))}

문제 3 분석작업

01. 피벗 테이블

정답

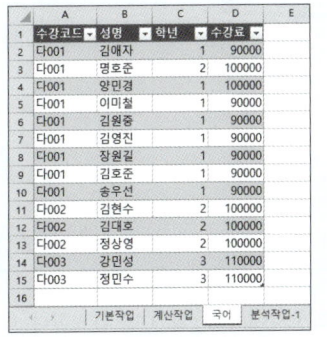

1. [데이터] → 데이터 가져오기 및 변환 → 데이터 가져오기 → 기타 원본에서 → **Microsoft Query에서**를 선택한다.
2. '데이터 원본 선택' 대화상자에서 'MS Access Database*'를 선택하고, 〈확인〉을 클릭한다.
3. '데이터베이스 선택' 대화상자에서 '수강현황.accdb'를 선택하고, 〈확인〉을 클릭한다.
4. '쿼리 마법사 – 열 선택' 대화상자에서 그림과 같이 열을 선택하고, 〈다음〉을 클릭한다.

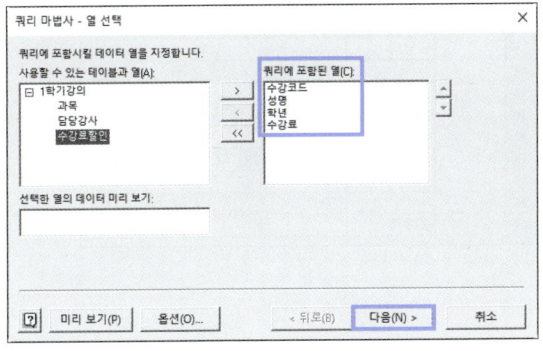

5. '쿼리 마법사 – 데이터 필터' 대화상자에서 〈다음〉을 클릭한다.
6. '쿼리 마법사 – 정렬 순서' 대화상자에서 〈다음〉을 클릭한다.
7. '쿼리 마법사 – 마침' 대화상자에서 〈마침〉을 클릭한다.
8. '데이터 가져오기' 대화상자에서 표시할 방법으로 '피벗 테이블 보고서'를, 작성 위치로 '기존 워크시트', [B5] 셀을 지정하고 〈확인〉을 클릭한다.
9. '피벗 테이블 필드' 창에서 각 필드를 그림과 같이 지정한다.

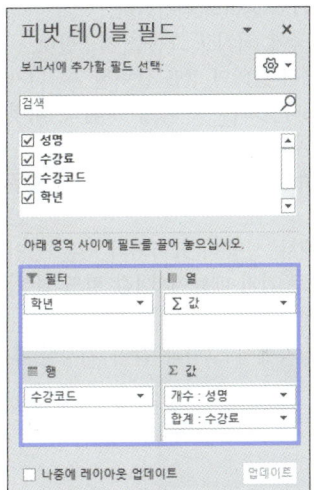

10. 작성된 피벗 테이블에서 임의의 셀을 클릭한 후 [디자인] → 레이아웃 → 보고서 레이아웃 → **개요 형식으로 표시**를 선택한다.
11. 작성된 피벗 테이블에서 값인 '수강료'의 바로 가기 메뉴에서 [값 요약 기준] → **평균**을 선택한다.

12. 작성된 피벗 테이블의 행 레이블에서 첫 글자가 "가"인 영역을 블록으로 지정한 후 바로 가기 메뉴에서 [**그룹**]을 선택한다.

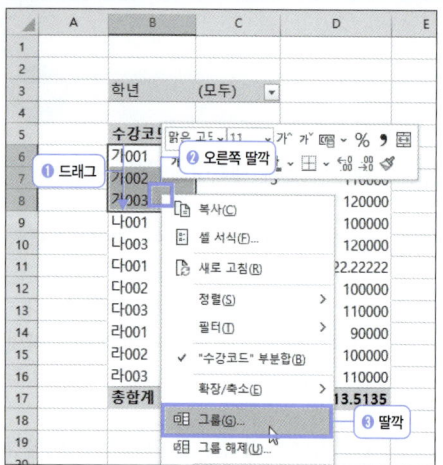

13. 수식 입력줄에서 '그룹1'을 **영어**로 변경한다.
14. 같은 방법으로 수학, 국어, 국사도 그룹을 지정한다.
15. 작성된 피벗 테이블에서 임의의 셀을 클릭한 후 [디자인] → 피벗 테이블 스타일의 ▼ → 밝게 → **흰색, 피벗 스타일 밝게 24**를 선택한다.
16. 이어서 [디자인] → 피벗 테이블 스타일 옵션 → **줄무늬 행**을 선택한다.
17. 작성된 피벗 테이블에서 '성명'이 표시되어 있는 임의의 셀을 클릭한 후 바로 가기 메뉴에서 [**값 필드 설정**]을 선택한다.
18. '값 필드 설정' 대화상자에서 그림과 같이 지정한 후 〈확인〉을 클릭한다.

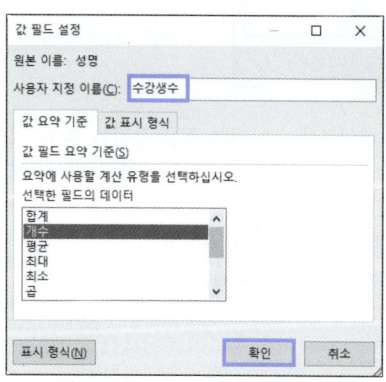

19. 작성된 피벗 테이블에서 '수강료'가 표시되어 있는 임의의 셀을 클릭한 후 바로 가기 메뉴에서 [**값 필드 설정**]을 선택한다.
20. '값 필드 설정' 대화상자에서 〈표시 형식〉을 클릭한다.
21. '셀 서식' 대화상자에서 그림과 같이 지정한 후 〈확인〉을 클릭한다.

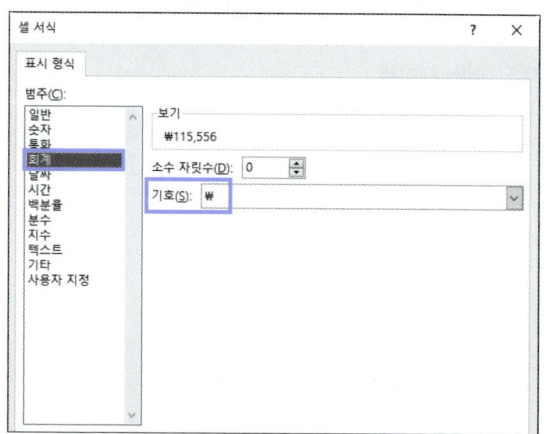

22. '값 필드 설정' 대화상자에서도 〈확인〉을 클릭한다.
23. '수강코드2' 중 첫 번째 영역에 표시할 '국어'를 마우스로 클릭한 후 테두리 부분을 5행으로 드래그한다.

24. 나머지도 같은 방법으로 정렬한다.
25. [D6] 셀이나 [E6] 셀을 더블클릭한다. '분석작업-1' 시트 앞에 생성된 시트의 이름을 **국어**로 변경한다.

1. '데이터 유효성' 대화상자의 '설정' 탭

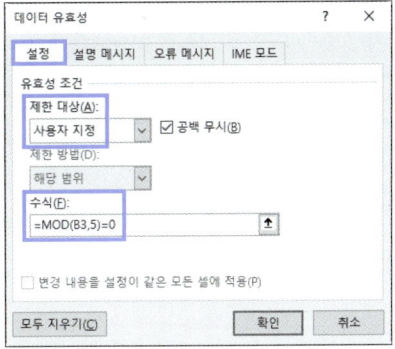

2. '데이터 유효성' 대화상자의 '설명 메시지' 탭

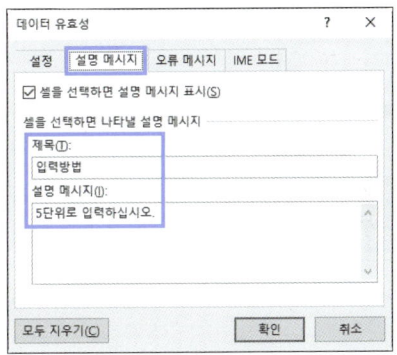

3. '데이터 유효성' 대화상자의 '오류 메시지' 탭

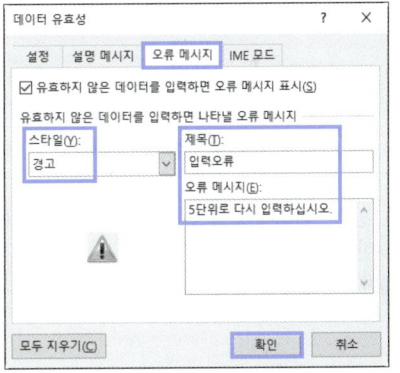

02. 데이터 유효성 검사 / 부분합

정답

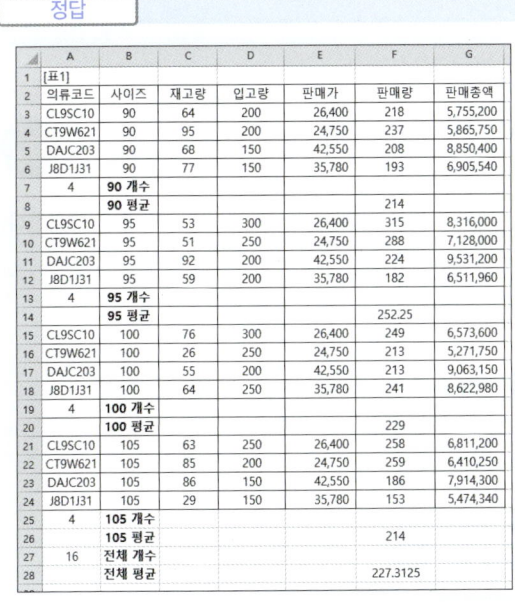

4. '정렬' 대화상자

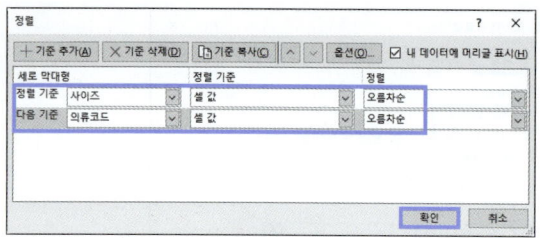

5. 1차 사이즈별 판매량의 평균 '부분합' 대화상자

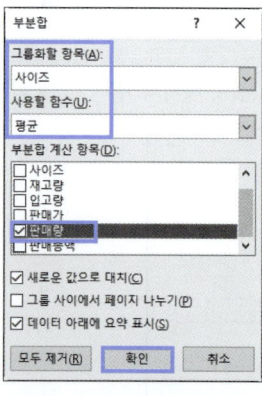

6. 2차 사이즈별 의류코드의 개수 '부분합' 대화상자

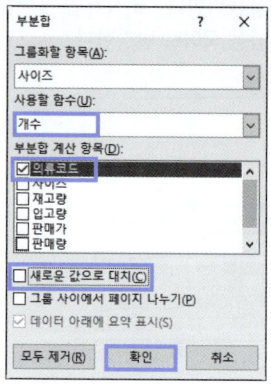

문제 4 기타작업 (정답)

01. 차트

① '3학년(E3:E8)' 추가

1. 차트 영역의 바로 가기 메뉴에서 [**데이터 선택**]을 선택한다.
2. '데이터 원본 선택' 대화상자에서 범례 항목(계열)의 〈추가〉를 클릭한다.
3. '계열 편집' 대화상자에서 그림과 같이 지정하고 〈확인〉을 클릭한다.

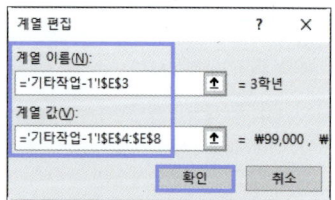

4. '데이터 원본 선택' 대화상자에서도 〈확인〉을 클릭한다.

[E3:E8] 영역을 블록으로 지정하고 Ctrl+C를 눌러 복사한 후 차트를 선택한 다음 Ctrl+V를 눌러 붙여넣기 해도 됩니다.

③ 범례 위치 및 서식 지정

• 범례 위치 지정

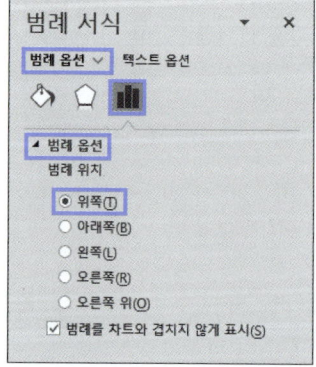

- 범례 테두리 색 지정

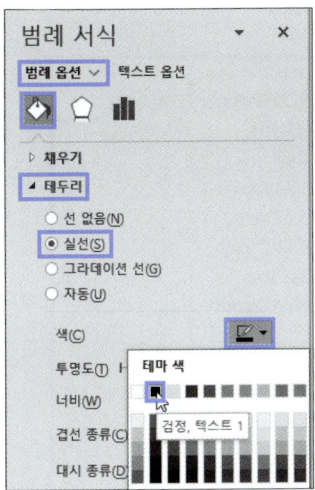

④ '3학년' 계열의 '대시 종류' 변경

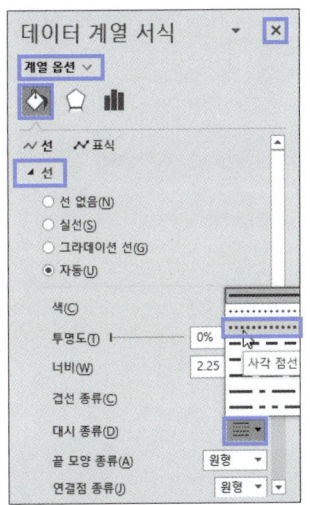

⑤ 세로(값) 축 서식 지정

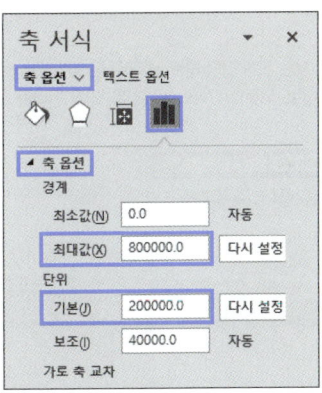

02. 매크로

정답

	A	B	C	D	E
1					
2		강사별 지출내역			
3		강사명	1학년	2학년	3학년
4		강진주	2십7만2천원	3십2만4천원	9만9천원
5		김원선	3십6만4천원	8만1천원	1십9만2천원
6		신길동	2십0만3천원	4십8만6천원	6십1만3천원
7		이정철	3십2만3천원	7만0천원	4십8만6천원
8		정희진	3십8만1천원	1십2만0천원	8만1천원
9					
10				서식적용	색조보기
11					

❶ '서식적용' 매크로

1. [개발 도구] → 컨트롤 → 삽입 → **양식 컨트롤**에서 '단추'를 선택한 후 [D10:D11] 영역에 맞게 드래그한다.
2. '매크로 지정' 대화상자의 매크로 이름에 **서식적용**을 입력하고, 〈기록〉을 클릭한다.
3. '매크로 기록' 대화상자에서 〈확인〉을 클릭한다.
4. 서식을 적용할 [C4:E8] 영역을 블록으로 지정한 후 Ctrl + 1 을 누른다.
5. '셀 서식' 대화상자에서 그림과 같이 지정한 후 〈확인〉을 클릭한다.

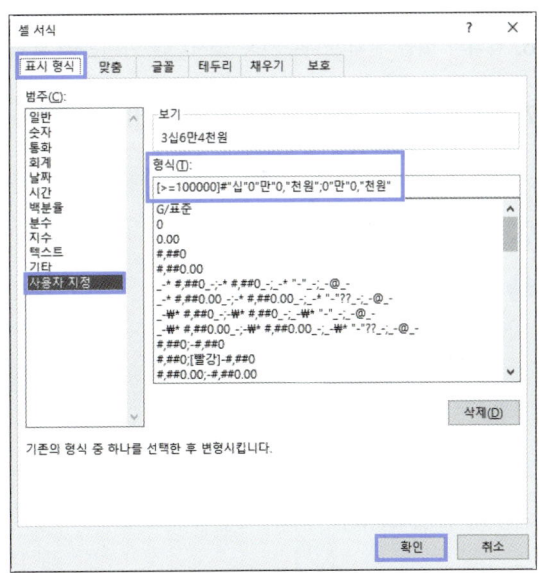

6. 임의의 셀을 클릭한 후 '기록 중지(□)' 아이콘을 클릭한다.
7. '단추'의 바로 가기 메뉴에서 [텍스트 편집]을 선택한 후 텍스트를 **서식적용**으로 수정한다.

❷ '색조보기' 매크로

1. [개발 도구] → 컨트롤 → 삽입 → **양식 컨트롤**에서 '단추'를 선택한 후 [E10:E11] 영역에 맞게 드래그한다.
2. '매크로 지정' 대화상자의 매크로 이름에 **색조보기**를 입력하고, 〈기록〉을 클릭한다.
3. '매크로 기록' 대화상자에서 〈확인〉을 클릭한다.
4. 서식을 적용할 [C4:E8] 영역을 블록으로 지정한 후 [홈] → 스타일 → 조건부 서식 → **새 규칙**을 선택한다.
5. '새 서식 규칙' 대화상자에서 그림과 같이 지정하고, 〈확인〉을 클릭한다.

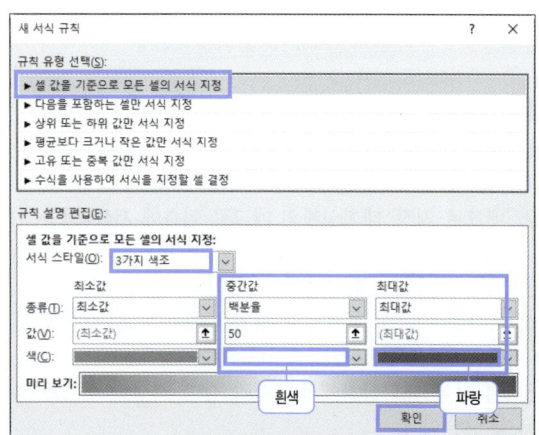

6. 임의의 셀을 클릭한 후 '기록 중지(□)' 아이콘을 클릭한다.
7. '단추'의 바로 가기 메뉴에서 [**텍스트 편집**]을 선택한 후 텍스트를 **색조보기**로 수정한다.

03. VBA

❶ '수강등록' 단추 클릭과 폼 초기화 프로시저

- '수강등록' 단추 클릭 프로시저

```
Private Sub cmd수강등록_Click( )
    수강등록.Show
End Sub
```

- 폼 초기화 프로시저

```
Private Sub UserForm_Initialize( )
    lst강의목록.RowSource = "i4:l12"
    lst강의목록.Value = lst강의목록.List(0, 0)
End Sub
```

❷ '등록' 단추 클릭 프로시저

```
Private Sub cmd등록_Click( )
 ❶  참조행 = lst강의목록.ListIndex
 ❷  입력행 = [A2].Row + [A2].CurrentRegion.Rows.Count
 ❸  Cells(입력행, 1) = txt수강생.Value
 ❹  If opt1학년.Value = True Then
 ❺      Cells(입력행, 2) = opt1학년.Caption
 ❻  ElseIf opt2학년.Value = True Then
 ❼      Cells(입력행, 2) = opt2학년.Caption
 ❽  ElseIf opt3학년.Value = True Then
 ❾      Cells(입력행, 2) = opt3학년.Caption
    End If
 ❿  Cells(입력행, 3) = lst강의목록.List(참조행, 0)
    Cells(입력행, 4) = lst강의목록.List(참조행, 1)
    Cells(입력행, 5) = lst강의목록.List(참조행, 2)
    Cells(입력행, 6) = Format(lst강의목록.List(참조행, 3), "#,###")
End Sub
```

❶ lst강의목록.ListIndex는 목록 상자에서 선택한 강의의 상대 위치를 반환합니다. 목록 상자에서 상대적인 위치는 0에서 시작하므로 'B100'을 선택했다면 lst강의목록.ListIndex는 2를 반환합니다.
❷ '입력행' 변수에 [A2] 셀의 행 번호인 2와 [A2] 셀과 연결된 범위에 있는 데이터의 행 수를 더하여 치환합니다.
❸ txt수강생 컨트롤의 값을 입력행 1열에 입력합니다.
❹ opt1학년을 선택했으면 ❺를 수행하고(입력행 2열에 opt1학년 컨트롤의 캡션, 즉 "1학년" 입력) If문을 종료합니다.
❻ opt2학년을 선택했으면 ❼을 수행하고(입력행 2열에 "2학년" 입력) If문을 종료합니다.
❽ opt3학년을 선택했으면 ❾를 수행하고(입력행 2열에 "3학년" 입력) If문을 종료합니다.
❿ 입력행 3열에 lst강의목록 목록 상자의 참조행 0열의 값(수강코드)을 표시합니다. 나머지도 동일한 방법으로 수행합니다.

❸ 워크시트 활성화 이벤트 프로시저

```
Private Sub Worksheet_Activate( )
    [B2] = "수강내역"
    [B2].Font.Bold = True
    [B2].Font.Color = RGB(250, 0, 0)
End Sub
```

'Worksheet_Activate( )' 프로시저는 개체 선택 콤보 상자에서 'Worksheet'를 선택한 후 프로시저 선택 콤보 상자에서 'Activate' 프로시저를 선택하면 나타납니다.

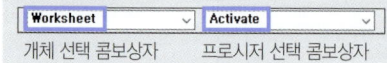

개체 선택 콤보상자   프로시저 선택 콤보상자

09회 2026년 컴퓨터활용능력 1급 실기

프로그램명	제한시간
EXCEL 2021	45분

수험번호 :
성　명 :

1급

〈 유 의 사 항 〉

- 인적 사항 누락 및 잘못 작성으로 인한 불이익은 수험자 책임으로 합니다.
- 화면에 암호 입력창이 나타나면 아래의 암호를 입력하여야 합니다.
  - 암호 : 4795*6
- 작성된 답안은 주어진 경로 및 파일명을 변경하지 마시고 그대로 저장해야 합니다. 이를 준수하지 않으면 실격 처리됩니다.
  답안 파일명의 예 : C:\OA\수험번호8자리.xlsm
- **외부 데이터 위치 : C:\OA\파일명**
- 별도의 지시사항이 없는 경우, 다음과 같이 처리 시 실격 처리됩니다.
  - 제시된 시트 및 개체의 순서나 이름을 임의로 변경한 경우
  - 제시된 시트 및 개체를 임의로 추가 또는 삭제한 경우
  - 외부 데이터를 시험 시작 전에 열어본 경우
- 답안은 반드시 문제에서 지시 또는 요구한 셀에 입력하여야 하며 다음과 같이 처리 시 채점 대상에서 제외됩니다.
  - 제시된 함수가 있을 경우 제시된 함수만을 사용하여야 하며 그 외 함수 사용 시 채점대상에서 제외
  - 수험자가 임의로 지시하지 않은 셀의 이동, 수정, 삭제, 변경 등으로 인해 셀의 위치 및 내용이 변경된 경우 해당 작업에 영향을 미치는 관련문제 모두 채점 대상에서 제외
  - 도형 및 차트의 개체가 중첩되어 있거나 동일한 계산결과 시트가 복수로 존재할 경우 해당 개체나 시트는 채점 대상에서 제외
- 수식 작성 시 제시된 문제 파일의 데이터는 변경 가능한(가변적) 데이터임을 감안하여 문제 풀이를 하시오.
- 별도의 지시사항이 없는 경우, 주어진 각 시트 및 개체의 설정값 또는 기본 설정값(Default)으로 처리하시오.
- 저장 시간은 별도로 주어지지 않으므로 제한된 시간 내에 저장을 완료해야 하며, 제한 시간 내에 저장이 되지 않은 경우에는 실격 처리됩니다.
- 출제된 문제의 용어는 MS Office LTSC Professional Plus 2021 기준으로 작성되어 있습니다.

대한상공회의소

문제 1

기본작업(15점) 주어진 시트에서 다음 과정을 수행하고 저장하시오.

1. '기본작업-1' 시트에서 다음과 같이 고급 필터를 수행하시오. (5점)

- ▶ [A2:G26] 영역에서 '판매금액'이 '판매금액'의 평균 이상이고, '분류'가 "컴퓨터" 또는 "사회과학"인 데이터 중 '판매일', '분류', '도서번호', '수량', '판매금액'만을 표시하시오.
- ▶ 조건은 [A28:A29] 영역 내에 알맞게 입력하시오. (AND, OR, AVERAGE 함수 사용)
- ▶ 결과는 [A31] 셀부터 표시하시오.

2. '기본작업-1' 시트에서 다음과 같이 조건부 서식을 설정하시오. (5점)

- ▶ [A3:G26] 영역에서 '판매일'이 가장 빠른 날과 가장 늦은 날의 행 전체에 대해 글꼴 색은 '표준 색 – 빨강', 글꼴 스타일은 '굵은 기울임꼴'로 적용하시오.
- ▶ 단, 규칙 유형은 '수식을 사용하여 서식을 지정할 셀 결정'을 사용하고, 한 개의 규칙으로만 작성하시오.
- ▶ OR, MAX, MIN 함수 사용

3. '기본작업-2' 시트에서 다음과 같이 페이지 레이아웃을 설정하시오. (5점)

- ▶ 인쇄 용지가 가로로 인쇄되도록 용지 방향을 설정하고, 열이 추가돼도 너비는 한 페이지에 인쇄되고 최대 두 페이지까지 인쇄되도록 설정하시오.
- ▶ 매 페이지 하단의 가운데 구역에는 페이지 번호가 [표시 예]와 같이 표시되도록 바닥글을 설정하시오.
  [표시 예 : 현재 페이지 번호가 1이고, 전체 페이지 번호가 3인 경우 → 1/3]
- ▶ 워크시트에 삽입된 그림, 도형 등 그래픽 요소는 제외하고 텍스트만 인쇄되도록 설정하고, 페이지 여백을 '좁게'로 설정하시오.

문제 2

계산작업(30점) '계산작업' 시트에서 다음 과정을 수행하고 저장하시오.

1. [표1]의 판매일에서 주말을 제외한 5일 후의 날짜를 반품가능일로 계산하여 [F4:F27] 영역에 표시하시오. (6점)

- ▶ 표시 예 : 01월 08일
- ▶ WORKDAY, TEXT 함수 사용

2. 할인액을 결정하는 사용자 정의 함수 'fn할인액'을 작성하여 계산을 수행하시오. (6점)

- ▶ 'fn할인액'은 판매일과 금액을 인수로 받아 할인액을 계산하는 함수이다.
- ▶ 할인액은 마지막 할인날(J2) 이전에 판매된 경우에만 금액의 15%를, 그렇지 않은 경우는 0으로 계산하시오.
- ▶ 'fn할인액' 함수를 이용하여 [J4:J27] 영역에 할인액을 표시하시오.

```
Public Function fn할인액(판매일, 금액)

End Function
```

3. [표1]의 분류와 판매일을 이용하여 [표2]의 [C31:F34] 영역에 판매월과 분류별 판매건수를 계산하여 표시하시오. (6점)
  ▶ SUM, MONTH 함수를 이용한 배열 수식

4. [표1]의 고객코드와 정가를 이용하여 [표3]의 [J31:J32] 영역에 고객코드별 가장 큰 정가를 계산하여 표시하시오. (6점)
  ▶ IF, MAX, LEFT 함수를 이용한 배열 수식

5. [표1]을 이용하여 [표4]의 [I35] 셀에 분류가 "취미/레저"인 고객 중 금액이 가장 많은 고객의 고객코드를 계산하여 표시하시오. (6점)
  ▶ INDEX, MATCH, MAX 함수를 이용한 배열 수식

문제 3

분석작업(20점) 주어진 시트에서 다음 과정을 수행하고 저장하시오.

1. '분석작업-1' 시트에서 다음의 지시사항에 따라 피벗 테이블 보고서를 작성하시오. (10점)
  ▶ 외부 데이터 원본으로 〈도서판매.accdb〉에서 〈상반기판매〉 테이블을 이용하시오.
  ▶ 피벗 테이블 보고서의 레이아웃과 위치는 〈그림〉과 같이 설정하고, 보고서 레이아웃은 개요 형식으로 설정하시오.
  ▶ '고객코드' 필드의 첫 번째 글자가 "I"면 "온라인", "O"면 "오프라인"으로 그룹을 지정한 후 그룹 하단에 부분합을 표시하시오.
  ▶ '확장(+)/축소(-)' 단추가 표시되지 않도록 설정하시오.
  ▶ 피벗 테이블 스타일은 '밝은 회색, 피벗 스타일 밝게 15'로 설정하고, '금액' 필드의 표시 형식은 '값 필드 설정'의 셀 서식에서 '회계' 범주를 이용하여 설정하시오.
  ▶ '분류' 필드는 '소설'만 나타나도록 지정하시오.

	A	B	C	D	E
1					
2		분류	소설		
3					
4		고객코드2	고객코드	합계 : 수량	합계 : 금액
5		온라인			
6			I007	1	₩ 19,800
7			I010	4	₩ 68,000
8			I046	12	₩ 264,000
9		온라인 요약		17	₩ 351,800
10		오프라인			
11			O015	7	₩ 61,600
12			O025	8	₩ 56,000
13			O050	5	₩ 99,000
14		오프라인 요약		20	₩ 216,600
15		총합계		37	₩ 568,400

※ 작업이 완성된 그림이며 부분 점수는 없음

2. '분석작업-2' 시트에 대하여 다음의 지시사항을 처리하시오. (10점)
  ▶ [데이터 유효성 검사] 기능을 이용하여 온라인, 오프라인 시트의 [C3:C14] 영역에는 '소설', '취미/레저', '컴퓨터', '사회과학' 목록이 입력되도록 제한 대상을 설정하시오.

- 온라인, 오프라인 시트의 [C3:C14] 영역의 셀을 클릭한 경우 〈그림〉과 같은 설명 메시지를 표시하고, 유효하지 않은 데이터를 입력한 경우 〈그림〉과 같은 오류 메시지가 표시되도록 설정하시오.

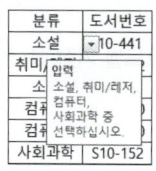 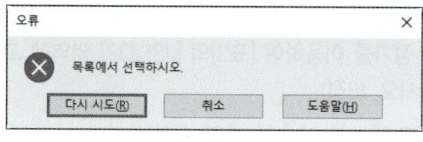

▶ [통합] 기능을 이용하여 온라인, 오프라인 시트의 [A2:G14] 영역에 있는 데이터에 대해 분류별 '수량'과 '판매금액'의 최대값을 '분석작업-2' 시트의 [A2] 셀부터 표시하시오.

※ 참조 영역의 데이터가 변경되면 통합 표의 결과도 자동 업데이트 되도록 설정하시오.

	A	B	C	D
1	[표3]			
2	분류		수량	판매금액
9	소설		12	250,800
17	취미/레저		7	79,800
24	컴퓨터		10	188,100
30	사회과학		9	142,560

문제 4 기타작업(35점) 주어진 시트에서 다음 과정을 수행하고 저장하시오.

1. '기타작업-1' 시트에서 다음의 지시사항에 따라 차트를 수정하시오. (각 2점)

※ 차트는 반드시 문제에서 제공한 차트를 사용하여야 하며, 신규로 차트 작성시 0점 처리됨

① '수량' 계열의 차트 종류를 '표식이 있는 꺾은선형'으로 변경한 후 보조 축을 지정하시오.

② 차트 제목과 각 축 제목을 〈그림〉과 같이 입력한 후 세로(값) 축의 값이 거꾸로 표시되도록 설정하시오.

③ '수량' 계열의 계열 이름을 "판매수량"으로 변경하시오.

④ 차트 영역의 차트 스타일을 '스타일 4'로 지정한 후 가로 주 눈금선을 '파선'으로 표시하시오.

⑤ '판매금액' 계열을 '꽃다발' 질감으로 채우고, 차트 영역을 도형 효과의 '네온: 5pt, 파랑, 강조색 1' 네온으로 지정하시오.

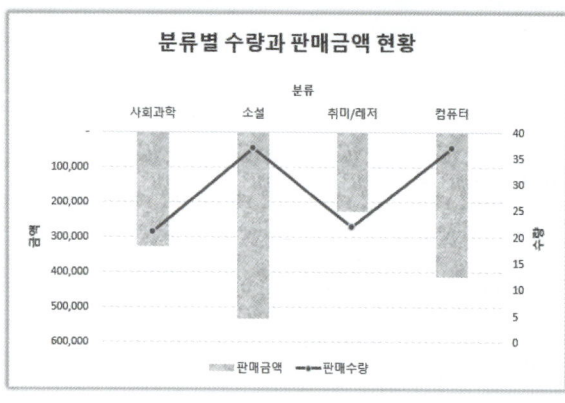

2. '기타작업-2' 시트에서 다음과 같은 기능을 수행하는 매크로를 현재 통합문서에 작성하시오. (각 5점)

① [B3:B12] 영역에 사용자 지정 표시 형식을 설정하는 '존칭표시' 매크로를 생성하시오.
  ▶ 셀 값 뒤에 "님" 자 표시
  ▶ [개발 도구] → [삽입] → [양식 컨트롤]의 '단추'를 동일 시트의 [G2:G3] 영역에 생성한 후 텍스트를 "존칭표시"로 입력하고, 단추를 클릭하면 '존칭표시' 매크로가 실행되도록 설정하시오.

② [E3:E12] 영역에 사용자 지정 표시 형식을 설정하는 '할인표시' 매크로를 생성하시오.
  ▶ 셀 값이 50,000 이상이면 빨강색으로 금액과 "[10%할인]" 표시, 10,000 이상이면 금액과 "[5%할인]" 표시, 그 외는 금액과 "[할인안됨]" 표시
  [표시 예 : 12,500인 경우 → 12,500원 [5%할인], 0인 경우 → 0원 [할인안됨]
  ▶ [개발 도구] → [삽입] → [양식 컨트롤]의 '단추'를 동일 시트의 [G4:G5] 영역에 생성한 후 텍스트를 "할인표시"로 입력하고, 단추를 클릭하면 '할인표시' 매크로가 실행되도록 설정하시오.

3. '기타작업-3' 시트에서 다음과 같은 작업을 수행하도록 프로시저를 작성하시오. (각 5점)

① '판매등록' 단추를 클릭하면 〈판매현황〉 폼이 나타나고, 폼이 초기화되면 '분류'(cmb분류) 콤보 상자의 목록에 "사회과학", "소설", "취미/레저", "컴퓨터"가 추가되는 프로시저를 작성하시오(With, Additem 이용).

② 〈판매현황〉 폼의 '등록'(cmd등록) 단추를 클릭하면 폼에 입력된 데이터가 시트의 표에 입력되어 있는 마지막 행 다음에 연속하여 추가되도록 프로시저를 작성하시오.
  ▶ '판매일'에는 현재 날짜가 입력되도록 설정하시오.
  ▶ '고객코드'와 '도서번호'는 항상 대문자로 입력되도록 설정하시오(Ucase 함수 사용).
  ▶ '금액'은 '수량×정가'로 계산하여 입력하시오.
  ▶ 추가 후에는 '고객코드'(txt고객코드) 컨트롤로 포커스가 이동되도록 설정하시오.

③ 〈판매현황〉 폼의 '닫기'(cmd닫기) 단추를 클릭하면 사용자 정의 폼이 메모리에서 제거되도록 프로시저를 작성하시오.

09회 컴퓨터활용능력 1급 실기(엑셀) 정답 및 해설

문제 1 · 기본작업

01. 고급 필터

정답

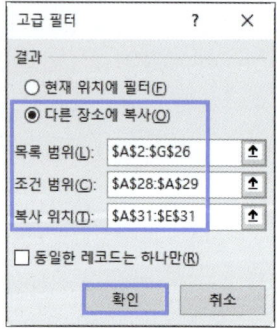

1. 고급 필터의 조건 및 추출할 필드명 입력

[A29] : =AND(G3>=AVERAGE($G$3:$G$26),OR(C3="컴퓨터",C3="사회과학"))

2. '고급 필터' 대화상자

02. 조건부 서식

정답

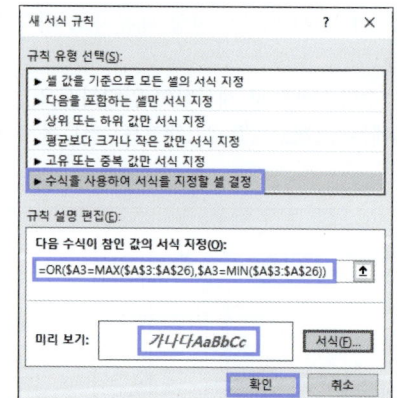

'새 서식 규칙' 대화상자

=OR($A3=MAX($A$3:$A$26),$A3=MIN($A$3:$A$26))

03. 페이지 레이아웃

정답

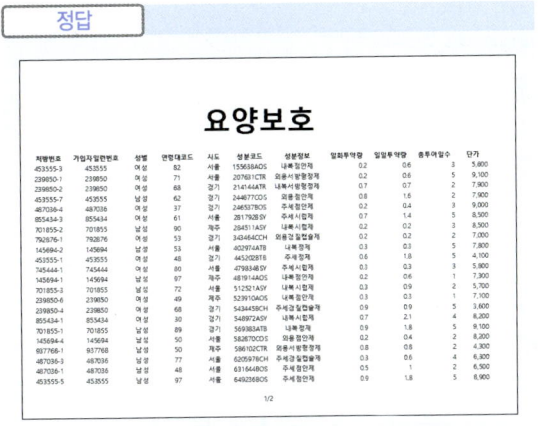

1. '페이지 설정' 대화상자의 '페이지' 탭

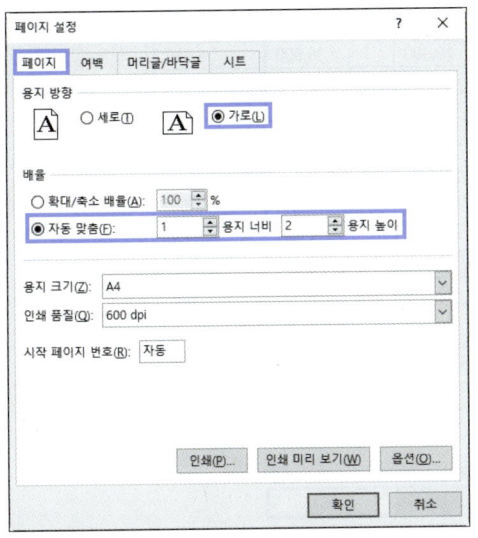

2. '바닥글' 대화상자

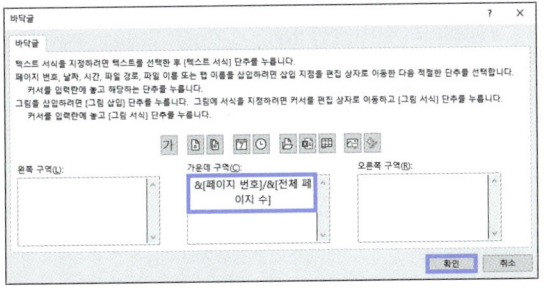

3. '페이지 설정' 대화상자의 '시트' 탭

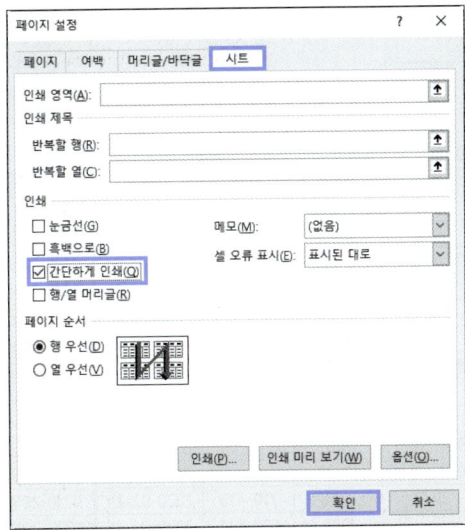

4. [페이지 레이아웃] → 페이지 설정 → 여백 → **좁게** 선택

문제 2 계산작업

[표1]

분류	고객코드	도서번호	판매일	반품가능일 ❶	수량	정가	금액	마지막 할인날 2020-03- ❷ 할인액
컴퓨터	I001	C10-519	2020-01-01	01월 08일	10	19,800	198,000	29,700
소설	O050	J10-250	2020-03-05	03월 12일	5	19,800	99,000	14,850
취미/레저	O051	G10-455	2020-04-14	04월 21일	7	12,000	84,000	-
사회과학	I006	S10-152	2020-02-15	02월 21일	3	9,900	29,700	4,455
컴퓨터	O050	C20-250	2020-02-03	02월 10일	8	9,900	79,200	11,880
컴퓨터	O009	C10-120	2020-01-26	01월 31일	2	15,000	30,000	4,500
취미/레저	I025	G20-512	2020-03-02	03월 09일	3	12,000	36,000	5,400
소설	I007	J10-354	2020-04-05	04월 10일	1	19,800	19,800	-
소설	I010	J30-574	2020-03-23	03월 30일	4	17,000	68,000	10,200
취미/레저	O003	G10-152	2020-01-12	01월 17일	5	9,900	49,500	7,425
취미/레저	O028	G30-474	2020-03-06	03월 13일	4	11,000	44,000	6,600
소설	I046	J10-415	2020-02-21	02월 28일	12	22,000	264,000	39,600
사회과학	I006	S30-541	2020-03-15	03월 20일	6	19,800	118,800	17,820
컴퓨터	I006	C10-510	2020-04-15	04월 22일	10	9,900	99,000	-
사회과학	I007	S30-414	2020-02-05	02월 12일	2	19,800	39,600	5,940
사회과학	O015	S10-412	2020-03-22	03월 27일	9	17,600	158,400	23,760
취미/레저	I005	G10-455	2020-04-05	04월 10일	1	11,000	11,000	-
소설	O015	J20-541	2020-01-22	01월 29일	7	8,800	61,600	9,240
사회과학	O020	S10-152	2020-02-15	02월 21일	1	17,600	17,600	2,640
컴퓨터	I009	C10-652	2020-04-12	04월 17일	6	2,000	12,000	-
취미/레저	I008	G40-552	2020-03-17	03월 24일	1	10,000	10,000	1,500
취미/레저	O020	G30-411	2020-03-27	04월 03일	1	8,800	8,800	1,320
소설	O025	J10-441	2020-01-01	01월 08일	8	7,000	56,000	8,400
컴퓨터	O025	C30-551	2020-04-20	04월 27일	1	15,000	15,000	-

[표2]

판매월	컴퓨터	소설	취미/레저	사회과학	❸
1	2	2	1	-	
2	1	1	-	3	
3	-	2	4	2	
4	3	1	2	-	

[표3]

고객코드	구분	최고 정가 ❹
I	온라인	22,000
O	오프라인	19,800

[표4]

고객코드	O051 ❺

---

❶ 반품가능일(F4)
=TEXT(WORKDAY(E4,5),"MM월 DD일")

❷ 할인액(J4)
=fn할인액(E4,I4)

[사용자 정의 함수]
Visual Basic Editor의 모듈에 다음과 같이 코드를 입력한다.

```
Public Function fn할인액(판매일, 금액)
    If 판매일 <= [계산작업!J2] Then
        fn할인액 = 금액 * 0.15
    Else
        fn할인액 = 0
    End If
End Function
```

워크시트에 있는 셀의 데이터를 참조할 경우 시트 이름과 셀 주소를 느낌표(!)로 구분합니다.
계산작업 ! J2

❸ 판매월과 분류별 판매건수(C31)

{=SUM((MONTH($E$4:$E$27)=$B31)*($B$4:$B$27=C$30))}

❹ 최고 정가(J31)

{=MAX(IF(LEFT($C$4:$C$27,1)=H31,$H$4:$H$27))}

❺ 고객코드(I35)

{=INDEX(B4:J27,MATCH(MAX((B4:B27="취미/레저")*I4:I27),(B4:B27="취미/레저")*I4:I27,0),2)}

문제 3 분석작업

01. 피벗 테이블

1. [데이터] → 데이터 가져오기 및 변환 → 데이터 가져오기 → 기타 원본에서 → **Microsoft Query에서**를 선택한다.
2. '데이터 원본 선택' 대화상자에서 'MS Access Database*'를 선택하고, 〈확인〉을 클릭한다.
3. '데이터베이스 선택' 대화상자에서 '도서판매.accdb'를 선택하고, 〈확인〉을 클릭한다.
4. '쿼리 마법사 – 열 선택' 대화상자에서 그림과 같이 열을 선택하고, 〈다음〉을 클릭한다.

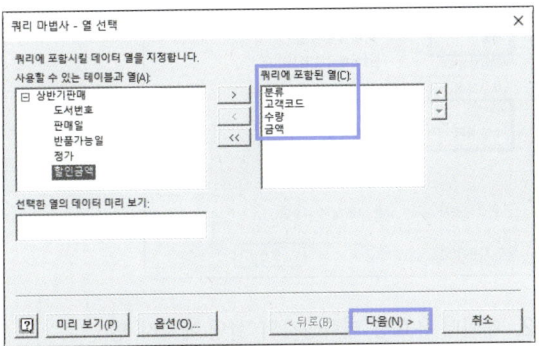

5. '쿼리 마법사 – 데이터 필터' 대화상자에서 〈다음〉을 클릭한다.
6. '쿼리 마법사 – 정렬 순서' 대화상자에서 〈다음〉을 클릭한다.
7. '쿼리 마법사 – 마침' 대화상자에서 〈마침〉을 클릭한다.
8. '데이터 가져오기' 대화상자에서 표시할 방법으로 '피벗 테이블 보고서'를, 작성 위치로 '기존 워크시트', [B4] 셀을 지정하고 〈확인〉을 클릭한다.
9. '피벗 테이블 필드' 창에서 각 필드를 그림과 같이 지정한다.

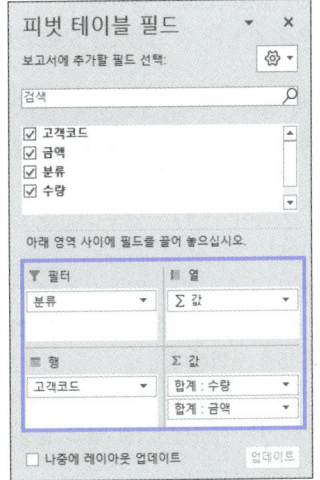

10. 작성된 피벗 테이블에서 임의의 셀을 클릭한 후 [디자인] → 레이아웃 → 보고서 레이아웃 → **개요 형식으로 표시**를 선택한다.
11. 작성된 피벗 테이블의 행 레이블에서 첫 글자가 "I"인 영역을 블록으로 지정한 후 바로 가기 메뉴에서 [**그룹**]을 선택한다.

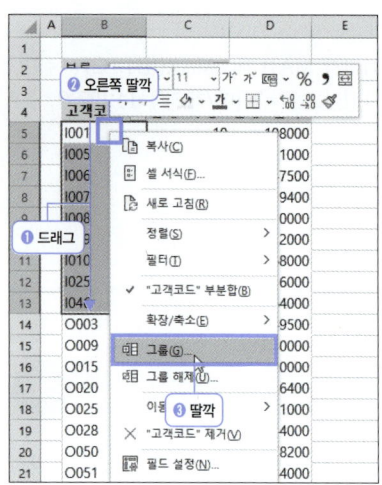

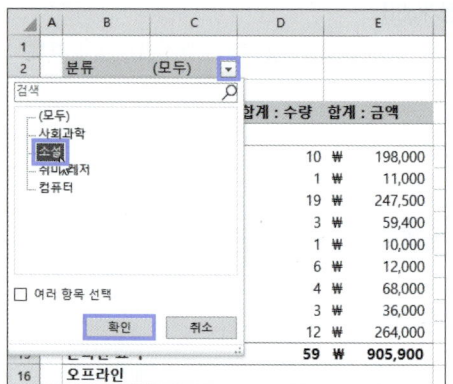

20. '값 필드 설정' 대화상자에서도 〈확인〉을 클릭한다.
21. '분류'를 '소설'만 표시하기 위해 '분류' 필드의 목록 단추(▼)를 클릭하고 '소설'만 선택한 후 〈확인〉을 클릭한다.

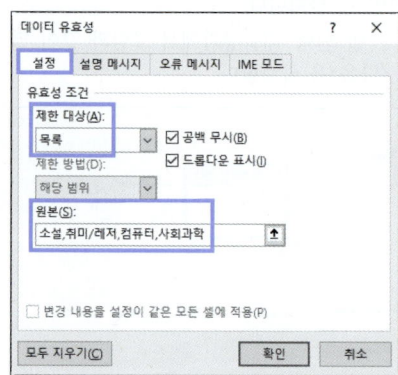

12. 수식 입력줄에서 '그룹1'을 **온라인**으로 변경한다.
13. 나머지 항목을 그룹으로 지정한 후 '그룹2'를 **오프라인**으로 변경한다.
14. 작성된 피벗 테이블의 임의의 셀을 클릭한 후 [디자인] → 레이아웃 → 부분합 → **그룹 하단에 모든 부분합 표시**를 선택한다.
15. [피벗 테이블 분석] → 표시 → **+/- 단추(⊞)**를 클릭하여 선택을 해제한다.
16. 작성된 피벗 테이블에서 임의의 셀을 클릭한 후 [디자인] → 피벗 테이블 스타일의 ▼ → 밝게 → **밝은 회색, 피벗 스타일 밝게 15**를 선택한다.
17. 작성된 피벗 테이블에서 '금액'이 표시되어 있는 임의의 셀을 클릭한 후 바로 가기 메뉴에서 [**값 필드 설정**]을 선택한다.
18. '값 필드 설정' 대화상자에서 〈표시 형식〉을 클릭한다.
19. '셀 서식' 대화상자에서 그림과 같이 지정한 후 〈확인〉을 클릭한다.

02. 데이터 유효성 검사 / 데이터 통합

1. '데이터 유효성' 대화상자의 '설정' 탭

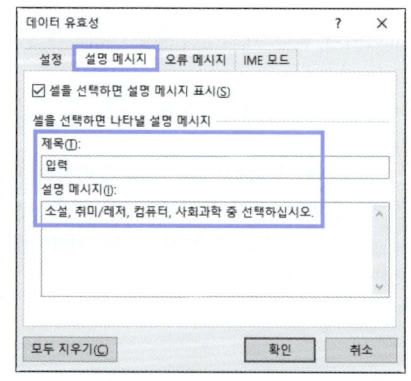

2. '데이터 유효성' 대화상자의 '설명 메시지' 탭

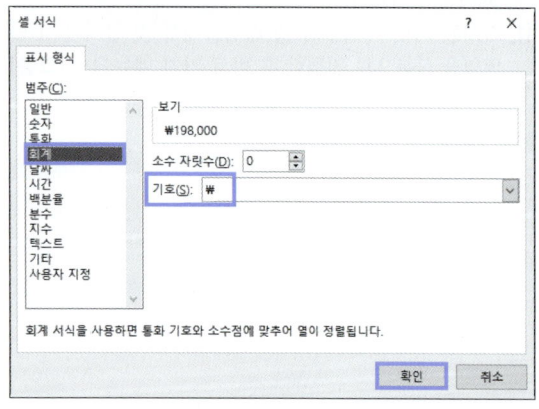

3. '데이터 유효성' 대화상자의 '오류 메시지' 탭

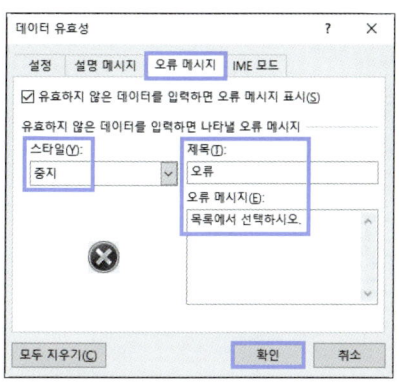

4. '통합' 대화상자

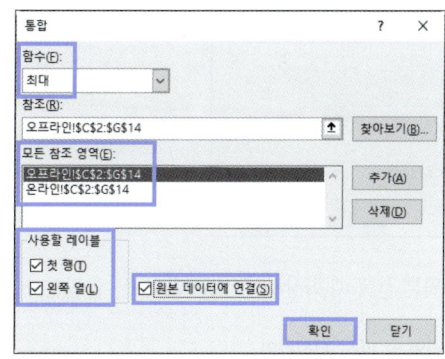

문제 4   기타작업

01. 차트

❶ '수량' 계열의 차트 종류 변경 및 보조 축 지정

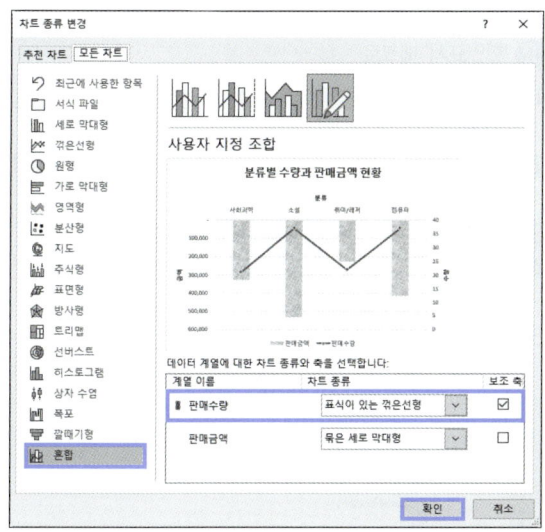

❷ 값을 거꾸로 표시하기

기본 세로 축을 더블클릭한 후 다음과 같이 설정한다.

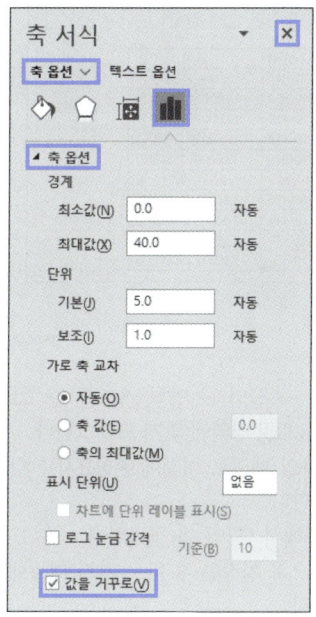

❸ '수량' 계열의 계열 이름 변경하기

1. 차트 영역의 바로 가기 메뉴에서 [**데이터 선택**]을 선택한다.
2. '데이터 원본 선택' 대화상자의 범례 항목(계열)에서 '수량'을 선택한 후 〈편집〉을 클릭한다.

3. '계열 편집' 대화상자의 계열 이름에 **판매수량**을 입력한 후 〈확인〉을 클릭한다.

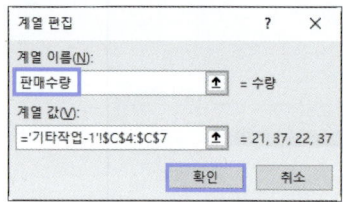

4. '데이터 원본 선택' 대화상자에서도 〈확인〉을 클릭한다.

④ 차트 스타일 및 파선 지정하기

1. 차트 영역을 선택한 후 [차트 디자인] → 차트 스타일 → **스타일 4**를 선택한다.
2. 가로 주 눈금선을 선택한 후 [서식] → 도형 스타일 → 도형 윤곽선 → 대시 → **파선(-----)**을 선택한다.

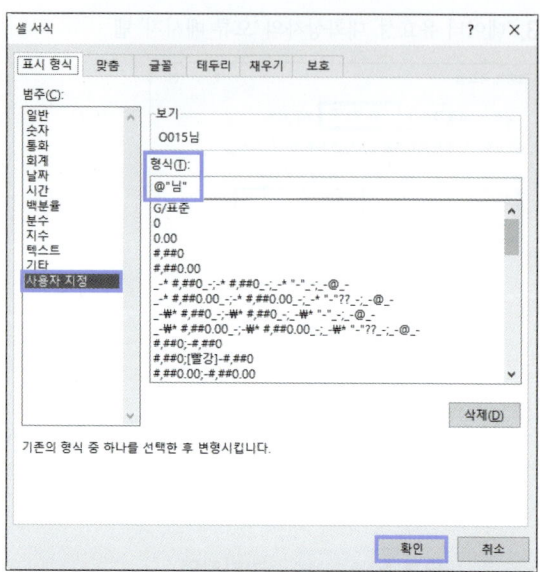

02. 매크로

> 정답

① '존칭표시' 매크로

1. [개발 도구] → 컨트롤 → 삽입 → 양식 컨트롤 → □ (**단추**)를 선택한 후 [G2:G3] 영역에 맞게 드래그한다.
2. '매크로 지정' 대화상자의 매크로 이름에 **존칭표시**를 입력하고 〈기록〉을 클릭한다.
3. '매크로 기록' 대화상자에서 〈확인〉을 클릭한다.
4. [B3:B12] 영역을 블록으로 지정한 후 바로 가기 메뉴에서 [**셀 서식**]을 선택한다.
5. '셀 서식' 대화상자에서 그림과 같이 지정한 후 〈확인〉을 클릭한다.

6. 임의의 셀을 클릭한 후 '기록 중지(□)' 아이콘을 클릭한다.
7. '단추'의 바로 가기 메뉴에서 [**텍스트 편집**]을 선택한 후 텍스트를 **존칭표시**로 변경한다.

② '할인표시' 매크로

1. [개발 도구] → 컨트롤 → 삽입 → 양식 컨트롤 → □ (**단추**)를 선택한 후 [G4:G5] 영역에 맞게 드래그한다.
2. '매크로 지정' 대화상자의 매크로 이름에 **할인표시**를 입력하고 〈기록〉을 클릭한다.
3. '매크로 기록' 대화상자에서 〈확인〉을 클릭한다.
4. [E3:E12] 영역을 블록으로 지정한 후 바로 가기 메뉴에서 [**셀 서식**]을 선택한다.
5. '셀 서식' 대화상자에서 그림과 같이 지정한 후 〈확인〉을 클릭한다.

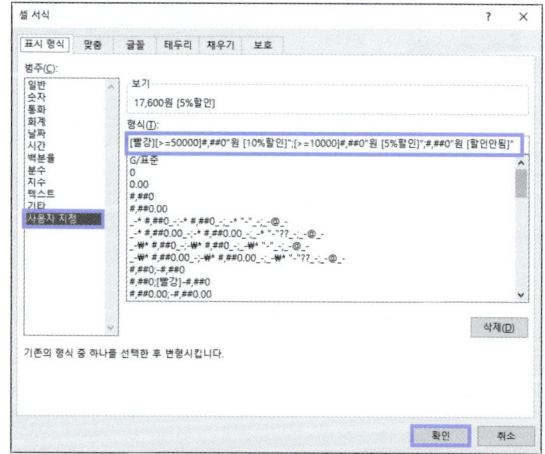

6. 임의의 셀을 클릭한 후 '기록 중지(□)' 아이콘을 클릭한다.
7. '단추'의 바로 가기 메뉴에서 [**텍스트 편집**]을 선택한 후 텍스트를 **할인표시**로 변경한다.

03. VBA

❶ '판매등록' 단추 클릭과 폼 초기화 프로시저

• '판매등록' 단추 클릭 프로시저

```
Private Sub cmd판매등록_Click( )
    판매현황.Show
End Sub
```

• 폼 초기화 프로시저

```
Private Sub UserForm_Initialize( )
    With cmb분류
        .AddItem "사회과학"
        .AddItem "소설"
        .AddItem "취미/레저"
        .AddItem "컴퓨터"
    End With
End Sub
```

❷ '등록' 단추 클릭 프로시저

```
Private Sub cmd등록_Click( )
  ❶ 입력행 = [a1].Row + [a1].CurrentRegion.Rows.Count
  ❷ Cells(입력행, 1) = Date
  ❸ Cells(입력행, 2) = UCase(txt고객코드.Value)
    Cells(입력행, 3) = cmb분류.Value
    Cells(입력행, 4) = UCase(txt도서번호.Value)
    Cells(입력행, 5) = txt수량.Value
    Cells(입력행, 6) = txt정가.Value
    Cells(입력행, 7) = Cells(입력행, 5) * Cells(입력행, 6)
    txt고객코드.SetFocus
End Sub
```

❶ '입력행' 변수에 [A1] 셀의 행 번호인 1과 [A1] 셀과 연결된 범위에 있는 데이터의 행 수를 더하여 치환합니다.
❷ 입력행 1열에 현재 날짜를 입력합니다.
❸ 입력행 2열에 txt고객코드 컨트롤의 값을 대문자로 변환하여 입력합니다. 나머지도 동일한 방법으로 수행합니다.
※ UCase 함수는 문자열을 모두 대문자로 변환하는 함수입니다.

❸ '닫기' 단추 클릭 프로시저

```
Private Sub cmd닫기_Click( )
    Unload Me
End Sub
```

기·출·유·형

10회 2026년 컴퓨터활용능력 1급 실기

프로그램명	제한시간
EXCEL 2021	45분

수험번호 :
성   명 :

1급

〈 유 의 사 항 〉

- 인적 사항 누락 및 잘못 작성으로 인한 불이익은 수험자 책임으로 합니다.
- 화면에 암호 입력창이 나타나면 아래의 암호를 입력하여야 합니다.
  ○ 암호 : 8$1177
- 작성된 답안은 주어진 경로 및 파일명을 변경하지 마시고 그대로 저장해야 합니다. 이를 준수하지 않으면 실격 처리됩니다.
  답안 파일명의 예 : C:\OA\수험번호8자리.xlsm
- **외부 데이터 위치 : C:\OA\파일명**
- 별도의 지시사항이 없는 경우, 다음과 같이 처리 시 실격 처리됩니다.
  ○ 제시된 시트 및 개체의 순서나 이름을 임의로 변경한 경우
  ○ 제시된 시트 및 개체를 임의로 추가 또는 삭제한 경우
  ○ 외부 데이터를 시험 시작 전에 열어본 경우
- 답안은 반드시 문제에서 지시 또는 요구한 셀에 입력하여야 하며 다음과 같이 처리 시 채점 대상에서 제외됩니다.
  ○ 제시된 함수가 있을 경우 제시된 함수만을 사용하여야 하며 그 외 함수 사용 시 채점대상에서 제외
  ○ 수험자가 임의로 지시하지 않은 셀의 이동, 수정, 삭제, 변경 등으로 인해 셀의 위치 및 내용이 변경된 경우 해당 작업에 영향을 미치는 관련문제 모두 채점 대상에서 제외
  ○ 도형 및 차트의 개체가 중첩되어 있거나 동일한 계산결과 시트가 복수로 존재할 경우 해당 개체나 시트는 채점 대상에서 제외
- 수식 작성 시 제시된 문제 파일의 데이터는 변경 가능한(가변적) 데이터임을 감안하여 문제 풀이를 하시오.
- 별도의 지시사항이 없는 경우, 주어진 각 시트 및 개체의 설정값 또는 기본 설정값(Default)으로 처리하시오.
- 저장 시간은 별도로 주어지지 않으므로 제한된 시간 내에 저장을 완료해야 하며, 제한 시간 내에 저장이 되지 않은 경우에는 실격 처리됩니다.
- 출제된 문제의 용어는 MS Office LTSC Professional Plus 2021 기준으로 작성되어 있습니다.

대한상공회의소

문제 1

기본작업(15점) 주어진 시트에서 다음 과정을 수행하고 저장하시오.

1. '기본작업-1' 시트에서 다음과 같이 고급 필터를 수행하시오. (5점)
   - [A2:H34] 영역에서 '거래일'이 6월 이전이고, '할부금액'이 상위 10위 이내이면서, '거래시간'이 오전 10시부터 오후 3시 30분까지인 데이터를 표시하시오.
   - 조건은 [A36:A37] 영역에 입력하시오. (AND, MONTH, RANK.EQ 함수 사용)
   - 결과는 [A39] 셀부터 표시하시오.

2. '기본작업-1' 시트에서 다음과 같이 조건부 서식을 설정하시오. (5점)
   - [A3:H34] 영역에서 '거래시간'이 오후 12시 이후이고, '자동차가격'이 '자동차가격'의 평균 초과인 전체 행에 대해 밑줄은 '이중 실선', 글꼴 스타일은 '굵게'로 설정하시오.
   - 단, 규칙 유형은 '수식을 사용하여 서식을 지정할 셀 결정'을 사용하고, 한 개의 규칙으로만 작성하시오.
   - AND, AVERAGE 함수 사용

3. '기본작업-2' 시트에서 다음과 같이 페이지 레이아웃을 설정하시오. (5점)
   - 페이지의 내용이 자동으로 확대/축소되어 인쇄되도록 설정하고, 인쇄될 내용이 페이지의 정 가운데에 인쇄되도록 페이지 가운데 맞춤을 설정하시오.
   - 첫 페이지 상단의 왼쪽 구역에 "서울 지점"을 삽입한 후 글꼴이 'HY견명조', 글꼴 크기가 13으로 인쇄되고, 매 페이지 상단의 오른쪽 구역에는 페이지 번호가 [표시 예]와 같이 표시되도록 머리글을 설정하시오.
     – 인쇄될 때 첫 페이지의 번호가 2가 되도록 설정하시오.
     [표시 예 : 현재 페이지 번호가 1인 경우 → 2쪽]
   - 기존 인쇄 영역에 [B30:H39] 영역을 인쇄 영역으로 추가하고, [1:2] 행이 매 페이지마다 반복하여 인쇄되도록 인쇄 제목을 설정하시오.
   - 메모가 시트에 표시된대로 인쇄되도록 설정하시오.

문제 2

계산작업(30점) '계산작업' 시트에서 다음 과정을 수행하고 저장하시오.

1. [표1]의 거래일, 차종, 그리고 [표2]를 이용하여 [E3:E34] 영역에 금액을 계산하여 표시하시오. (6점)
   - 금액은 거래월이 7월 이후이면 자동차가격을 5% 할인하고, 그렇지 않으면 자동차가격 그대로 계산함
   - 자동차가격은 [표2]를 이용하여 계산함
   - 금액은 내림하여 만 단위까지 표시함
   - VLOOKUP, HLOOKUP, ROUNDDOWN, ROUND, MONTH, YEAR, IF 중 알맞은 함수를 선택하여 사용

2. 월불입액을 계산하는 사용자 정의 함수 'fn월불입액'을 작성하여 계산을 수행하시오. (6점)
   ▶ 'fn월불입액'은 할부금액과 할부기간을 인수로 받아 월불입액을 계산하는 함수이다.
   ▶ 월불입액은 할부금액이 20,000,000 이상이고 할부기간이 36 이상이면 '할부금액/할부기간*1.05', 할부금액이 10,000,000 이상이고 할부기간이 24 이상이면 '할부금액/할부기간*1.08', 그렇지 않으면 '할부금액/할부기간*1.1'로 계산하여 정수로 표시하시오.
   ▶ 'fn월불입액' 함수를 이용하여 [J3:J34] 영역에 계산하시오.

   ```
   Public Function fn월불입액(할부금액, 할부기간)

   End Function
   ```

3. [표1]의 거래일, 차종, 계약금을 이용하여 [표2]의 [N3:N11] 영역에 차종별 거래일이 7월 이후인 계약금의 평균을 계산하여 표시하시오. (6점)
   ▶ 결과값에 오류가 발생하면 빈칸으로 표시
   ▶ AVERAGE, IF, MONTH, IFERROR 함수를 이용한 배열 수식

4. [표1]을 이용하여 [표3]의 [M14] 셀에 가장 처음 거래된 차종을 찾아 표시하시오. (6점)
   ▶ INDEX, MATCH, MIN 함수 사용

5. [표1]을 이용하여 [표4]의 [N19:N21] 영역에 고객명이 "김" 씨나 "안" 씨인 고객의 할부기간별 빈도수를 계산하여 표시하시오.
   ▶ FREQUENCY, IF, LEFT 함수를 사용한 배열 수식으로 작성

문제 3 분석작업(20점) 주어진 시트에서 다음 과정을 수행하고 저장하시오.

1. '분석작업-1' 시트에서 다음의 지시사항에 따라 피벗 테이블 보고서를 작성하시오. (10점)
   ▶ 외부 데이터 원본으로 〈자동차판매.csv〉의 데이터를 사용하시오.
     – 원본 데이터는 쉼표(,)로 분리되어 있으며, 첫 행에 머리글이 포함되어 있음
     – '구분', '차종', '자동차가격', '담당자', '할부기간' 열만 가져와 데이터 모델에 이 데이터를 추가하시오.
   ▶ 피벗 테이블 보고서의 레이아웃과 위치는 〈그림〉을 참조하여 설정하고, 보고서 레이아웃을 테이블 형식으로 표시하시오.
   ▶ 행의 총합계가 표시되지 않게 지정하고, 피벗 테이블 스타일은 '진한 파랑, 피벗 스타일 어둡게 2'로 설정하시오.
   ▶ '값 필드 설정'의 셀 서식을 이용하여 '자동차가격' 필드의 표시 형식은 '회계' 범주에서, '할부기간' 필드의 표시 형식은 '사용자 지정' 범주에서 지정하시오.

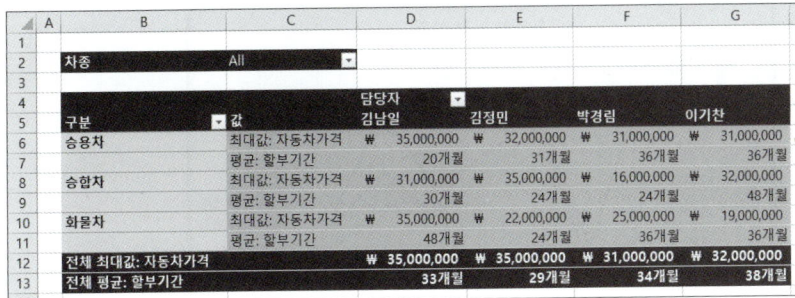

※ 작업이 완성된 그림이며 부분 점수는 없음

2. '분석작업-2' 시트에 대하여 다음의 지시사항을 처리하시오. (10점)

▶ [조건부 서식]의 '상위/하위 규칙'을 이용하여 [B4:B12] 영역에서 가장 작은 값에 글꼴 스타일은 '굵게', 글꼴 색은 '흰색, 배경 1', 채우기 색은 '표준 색 – 파랑'으로 서식이 적용되도록 설정하시오.

▶ [목표값 찾기] 기능을 이용하여 '전체 평균(B13)'이 20,000,000이 되려면 '모닝'의 '할부금액(B5)'이 얼마가 되는지를 구하시오.

문제 4   기타작업(35점) 주어진 시트에서 다음 과정을 수행하고 저장하시오.

1. '기타작업-1' 시트에서 다음의 지시사항에 따라 차트를 수정하시오. (각 2점)

※ 차트는 반드시 문제에서 제공한 차트를 사용하여야 하며, 신규로 차트 작성시 0점 처리됨

① 차트 제목과 각 축 제목을 〈그림〉과 같이 입력하고, 세로 축 제목의 텍스트 방향을 '스택형'으로 지정하시오.

② 세로(값) 축을 만 단위로 표시하고, 〈그림〉과 같이 단위 레이블이 표시되도록 지정하시오.

③ '자동차가격' 계열의 'K7' 요소에만 설명선으로 표시된 데이터 레이블을 〈그림〉과 같이 표시하시오.

④ 범례에 '미세 효과 – 황금색, 강조 4' 도형 스타일을 지정하고 차트에 '최고/최저값 연결선'을 표시하시오.

⑤ 차트 영역의 테두리를 '둥근 모서리', 그림자를 '안쪽: 가운데'로 설정하시오.

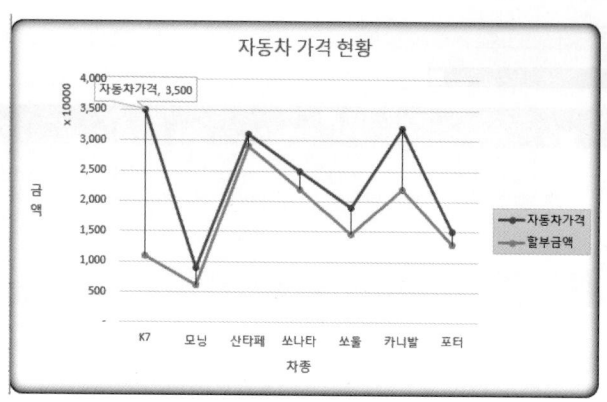

2. '기타작업-2' 시트에서 다음과 같은 기능을 수행하는 매크로를 현재 통합문서에 작성하시오. (각 5점)

① [G4:G18] 영역에 사용자 지정 표시 형식을 설정하는 '서식적용' 매크로를 생성하시오.
  ▶ '월불입액'이 1,000,000 이상이면 빨강색으로 "■" 뒤에 한 칸 띄우고 숫자에 1000 단위 구분 기호를 표시, 500,000 이상이면 파랑색으로 "◎" 뒤에 한 칸 띄우고 숫자에 1000 단위 구분 기호를 표시, 그 외는 숫자에 1000 단위 구분 기호만 표시하시오.
    [표시 예 : '월불입액'이 1,200,000인 경우 → ■ 1,200,000 , 950,000인 경우 → ◎ 950,000 , 48,000인 경우 → 48,000]
  ▶ [도형] → [사각형]의 '사각형: 빗면(□)'을 [F1:F2] 영역에 생성한 후 텍스트를 "서식적용"으로 입력하고, 도형을 클릭하면 '서식적용' 매크로가 실행되도록 설정하시오.

② [G4:G18] 영역에 표시 형식을 '일반'으로 적용하는 '서식해제' 매크로를 생성하시오.
  ▶ [도형] → [사각형]의 '사각형: 빗면(□)'을 [G1:G2] 영역에 생성한 후 텍스트를 "서식해제"로 입력하고, 도형을 클릭하면 '서식해제' 매크로가 실행되도록 설정하시오.

※ 셀 포인터의 위치에 관계없이 매크로가 실행되어야 정답으로 인정됨

3. '기타작업-3' 시트에서 다음과 같은 작업을 수행하도록 프로시저를 작성하시오. (각 5점)

① '자동차 판매' 단추를 클릭하면 〈자동차판매현황〉 폼이 나타나고, 폼이 초기화되면 '거래시간'(txt거래시간) 컨트롤에 현재 시간이 표시되고, [L7:L15] 영역의 값이 '차종'(cmb차종) 콤보 상자의 목록에 설정되도록 프로시저를 작성하시오.

② 〈자동차판매현황〉 폼의 '입력'(cmd입력) 단추를 클릭하면 폼에 입력된 데이터가 시트의 표에 입력되어 있는 마지막 행 다음에 연속하여 추가되도록 프로시저를 작성하시오.
  ▶ '구분'은 '거래시간'에 따라 "오전" 또는 "오후"로 입력하시오(TimeValue 이용).
  ▶ '자동차가격'은 [표2]와 Listindex 속성을 이용하여 계산하시오.

▶ 월불입액은 '할부금액/할부기간×1.08'로 계산하시오.
▶ Format, Int 사용

	A	B	C	D	E	F	G	H	I
1									
2	[표1]								
3	거래시간	구분	고객명	차종	자동차가격	담당자	할부금액	할부기간	월불입액
4	9:35	오전	김원중	모닝	9000000	김선민	5000000	24	225000
5	13:55	오후	이남성	산타페	31000000	정민철	20000000	36	600000

〈자동차판매현황〉 폼:
- 거래시간: 오후 1:55:31
- 고객명: 이남성
- 차종: 산타페
- 담당자: 정민철
- 할부금액: 20000000
- 할부기간: 36 개월
- [입력] [닫기]

③ 〈자동차판매현황〉 폼의 '닫기'(cmd닫기) 단추를 클릭하면 〈그림〉과 같이 오늘 날짜가 표시된 메시지 박스를 나타낸 후 폼이 종료되도록 프로시저를 작성하시오.

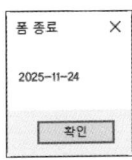

10회 컴퓨터활용능력 1급 실기(엑셀)

정답 및 해설

문제 1   기본작업

01. 고급 필터

정답

1. [A36] 셀에 **조건**, [A37] 셀에 =AND(MONTH(A3)<=6,RANK.EQ(G3,$G$3:$G$34)<=10,B3)=10/24,B3<=(15/24+30/(24*60)))을 입력한다.
2. '고급 필터' 대화상자

함수를 사용하지 않고 시간을 조건으로 지정할 때는 시간은 하루 24시간 제를 사용하므로 **시간/24**이고, 1시간은 60분이므로 **분/(24*60)**로 분을 지정하고, 시간과 분을 같이 지정할 때는 **시간/24+분/(24*60)**으로 지정하면 됩니다. 12시는 **12/24**이므로 **0.5**를 입력해도 됩니다.
예) 오후 1시 30분 : 13/24+30/(24*60)

02. 조건부 서식

정답

'새 서식 규칙' 대화상자

=AND($B3>=0.5,$E3>AVERAGE($E$3:$E$34))

※ 시간 데이터는 밤 12시(자정)를 0.0으로 시작하여 6시는 0.25, 낮 12시(정오)는 0.5, 18시는 0.75로 저장됩니다.

03. 페이지 레이아웃

> 정답

1페이지

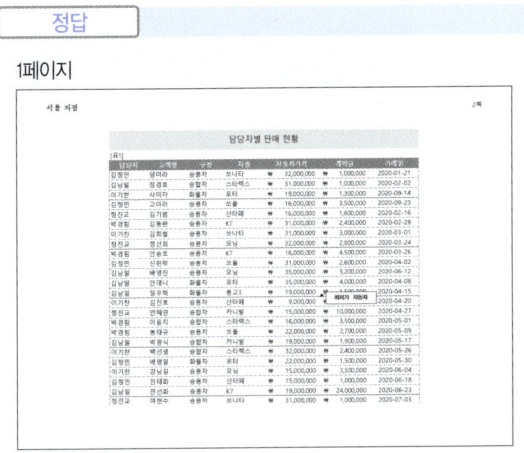

2페이지

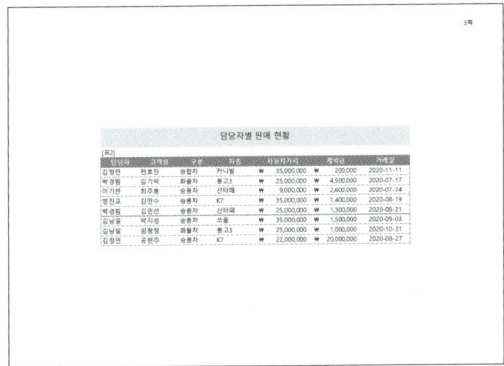

1. '페이지 설정' 대화상자의 '페이지' 탭

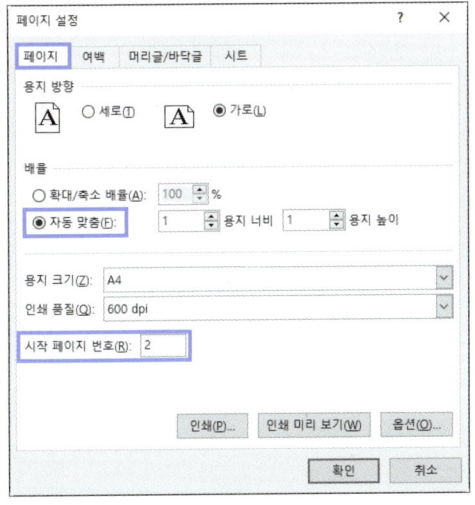

2. '페이지 설정' 대화상자의 '머리글/바닥글' 탭

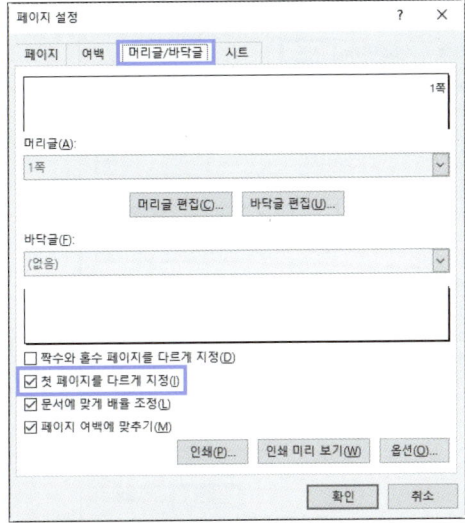

3. '머리글' 대화상자의 '첫 페이지 머리글' 탭

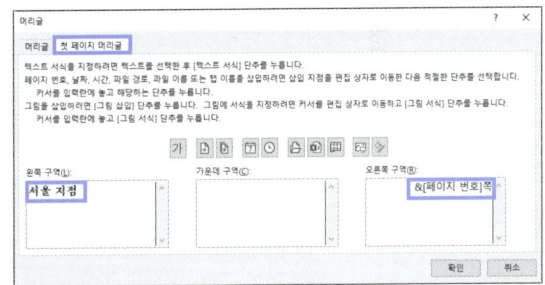

4. '머리글' 대화상자의 '머리글' 탭

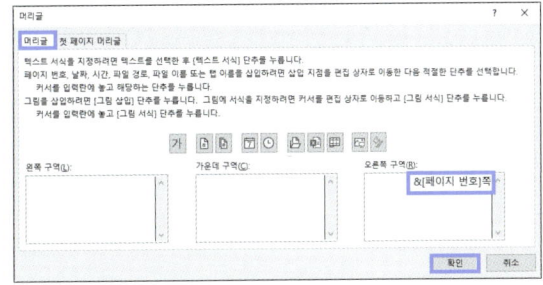

5. '페이지 설정' 대화상자의 '시트' 탭

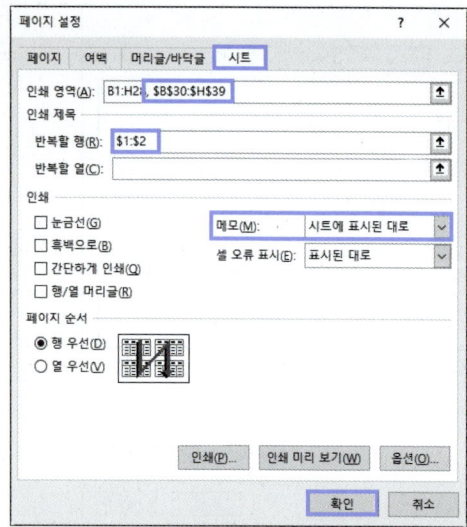

문제 2 계산작업

	A	B	C	D	E	F	G	H	I	J	K	L	M	N
1	[표1]											[표2]		
2	거래일	고객명	구분	차종	금액	계약금	담당자	할부금액	할부기간	월불입액		차종	자동차가격	평균계약금
3	2020-11-11	천호진	승합차	카니발	30,400,000	200,000	김정민	30,200,000	24	1,359,000		K7	35,000,000	10,700,000
4	2020-08-21	김민선	승용차	산타페	29,450,000	1,300,000	박경림	28,100,000	24	1,264,500		모닝	9,000,000	
5	2020-09-03	박지성	승용차	쏘울	18,050,000	1,500,000	김남일	16,500,000	24	742,500		봉고3	16,000,000	2,750,000
6	2020-10-31	임창정	화물차	봉고3	15,200,000	1,000,000	김남일	14,200,000	60	255,600		산타페	31,000,000	1,950,000
7	2020-06-04	강남길	승용차	모닝	9,000,000	3,500,000	이기찬	5,500,000	12	504,166		스타렉스	22,000,000	
8	2020-06-18	진태화	승용차	산타페	31,000,000	1,000,000	김정민	30,000,000	48	656,250		쏘나타	25,000,000	1,000,000
9	2020-04-20	김진호	승용차	산타페	31,000,000	2,000,000	이기찬	29,000,000	36	845,833		쏘울	19,000,000	2,500,000
10	2020-04-27	안혜연	승합차	카니발	32,000,000	10,000,000	정진교	22,000,000	60	385,000		카니발	32,000,000	200,000
11	2020-07-17	김기덕	화물차	봉고3	15,200,000	4,500,000	박경림	10,700,000	36	321,000		포터	15,000,000	1,300,000
12	2020-07-24	최주봉	승용차	산타페	29,450,000	2,600,000	이기찬	26,800,000	48	586,250				
13	2020-08-19	김만수	승용차	K7	33,250,000	1,400,000	정진교	31,800,000	24	1,431,000		[표3] 가장 처음 거래된 차종		
14	2020-03-26	안승호	승용차	K7	35,000,000	4,500,000	박경림	30,500,000	48	667,187		차종	쏘나타	
15	2020-04-02	신현학	승용차	쏘울	19,000,000	2,600,000	김정민	16,400,000	48	369,000				
16	2020-06-12	배영진	승용차	모닝	9,000,000	3,200,000	김남일	5,800,000	12	531,666		[표4]		
17	2020-04-08	안데니	화물차	포터	15,000,000	4,000,000	김남일	11,000,000	24	495,000		할부기간		빈도수
18	2020-04-15	장우혁	화물차	봉고3	16,000,000	1,500,000	김남일	14,500,000	60	261,000		1 ~	24	3
19	2020-05-01	이윤지	승합차	스타렉스	22,000,000	3,500,000	박경림	18,500,000	24	832,500		25 ~	48	6
20	2020-05-09	봉태규	승용차	쏘울	19,000,000	2,700,000	박경림	16,300,000	36	489,000		49 ~	72	1
21	2020-05-17	박광식	승합차	카니발	32,000,000	1,900,000	김남일	30,100,000	24	1,354,500				
22	2020-05-26	백선생	승합차	스타렉스	22,000,000	2,400,000	이기찬	19,600,000	48	441,000				
23	2020-05-30	배영일	화물차	포터	15,000,000	1,500,000	김정민	13,500,000	24	607,500				
24	2020-09-14	사미자	화물차	포터	14,250,000	1,300,000	이기찬	12,900,000	36	387,000				
25	2020-09-23	고아라	승용차	쏘울	18,050,000	3,500,000	김정민	14,500,000	24	652,500				
26	2020-02-16	김기범	승용차	산타페	31,000,000	1,600,000	정진교	29,400,000	48	643,125				
27	2020-02-28	김동완	승용차	K7	35,000,000	2,400,000	박경림	32,600,000	36	950,833				
28	2020-03-01	김희철	승용차	쏘나타	25,000,000	3,000,000	이기찬	22,000,000	48	481,250				
29	2020-03-24	정선희	승용차	모닝	9,000,000	2,800,000	정진교	6,200,000	36	189,444				
30	2020-06-23	전선화	승용차	K7	35,000,000	24,000,000	김남일	11,000,000	24	495,000				
31	2020-07-03	여현수	승용차	쏘나타	23,750,000	1,000,000	정진교	22,700,000	36	662,083				
32	2020-08-27	공현주	승용차	K7	33,250,000	20,000,000	김정민	13,200,000	12	1,210,000				
33	2020-01-21	양미라	승용차	쏘나타	25,000,000	1,000,000	김정민	24,000,000	24	1,080,000				
34	2020-02-02	정경호	승합차	스타렉스	22,000,000	1,000,000	김남일	21,000,000	36	612,500				

❶ 금액(E3)

=ROUNDDOWN(VLOOKUP(D3,$L$3:$M$11,2,FALSE)*IF(MONTH(A3)>=7,95%,100%),-4)

❷ 월불입액(J3)

=fn월불입액(H3,I3)

[사용자 정의 함수]

Visual Basic Editor의 모듈에 다음과 같이 코드를 입력한다.

```
Public Function fn월불입액(할부금액, 할부기간)
    If 할부금액 >= 20000000 And 할부기간 >= 36 Then
        fn월불입액 = Int(할부금액 / 할부기간 * 1.05)
    ElseIf 할부금액 >= 10000000 And 할부기간 >= 24 Then
        fn월불입액 = Int(할부금액 / 할부기간 * 1.08)
    Else
        fn월불입액 = Int(할부금액 / 할부기간 * 1.1)
    End If
End Function
```

❸ 차종별 거래일이 7월 이후인 계약금의 평균(N3)

{=IFERROR(AVERAGE(IF(($D$3:$D$34=L3)*(MONTH($A$3:$A$34)>=7),$F$3:$F$34))," ")}

❹ 가장 처음에 거래된 차종(M14)

=INDEX(A3:J34,MATCH(MIN(A3:A34),A3:A34,0), 4)

❺ "김" 씨나 "안" 씨인 고객의 할부기간별 빈도수(N19:N21)

{=FREQUENCY(IF((LEFT(B3:B34,1)="김") + (LEFT(B3:B34,1)="안"), I3:I34), M19:M21)}

※ 결과값이 들어갈 [N19:N21] 영역을 블록으로 지정한 후 수식을 입력하세요.

문제 3 분석작업

01. 피벗 테이블

1. [삽입] → 표 → **피벗 테이블**을 클릭한다.
2. '피벗 테이블 만들기' 대화상자에서 '외부 데이터 원본 사용'을 선택한 후 〈연결 선택〉을 클릭한다.
3. '기존 연결' 대화상자에서 〈더 찾아보기〉를 클릭한다.
4. '데이터 원본 선택' 대화상자에서 '자동차판매.csv'를 선택한 후 〈열기〉를 클릭한다.
5. '텍스트 마법사 – 3단계 중 1단계' 대화상자에서 '구분 기호로 분리됨'과 '내 데이터에 머리글 표시'를 선택한 후 〈다음〉을 클릭한다.
6. '텍스트 마법사 – 3단계 중 2단계' 대화상자에서 구분 기호를 '쉼표'로 지정한 후 〈다음〉을 클릭한다.

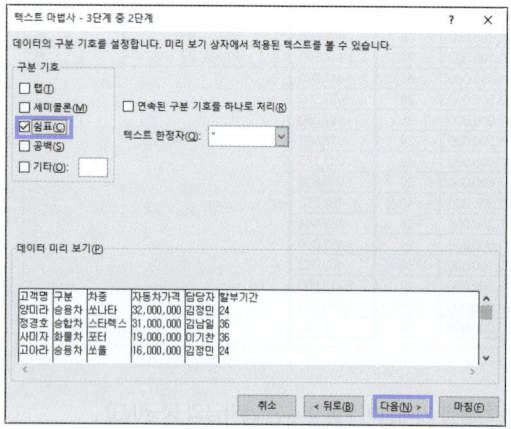

7. '텍스트 마법사 – 3단계 중 3단계' 대화상자의 '데이터 미리 보기'에서 '고객명' 열을 클릭한 후 '열 데이터 서식'에서 '열 가져오지 않음(건너뜀)'을 선택하고 〈마침〉을 클릭한다.

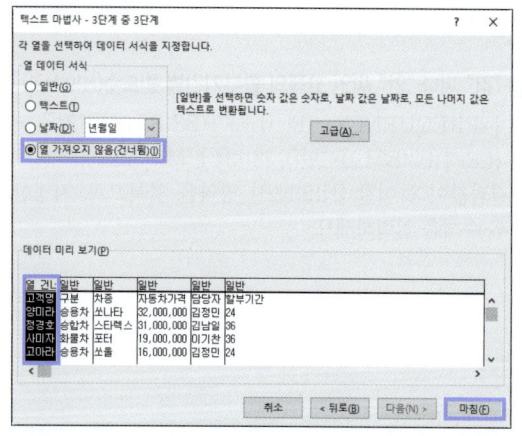

8. '피벗 테이블 만들기' 대화상자에서 작성 위치로 '기존 워크시트', [B4] 셀을 지정하고 '데이터 모델에 이 데이터 추가'를 선택한 후 〈확인〉을 클릭한다.
9. '피벗 테이블 필드' 창에서 각 필드를 그림과 같이 지정한다.

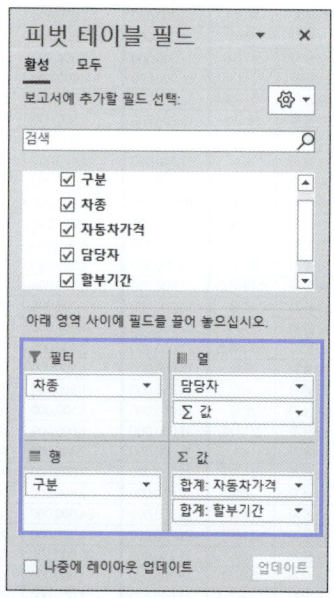

10. 열 영역에 자동으로 생긴 'Σ 값' 필드를 행 영역으로 드래그하여 이동한다.

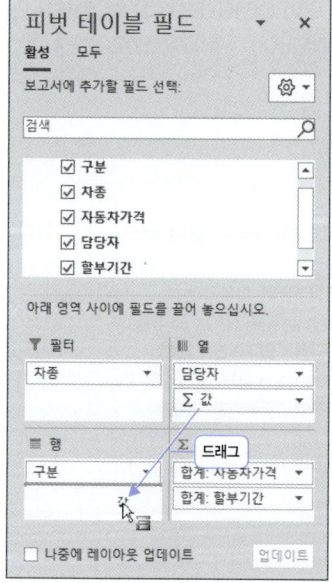

11. 작성된 피벗 테이블에서 임의의 셀을 클릭한 후 [디자인] → 레이아웃 → 보고서 레이아웃 → **테이블 형식으로 표시**를 선택한다.
12. 작성된 피벗 테이블에서 값인 '자동차가격'의 바로 가기 메뉴에서 [값 요약 기준] → 최대값을 선택한다.
13. 작성된 피벗 테이블에서 값인 '할부기간'의 바로 가기 메뉴에서 [값 요약 기준] → 평균을 선택한다.
14. 작성된 피벗 테이블의 임의의 셀을 클릭한 후 [디자인] → 레이아웃 → 총합계 → 열의 총합계만 설정을 선택한다.
15. [디자인] → 피벗 테이블 스타일의 ▼ → 어둡게 → **진한 파랑, 피벗 스타일 어둡게 2**를 선택한다.
16. 작성된 피벗 테이블에서 '자동차가격'이 표시되어 있는 임의의 셀을 클릭한 후 바로 가기 메뉴에서 [**값 필드 설정**]을 선택한다.
17. '값 필드 설정' 대화상자에서 〈표시 형식〉을 클릭한다.
18. '셀 서식' 대화상자에서 그림과 같이 지정한 후 〈확인〉을 클릭한다.

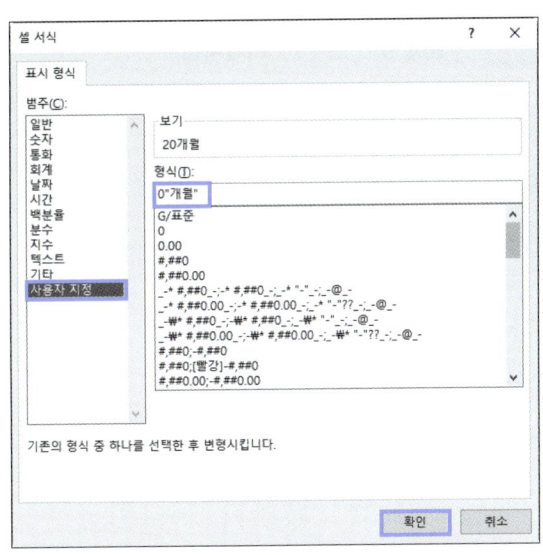

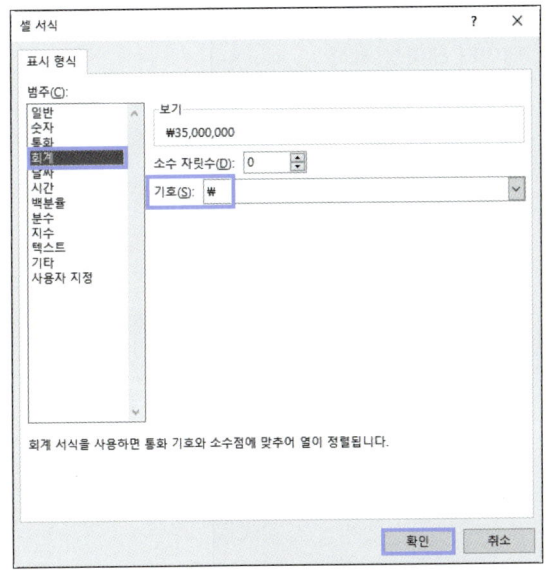

19. '값 필드 설정' 대화상자에서도 〈확인〉을 클릭한다.
20. 같은 방법으로 '할부기간'의 표시 형식을 그림과 같이 지정한다.

02. 조건부 서식 / 목표값 찾기

정답

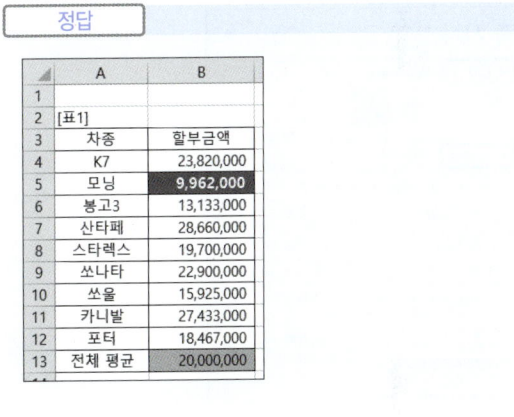

1. '하위 10개 항목' 대화상자

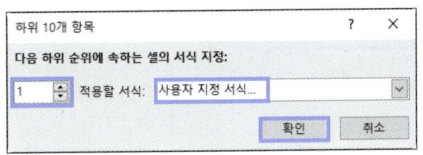

2. '목표값 찾기' 대화상자

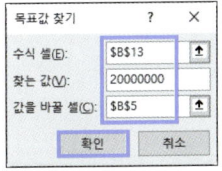

문제 4 기타작업

01. 차트

❶ 세로(값) 축 제목 서식 지정

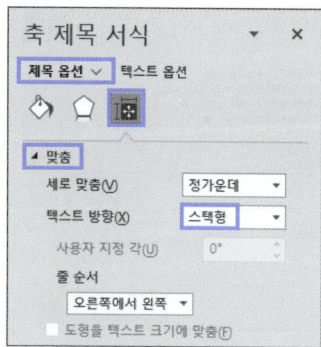

❷ 세로(값) 축 서식 지정

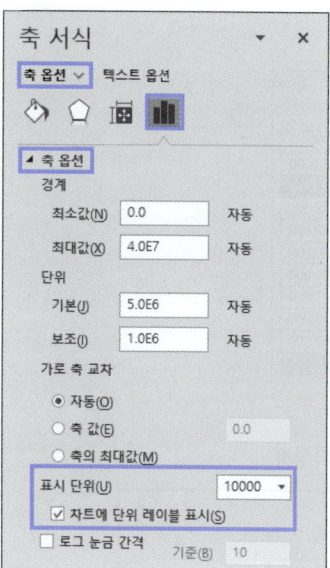

❸ 레이블 표시

1. '자동차가격' 계열을 클릭한다. '자동차가격' 계열이 선택된 상태에서 'K7' 데이터 요소만 한 번 더 클릭한다.
2. 'K7' 요소만 선택된 상태에서 [차트 디자인] → 차트 레이아웃 → 차트 요소 추가 → 데이터 레이블 → **데이터 설명선**을 선택한다.
3. 차트에 표시된 '데이터 레이블'을 클릭한 후 한 번 더 클릭한다.

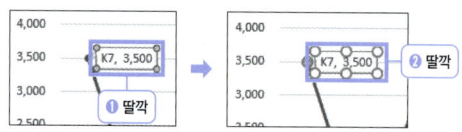

4. 그 상태에서 '데이터 레이블'을 더블클릭한 후 '데이터 레이블 서식' 창의 [레이블 옵션] → (레이블 옵션) → **레이블 옵션**에서 그림과 같이 지정한다.

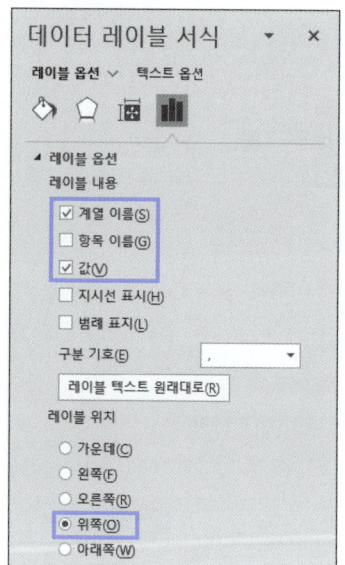

❹ 최고/최저값 연결선 표시

차트를 선택한 후 [차트 디자인] → 차트 레이아웃 → 차트 요소 추가 → 선 → **최고/최저값 연결선**을 선택한다.

02. 매크로

정답

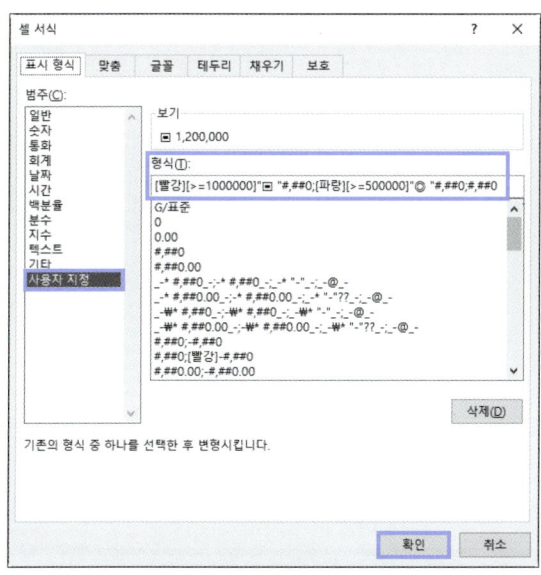

1 '서식적용' 매크로

1. [삽입] → 일러스트레이션 → 도형 → 기본 도형 → □ (사각형: 빗면)을 선택한 후 [F1:F2] 영역에 맞게 드래그한다.
2. 도형의 바로 가기 메뉴에서 [**매크로 지정**]을 선택한다.
3. '매크로 지정' 대화상자의 매크로 이름에 **서식적용**을 입력하고 〈기록〉을 클릭한다.
4. '매크로 기록' 대화상자에서 〈확인〉을 클릭한다.
5. 서식을 적용할 [G4:G18] 영역을 블록으로 지정한 후 Ctrl + 1 을 누른다.
6. '셀 서식' 대화상자에서 그림과 같이 지정한 후 〈확인〉을 클릭한다.

7. 임의의 셀을 클릭한 후 '기록 중지(□)' 아이콘을 클릭한다.
8. '도형'의 바로 가기 메뉴에서 [**텍스트 편집**]을 선택한 후 **서식적용**을 입력한다.

2 '서식해제' 매크로

1. [삽입] → 일러스트레이션 → 도형 → 기본 도형 → □ (사각형: 빗면)을 선택한 후 [G1:G2] 영역에 맞게 드래그한다.
2. 도형의 바로 가기 메뉴에서 [**매크로 지정**]을 선택한다.
3. '매크로 지정' 대화상자의 매크로 이름에 **서식해제**를 입력하고 〈기록〉을 클릭한다.
4. '매크로 기록' 대화상자에서 〈확인〉을 클릭한다.
5. 서식을 적용할 [G4:G18] 영역을 블록으로 지정한 후 Ctrl + 1 을 누른다.
6. '셀 서식' 대화상자에서 그림과 같이 지정한 후 〈확인〉을 클릭한다.

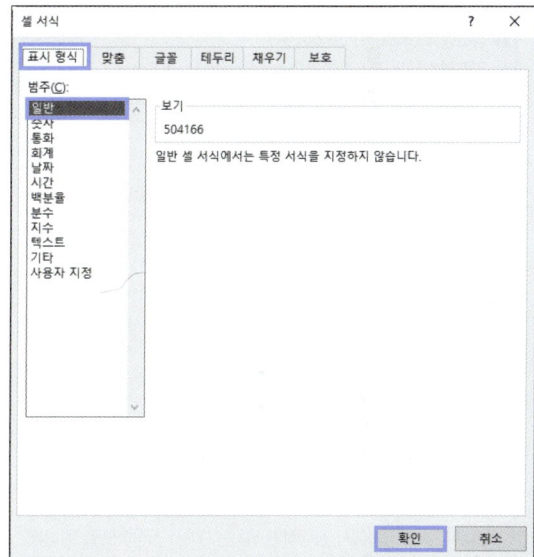

7. 임의의 셀을 클릭한 후 '기록 중지(□)" 아이콘을 클릭한다.
8. '도형'의 바로 가기 메뉴에서 [**텍스트 편집**]을 선택한 후 **서식해제**를 입력한다.

03. VBA

❶ '자동차판매' 단추 클릭과 폼 초기화 프로시저

• '자동차판매' 단추 클릭 프로시저

```
Private Sub cmd자동차판매_Click( )
    자동차판매현황.Show
End Sub
```

• 폼 초기화 프로시저

```
Private Sub UserForm_Initialize( )
    txt거래시간.Value = Time
    cmb차종.RowSource = "L7:L15"
End Sub
```

❷ '입력' 단추 클릭 프로시저

```
Private Sub cmd입력_Click( )
❶   참조행 = cmb차종.ListIndex + 7
❷   입력행 = [A2].Row + [A2].CurrentRegion.Rows.Count
❸   Cells(입력행, 1) = Format(txt거래시간.Value, "HH:MM")
❹   If TimeValue(txt거래시간.Value) >= 0.5 Then
❺       Cells(입력행, 2) = "오후"
❻   Else
❼       Cells(입력행, 2) = "오전"
❽   End If
❾   Cells(입력행, 3) = txt고객명.Value
    Cells(입력행, 4) = cmb차종.Value
    Cells(입력행, 5) = Cells(참조행, 13)
    Cells(입력행, 6) = txt담당자.Value
    Cells(입력행, 7) = txt할부금액.Value
    Cells(입력행, 8) = txt할부기간.Value
    Cells(입력행, 9) = Int(txt할부금액.Value / txt할부기간.Value * 1.08)
End Sub
```

❶ • cmb차종.ListIndex는 콤보 상자에서 선택한 차종의 상대위치를 반환합니다. 콤보 상자에서 상대적인 위치는 0에서 시작하므로 '산타페'를 선택하면 cmb차종.ListIndex는 2를 반환합니다.
  • 워크시트에서 '산타페'에 대한 정보는 9행에 입력되어 있으므로 '산타페'가 있는 행을 지정하기 위해 cmb차종.ListIndex에서 반환된 값 2에 7을 더한 것입니다.
  • 결론적으로 7을 더한 이유는 [표2]의 실제 데이터의 위치가 워크시트의 7행부터 시작하기 때문입니다.

❷ '입력행' 변수에 [A2] 셀의 행 번호인 2와 [A2] 셀과 연결된 범위에 있는 데이터의 행 수를 더하여 치환합니다.

❸ 입력행 1열에 'txt거래시간'의 값을 "HH:MM" 형식으로 변경하여 입력합니다.

❹ 'txt거래시간'의 값이 0.5 이상이면 ❺번을 수행하고 끝냅니다.
  – 'TimeValue'는 텍스트 형식의 시간을 시간 형식으로 변환하는 함수입니다.

❺ 입력행 2열에 "오후"를 표시합니다.

❻ ❹번의 조건을 만족하지 않을 경우, 즉 'txt거래시간'의 값을 시간 형식으로 변경한 값이 0.5 미만이면 ❼번을 수행하고 끝냅니다.
  – 시간 데이터는 밤 12시(자정)를 0.0으로 시작하여 6시는 0.25, 낮 12시(정오)는 0.5, 18시는 0.75로 저장됩니다.

❼ 입력행 2열에 "오전"을 표시합니다.

❽ If문의 끝입니다.

❾ 입력행 3열에 txt고객명 컨트롤의 값을 입력합니다. 나머지도 동일한 방법으로 수행합니다.

❸ '닫기' 단추 클릭 프로시저

```
Private Sub cmd닫기_Click( )
    MsgBox Date, , "폼 종료"
    Unload Me
End Sub
```

합격수기 코너는 시나공으로 공부하신 독자분들이 시험에 합격하신 후에 직접 시나공 홈페이지(sinagong.co.kr)에 올려주신 자료를 토대로 구성됩니다.

하루에 몇 시간씩이고 컴퓨터와의 씨름!!

대학병원에 간호사로 근무하다가 그만 둔 후로 나를 위해 해 볼 것이 없을까 하다가 워드프로세서와 컴퓨터활용능력 자격증을 따보기로 마음을 먹었답니다. 간호사로 10년 일하면서 병원에서 쓰는 진료프로그램 다루는 것 말고는 컴퓨터에 관해서는 전혀 아는 게 없었습니다. 하지만 시나공으로 열심히 공부해서 워드프로세서 필기 2주, 실기 1주, 컴퓨터활용능력 필기 한 달, 실기 한 달 만에 모두 합격했습니다.

제가 처음 시나공을 알게 된 건 작년 12월말이었어요. 여기저기 알아보다가 독자 평이 좋아서 한꺼번에 워드프로세서 1급 필기·실기, 컴퓨터활용능력 1급 필기·실기를 모두 사버렸답니다. 나중에 든 생각이었지만 참 겁 없고 모르는 것이 용감하다고……. 뭘 믿고 그랬나 하는 생각도 했었어요.

왠지 '자격증이라면 1급은 돼야지'하는 생각에 덜컥 책 먼저 사 놓은 거죠.

처음에 워드프로세서는 필기 2주, 실기 1주 이렇게 3주 동안 하루에 4시간이상 연습했답니다. 공부하면서 이해되지 않는 부분은 시나공 홈페이지에서 많은 도움을 받았어요. 그런데 문제는 컴퓨터활용능력이었습니다. 필기시험 공부를 하다 보니 너무 어려워 2급으로 도전할 것을 괜히 1급을 먼저 시작했구나 하는 생각까지 했습니다. 그러던 중 시나공 합격단을 모집한다기에 이런 활동이라도 하면 좀 잘 할까 하는 생각에 신청했죠. 얼마 후에 합격단에 선정되었다는 기쁜 소식을 듣고 더욱 열심히 공부를 했어요. A, B, C, D순으로 중요한 것을 집어서 공부하는 것도 중요하지만 C, D등급도 눈여겨 봐야합니다. 그리고 '전문가의 조언'이 무지하게 중요하더군요. 그렇게 공부하고 시험을 봤는데 문제가 너무 어렵게 나와 떨어질 것 같아 너무 우울했습니다. 나름 열심히 공부했다고 생각했는데 문제 풀 때는 긴가민가하고, 너무 헷갈리고, 시간도 부족했어요. 그런데 헷갈렸던 문제들을 모두 맞혔는지 88점으로 합격했답니다.^^

아하! 실기도 이렇게 하면 되겠구나. 이런 생각에 컴퓨터활용능력 실기 시나공 합격단도 지원해서 열심히 활동했습니다. 한 달 넘게 준비는 했지만 가면 갈수록 자신감이 없어지면서 사람들이 컴퓨터활용능력 1급이 어렵다고 한 이유를 알겠더라고요. 거의 하루에 몇 시간씩이고 컴퓨터랑 씨름을 했죠. 정기 시험보기 전에 연습 삼아 시험 한번 볼까? 하는 생각으로 상설로 시험을 봤습니다. 액세스에서 많이 헤맸기 때문에 떨어질 거라고 생각했는데 합격했답니다.

책장에는 지금 제 시나공 책들이 쭉 더 꽂힐 예정입니다. 감사해요.

구혜린 • koo

데이터베이스 실무(액세스)

1장 실제 시험장을 옮겨 놓았다!
2장 최신기출유형

1장

실제 시험장을 옮겨 놓았다!

1 대기

2 시험 준비

3 문제 확인

4 데이터베이스 시험 시작

5 문제 풀이

6 액세스 시험 마무리

시험장 — 실제 시험장을 옮겨 놓았다!

시험이란 항상 긴장되고 떨리게 마련입니다. 이 장에서는 수험생이 입실하여 문제를 풀고, 퇴실하기까지의 전 과정을 상세히 다루었으니 차근차근 따라하며 시험에 대비하세요.

1 대기(시험 시작 3분 전)

1과목 스프레드시트 시험이 끝나면 별도의 휴식 시간 없이 2과목 데이터베이스 시험이 시작됩니다. 자신의 자리에 앉아 대기하면 인원을 확인합니다.

2 시험 준비(시험 시작 1분 전)

자동으로 'Microsoft Access 2021' 프로그램이 실행되면서 '수험번호.accdb' 파일이 생성됩니다.

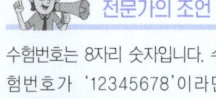

전문가의 조언
수험번호는 8자리 숫자입니다. 수험번호가 '12345678'이라면 '12345678.accdb' 파일이 자동으로 생성됩니다.

3 문제 확인(시험시작)

문제는 모니터에 표시되며, 보통 지시사항과 풀어야 할 문제를 포함한 4면으로 되어 있습니다. 확인하고 이상이 있으면 감독위원에게 문의하여 처리하세요.

다음은 출제 경향이 잘 반영된 기출문제입니다. 풀이 과정을 따라하면서 전반적인 시험 분위기를 익히기 바랍니다.

국 가 기 술 자 격 검 정

2026년 컴퓨터활용능력 실기시험

프로그램명	제한시간
Access 2021	45분

수험번호 :
성　　명 :

1급

〈 유 의 사 항 〉

- 인적 사항 누락 및 잘못 작성으로 인한 불이익은 수험자 책임으로 합니다.

- 화면에 암호 입력창이 나타나면 아래의 암호를 입력하여야 합니다.
  ○ **암호 : 6992#0**

- 작성된 답안은 주어진 경로 및 파일명을 변경하지 마시고 그대로 저장해야 합니다. 이를 준수하지 않으면 실격처리 됩니다.
  ○ 답안 파일명의 예 : C:\DB\수험번호 8자리.accdb

- **외부 데이터 위치 : C:\DB\파일명**

- 별도의 지시사항이 없는 경우, 다음과 같이 처리하면 실격 처리됩니다.
  ○ 제시된 개체의 이름을 임의로 변경한 경우
  ○ 제시된 개체의 속성을 임의로 변경한 경우
  ○ 제시된 개체를 임의로 삭제하거나 추가한 경우

- 별도의 지시사항이 없는 경우, 기능의 구현은 모듈이나 매크로 등을 이용하며, 예외적인 상황에 대해서는 고려하지 않아도 됩니다.

- 제시된 함수가 있을 경우 제시된 함수만을 사용하여야 하며, 그 외 함수 사용시 채점 대상에서 제외됩니다.

- 별도의 지시사항이 없는 경우, 주어진 각 개체의 속성은 설정값 또는 기본 설정값(Default)으로 처리하십시오.

- 제시된 화면은 예시이며 나타난 값은 실제와 다를 수 있습니다.

- 저장 시간은 별도로 주어지지 아니하므로 제한된 시간 내에 저장을 완료해야 합니다.

- 본 문제의 용어는 MS Office LTSC Professional Plus 2021으로 작성되었습니다.

대한상공회의소

문제 1 DB 구축(25점)

1. 거래처를 관리하기 위하여 데이터베이스를 구축하고자 한다. 다음의 지시사항에 따라 〈거래처〉 테이블을 완성하시오. (각 3점)

   ① '거래처코드' 필드에는 4글자만 입력되도록 유효성 검사를 설정하시오.
   ② '거래처코드' 필드에는 중복된 값이 입력될 수 없도록 인덱스를 설정하시오.
   ③ '담당자명' 필드에는 반드시 값이 입력되도록 설정하시오.
   ④ '전화번호' 필드에 입력된 내용은 모두 '*' 형태로 표시되도록 입력 마스크를 설정하시오.
   ⑤ '거래처구분' 필드를 '비고' 필드 앞에 추가한 후 해당 필드에는 64,000자 정도의 데이터가 저장되도록 데이터 형식을 설정하시오.

2. 〈구매내역〉 테이블의 '거래처코드' 필드는 〈거래처〉 테이블의 '거래처코드' 필드를, 〈구매내역〉 테이블의 '자재코드' 필드는 〈자재〉 테이블의 '자재코드' 필드를 참조하며, 각 테이블 간의 관계는 M:1이다. 다음과 같이 테이블 간의 관계를 설정하시오. (5점)

   ▶ 각 테이블 간에 항상 참조 무결성이 유지되도록 설정하시오.
   ▶ 참조 필드의 값이 변경되면 관련 필드의 값도 변경되도록 설정하시오.
   ▶ 다른 테이블에서 참조하고 있는 레코드는 삭제할 수 없도록 설정하시오.

3. 〈구매내역〉 테이블의 '자재코드' 필드에 대해서 다음과 같이 조회 속성을 설정하시오. (5점)

   ▶ 〈자재〉 테이블의 '자재코드', '자재명'과 '단가'가 콤보 상자 형태로 나타나도록 설정하시오.
   ▶ 필드에는 '자재코드'가 저장되고 화면에는 표시되지 않도록 설정하시오.
   ▶ '자재명'과 '단가'의 열 너비는 각각 4cm, 3cm로 설정하시오.

문제 2 입력 및 수정 기능 구현(20점)

1. 구매 내역을 입력하는 〈구매입력〉 폼을 다음의 화면과 지시사항에 따라 완성하시오. (각 3점)

   ① 〈화면〉과 같이 나타나도록 '기본 보기' 속성을 설정하시오.
   ② 폼 본문의 탭 순서는 화면의 왼쪽부터 차례대로 이동되도록 설정하시오.
   ③ 'txt구매일자'와 'txt이름' 컨트롤을 각각 '구매일자'와 '이름' 필드에 바운드 시키시오.

2. 〈구매입력〉 폼의 본문에 있는 모든 컨트롤에 대하여 다음과 같이 조건부 서식을 설정하시오. (6점)
   ▶ '구매일자'의 날짜가 짝수날인 경우 글꼴 스타일은 '굵게', 글꼴 색은 '빨강색'으로 설정하시오.

3. 〈거래처별 구매정보〉 폼 하단의 '인쇄'(cmd인쇄) 단추를 클릭하면 〈자재별 거래 현황〉 보고서를 '인쇄 미리 보기'의 형태로 여는 〈보고서출력〉 매크로를 생성하여 지정하시오. (5점)
   ▶ 매크로 조건 : '거래처명' 필드의 값이 'cmb거래처'에서 선택한 '거래처명'과 같은 정보만 표시

문제 3 조회 및 출력 기능 구현(20점)

1. 다음의 지시사항 및 화면을 참조하여 〈자재별 거래 현황〉 보고서를 완성하시오. (각 3점)
   ① 그림과 같이 그룹별로 필드명과 거래건수가 표시되도록 하고 '페이지 머리글'의 높이를 '0cm'로, '자재명 머리글'의 높이를 '1cm'로 설정하시오.
      ▶ 그룹 바닥글에는 텍스트 상자를 추가한 후 이름을 'txt거래건수'로 지정하고 거래건수 표시
   ② '자재명'과 '구매일자'를 기준으로 오름차순 정렬하시오.
   ③ 보고서 본문의 'txt수량'과 'txt단가' 컨트롤을 '수량'과 '단가' 필드에 각각 바운드 시키시오.
   ④ 페이지 바닥글의 'txt날짜' 컨트롤에 오늘의 날짜가 표시되도록 설정하시오.
      ▶ Format, Now 함수를 사용할 것
      ▶ 표시 예 : 2025년 4월
   ⑤ 홀수 쪽에만 페이지 번호를 표시하시오.
      ▶ IIf, Mod 함수를 사용할 것
      ▶ 표시 예 : 1쪽

자재별 거래 현황				
자재명	구매일자	거래처명	수량	단가
15m FC-AL Cable (X97BA)15m FC-AL Cab	2023-04-28	대우	1	₩400,000
			거래건수 :	1
자재명	구매일자	거래처명	수량	단가
BLANK PANEL1RU TYPE(19"RACK)	2023-02-13	호남석유	15	₩45,000
	2023-02-23	호남석유	20	₩45,000
	2023-03-15	호남석유	10	₩45,000
	2023-03-16	호남석유	10	₩45,000
	2023-03-23	호남석유	20	₩45,000
	2023-04-16	호남석유	14	₩45,000
	2023-04-17	호남석유	15	₩45,000
	2023-04-18	인터파크	25	₩45,000
	2023-04-19	인터파크	23	₩45,000
	2023-04-20	인터파크	26	₩45,000
	2023-04-21	인터파크	30	₩45,000
	2023-04-22	인터파크	32	₩45,000
	2023-04-23	인터파크	33	₩45,000
			거래건수 :	13
자재명	구매일자	거래처명	수량	단가
CABLE MODEM VOIPSCM-220U	2023-04-11	GS	100	₩390,000
	2023-04-12	GS	200	₩390,000
	2023-04-13	GS	150	₩390,000
	2023-04-14	GS	300	₩390,000
	2023-04-15	GS	200	₩390,000
	2023-04-16	GS	150	₩390,000
	2023-04-17	GS	200	₩390,000
	2023-04-18	GS	300	₩390,000
	2023-04-19	GS	140	₩390,000
			거래건수 :	9

2024년 10월   1쪽

2. 〈거래처별 구매정보〉 폼에서 'cmb거래처' 컨트롤에 찾고자 하는 '거래처명'을 선택한 후 '레코드 찾기(cmd찾기)' 단추를 클릭하면 다음과 같은 기능이 수행되도록 이벤트 프로시저로 구현하시오. (5점)
   ▶ 'cmb거래처'에서 선택한 거래처명과 동일한 내역만 표시
   ▶ 폼의 Filter 및 FilterOn 속성 이용

문제 4   처리 기능 구현(35점)

1. 〈거래처〉와 〈구매내역〉 테이블을 이용하여 4월 하반기에 구매내역이 없는 거래처에 대해 〈거래처〉 테이블의 '비고' 필드의 값을 "★ 관리대상"으로 변경하는 〈관리대상처리〉 업데이트 쿼리를 작성한 후 실행하시오. (7점)

   ▶ 4월 하반기 구매내역이 없는 거래처란 구매일자 기준 2023년 4월 15일부터 2023년 4월 30일까지의 기간에 〈거래처〉 테이블에는 '거래처코드'가 있으나 〈구매내역〉 테이블에는 '거래처코드'가 없는 거래처이다.
   ▶ Not In과 하위 쿼리 사용

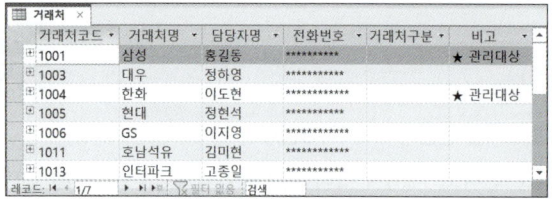

   ※ 〈관리대상처리〉 쿼리를 실행한 후의 〈거래처〉 테이블

2. 구매월별 구매자별로 구매수량의 합계를 조회하는 〈구매월별구매현황〉 크로스탭 쿼리를 작성하시오. (7점)

   ▶ 〈자재〉, 〈구매내역〉 테이블을 이용하시오.
   ▶ 구매자재수는 〈자재〉 테이블의 '자재코드' 필드를 이용하시오.
   ▶ 입고월은 구매일자의 월로 설정하시오.
   ▶ 구매자는 이름이 "전국인"이면 "직영구매", 그 외는 "기타구매"로 설정하시오.
   ▶ IIf, Month 함수 사용
   ▶ 쿼리 결과 표시되는 필드와 필드명은 〈그림〉과 같이 표시되도록 설정하시오.

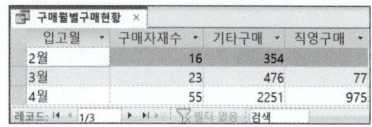

3. 〈자재〉와 〈구매내역〉 테이블을 이용하여, 검색할 자재명의 일부를 매개 변수로 입력받아 해당 자재의 구매정보를 조회하는 〈자재구매조회〉 매개 변수 쿼리를 작성하시오. (7점)

   ▶ '부가세' 필드는 '단가'가 1000000 이하이면 '단가'의 10%로, 1000000 초과 3000000 이하이면 '단가'의 20%로, 3000000 초과이면 '단가'의 30%로 계산하시오. (Switch 함수 사용)
   ▶ '자재명' 필드를 기준으로 오름차순 정렬하여 표시하시오.
   ▶ 쿼리 결과 표시되는 필드와 필드명, 필드의 형식은 〈그림〉과 같이 표시되도록 설정하시오.

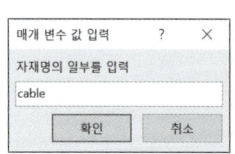

4. 〈거래처〉와 〈구매내역〉 테이블을 이용하여 거래처별 최근구매일자, 구매건수, 총구매수량을 조회하는 〈거래처구매현황〉 쿼리를 작성하시오. (7점)

   ▶ '최근구매일자'는 '구매일자'의 최대값, '구매건수'는 〈구매내역〉 테이블의 '거래처코드'의 개수, '총구매수량'은 '수량'의 합계로 처리하시오.
   ▶ 거래처코드가 4부터 6까지의 문자 중 하나로 끝나는 것만 조회 대상으로 하시오. (Like 연산자 사용)
   ▶ 평균구매수량 : 총구매수량 / 구매건수
   ▶ 평균구매수량은 [표시 예]와 같이 표시되도록 '형식' 속성을 설정하시오.
   [표시 예 : 0 → 0.0, 148.41666 → 148.4]
   ▶ 쿼리 결과 표시되는 필드와 필드명은 〈그림〉과 같이 표시되도록 설정하시오.

거래처명	최근구매일자	구매건수	총구매수량	평균구매수량
한화	2023-04-04	10	358	35.8
현대	2023-04-23	14	872	62.3
GS	2023-04-19	12	1781	148.4

5. 〈자재〉와 〈구매내역〉 테이블을 이용하여 다음 구매일을 조회하여 새 테이블로 생성하는 〈다음구매일생성〉 쿼리를 작성하고 실행하시오. (7점)

   ▶ 단가가 400000 이상인 경우만 조회 대상으로 설정하시오.
   ▶ '다음구매일'은 구매일자로부터 15일후로 계산하시오. (DateAdd 함수 사용)
   ▶ 필요수량은 수량에 5를 더한 값으로 계산하시오.
   ▶ 쿼리 실행 후 생성되는 테이블의 이름은 〈다음구매일관리〉로 설정하시오.
   ▶ 쿼리 실행 결과 생성되는 테이블의 필드는 〈그림〉을 참고하여 수험자가 판단하여 설정하시오.

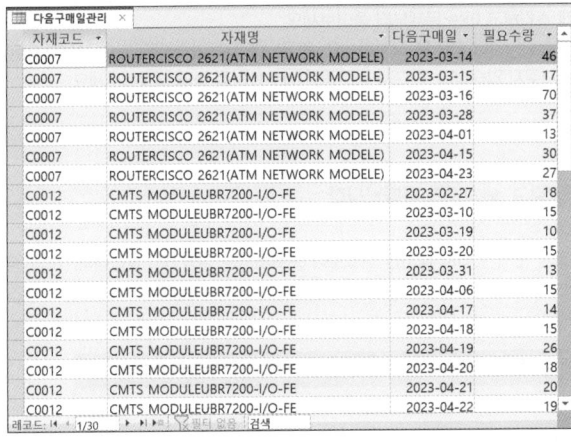

   ※ 〈다음구매일생성〉 쿼리를 실행한 후의 〈다음구매일관리〉 테이블

4 데이터베이스 시험 시작

  전문가의 조언

- 수험생 여러분은 '길벗컴활1급\02 액세스\02 시험장따라하기' 폴더에서 '1급 상시.accdb'를 실행시킨 다음 따라하시면 됩니다.
- 실제 시험장에서는 자동으로 '수험번호.accdb' 파일이 생성됩니다. 수험번호는 8자리 숫자이고 수험번호가 12345678이라면 '12345678.accdb' 파일이 자동으로 생성됩니다.
- 최근 상시 시험의 문제 파일에는 암호가 지정되어 있지 않으므로 암호 입력 대화상자가 표시되지 않습니다. 만일 시험장에서 암호 입력 대화상자가 표시된다면, 문제 1면의 〈유의사항〉에 암호가 표시되어 있으므로 이를 확인하여 입력하면 됩니다.

1. 감독위원이 시험 시작을 알리면 시험관련 유의사항 화면이 사라지고 'Microsoft Access 2021' 프로그램 화면이 나타납니다.

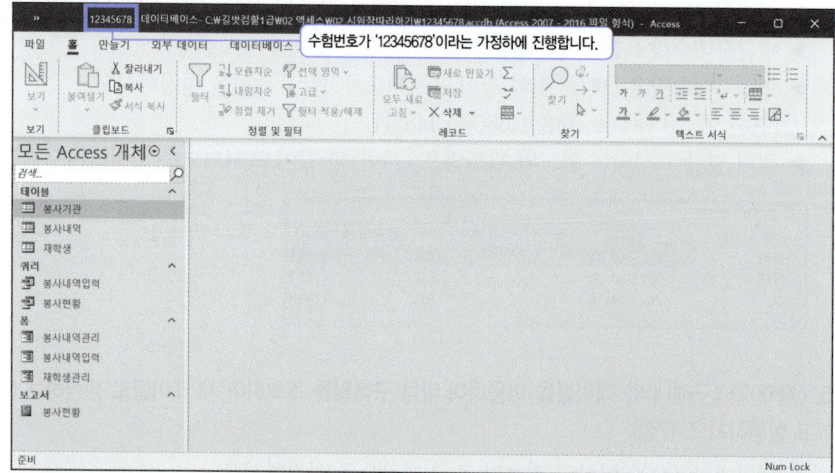

잠깐만요 액세스 문제 풀이

- 액세스는 풀이 순서가 좀 다릅니다. 액세스 문제들은 서로 연관이 있기 때문에 1번, 2번, 3번, 4번을 차례대로 풀어야 합니다. 그렇다고 모르는 문제를 끝까지 잡고 있을 필요는 없습니다. 엑셀과 마찬가지로 모르는 문제는 과감하게 스킵하고 아는 문제부터 풀어보세요.
- 문제와 지시사항들을 꼼꼼히 확인하며 답안을 작성하세요. 컴퓨터에 문제가 발생해도 저장하지 않은 답안 파일은 감독관이 책임져주지 않습니다. 반드시 중간중간 Ctrl+S를 눌러 저장해주세요.

잠깐만요 파일을 열면 '보안 경고' 메시지가 나타납니다.

테이블이나 폼을 만들 때는 크게 문제가 되지 않지만 매크로나 프로시저는 실행되지 않습니다. '보안 경고' 메시지의 오른쪽 끝에 있는 〈콘텐츠 사용〉 단추를 클릭하여 데이터베이스 파일에 포함된 모든 콘텐츠를 사용할 수 있도록 설정하세요.

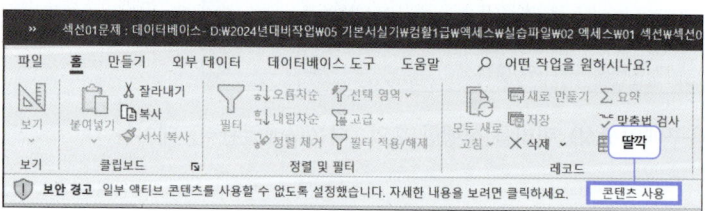

5 문제 풀이

문제 1 DB 구축 풀이

01. 〈거래처〉 테이블 완성하기(각 3점)

① '거래처코드' 필드에 '유효성 검사 규칙' 속성 설정하기

1. 〈거래처〉 테이블의 바로 가기 메뉴에서 [디자인 보기]를 선택하세요.

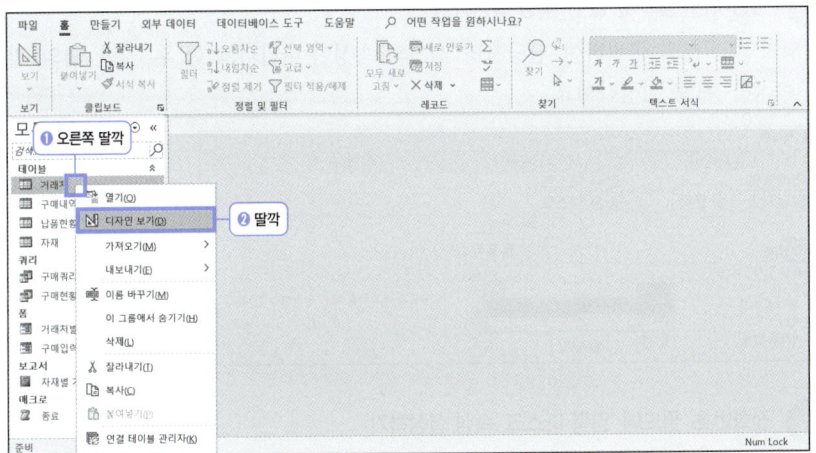

2. '거래처코드' 필드를 클릭하여 '거래처코드' 필드의 속성이 나타나게 한 후 '일반' 탭의 '유효성 검사 규칙' 속성에 Len([거래처코드])=4를 입력하여 4글자만 입력되도록 설정하세요.

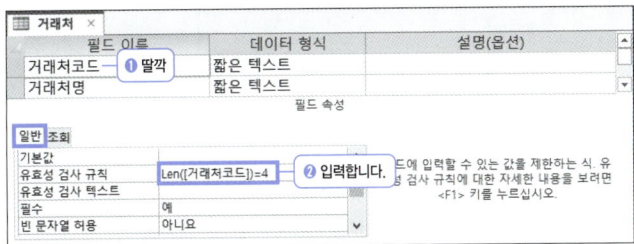

② '거래처코드' 필드에 '인덱스' 속성 설정하기

이어서 '인덱스' 속성을 '예(중복 불가능)'로 설정하세요.

 전문가의 조언

'탐색' 창에 모든 개체가 표시되지 않을 경우 '탐색' 창의 를 클릭한 후 '범주 탐색'에서 [개체 유형]을, '그룹 기준 필터'에서 [모든 Access 개체]를 선택하세요. 이렇게 설정해 놓으면 모든 개체가 표시됩니다.

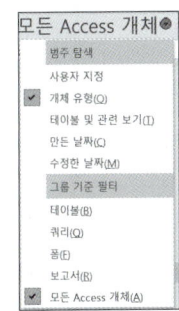

 전문가의 조언

- '유효성 검사 규칙' 속성은 미리 정한 규칙에 맞는 값만 입력될 수 있도록 하는 속성입니다.
- 바로 가기 메뉴는 마우스 오른쪽 버튼을 클릭했을 때 나타나는 메뉴를 말합니다.

 전문가의 조언

Len(문자열) 함수
문자열의 길이를 반환하는 함수입니다.

 전문가의 조언

인덱스 속성
데이터 검색, 그룹화 등의 작업 속도를 향상시키기 위해 데이터를 일정한 기준에 맞게 정렬되도록 설정하는 기능으로 중복 허용 여부에 따라 '예(중복 가능)'과 '예(중복 불가능)' 중 하나를 설정할 수 있습니다.

전문가의 조언

'인덱스' 글자 부분이나 인덱스 속성난을 더블클릭할 때마다 '아니요', '예(중복 가능)', '예(중복 불가능)'이 차례로 선택됩니다. 이미 지정된 값 중 하나를 선택하는 속성에서 유용하게 사용할 수 있습니다.

전문가의 조언

'필수' 속성이 '예'로 설정된 필드에는 반드시 값이 입력되어야 합니다. 값을 입력하지 않은 경우에는 레코드가 생성되지 않습니다.

전문가의 조언

- '입력 마스크' 속성은 사용자가 정확한 자료를 편리하게 입력할 수 있도록 입력되는 자료의 틀을 만드는 속성입니다.
- '입력 마스크' 속성에 Password를 입력하면 해당 필드의 값이 모두 *로 표시됩니다.

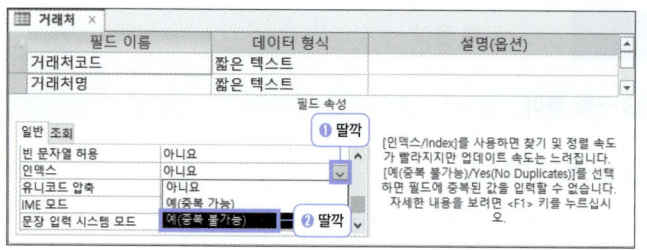

③ **'담당자명' 필드에 '필수' 속성 설정하기**

'담당자명' 필드를 클릭하여 '담당자명' 필드의 속성이 나타나게 한 후 '일반' 탭의 '필수' 속성을 '예'로 설정하세요.

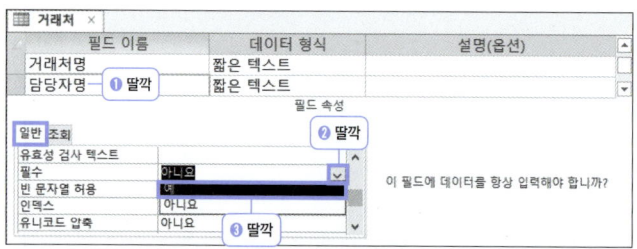

④ **'전화번호' 필드에 '입력 마스크' 속성 설정하기**

'전화번호' 필드를 클릭하여 '전화번호' 필드의 속성이 나타나게 한 후 '일반' 탭의 '입력 마스크' 속성에 Password를 입력합니다.

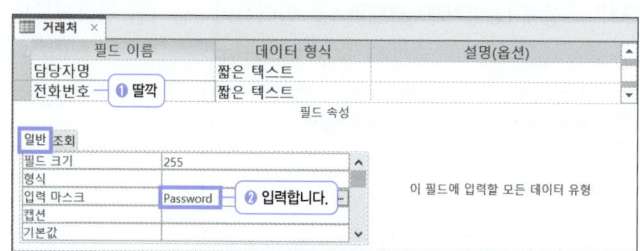

⑤ **'거래처구분' 필드를 삽입하고 데이터 형식 지정하기**

1. '거래처구분' 필드를 '비고' 필드 앞에 추가하기 위해 '비고' 필드의 행 선택기를 클릭한 후 Insert를 누릅니다. 이어서 추가된 행의 필드 이름 란을 클릭하세요.

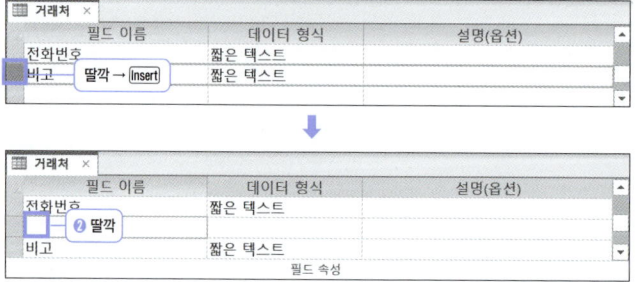

2. 필드 이름으로 **거래처구분**을 입력하고 '데이터 형식'에서 '긴 텍스트'를 선택합니다.

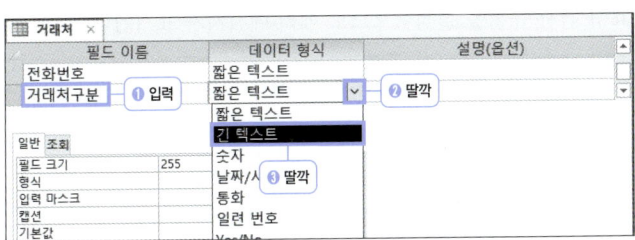

> **전문가의 조언**
>
> 최대 64,000자 정도의 데이터가 저장될 수 있는 데이터 형식은 '긴 텍스트'입니다.

3. 닫기 단추(⨯)를 클릭한 후 저장 여부를 묻는 대화상자가 표시되면 〈예〉를 클릭하여 변경된 테이블의 설계 정보를 저장합니다.

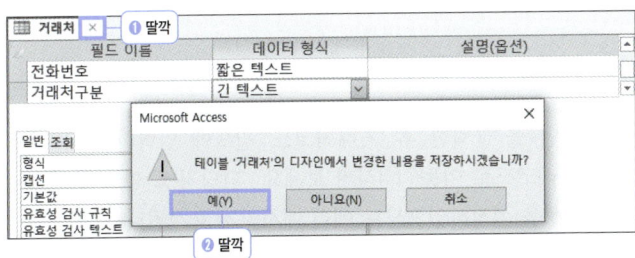

4. 이어서 데이터 통합 규칙 변경에 따른 테스트 여부를 묻는 대화상자가 표시되면 〈예〉를 클릭합니다.

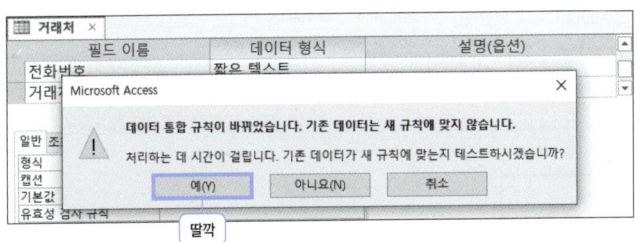

데이터 입력으로 테이블 확인하기

1. 〈거래처〉 테이블에 설정한 필드 속성의 작동 여부를 데이터 입력으로 테스트하기 위해 '탐색' 창에서 〈거래처〉 테이블을 더블클릭합니다.

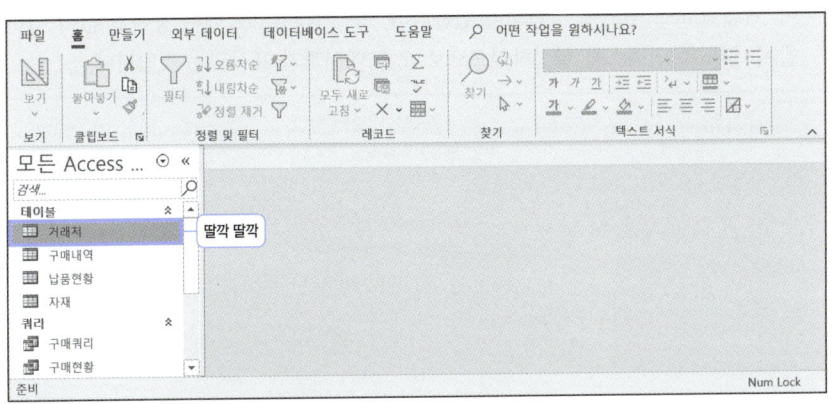

> **전문가의 조언**
>
> 테이블의 각 필드 속성을 지정한 후 올바르게 설정했는지 확인하기 위한 내용입니다. 실제 시험에서는 마음이 급하고, 시간도 여유롭지 못해 설정 사항이 제대로 동작하는지 확인하기가 쉽지 않습니다. 평소 연습할 때 올바르게 설정하였는지 이 방법으로 꼭 확인해 보시기 바랍니다. 그리고 시험장에서는 확인할 시간이 없다는 걸 명심하고 평소 연습할 때 실수 없이 정확하게 푸는 습관을 길러야 합니다.

2. '거래처코드' 필드에 **10130**을 입력한 후 다음 레코드로 이동(↓)시켜 보세요. 4글자만 입력되도록 유효성 검사 규칙을 설정했으므로 에러 메시지가 표시됩니다.

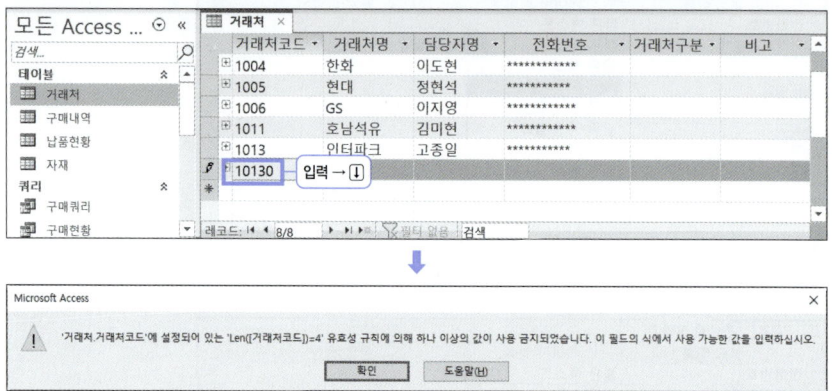

3. 에러 메시지 창에서 〈확인〉을 클릭한 후 '거래처코드' 필드에 입력한 "10130"을 **1013**으로 수정한 후 다음 레코드로 이동(↓)시켜 보세요. '담당자명' 필드에 반드시 값을 입력하도록 필수 속성을 설정하였으므로 에러 메시지가 표시됩니다.

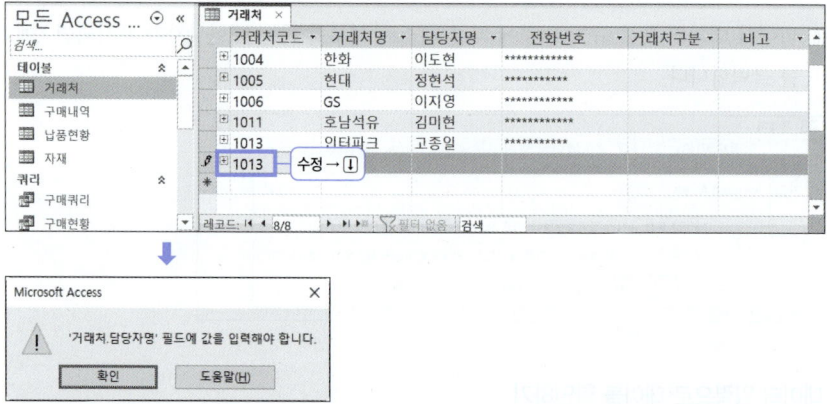

4. 에러 메시지 창에서 〈확인〉을 클릭한 후 '담당자명' 필드에 **시나공**을 입력한 후 다음 레코드로 이동(↓)시켜 보세요. 앞에서 '거래처코드' 필드에 입력한 "1013"은 이미 '거래처코드' 필드에 입력되어 있습니다. 즉 '거래처코드'에는 중복된 값이 입력될 수 없도록 인덱스를 설정하였으므로 오류 메시지가 표시되는 것입니다.

5. 에러 메시지 창에서 〈확인〉을 클릭하세요. 필드 속성을 확인하기 위해 레코드의 일부 값만 입력한 상태이므로 Esc를 누르면 레코드의 입력이 취소됩니다. Esc를 누르세요.

전문가의 조언

설정 내용을 확인하기 위해 새로 추가한 레코드를 삭제할 때는 마지막 레코드(행) 선택기의 바로 가기 메뉴에서 [레코드 삭제]를 선택하면 됩니다.

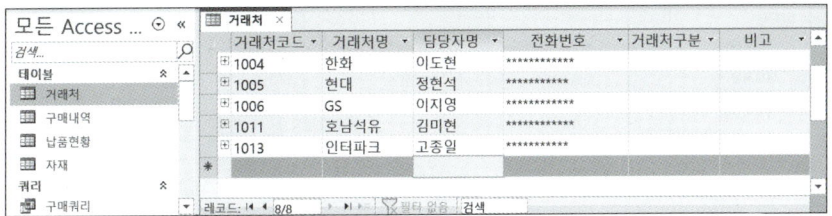

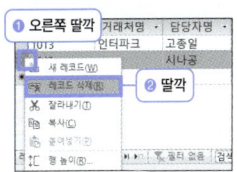

6. 이어서 '전화번호' 필드의 값이 모두 "*"로 표시되었는지 '거래처구분' 필드가 추가되었는지 확인하세요.

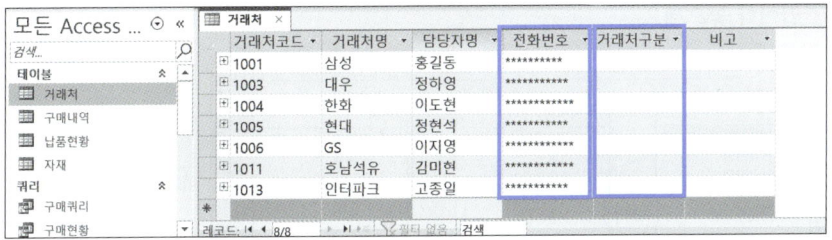

7. 〈거래처〉 테이블의 닫기 단추()를 클릭하세요.

02. 〈거래처〉, 〈구매내역〉, 〈자재〉 테이블 간의 관계 설정하기(5점)

1. 관계를 설정하기 위해 [데이터베이스 도구] → 관계 → **관계**(□)를 클릭합니다.

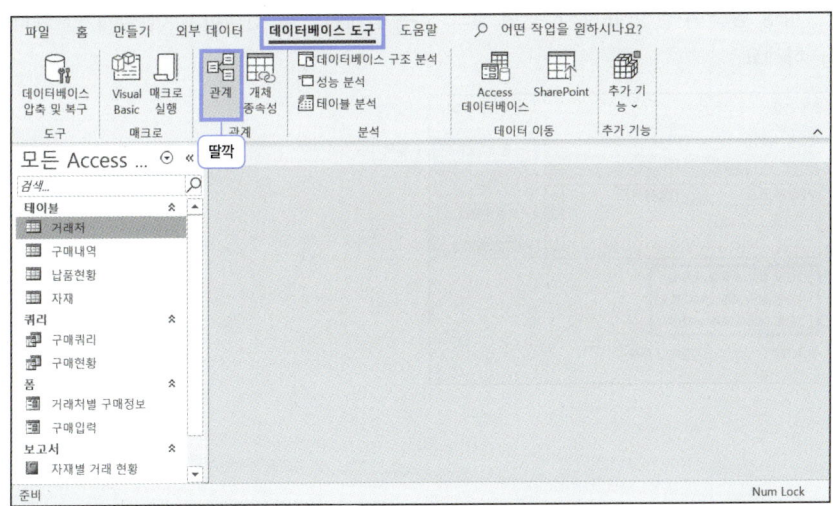

2. '테이블 추가' 창의 '테이블' 탭에서 〈거래처〉 테이블, 〈구매내역〉 테이블, 〈자재〉 테이블을 차례대로 더블클릭하여 추가한 후 닫기 단추(☒)를 클릭하세요.

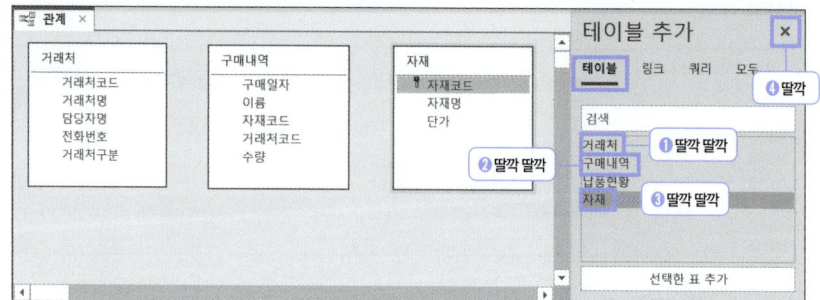

 **전문가의 조언**

〈구매내역〉 테이블의 '거래처코드' 필드를 〈거래처〉 테이블의 '거래처코드' 필드로 끌어다 놓아도 됩니다.

3. 〈거래처〉 테이블의 '거래처코드' 필드를 〈구매내역〉 테이블의 '거래처코드' 필드로 끌어다 놓으세요.

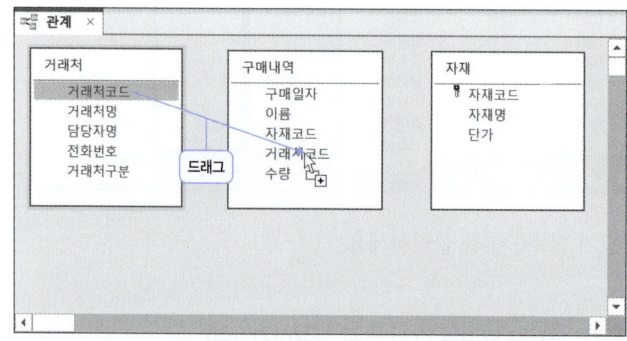

전문가의 조언

- 관련 필드 모두 업데이트'나 '관련 레코드 모두 삭제' 항목을 설정하려면 우선 '항상 참조 무결성 유지' 항목을 체크해야 합니다.
- 문제에서 참조 필드의 값이 변경되면 관련 필드의 값도 **변경되도록 설정**하라고 했으므로 '관련 필드 모두 업데이트' 항목을 체크하는 것입니다.
- 문제에서 다른 테이블에서 참조하고 있는 레코드는 **삭제할 수 없도록 설정**하라고 했으므로 '관련 레코드 모두 삭제' 항목을 체크하지 않는 것입니다.

4. 마우스의 왼쪽 버튼에서 손가락을 떼는 순간 '관계 편집' 대화상자가 나타납니다. '항상 참조 무결성 유지'와 '관련 필드 모두 업데이트'를 선택하고 〈만들기〉를 클릭하세요.

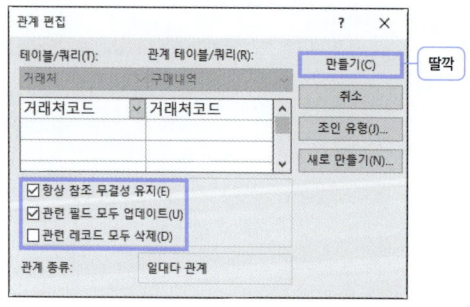

5. 〈구매내역〉 테이블의 '자재코드' 필드를 〈자재〉 테이블의 '자재코드' 필드로 끌어다 놓으세요.

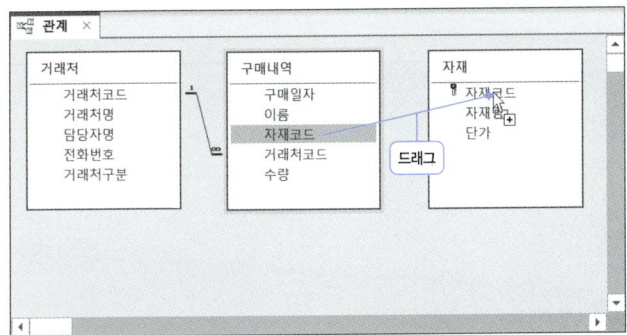

6. 마우스의 왼쪽 버튼에서 손가락을 떼는 순간 '관계 편집' 대화상자가 나타납니다. '항상 참조 무결성 유지'와 '관련 필드 모두 업데이트'를 선택하고 〈만들기〉를 클릭하세요.

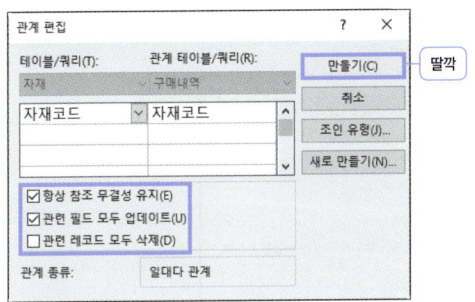

7. 설정된 관계가 표시됩니다. 닫기 단추(⨯)를 클릭한 다음, 저장 여부를 묻는 대화상자가 나타나면 〈예〉를 클릭하세요.

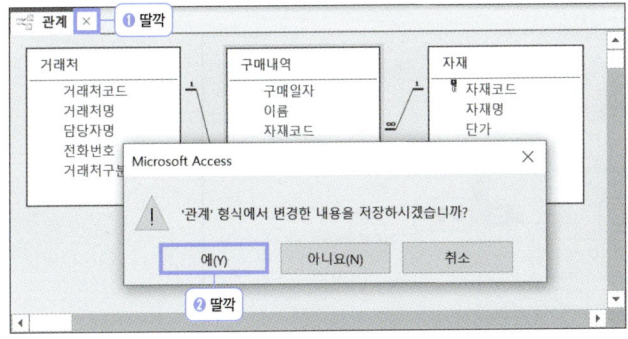

03. 〈구매내역〉 테이블의 '자재코드' 필드에 조회 속성 설정하기(5점)

1. '탐색' 창에서 〈구매내역〉 테이블의 바로 가기 메뉴를 나오게 한 다음 [디자인 보기]를 선택하세요.

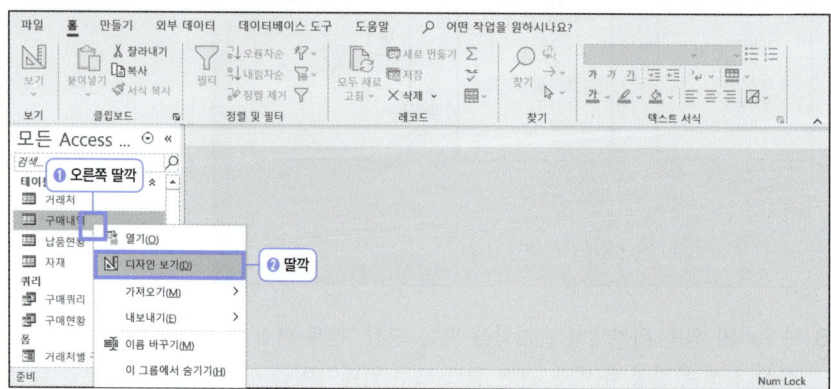

목록 단추(▼)는 '컨트롤 표시' 난을 클릭하면 표시됩니다.

2. '자재코드' 필드를 선택한 후 속성 창의 '조회' 탭에서 '컨트롤 표시'의 목록 단추(▼)를 클릭한 다음 '콤보 상자'를 선택합니다.

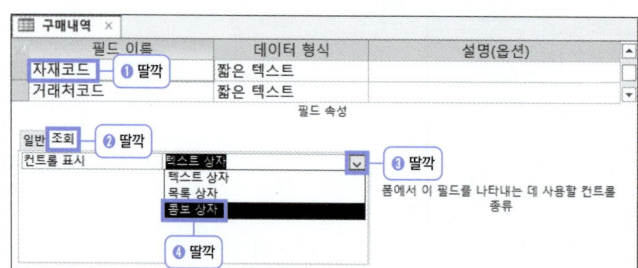

3. '행 원본' 속성을 클릭하면 오른쪽 끝에 작성기 단추(...)가 나타납니다. 작성기 단추를 클릭하세요.

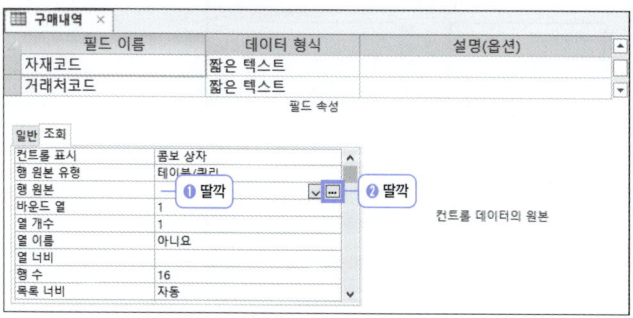

4. '테이블 추가' 창의 '테이블' 탭에서 '자재'를 더블클릭하고 닫기 단추(☒)를 클릭하세요. '쿼리 작성기'에 〈자재〉 테이블이 추가됩니다.

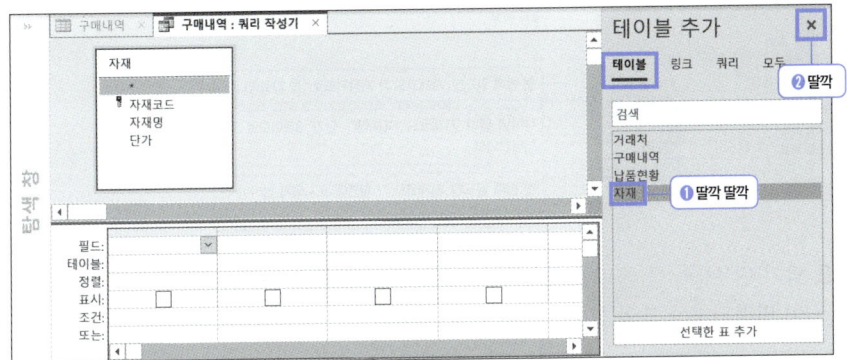

5. 〈자재〉 테이블의 모든 필드를 표시해야 하므로 '*'를 첫 번째 필드로 드래그한 다음 닫기 단추(☒)를 클릭하세요.

전문가의 조언

'쿼리 작성기'의 〈자재〉 테이블에서 '*'을 더블클릭해도 '*'를 첫 번째 필드로 드래그한 것과 동일한 결과를 얻을 수 있습니다.

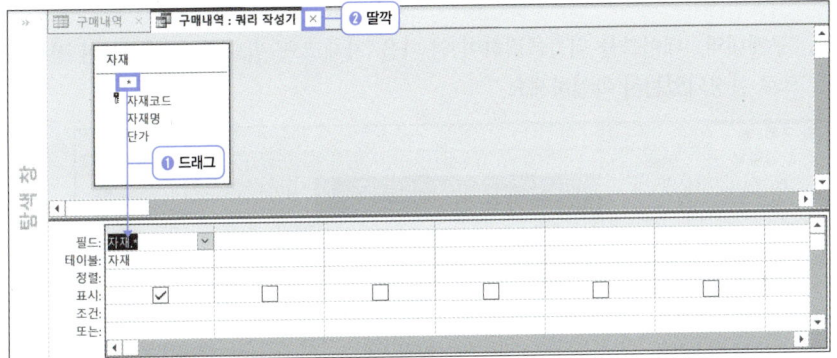

6. 업데이트 확인 창이 나타납니다. 〈예〉를 클릭하세요.

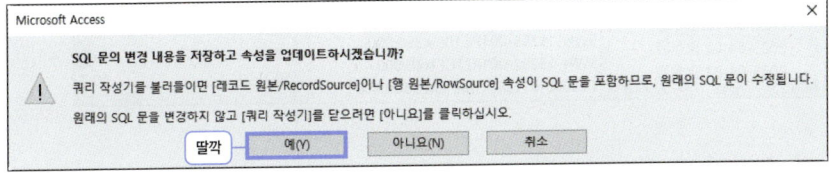

7. '행 원본'이 설정되면 '바운드 열', '열 개수', '열 너비' 속성을 그림과 같이 설정하세요.

전문가의 조언

- 열 개수를 3으로 지정하는 이유는 콤보상자에 나타낼 필드가 '자재코드', '자재명', '단가'이기 때문입니다.
- 열 너비를 0cm;4cm;3cm로 지정하는 이유는 첫 번째 필드인 '자재코드'는 화면에 표시하지 않고 '자재명'과 '단가'만 화면에 표시하기 위해서입니다.
- 열 너비를 입력할 때 각 필드는 세미콜론(;)으로 구분하며, '0'을 입력하면 자동으로 '0cm'로 변경되어 입력됩니다.
- 열 너비가 문제에 주어지지 않은 경우에는 표시될 내용을 고려하여 적당히 지정하면 됩니다.

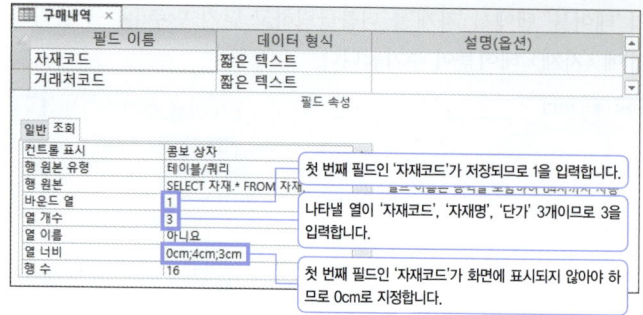

8. 닫기 단추(⊠)를 클릭한 후 저장 여부를 묻는 대화상자가 표시되면 〈예〉를 클릭하여 변경된 테이블의 설계 정보를 저장합니다.

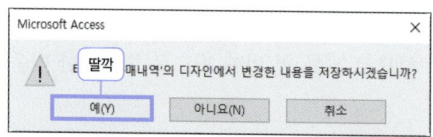

9. 〈구매내역〉 테이블을 더블클릭하여 연 다음 '자재코드' 필드에 조회 속성이 정상적으로 설정되었는지 확인하세요.

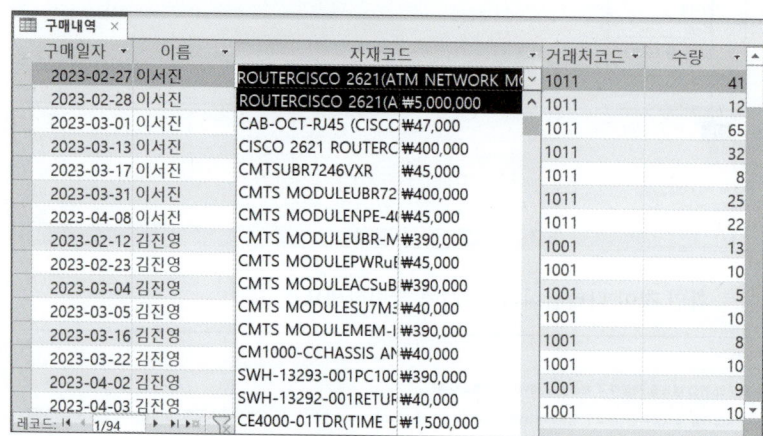

문제 2 입력 및 수정 기능 풀이

01. 〈구매입력〉 폼 완성하기(각 3점)

① 폼에 '기본 보기' 속성 설정하기

1. 〈구매입력〉 폼의 바로 가기 메뉴에서 [디자인 보기]를 선택하여 〈구매입력〉 폼을 디자인 보기 형태로 표시합니다.

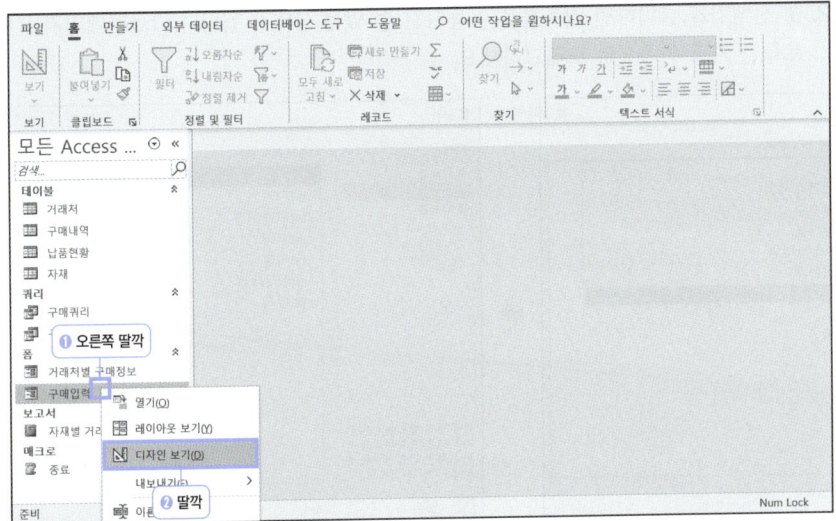

2. '폼' 속성 시트 창을 호출하기 위해 '폼 선택기'를 더블클릭합니다.

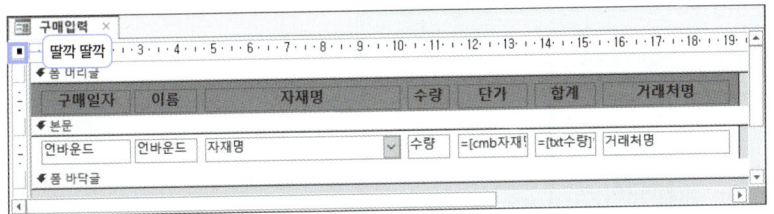

3. '폼' 속성 시트 창의 '형식' 탭에서 '기본 보기' 속성을 '연속 폼'으로 선택하고 닫기 단추()를 클릭하세요.

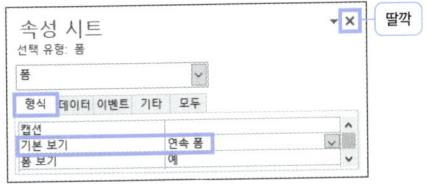

> 전문가의 조언
>
> **기본 보기**
> - 폼 보기 상태를 지정하는 것으로 단일 폼, 연속 폼, 데이터시트, 분할 표시 폼 등의 보기가 제공됩니다.
> - **단일 폼** : 레코드를 한 번에 하나만 표시함
> - **연속 폼** : 현재 창을 채울 만큼 여러 레코드를 표시함

② 폼 본문의 탭 순서 설정하기

1. 본문 바의 바로 가기 메뉴에서 [탭 순서]를 선택하세요.

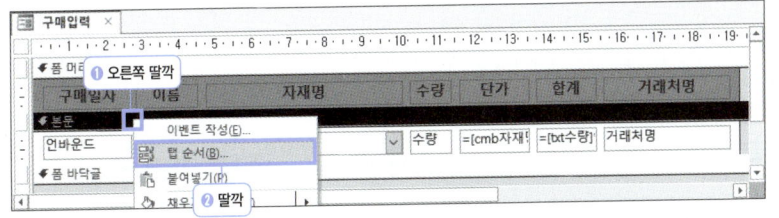

> 전문가의 조언
>
> - [양식 디자인] → 도구 → 탭 순서를 클릭해도 됩니다.
> - 본문 영역의 바로 가기 메뉴에서 [탭 순서]를 선택하면 '탭 순서' 대화상자에 '본문'이 선택된 상태로 표시되고, 폼 머리글 영역의 바로 가기 메뉴에서 [탭 순서]를 선택하면 '폼 머리글'이 선택된 상태로 표시됩니다.

2. 행 선택기를 클릭하면 컨트롤을 이동시킬 수 있는 상태가 됩니다. 'txt구매일자' 컨트롤을 가장 위쪽으로 드래그하세요.

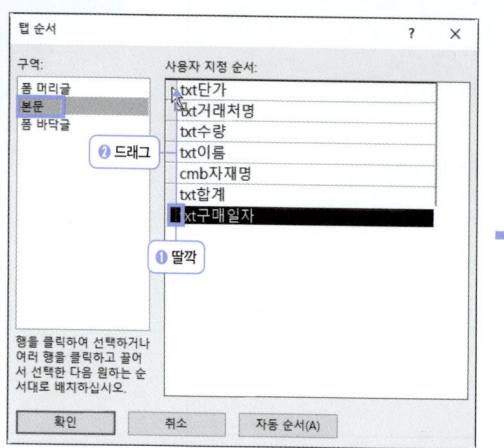 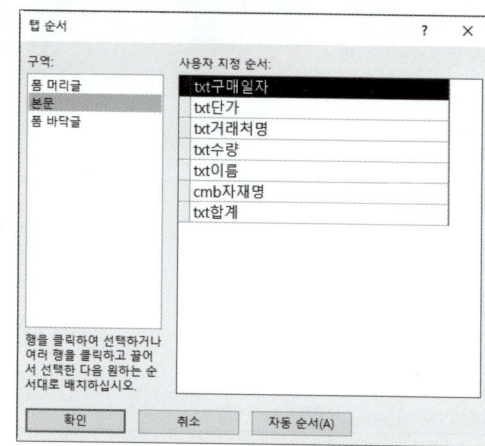

전문가의 조언

탭 순서

- Tab이나 Enter를 눌렀을 경우 이동되는 컨트롤의 순서를 정의하는 것입니다.
- 문제의 지시사항에 맞게 탭 순서가 화면의 왼쪽부터 차례대로, 즉 'txt구매일자', 'txt이름', 'cmb자재명', 'txt수량', 'txt단가', 'txt합계', 'txt거래처명' 순으로 이동되도록 설계해야 합니다.

3. 같은 방법으로 아래 그림과 같은 순서대로 설정한 후 〈확인〉을 클릭하세요.

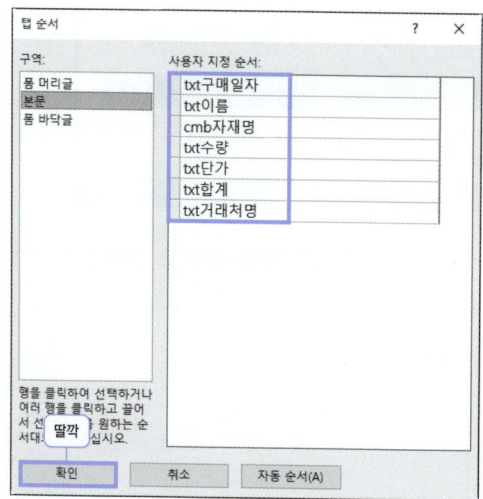

전문가의 조언

- 컨트롤 원본 속성은 컨트롤에 연결할 데이터를 지정하는 속성입니다.
- 컨트롤의 이름을 확인하려면 속성 시트 창이 열린 상태에서 해당 컨트롤을 선택하세요. 그러면 속성 시트 창의 윗 부분에 해당 컨트롤의 이름이 표시됩니다.

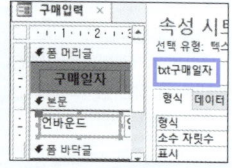

③ 'txt구매일자'와 'txt이름' 컨트롤에 '컨트롤 원본' 속성 설정하기

1. 'txt구매일자' 컨트롤을 더블클릭한 후 'txt구매일자' 속성 시트 창에서 '데이터' 탭의 '컨트롤 원본' 속성을 '구매일자'로 설정하고 닫기 단추(×)를 클릭하세요.

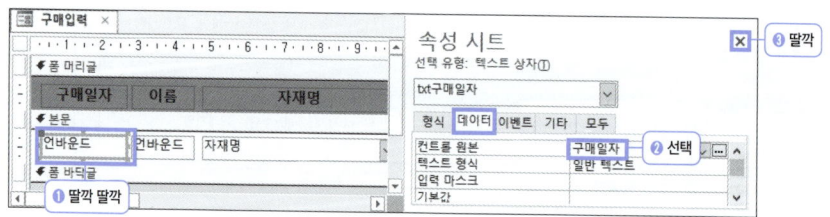

2. 'txt이름' 컨트롤을 더블클릭한 후 'txt이름' 속성 시트 창의 '데이터' 탭에서 '컨트롤 원본' 속성을 '이름'으로 설정하고 닫기 단추(☒)를 클릭하세요.

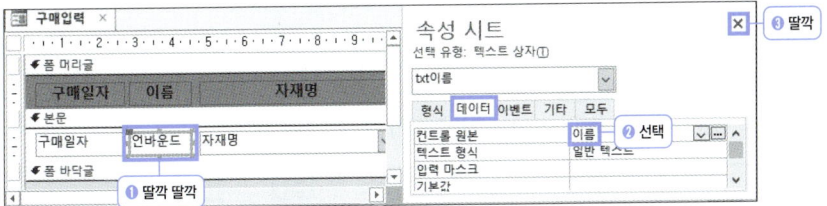

> **전문가의 조언**
>
> **속성 시트 창 변경하기**
>
> 속성 시트 창이 열려 있는 상태에서 다른 컨트롤을 선택하면 속성 시트 창의 내용이 새로 선택한 컨트롤의 내용으로 바뀝니다. 즉 'txt 구매일자' 컨트롤 속성 시트 창이 열려 있는 상태에서 'txt이름' 컨트롤을 선택하면 'txt이름' 속성 시트 창으로 바뀐다는 거죠!

3. [양식 디자인] → 보기 → **폼 보기(▦)**를 클릭하여 폼을 실행하세요.

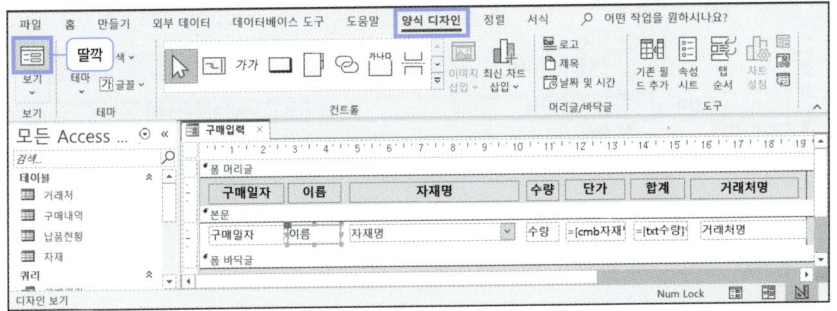

4. 완성된 폼을 확인한 다음 닫기 단추(☒)를 클릭하세요. 저장 여부를 묻는 대화상자가 나타나면 〈예〉를 클릭하세요.

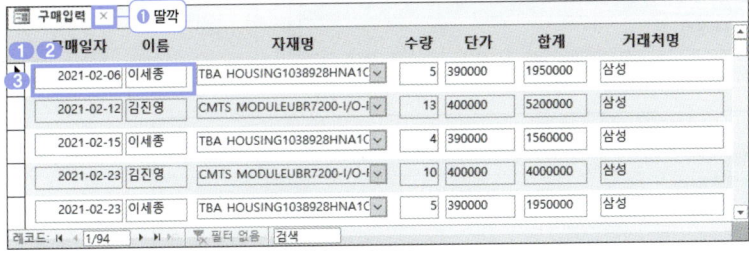

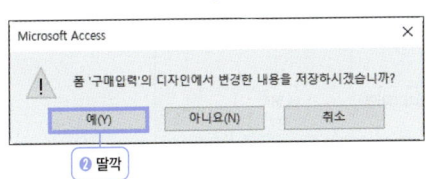

> **전문가의 조언**
>
> **확인할 사항**
> ① 연속 폼
> ② 폼 본문의 탭 순서 : Tab 을 눌러 왼쪽부터 차례대로 이동되는지 확인
> ③ 'txt구매일자'와 'txt이름' 컨트롤에 '구매일자'와 '이름' 표시 여부

02. 〈구매입력〉 폼의 본문 컨트롤에 조건부 서식 설정하기(6점)

1. 〈구매입력〉 폼의 바로 가기 메뉴에서 [디자인 보기]를 선택하여 〈구매입력〉 폼을 디자인 보기 형태로 표시합니다.

2. 본문 영역 왼쪽의 눈금자 부분을 클릭하여 본문 영역의 모든 컨트롤을 선택한 후 [서식] → 컨트롤 서식 → **조건부 서식**(▥)을 클릭하세요.

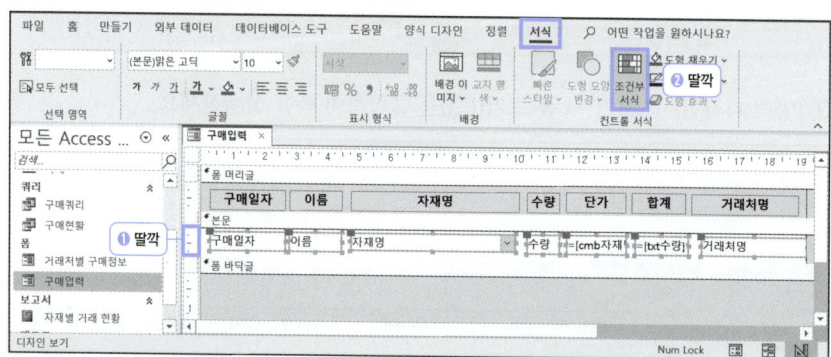

3. '조건부 서식 규칙 관리자' 대화상자에서 〈새 규칙〉을 클릭한 후 '새 서식 규칙' 대화상자에서 조건과 서식을 그림과 같이 설정한 후 〈확인〉을 클릭하세요.

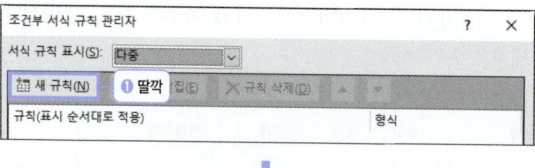

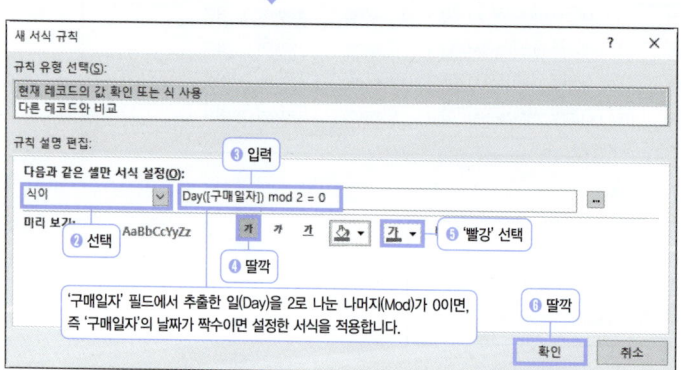

 **전문가의 조언**

레코드 전체에 조건부 서식을 적용하려면 본문의 모든 컨트롤을 선택한 상태에서 [서식] → 컨트롤 서식 → 조건부 서식을 클릭한 후 '식이'를 이용하여 조건을 지정해야 합니다.

4. '조건부 서식 규칙 관리자' 대화상자가 다시 표시됩니다. 〈확인〉을 클릭하세요.

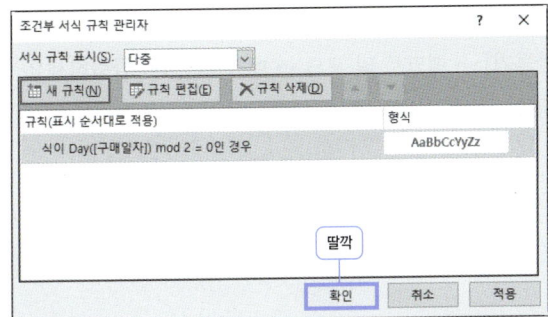

5. [양식 디자인] → 보기 → 폼 보기(圖)를 클릭하여 폼을 실행하세요.

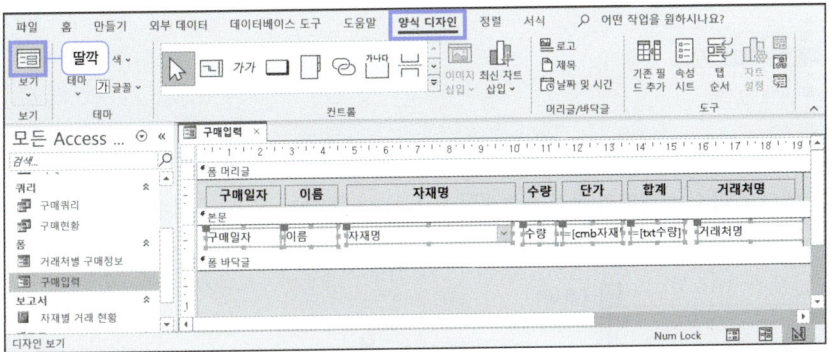

6. 지정한 조건에 맞게 표시되는지 확인한 다음 닫기 단추()를 클릭하세요. 저장 여부를 묻는 대화상자에서 〈예〉를 클릭하세요.

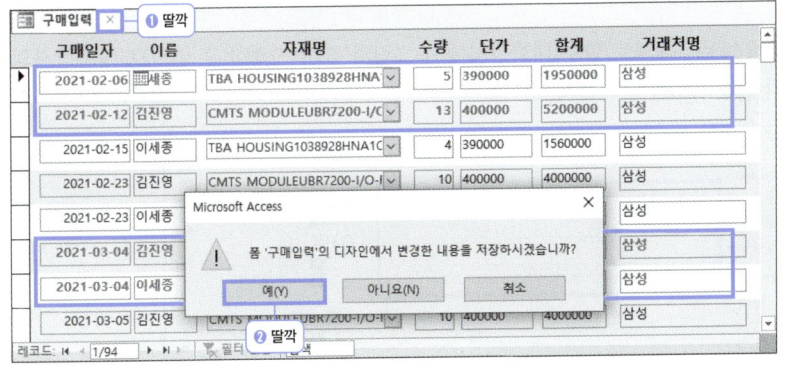

전문가의 조언

확인할 사항
'구매일자'의 날짜가 짝수날인 경우 글꼴 스타일이 '굵게', 글꼴 색이 '빨강색'으로 표시되는지 확인합니다.

03. '인쇄(cmd인쇄)' 단추에 클릭 기능 구현하기(5점)

1. 매크로에 이름을 지정하여 사용하는 경우는 먼저 매크로 개체를 생성한 후 이를 연결하여 사용하면 됩니다. [만들기] → 매크로 및 코드 → **매크로**(📄)를 클릭하세요.

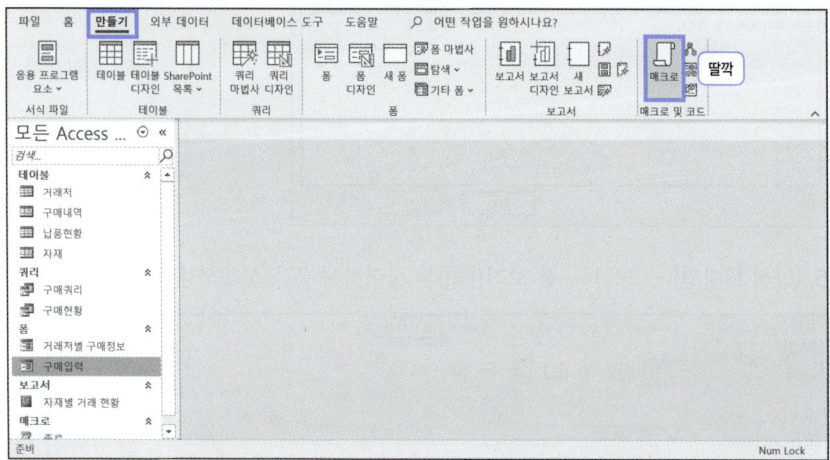

2. 매크로 함수 선택란의 목록 단추(🔽)를 누른 다음 'OpenReport' 함수를 선택하세요.

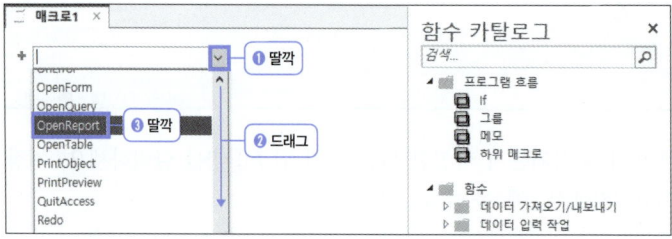

3. OpenReport 매크로 함수 대화상자에서 그림과 같이 지정한 후 매크로 대화상자의 닫기 단추(✕)를 클릭하세요.

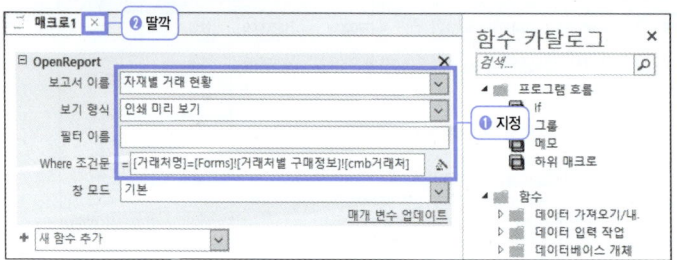

4. 저장 여부를 묻는 대화상자가 나타나면 〈예〉를 클릭하세요. 이어서 '다른 이름으로 저장' 대화상자에서 매크로 이름으로 **보고서출력**을 입력한 다음 〈확인〉을 클릭하세요.

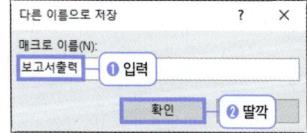

5. 〈거래처별 구매정보〉 폼을 디자인 보기로 연 다음 'cmd인쇄' 컨트롤을 더블클릭하여 'cmd인쇄' 속성 시트 창을 호출하세요.

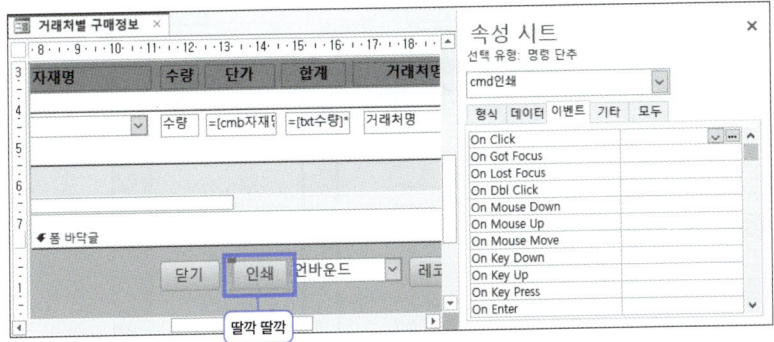

6. 'cmd인쇄' 속성 시트 창의 '이벤트' 탭에서 'On Click' 이벤트의 목록 단추(☑)를 누른 다음 〈보고서출력〉 매크로를 선택하세요.

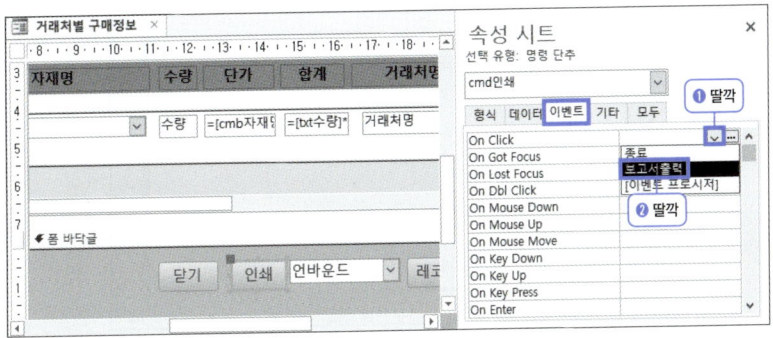

7. 'cmd인쇄' 속성 시트 창에서 닫기 단추(✕)를 클릭하고, [양식 디자인] → 보기 → 폼 보기(▦)를 클릭하여 폼을 실행하세요.

8. 'cmb거래처' 콤보상자에서 '거래처명'을 선택한 후 〈인쇄〉 단추를 클릭하여 결과를 확인하세요. 결과를 확인한 다음 [인쇄 미리 보기] → 미리 보기 닫기 → **인쇄 미리 보기 닫기**(✕)를 클릭하세요.

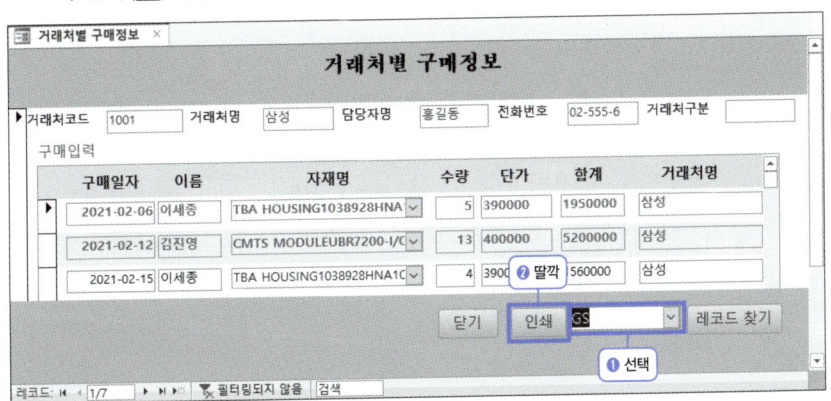

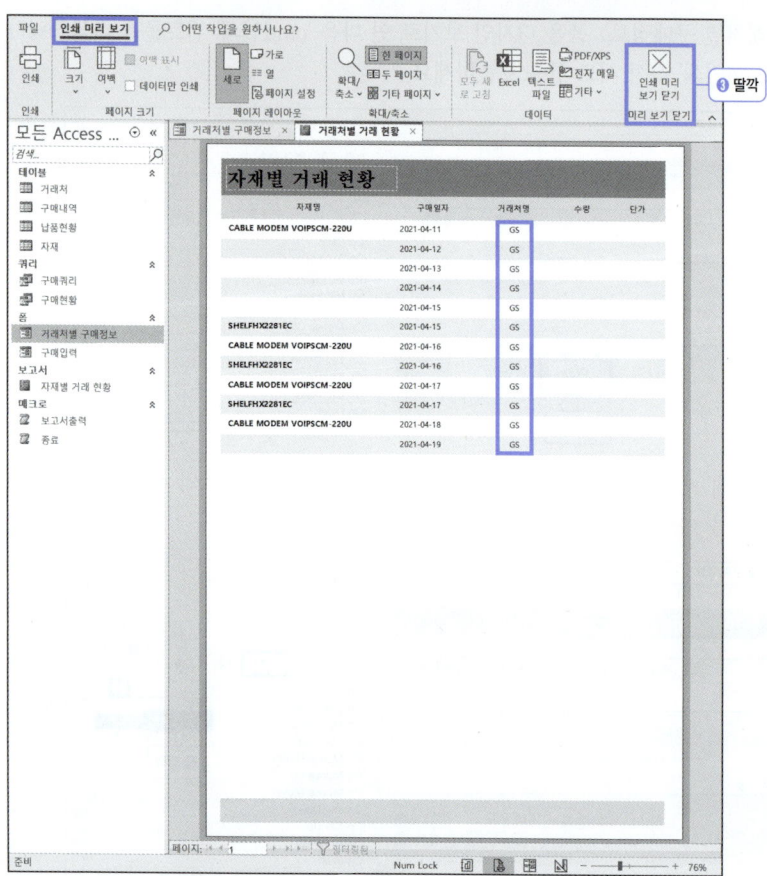

9. 〈거래처별 구매정보〉 폼의 디자인 보기 상태로 돌아옵니다. 닫기 단추(×)를 클릭한 다음 저장 여부를 묻는 대화상자가 표시되면 〈예〉를 클릭하세요.

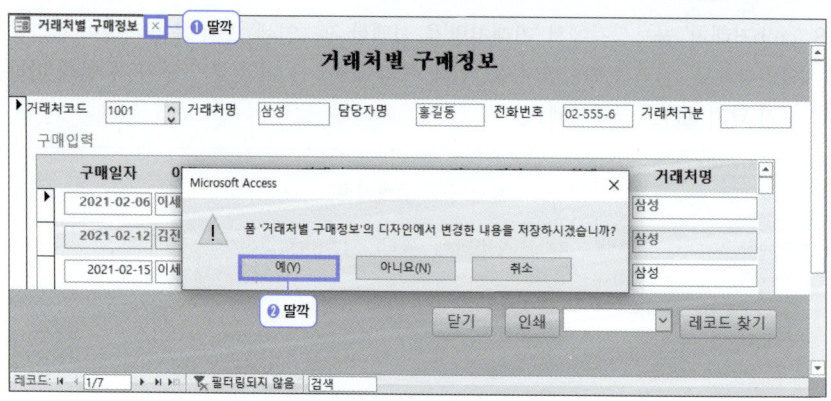

문제 3   조회 및 출력 기능 풀이

01. 〈자재별 거래 현황〉 보고서 완성하기(각 3점)

① , ② '정렬 및 그룹화'를 설정하고 '그룹 바닥글'에 컨트롤 생성하기

1. 〈자재별 거래 현황〉 보고서의 바로 가기 메뉴에서 [디자인 보기]를 선택하여 〈자재별 거래 현황〉 보고서를 디자인 보기 형태로 표시합니다.

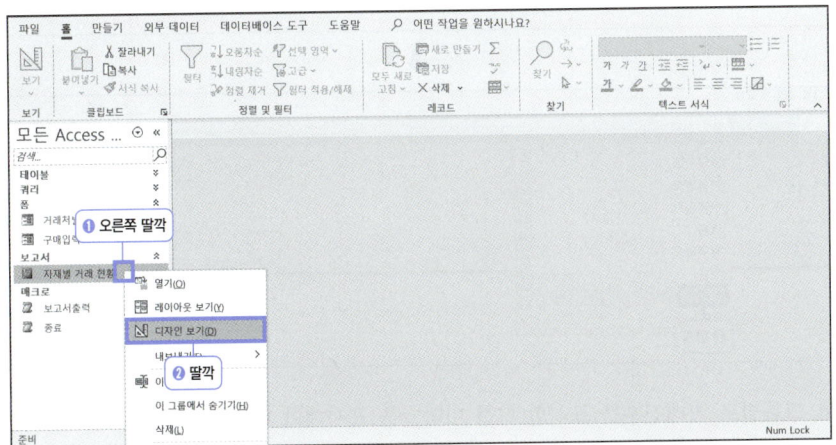

2. 문제의 출력형태는 '자재명'을 기준으로 구분되어 있고, 같은 '자재명' 내에서는 '구매일자'를 기준으로 정렬되어 자료가 표시되어 있습니다. [보고서 디자인] → 그룹화 및 요약 → **그룹화 및 정렬**()을 클릭하세요.

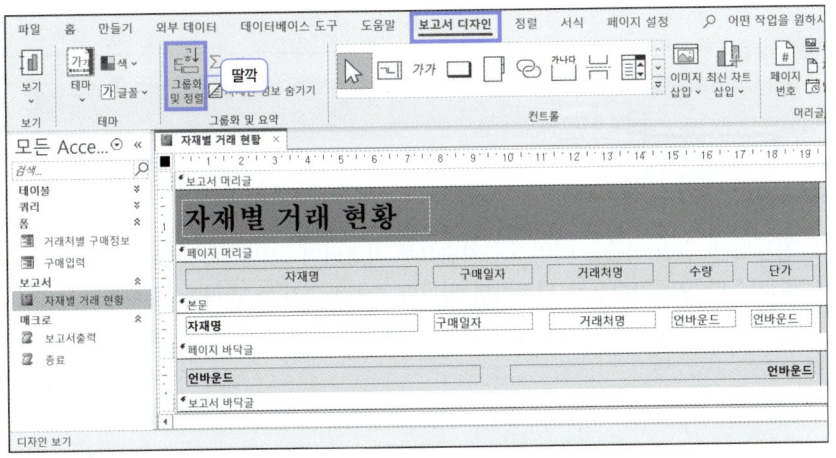

> 전문가의 조언
>
> '그룹, 정렬 및 요약' 창은 보고서 영역의 바로 가기 메뉴에서 [정렬 및 그룹화]를 선택해서도 나타낼 수 있습니다.

> **시나공 Q&A 베스트**
>
> **Q** 그룹 추가와 정렬 추가의 차이점은 무엇인가요? 똑같이 정렬 설정도 되고 그룹 머리글/바닥글 설정도 똑같이 나오는 것 같은데…
>
> **A** 둘 중 어떤 것을 사용하든 그룹 및 정렬 기준을 지정할 수 있습니다. 차이가 있다면 '그룹 추가'를 클릭하면 그룹 지정이 편리하도록 바로 그룹 기준 필드를 선택할 수 있는 필드 목록이 표시되고, '정렬 추가'를 클릭하면 정렬 지정이 편리하도록 바로 정렬 기준 필드를 선택할 수 있는 필드 목록이 표시됩니다.

3. 화면 하단에 '그룹, 정렬 및 요약' 창이 나타납니다. 먼저 '자재명'을 기준으로 그룹화하기 위해 '그룹 추가'를 클릭한 후 나타나는 필드 선택 목록 상자에서 '자재명'을 선택합니다.

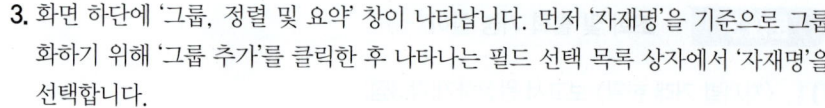

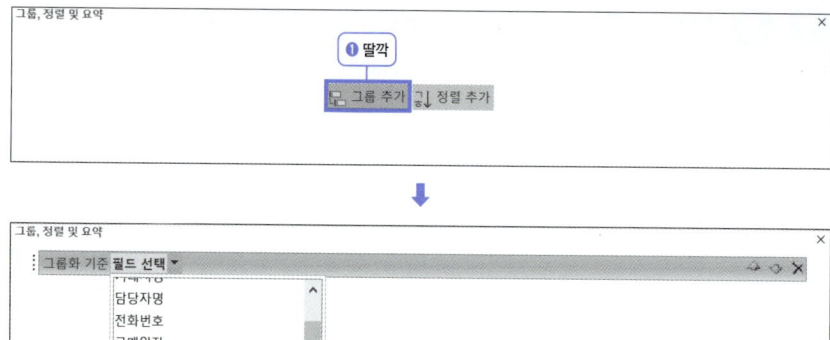

4. 그룹별로 거래건수를 표시할 그룹 바닥글을 표시해야 합니다. 〈자세히〉를 클릭한 후 '바닥글 구역 표시'를 선택하세요.

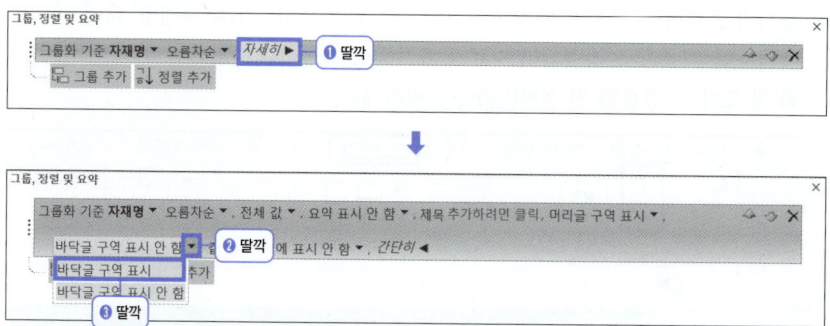

전문가의 조언

그룹이나 정렬을 추가하면 선택한 필드에 대해 기본적으로 오름차순으로 정렬이 지정됩니다.

5. '자재명'의 정렬 기준은 이미 오름차순으로 지정되어 있으므로 '구매일자'에 대한 정렬 기준만 오름차순으로 지정하면 됩니다. '정렬 추가'를 클릭한 후 나타나는 필드 선택 목록 상자에서 '구매일자'를 선택하세요.

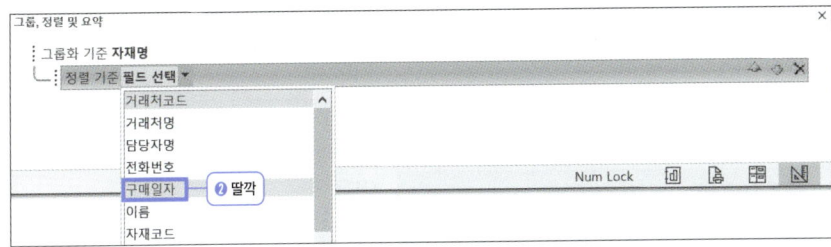

전문가의 조언

'페이지 머리글'에 있는 제목은 페이지에서 한 번만 인쇄되므로, 그룹마다 제목을 인쇄하려면 제목을 '그룹 머리글'에 가져다 놓아야 합니다.

6. 이제 '페이지 머리글'에 있는 필드명들을 그룹으로 지정된 '자재명 머리글'로 옮겨야 합니다. '페이지 머리글'의 모든 레이블을 선택한 후 아래쪽으로 드래그하여 이동하세요.

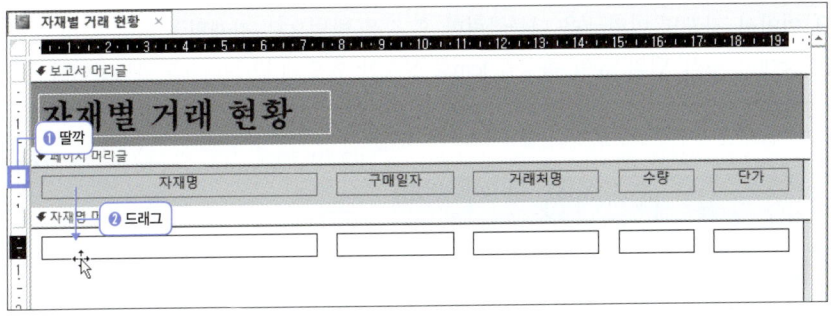

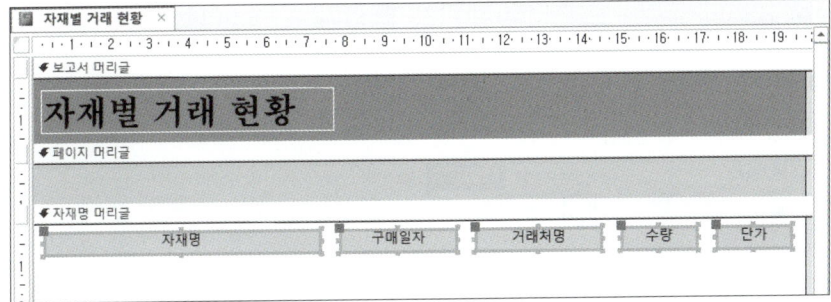

7. '페이지 머리글'과 '자재명 머리글'의 높이를 조절해야 합니다. 먼저 '페이지 머리글'을 더블클릭하여 '페이지 머리글' 속성 시트 창을 호출하세요.

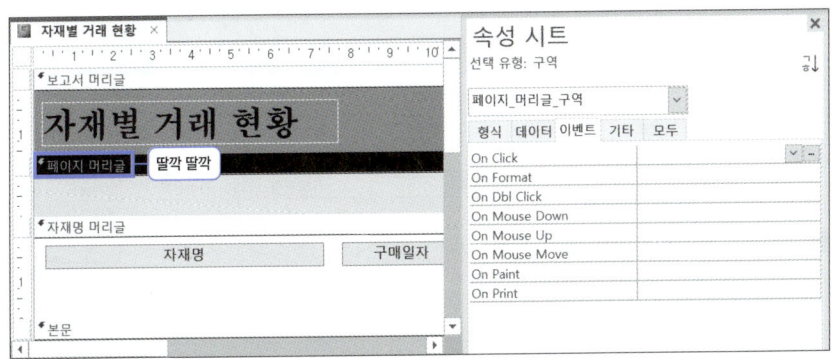

실제 시험장을 옮겨 놓았다! **261**

전문가의 조언

높이에 0을 입력하면 단위인 cm가 자동으로 입력되어 **0cm**로 입력됩니다.

8. 페이지 머리글' 속성 시트 창의 '형식' 탭을 선택하고 '높이' 속성에 0을 입력한 후 닫기 단추(×)를 클릭합니다.

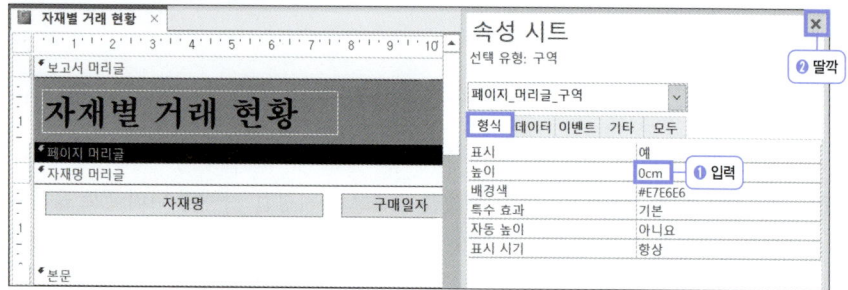

9. 이어서 '자재명 머리글'을 더블클릭한 후 같은 방법으로 '자재명 머리글' 속성 시트 창에서 '형식' 탭의 '높이' 속성을 **1cm**로 설정한 후 닫기 단추(×)를 클릭합니다.

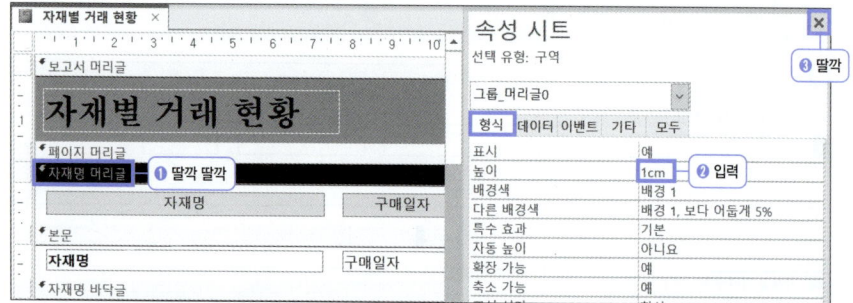

10. 텍스트 상자를 추가하기 위해 [보고서 디자인] → 컨트롤 → **텍스트 상자**(가나)를 클릭합니다.

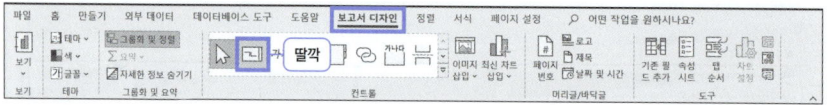

11. 이어서 '자재명 바닥글' 영역에 다음과 같이 드래그합니다.

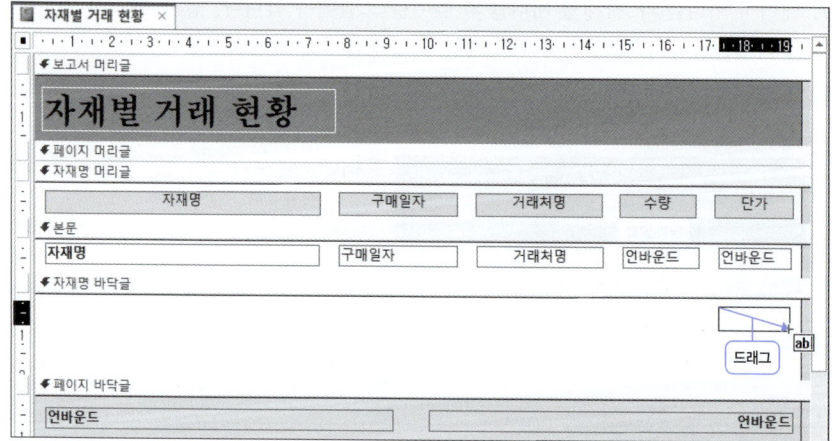

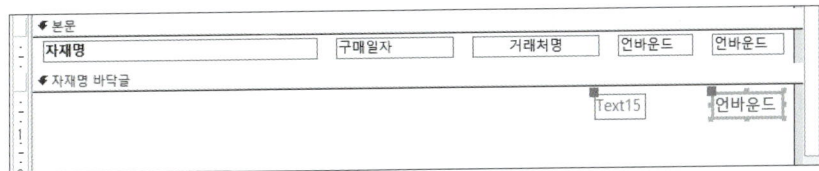

12. 삽입된 컨트롤의 레이블 부분을 천천히 두 번 클릭한 후 내용을 지우고 **거래건수 :** 를 입력하고 Enter를 누르세요.

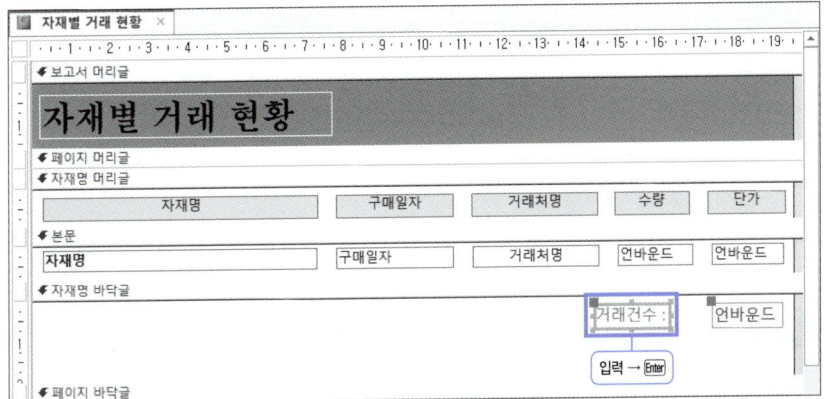

13. 이어서 텍스트 상자를 더블클릭하여 '텍스트 상자'의 속성 시트 창을 연 다음 '데이터' 탭에서 '컨트롤 원본' 속성에 **=Count(*)**을 입력하세요.

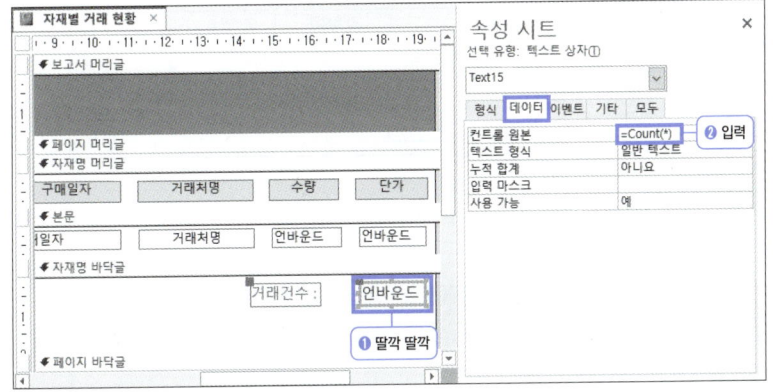

 전문가의 조언

텍스트 상자의 '컨트롤 원본' 속성을 지정할 때는 텍스트 상자를 클릭한 상태에서 =Count(*)을 직접 입력해도 됩니다.

14. 이번에는 '기타' 탭의 '이름' 속성에 **txt거래건수**를 입력한 후 '텍스트 상자' 속성 시트 창의 닫기 단추(☒)를 클릭하세요.

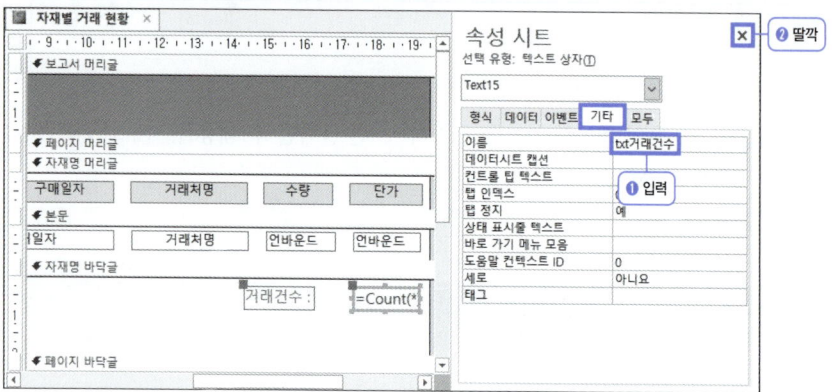

15. '페이지 바닥글' 구분선을 위쪽으로 드래그하여 '자재명 바닥글' 영역의 높이를 적절히 조절하세요.

③ 'txt수량'과 'txt단가' 컨트롤에 '컨트롤 원본' 속성 설정하기

1. 'txt수량' 컨트롤을 더블클릭한 후 'txt수량' 속성 시트 창에서 '데이터' 탭의 '컨트롤 원본' 속성을 '수량'으로 설정하고 닫기 단추(ⓧ)를 클릭하세요.

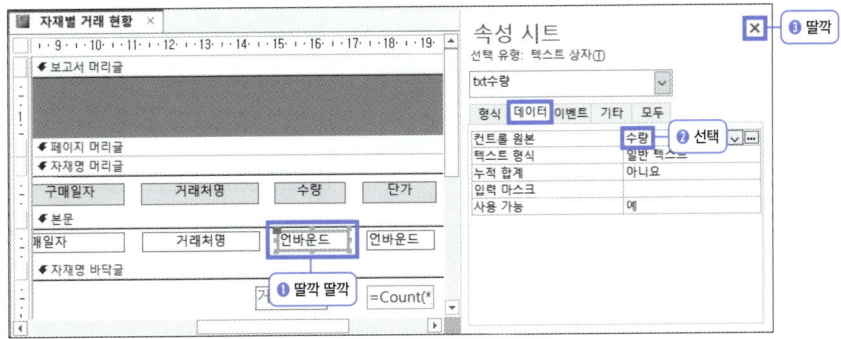

> **전문가의 조언**
>
> **속성 시트 창 변경하기**
> 속성 시트 창이 열려 있는 상태에서 다른 컨트롤을 선택하면 속성 시트 창의 내용이 새로 선택한 컨트롤의 내용으로 바뀝니다. 즉 'txt거래건수' 컨트롤 속성 시트 창이 열려 있는 상태에서 'txt수량' 컨트롤을 선택하면 'txt수량' 속성 시트 창으로 바뀐다는 거죠!

2. 'txt단가' 컨트롤을 더블클릭한 후 'txt단가' 속성 시트 창에서 '데이터' 탭의 '컨트롤 원본' 속성을 '단가'로 설정하고 닫기 단추(ⓧ)를 클릭하세요.

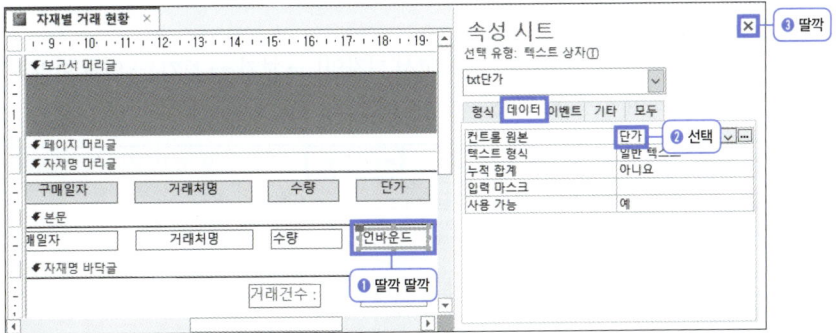

④ 'txt날짜' 컨트롤에 '컨트롤 원본' 속성 설정하기

'txt날짜' 컨트롤을 더블클릭한 후 'txt날짜' 속성 시트 창의 '데이터' 탭에서 '컨트롤 원본' 속성에 =Format(Now( ),"yyyy年 m月")를 입력한 후 닫기 단추(ⓧ)를 클릭하세요.

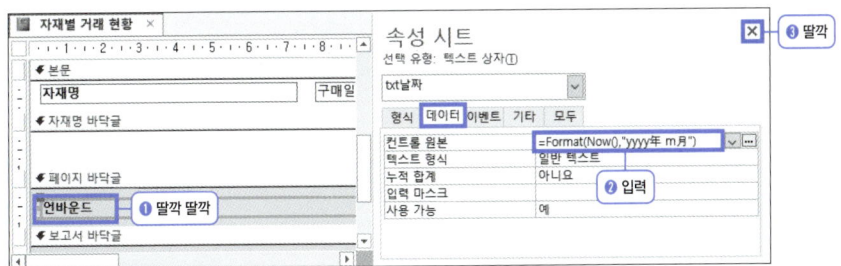

> **전문가의 조언**
>
> • 'txt날짜' 컨트롤을 클릭한 상태에서 =Format(Now( ), "yyyy年 m月")를 직접 입력해도 됩니다.
> • =Format(Now( ), "yyyy年 m月")를 입력하면 자동으로 =Format(Now( ),"yyyy""年 ""m₩月")로 변경됩니다.

함수 설명

=Format(Now( ), "yyyy年 m月")
• 오늘 날짜(Now) 중 년도는 4자리(yyyy)로 표시하되 뒤에 '年'을 붙이고, 월은 1자리(m)로 표시하되 뒤에 '月'을 붙여 표시합니다.
• Format( ) 함수는 숫자나 날짜 등을 지정된 형식에 맞게 문자열로 변환해 주는 함수입니다.

5 'txt페이지' 컨트롤에 '컨트롤 원본' 속성 설정하기

1. 'txt페이지' 컨트롤을 더블클릭한 후 'txt페이지' 속성 시트 창의 '데이터' 탭에서 '컨트롤 원본' 속성에 =IIf([Page] Mod 2=1,[Page] & "쪽"," ")를 입력한 후 닫기 단추(☒)를 클릭하세요.

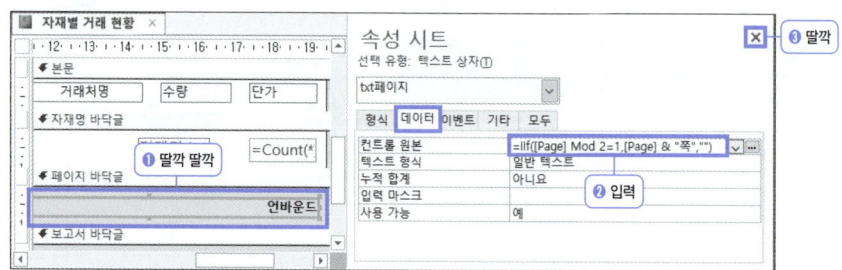

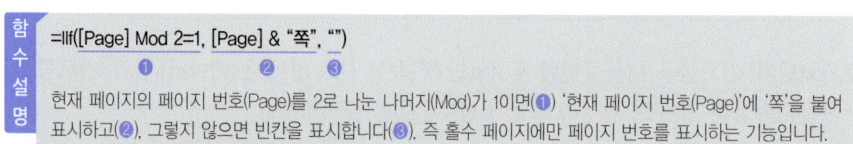

현재 페이지의 페이지 번호(Page)를 2로 나눈 나머지(Mod)가 1이면(❶) '현재 페이지 번호(Page)'에 '쪽'을 붙여 표시하고(❷), 그렇지 않으면 빈칸을 표시합니다(❸). 즉 홀수 페이지에만 페이지 번호를 표시하는 기능입니다.

2. 보고서 설정 사항을 확인하기 위해 [보고서 디자인] → 보기 → 보기 → **인쇄 미리 보기**(◰)를 클릭하여 설정한 내용을 확인하세요.

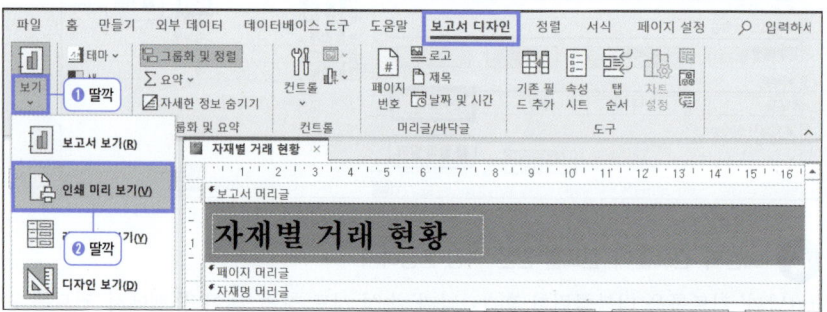

3. 설정한 내용을 확인한 다음 [인쇄 미리 보기] → 미리 보기 닫기 → **인쇄 미리 보기 닫기**(☒)를 클릭하세요.

전문가의 조언

확인할 사항
① 자재명 그룹별로 필드명과 거래건수 표시 여부
② '자재명'에 의한 오름차순과 같은 '자재명' 내에서는 '구매일자'에 의한 오름차순 여부
③ 'txt수량'과 'txt단가'에 '수량'과 '단가'의 표시 여부
④ 'txt날짜' 컨트롤의 컨트롤 원본
⑤ 'txt페이지' 컨트롤의 컨트롤 원본

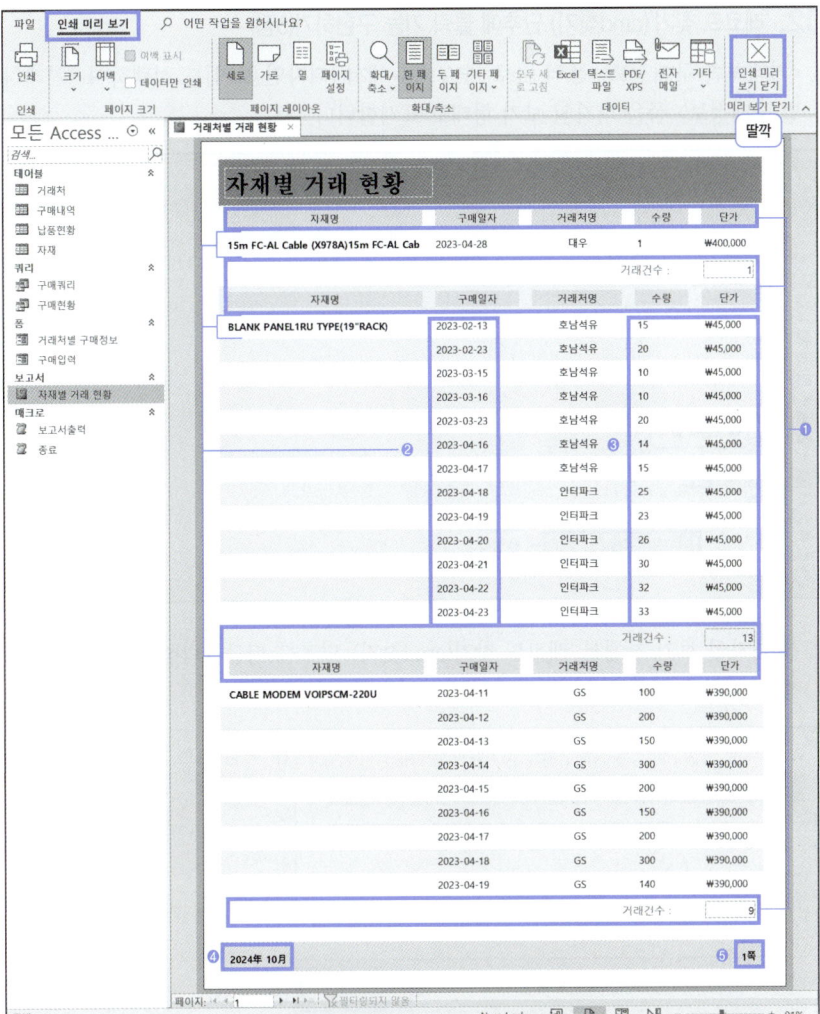

4. 보고서 디자인 보기 상태로 전환됩니다. 닫기 단추(☒)를 클릭한 다음 저장 여부를 묻는 대화상자에서 〈예〉를 클릭하세요.

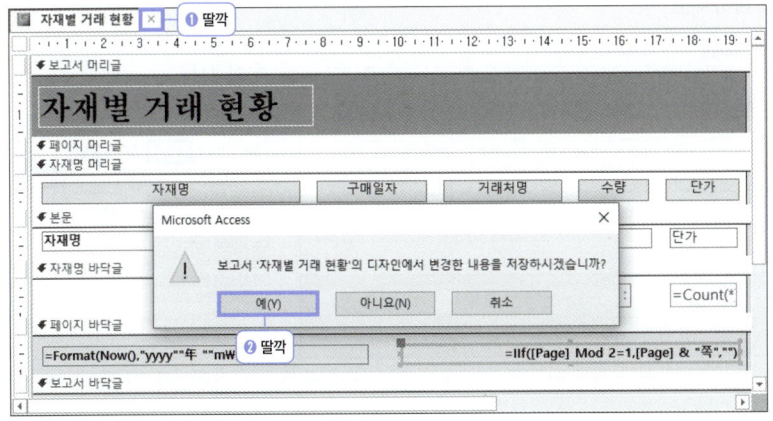

02. '레코드 찾기'(cmd찾기) 단추에 클릭 기능 구현하기(5점)

1. 〈거래처별 구매정보〉 폼의 바로 가기 메뉴에서 [**디자인 보기**]를 선택하여 〈거래처별 구매정보〉 폼을 디자인 보기 형태로 표시합니다.

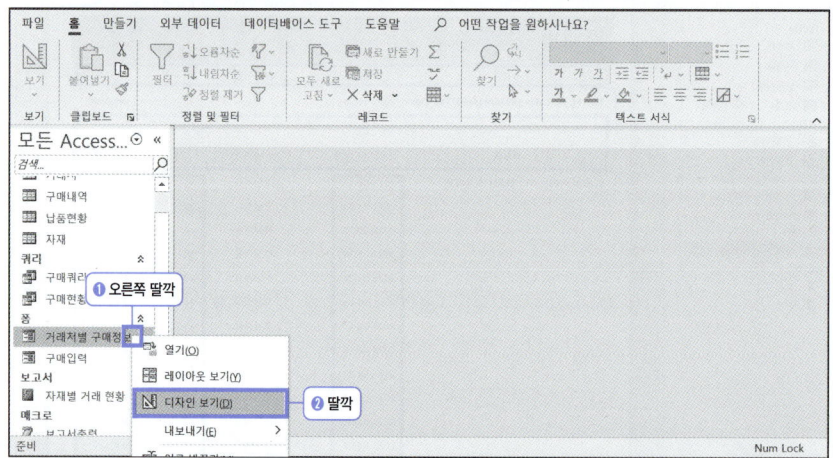

2. 폼 디자인 보기 창에서 '레코드 찾기(cmd찾기)' 단추를 더블클릭하여 'cmd찾기' 속성 시트 창을 호출하세요.

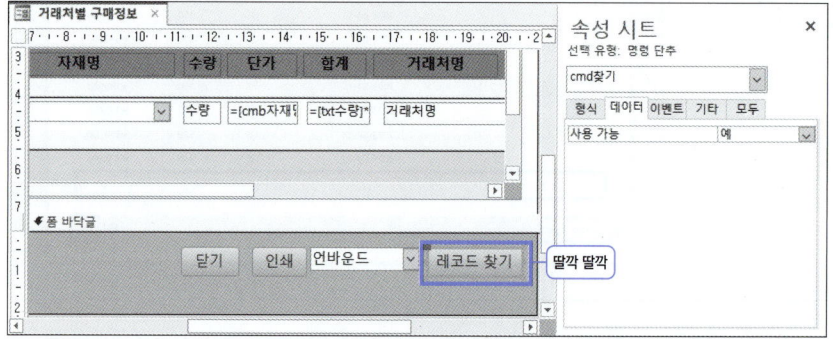

3. 'cmd찾기' 속성 시트 창의 '이벤트' 탭에서 'On Click'을 클릭한 후 작성기 단추(…)를 클릭하세요.

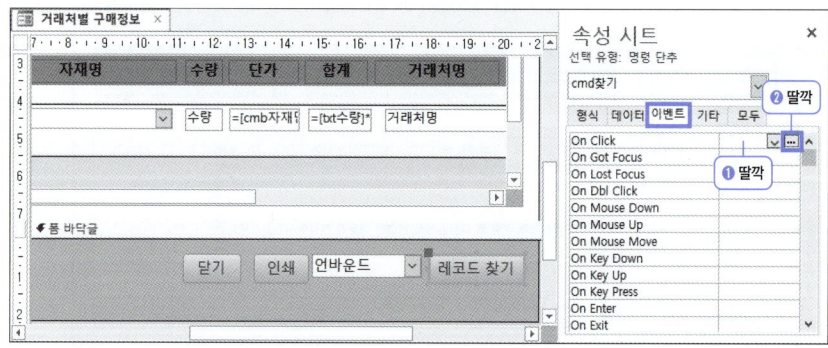

4. '작성기 선택' 대화상자에서 '코드 작성기'를 선택한 후 〈확인〉을 클릭합니다.

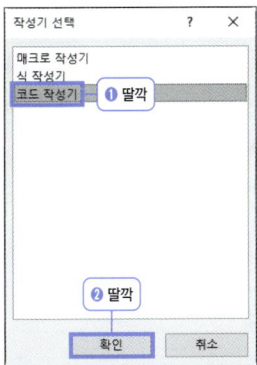

5. 'cmb거래처' 컨트롤에서 선택한 '거래처명'과 같은 레코드만 표시하기 위해 'cmd찾기_Click( )' 프로시저에 다음과 같이 입력합니다.

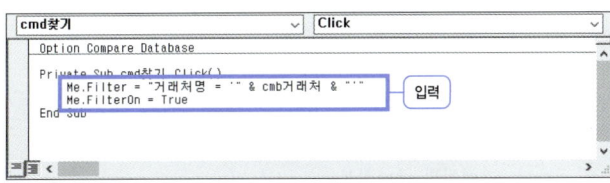

> **코드 설명**
>
> Private Sub cmd찾기_Click( )
> ❶ Me.Filter = "거래처명='" & cmb거래처 & "'"
> ❷ Me.FilterOn = True
> End Sub
>
> ❶ Me.Filter = "거래처명 = '" & cmb거래처 & "'" : '거래처명'이 'cmb거래처' 컨트롤에 입력된 값과 동일한 레코드만 현재 폼의 Filter 속성으로 정의합니다.
> ❷ 현재 폼 개체의 Filter 속성에 정의된 Filter를 적용합니다.

6. '표준' 도구 모음의 '보기 Microsoft Access(图)' 아이콘을 클릭하여 VBE에서 'Microsoft Access'로 돌아옵니다.

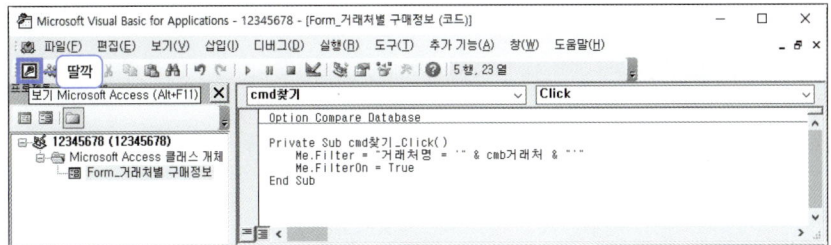

7. 'cmd찾기' 속성 시트 창의 'On Click'에 '[이벤트 프로시저]'가 표시됩니다. 닫기 단추(☒)를 클릭하세요.

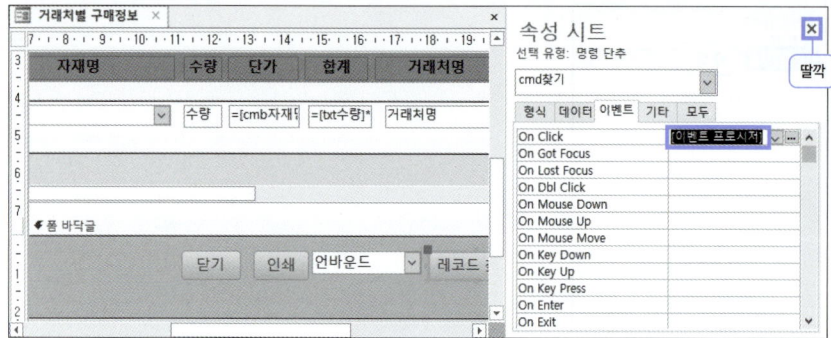

8. [양식 디자인] → 보기 → 폼 보기(📄)를 클릭하여 폼을 실행하세요.

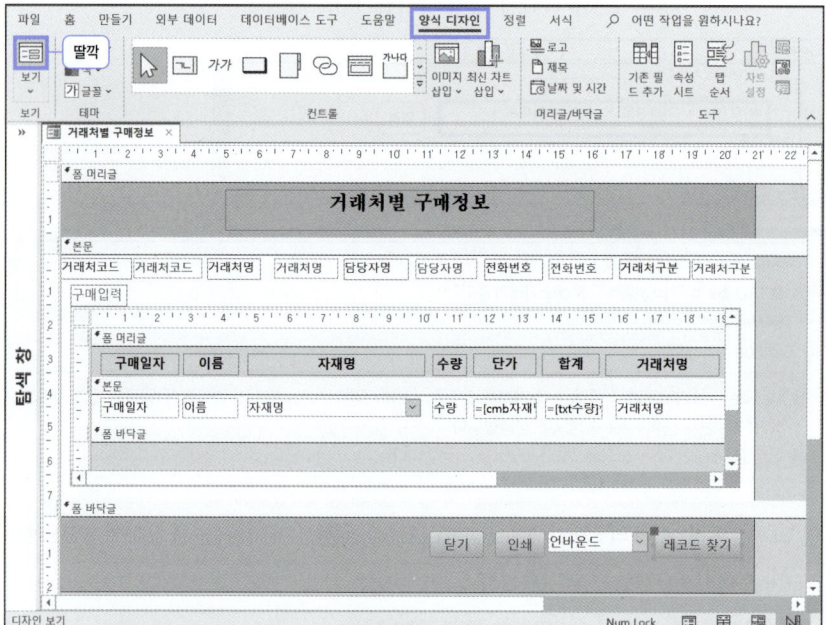

9. 'cmb거래처' 콤보상자에서 '거래처명'을 선택한 후 〈레코드 찾기〉 단추를 클릭하여 결과를 확인하세요. 결과를 확인한 다음 닫기 단추(☒)를 클릭하면, 저장 여부를 묻는 대화상자가 표시됩니다. 〈예〉를 선택하세요.

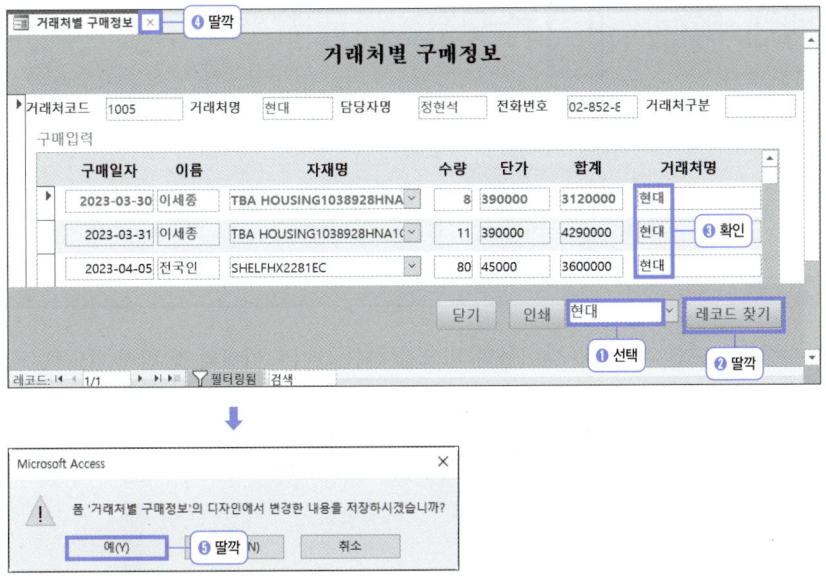

문제 4 처리 기능 풀이

01. 〈관리대상처리〉 업데이트 쿼리 작성하기(7점)

1. [만들기] → 쿼리 → **쿼리 디자인**(🏛)을 클릭하세요.

2. '테이블 추가' 대화상자의 '테이블' 탭에서 〈거래처〉 테이블을 더블클릭하여 쿼리 작성기 창에 추가하고 '테이블 추가' 창의 닫기 단추(☒)를 클릭하세요.

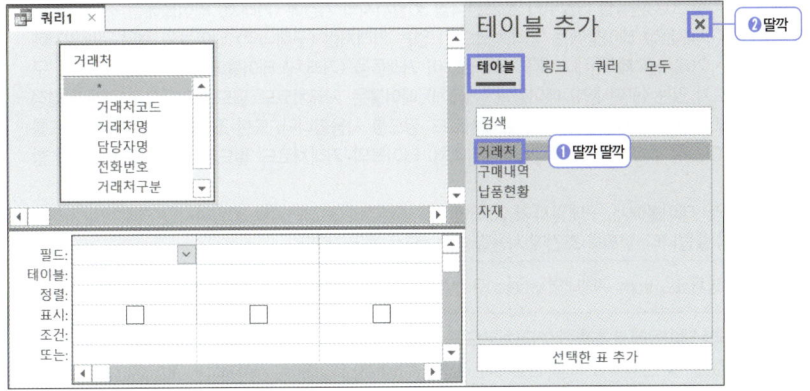

3. 업데이트 쿼리로 변경하기 위해 [쿼리 디자인] → 쿼리 유형 → **업데이트(**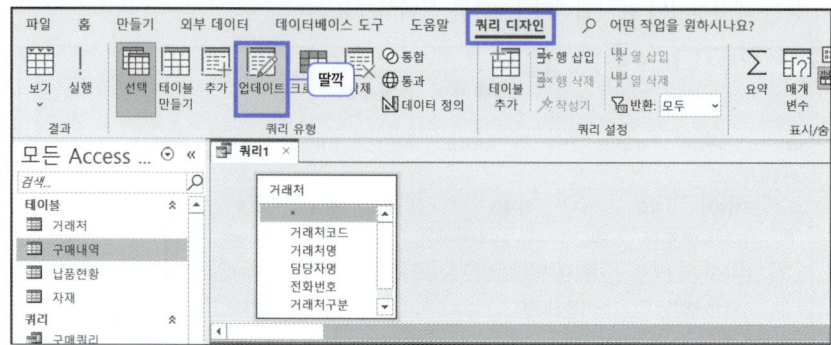)를 클릭합니다.

4. 수정할 필드인 〈거래처〉 테이블의 '비고'를 하단 그리드 라인의 첫 번째 필드로, 조건을 지정할 '거래처코드'를 두 번째 필드로 드래그하세요.

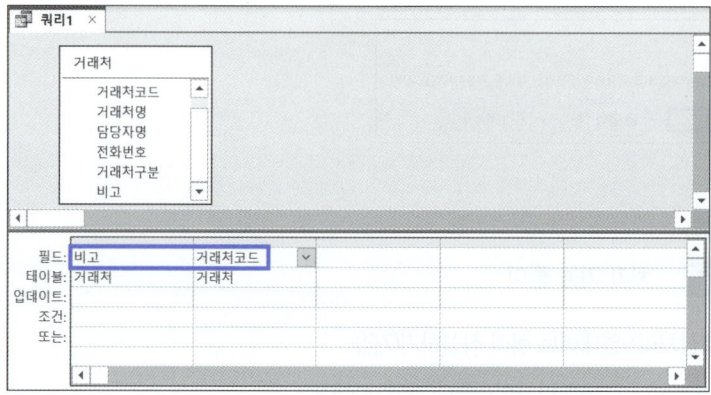

전문가의 조언

하위 쿼리

하위 쿼리는 다른 선택 쿼리나 실행 쿼리 안에서 SELECT문으로 이루어진 쿼리를 말합니다. 하위 쿼리를 작성할 때는 괄호( ) 안에 입력해야 합니다.

> **잠깐만요** 〈구매내역〉 테이블을 이용하여 〈거래처〉 테이블에 조건을 적용하는 과정
>
> '구매일자' 기준 2023년 4월 15일부터 2023년 4월 30일까지의 기간에 〈거래처〉 테이블에는 '거래처코드'가 있으나 〈구매내역〉 테이블에는 '거래처코드'가 없는 거래처란 〈구매내역〉 테이블의 해당 구매일자에 구매가 있는 거래처를 제외한 나머지 거래처로, 이 거래들을 〈거래처〉 테이블에서 검색하면 됩니다. '구매일자' 필드가 있는 〈구매내역〉 테이블과 〈거래처〉 테이블은 '거래처코드' 필드를 기준으로 관계가 설정되어 있으므로 조건을 지정할 필드로 '거래처코드' 필드를 사용합니다. 또한 조건에 맞는 거래처코드를 검색하는 SQL문을 하위 쿼리로 작성하여 〈거래처〉 테이블의 '거래처코드' 필드에 조건으로 사용해야 합니다.
>
> ❶ 〈구매내역〉 테이블에서 '구매일자'가 2023년 4월 15일부터 2023년 4월 30일까지인 거래처의 거래처코드만 추출합니다. 날짜를 조건에 사용할 때는 #으로 묶어줍니다.
>
> select 거래처코드 from 구매내역 where 구매일자 between #2023-4-15# and #2023-4-30#
>
> ❷ 〈구매내역〉 테이블에서 추출한 '거래처코드'를 제외한 '거래처코드'를 〈거래처〉 테이블에서 찾아 '비고' 필드의 값을 "★ 관리대상"으로 변경해야 하므로 〈거래처〉 테이블의 '거래처코드' 필드의 조건을 다음과 같이 작성합니다.
>
> not in (select 거래처코드 from 구매내역 where 구매일자 between #2023-4-15# and #2023-4-30#)

5. '비고' 필드의 '업데이트'에 "★ 관리대상"을 입력하세요.

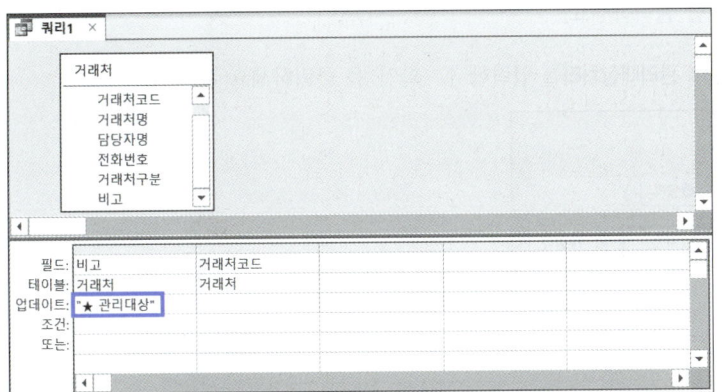

> **전문가의 조언**
> '★' 기호는 한글 자음 ㅁ을 입력한 후 [한자]를 누르면 표시되는 특수 문자 목록에서 선택하면 됩니다.

6. '거래처코드' 필드의 '조건'에 not in (select 거래처코드 from 구매내역 where 구매일자 between #2023-4-15# and #2023-4-30#)을 입력하세요.

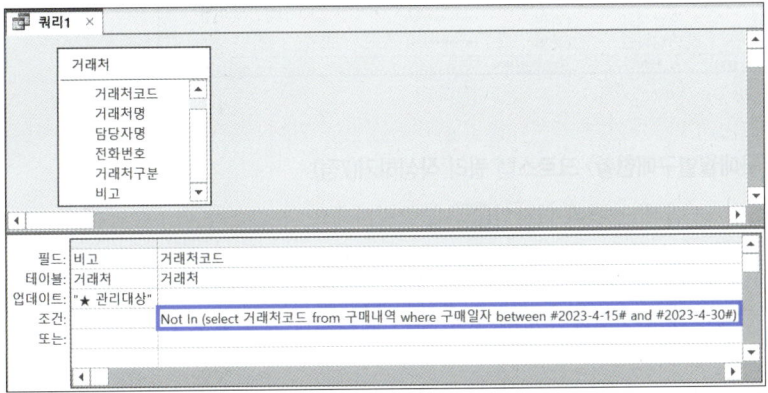

7. [쿼리 디자인] → 결과 → **실행**()을 클릭한 후 "2행을 새로 고칩니다."라는 메시지가 출력되면 〈예〉를 클릭하세요.

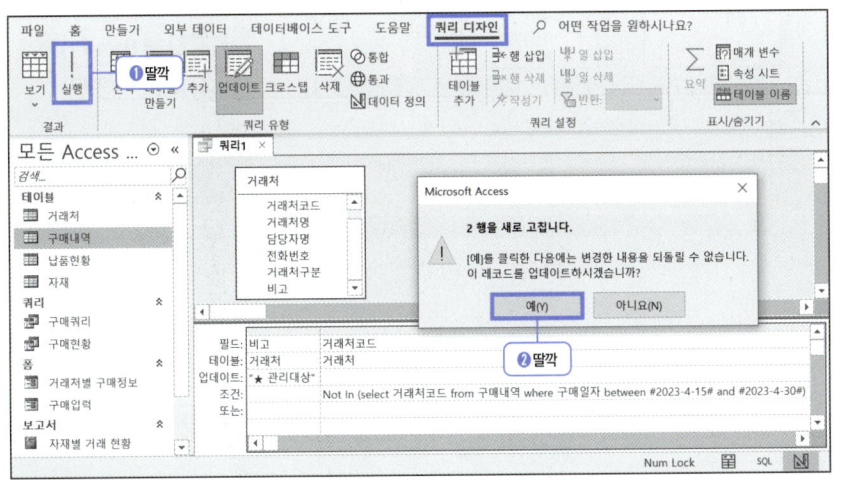

> **전문가의 조언**
> 업데이트 쿼리, 테이블 만들기 쿼리 등은 문제에 쿼리를 작성하고 실행하라는 조건이 제시되어 있습니다. 그러므로 반드시 쿼리를 작성한 후 실행해서 결과를 확인해야 합니다.

전문가의 조언

문제에 제시된 쿼리의 이름을 잘못 입력하면 배정된 점수를 모두 잃게 됩니다. 이름을 잘못 입력하지 않도록 각별히 주의하세요.

전문가의 조언

실행 결과가 238쪽 문제에 제시된 그림과 같은지 확인하세요.

8. 쿼리 작성기 창의 닫기 단추(☒)를 클릭하세요. 저장 여부를 묻는 대화상자가 나타나면 〈예〉를 클릭하세요.

9. 쿼리 이름에 **관리대상처리**를 입력한 후 〈확인〉을 클릭하세요.

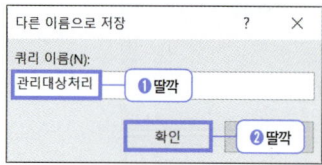

10. 〈거래처〉 테이블을 열어 '비고'의 값이 수정되었는지 확인하세요.

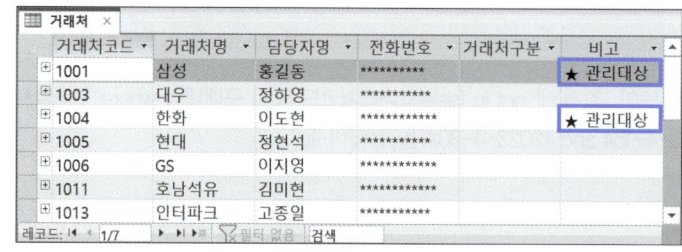

02. 〈구매월별구매현황〉 크로스탭 쿼리 작성하기(7점)

1. [만들기] → 쿼리 → **쿼리 디자인**(▥)을 클릭하세요.

2. '테이블 추가' 대화상자의 '테이블' 탭에서 〈자재〉와 〈구매내역〉 테이블을 차례로 더블클릭하여 쿼리 작성기 창에 추가하고 '테이블 추가' 창의 닫기 단추(☒)를 클릭하세요.

전문가의 조언

2개의 테이블 한 번에 추가하기

〈자재〉 테이블을 선택한 후 Ctrl을 누른 채 〈구매내역〉 테이블을 차례로 선택하면 2개의 테이블이 선택됩니다. 〈선택한 표 추가〉를 클릭하면 선택된 테이블이 한 번에 추가됩니다.

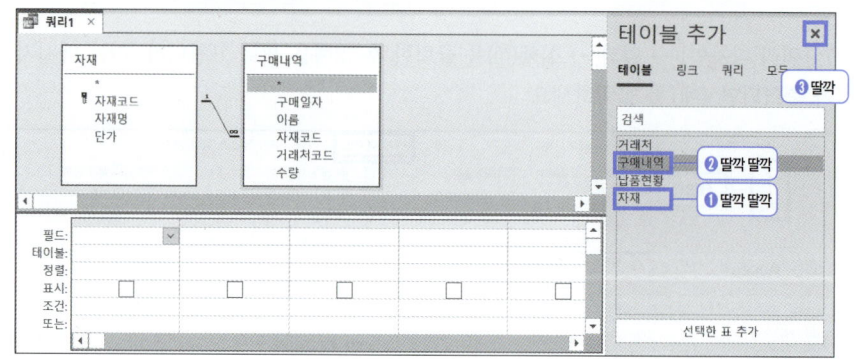

3. 크로스탭 쿼리로 변경하기 위해 [쿼리 디자인] → 쿼리 유형 → **크로스탭(**▦**)**을 클릭합니다.

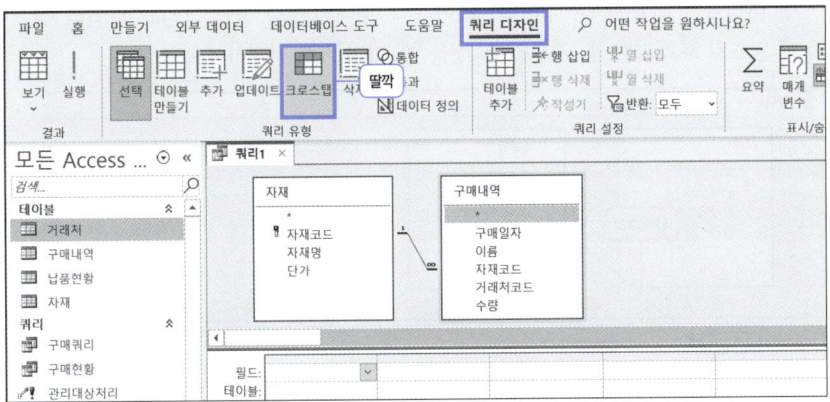

> **잠깐만요** **크로스탭의 행 머리글, 열 머리글, 값으로 사용될 필드 확인하기**
>
> 크로스탭 쿼리에서는 문제에 제시된 그림을 보고 행 머리글, 열 머리글, 값으로 사용될 필드를 파악하는 것이 중요한데, 다음과 같은 방법으로 확인할 수 있습니다.
> ❶ 행 머리글은 가장 왼쪽에 표시됩니다. 가장 왼쪽에 '입고월'이 표시되어 있는데, 문제의 지시사항 중 "입고월은 구매일자의 월로 설정"하라는 지시사항을 통해 '구매일자' 필드가 사용되었음을 알 수 있습니다.
> ❷ 행 머리글은 1개 이상 지정할 수 있는데, 여러 개를 지정한 경우 왼쪽부터 순차적으로 표시됩니다. 행 머리글은 보통 함수를 적용해야 하므로 문제에 함수를 적용할 필드명이 제시됩니다. 문제의 지시사항 중 "구매자재수는 〈자재〉 테이블의 '자재코드' 필드를 이용"을 통해 문제의 그림에 제시된 '구매자재수'는 '자재코드' 필드 값의 개수임을 유추할 수 있습니다.
> ❸ 열 머리글은 위쪽에 표시되며, 1개만 지정할 수 있습니다. 표시된 내용으로 유추할 수 있는데, 문제의 지시사항 중에 "구매자는 이름이 '전국인'이면 '직영구매', 그 외는 '기타구매'로 설정"을 통해 '이름' 필드가 사용되었음을 알 수 있습니다.
> ❹ 값은 열 머리글 아래쪽으로 표시됩니다. 값 필드도 함수를 적용해야 하므로 문제에서 확인할 수 있습니다. 문제의 지시사항 중 "구매수량의 합계를 조회"를 통해 문제의 그림에 제시된 값은 '수량' 필드 값의 합계임을 유추할 수 있습니다.
>
>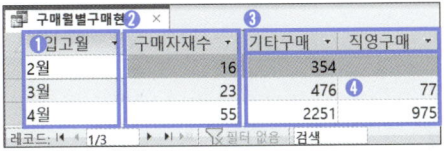

4. 문제의 결과 그림에서 가장 왼쪽에 표시된 부분은 행 머리글이고, 위쪽에 표시된 부분은 열 머리글입니다. 그리고 아래쪽에 숫자로 표시된 부분이 값 부분입니다. 행 머리글로 사용될 〈구매내역〉 테이블의 '구매일자'를 하단 그리드 라인의 첫 번째 필드로 드래그한 후 '크로스탭' 행을 '행 머리글'로 선택하세요.

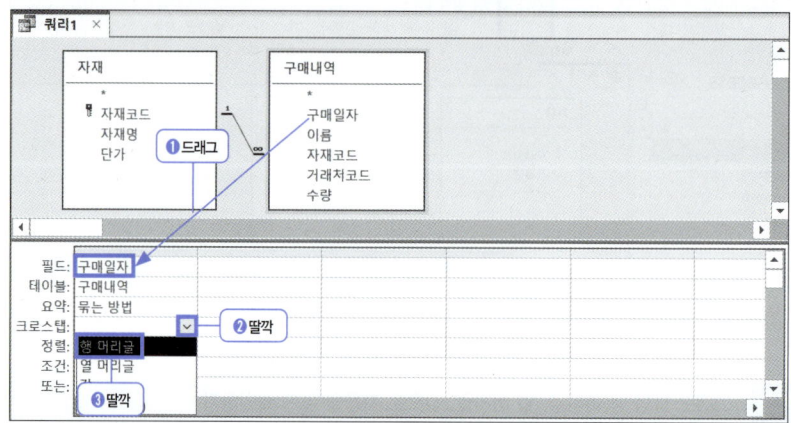

5. 행 머리글이 "입고월"로 표시되고 행 머리글의 값이 '구매일자' 필드의 월이 표시되도록 하기 위해 필드명을 **입고월: month([구매일자]) & "월"**로 변경합니다.

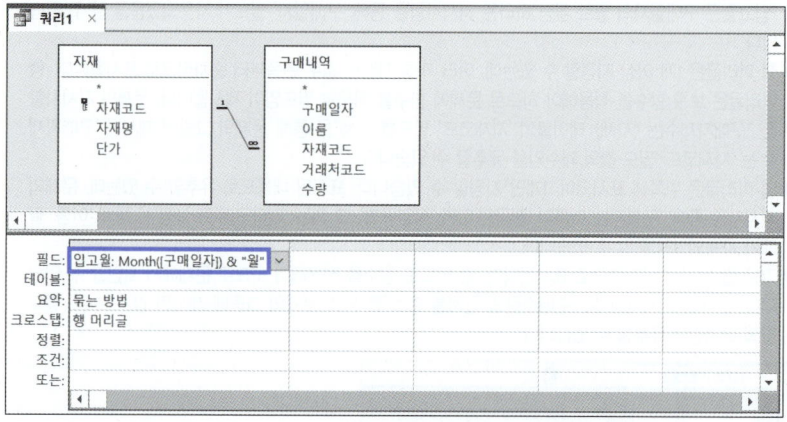

> **잠깐만요** **연산자나 함수, 예약어 등의 입력**
>
> • 연산자나 함수, 예약어 등을 영문 소문자로 입력하고 Enter를 누르면 자동으로 첫 글자만 대문자로 변경됩니다.
> • Month 함수는 필드의 값에서 월만 추출합니다.

6. 열 머리글로 사용될 〈구매내역〉 테이블의 '이름'을 하단 그리드 라인의 두 번째 필드로 드래그한 후 '크로스탭' 행을 '열 머리글'로 선택하세요.

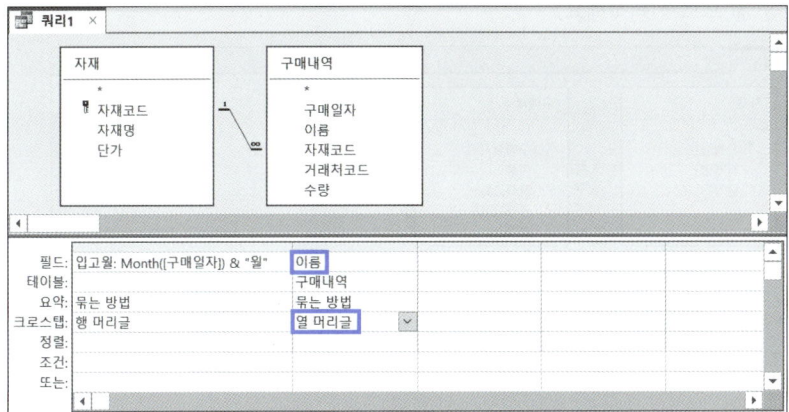

7. '이름' 필드의 값이 "전국인"이면 "직영구매"로, 그 외는 "기타구매"로 열 머리글이 표시되도록 하기 위해 필드명을 IIf([이름]="전국인","직영구매","기타구매")로 변경합니다.

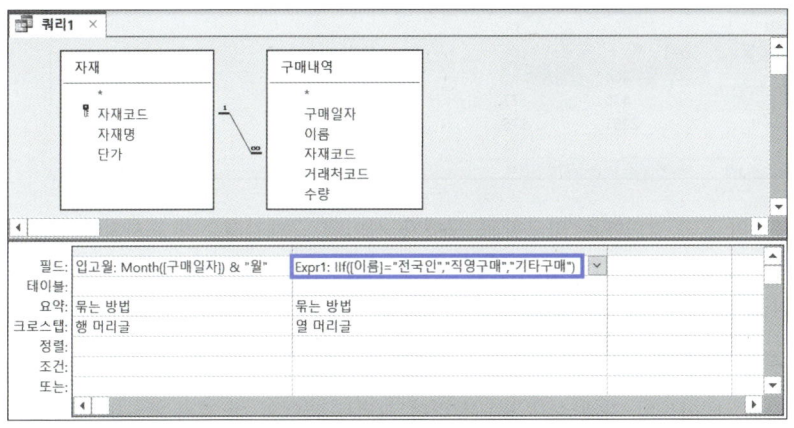

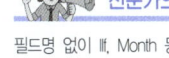 전문가의 조언

필드명 없이 IIf, Month 등의 함수를 입력하면 자동으로 Expr:1이 필드명으로 입력됩니다.

[함수설명]
=IIf([이름]="전국인", "직영구매", "기타구매")
         ❶   ❷   ❸

'이름' 필드의 값이 "전국인"이면(❶) "직영구매"를 표시하고(❷), 그렇지 않으면 "기타구매"를 표시합니다(❸).

8. 문제에서 "구매수량의 합계를 조회"한다고 하였으므로, 값으로 사용될 〈구매내역〉 테이블의 '수량' 필드를 세 번째 필드로 드래그한 후 '요약' 행을 '합계'로, '크로스탭' 행을 '값'으로 선택하세요.

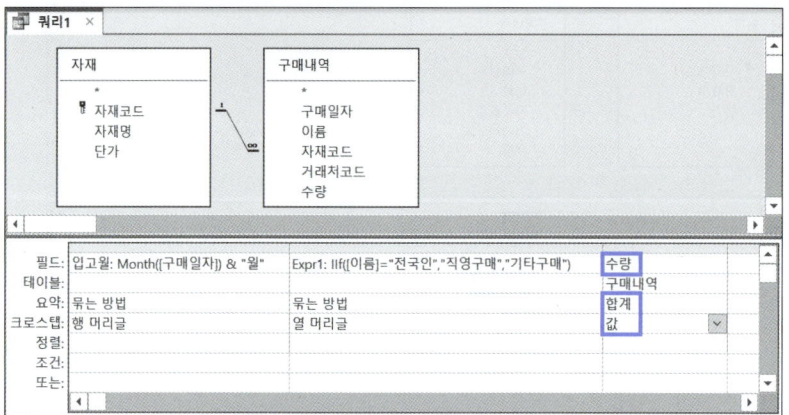

9. [쿼리 디자인] → 결과 → **실행**(!)을 클릭하여 현재까지의 결과를 확인해 보세요.

10. 문제의 결과 그림에는 '입고월'과 '구매자' 사이에 '구매자재수'가 표시되어 있는데 이것도 행 머리글 입니다. 추가된 행 머리글은 가장 왼쪽에 표시되는 기본 행 머리글 옆에 이어서 표시됩니다. 행 머리글을 추가하기 위해 [홈] → 보기 → **디자인 보기**(☒)를 클릭하여 쿼리 작성기 창으로 돌아옵니다.

11. 〈자재〉 테이블의 '자재코드' 필드를 하단 그리드 라인의 네 번째 필드로 드래그한 후 필드 이름을 '구매자재수'로 표시하기 위해 **구매자재수: 자재코드**를 입력합니다. 이어서 '요약' 행을 '개수'로, '크로스탭' 행을 '행 머리글'로 선택하세요.

> **전문가의 조언**
>
> 문제에 구매자재수는 '자재코드' 필드를 이용하라는 지시사항이 있으므로 〈자재〉 테이블의 '자재코드' 필드를 두 번째 행 머리글로 지정하고 '요약' 행을 '개수'로 지정한 것입니다.

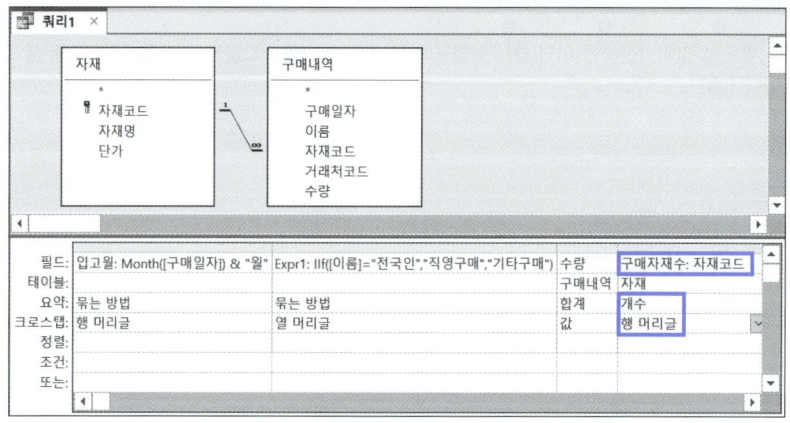

12. [쿼리 디자인] → 결과 → **실행()**을 클릭하여 결과를 확인하세요.

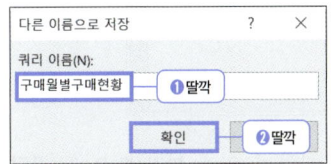

전문가의 조언

실행 결과가 238쪽 문제에 제시된 그림과 같은지 확인하세요.

13. 닫기 단추()를 클릭한 후 저장 여부를 묻는 대화상자가 나타나면 〈예〉를 클릭하세요.

14. 쿼리 이름에 **구매월별구매현황**을 입력한 후 〈확인〉을 클릭하세요.

전문가의 조언

문제에 제시된 쿼리의 이름을 잘못 입력하면 배정된 점수를 모두 잃게 됩니다. 이름을 잘못 입력하지 않도록 각별히 주의하세요.

03. 〈자재구매조회〉 쿼리 작성하기(7점)

1. [만들기] → 쿼리 → **쿼리 디자인()**을 클릭하세요.

2. '테이블 추가' 대화상자의 '테이블' 탭에서 〈자재〉와 〈구매내역〉 테이블을 차례로 더블클릭하여 쿼리 작성기 창에 추가하고 '테이블 추가' 창의 닫기 단추()를 클릭하세요.

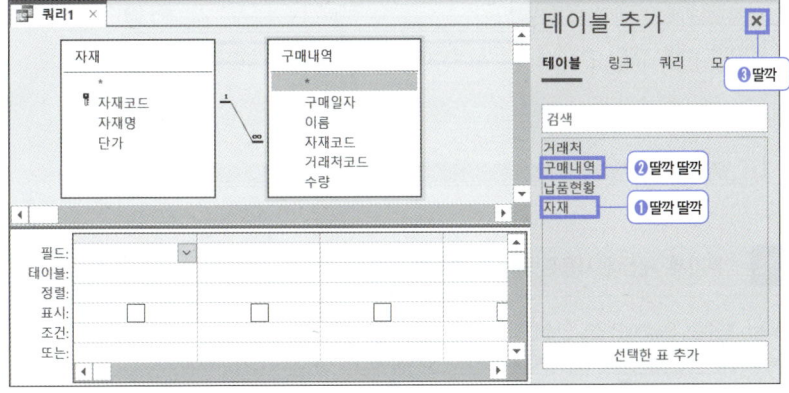

전문가의 조언

- '부가세'는 '단가' 필드를 이용할 것이므로 필드를 그리드 라인에 추가하지 않습니다.
- 필드를 드래그하지 않고 더블클릭해도 쿼리 작성기 창 하단의 그리드 영역에 필드가 배치됩니다.

3. 〈구매내역〉 테이블의 '구매일자'를 하단 그리드 라인의 첫 번째 필드로 드래그하세요. 같은 방법으로 〈자재〉 테이블의 '자재명'을 두 번째 필드로, 〈구매내역〉 테이블의 '수량'을 세 번째 필드로, 〈자재〉 테이블의 '단가'를 네 번째 필드로 드래그하세요.

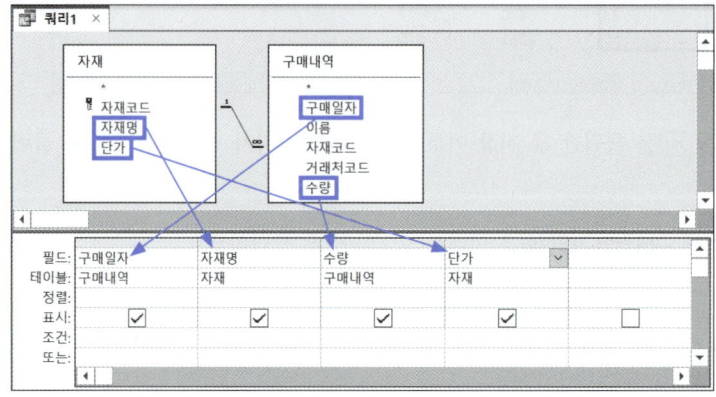

전문가의 조언

부가세: Switch(단가<=1000000,단가*0.1,단가<=3000000,단가*0.2,단가>3000000,단가*0.3)를 입력하면 식에 사용된 필드명에 자동으로 대괄호가 붙어 **부가세: Switch([단가]<=1000000,[단가]*0.1,[단가]<=3000000,[단가]*0.2,[단가]>3000000,[단가]*0.3)**로 변경됩니다.

4. 그리드 라인의 다섯 번째 필드에 '부가세'를 표시하기 위해 **부가세: Switch([단가]<=1000000,[단가]*0.1,[단가]<=3000000,[단가]*0.2,[단가]>3000000,[단가]*0.3)**를 입력하세요.

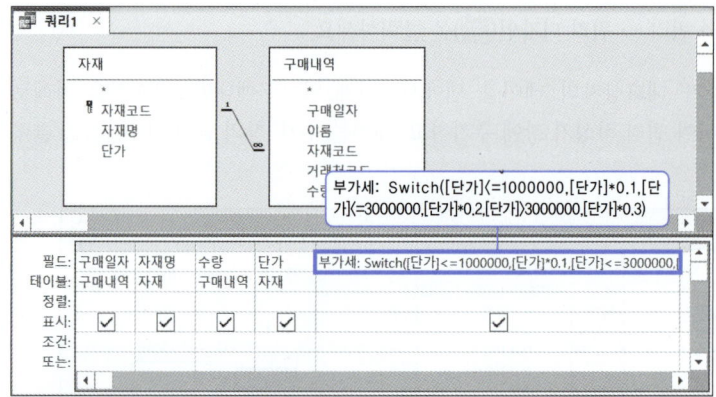

> **잠깐만요** '부가세' 계산에 사용된 Switch 함수의 의미
>
> - Switch 함수는 'Switch(조건1, 인수1, 조건2, 인수2, …)' 형식으로 사용됩니다.
> - Switch([단가]<=1000000, [단가]*0.1, [단가]<=3000000, [단가]*0.2, [단가]>3000000, [단가]*0.3)
>   ❶   ❷   ❸
>   - ❶ '단가' 필드의 값이 1000000 이하이면, '단가' 필드의 값에 0.1을 곱한 값, 즉 단가의 10%를 표시합니다.
>   - ❷ '단가' 필드의 값이 3000000 이하이면, '단가' 필드의 값에 0.2를 곱한 값, 즉 단가의 20%를 표시합니다.
>   - ❸ '단가' 필드의 값이 3000000을 초과하면, '단가' 필드의 값에 0.3을 곱한 값, 즉 단가의 30%를 표시합니다.

5. 이제 매개 변수를 지정할 차례입니다. '자재명' 필드의 조건에 Like "*" & [자재명의 일부를 입력] & "*"를 입력한 후 [쿼리 디자인] → 결과 → **실행**()을 클릭하여 지금까지의 결과를 확인하세요.

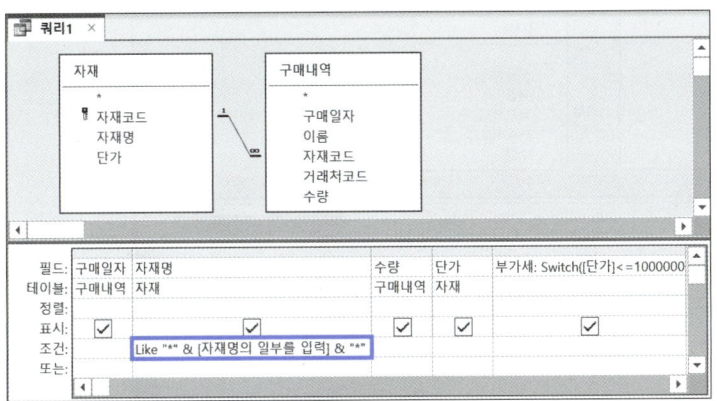

전문가의 조언

매개 변수 쿼리

매개 변수 쿼리란 '매개 변수 값 입력' 대화상자를 사용자에게 보여주어, 사용자가 검색에 사용할 자료를 입력하는 쿼리입니다. '자재명' 필드의 조건에 Like "*" & **[자재명의 일부를 입력]** & "*"라고 입력한 것이 매개 변수 쿼리를 작성한 것입니다. 이렇게 입력하고 실행하면 5번 과정과 같은 대화상자가 나타납니다. 자재명을 입력하고 〈확인〉을 클릭하면 입력된 자재명을 포함하는 자재에 대한 정보만 표시됩니다.

↓ 지금까지의 실행 결과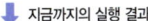

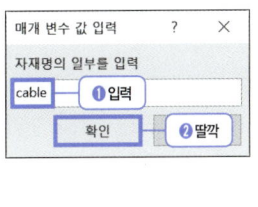

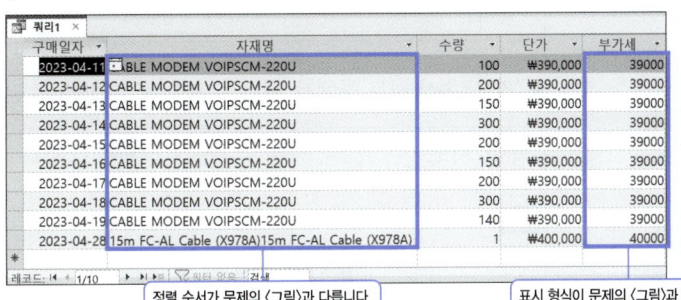

6. '자재명' 필드의 정렬 기준과 '부가세' 필드의 형식을 설정해야 합니다. [홈] → 보기 → **디자인 보기**()를 클릭하여 쿼리 작성기 창으로 돌아오세요.

7. '자재명'을 기준으로 오름차순 정렬하기 위해 '자재명' 필드의 '정렬' 행을 클릭한 후 '오름차순'을 선택합니다.

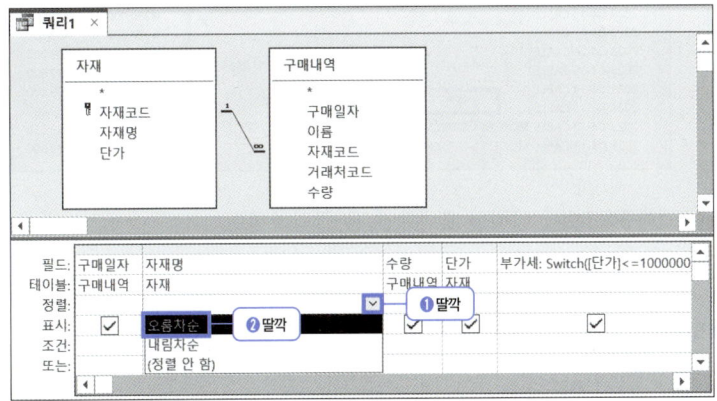

전문가의 조언

결과를 확인하기 위해 매개 변수 대화상자에 입력하는 값은 문제에 제시된 값과 동일하게 입력한 후 결과를 확인하세요.

실제 시험장을 옮겨 놓았다! **281**

전문가의 조언

쿼리 작성기 창의 하단 그리드 영역 중 '부가세' 필드를 클릭한 후 [쿼리 디자인] → 표시/숨기기 → **속성 시트(圖)**를 클릭해도 됩니다.

8. '부가세' 필드의 값을 통화 형식으로 변경해야 합니다. 그리드 라인의 '부가세' 필드의 바로 가기 메뉴에서 [**속성**]을 선택하세요.

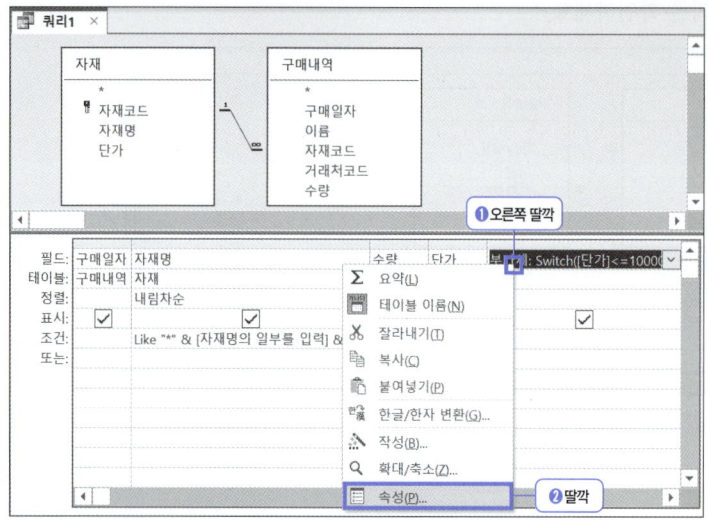

9. '필드' 속성 시트 창에서 '형식'을 '통화'로 설정한 후 닫기 단추(⊠)를 클릭하세요.

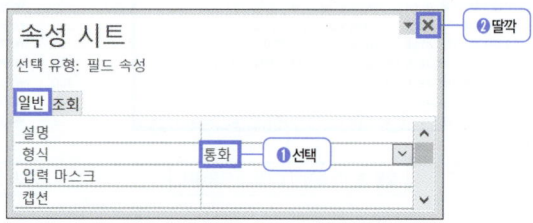

전문가의 조언

실행 결과가 238쪽 문제에 제시된 그림과 같은지 확인하세요.

10. [쿼리 디자인] → 결과 → **실행(!)**을 클릭하여 결과를 확인한 후 결과 화면을 닫으세요. 저장 여부를 묻는 대화상자가 나타나면 〈예〉를 클릭하세요.

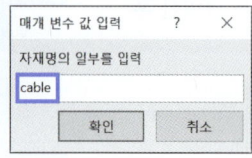

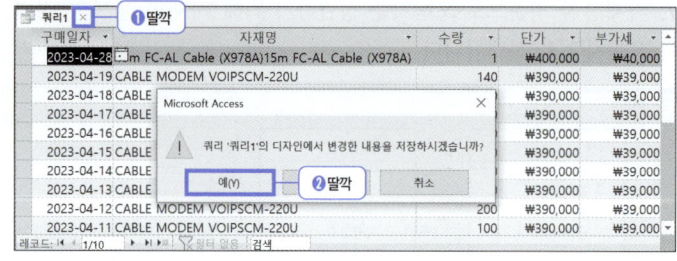

전문가의 조언

문제에 제시된 쿼리의 이름을 잘못 입력하면 배정된 점수를 모두 잃게 됩니다. 이름을 잘못 입력하지 않도록 각별히 주의하세요.

11. 쿼리 이름에 **자재구매조회**를 입력한 후 〈확인〉을 클릭하세요.

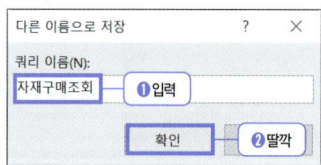

04. 〈거래처구매현황〉 쿼리 작성하기(7점)

1. [만들기] → 쿼리 → 쿼리 디자인()을 클릭하세요.

2. '테이블 추가' 대화상자의 '테이블' 탭에서 〈거래처〉와 〈구매내역〉 테이블을 차례로 더블클릭하여 쿼리 작성기 창에 추가하고 '테이블 추가' 창의 닫기 단추(☒)를 클릭하세요.

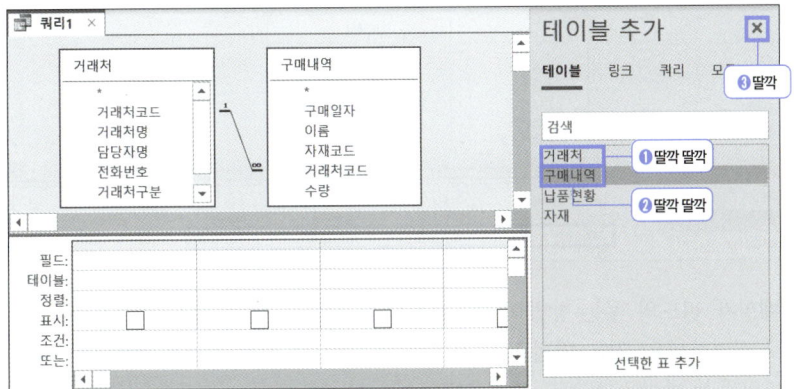

3. 〈거래처〉 테이블의 '거래처명'을 하단 그리드 라인의 첫 번째 필드로 드래그하세요. 같은 방법으로 〈구매내역〉 테이블의 '구매일자'를 두 번째 필드로, 〈구매내역〉 테이블의 '거래처코드'와 '수량'을 각각 세 번째와 네 번째 필드로 드래그하세요.

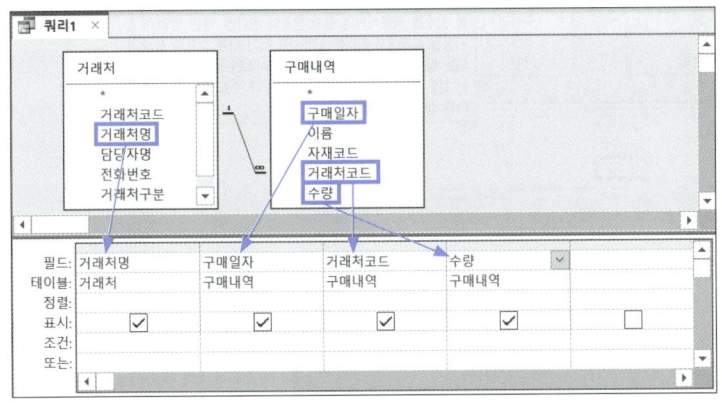

전문가의 조언

- '평균구매건수'는 '총구매수량'과 '구매건수' 필드를 이용할 것이므로 필드를 그리드 라인에 추가하지 않습니다.
- 쿼리에 추가해야 할 '거래처코드'가 두 테이블에 모두 있습니다. 1 : N의 관계에서는 보통 1쪽에 해당하는 테이블의 필드를 선택하지만 N쪽의 필드를 선택해도 결과는 같게 나옵니다. 그러나 문제의 지시사항에 사용할 필드가 속한 테이블이 제시된 경우 제시된 테이블의 필드를 사용해야 합니다. 즉 〈거래처〉 테이블의 '거래처코드' 필드를 선택해도 결과는 같지만 문제에서 〈구매내역〉 테이블의 '거래처코드'를 사용하라고 제시하였으므로 반드시 〈구매내역〉 테이블의 '거래처코드'를 선택해야 합니다.
- 필드를 드래그하지 않고 더블클릭해도 쿼리 작성기 창 하단의 그리드 영역으로 필드가 배치됩니다.

4. 거래처명별로 그룹을 지정하기 위해 [쿼리 디자인] → 표시/숨기기 → **요약(∑)**을 클릭합니다.

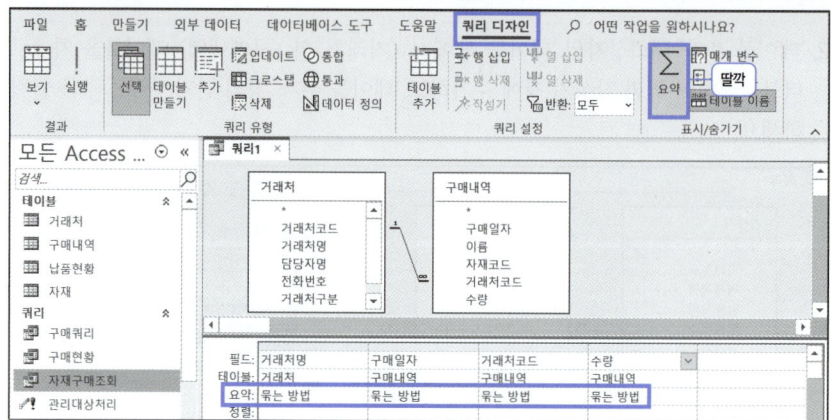

묶는 방법

합계, 평균, 최소값, 최대값, 개수, 표준 편차, 분산, 처음 값, 마지막 값, 식, 조건

5. '구매일자' 필드의 '묶는 방법'이라고 표시된 부분을 클릭하여 묶는 방법을 '최대값'으로 변경하세요. 같은 방법으로 '거래처코드' 필드의 묶는 방법을 '개수'로, '수량' 필드의 묶는 방법을 '합계'로 변경하세요.

전문가의 조언

'거래처코드'는 묶는 기준이 되는 '거래처명'에 따라 같은 값이 지정되므로 그룹 함수를 적용할 대상이지만 다른 값으로 표시되지 않습니다. 일반적으로 이런 경우엔 그룹 함수로 '개수'가 지정됩니다.

6. 그리드 라인의 두 번째 필드의 필드명을 '최근구매일자'로 표시하기 위해 **최근구매일자: 구매일자**를, 세 번째 필드의 필드명을 '구매건수'로 표시하기 위해 **구매건수: 거래처코드**를, 네 번째 필드의 필드명을 '총구매수량'으로 표시하기 위해 **총구매수량: 수량**을 입력합니다.

 전문가의 조언

필드의 형식에 대한 지시사항은 없지만 문제의 지시사항 중에 "쿼리 실행 결과 표시되는 필드와 필드명은 〈그림〉과 같이 표시되도록 설정"하라는 내용이 있으므로 수험자는 본인이 작성한 쿼리의 실행 결과와 문제에 제시된 그림을 비교하여 다른 부분이 있다면 추가로 설정해야 합니다.

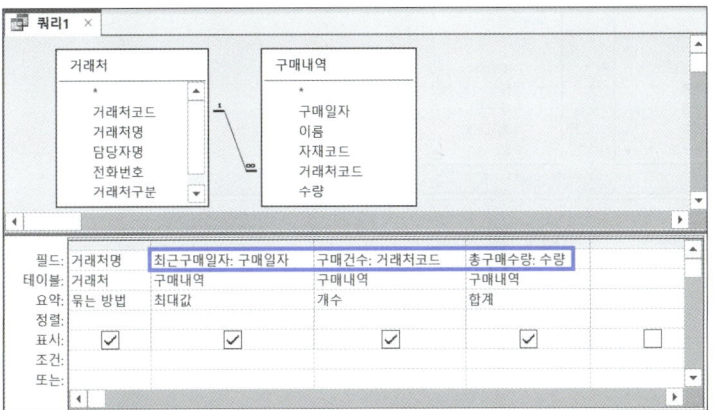

7. 그리드 라인의 다섯 번째 필드에 '평균구매수량'을 표시하기 위해 **평균구매수량: 총구매수량/구매건수**를 입력한 후 묶는 방법을 '식'으로 변경합니다.

 전문가의 조언

평균구매수량: 총구매수량/구매건수를 입력하면 식에 사용된 필드명에 자동으로 대괄호가 붙어 **평균구매수량: [총구매수량]/[구매건수]**로 변경됩니다.

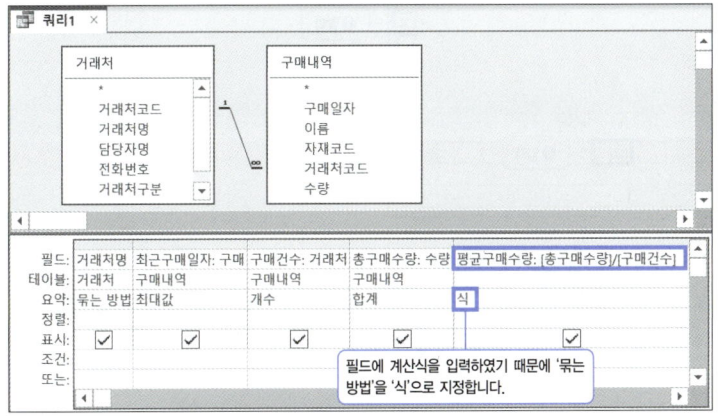

전문가의 조언

쿼리 작성기 창의 하단 그리드 영역 중 '평균구매수량' 필드를 클릭한 후 [쿼리 디자인] → 표시/숨기기 → **속성 시트(▤)**를 클릭해도 됩니다.

8. '평균구매건수' 필드의 값을 소수점 첫째 자리까지 표시하되, 0인 경우에도 0.0으로 표시되도록 형식을 변경해야 합니다. 그리드 라인의 '평균구매건수' 필드의 바로 가기 메뉴에서 [속성]을 선택하세요.

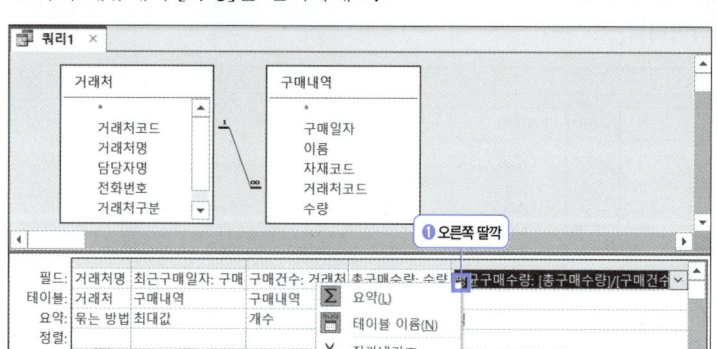

9. '필드' 속성 시트 창에서 '형식'에 0.0을 입력한 후 닫기 단추(☒)를 클릭하세요.

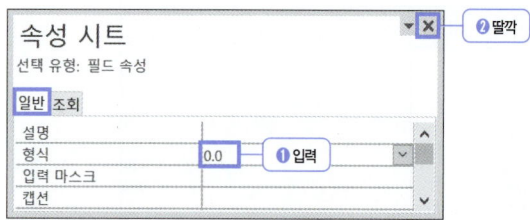

전문가의 조언

- 쿼리에 추가해야 할 '거래처코드'가 두 테이블에 모두 있습니다. 1 : N의 관계에서는 보통 1쪽에 해당하는 테이블의 필드를 선택하지만 N쪽의 필드를 선택해도 결과는 같게 나옵니다. 하지만 앞서 '구매건수'를 구하기 위해 사용한 '거래처코드'처럼 문제의 지시사항에 사용할 필드가 속한 테이블이 제시된 경우가 아니므로 어떤 테이블을 사용하든 관계 없습니다. 즉 〈구매내역〉 테이블의 '거래처코드' 필드를 선택해도 결과는 동일합니다.
- Like "*[4-6]" : "4"부터 "6"까지로 끝나는. 즉 "4", "5", "6" 중에서 하나로 끝나는 '거래처코드'만 조회 대상으로 합니다.

10. 이제 조건을 지정할 차례입니다. '거래처코드' 필드를 이용해 조건을 지정해야 하므로 〈거래처〉 테이블의 '거래처코드' 필드를 하단 그리드 라인의 여섯 번째 필드로 드래그하고 '요약' 행을 '조건'으로 지정한 후 like "*[4–6]"을 입력하세요.

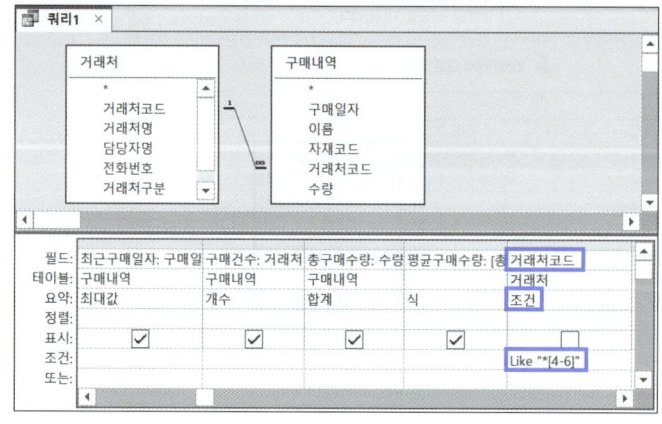

11. [쿼리 디자인] → 결과 → **실행**()을 클릭하여 결과를 확인한 후 쿼리 실행 결과 화면을 닫으세요. 저장 여부를 묻는 대화상자가 나타나면 〈예〉를 클릭하세요.

> **전문가의 조언**
>
> 실행 결과가 239쪽 문제에 제시된 그림과 같은지 확인하세요.

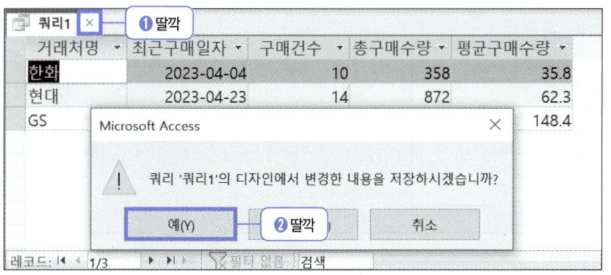

12. 쿼리 이름에 **거래처구매현황**을 입력한 후 〈확인〉을 클릭하세요.

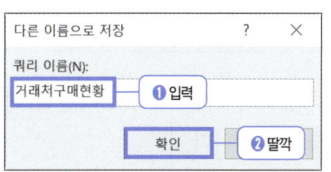

> **전문가의 조언**
>
> 문제에 제시된 쿼리의 이름을 잘못 입력하면 배정된 점수를 모두 잃게 됩니다. 이름을 잘못 입력하지 않도록 각별히 주의하세요.

05. 〈다음구매일생성〉 쿼리 작성하기(7점)

1. [만들기] → 쿼리 → **쿼리 디자인**()을 클릭하세요.

2. '테이블 추가' 대화상자의 '테이블' 탭에서 〈자재〉와 〈구매내역〉 테이블을 더블클릭하여 쿼리 작성기 창에 추가하고 '테이블 추가' 창의 닫기 단추(×)를 클릭하세요.

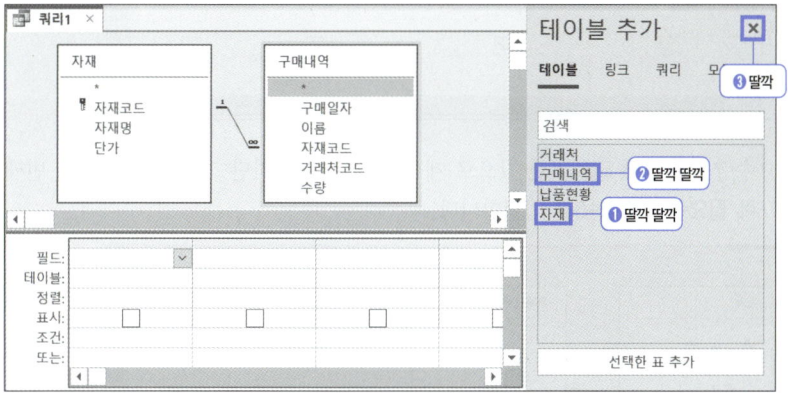

전문가의 조언

- 결과를 표시하는 데 필요한 필드만 하단의 그리드 라인에 추가합니다.
- '다음구매일'과 '필요수량'은 함수를 이용해 직접 작성할 것이므로 별도로 필드를 그리드 라인에 추가하지 않습니다.
- 필드를 드래그하지 않고 더블클릭해도 쿼리 작성기 창 하단의 그리드 영역으로 필드가 배치됩니다.

3. 〈자재〉 테이블의 '자재코드'를 하단 그리드 라인의 첫 번째 필드로 드래그한 후 같은 방법으로 '자재명' 필드를 두 번째 필드로 드래그하세요.

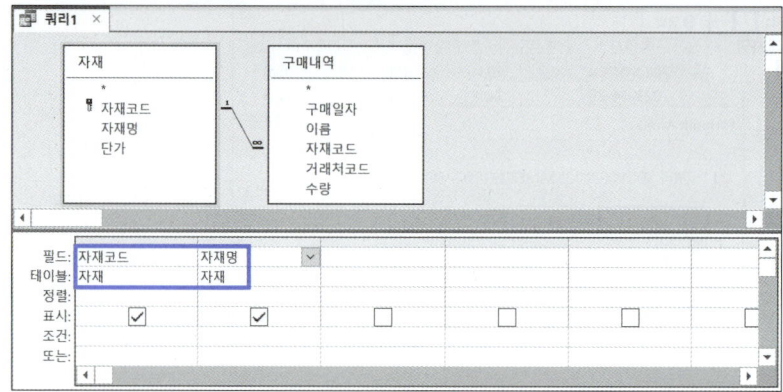

전문가의 조언

DateAdd("d",15,[구매일자])
지정된 날짜에서 형식(d, 日)으로 지정한 값만큼 증가하여 표시합니다. 구매일자가 2023-02-12이면 15일 증가한 날짜인 2023-02-27을 표시합니다.

4. 다음구매일은 구매일자로부터 15일후로 계산해야 하므로, 하단 그리드 라인의 세 번째 필드에 **다음구매일: DateAdd("d",15,[구매일자])**를 입력합니다.

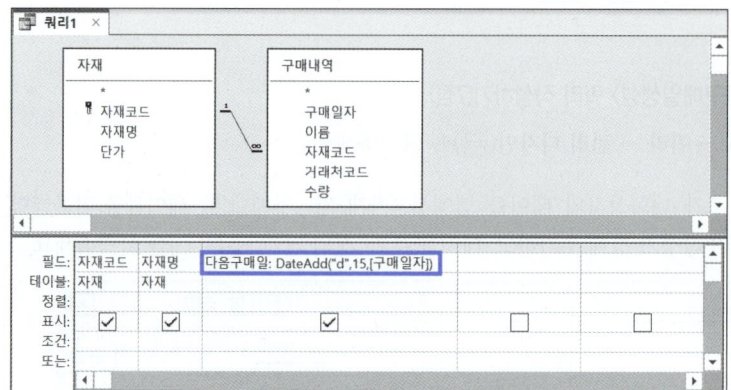

5. 필요수량은 수량에 5를 더한 값으로 계산해야 하므로, 하단 그리드 라인의 네 번째 필드에 **필요수량: 수량+5**를 입력합니다.

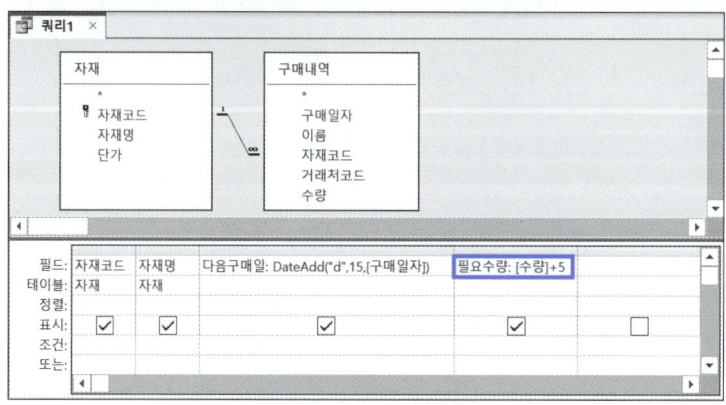

⬇ 현재까지의 실행 결과

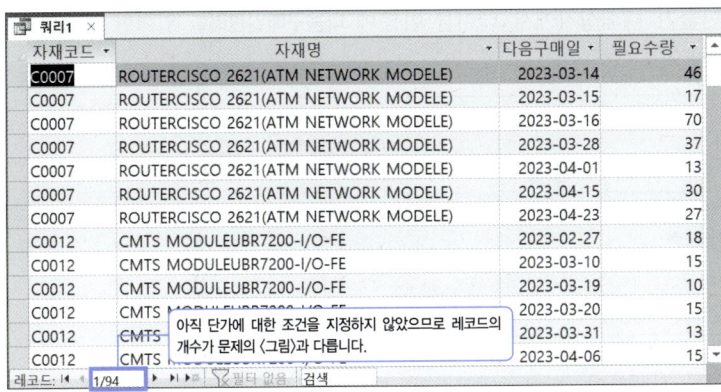

6. '단가' 필드를 이용해 조건을 지정해야 하므로 〈자재〉 테이블의 '단가' 필드를 하단 그리드 라인의 다섯 번째 필드로 드래그하고 결과 화면에는 표시되지 않도록 '표시' 항목을 클릭하여 체크를 해제한 후 조건에 〉=400000을 입력하세요.

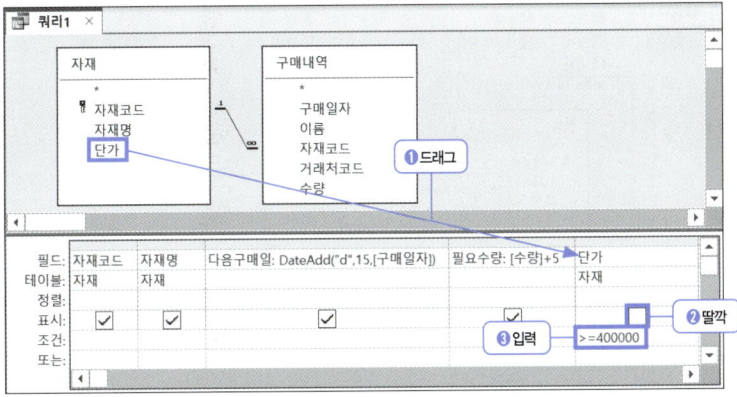

7. 조회된 내용이 새 테이블로 생성되도록 테이블 만들기 쿼리로 변경하기 위해 [쿼리 디자인] → 쿼리 유형 → **테이블 만들기**()를 클릭합니다. '테이블 만들기' 대화상자가 표시됩니다.

> **전문가의 조언**
>
> 테이블 만들기 쿼리는 테이블이나 쿼리에서 데이터를 검색한 후 검색된 결과를 새로운 테이블로 만드는 쿼리를 말합니다.

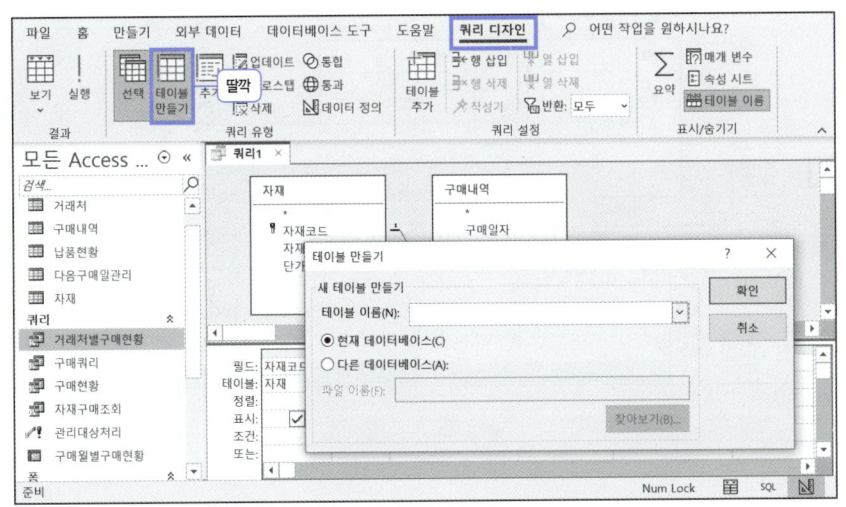

전문가의 조언

테이블 만들기 쿼리 이름과 테이블 만들기 쿼리로 만들어지는 테이블의 이름이 서로 다릅니다. 이 둘의 이름을 혼동하여 잘못 입력하면 배정된 점수를 모두 잃게 됩니다. 이름을 잘못 입력하지 않도록 각별히 주의하세요.

8. '테이블 만들기' 대화상자에서 '테이블 이름'에 **다음구매일관리**를 입력한 후 〈확인〉을 클릭하세요.

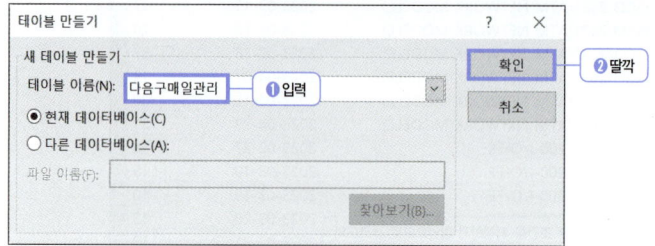

전문가의 조언

테이블 만들기 쿼리, 업데이트 쿼리 등은 문제에 쿼리를 작성하고 실행하라는 조건이 제시되어 있습니다. 반드시 쿼리를 작성한 후 실행해서 결과를 확인해야 합니다.

9. 이제 쿼리를 실행하여 〈다음구매일관리〉 테이블을 만들어야 합니다. [쿼리 디자인] → 결과 → **실행**(!)을 클릭하세요. 'Microsoft Access' 대화상자에서 〈예〉를 클릭하면 30개의 레코드를 가진 〈다음구매일관리〉 테이블이 만들어집니다.

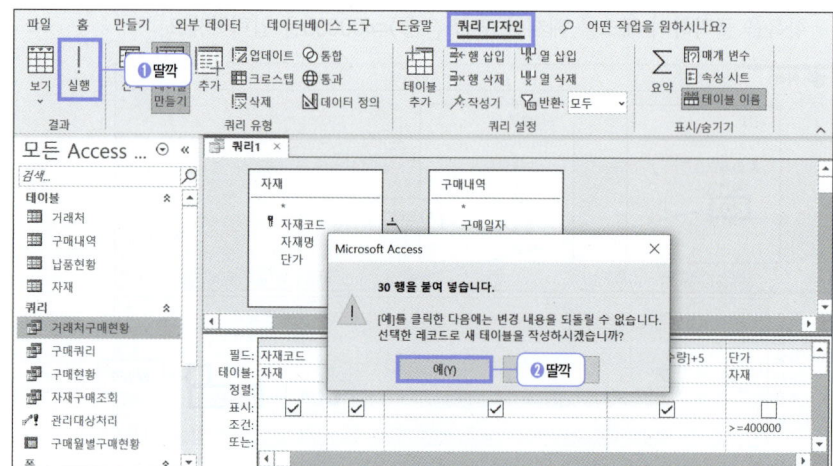

10. 닫기 단추(×)를 클릭하세요. 저장 여부를 묻는 대화상자가 나타나면 〈예〉를 클릭하세요.

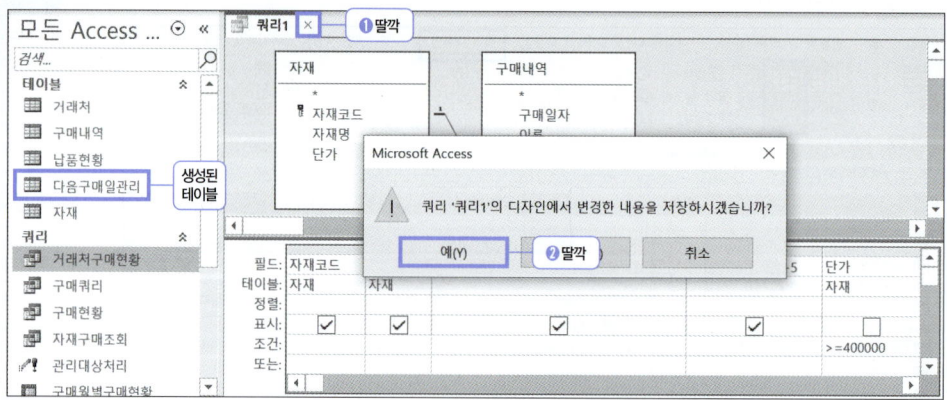

11. '쿼리 이름'에 **다음구매일생성**을 입력한 후 〈확인〉을 클릭하세요.

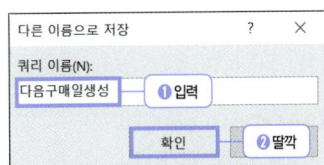

 전문가의 조언

테이블 만들기 쿼리 이름과 테이블 만들기 쿼리로 만들어지는 테이블의 이름이 서로 다릅니다. 이 둘의 이름을 혼동하여 잘못 입력하면 배정된 점수를 모두 잃게 됩니다. 이름을 잘못 입력하지 않도록 각별히 주의하세요.

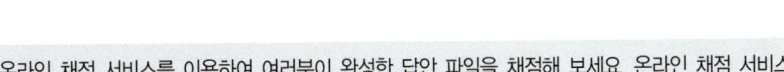

온라인 채점 서비스를 이용하여 여러분이 완성한 답안 파일을 채점해 보세요. 온라인 채점 서비스 이용법은 20쪽을 참고하세요.

6 액세스 시험 마무리

감독관의 지시에 따라 자리를 정리한 후 퇴실합니다.

합격수기 코너는 시나공으로 공부하신 독자분들이 시험에 합격하신 후에 직접 **시나공 홈페이지(sinagong.co.kr)**에 올려주신 자료를 토대로 구성됩니다.

물은 99℃에 끓지 않는다!

저는 공무원 준비 중인 수험생입니다. 아마도 저처럼 공무원 시험 준비 때문에 이 자격증을 노리시는 분들이 많을 것이라 생각합니다. 군복무 시절 일주일에 4~5일간 1시간에서 2시간정도 필기시험 공부를 했습니다. 처음에는 "어떻게든 되겠지."하는 마음에 그냥 저냥 공부했는데, 밤에 공부 좀 하려고 당직사관에게 허락을 맡으려니 "업무가 쉬우니 밤에 공부나 한다."는 비꼬는 소리에 오기가 생겨 열심히 공부하게 되었습니다. 그렇게 3달가량 공부하고 1급 필기 정기시험을 봤는데 휴가 나와서 놀지도 않고 공부만 한 정성때문인지 한 번에 합격했습니다.

7월에 전역하여 2달 후에 있는 1급 실기 정기시험을 보려고 했지만 전역 후 긴장이 풀렸는지 공부는 안하고 놀기만 했습니다. 그러다가 10월에 정신을 차리고 11월 말에 있는 정기시험을 목표로 시나공 교재와 함께 열심히 공부했습니다. 학원은 다니지 않았고, 하루에 3시간씩 50일 가량 공부하던 중 컴퓨터활용능력 1급 자격증이 있으면 비서 자격증 실기시험이 면제된다는 정보를 접하게 되어 비서급 필기시험을 접수했습니다. 이렇게 해서 비서 필기시험을 봤고, 열흘 후 컴퓨터활용능력 실기시험을 봤습니다.

그런데 이럴 수가! 2주 공부한 비서 필기는 붙었는데, 2달가량 공부한 컴퓨터활용능력 실기는 떨어지고 말았습니다.

한 달 정도 지나 실기시험도 상설이 있다는 것을 알고 바로 접수한 뒤 하루에 3시간씩 죽어라 기출시험지만 풀고 채점하고 풀고 채점하고를 반복했습니다. 반복적으로 문제를 풀다보니 틀린 문제는 계속 틀리기에 틀린 부분만 빨간 펜으로 체크해가면서 이해하고 암기했습니다. 다른 수험생들은 시나공 홈페이지에 질문도 하면서 공부한다고 하던데 저는 귀찮은 건 싫어하는 성격이라 해설을 보면서 어떻게든 이해하고 넘어갔습니다. 아무튼 이렇게 공부를 해서 시험에 합격했습니다.

엑셀에서 외부 데이터 가져올 때 조건을 정확히 지정하시고, 프로시저에서 listindex, additem, rowsource정도 익혀두시면 무난히 70점 나올 겁니다. 모르는 함수 문제가 나오면 시간도 없는데 풀려고 아등바등 애쓰지 말고 넘긴 다음 마지막에 풀어보길 추천합니다. 그리고 액세스는 콤보상자 조건대로 나오게 하기, 이벤트 작성, 쿼리만들기 정도에 집중한다면 무난히 점수 나올 것이라 생각합니다.

또 하나! 엑셀에서 모르는 함수 나올 수도 있으니까 시험 전에 시나공 실기 부록으로 나온 함수사전을 보는 것을 꼭 추천합니다. 가장 중요한 것은 자신의 마음가짐이라고 생각합니다. 첫 번째 시험 볼 때에는 시험 환경이 좋지 않아서 그랬는지 긴장을 많이 했습니다. 그래서 두 번째 시험 때는 마음을 안정시키기 위해 조용한 음악을 들으며 시험장으로 향했는데, 그것이 도움이 되었는지 차분하게 문제를 풀 수 있었습니다.

글이 생각 보다 길어졌네요. 이 글을 보고 한 분이라도 동기부여가 되셨으면 헛된 게 아니라고 생각해요^^; 물은 99도에 끓지 않습니다.

여러분들 노력도 100도에 이르면 자격증 취득에 성공할 수 있을 겁니다.

장재희 • purin369

2장

최신기출유형

기출유형 01회
기출유형 02회
기출유형 03회
기출유형 04회
기출유형 05회
기출유형 06회
기출유형 07회
기출유형 08회
기출유형 09회
기출유형 10회

기·출·유·형

01회 2026년 컴퓨터활용능력 1급 실기

프로그램명	제한시간
ACCESS 2021	45분

수험번호 : _____
성   명 : _____

1급

〈 유 의 사 항 〉

- 인적 사항 누락 및 잘못 작성으로 인한 불이익은 수험자 책임으로 합니다.
- 화면에 암호 입력창이 나타나면 아래의 암호를 입력하여야 합니다.
  - 암호 : 8%6285
- 작성된 답안은 주어진 경로 및 파일명을 변경하지 마시고 그대로 저장해야 합니다. 이를 준수하지 않으면 실격처리 됩니다.
  - 답안 파일명의 예 : C:\DB\수험번호 8자리.accdb
- 외부 데이터 위치 : C:\DB\파일명
- 별도의 지시사항이 없는 경우, 다음과 같이 처리하면 실격 처리됩니다.
  - 제시된 개체의 이름을 임의로 변경한 경우
  - 제시된 개체의 속성을 임의로 변경한 경우
  - 제시된 개체를 임의로 삭제하거나 추가한 경우
- 별도의 지시사항이 없는 경우, 기능의 구현은 모듈이나 매크로 등을 이용하며, 예외적인 상황에 대해서는 고려하지 않아도 됩니다.
- 제시된 함수가 있을 경우 제시된 함수만을 사용하여야 하며, 그 외 함수 사용시 채점 대상에서 제외됩니다.
- 별도의 지시사항이 없는 경우, 주어진 각 개체의 속성은 설정값 또는 기본 설정값(Default)으로 처리하십시오.
- 제시된 화면은 예시이며 나타난 값은 실제와 다를 수 있습니다.
- 저장 시간은 별도로 주어지지 아니하므로 제한된 시간 내에 저장을 완료해야 합니다.
- 본 문제의 용어는 MS Office LTSC Professional Plus 2021로 작성되었습니다.

대한상공회의소

문제 1 DB 구축 (25점)

1. 문화센터를 관리하기 위하여 데이터베이스를 구축하고자 한다. 다음의 지시사항에 따라 테이블을 완성하시오. (각 3점)

    〈문화센터등록〉 테이블
    ① '성명'과 '연락처' 필드에는 값이 반드시 입력되도록 설정하시오.
    ② '주민등록번호' 필드는 필드 이름을 변경하지 않고, '주민번호'로 표시되도록 설정하시오.

    〈프로그램〉 테이블
    ③ '학과명'과 '프로그램명' 필드를 기본 키로 설정하시오.
    ④ '수강료' 필드의 크기를 '정수(Long)'로 설정하시오.
    ⑤ '수강료' 필드는 새 레코드 추가 시 기본적으로 0이 입력되도록 설정하시오.

2. 〈학과코드별교수〉 테이블의 '교수번호' 필드는 〈교수현황〉 테이블의 '교수번호' 필드를 참조하며, 테이블 간의 관계는 M:1이다. 두 테이블에 대해 다음과 같이 관계를 설정하시오. (5점)

    ▶ 테이블 간 항상 참조 무결성을 유지하도록 하시오.
    ▶ 〈학과코드별교수〉 테이블이 참조하고 있는 〈교수현황〉 테이블의 레코드를 삭제할 수 있도록 설정하시오.

3. 〈학과코드별교수〉 테이블의 '교수번호' 필드에 다음과 같이 조회 속성을 설정하시오. (5점)

    ▶ 콤보 상자의 형태로 〈교수현황〉 테이블의 '교수번호', '이름', '나이' 목록이 나타나도록 설정하시오.
    ▶ 필드에는 '교수번호'가 저장되도록 설정하시오.
    ▶ 열 이름이 표시되도록 설정하고, 열 너비는 각각 0cm, 2cm, 2cm, 목록 너비는 4cm로 설정하시오.

문제 2 입력 및 수정 기능 구현 (20점)

1. 〈문화센터등록〉 폼을 다음의 화면과 지시사항에 따라 완성하시오. (각 3점)

    ① 본문 영역의 'txt프로그램명' 컨트롤에서 Enter 를 누르면 필드에서 줄 바꿈이 되도록 관련 속성을 설정하시오.
    ② 본문의 'txt연락처' 컨트롤에는 '연락처' 필드에서 ")" 이후의 글자를 추출한 후 앞에 "010-"를 덧붙여 [표시 예]와 같이 표시하시오.
        ▶ 표시 예 : 연락처가 02)4872-9107인 경우 → 010-4872-9107
        ▶ Right, Len, InStr 함수와 & 연산자를 사용하시오.
    ③ 'txt인원수' 컨트롤에는 레코드의 개수가 다음과 같이 표시되도록 설정하시오.
        ▶ 레코드 개수의 1/10 만큼 "★"을 표시한 후 괄호 안에 실제 개수를 표시 (String, Int, Count 함수 사용)

▶ 표시 예 : 25 → ★★(25명)

2. 〈문화센터등록현황〉 폼에 〈문화센터등록〉 폼을 다음의 화면과 지시사항에 따라 하위 폼으로 추가하시오. (6점)

   ▶ 기본 폼과 하위 폼을 '프로그램명' 필드를 기준으로 연결하시오.
   ▶ 하위 폼 이름은 '문화센터등록'으로 설정하시오.
   ▶ 하위 폼의 테두리를 '그림자'로 설정하시오.

3. 〈문화센터등록현황〉 폼의 '찾기'(cmd찾기) 단추를 클릭하면 조건에 맞는 레코드에 대한 정보를 표시하는 〈필터조회〉 매크로를 생성하여 지정하시오. (5점)

   ▶ 매크로 조건 : '프로그램명' 필드의 값이 'cmb프로그램명'에서 선택한 '프로그램명'과 같은 정보만 표시
   ▶ ApplyFilter 매크로 함수 사용
   ▶ 2번 〈그림〉 참조

문제 3 조회 및 출력 기능 구현 (20점)

1. 다음의 지시사항 및 그림을 참조하여 〈등록현황〉 보고서를 완성하시오. (각 3점)

   ① '학과명', '프로그램명', '성명'을 기준으로 오름차순으로 정렬되어 표시되도록 설정하시오.
   ② 보고서 머리글의 'txt년' 컨트롤에 오늘 날짜가 〈그림〉과 같이 표시되도록 '컨트롤 원본'과 '형식' 속성을 설정하시오.
      ▶ 시간을 포함하지 않는 시스템의 오늘 날짜만 입력되는 함수를 사용할 것
   ③ '학과명'을 그룹 머리글로 설정하여 그룹 머리글만 표시하고 본문 영역의 'txt학과명' 컨트롤을 학과명 머리글 영역으로 이동시킨 후 학과명 머리글 영역의 높이를 1.2cm로 조절하시오.
   ④ '프로그램명'의 그룹 머리글은 표시하지 않고, 그룹 바닥글만 표시한 후 본문 영역의 'lbl총금액', 'txt총금액' 컨트롤을 바닥글 영역으로 이동하시오. 'txt총금액'에는 수강료의 합계가 통화 형식으로 표시되도록 설정하시오.
   ⑤ 페이지 바닥글의 'txt날짜' 컨트롤에는 시스템의 현재 날짜와 시간이 다음과 같이 표시되도록 설정하시오.
      ▶ 현재 날짜와 시간이 2024년 10월 30일 14:15:47초이면 '2024-10-30 02:15:47 오후'와 같이 표시
      ▶ Format( ) 함수와 현재 날짜와 시간을 나타내는 함수 이용

2025년도 문화센터 등록현황

학과명	프로그램명	성명	연락처	생일	요일	시간	수강료
성인미술							
	수채화	진전생	02)1799-2575	07월28일	월	10:00	₩20,000
	수채화	천생진	02)1715-2722	07월28일	월	10:00	₩20,000
	수채화	천선동	02)0070-2544	05월14일	월	10:00	₩20,000
	수채화	천오동	02)5570-2700	05월14일	월	10:00	₩20,000
						총금액 :	₩80,000
성인수련							
	국선도단전	유순미	02)5785-7859	02월07일	월~금	6:30	₩40,000
	국선도단전	유이금	02)2700-8745	04월07일	월~금	6:30	₩40,000
	국선도단전	이명업	02)4872-9107	07월01일	월~금	6:30	₩40,000
	국선도단전	채미홍	02)1482-8918	05월14일	월~금	6:30	₩40,000

2025-09-30 08:33:40 오후   1/4

2. 〈문화센터등록현황〉 폼에서 '미리보기'(cmd보고서) 단추를 클릭하면 〈등록현황〉 보고서를 '인쇄 미리 보기' 형식으로 여는 이벤트 프로시저를 구현하시오. (5점)
   ▶ 현재 하위 폼의 'txt학과명' 컨트롤에 표시된 '학과명'과 같은 자료만을 대상으로 하시오.
   ▶ DoCmd 개체의 메소드를 사용

문제 4 처리 기능 구현 (35점)

1. 〈학과코드별교수〉와 〈프로그램〉 테이블을 이용하여 수강 인원의 합계가 30명 이상인 학과의 '비고' 필드의 값을 "인기학과"로 변경하는 〈인기학과처리〉 업데이트 쿼리를 작성한 후 실행하시오. (7점)
   ▶ In 연산자와 하위 쿼리 사용

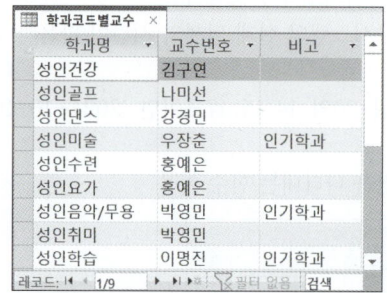

※ 〈인기학과처리〉 쿼리를 실행한 후의 〈학과코드별교수〉 테이블

2. 요일별 '인원수'와 '수강료' 합계를 조회하는 〈요일별현황〉 쿼리를 작성하시오. (7점)
   ▶ 〈등록현황〉 쿼리를 이용하시오.
   ▶ '인원수'는 '성명' 필드를 이용하시오.
   ▶ 쿼리 실행 결과 표시되는 필드와 필드명, 필드의 형식은 〈그림〉과 같이 표시되도록 설정하시오.

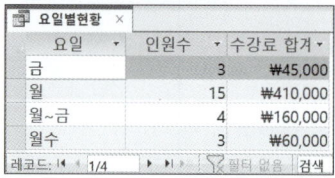

3. 프로그램명별 시간별 '인원'의 합계를 조회하는 〈시간별프로그램인원수〉 크로스탭 쿼리를 작성하시오. (7점)
   ▶ 〈문화센터등록〉과 〈프로그램〉 테이블을 이용하시오.
   ▶ 쿼리 실행 결과 표시되는 필드와 필드명은 〈그림〉과 같이 표시되도록 설정하시오.

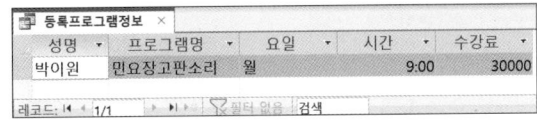

4. 〈프로그램〉과 〈문화센터등록〉 테이블을 이용하여 '성명'을 매개 변수로 입력받고, 해당 회원이 등록한 프로그램 정보를 조회하는 〈등록프로그램정보〉 쿼리를 작성하시오. (7점)

   ▶ 쿼리 실행 결과 표시되는 필드와 필드명은 〈그림〉과 같이 표시되도록 설정하시오.

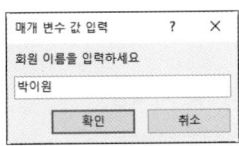

5. 〈프로그램〉과 〈문화센터등록〉 테이블을 이용하여 프로그램명의 일부를 매개 변수로 입력받고, 해당 프로그램을 수강하는 회원의 정보를 조회하여 새 테이블로 생성하는 〈수강회원현황생성〉 쿼리를 작성하고 실행하시오. (7점)

   ▶ 쿼리 실행 후 생성되는 테이블의 이름은 〈조회프로그램수강현황〉으로 설정하시오.
   ▶ 쿼리 실행 결과 생성되는 테이블의 필드는 〈그림〉을 참고하여 수험자가 판단하여 설정하시오.

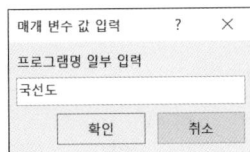
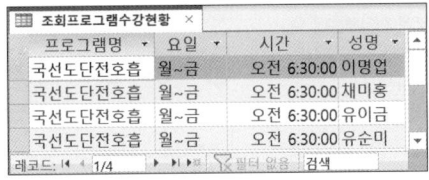

※ 〈수강회원현황생성〉 쿼리의 매개 변수 값으로 "국선도"를 입력하여 실행한 후의 〈조회프로그램수강현황〉 테이블

01회 컴퓨터활용능력 1급 실기(액세스)

정답 및 해설

문제 1 DB 구축

> **잠깐만요** 파일을 열면 '보안 경고' 메시지가 나타납니다.
>
> 테이블이나 폼을 만들 때는 크게 문제가 되지 않지만 매크로나 프로시저는 실행되지 않습니다. '보안 경고' 메시지의 오른쪽 끝에 있는 〈콘텐츠 사용〉 단추를 클릭하여 데이터베이스 파일에 포함된 모든 콘텐츠를 사용할 수 있도록 설정하세요.

컴활 1급 실기 시험에 출제되는 기능의 기본적인 사용법은 알고 있다는 전제하에 해설을 간략화 했습니다. 본 기출문제집은 시나공 컴활 실기 기본서 출간후에 새롭게 출제된 문제 유형을 빠르게 전달하는데 목적을 뒀기 때문입니다. 해설이 생략된 부분에 대해 어려움을 느끼시는 수험생은 시나공 컴활 실기 기본서 교재를 먼저 공부하시기 바랍니다. 아니면 저렴한 가격으로 제공되는 동영상 강의를 수강하는 것도 한 가지 방법입니다.

01. 테이블 완성하기

〈문화센터등록〉 테이블

❶ '성명'과 '연락처' 필드의 필수 속성

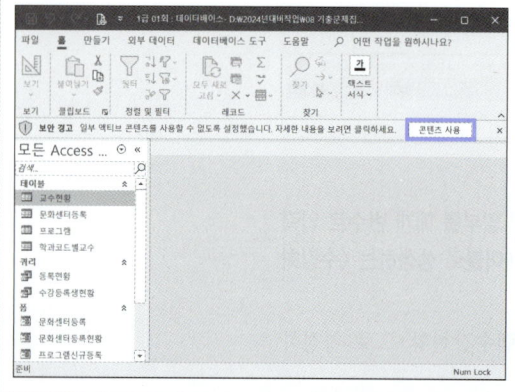

❷ '주민등록번호' 필드의 캡션 속성

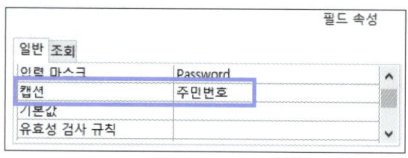

〈프로그램〉 테이블

❸ '학과명'과 '프로그램명' 필드의 기본 키 속성

❹ '수강료' 필드의 필드 크기 속성

❺ '수강료' 필드의 기본값 속성

02. 〈교수현황〉 테이블과 〈학과코드별교수〉 테이블 간의 관계 설정하기

정답

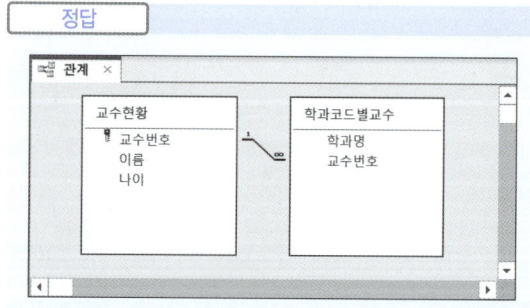

• '관계 편집' 대화상자

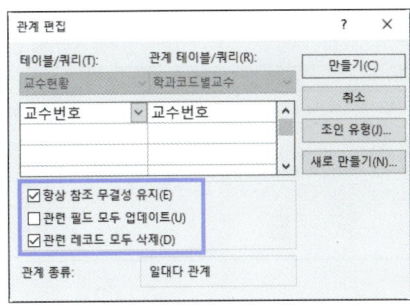

03. 〈학과코드별교수〉 테이블의 '교수번호' 필드에 조회 속성 설정하기

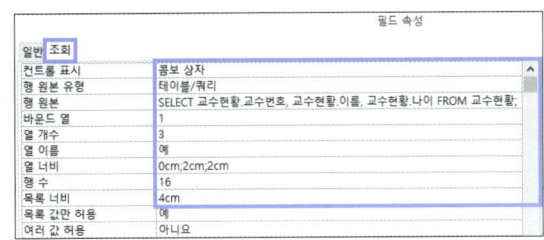

| 문제 2 | 입력 및 수정 기능 구현 | 정답 |

01. 〈문화센터등록〉 폼 완성하기

정답

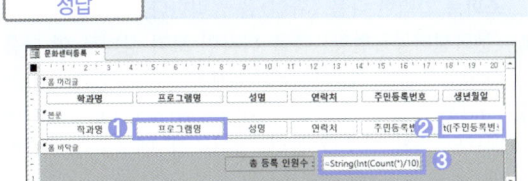

❶ 'txt프로그램명' 컨트롤의 속성 설정하기
'기타' 탭의 〈Enter〉 키 기능 → 필드에서 줄 바꿈

❷ 'txt연락처' 컨트롤에 속성 설정하기
'데이터' 탭의 컨트롤 원본 → ="010-" & Right([연락처],Len([연락처])-InStr([연락처],")"))

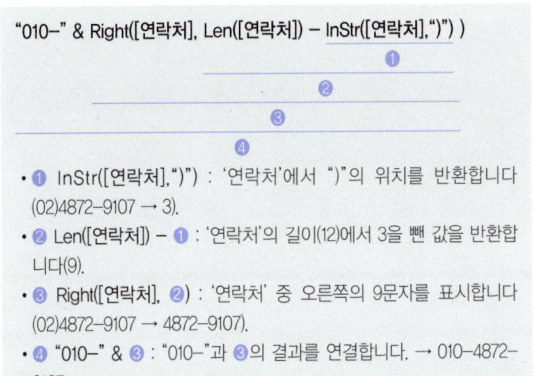

- ❶ InStr([연락처],")") : '연락처'에서 ")"의 위치를 반환합니다 (02)4872-9107 → 3).
- ❷ Len([연락처]) - ❶ : '연락처'의 길이(12)에서 3을 뺀 값을 반환합니다(9).
- ❸ Right([연락처], ❷) : '연락처' 중 오른쪽의 9문자를 표시합니다 (02)4872-9107 → 4872-9107).
- ❹ "010-" & ❸ : "010-"과 ❸의 결과를 연결합니다. → 010-4872-9107

❸ 'txt인원수' 컨트롤의 속성 설정하기
'데이터' 탭의 컨트롤 원본
→ =String(Int(Count(*)/10),"★") & "(" & Count(*) & "명")

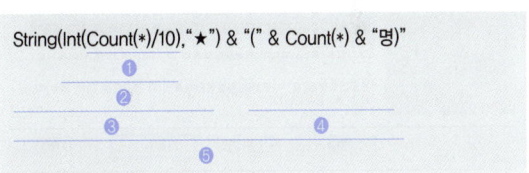

※ 레코드의 개수가 25라고 가정합니다.

- ❶ Count(*)/10 : 레코드의 개수를 계산한 후 그 값을 10으로 나눕니다. → 2.5
- ❷ Int(2.5) : 소수 부분을 제거하고 정수만을 반환합니다. → 2
- ❸ String(2,"★") : "★"을 2개 표시합니다. → ★★
- ❹ "(" & Count(*) & "명") : 큰따옴표로 묶은 문자들과 레코드의 개수를 표시합니다. → (25명)
- ❺ "★★" & "(25명)" : "★★"과 "(25명)"를 합하여 표시합니다. → ★★(25명)

02. 〈문화센터등록현황〉 폼에 하위 폼 추가하기

1. '하위 폼 마법사' 1단계 대화상자

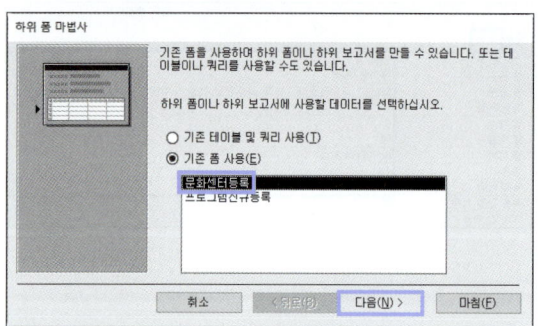

2. '하위 폼 마법사' 2단계 대화상자

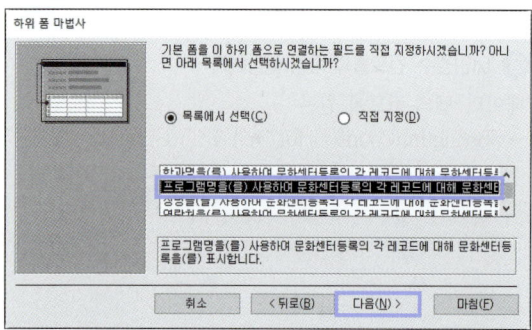

3. '하위 폼 마법사' 3단계 대화상자

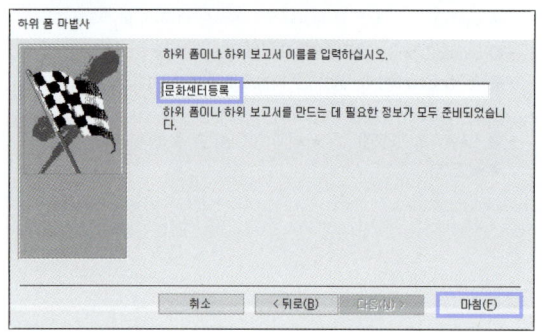

4. 하위 폼/하위 보고서 속성 시트 창에서 '형식' 탭의 '특수 효과'를 '그림자'로 설정한다.

03. '찾기'(cmd찾기) 단추에 클릭 기능 구현하기

정답

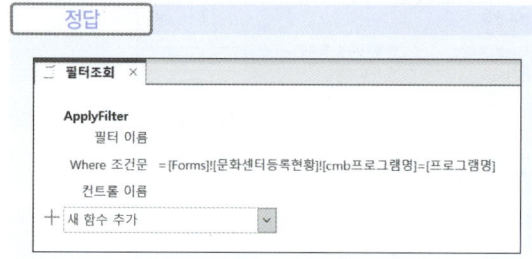

1. 매크로에 이름을 지정하여 사용하는 경우는 먼저 매크로 개체를 생성한 후 이를 연결하여 사용해야 한다. [만들기] → 매크로 및 코드 → **매크로**를 클릭한다.
2. 매크로 대화상자에서 정답과 같이 설정한 후 매크로 대화상자의 〈닫기(⊠)〉를 클릭한 다음 저장 여부를 묻는 대화상자에서 〈예〉를 클릭한다.
3. '다른 이름으로 저장' 대화상자에서 매크로 이름을 **필터조회**로 입력한 다음 〈확인〉을 클릭한다.
4. 〈문화센터등록현황〉 폼을 디자인 보기 상태로 연 다음 'cmd찾기' 컨트롤을 더블클릭한다.
5. 'cmd찾기' 속성 시트 창의 '이벤트' 탭에서 'On Click' 이벤트의 목록 단추를 눌러 '필터조회' 매크로를 선택한다.

'cmb프로그램명' 컨트롤에 표시된 프로그램명 중 〈문화센터등록〉 테이블에 등록되지 않은 프로그램명을 선택한 후 〈찾기〉를 클릭하면 아무런 변화가 없으므로 조회 실행 여부를 확인하기 어렵습니다. 그러므로 〈문화센터등록〉 테이블에 등록된 '국선단전호흡', '노래교실', '민요장고판소리', '수채화', '차이홍중국어', '키즈무예(태견)' 프로그램 중 하나를 선택한 후 〈찾기〉를 클릭해야 조회 결과를 확인할 수 있습니다.

문제 3   조회 및 출력 기능 구현

01. 〈등록현황〉 보고서 완성하기

정답

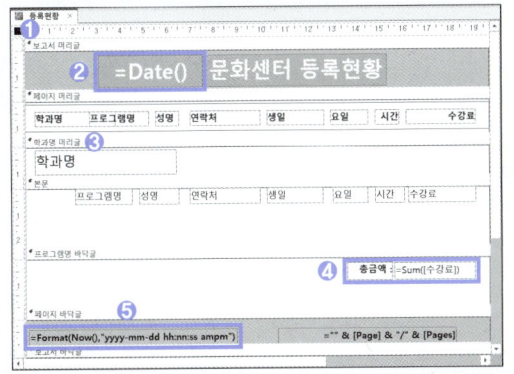

❶ '그룹, 정렬 및 요약' 창

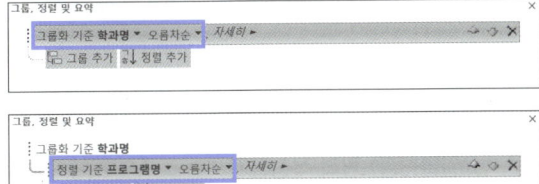

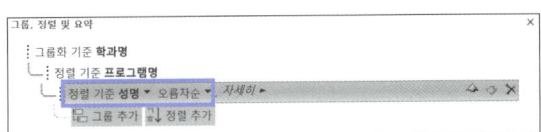

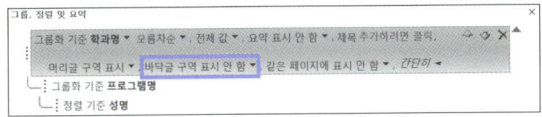

❷ 'txt년' 컨트롤에 속성 설정하기
- '데이터' 탭의 컨트롤 원본 → =Date( )
- '형식' 탭의 형식 → yyyy"년도"

❸ '학과명' 그룹 머리글 설정하기
① '그룹, 정렬 및 요약' 창

② 본문 영역의 'txt학과명' 컨트롤을 학과명 머리글 영역 으로 이동시킨다.

③ '학과명 머리글'에 속성 설정하기
- '형식' 탭의 높이 → 1.2

❹ '프로그램명' 그룹 바닥글 설정하기
① '그룹, 정렬 및 요약' 창

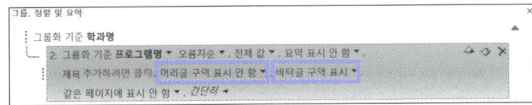

② 본문 영역의 'lbl총금액'과 'txt총금액' 컨트롤을 프로그램명 바닥글 영역으로 이동시킨다.
③ 'txt총금액' 컨트롤에 속성 설정하기
- '데이터' 탭의 컨트롤 원본 → =Sum([수강료])
- '형식' 탭의 형식 → 통화

❺ 'txt날짜' 컨트롤의 속성 설정하기
'데이터' 탭의 컨트롤 원본 → =Format(Now( ),"yyyy-mm-dd hh:nn:ss ampm")

'날짜/시간' 관련 사용자 지정 기호 중 분(Minute)을 의미하는 기호는 'm'이 아니라 'n'입니다.
Format( ) 함수
- 숫자나 날짜 등을 지정된 형식에 맞게 문자열로 변환해 주는 함수입니다.
- 형식 : Format(변환할 데이터, "표시 형식")

02. '미리보기'(cmd보고서) 단추에 클릭 기능 구현하기

정답

```
Private Sub cmd보고서_Click( )
    DoCmd.OpenReport "등록현황", acViewPreview, , "학과명 = ' "
    & [Forms]![문화센터등록현황]![문화센터등록]![txt학과명] & " ' "
End Sub
```

[Forms]![문화센터등록현황]![문화센터등록]![txt학과명]
〈문화센터등록현황〉 기본 폼에 포함된 〈문화센터등록〉 하위 폼에 있는 'txt학과명' 컨트롤을 의미합니다.

1. 〈문화센터등록현황〉 폼의 'cmd보고서' 컨트롤을 더블클릭한 후 'cmd보고서' 속성 시트 창의 '이벤트' 탭에서 'On Click'을 선택한다. 이어서 작성기 단추(…)를 클릭한다.

2. '작성기 선택' 대화상자에서 '코드 작성기'를 선택한 후 〈확인〉을 클릭한다.
3. 'cmd보고서' 컨트롤의 'Click( )' 이벤트 프로시저에 정답과 같이 코드를 입력한다.

문제 4 처리 기능 구현

01. 〈인기학과처리〉 쿼리 작성하기

1. [만들기] → 쿼리 → **쿼리 디자인**(🔳)을 클릭한다.
2. '테이블 추가' 대화상자의 '테이블' 탭에서 〈학과코드별교수〉 테이블을 더블클릭하여 쿼리 작성기 창에 추가하고 '테이블 추가' 창의 닫기(✕)를 클릭한다.
3. 업데이트 쿼리로 변경하기 위해 [쿼리 디자인] → 쿼리 유형 → **업데이트**(🔳)를 클릭한다.

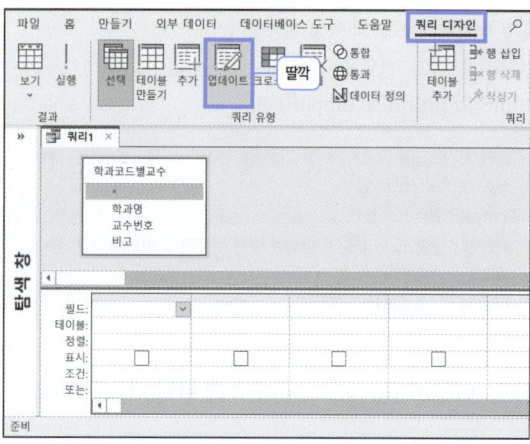

4. '비고' 필드의 업데이트 난과 '학과명' 필드의 조건 난에 다음과 같이 입력한다.

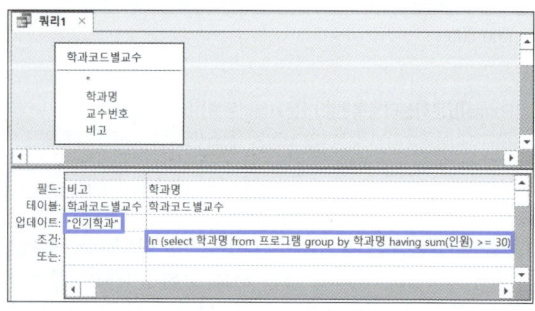

※ 실행하면 3개의 레코드가 수정됩니다.

잠깐만요 〈프로그램〉 테이블을 이용하여 〈학과코드별교수〉 테이블에 조건을 적용하는 과정

'인원'의 합계가 30 이상인 학과명을 검색해야 하는데, '인원' 필드가 있는 〈프로그램〉과 〈학과코드별교수〉 테이블에 공통으로 포함된 필드가 '학과명'이므로 '학과명' 필드를 이용하여 조건을 지정합니다. 또한 〈프로그램〉 테이블에서 '인원'의 합계가 30 이상인 학과명을 검색하는 SQL문을 하위 쿼리로 작성하여 〈학과코드별교수〉 테이블의 '학과명' 필드에 조건으로 사용해야 합니다.

❶ 〈프로그램〉 테이블에서 '학과명' 필드를 기준으로 그룹을 설정하여 계산한 인원의 합이 30 이상인 '학과명'만 추출합니다.

select 학과명 from 프로그램 group by 학과명 having sum(인원) >= 30

❷ 〈프로그램〉 테이블에서 추출한 '학과명'과 동일한 '학과명'을 〈학과코드별교수〉 테이블에서 찾아 '비고' 필드의 값을 "인기학과"로 변경해야 하므로 〈학과코드별교수〉 테이블의 '학과명' 필드의 조건을 다음과 같이 작성합니다.

in (select 학과명 from 프로그램 group by 학과명 having sum(인원) >= 30)

02. 〈요일별현황〉 쿼리 작성하기

• 쿼리 작성기

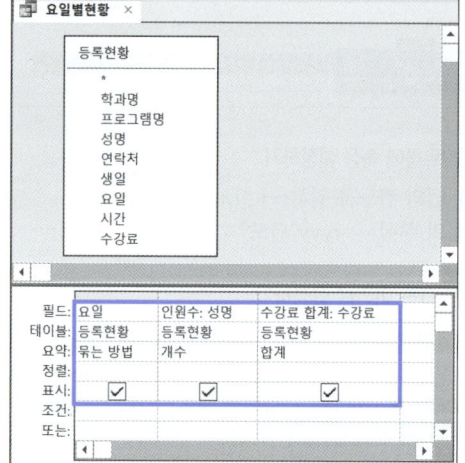

- '수강료 합계' 필드 속성 설정하기
  - '일반' 탭의 형식 → 통화

03. 〈시간별프로그램인원수〉 쿼리 작성하기

1. [만들기] → 쿼리 → **쿼리 디자인**을 클릭한다.
2. '테이블 추가' 창의 '테이블' 탭에서 〈문화센터등록〉 테이블과 〈프로그램〉 테이블을 더블클릭하여 쿼리 작성기 창에 추가하고 닫기 단추(⨯)를 클릭한다.
3. 크로스탭 쿼리로 변경하기 위해 [쿼리 디자인] → 쿼리 유형 → **크로스탭()**을 클릭한다.

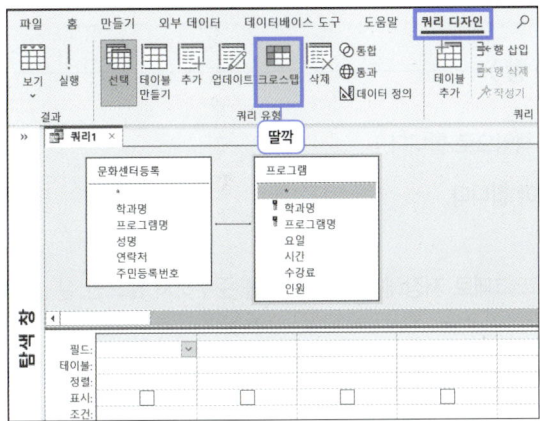

4. 행 머리글, 열 머리글, 값으로 사용될 필드를 다음과 같이 설정하고 열 머리글의 정렬 기준을 '내림차순'으로 지정한다.

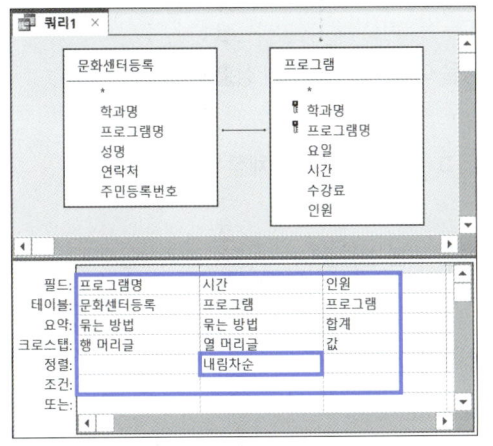

〈문화센터등록〉 테이블의 '프로그램명' 필드 대신 〈프로그램〉 테이블의 '프로그램명' 필드를 사용해도 결과는 동일합니다.

04. 〈등록프로그램정보〉 쿼리 작성하기

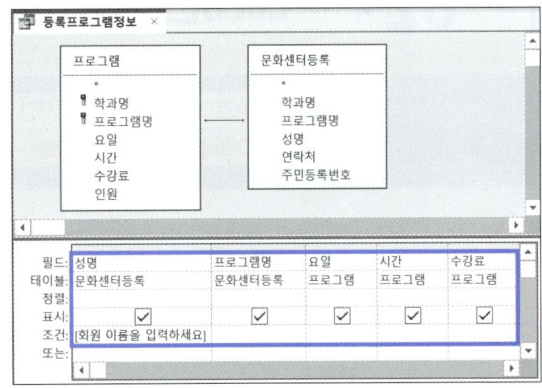

〈문화센터등록〉 테이블의 '프로그램명' 필드 대신 〈프로그램〉 테이블의 '프로그램명' 필드를 사용해도 결과는 동일합니다.

05. 〈수강회원현황생성〉 쿼리 작성하기

1. 쿼리 작성기 창에서 다음 그림과 같이 설정한다.

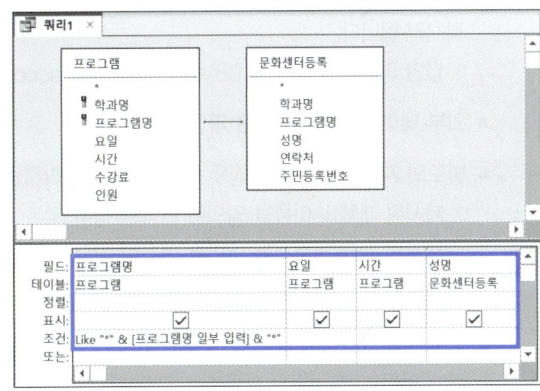

2. [쿼리 디자인] → 쿼리 유형 → **테이블 만들기()**를 클릭한다.
3. '테이블 만들기' 대화상자의 '테이블 이름'에 **조회프로그램수강현황**을 입력한 후 〈확인〉을 클릭한다.

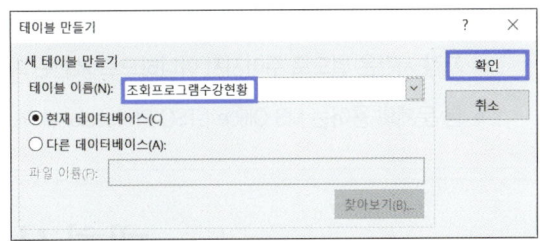

기·출·유·형

02회 2026년 컴퓨터활용능력 1급 실기

프로그램명	제한시간
ACCESS 2021	45분

수험번호 :
성   명 :

1급

〈 유 의 사 항 〉

- 인적 사항 누락 및 잘못 작성으로 인한 불이익은 수험자 책임으로 합니다.
- 화면에 암호 입력창이 나타나면 아래의 암호를 입력하여야 합니다.
  ○ 암호 : 9#8273
- 작성된 답안은 주어진 경로 및 파일명을 변경하지 마시고 그대로 저장해야 합니다. 이를 준수하지 않으면 실격처리 됩니다.
  ○ 답안 파일명의 예 : C:\DB\수험번호 8자리.accdb
- 외부 데이터 위치 : C:\DB\파일명
- 별도의 지시사항이 없는 경우, 다음과 같이 처리하면 실격 처리됩니다.
  ○ 제시된 개체의 이름을 임의로 변경한 경우
  ○ 제시된 개체의 속성을 임의로 변경한 경우
  ○ 제시된 개체를 임의로 삭제하거나 추가한 경우
- 별도의 지시사항이 없는 경우, 기능의 구현은 모듈이나 매크로 등을 이용하며, 예외적인 상황에 대해서는 고려하지 않아도 됩니다.
- 제시된 함수가 있을 경우 제시된 함수만을 사용하여야 하며, 그 외 함수 사용시 채점 대상에서 제외됩니다.
- 별도의 지시사항이 없는 경우, 주어진 각 개체의 속성은 설정값 또는 기본 설정값(Default)으로 처리하십시오.
- 제시된 화면은 예시이며 나타난 값은 실제와 다를 수 있습니다.
- 저장 시간은 별도로 주어지지 아니하므로 제한된 시간 내에 저장을 완료해야 합니다.
- 본 문제의 용어는 MS Office LTSC Professional Plus 2021로 작성되었습니다.

대한상공회의소

문제 1   DB 구축 (25점)

1. 효율적인 원생 관리를 위해 데이터베이스를 구축하고자 한다. 다음 지시사항에 따라 〈원아〉 테이블을 완성하시오. (각 3점)

   ① '원아명' 필드를 기준으로 내림차순 정렬되도록 테이블 속성을 설정하시오.
   ② '원아명' 필드는 값이 반드시 입력되도록 설정하시오.
   ③ '생년월일' 필드에는 2015년 이후 출생자만이 입력되도록 설정하고, 다른 값이 입력되면 "2015년 이후 출생자만 입력"이라고 메시지를 표시하도록 설정하시오.
   ④ '성별' 필드는 2가지 값만을 가질 수 있도록 데이터 형식을 설정하시오.
   ⑤ '반번호' 필드에 대하여 중복 가능한 인덱스를 설정하시오.

2. 〈원아〉 테이블의 '반번호' 필드는 〈반정보〉 테이블의 '반번호' 필드를 참조하고 테이블 간의 관계는 M:1이다. 또한 〈교사〉 테이블의 '교사번호' 필드와 〈반정보〉 테이블의 '담당교사' 필드는 1:M의 관계이다. 각 테이블에 대해 다음과 같이 관계를 설정하시오. (5점)

   ▶ 테이블 간에 항상 참조 무결성을 유지하도록 설정하시오.
   ▶ 〈반정보〉 테이블의 '반번호' 필드가 변경되면 〈원아〉 테이블의 '반번호' 필드가 변경되고 〈반정보〉 테이블의 '담당교사' 필드가 변경되면 〈교사〉 테이블의 '교사번호' 필드가 변경되도록 설정하시오.

3. 외부 데이터 가져오기 기능을 이용하여 '전학원생.xlsx'에서 범위로 정의된 이름 '전학원생'의 내용을 가져와 〈전학원생〉 테이블을 생성하시오. (5점)

   ▶ 첫 번째 행은 열 머리글임
   ▶ 기본 키는 없음으로 설정

문제 2   입력 및 수정 기능 구현 (20점)

1. 〈반정보〉 폼을 다음의 지시사항에 따라 완성하시오. (각 3점)

   ① 폼 본문의 'txt반명'과 'txt담당교사' 컨트롤의 너비를 둘 중 가장 넓은 너비로 설정하시오.
   ② 'txt반번호' 컨트롤에 잠금 속성을 설정하시오.
   ③ 하위 폼 바닥글의 'txt총인원' 컨트롤에는 〈그림〉과 같이 총인원이 표시되도록 설정하시오.
      ▶ COUNT 함수와 & 연산자를 이용할 것

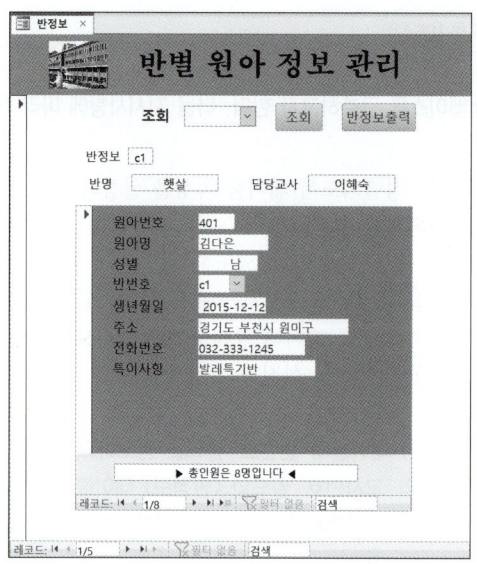

2. 〈원아정보〉 폼의 'cmb반번호'에는 〈반정보〉 테이블의 '반번호'와 '반명'이 다음과 같이 표시되도록 설정하시오. (6점)

　　▶ 컨트롤에는 '반번호'가 저장되도록 설정할 것
　　▶ 열 너비를 각각 1cm, 2cm로 설정할 것
　　▶ 목록 너비를 3cm로 설정할 것
　　▶ 1번 〈그림〉 참조

3. 〈반정보〉 폼의 '반정보출력'(cmd출력) 단추를 클릭하면 〈반별원아리스트〉 보고서를 '인쇄 미리 보기'의 형태로 여는 〈반정보출력〉 매크로를 생성하여 지정하시오. (5점)

　　▶ 다음과 같이 시스템의 현재 날짜와 시간이 표시된 메시지 상자를 표시한 후 〈확인〉 단추를 클릭하면 보고서를 실행할 것

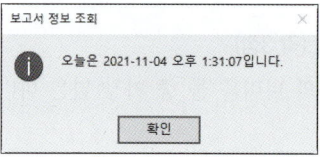

　　▶ 매크로 조건 : 'cmb조회' 컨트롤에서 선택한 '반명'과 동일한 반의 자료만 표시

문제 3　조회 및 출력 기능 구현 (20점)

1. 다음의 지시사항 및 화면을 참조하여 〈반별원아리스트〉 보고서를 완성하시오. (각 3점)

　① 반번호 머리글과 페이지 바닥글의 배경색을 'Access 테마 2'로 변경하시오.
　② '반번호' 필드를 기준으로 오름차순으로 정렬하되 동일한 반에서는 '원아명'을 기준으로 내림차순으로 정렬되어 표시되도록 설정하시오.

③ 본문의 'txt반명', 'txt교사명' 컨트롤은 그룹 내에서 첫 번째 값만 표시되도록 설정하시오.
④ 본문의 'txt순번' 컨트롤에는 해당 그룹 내에서의 일련번호가 표시되도록 설정하시오.
⑤ 페이지 바닥글의 'txt날짜' 컨트롤에는 날짜만을 표시하는 함수와 Format 함수를 이용하여 다음과 같이 표시하시오.
▶ 표시 예 : 2024-Oct-30 수요일

2. 〈원아정보〉 폼의 'cmb반번호' 컨트롤에 포커스가 옮겨가면(Got Focus) 다음과 같은 기능이 수행되도록 이벤트 프로시저를 구현하시오. (5점)
▶ '반번호'가 "c1"이면 "으뜸반", "c2"이면 "버금반", 나머지는 "내년을 기대하세요" 메시지를 〈그림〉과 같이 메시지 상자에 표시할 것

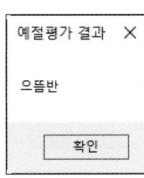

문제 4   처리 기능 구현 (35점)

1. 생일월별 인원수를 조회하는 〈생일자현황〉 쿼리를 작성하시오. (7점)
   ▶ 〈교사〉, 〈반정보〉, 〈원아〉 테이블을 이용하시오.
   ▶ 인원수는 '원아번호' 필드를 이용하시오.
   ▶ 생일월은 오름차순 정렬하시오.
   ▶ 생일월은 '생년월일'에서 월이 6에서 12까지인 자료만 조회 대상으로 하시오.
     (Month 함수, Between 연산자 사용)
   ▶ 생일월은 [표시 예]와 같이 표시되도록 '형식' 속성을 설정하시오.
     [표시 예 : 6 → 6월]
   ▶ 인원수는 [표시 예]와 같이 표시되도록 '형식' 속성을 설정하시오.
     [표시 예 : 0 → 0명, 3 → 3명]
   ▶ 쿼리 실행 결과 표시되는 필드와 필드명은 〈그림〉과 같이 표시되도록 설정하시오.

생일월	반명	교사명	인원수
6월	병아리	김유수	1명
6월	햇살	이혜숙	1명
7월	병아리	김유수	1명
8월	방울	이하영	1명
8월	병아리	김유수	3명
8월	코끼리	엄정란	2명
8월	햇살	이혜숙	2명
9월	병아리	김유수	1명
10월	햇살	이혜숙	1명
11월	코끼리	엄정란	1명
12월	햇살	이혜숙	2명

2. 〈신규원생〉 테이블의 데이터를 〈원아〉 테이블에 추가하는 〈신규원생추가〉 쿼리를 작성한 후 실행하시오. (7점)
   ▶ '원아번호' 필드가 "7"로 시작하는 학생만 추가할 것
   ▶ 〈신규원생〉 테이블의 '이전교육원' 필드는 추가 대상에서 제외할 것

3. 〈원아종합〉 쿼리를 이용하여 검색할 출생월을 매개 변수로 입력받아 해당월 출생자의 정보를 조회하는 〈이달의생일자〉 쿼리를 작성하시오. (7점)
   ▶ 쿼리 실행 결과 표시되는 필드와 필드명은 〈그림〉과 같이 표시되도록 설정하시오.

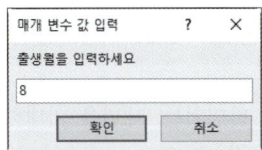

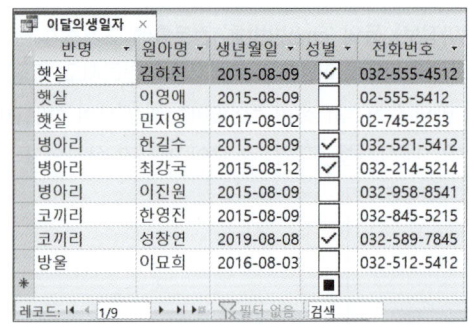

4. 성별별 반별로 인원수를 조회하는 〈반별남여수〉 크로스탭 쿼리를 작성하시오. (7점)
   ▶ 〈원아종합〉 쿼리를 이용하시오.
   ▶ '인원수'는 '원아번호' 필드를 이용하시오.
   ▶ '구분'은 '성별' 필드를 이용하되 '성별' 필드에 체크 표시가 되어 있으면 "남", 아니면 "여"로 간주하시오.
   ▶ 쿼리 실행 결과 표시되는 필드와 필드명은 〈그림〉과 같이 표시되도록 설정하시오.

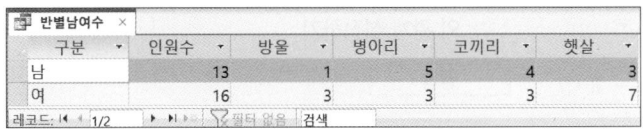

5. 〈반정보〉와 〈원아〉 테이블을 이용하여 반별 인원이 적은 반에 대해 〈반정보〉 테이블의 '비고' 필드의 값을 "추가모집대상"으로 변경하는 〈추가모집처리〉 업데이트 쿼리를 작성한 후 실행하시오. (7점)
   ▶ 반별 인원이 적은 반이란 '반번호'를 기준으로 계산한 반별 인원수가 5 이상인 반에 속하지 않는 반을 의미함
   ▶ Not In과 하위 쿼리 사용

※ 〈추가모집처리〉 쿼리를 실행한 후의 〈반정보〉 테이블

02회 컴퓨터활용능력 1급 실기(액세스) 정답 및 해설

문제 1   DB 구축

01. 〈원아〉 테이블 완성하기

① 테이블의 정렬 기준 속성

테이블의 디자인 보기 상태에서 [테이블 디자인] → 표시/숨기기 → **속성 시트**() 클릭

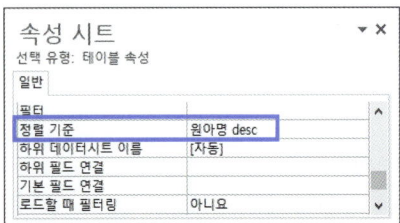

② '원아명' 필드의 필수 속성

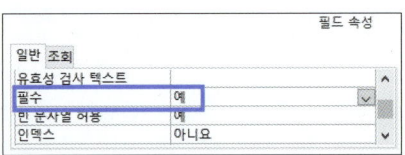

③ '생년월일' 필드의 유효성 검사 규칙과 유효성 검사 텍스트 속성

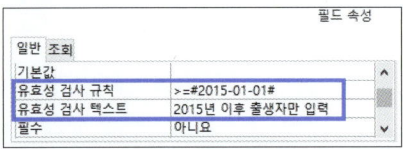

④ '성별' 필드의 데이터 형식 지정

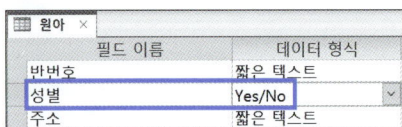

⑤ '반번호' 필드의 인덱스 속성

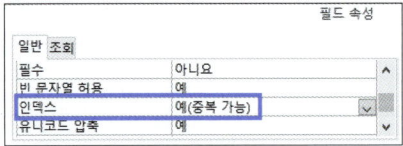

02. 〈원아〉 테이블, 〈반정보〉 테이블, 〈교사〉 테이블 간의 관계 설정하기

정답

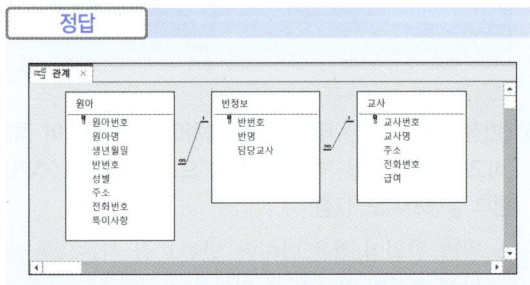

- 〈원아〉와 〈반정보〉 테이블의 '관계 편집' 대화상자

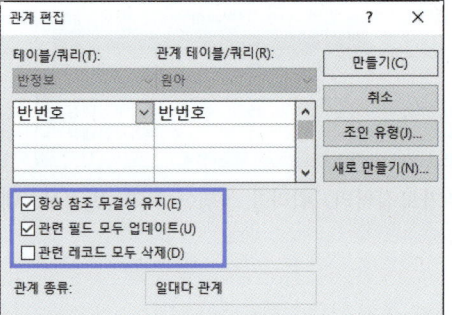

- 〈반정보〉와 〈교사〉 테이블의 '관계 편집' 대화상자

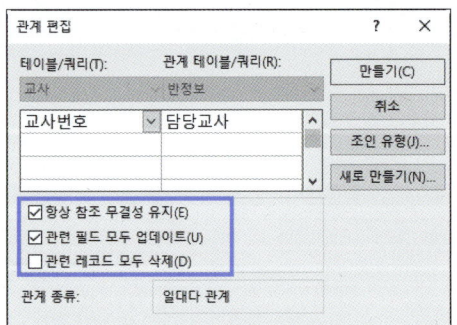

03. '전학원생.xlsx' 파일 가져오기

정답

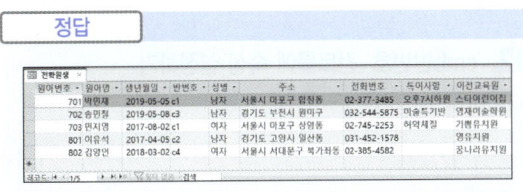

1. [외부 데이터] → 가져오기 및 연결 → 새 데이터 원본 → 파일에서 → Excel(📊)을 클릭한다.
2. '외부 데이터 가져오기 – Excel 스프레드시트' 창이 나타나면, 파일 이름을 선택하고 저장할 방법과 위치로 '현재 데이터베이스의 새 테이블로 원본 데이터 가져오기'를 선택한 후 〈확인〉을 클릭한다.

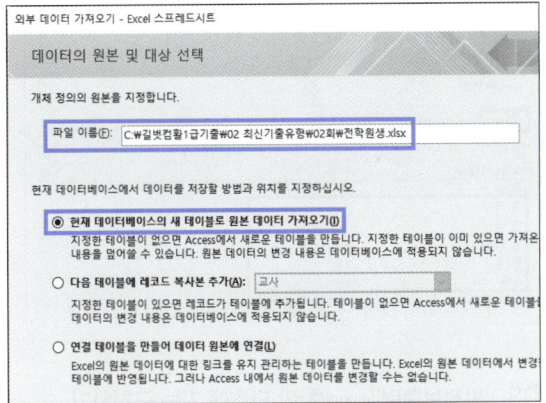

3. '스프레드시트 가져오기 마법사' 1단계 대화상자에서 그림과 같이 설정한 후 〈다음〉을 클릭한다.

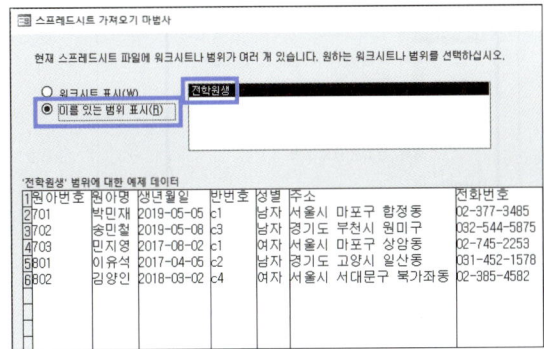

4. '스프레드시트 가져오기 마법사' 2단계 대화상자에서 '첫 행에 열 머리글이 있음'을 선택한 후 〈다음〉을 클릭한다.

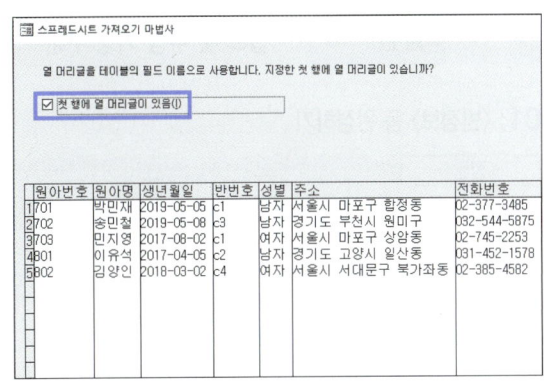

5. '스프레드시트 가져오기 마법사' 3단계 대화상자에서 〈다음〉을 클릭한다.
6. '스프레드시트 가져오기 마법사' 4단계 대화상자에서 '기본 키 없음'을 선택한 후 〈다음〉을 클릭한다.

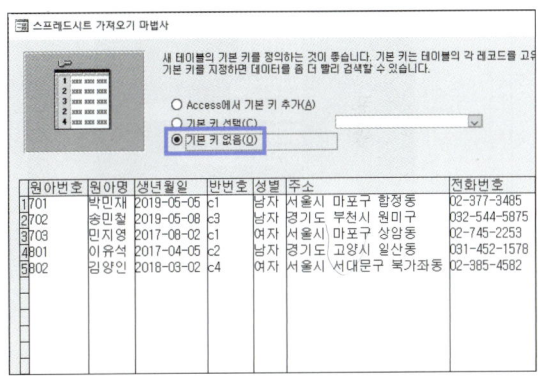

7. '스프레드시트 가져오기 마법사' 5단계 대화상자에서 테이블 이름을 그림과 같이 입력한 후 〈마침〉을 클릭한다.

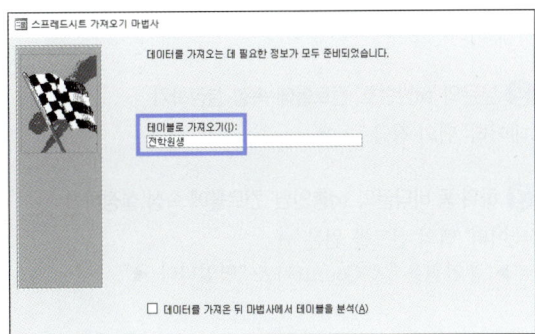

문제 2   입력 및 수정 기능 구현

01. 〈반정보〉 폼 완성하기

정답

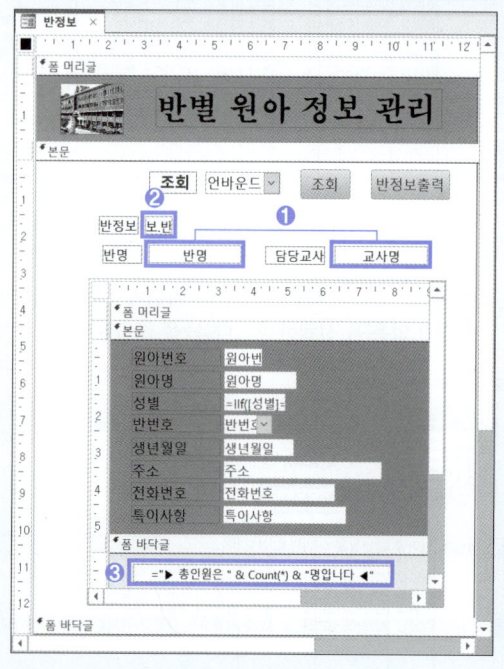

❶ 본문 컨트롤의 크기 조절하기
1. 폼 본문 영역의 'txt반명' 컨트롤을 클릭한 후 Shift 를 누른 채 'txt담당교사' 컨트롤을 클릭한다.
2. 바로 가기 메뉴에서 [크기] → **가장 넓은 너비**를 선택한다.

❷ 본문의 'txt반번호' 컨트롤에 속성 설정하기
'데이터' 탭의 잠금 → 예

❸ 하위 폼 바닥글의 'txt총인원' 컨트롤에 속성 설정하기
'데이터' 탭의 컨트롤 원본 →
="▶ 총인원은 " & Count(*) & "명입니다 ◀"

02. 'cmb반번호' 컨트롤에 속성 설정하기

• '데이터' 탭

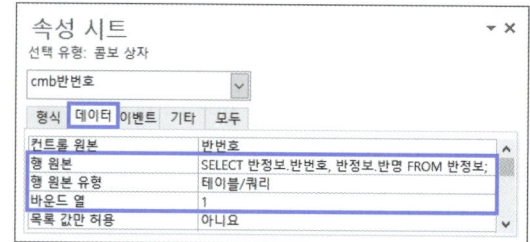

• '형식' 탭

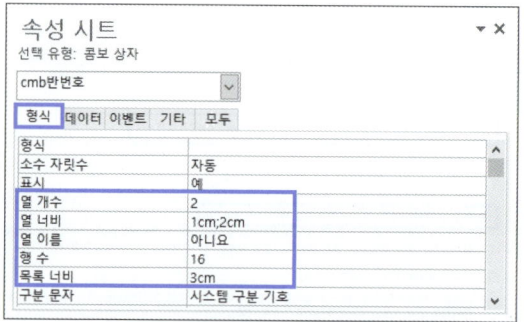

03. '반정보출력'(cmd출력) 단추에 기능 구현하기

정답

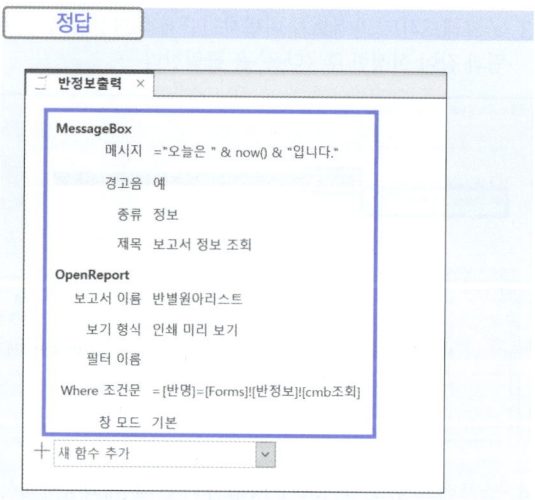

1. 매크로에 이름을 지정하여 사용하는 경우는 먼저 매크로 개체를 생성한 후 이를 연결하여 사용하면 된다. [만들기] → 매크로 및 코드 → **매크로**를 클릭한다.
2. 매크로 함수 선택란의 목록 단추(▼)를 누른 다음 'MessageBox' 함수를 선택한다.
3. MessageBox 매크로 함수 대화상자에서 정답과 같이 설정한다.
4. 매크로 함수 선택란의 목록 단추(▼)를 누른 다음 'OpenReport' 함수를 선택한다.
5. OpenReport 매크로 함수 대화상자에서 정답과 같이 설정한 후 매크로 대화상자의 닫기 단추(✕)를 클릭한다.
6. 저장 여부를 묻는 대화상자가 나타나면 〈예〉를 클릭한다. 이어서 '다른 이름으로 저장' 대화상자에서 매크로 이름을 **반정보출력**으로 입력한 다음 〈확인〉을 클릭한다.
7. 〈반정보〉 폼을 디자인 보기 상태로 연다. 이어서 'cmd출력' 컨트롤을 더블클릭한다.
8. 'cmd출력' 속성 시트 창의 '이벤트' 탭에서 'On Click' 이벤트의 목록 단추를 눌러 '반정보출력' 매크로를 선택한다.

문제 3 조회 및 출력 기능 구현 〈정답〉

01. 〈반별원아리스트〉 보고서 완성하기

정답

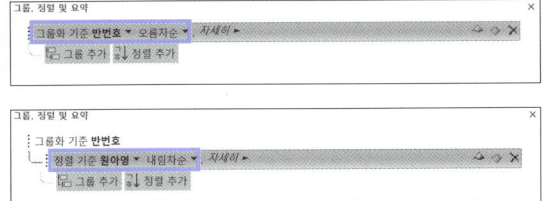

❶ '반번호 머리글'과 '페이지 바닥글'에 속성 설정하기
- 반번호 머리글 : '형식' 탭의 배경색 → Access 테마 2
- 페이지 바닥글 : '형식' 탭의 배경색 → Access 테마 2

❷ '그룹, 정렬 및 요약' 창

❸ 'txt반명'과 'txt교사명' 컨트롤에 속성 설정하기
- 'txt반명' 컨트롤 : '형식' 탭의 중복 내용 숨기기 → 예
- 'txt교사명' 컨트롤 : '형식' 탭의 중복 내용 숨기기 → 예

❹ 'txt순번' 컨트롤에 속성 설정하기
- '데이터' 탭의 컨트롤 원본 → =1
- '데이터' 탭의 누적 합계 → 그룹

❺ 'txt날짜' 컨트롤에 속성 설정하기
'데이터' 탭의 컨트롤 원본 →
=Format(Date( ), "yyyy-mmm-dd aaaa")

02. 'cmb반번호' 컨트롤에 On Got Focus 기능 구현하기

정답

```
Private Sub cmb반번호_GotFocus( )
    If cmb반번호 = "c1" Then
        MsgBox "으뜸반", , "예절평가 결과"
    ElseIf cmb반번호 = "c2" Then
        MsgBox "버금반", , "예절평가 결과"
    Else
        MsgBox "내년을 기대하세요", , "예절평가 결과"
    End If
End Sub
```

1. 〈원아정보〉 폼의 'cmb반번호' 컨트롤을 더블클릭한 후 'cmb반번호' 컨트롤의 속성 시트 창의 '이벤트' 탭에서 'On Got Focus'를 선택한다. 이어서 작성기 단추()를 클릭한다.
2. '작성기 선택' 대화상자에서 '코드 작성기'를 선택한 후 〈확인〉을 클릭한다.
3. 'cmb반번호' 컨트롤의 'Got Focus( )' 이벤트 프로시저에 정답과 같이 코드를 입력한다.

문제 4 처리 기능 구현

01. 〈생일자현황〉 쿼리 작성하기

• 쿼리 작성기

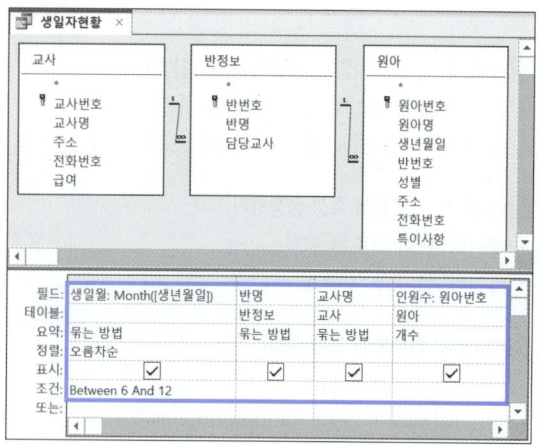

• '생일월' 필드 속성 지정하기
  – '일반' 탭의 형식 → #월
• '인원수' 필드 속성 지정하기
  – '일반' 탭의 형식 → 0명

02. 〈신규원생추가〉 쿼리 작성하기

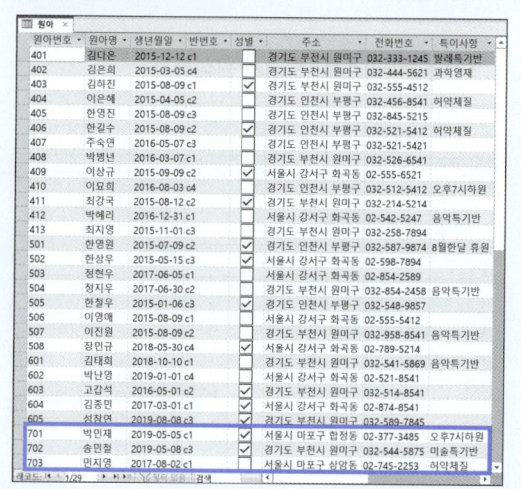

• 쿼리 작성하기

[쿼리 디자인] → 쿼리 유형 → **추가**(📄)를 클릭한 후 '추가' 대화상자에서 **원아**를 선택

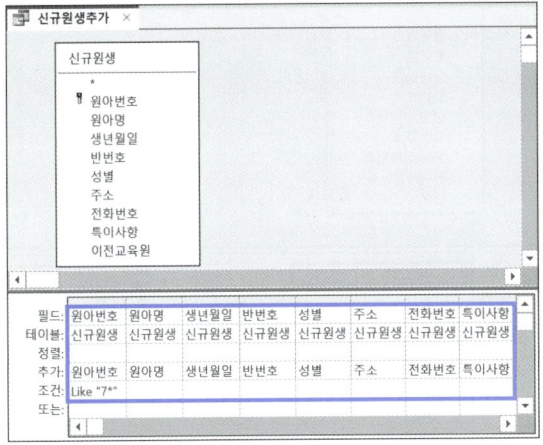

03. 〈이달의생일자〉 쿼리 작성하기

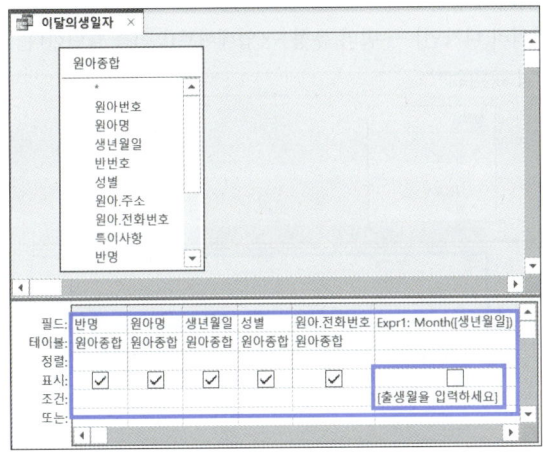

04. 〈반별남여수〉 쿼리 작성하기

1. '크로스탭 쿼리 마법사' 1단계 대화상자

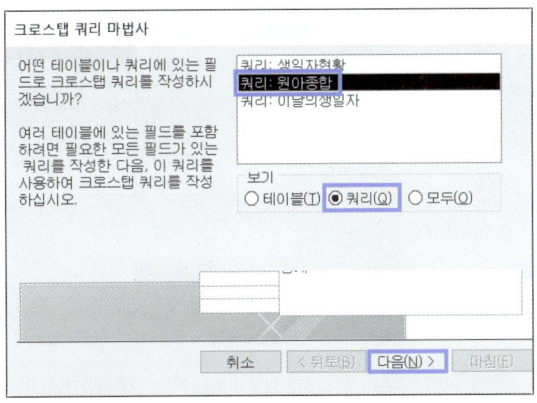

ACCESS 2021 프로그램의 버그로 인해 '크로스탭 쿼리 마법사' 대화상자의 미리 보기가 정상적으로 표시되지 않습니다. 문제 풀이 과정에는 문제가 없으므로 신경쓰지 않아도 됩니다.

2. '크로스탭 쿼리 마법사' 2단계 대화상자

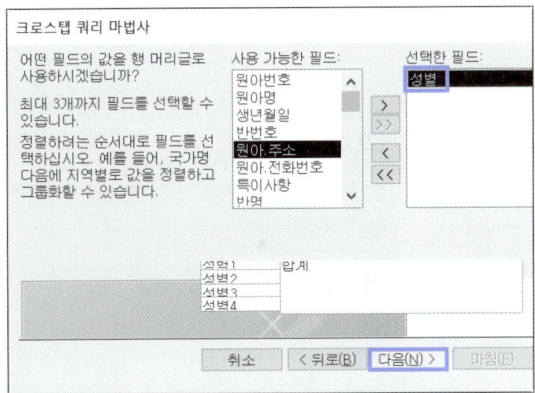

3. '크로스탭 쿼리 마법사' 3단계 대화상자

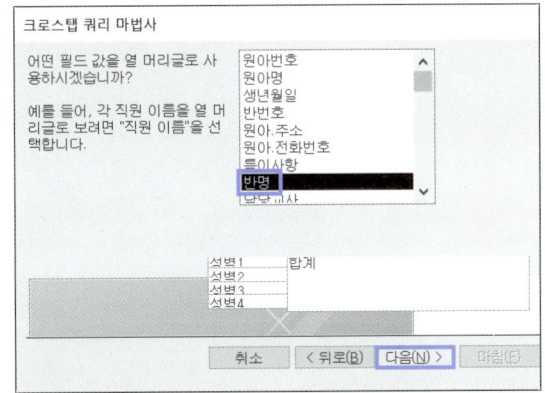

4. '크로스탭 쿼리 마법사' 4단계 대화상자

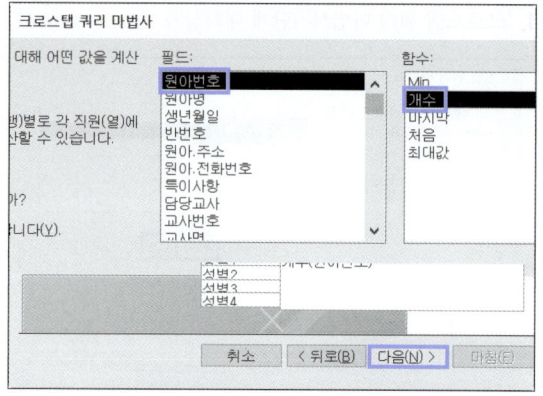

문제에 주어진 그림에 행에 대한 합계가 있을 때는 '크로스탭 쿼리 마법사' 4단계 대화상자에서 '예, 행 합계를 포함합니다.' 옵션을 선택해야 하는데, ACCESS 2021 프로그램의 버그로 인해 대화상자의 왼쪽 부분에 표시되어 있는 '예, 행 합계를 포함합니다.' 항목의 확인이 어렵습니다. 하지만 기본적으로 '예, 행 합계를 포함합니다.' 옵션이 선택되어 있으므로, 해제해야 할 경우에만 마법사 단계를 모두 마친 후 쿼리 디자인 보기 상태에서 만들어진 행에 대한 합계 필드를 삭제하면 됩니다.

5. '크로스탭 쿼리 마법사' 5단계 대화상자

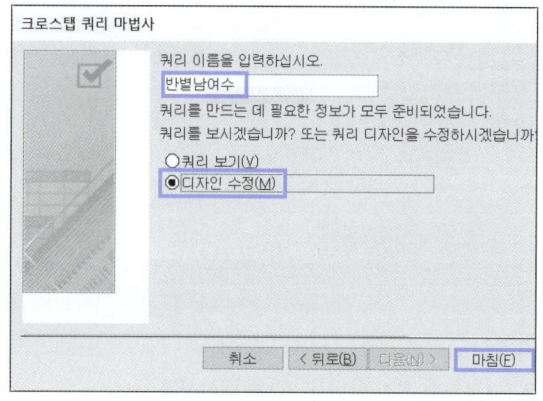

• 쿼리 작성기

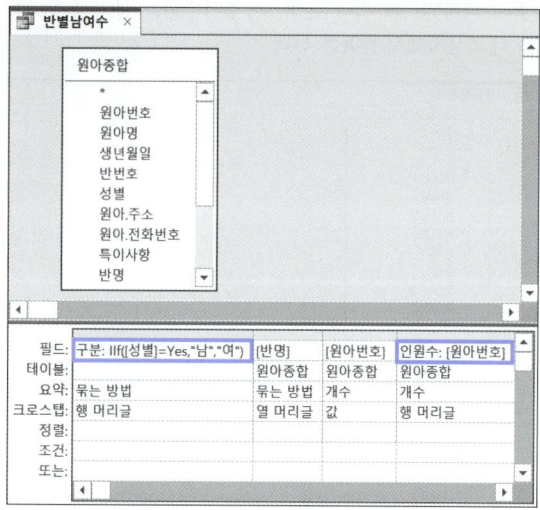

05. 〈추가모집처리〉 쿼리 작성하기

쿼리 작성기
[쿼리 디자인] → 쿼리 유형 → **업데이트**(📝)를 클릭한다.

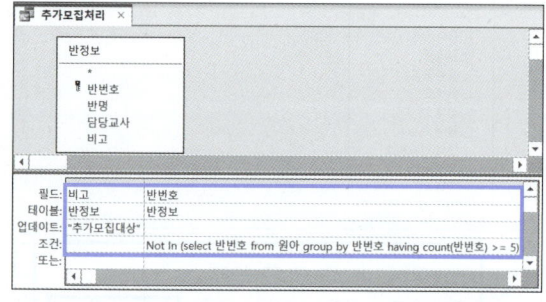

※ 쿼리를 실행하면 2개의 레코드가 수정됩니다.

기·출·유·형 03회
2026년 컴퓨터활용능력 1급 실기

프로그램명	제한시간
ACCESS 2021	45분

수험번호 : _____
성　　명 : _____

1급

〈 유 의 사 항 〉

- 인적 사항 누락 및 잘못 작성으로 인한 불이익은 수험자 책임으로 합니다.
- 화면에 암호 입력창이 나타나면 아래의 암호를 입력하여야 합니다.
  ○ 암호 : 84%786
- 작성된 답안은 주어진 경로 및 파일명을 변경하지 마시고 그대로 저장해야 합니다. 이를 준수하지 않으면 실격처리 됩니다.
  ○ 답안 파일명의 예 : C:\DB\수험번호 8자리.accdb
- 외부 데이터 위치 : C:\DB\파일명
- 별도의 지시사항이 없는 경우, 다음과 같이 처리하면 실격 처리됩니다.
  ○ 제시된 개체의 이름을 임의로 변경한 경우
  ○ 제시된 개체의 속성을 임의로 변경한 경우
  ○ 제시된 개체를 임의로 삭제하거나 추가한 경우
- 별도의 지시사항이 없는 경우, 기능의 구현은 모듈이나 매크로 등을 이용하며, 예외적인 상황에 대해서는 고려하지 않아도 됩니다.
- 제시된 함수가 있을 경우 제시된 함수만을 사용하여야 하며, 그 외 함수 사용시 채점 대상에서 제외됩니다.
- 별도의 지시사항이 없는 경우, 주어진 각 개체의 속성은 설정값 또는 기본 설정값(Default)으로 처리하십시오.
- 제시된 화면은 예시이며 나타난 값은 실제와 다를 수 있습니다.
- 저장 시간은 별도로 주어지지 아니하므로 제한된 시간 내에 저장을 완료해야 합니다.
- 본 문제의 용어는 MS Office LTSC Professional Plus 2021로 작성되었습니다.

대한상공회의소

문제 1 DB 구축 (25점)

1. 학생에 대한 상세 내역을 관리할 수 있도록 데이터베이스를 구축하였다. 다음의 지시사항에 따라 〈학생〉, 〈과목〉, 〈성적〉 테이블을 완성하시오. (각 3점)

   〈학생〉 테이블
   ① '학과코드' 필드는 'A-101' 형식으로 입력되도록 다음과 같이 설정하시오.
      ▶ 앞의 1자리 문자와 뒤의 3자리 숫자는 반드시 입력되도록 설정
      ▶ '-'도 저장되도록 설정
   ② '성명' 필드에는 값이 반드시 입력되도록 설정하시오.

   〈과목〉 테이블
   ③ '과목코드' 필드는 기본키는 아니지만 중복되지 않도록 설정하시오.

   〈성적〉 테이블
   ④ '성적' 필드에는 100 이하의 숫자가 입력될 수 있도록 가장 적절한 데이터 형식과 필드 크기를 설정하시오.
   ⑤ '평점' 필드에는 1.42 이상 3.42 미만의 값만 입력되도록 유효성 검사 규칙 속성을 설정하시오.

2. 〈신입생현황.xlsx〉 파일에서 '신입생' 시트의 데이터를 테이블 형태로 가져오시오. (5점)
   ▶ 첫 번째 행은 필드 이름임
   ▶ '입학평점' 필드의 데이터 형식을 바이트로 설정할 것
   ▶ '학번'을 기본키로 설정하고 테이블 이름을 '신입생'으로 설정할 것

3. 〈성적〉 테이블의 '학번' 필드는 〈학생〉 테이블의 '학번' 필드를 참조하며, 테이블 간의 관계는 M:1이다. 두 테이블에 대해 다음과 같이 관계를 설정하시오. (5점)
   ▶ 관계 설정 시 필요한 기본키를 설정하시오.
   ▶ 테이블 간에 항상 참조 무결성을 유지하도록 설정하시오.
   ▶ 〈성적〉 테이블에서 참조하고 있는 〈학생〉 테이블의 레코드를 삭제할 수 없도록 하시오.

문제 2 입력 및 수정 기능 구현 (20점)

1. 〈성적정보입력〉 폼을 다음 지시사항에 따라 완성하시오. (각 3점)
   ① '시험날짜'와 '성적'의 순서를 〈그림〉과 같이 변경하고, 폼 머리글과 본문에 있는 컨트롤의 가로 간격을 모두 같게 설정하시오.
   ② 폼 머리글에 〈그림〉과 같이 레이블을 생성한 후 폼 제목을 입력하고, 이름은 'lab제목', 글꼴은 '궁서', 크기는 20으로 설정하시오.
   ③ 본문의 텍스트 상자 컨트롤에 대해 특수 효과를 '새김(밑줄)'로 설정하시오.

2. 〈학생정보〉 폼에서 'txt학과이름' 컨트롤을 더블클릭하면 〈학과별성적〉 폼을 '대화 상자' 모드로 여는 〈학과선별〉 매크로를 생성한 후 지정하시오. (5점)

   ▶ 매크로 조건 : 'txt학과이름' 컨트롤에 입력된 '학과이름'에 해당하는 내역만 표시

3. 〈과목별성적조회〉 폼의 본문 영역에서 'txt과목평균' 컨트롤에는 본문 영역의 'txt과목명' 컨트롤에 표시된 과목의 성적 평균이 표시되도록 설정하시오. (6점)

   ▶ 〈과목별성적〉 쿼리와 DAVG 함수 사용

문제 3   조회 및 출력 기능 구현 (20점)

1. 다음의 지시사항 및 화면을 참조하여 〈과목별시험성적〉 보고서를 완성하시오. (각 3점)

   ① '과목명' 필드를 기준으로 내림차순으로 정렬하여 표시하되 그룹 바닥글 영역을 생성하고, 보고서 바닥글 영역의 모든 컨트롤을 그룹 바닥글 영역으로 이동시키시오.
   ② 'txt학번'과 'txt학년' 컨트롤에는 각각 '학번'과 '학년' 필드를 바운드 시키시오.
   ③ 'txt평가' 컨트롤에는 '성적'이 90점 이상이면 "장학", 80점 이상이면 "우등", 그 밖에는 빈칸으로 표시하시오(Switch 함수 이용).
   ④ 페이지 바닥글의 'txt날짜' 컨트롤에는 현재 날짜가 [표시 예]와 같이 표시되도록 '컨트롤 원본'과 '형식' 속성을 설정하시오.
      ▶ 표시 예 : 2025년 6월 9일 월요일 → 6월 9일 (월)
   ⑤ 'txt응시인원' 컨트롤에는 그룹별 인원수, 'txt평균' 컨트롤에는 그룹별 성적의 평균이 표시되도록 설정하시오.

과목별 시험성적

과목명	학번	성명	학년	평가
OA실무(R203)	19083201	황의상	3	
	20215101	홍민철	2	
	19083205	송시경	3	장학
	20215103	성미영	2	
	20215104	박세철	2	
	19083203	김윤희	3	장학
	20215106	문영철	2	장학
	19083206	민병호	3	우등
	20215107	양희진	2	우등
	20215108	이상은	2	장학
	18026003	박지민	4	장학
	20215109	최부길	2	우등
	20215112	조민정	2	우등
	20215111	김근범	2	우등
	20215110	노민영	2	
	시험응시인원:	15	성적평균:	80
인터넷윤리(R201)	19083202	김근수	3	장학
	19083207	선우미경	3	우등
	20215112	조민정	2	우등
	19083205	송시경	3	우등
	19083204	봉효민	3	장학
	20215105	최희준	2	우등
	20215111	김근범	2	장학
	20215107	양희진	2	장학
	17024006	박민경	4	우등
	20215102	이상문	2	
	20215108	이상은	2	장학
	18026002	김호경	4	장학
	20215109	최부길	2	우등
	20215110	노민영	2	
	20215106	문영철	2	우등

9월 30일 (화)

2. 〈성적정보입력〉 폼 본문의 'cmb과목' 컨트롤을 더블클릭하면 다음과 같은 기능을 수행하도록 이벤트 프로시저를 구현하시오. (5점)

   ▶ 'cmb과목' 컨트롤의 첫 글자가 "R"이면 '과목코드' 필드의 값에 "-본관수업"을, "T"이면 '과목코드' 필드의 값에 "-별관수업"을, "Z"이면 '과목코드' 필드의 값에 "-참관수업"을 아래 그림과 같이 표시하시오.
   ▶ Select Case문과 Left 함수, & 연산자를 사용하시오.

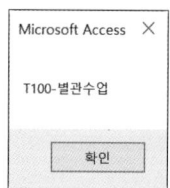

문제 4   처리 기능 구현 (35점)

1. 〈학생〉과 〈성적〉 테이블을 이용하여 재시험일을 조회한 후 새 테이블로 생성하는 〈재시험일생성〉 쿼리를 작성하고 실행하시오. (7점)

   ▶ 성적이 70 미만인 경우만 조회 대상으로 하시오.
   ▶ 재시험일은 시험날짜로부터 30일후로 계산하시오. (DateAdd 함수 사용)
   ▶ 인정점수는 성적보다 10이 많은 값으로 계산하시오.
   ▶ 쿼리 실행 후 생성되는 테이블의 이름은 〈재시험일관리〉로 설정하시오.
   ▶ 쿼리 실행 결과 생성되는 테이블의 필드는 〈그림〉을 참고하여 수험자가 판단하여 설정하시오.

   ※ 〈재시험일생성〉 쿼리를 실행한 후의 〈재시험일관리〉 테이블

2. 〈과별정보〉 쿼리를 이용하여 학생별 총 수강횟수와 성적의 최소값을 구하는 〈학생별수강횟수〉 쿼리를 작성하시오. (7점)

   ▶ '수강횟수'는 '학번' 필드를 이용하시오.
   ▶ '수강횟수'가 5 이상인 데이터만 표시하시오.
   ▶ 쿼리 실행 결과 표시되는 필드와 필드명은 〈그림〉과 같이 표시되도록 설정하시오.

   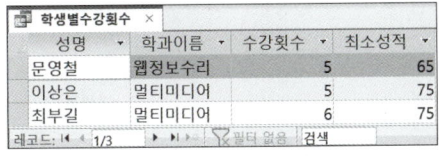

3. 추가할 점수를 매개 변수로 입력받아 '성적' 필드의 값을 수정하는 〈점수변경〉 업데이트 쿼리를 작성한 후 실행하시오. (7점)

   ▶ 〈성적〉 테이블을 이용하시오.
   ▶ 성적 = 성적 + 추가점수
   ▶ '시험날짜'가 2023년 12월 8일부터 2023년 12월 10일까지인 데이터만을 대상으로 하시오. (Between 사용)

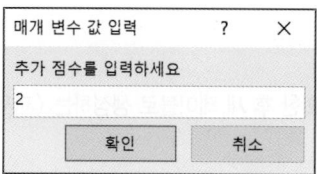
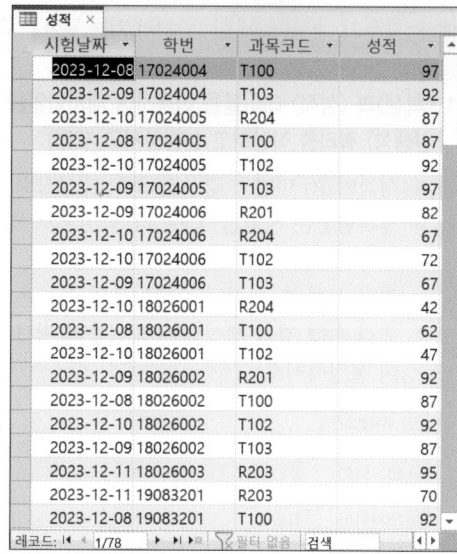

※ 〈점수변경〉 쿼리의 매개 변수 값으로 2를 입력하여 실행한 후의 〈성적〉 테이블

4. 〈학생정보〉 쿼리를 이용하여 검색할 '과목명'을 매개 변수로 입력받아 입력받은 과목의 시험 정보를 조회하는 〈과목별시험정보〉 쿼리를 작성하시오. (7점)

   ▶ '장학금' 필드는 '성적' 필드가 95점 이상이면 "면제", 그 외에는 빈 공간으로 표시하시오. (IIf 함수 사용)
   ▶ 쿼리 실행 결과 표시되는 필드와 필드명은 〈그림〉과 같이 표시되도록 설정하시오.

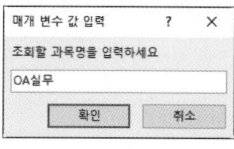
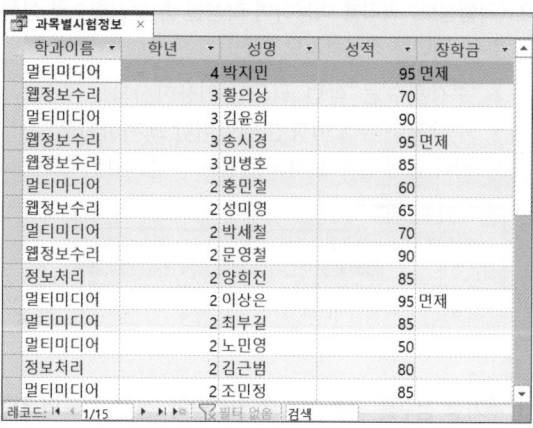

5. 학과별, 구분별로 인원수와 성적의 최대값을 조회하는 〈성적현황〉 크로스탭 쿼리를 작성하시오. (7점)

▶ 〈학과〉, 〈학생〉, 〈성적〉 테이블을 이용하시오.
▶ 인원수는 〈학생〉 테이블의 '학번' 필드를 이용하시오.
▶ 구분은 학년이 4면 '졸업반', 그 외는 '학업반'으로 설정하시오. (IIf 함수 사용)
▶ 쿼리 결과 표시되는 필드와 필드명은 〈그림〉과 같이 표시되도록 설정하시오.

학과이름	인원수	졸업반	학업반
멀티미디어	37	95	97
웹정보수리	25	97	95
정보처리	16	97	97

03회 컴퓨터활용능력 1급 실기(액세스) 정답 및 해설

문제 1   DB 구축

01. 테이블 완성하기

〈학생〉 테이블

❶ '학과코드' 필드의 입력 마스크 속성

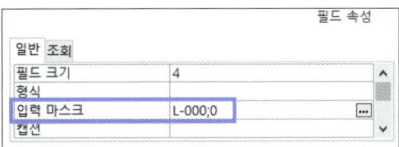

❷ '성명' 필드의 필수 속성

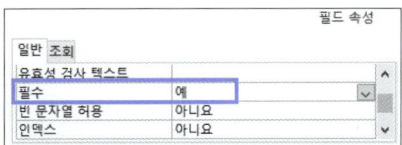

〈과목〉 테이블

❸ '과목코드' 필드의 인덱스 속성

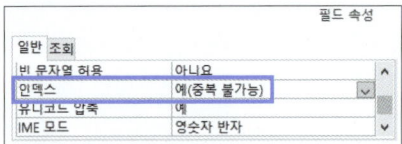

〈성적〉 테이블

❹ '성적' 필드의 데이터 형식과 필드 크기 속성

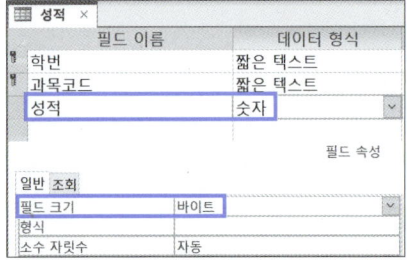

❺ '평점' 필드의 유효성 검사 규칙 속성 설정하기

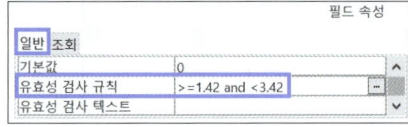

02. 〈신입생현황.xlsx〉 파일 가져오기

정답

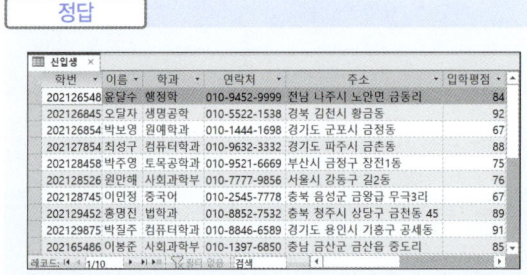

1. '외부 데이터 가져오기 - Excel 스프레드시트' 대화상자

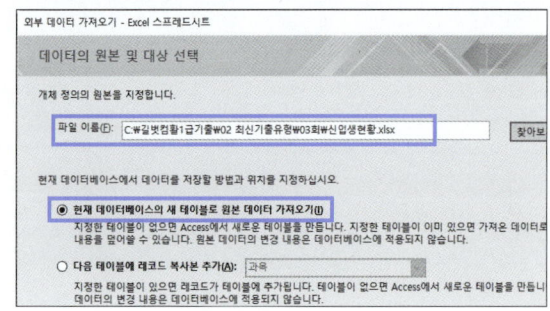

2. '스프레드시트 가져오기 마법사' 1단계 대화상자

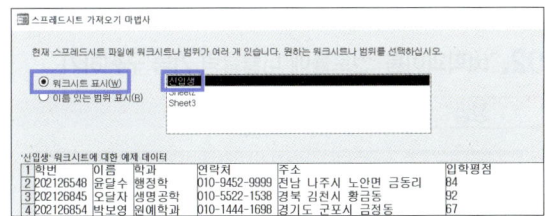

3. '스프레드시트 가져오기 마법사' 2단계 대화상자

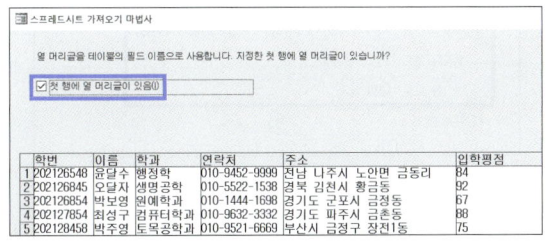

4. '스프레드시트 가져오기 마법사' 3단계 대화상자

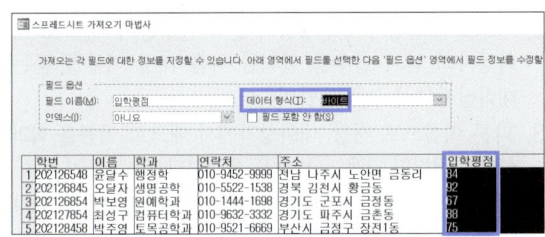

5. '스프레드시트 가져오기 마법사' 4단계 대화상자

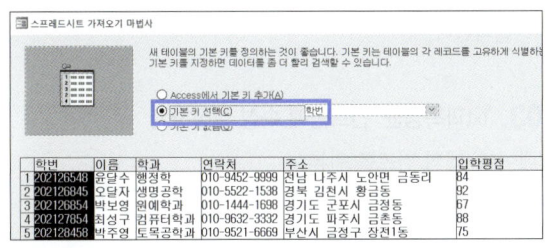

6. '스프레드시트 가져오기 마법사' 5단계 대화상자

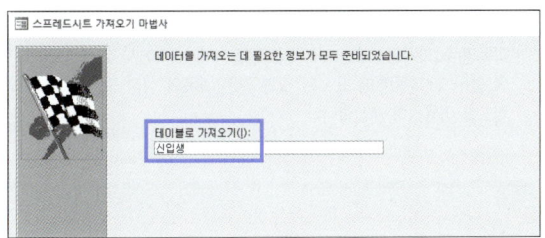

03. 〈성적〉 테이블과 〈학생〉 테이블 간의 관계 설정하기

정답

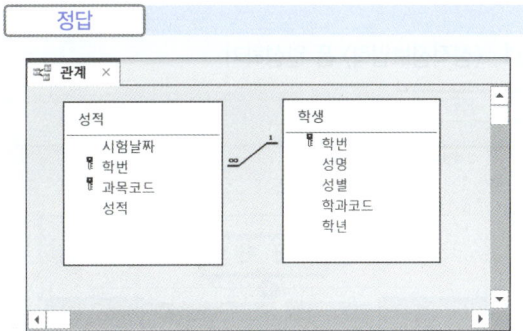

- 〈학생〉 테이블에 기본키 설정

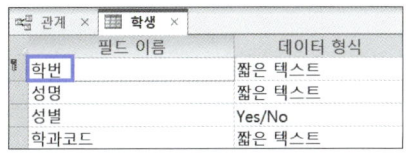

- '관계 편집' 대화상자

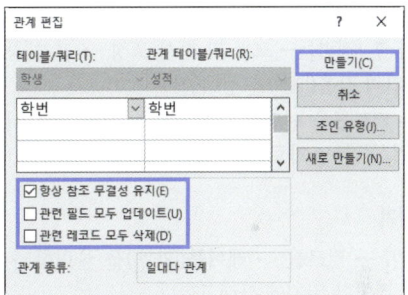

문제 2   입력 및 수정 기능 구현

01. 〈성적정보입력〉 폼 완성하기

> 정답

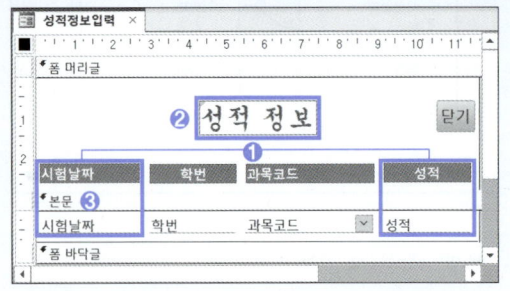

① '시험날짜'와 '성적'의 순서 변경 및 가로 간격 지정하기

1. 마우스로 드래그 하여 폼 머리글에 있는 '시험날짜' 레이블과 '성적' 레이블의 순서를 변경한다.
2. 동일한 방법으로 본문의 '시험날짜' 텍스트 상자와 '성적' 텍스트 상자의 순서를 변경한다.
3. 폼 머리글의 '시험날짜', '학번', '과목코드', '성적' 레이블을 선택한 후 [정렬] → 크기 및 순서 조정 → 크기/공간 → **가로 간격 같음**(🔲)을 선택한다.
4. 본문의 모든 컨트롤을 선택한 후 [정렬] → 크기 및 순서 조정 → 크기/공간 → **가로 간격 같음**(🔲)을 선택한다.

② 제목 삽입하기

1. [양식 디자인] → 컨트롤 → **레이블**(*가가*)을 클릭한 후 폼 머리글의 적당한 위치에 드래그한다.
2. **성적 정보**를 입력하고 Enter 를 누른 후 [서식] → 글꼴에서 글꼴을 '궁서', 크기를 20으로 변경한 후 폼의 가운데에 위치하도록 배치한다.
3. 작성된 레이블을 더블클릭한 후 '속성 시트' 창이 표시되면, '기타' 탭의 '이름' 속성에 **lab제목**을 입력한다.

③ 본문의 모든 컨트롤에 특수 효과 속성 설정하기

'형식' 탭의 특수 효과 → 새김(밑줄)

02. 'txt학과이름' 컨트롤에 더블클릭 기능 구현하기

> 정답

1. 매크로에 이름을 지정하여 사용하는 경우는 먼저 매크로 개체를 생성한 후 이를 연결하여 사용해야 한다. [만들기] → 매크로 및 코드 → **매크로**를 클릭한다.
2. 매크로 대화상자에서 정답과 같이 설정한 후 매크로 대화상자의 닫기 단추를 클릭한 다음 저장 여부를 묻는 대화상자에서 〈예〉를 클릭한다.
3. '다른 이름으로 저장' 대화상자에서 매크로 이름을 **학과선별**로 입력한 다음 〈확인〉을 클릭한다.
4. 〈학생정보〉 폼을 디자인 보기 상태로 연 다음 'txt학과이름' 컨트롤을 더블클릭한다.
5. 'txt학과이름' 속성 시트 창의 '이벤트' 탭에서 'On Dbl Click' 이벤트의 목록 단추를 눌러 '학과선별' 매크로를 선택한다.

03. 'txt과목평균' 컨트롤에 속성 설정하기

'데이터' 탭의 컨트롤 원본
→ =DAvg("성적","과목별성적","과목명=txt과목명")

> **DAvg("성적", "과목별성적", "과목명=txt과목명")의 의미**
> - 성적 : 찾아올 값이 들어 있는 필드 이름
> - 과목별성적 : 작업 대상 레코드가 들어 있는 테이블이나 쿼리의 이름 (문제에서 제시함)
> - 과목명=txt과목명 : 조건으로서 〈과목별성적〉 쿼리에서 '과목명' 필드의 값이 'txt과목명'에 표시된 값과 같은 과목의 성적 평균을 '성적' 필드를 이용하여 계산합니다.

문제 3   조회 및 출력 기능 구현

01. 〈과목별시험성적〉 보고서 완성하기

정답

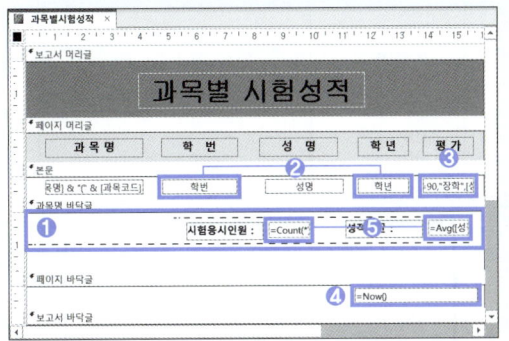

❶ 정렬 및 그룹화 / 컨트롤 이동
- '그룹, 정렬 및 요약' 창

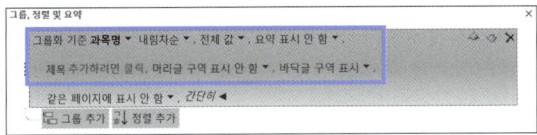

- 컨트롤 이동 : 보고서 바닥글의 모든 컨트롤을 선택한 후 과목명 바닥글로 이동시킨다.

컨트롤을 이동할 때는 드래그하여 이동하거나 이동할 컨트롤을 선택한 후 잘라내기([Ctrl]+[X])한 다음 이동할 영역을 클릭하고 붙여넣기([Ctrl]+[V])를 해도 됩니다.

❷ 'txt학번'과 'txt학년' 컨트롤에 속성 설정하기
- 'txt학번' 컨트롤 : '데이터' 탭의 컨트롤 원본 → 학번
- 'txt학년' 컨트롤 : '데이터' 탭의 컨트롤 원본 → 학년

❸ 'txt평가' 컨트롤에 속성 설정하기
'데이터' 탭의 컨트롤 원본 →
=Switch([성적]〉=90,"장학",[성적]〉=80,"우등")

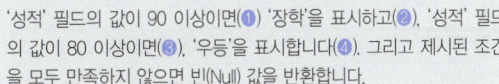

'성적' 필드의 값이 90 이상이면(❶) '장학'을 표시하고(❷), '성적' 필드의 값이 80 이상이면(❸), '우등'을 표시합니다(❹). 그리고 제시된 조건을 모두 만족하지 않으면 빈(Null) 값을 반환합니다.

※ Switch 함수는 포함된 모든 조건을 확인한 후 조건을 만족하는 식과 연결된 값을 반환하되, 조건을 만족하는 식이 2개 이상인 경우에는 조건을 만족하는 첫 번째 식과 연결된 값을 반환합니다. 즉 성적이 90점인 경우에는 '90점 이상'(❶)과 '80점 이상'(❸)의 조건을 모두 만족하지만 첫 번째 식과 연결된 '장학'(❷)을 반환합니다.

❹ 'txt날짜' 컨트롤에 현재 날짜 표시하기
- 컨트롤 원본 : '데이터' 탭의 컨트롤 원본 → =Now( )
- 형식 : '형식' 탭의 형식 → m월 d일 (aaa)

❺ 'txt응시인원'과 'txt평균' 컨트롤에 속성 설정하기
- 'txt응시인원' 컨트롤 : '데이터' 탭의 컨트롤 원본 → =Count(*)
- 'txt평균' 컨트롤 : '데이터' 탭의 컨트롤 원본 → =Avg([성적])

02. 'cmb과목' 컨트롤에 On DblClick 기능 구현하기

정답

```
Private Sub cmb과목_DblClick(Cancel As Integer)
    Select Case Left(cmb과목, 1)
        Case "R"
            MsgBox [과목코드] & "-본관수업"
        Case "T"
            MsgBox [과목코드] & "-별관수업"
        Case "Z"
            MsgBox [과목코드] & "-참관수업"
    End Select
End Sub
```

문제 4 처리 기능 구현

01. 〈재시험일생성〉 쿼리 작성하기

• 쿼리 작성기

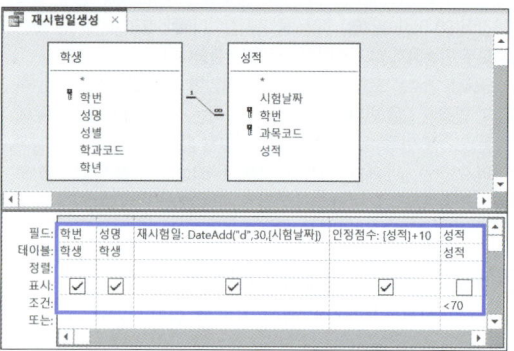

DateAdd("d", 30, [시험날짜])
• '시험날짜' 필드의 값에서 형식(d, 日)으로 지정한 값만큼 증가하여 표시합니다.
• 시험날짜가 2023-12-110l면 30일 증가한 날짜인 2024-01-10을 표시합니다.

• '테이블 만들기' 대화상자

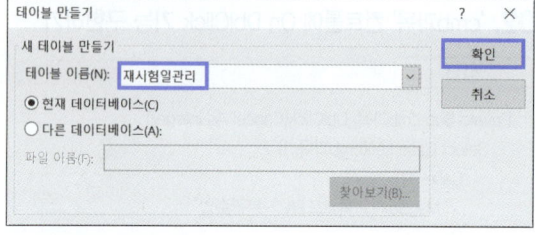

02. 〈학생별수강횟수〉 쿼리 작성하기

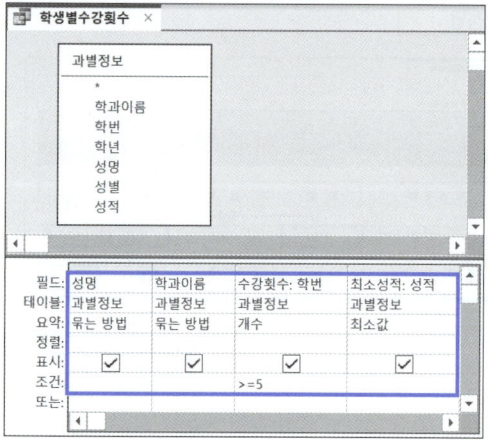

03. 〈점수변경〉 쿼리 작성하기

쿼리 작성기
[쿼리 디자인] → 쿼리 유형 → **업데이트**(🖻)를 클릭한다.

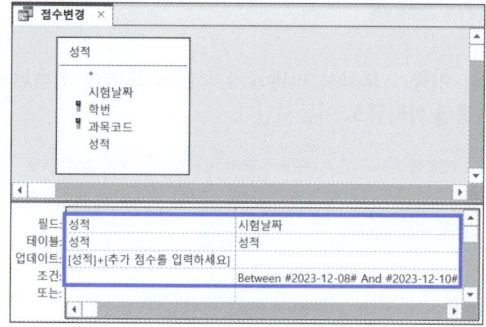

※ 매개 변수 값으로 2를 입력하여 실행하면 '시험날짜' 필드의 조건에 해당하는 63개 레코드가 수정됩니다.

04. 〈과목별시험정보〉 쿼리 작성하기

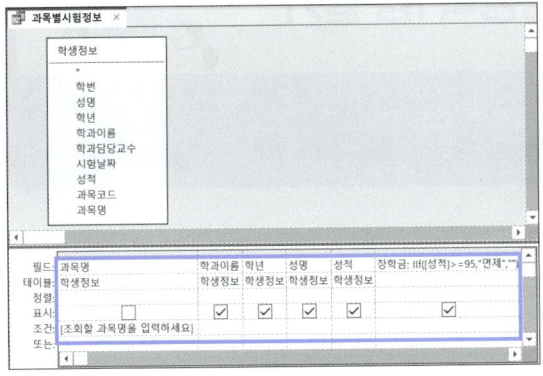

05. 〈성적현황〉 쿼리 작성하기

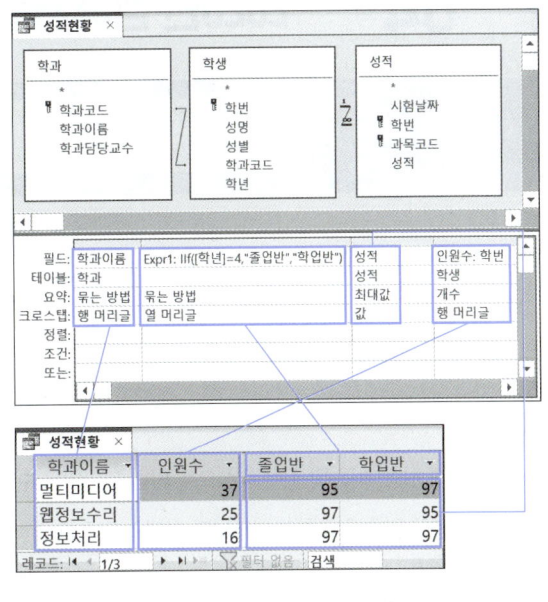

기·출·유·형 04회 2026년 컴퓨터활용능력 1급 실기

프로그램명	제한시간
ACCESS 2021	45분

수험번호:
성　명:

1급

〈 유 의 사 항 〉

- 인적 사항 누락 및 잘못 작성으로 인한 불이익은 수험자 책임으로 합니다.
- 화면에 암호 입력창이 나타나면 아래의 암호를 입력하여야 합니다.
  - 암호 : 67@574
- 작성된 답안은 주어진 경로 및 파일명을 변경하지 마시고 그대로 저장해야 합니다. 이를 준수하지 않으면 실격처리 됩니다.
  - 답안 파일명의 예 : C:\DB\수험번호 8자리.accdb
- 외부 데이터 위치 : C:\DB\파일명
- 별도의 지시사항이 없는 경우, 다음과 같이 처리하면 실격 처리됩니다.
  - 제시된 개체의 이름을 임의로 변경한 경우
  - 제시된 개체의 속성을 임의로 변경한 경우
  - 제시된 개체를 임의로 삭제하거나 추가한 경우
- 별도의 지시사항이 없는 경우, 기능의 구현은 모듈이나 매크로 등을 이용하며, 예외적인 상황에 대해서는 고려하지 않아도 됩니다.
- 제시된 함수가 있을 경우 제시된 함수만을 사용하여야 하며, 그 외 함수 사용시 채점 대상에서 제외됩니다.
- 별도의 지시사항이 없는 경우, 주어진 각 개체의 속성은 설정값 또는 기본 설정값(Default)으로 처리하십시오.
- 제시된 화면은 예시이며 나타난 값은 실제와 다를 수 있습니다.
- 저장 시간은 별도로 주어지지 아니하므로 제한된 시간 내에 저장을 완료해야 합니다.
- 본 문제의 용어는 MS Office LTSC Professional Plus 2021로 작성되었습니다.

대한상공회의소

문제 1   DB 구축 (25점)

1. 일일 소비 내역을 관리하기 위하여 데이터베이스를 구축하고자 한다. 다음의 지시사항에 따라 〈소비〉 테이블을 완성하시오. (각 3점)

   ① 일련 번호가 입력되는 '순번' 필드를 첫 행에 추가한 후 기본 키로 설정하시오.
   ② 새로운 레코드가 추가되는 경우 '날짜' 필드에는 현재 날짜가 입력되도록 설정하시오.
   ③ '날짜' 필드의 형식을 "mm월 dd일"로 설정하시오.
   ④ '분류코드' 필드에는 반드시 두 자리 숫자가 입력되도록 입력 마스크를 설정하시오.
   ⑤ '금액' 필드에는 2000 이상의 값만 입력되도록 설정하시오.

2. 〈소비〉 테이블의 '분류코드' 필드와 〈예산〉 테이블의 '분류코드' 필드는 〈분류〉 테이블의 '분류코드' 필드를 참조하며, 각 테이블 간의 관계는 M:1이다. 다음과 같이 테이블 간의 관계를 설정하시오. (5점)

   ▶ 각 테이블 간에 항상 참조 무결성이 유지되도록 설정하시오.
   ▶ 참조 필드의 값이 변경되면 관련 필드의 값도 변경되도록 설정하시오.
   ▶ 다른 테이블에서 참조하고 있는 레코드는 삭제할 수 없도록 설정하시오.

3. 〈소비〉 테이블의 '분류코드' 필드에 다음과 같이 조회 속성을 설정하시오. (5점)

   ▶ 콤보 상자의 형태로 〈분류〉 테이블의 '분류코드', '분류명', '대분류' 목록이 나타나도록 설정하시오.
   ▶ 필드에는 '분류코드'가 저장되도록 설정하시오.
   ▶ 열 너비는 각각 1cm, 2cm, 2cm, 목록 너비는 5cm로 설정하시오.
   ▶ 목록 이외의 값은 입력되지 않도록 설정하시오.

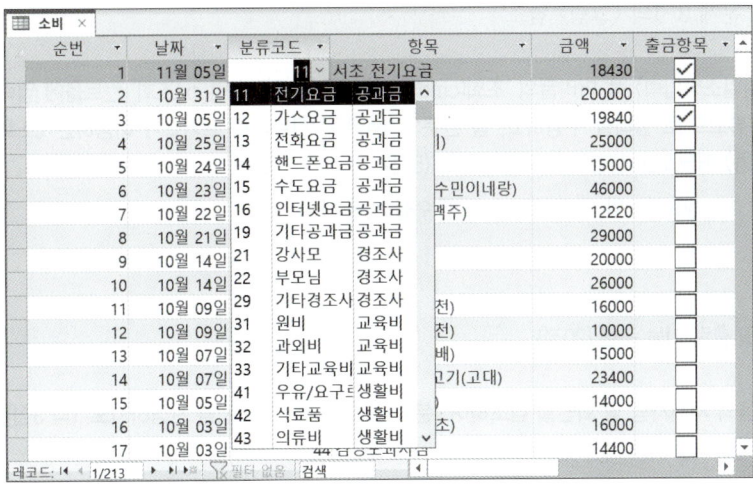

문제 2 입력 및 수정 기능 구현 (20점)

1. 〈일일소비입력〉 폼을 다음 지시사항에 따라 완성하시오. (각 3점)
   ① 폼의 탐색 단추와 레코드 선택기가 표시되지 않게 설정하시오.
   ② 폼 바닥글에 텍스트 상자를 생성한 후 '금액' 필드의 합계를 계산하여 표시하시오.
      ▶ 텍스트 상자의 이름은 'txt합계'로 지정할 것
      ▶ 천 단위마다 콤마(,)를 표시할 것
   ③ 'txt결제형태' 컨트롤에는 '출금항목' 필드가 체크 표시되어 있으면 "이체", 아니면 "카드"로 표시하시오.

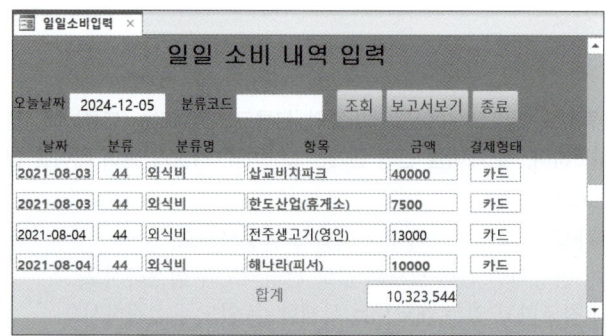

2. 〈일일소비입력〉 폼에 다음과 같이 조건부 서식을 설정하시오. (6점)
   ▶ '분류명' 필드의 값이 "외식비"이고 '금액' 필드의 값이 20,000 이상이면, 본문의 모든 컨트롤들의 글꼴 스타일을 '굵게', 글꼴 색을 '표준 색 – 빨강'으로 설정할 것
   ▶ '금액' 필드의 값이 10,000 이하이면, 본문의 모든 컨트롤들의 글꼴 스타일을 '굵게', 글꼴 색을 '표준 색 – 파랑'으로 설정할 것
   ▶ 문제 2-1의 〈그림〉 참조

3. 〈일일소비입력〉 폼 머리글의 '조회(cmd조회)' 단추를 클릭하면 'txt조회' 컨트롤에 입력된 '분류코드'로 필터를 수행하고, 폼 본문의 'txt항목' 컨트롤로 포커스가 이동하는 〈조회후이동〉 매크로를 생성하여 지정하시오. (5점)
   ▶ ApplyFilter와 GoToControl 함수를 사용하시오.

문제 3 조회 및 출력 기능 구현 (20점)

1. 다음의 지시사항 및 화면을 참조하여 〈분류별소비내역〉 보고서를 완성하시오. (각 3점)
   ① 페이지 머리글에 제목을 생성하시오.
      ▶ 이름 : LBL제목, 글꼴 크기 : 20, 문자색 : 밝은 텍스트
   ② 페이지 머리글과 페이지 바닥글의 배경색을 'Access 테마 7'로 변경하시오.

③ 본문의 'txt누계' 컨트롤에는 분류별 '금액' 필드의 누계가 표시되도록 설정하시오.
④ 분류명 머리글 영역이 매 페이지마다 반복적으로 인쇄되도록 설정하시오.
⑤ 'txt평균' 컨트롤에 '금액' 필드의 평균을 표시하시오.
▶ 표시 예) 분류별 소비 평균 : 31,281.3
▶ Format 사용

분류별 소비 내역

날짜	코드	대분류	분류명	항목	금액	누계
2021-06-30	12	공과금	가스요금	가스요금	40670	40670
2021-08-01	12	공과금	가스요금	가스(서초)	20820	61490
2021-08-08	12	공과금	가스요금	도시가스	20820	82310
2021-08-09	12	공과금	가스요금	가스(난곡)	9870	92180
2021-08-31	12	공과금	가스요금	가스비(난곡?)	8760	100940
2021-09-08	12	공과금	가스요금	가스(난곡)	9480	110420
2021-09-30	12	공과금	가스요금	가스(서초)	12710	123130

분류별 소비 평균 : 17,590.0

날짜	코드	대분류	분류명	항목	금액	누계
2021-08-17	21	경조사	강사모	강사모 8월분	200000	200000
2021-10-31	21	경조사	강사모	강사모 회비	200000	400000
2021-09-30	21	경조사	강사모	강사모 회비	200800	600800
2021-08-31	21	경조사	강사모	강사모 9월분	200800	800600

분류별 소비 평균 : 200,150.0

날짜	코드	대분류	분류명	항목	금액	누계
2021-08-10	32	교육비	과외비	북자일드	9000	9000
2021-10-26	32	교육비	과외비	눈높이	39000	48000
2021-10-26	32	교육비	과외비	구몬학습	28850	76850
2021-11-01	32	교육비	과외비	북자일드	9000	85850
2021-09-26	32	교육비	과외비	구몬	28850	114700
2021-07-26	32	교육비	과외비	눈높이	39000	153700
2021-07-27	32	교육비	과외비	구몬학습	28850	182550
2021-08-26	32	교육비	과외비	구몬학습	28850	211400
2021-09-01	32	교육비	과외비	북자일드	9000	220400
2021-09-26	32	교육비	과외비	눈높이	39000	259400
2021-09-26	32	교육비	과외비	북자일드 추가	6800	266200
2021-09-30	32	교육비	과외비	북자일드	9000	275200
2021-08-26	32	교육비	과외비	눈높이	39000	314200

분류별 소비 평균 : 24,169.2

날짜	코드	대분류	분류명	항목	금액	누계

2. 〈일일소비입력〉 폼 본문의 'txt본문날짜' 컨트롤을 더블클릭하면, 'txt본문날짜' 컨트롤에 입력된 '날짜'에 해당하는 정보를 찾아 표시하는 기능이 수행되도록 이벤트 프로시저를 구현하시오. (5점)
▶ Filter, FilterOn 속성을 이용할 것

문제 4   처리 기능 구현 (35점)

1. 〈분류〉와 〈소비〉 테이블을 이용하여 가장 비싼 금액을 소비한 분류의 '비고' 필드의 값을 "과소비주의"로 변경하는 〈과소비처리〉 업데이트 쿼리를 작성한 후 실행하시오. (7점)

   ▶ Max 함수와 하위 쿼리를 사용하시오.

   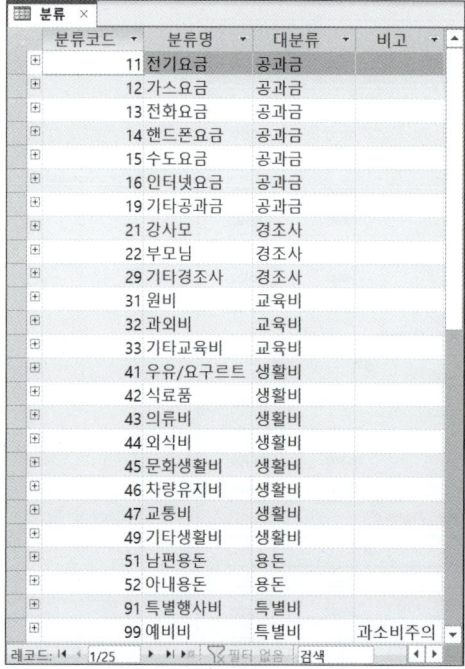

   ※ 〈과소비처리〉 쿼리를 실행한 후의 〈분류〉 테이블

2. 분류명별 대분류별 소비 금액의 평균을 조회하는 〈공과금과용돈내역〉 크로스탭 쿼리를 작성하시오. (7점)

   ▶ 〈소비종합〉 쿼리를 이용하시오.
   ▶ '소비 횟수'는 '항목' 필드를 이용하시오.
   ▶ '분류명' 필드의 마지막 2자리가 "요금"이나 "용돈"으로 끝나는 레코드만을 조회 대상으로 하시오.
   ▶ 실행 결과의 모든 금액은 [표시 예]와 같이 표시되도록 '형식' 속성을 설정하시오.
      [표시 예] 0 → 0원, 2703250 → 2,703,250원
   ▶ Right 함수와 In 연산자를 사용하시오.
   ▶ 쿼리 결과로 표시되는 필드와 필드명은 〈그림〉과 같이 표시되도록 설정하시오.

3. ⟨소비⟩ 테이블에 존재하지 않는 ⟨분류⟩ 테이블의 자료를 조회하는 ⟨소비되지않은항목⟩ 쿼리를 작성하시오. (7점)

   ▶ ⟨소비⟩ 테이블에 존재하지 않는 ⟨분류⟩ 테이블의 '분류코드'는 소비가 이루어지지 않은 것으로 가정하시오.
   ▶ Not In을 사용한 SQL 명령문을 조건으로 사용하시오.
   ▶ 쿼리 실행 결과 표시되는 필드와 필드명은 ⟨그림⟩과 같이 표시되도록 설정하시오.

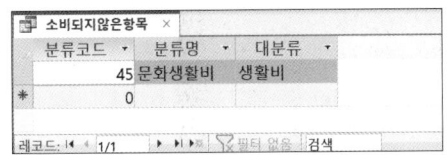

4. ⟨소비⟩ 테이블을 이용하여 조회할 월을 매개 변수로 입력받아 해당 월의 소비 항목을 조회하는 ⟨월별조회⟩ 쿼리를 작성하시오. (7점)

   ▶ 쿼리 실행 결과 표시되는 필드와 필드명은 ⟨그림⟩과 같이 표시되도록 설정하시오.

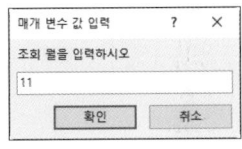

5. ⟨분류⟩와 ⟨소비⟩ 테이블을 이용하여 분류명의 일부를 매개 변수로 입력받고, 해당 분류명의 소비 현황을 조회하여 새 테이블로 생성하는 ⟨소비현황생성⟩ 쿼리를 작성하고 실행하시오. (7점)

   ▶ 쿼리 실행 후 생성되는 테이블의 이름은 ⟨조회분류소비현황⟩으로 설정하시오.
   ▶ '최근소비날짜'는 '날짜'의 최대값, '소비횟수'는 '순번'의 개수, '총소비액'은 '금액'의 합계로 처리하시오.
   ▶ 쿼리 실행 결과 생성되는 테이블의 필드는 ⟨그림⟩을 참고하여 수험자가 판단하여 설정하시오.

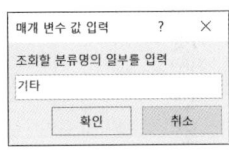

※ ⟨소비현황생성⟩ 쿼리의 매개 변수 값으로 "기타"를 입력하여 실행한 후의 ⟨조회분류소비현황⟩ 테이블

04회 컴퓨터활용능력 1급 실기(액세스) 정답 및 해설

문제 1   DB 구축

01. 〈소비〉 테이블 완성하기

❶ '순번' 필드의 데이터 형식 및 기본 키 속성

1. '순번' 필드를 맨 앞에 추가하기 위해 첫 번째 레코드(행) 선택기의 바로 가기 메뉴에서 **[행 삽입]**을 선택한다.

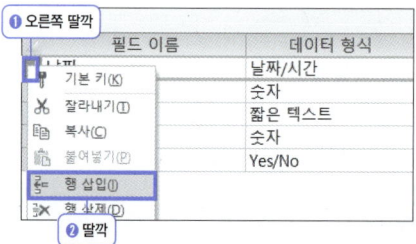

2. 삽입된 행의 필드 이름으로 **순번**을 입력하고 '데이터 형식'에는 숫자가 1씩 증가하는 데이터 형식인 '일련 번호'를 설정한 후 기본 키를 설정한다.

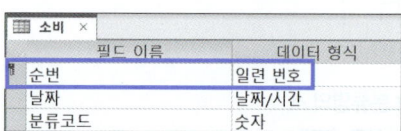

❷ '날짜' 필드의 기본값 속성

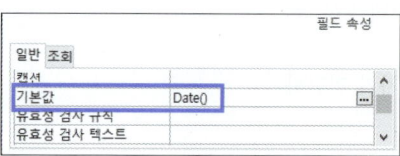

❸ '날짜' 필드의 형식 속성

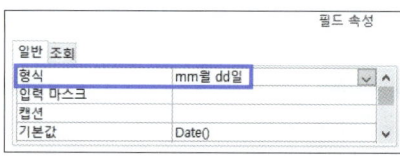

mm월 dd일로 입력하면 자동으로 mm"월 "dd₩일로 변경됩니다.

❹ '분류코드' 필드의 입력 마스크 속성

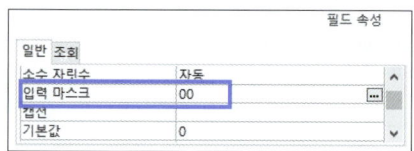

❺ '금액' 필드의 유효성 검사 규칙 속성

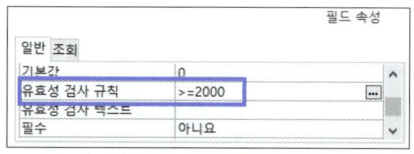

02. 〈소비〉 테이블, 〈예산〉 테이블, 〈분류〉 테이블 간의 관계 설정하기

정답

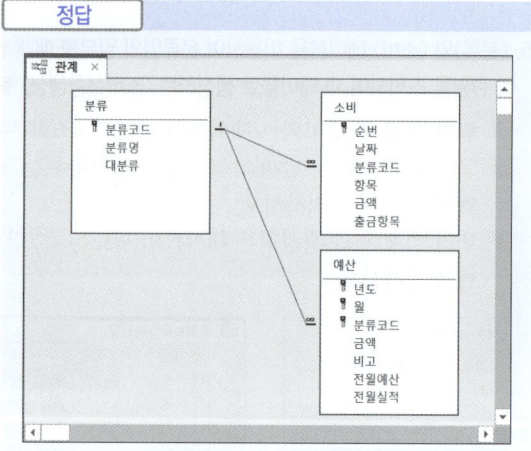

- 〈분류〉와 〈소비〉 테이블의 '관계 편집' 대화상자

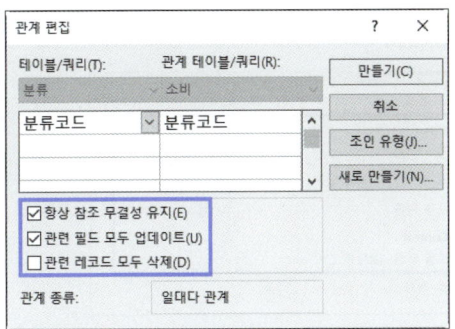

- 〈예산〉과 〈분류〉 테이블의 '관계 편집' 대화상자

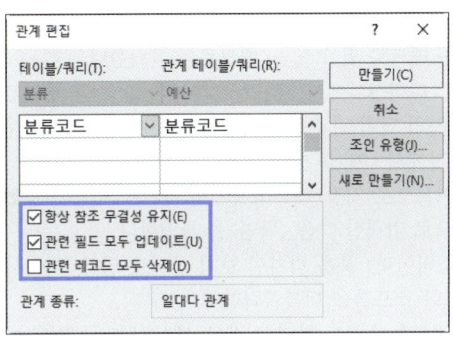

03. 〈소비〉 테이블의 '분류코드' 필드에 조회 속성 설정하기

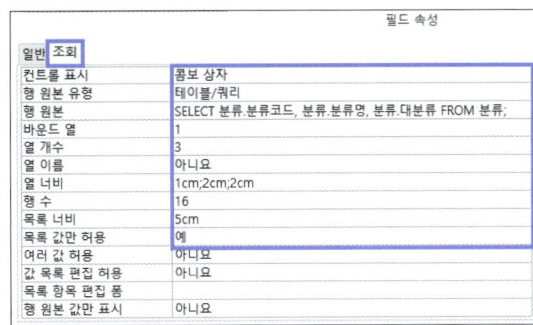

문제 2   입력 및 수정 기능 구현

01. 〈일일소비입력〉 폼 완성하기

정답

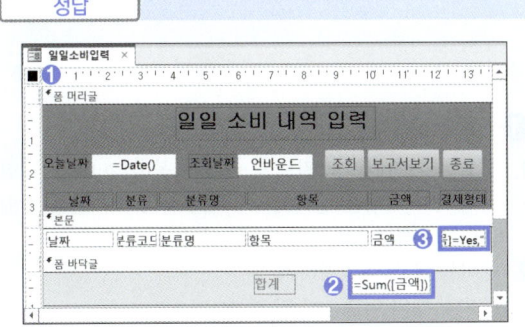

❶ 폼의 탐색 단추와 레코드 선택기 속성 설정하기
- '형식' 탭의 탐색 단추 → 아니요
- '형식' 탭의 레코드 선택기 → 아니요

❷ 텍스트 상자 생성하기

[양식 디자인] → 컨트롤 → **텍스트 상자**(□)를 클릭한 후 폼 바닥글 영역에서 드래그하여 텍스트 상자를 삽입한다.
- '기타' 탭의 이름 → txt합계
- '데이터' 탭의 컨트롤 원본 → =Sum([금액])
- '형식' 탭의 형식 → #,###
- 레이블 컨트롤의 텍스트 → 합계

❸ 'txt결제형태' 컨트롤에 속성 설정하기

'데이터' 탭의 컨트롤 원본 → =IIf([출금항목]=Yes, "이체", "카드")

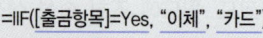

'출금항목' 필드의 값이 Yes, 즉 '출금항목' 필드에 체크 표시가 되어 있으면(❶) '이체'를 표시하고(❷), 그렇지 않으면 '카드'를 표시합니다(❸).
※ '출금항목' 필드의 데이터 형식은 'Yes/No' 형식, 즉 두 값 중 하나만 선택하는 경우에 사용하는 형식으로, 체크한 경우에는 'Yes', 체크하지 않은 경우에는 'No' 값이 저장됩니다.

02. 〈일일소비입력〉 폼에 조건부 서식 설정하기

• 첫 번째 규칙

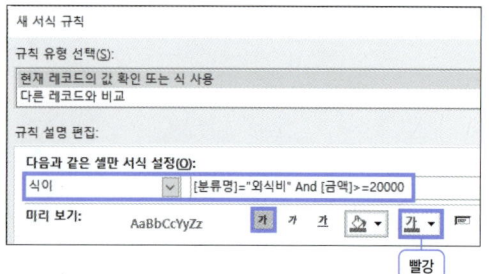

• 두 번째 규칙

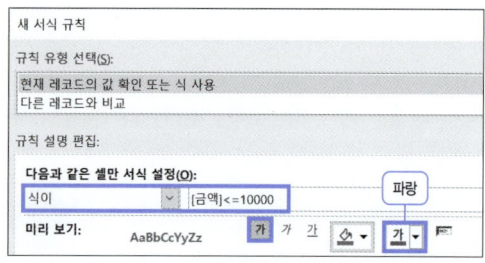

03. '조회'(cmd조회) 단추에 기능 구현하기

정답

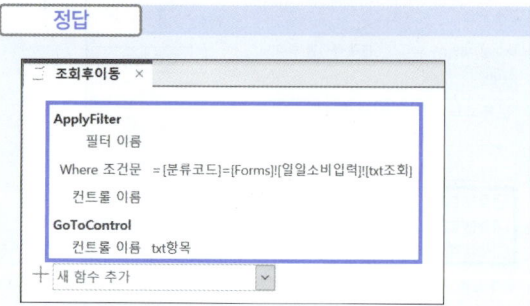

1. 매크로에 이름을 지정하여 사용하는 경우는 먼저 매크로 개체를 생성한 후 이를 연결하여 사용하면 된다. [만들기] → 매크로 및 코드 → **매크로**를 클릭한다.
2. '매크로' 대화상자에서 정답과 같이 설정한 후 매크로 대화상자의 닫기 단추를 클릭한 다음 저장 여부를 묻는 대화상자에서 〈예〉를 클릭한다.
3. '다른 이름으로 저장' 대화상자에서 매크로 이름을 **조회후이동**으로 입력한 다음 〈확인〉을 클릭한다.
4. 〈일일소비입력〉 폼을 디자인 보기 상태로 연다. 이어서 'cmd조회' 컨트롤을 더블클릭한다.
5. 'cmd조회' 속성 시트 창의 '이벤트' 탭에서 'On Click' 이벤트의 목록 단추를 눌러 '조회후이동' 매크로를 선택한다.

문제 3 조회 및 출력 기능 구현

정답

01. 〈분류별소비내역〉 보고서 완성하기

정답

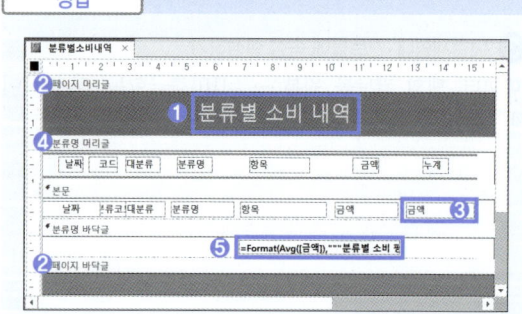

❶ 컨트롤 삽입하기

1. [보고서 디자인] → 컨트롤 → **레이블**(가가)을 클릭한 후 페이지 머리글 영역에서 드래그하여 레이블을 삽입한 다음 **분류별 소비 내역**을 입력한다.
2. '레이블'에 속성 지정하기
   • '기타' 탭의 이름 → LBL제목
   • '형식' 탭의 글꼴 크기 → 20
   • '형식' 탭의 문자색 → 밝은 텍스트

❷ 페이지 머리글과 페이지 바닥글 배경색 지정하기

'형식' 탭의 배경색 → Access 테마 7

③ '누계(txt누계)' 컨트롤에 속성 설정하기
'데이터' 탭의 누적 합계 → 그룹

④ 분류명 머리글에 속성 설정하기
'형식' 탭의 반복 실행 구역 → 예

⑤ 'txt평균' 컨트롤에 속성 설정하기
'데이터' 탭의 컨트롤 원본 → =Format(Avg([금액]), "분류별 소비 평균 "":"" #,###.0")

Format( ) 함수
- 숫자나 날짜 등을 지정된 형식에 맞게 문자열로 변환해주는 함수입니다.
- 형식 : Format(변환할 데이터, "표시 형식")
  - 예1 =Format(Avg([금액]), "평균 #,###원") → 평균 2,540원
    #, 0 등의 사용자 지정 기호를 이용하여 표시 형식을 지정합니다.
  - 예2 =Format(Avg([금액]), "평균 "":"" #,###.0원") → 평균 : 2,540원
    사용자 지정 기호가 아닌 '.', ':' 등의 일반 기호를 결과로 출력할 때는 해당 기호를 이중 큰따옴표("" "")로 묶어줘야 합니다.

02. 'txt본문날짜' 컨트롤에 더블클릭 기능 구현하기

정답

```
Private Sub txt본문날짜_DblClick( )
    Me.Filter = "날짜 = #" & txt본문날짜 & "#"
    Me.FilterOn = True
End Sub
```

1. 〈일일소비입력〉 폼의 'txt본문날짜' 컨트롤을 더블클릭한 후 'txt본문날짜' 속성 시트 창의 '이벤트' 탭에서 'On Dbl Click'을 선택한다. 이어서 작성기 단추(...)를 클릭한다.
2. '작성기 선택' 대화상자에서 '코드 작성기'를 선택한 후 〈확인〉을 클릭한다.
3. 'txt본문날짜' 컨트롤의 'DblClick( )' 이벤트 프로시저에 정답과 같이 코드를 입력한다.

문제 4 처리 기능 구현

정답

01. 〈과소비처리〉 쿼리 작성하기

쿼리 작성기
[쿼리 디자인] → 쿼리 유형 → **업데이트(⚡)**를 클릭한다.

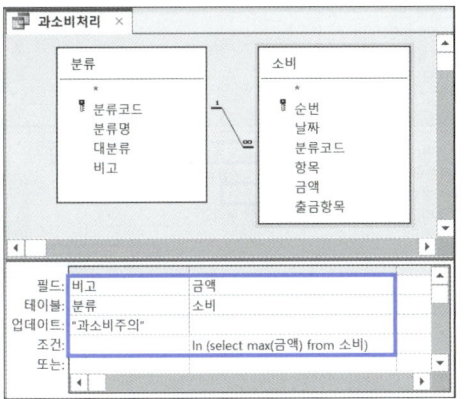

02. 〈공과금과용돈내역〉 쿼리 작성하기

1. '크로스탭 쿼리 마법사' 1단계 대화상자

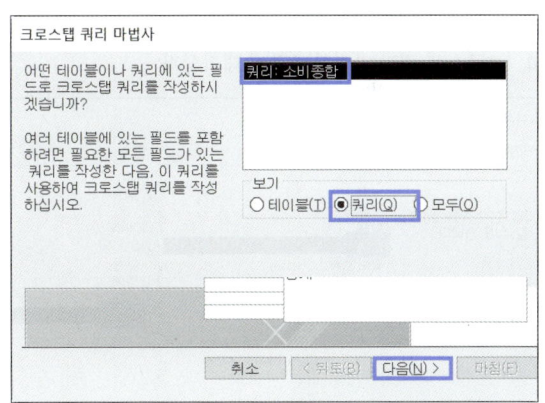

2. '크로스탭 쿼리 마법사' 2단계 대화상자

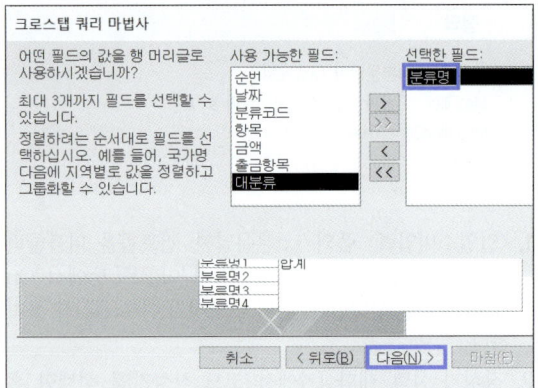

3. '크로스탭 쿼리 마법사' 3단계 대화상자

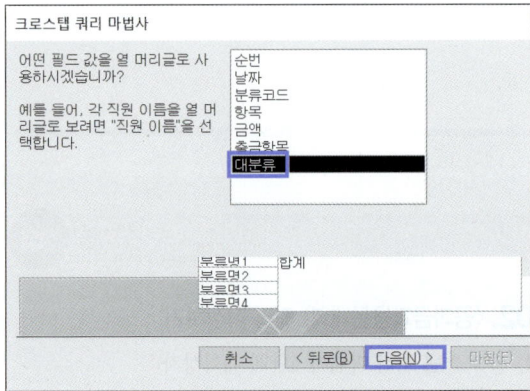

4. '크로스탭 쿼리 마법사' 4단계 대화상자

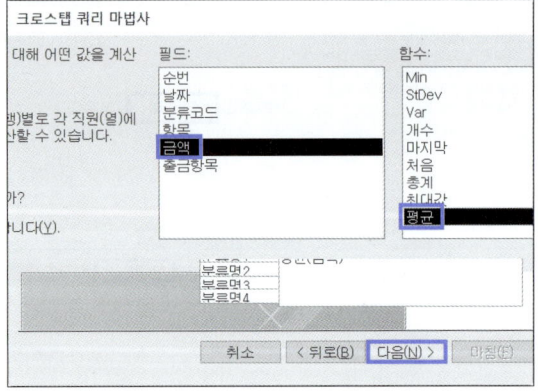

문제에 주어진 그림에 행에 대한 합계가 있을 때는 '크로스탭 쿼리 마법사' 4단계 대화상자에서 '예, 행 합계를 포함합니다.' 옵션을 선택해야 하는데, ACCESS 2021 프로그램의 버그로 인해 대화상자의 왼쪽 부분에 표시되어 있는 '예, 행 합계를 포함합니다.' 항목의 확인이 어렵습니다. 하지만 기본적으로 '예, 행 합계를 포함합니다.' 옵션이 선택되어 있으므로, 해제해야 할 경우에만 마법사 단계를 모두 마친 후 쿼리 디자인 보기 상태에서 만들어진 행에 대한 합계 필드를 삭제하면 됩니다.

5. '크로스탭 쿼리 마법사' 5단계 대화상자

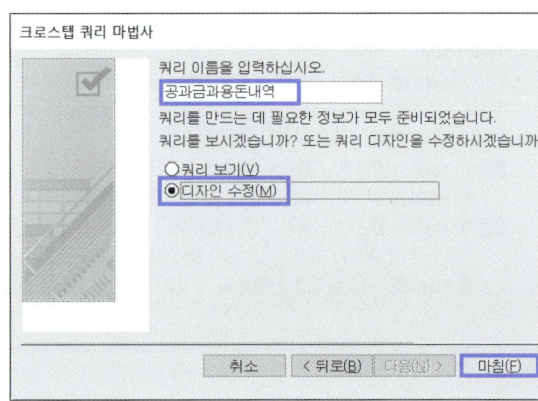

6. 쿼리 작성기

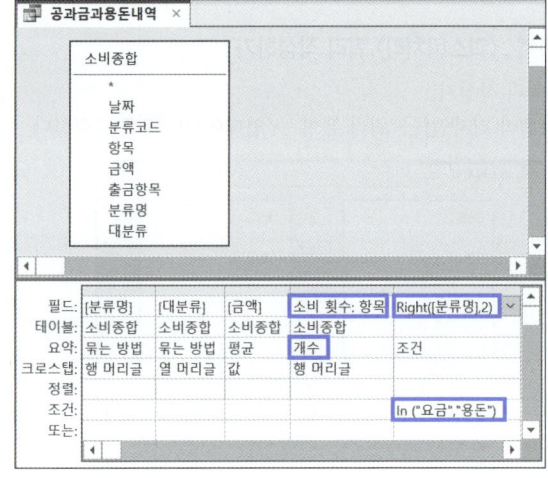

7. '금액' 필드의 속성
  - '일반' 탭의 형식 → #,##0원

03. 〈소비되지않은항목〉 쿼리 작성하기

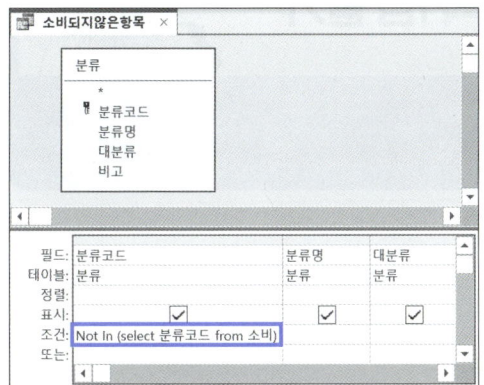

〈소비〉 테이블에서 '분류코드'를 모두 검색하여 검색된 '분류코드'에 해당하지 않는 '분류코드'를 가진 레코드를 〈분류〉 테이블에서 추출합니다.

04. 〈월별조회〉 쿼리 작성하기

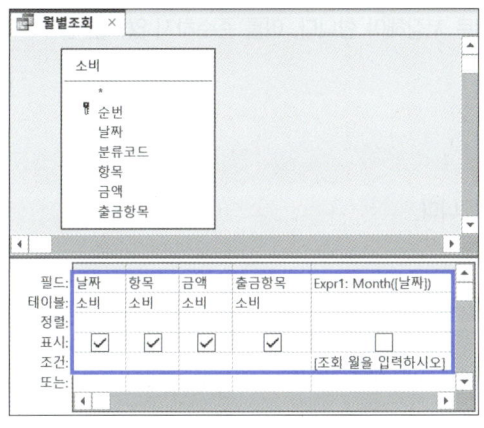

05. 〈소비현황생성〉 쿼리 작성하기

- 쿼리 작성기

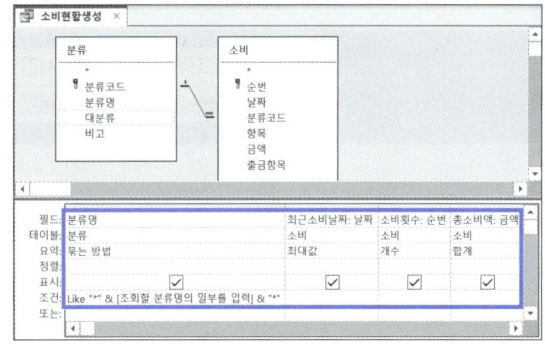

- '테이블 만들기' 대화상자

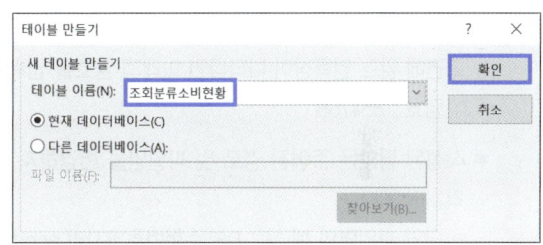

기·출·유·형 05회 2026년 컴퓨터활용능력 1급 실기

프로그램명	제한시간	수험번호 :
ACCESS 2021	45분	성 명 :

1급

〈 유 의 사 항 〉

- 인적 사항 누락 및 잘못 작성으로 인한 불이익은 수험자 책임으로 합니다.
- 화면에 암호 입력창이 나타나면 아래의 암호를 입력하여야 합니다.
  ○ 암호 : 85#758
- 작성된 답안은 주어진 경로 및 파일명을 변경하지 마시고 그대로 저장해야 합니다. 이를 준수하지 않으면 실격처리 됩니다.
  ○ 답안 파일명의 예 : C:\DB\수험번호 8자리.accdb
- 외부 데이터 위치 : C:\DB\파일명
- 별도의 지시사항이 없는 경우, 다음과 같이 처리하면 실격 처리됩니다.
  ○ 제시된 개체의 이름을 임의로 변경한 경우
  ○ 제시된 개체의 속성을 임의로 변경한 경우
  ○ 제시된 개체를 임의로 삭제하거나 추가한 경우
- 별도의 지시사항이 없는 경우, 기능의 구현은 모듈이나 매크로 등을 이용하며, 예외적인 상황에 대해서는 고려하지 않아도 됩니다.
- 제시된 함수가 있을 경우 제시된 함수만을 사용하여야 하며, 그 외 함수 사용시 채점 대상에서 제외됩니다.
- 별도의 지시사항이 없는 경우, 주어진 각 개체의 속성은 설정값 또는 기본 설정값(Default)으로 처리하십시오.
- 제시된 화면은 예시이며 나타난 값은 실제와 다를 수 있습니다.
- 저장 시간은 별도로 주어지지 아니하므로 제한된 시간 내에 저장을 완료해야 합니다.
- 본 문제의 용어는 MS Office LTSC Professional Plus 2021로 작성되었습니다.

대한상공회의소

문제 1   DB 구축 (25점)

1. 직원의 직무 평가를 위해 데이터베이스를 구축하고자 한다. 다음의 지시사항에 따라 테이블을 완성하시오. (각 3점)

    〈직무평가〉 테이블
    ① '사번' 필드 앞에 '번호' 필드를 추가한 후 1씩 증가하는 숫자가 입력되도록 데이터 형식을 지정하시오.
    ② 새로운 레코드가 추가되는 경우 '평가년도' 필드에는 기본적으로 올해의 년도가 입력되도록 설정하시오.

    〈사원〉 테이블
    ③ '사번' 필드 인덱스의 고유를 '예'로, 정렬 순서를 내림차순으로 설정하시오.
    ④ '이름' 필드의 IME 모드를 '한글'로 설정하시오.

    〈업무도서대여〉 테이블
    ⑤ '반납일자' 필드에는 '대여일자' 필드부터 '반납예정일' 필드 사이의 날짜가 입력되도록 유효성 검사 규칙을 설정하시오. (Between 연산자 사용)
    ▶ 규칙에 어긋난 경우 "반납일자를 확인하시오."라는 메시지가 표시되도록 설정하시오.

2. '발령자명단.txt' 파일을 가져와 다음과 같이 〈발령자명단〉 테이블을 작성하시오. (5점)
    ▶ '발령자명단.txt' 파일의 첫 번째 행은 필드 이름이고, 구분자는 '#'임
    ▶ 기본키는 없음

3. 〈직무평가〉 테이블의 '사번' 필드는 〈사원〉 테이블의 '사번' 필드를 참조하고 테이블 간의 관계는 M:1이다. 또한 〈사원〉 테이블의 '부서코드' 필드는 〈부서〉 테이블의 '부서코드' 필드를 참조하고 테이블 간의 관계는 M:1이다. 각 테이블에 대해 다음과 같이 관계를 설정하시오. (5점)
    ▶ 테이블 간에 항상 참조 무결성을 유지하도록 설정하시오.
    ▶ 〈사원〉 테이블의 '사번' 필드가 변경되면 이를 참조하는 〈직무평가〉 테이블의 '사번' 필드가 따라 변경되고, 〈부서〉 테이블의 '부서코드' 필드가 변경되면 이를 참조하는 〈사원〉 테이블의 '부서코드' 필드도 따라 변경되도록 설정하시오.

문제 2   입력 및 수정 기능 구현 (20점)

1. 〈사원별평가입력〉 폼을 다음의 화면과 지시사항에 따라 완성하시오. (각 3점)
    ① 폼의 홀수와 짝수 행에 다른 배경색이 표시되도록 관련 속성을 설정하시오.
    ▶ 다른 배경색 : Access 테마 3
    ② 폼이 팝업 폼으로 열리도록 설정하고, 폼이 열려 있을 경우 다른 작업을 수행할 수 없도록 설정하시오.

③ 폼 바닥글 영역의 'txt최고점수' 컨트롤에는 2020년 행동역량의 최고 점수가 표시되고, 'txt총인원' 컨트롤에는 레코드의 개수와 '행동역량' 필드의 합계가 [표시 예]와 같이 표시되도록 각각의 '컨트롤 원본' 속성을 설정하시오.
▶ 표시 예 : 레코드의 개수가 58이고, 행동역량의 총합이 4285인 경우 → 총 58명 / 행동총점 : 4285점
▶ DMax, Count, Sum 함수와 & 연산자를 사용

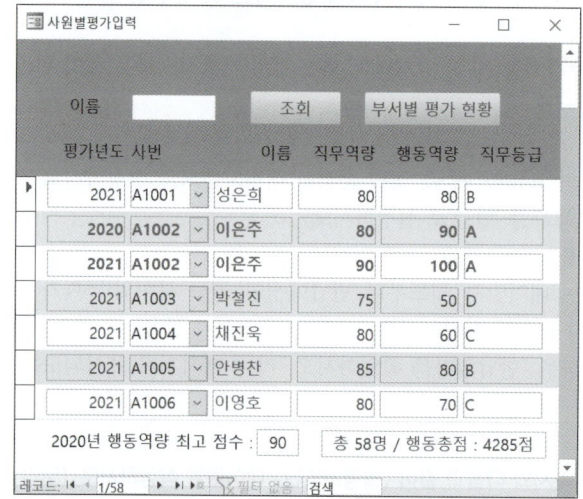

2. 〈사원별평가입력〉 폼 본문의 모든 컨트롤에 대하여 다음과 같이 조건부 서식을 설정하시오. (6점)
▶ 필드에 포커스가 있는 경우 배경 색을 '표준 색 – 노랑'으로 지정하시오.
▶ '직무등급' 필드의 값이 "A"이고 '행동역량' 필드의 값이 90 이상인 경우 본문의 모든 컨트롤들의 글꼴 스타일을 '굵게', 글꼴 색을 '표준 색 – 파랑'으로 지정하시오.
▶ 1번 〈그림〉 참조

3. 〈진급정보조회〉 폼에서 '조회'(cmd조회) 단추를 클릭하면 〈사원진급정보〉 폼을 '읽기 전용' 형식으로 여는 〈폼보기〉 매크로를 생성하여 지정하시오. (5점)
▶ 매크로 조건 : '진급예정일자' 필드의 값이 'txt년'과 'txt월' 컨트롤에 입력된 년도와 월에 해당하는 레코드만 표시

문제 3 조회 및 출력 기능 구현 (20점)

1. 다음의 지시사항 및 화면을 참조하여 〈부서별평가현황〉 보고서를 완성하시오. (각 3점)
① 부서코드 머리글의 'txt부서' 컨트롤에는 '부서명(부서코드)'이 표시되도록 설정하시오.
▶ 표시 예 : '부서명'이 "경영기획팀", '부서코드'가 "BU2"일 경우 → 경영기획팀(BU2)

② 본문에 있는 컨트롤들 간의 가로 간격을 모두 같게 설정하시오.
③ 부서코드 바닥글에는 해당 부서의 '인원수', '직무역량'과 '행동역량'의 최대값이 'txt인원수', 'txt최대직무역량', 'txt최대행동역량' 컨트롤에 각각 표시되도록 설정하시오.
④ 부서코드 바닥글은 부서별로 서로 다른 페이지에 출력되도록 설정하시오.
⑤ 페이지 바닥글의 'txt날짜' 컨트롤에는 현재 날짜와 시간이 표시되도록 설정하시오.
   ▶ Format, Now 함수를 사용할 것
   ▶ [표시 예] : 2024년 10월 30일 14시

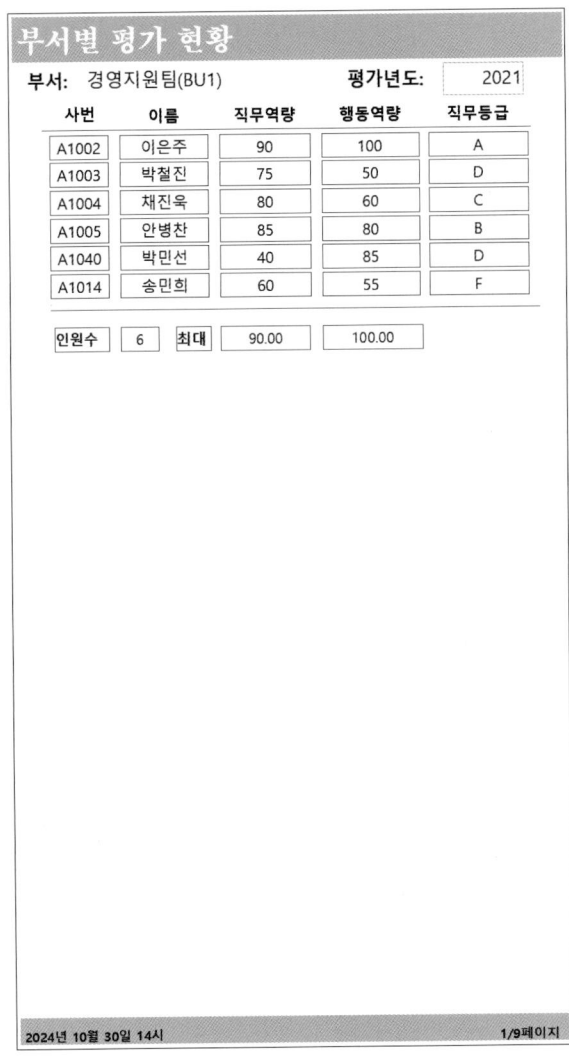

2. 〈진급정보조회〉 폼의 본문을 더블클릭하면 다음과 같은 기능을 수행하도록 이벤트 프로시저를 구현하시오. (5점)
   ▶ '진급예정일자'가 올해인 인원수를 〈그림〉과 같이 표시하는 메시지 상자를 표시하시오.

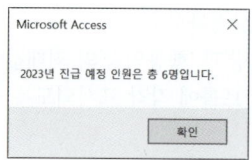

▶ 메시지 상자에서 〈확인〉 단추를 클릭하면, 'txt년' 컨트롤에는 오늘 날짜에 해당하는 년도를, 'txt월' 컨트롤에는 오늘 날짜에 해당하는 월을 표시하시오.
▶ MsgBox, Year, Month, Date, Dcount 함수를 사용하시오.

문제 4 처리 기능 구현 (35점)

1. 〈사원〉 테이블을 이용하여 직급구분별 인원수와 년차의 평균을 조회하는 〈직급구분별현황〉 쿼리를 작성하시오. (7점)
   ▶ 인원수는 '사번' 필드를 이용하시오.
   ▶ 직급구분은 직급이 "과장"이면 "관리자", 그 외는 "실무자"로 설정하시오. (IIf 함수 사용)
   ▶ 인원수는 [표시 예]와 같이 표시되도록 '형식' 속성을 설정하시오.
      [표시 예 : 0 → 0명, 51 → 51명]
   ▶ 평균년차는 [표시 예]와 같이 표시되도록 '형식' 속성을 설정하시오.
      [표시 예 : 0 → 0.0년, 4.666 → 4.7년]
   ▶ 쿼리 실행 결과 표시되는 필드와 필드명은 〈그림〉과 같이 표시되도록 설정하시오.

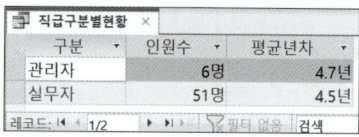

2. 〈발령확정자명단〉 테이블을 이용하여 '직위'가 "대리"인 사원의 '발령일자'를 날짜 형식으로 조회하는 〈대리발령자명단〉 쿼리를 작성하시오. (7점)
   ▶ '발령일자'의 조회는 '발령예정일' 필드를 이용하시오. (DateSerial, Left, Mid 함수 사용)
   ▶ 쿼리 실행 결과 표시되는 필드와 필드명은 〈그림〉과 같이 표시되도록 설정하시오.

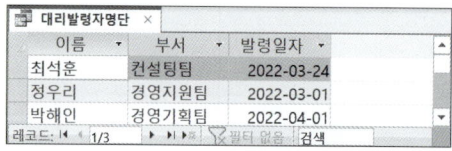

3. 〈발령확정자명단〉과 〈부서〉 테이블을 이용하여 〈발령확정자명단〉 테이블에 없는 부서에 대한 정보를 조회하는 〈미발령부서〉 쿼리를 작성하시오. (7점)
   ▶ 〈부서〉 테이블의 '부서명' 필드 중 〈발령확정자명단〉 테이블의 '부서' 필드에는 없는 부서를 미발령부서로 가정하시오.

▶ 쿼리 실행 결과 표시되는 필드와 필드명은 〈그림〉과 같이 표시되도록 설정하시오.

4. 팀명별 입사년도별로 '승진시험점수'의 최소값을 조회하는 〈부서-입사년도별성적〉 크로스탭 쿼리를 작성하시오. (7점)

  ▶ 〈부서〉와 〈사원진급정보〉 테이블을 이용하시오.
  ▶ '팀명'은 '부서명' 필드가 "경영"으로 시작하면 "1팀"으로, "컨설"로 시작하면 "2팀"으로, 나머지는 "3팀"으로 표시하시오.
  ▶ '입사년도'는 '입사일자' 필드를 이용하여 내림차순 정렬하여 표시하시오.
  ▶ '입사년도'가 2012년 이상인 자료만을 조회 대상으로 하시오.
  ▶ '승진시험점수'는 [표시 예]와 같이 표시되도록 '형식' 속성을 설정하시오.
     [표시 예] 0 → 0점, 303 → 303점
  ▶ IIf, Left, Year 함수와 & 연산자를 사용하시오.
  ▶ 쿼리 실행 결과 표시되는 필드와 필드명은 〈그림〉과 같이 표시되도록 설정하시오.

5. 〈직무평가〉, 〈사원〉, 〈부서〉 테이블을 이용하여, 검색할 부서명의 일부를 매개 변수로 입력받아 해당 부서 사원들의 가산점을 조회하는 〈가산점조회〉 매개 변수 쿼리를 작성하시오. (7점)

  ▶ '가산점' 필드는 '년차'가 3 이하면 '직무역량'의 10%로, 3 초과 6 이하면 '직무역량'의 20%로, 6 초과면 '직무역량'의 30%로 계산하시오. (Switch 함수 사용)
  ▶ '가산점' 필드를 기준으로 내림차순 정렬하여 표시하시오.
  ▶ 쿼리 실행 결과 표시되는 필드와 필드명은 〈그림〉과 같이 표시되도록 설정하시오.

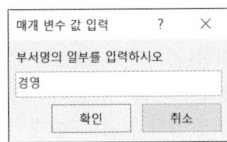

05회 컴퓨터활용능력 1급 실기(액세스)

정답 및 해설

문제 1   DB 구축

정답

01. 테이블 완성하기

〈직무평가〉 테이블

❶ '번호' 필드 추가 및 데이터 형식

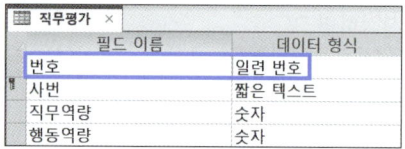

❷ '평가년도' 필드의 기본값 속성

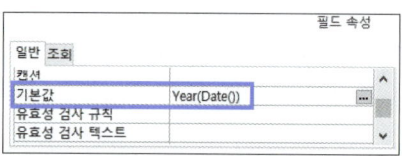

〈사원〉 테이블

❸ '사번' 필드의 인덱스

'사번' 필드를 클릭한 후 [테이블 디자인] → 표시/숨기기 → **인덱스**(📋) 클릭

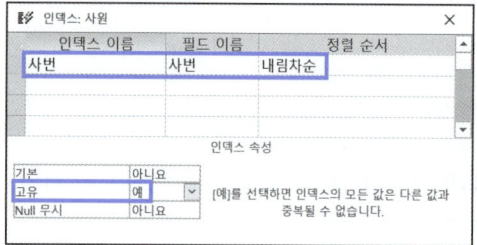

❹ '이름' 필드의 IME 모드 속성

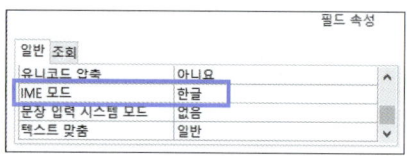

〈업무도서대여〉 테이블

❺ '반납일자' 필드와 관련된 속성 설정하기

[테이블 디자인] → 표시/숨기기 → **속성 시트**(📋)를 클릭한 후 '유효성 검사 규칙'과 '유효성 검사 텍스트' 속성에 그림과 같이 설정한다.

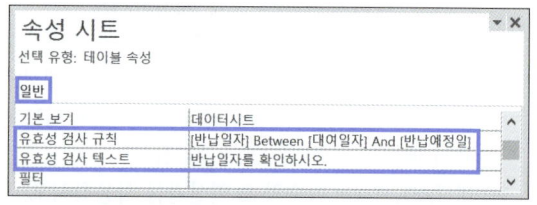

02. '발령자명단.txt' 파일 가져오기

정답

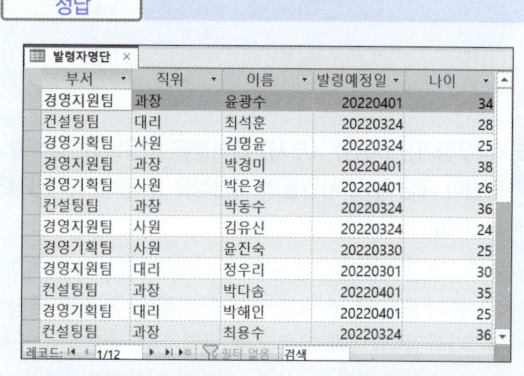

1. [외부 데이터] → 가져오기 → 새 데이터 원본 → 파일에서 → **텍스트 파일**(📋)을 클릭한다.
2. '외부 데이터 가져오기 – 텍스트 파일' 창이 나타나면, 파일 이름을 선택하고 저장할 방법과 위치로 '현재 데이터베이스에 새 테이블로 원본 데이터 가져오기'를 선택한 후 〈확인〉을 클릭한다.

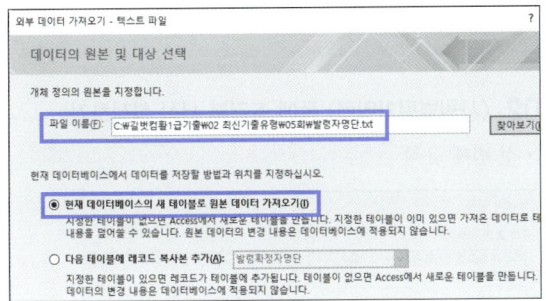

3. '텍스트 가져오기 마법사' 1단계 대화상자에서 '구분'을 선택한 후 〈다음〉을 클릭한다.

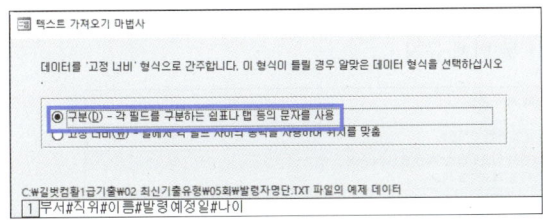

4. '텍스트 가져오기 마법사' 2단계 대화상자에서 그림과 같이 구분 기호를 설정하고 '첫 행에 필드 이름 포함'을 선택한 후 〈다음〉을 클릭한다.

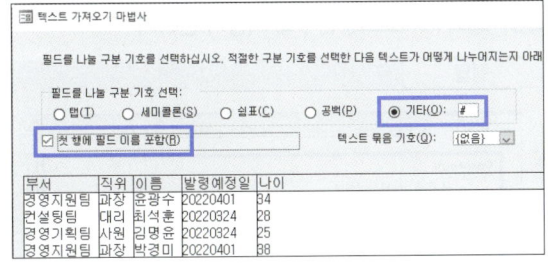

5. '텍스트 가져오기 마법사' 3단계 대화상자에서 〈다음〉을 클릭한다.

6. '텍스트 가져오기 마법사' 4단계 대화상자에서 그림과 같이 '기본 키 없음'을 선택한 후 〈다음〉을 클릭한다.

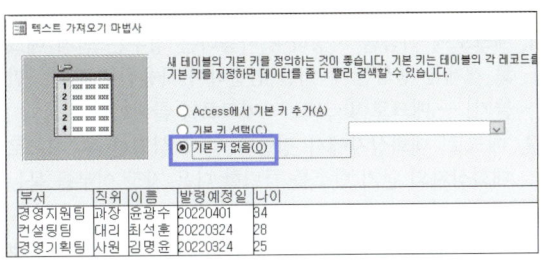

7. '텍스트 가져오기 마법사' 5단계 대화상자에서 테이블 이름을 그림과 같이 입력한 후 〈마침〉을 클릭한다.

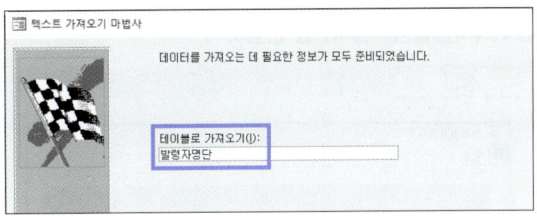

03. 〈직무평가〉 테이블, 〈사원〉 테이블, 〈부서〉 테이블 간의 관계 설정하기

정답

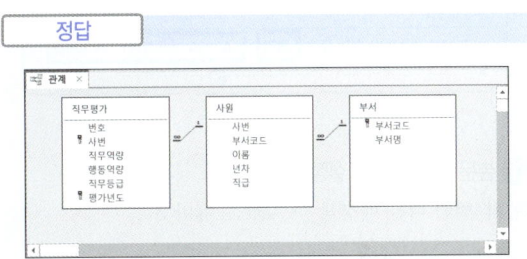

- 〈사원〉 테이블과 〈직무평가〉 테이블의 '관계 편집' 대화상자

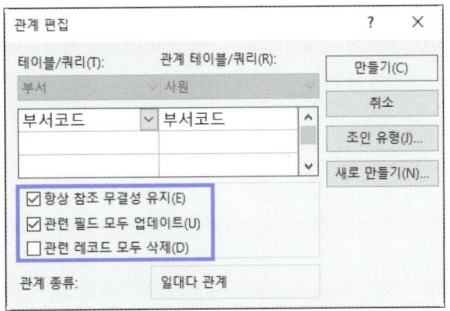

- 〈부서〉 테이블과 〈사원〉 테이블의 '관계 편집' 대화상자

문제 2   입력 및 수정 기능 구현

01. 〈사원별평가입력〉 폼 완성하기

정답

![사원별평가입력 폼]

❶ 본문 영역에 속성 설정하기
'형식' 탭의 다른 배경색 → Access 테마 3

❷ 폼의 팝업 및 모달 속성 설정하기
- '기타' 탭의 팝업 → 예
- '기타' 탭의 모달 → 예

❸ 'txt최고점수' 컨트롤과 'txt총인원' 컨트롤에 속성 설정하기
- 'txt최고점수' 컨트롤 : '데이터' 탭의 컨트롤 원본 → =DMax("행동역량","직무평가정보","평가년도=2020")

> DMax("행동역량","직무평가정보","평가년도=2020")
> - **행동역량** : 찾아올 값이 들어 있는 필드 이름
> - **직무평가정보** : 작업 대상 레코드가 들어 있는 테이블이나 쿼리의 이름(폼 속성의 '데이터' 탭에서 '레코드 원본' 속성을 확인함)
> - **"평가년도=2020"** : 조건
> ∴ 〈직무평가정보〉 쿼리에서 '평가년도' 필드의 값이 2020인 레코드를 대상으로 '행동역량' 필드의 최대값을 구합니다.

- 'txt총인원' 컨트롤 : '데이터' 탭의 컨트롤 원본 → ="총 " & Count(*) & "명 / 행동총점 : " & Sum([행동역량]) & "점"

02. 〈사원별평가입력〉 폼에 조건부 서식 설정하기

- 첫 번째 규칙

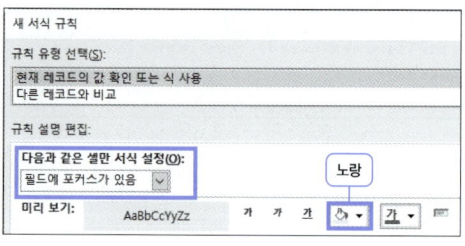

- 두 번째 규칙

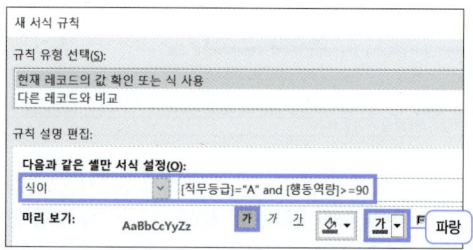

03. '조회'(cmd조회) 단추에 기능 구현하기

정답

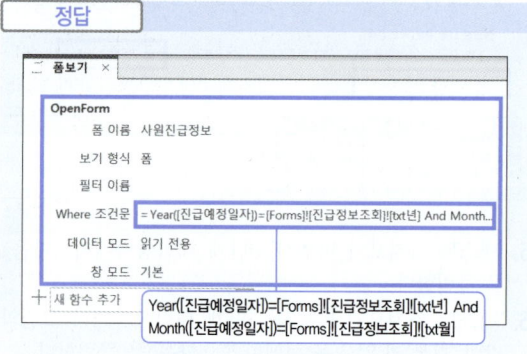

1. 매크로에 이름을 지정하여 사용하는 경우는 먼저 매크로 개체를 생성한 후 이를 연결하여 사용하면 된다. [만들기] → 매크로 및 코드 → **매크로**를 클릭한다.
2. '매크로' 대화상자에서 정답과 같이 설정한 후 매크로 대화상자의 닫기 단추를 클릭한 다음 저장 여부를 묻는 대화상자에서 〈예〉를 클릭한다.
3. '다른 이름으로 저장' 대화상자에서 매크로 이름을 **폼보기**로 입력한 다음 〈확인〉을 클릭한다.

4. 〈진급정보조회〉 폼을 디자인 보기 상태로 연다. 이어서 'cmd조회' 컨트롤을 더블클릭한다.

5. 'cmd조회' 속성 시트 창의 '이벤트' 탭에서 'On Click' 이벤트의 목록 단추를 눌러 '폼보기' 매크로를 선택한다.

문제 3 조회 및 출력 기능 구현

정답

01. 〈부서별평가현황〉 보고서 완성하기

정답

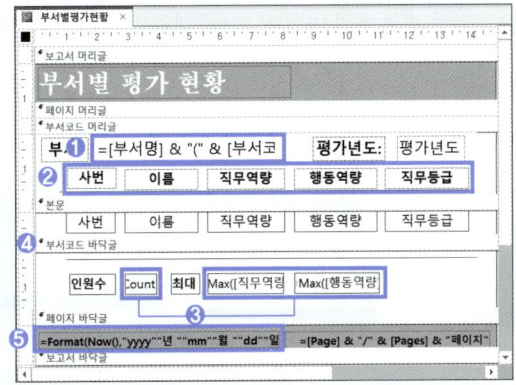

❶ 'txt부서' 컨트롤에 속성 설정하기

'데이터' 탭의 컨트롤 원본 → =[부서명] & "(" & [부서코드] & ")"

❷ 본문 컨트롤 가로 간격 지정하기

본문의 모든 컨트롤을 선택한 후 [정렬] → 크기 및 순서 조정 → 크기/공간 → **가로 간격 같음** 클릭

❸ 'txt인원수', 'txt최대직무역량', 'txt최대행동역량' 컨트롤에 속성 설정하기

- 'txt인원수' 컨트롤 : '데이터' 탭의 컨트롤 원본 → =Count(*)
- 'txt최대직무역량' 컨트롤 : '데이터' 탭의 컨트롤 원본 → =Max([직무역량])
- 'txt최대행동역량' 컨트롤 : '데이터' 탭의 컨트롤 원본 → =Max([행동역량])

❹ 부서코드 바닥글에 속성 설정하기

'형식' 탭의 페이지 바꿈 : 구역 후

❺ 'txt날짜' 컨트롤에 속성 설정하기

'데이터' 탭의 컨트롤 원본 →
=Format(Now( ), "yyyy년 mm월 dd일 hh시")

=Format(Now( ), "yyyy년 mm월 dd일 hh시")로 입력하면 자동으로
=Format(Now( ), "yyyy""년 ""mm""월 ""dd""일 ""hh\시")로 변경됩니다.

02. 폼 본문에 더블클릭 기능 구현하기

정답

```
Private Sub 본문_DblClick(Cancel As Integer)
    MsgBox Year(Date) & "년 진급 예정 인원은 총 " & DCount("사원번호", "사원진급정보", "year(date()) = year([진급예정일자])")
    & "명입니다."
    txt년 = Year(Date)
    txt월 = Month(Date)
End Sub
```

DCount("사원번호", "사원진급정보", "year(date()) = year([진급예정일자])")

- 사원번호 : 찾아올 값이 들어 있는 필드 이름
- 사원진급정보 : 작업 대상 레코드가 들어 있는 테이블이나 쿼리의 이름(폼 속성의 '데이터' 탭에서 '레코드 원본' 속성을 확인함)
- "year(date()) = year([진급예정일자])" : 조건
- ∴ 〈사원진급정보〉 테이블에서 '진급예정일자' 필드의 연도(year)가 올해(date()) 연도(year)와 같은 레코드의 수를 구합니다.

문제 4 처리 기능 구현

01. 〈직급구분별현황〉 쿼리 작성하기

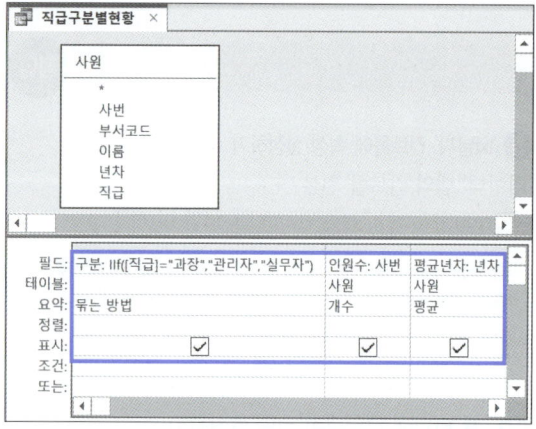

- '인원수' 필드의 속성
  - '일반' 탭의 '형식' → 0명
- '평균년차' 필드의 속성
  - '일반' 탭의 '형식' → 0.0년

02. 〈대리발령자명단〉 쿼리 작성하기

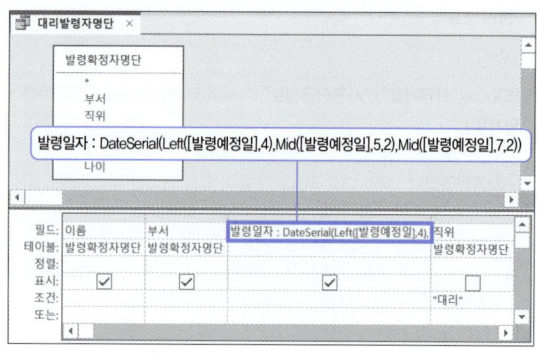

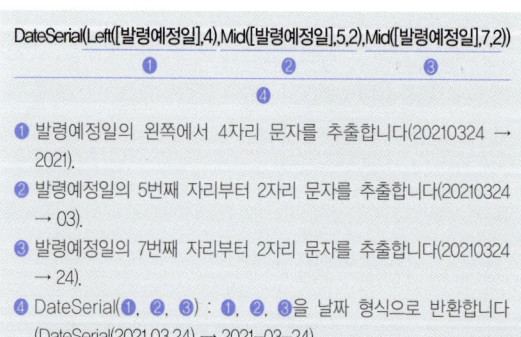

❶ 발령예정일의 왼쪽에서 4자리 문자를 추출합니다(20210324 → 2021).
❷ 발령예정일의 5번째 자리부터 2자리 문자를 추출합니다(20210324 → 03).
❸ 발령예정일의 7번째 자리부터 2자리 문자를 추출합니다(20210324 → 24).
❹ DateSerial(❶, ❷, ❸) : ❶, ❷, ❸을 날짜 형식으로 반환합니다 (DateSerial(2021,03,24) → 2021-03-24).

03. 〈미발령부서〉 쿼리 작성하기

1. [만들기] → 쿼리 → **쿼리 마법사**()를 클릭한다.
2. '새 쿼리' 대화상자에서 '불일치 검색 쿼리 마법사'를 선택하고, 〈확인〉을 클릭한다.
3. '불일치 검색 쿼리 마법사' 1단계 대화상자에서 〈부서〉 테이블을 선택하고, 〈다음〉을 클릭한다(〈부서〉 테이블의 자료를 가져오므로 결과를 넣을 테이블로 〈부서〉 테이블을 선택함).
4. '불일치 검색 쿼리 마법사' 2단계 대화상자에서 〈발령확정자명단〉 테이블을 선택하고, 〈다음〉을 클릭한다.
5. '불일치 검색 쿼리 마법사' 3단계 대화상자에서 그림과 같이 설정하고, 〈다음〉을 클릭한다.

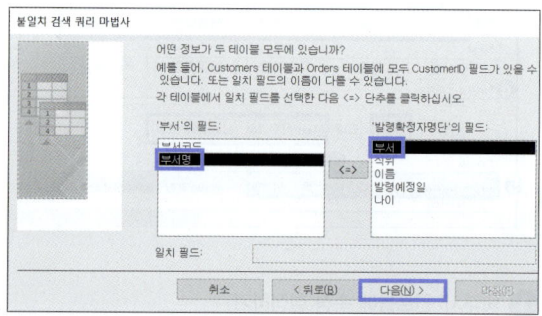

6. '불일치 검색 쿼리 마법사' 4단계 대화상자에서 그림과 같이 설정하고, 〈다음〉을 클릭한다.

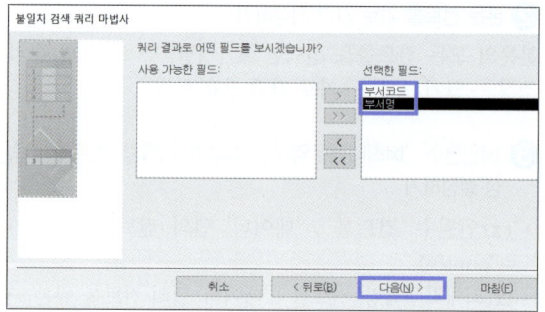

7. '불일치 검색 쿼리 마법사' 5단계 대화상자에서 쿼리 이름을 **미발령부서**로 입력하고, 〈마침〉을 클릭한다.

04.〈부서-입사년도별성적〉 쿼리 작성하기

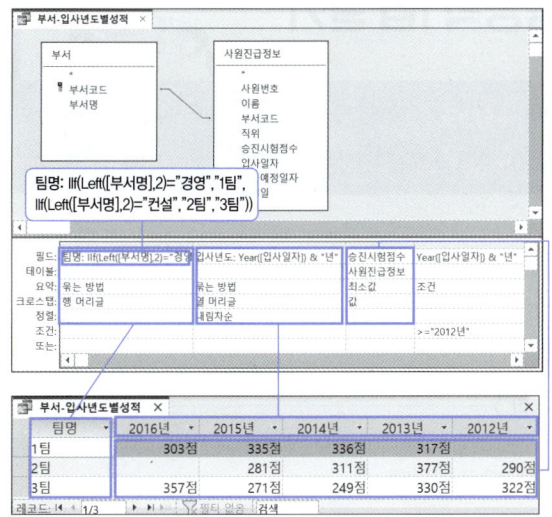

- '승진시험점수' 필드 속성 설정하기
  - '일반' 탭의 형식 속성 : 0점

05. 〈가산점조회〉 쿼리 작성하기

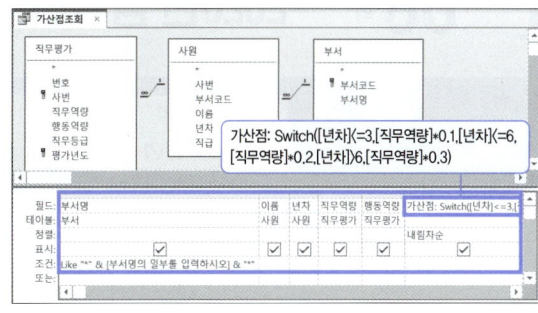

Switch([년차]<=3, [직무역량]*0.1, [년차]<=6, [직무역량]*0.2,
         ①   ②
[년차]>6, [직무역량]*0.3)
         ③

① '년차' 필드의 값이 3 이하이면, 직무역량의 10%를 표시합니다.
② '년차' 필드의 값이 6 이하이면, 직무역량의 20%를 표시합니다.
③ '년차' 필드의 값이 6을 초과하면, 직무역량의 30%를 표시합니다.

기·출·유·형

06회 2026년 컴퓨터활용능력 1급 실기

프로그램명	제한시간
ACCESS 2021	45분

수험번호 :
성　명 :

1급

〈 유 의 사 항 〉

- 인적 사항 누락 및 잘못 작성으로 인한 불이익은 수험자 책임으로 합니다.
- 화면에 암호 입력창이 나타나면 아래의 암호를 입력하여야 합니다.
  - 암호 : 914$87
- 작성된 답안은 주어진 경로 및 파일명을 변경하지 마시고 그대로 저장해야 합니다. 이를 준수하지 않으면 실격처리 됩니다.
  - 답안 파일명의 예 : C:\DB\수험번호 8자리.accdb
- 외부 데이터 위치 : C:\DB\파일명
- 별도의 지시사항이 없는 경우, 다음과 같이 처리하면 실격 처리됩니다.
  - 제시된 개체의 이름을 임의로 변경한 경우
  - 제시된 개체의 속성을 임의로 변경한 경우
  - 제시된 개체를 임의로 삭제하거나 추가한 경우
- 별도의 지시사항이 없는 경우, 기능의 구현은 모듈이나 매크로 등을 이용하며, 예외적인 상황에 대해서는 고려하지 않아도 됩니다.
- 제시된 함수가 있을 경우 제시된 함수만을 사용하여야 하며, 그 외 함수 사용시 채점 대상에서 제외됩니다.
- 별도의 지시사항이 없는 경우, 주어진 각 개체의 속성은 설정값 또는 기본 설정값(Default)으로 처리하십시오.
- 제시된 화면은 예시이며 나타난 값은 실제와 다를 수 있습니다.
- 저장 시간은 별도로 주어지지 아니하므로 제한된 시간 내에 저장을 완료해야 합니다.
- 본 문제의 용어는 MS Office LTSC Professional Plus 2021로 작성되었습니다.

대한상공회의소

문제 1   DB 구축 (25점)

1. 대학생 봉사활동을 관리하기 위해서 다음과 같이 데이터베이스를 구축하였다. 다음의 지시사항에 따라 〈봉사내역〉 테이블을 완성하시오. (각 3점)

   ① '기관코드' 필드에 소문자로 입력해도 대문자로 표시되도록 형식을 설정하시오.
   ② '봉사내용' 필드는 다음과 같이 입력 마스크를 설정하시오.
      ▶ 앞의 두 글자는 한글을 선택적으로 입력받되, 뒤의 세 글자는 "도우미"가 문자로 저장되도록 설정하시오.
      ▶ 데이터가 입력될 자리에 '*'이 표시되도록 설정하시오.
   ③ '봉사날짜' 필드에는 날짜 데이터가 입력되고 '2021년 04월 05일'과 같이 표시되도록 데이터 형식과 형식 속성을 설정하시오.
   ④ '시수' 필드에는 기본적으로 1이 입력되도록 설정하고 유효성 검사 규칙을 이용해 1~5까지만 입력되도록 설정하시오.
   ⑤ '봉사코드' 필드에 포커스가 이동하면 입력기가 영숫자 반자가 되도록 설정하시오.

2. 〈봉사내역〉 테이블의 '학번' 필드는 〈재학생〉 테이블의 '학번' 필드를, 〈봉사내역〉 테이블의 '기관코드' 필드는 〈봉사기관〉 테이블의 '기관코드' 필드를 참조하며, 각각 테이블 간의 관계는 M:1이다. 세 테이블에 대해 다음과 같이 관계를 설정하시오. (5점)

   ▶ 두 테이블 간에 항상 참조 무결성을 유지하도록 설정하시오.
   ▶ 〈재학생〉 테이블의 '학번' 필드가 변경되면 이를 참조하는 〈봉사내역〉 테이블의 '학번' 필드도 변경되고, 〈봉사기관〉 테이블의 '기관코드' 필드가 변경되면 이를 참조하는 〈봉사내역〉 테이블의 '기관코드' 필드도 변경되도록 설정하시오.
   ▶ 〈봉사내역〉 테이블에서 참조하고 있는 〈재학생〉과 〈봉사기관〉 테이블의 레코드를 삭제할 수 없도록 설정하시오.

3. '신입생추가.txt' 파일을 가져와 다음과 같이 '신입생' 테이블을 작성하시오. (5점)

   ▶ '신입생추가.txt' 파일의 첫 번째 행은 필드의 이름임
   ▶ 구분자는 세미콜론(;)이고, 기본 키는 Access에서 제공하는 기본 키를 설정할 것

문제 2   입력 및 수정 기능 구현 (20점)

1. 〈봉사내역〉 폼을 다음의 화면과 지시사항에 따라 완성하시오. (각 3점)

   ① 본문의 탭 순서는 화면의 왼쪽부터 차례대로 이동되도록 설정하시오.
   ② 'txt봉사날짜' 컨트롤에 표시되는 날짜가 "02월 01일"과 같이 표시되도록 형식을 설정하시오.
   ③ 'lst기관코드' 컨트롤을 다음의 조건에 맞게 목록 상자로 변경하시오.
      ▶ 목록 상자로 변경한 후 〈봉사기관〉 테이블의 '기관코드'와 '기관명' 필드를 표시하시오.

▶ 열 개수는 '2', 바운드 열은 '기관코드', 열 너비는 각각 1cm와 5cm, 높이는 2cm로 지정하시오.

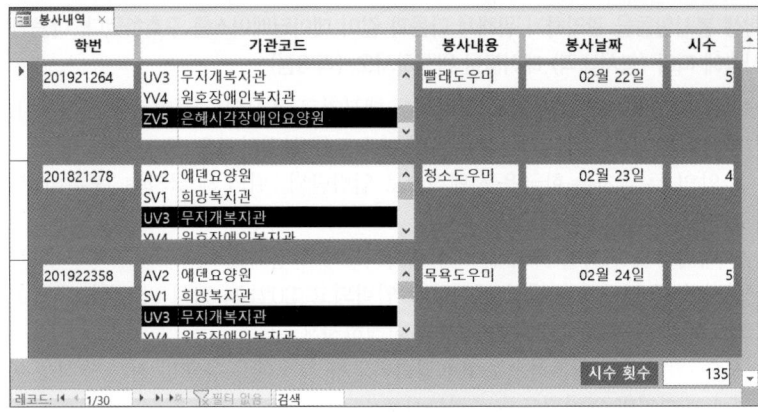

2. 〈기관별봉사내역〉 폼의 본문에 〈봉사내역〉 폼을 하위 폼으로 추가하시오. (6점)

▶ 기본 폼과 하위 폼의 연결 필드를 알맞게 지정하시오.
▶ 하위 폼/보고서 컨트롤의 이름은 '봉사내역'으로 설정하고, 하위 폼을 추가하면 표시되는 레이블은 삭제하시오.

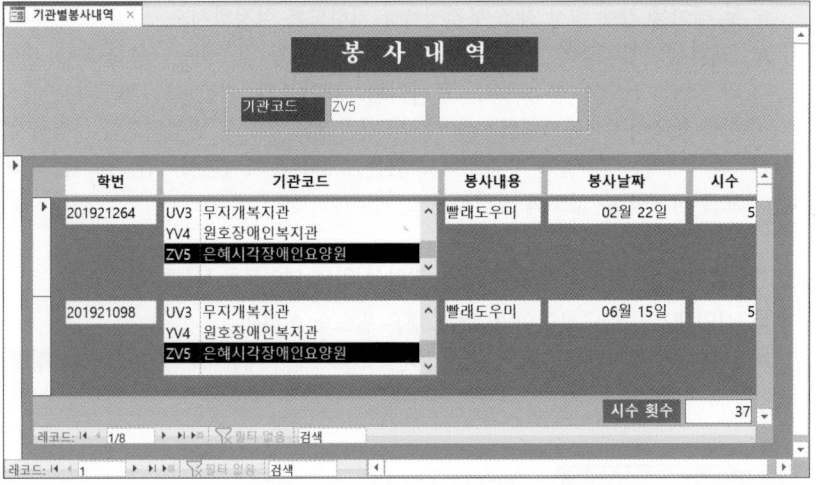

3. 〈학생봉사내역〉 폼의 '보고서'(cmd보고서) 단추를 클릭하면 〈학생별봉사내역〉 보고서를 '인쇄 미리 보기' 형식으로 여는 〈보고서보기〉 매크로를 생성하여 지정하시오. (5점)

▶ 매크로 조건 : '학번' 필드의 값이 'txt조회'에 입력된 '학번'과 같은 정보만 표시

문제 3 조회 및 출력 기능 구현 (20점)

1. 〈학생별봉사내역〉 보고서를 다음의 지시사항 및 〈화면〉을 참조하여 완성하시오. (각 3점)

   ① 보고서 머리글에 제목을 생성하시오.
      ▶ 이름 : LBL제목, 글꼴 이름 : 궁서체, 글꼴 크기 : 24, 글꼴색 : 검정, 텍스트 1, 텍스트 맞춤 : 가운데
   ② 본문의 'txt이름' 컨트롤에 '이름'과 '학번'이 다음과 같이 표시되도록 설정하시오.
      ▶ 표시 예 : 정상영/201822553
   ③ '기관코드' 필드를 기준으로 오름차순, '학번' 필드를 기준으로 내림차순 정렬되어 표시되도록 설정하시오.
   ④ 본문의 'txt기관명' 컨트롤에는 'txt기관코드'에 해당하는 '기관명'이 표시되도록 구현하시오.
      ▶ 〈봉사기관〉 테이블과 DLookup( ) 함수 사용
   ⑤ 페이지 바닥글의 'txt페이지' 컨트롤에는 페이지 번호가 다음과 같이 표시되도록 설정하시오.
      ▶ 표시 예 : 1/5쪽

학생별 봉사활동 내역

기관명	기관코드	봉사날짜	이름	봉사내용	시수
에덴요양원	AV2	2020-12-23	정상영/201822553	급식도우미	4
				봉사 개수:	1
무지개복지관	UV3	2020-12-24	박근진/201928458	빨래도우미	5
		2021-03-24	김나연/201927854	청소도우미	4
		2021-03-23	김나연/201927854	빨래도우미	5
		2021-05-21	이태환/201925685	목욕도우미	5
		2021-02-24	오소리/201922358	목욕도우미	5
		2021-05-20	최남선/201921651	청소도우미	4
		2021-04-23	유해선/201921098	급식도우미	4
		2021-04-22	유원선/201829452	목욕도우미	5
		2021-05-22	유원선/201829452	급식도우미	4
		2021-03-22	김우경/201825483	급식도우미	4
		2021-04-24	김조홍/201821587	빨래도우미	5
		2021-02-23	정다빈/201821278	청소도우미	4
				봉사 개수:	12
원호장애인복지관	YV4	2021-07-04	박근진/201928458	청소도우미	4
		2020-10-17	김나연/201927854	목욕도우미	5
		2020-10-15	오소리/201922358	빨래도우미	5
		2020-11-15	유원선/201829452	급식도우미	4
		2021-07-03	방성용/201826548	빨래도우미	5
		2020-10-16	김우경/201825483	청소도우미	4
		2021-07-02	정상영/201822553	급식도우미	4
		2021-09-04	정다빈/201821278	급식도우미	4
		2021-08-09	이은주/201820088	목욕도우미	5
				봉사 개수:	9
은혜시각장애인요양원	ZV5	2020-12-22	최남선/201921651	목욕도우미	5
		2021-06-17	최남선/201921651	목욕도우미	5
		2021-01-22	박그래/201921264	빨래도우미	5
		2021-06-15	유해선/201921098	빨래도우미	5
		2020-12-20	유해선/201921098	빨래도우미	5
		2021-06-16	김조홍/201821587	청소도우미	4
		2020-12-21	김조홍/201821587	청소도우미	4

2024년 10월 30일 수요일   1/2쪽

2. 〈봉사내역〉 폼 본문의 'txt시수' 컨트롤을 더블클릭하면 다음과 같은 기능을 수행하도록 이벤트 프로시저를 구현하시오. (5점)

   ▶ '시수' 필드를 기준으로 내림차순 정렬을 수행하시오.
   ▶ 폼의 OrderBy, OrderByOn 속성을 사용하시오.

문제 4 처리 기능 구현 (35점)

1. '연락처' 필드에 값이 입력되지 않은 레코드를 대상으로 '확인한 월'을 매개 변수로 입력받아 '비고' 필드의 값을 변경하는 〈연락처미입력확인〉 업데이트 쿼리를 작성한 후 실행하시오. (7점)

   ▶ 〈재학생〉 테이블을 이용하시오.
   ▶ '연락처' 필드가 Null인 경우 매개 변수로 입력받은 '확인한 월'을 [표시 예]와 같이 표시하시오.
      [표시 예] 확인한 월이 7인 경우 → 연락처 미입력(7월 확인)
   ▶ Is 연산자를 사용하시오.

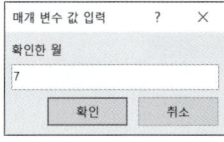
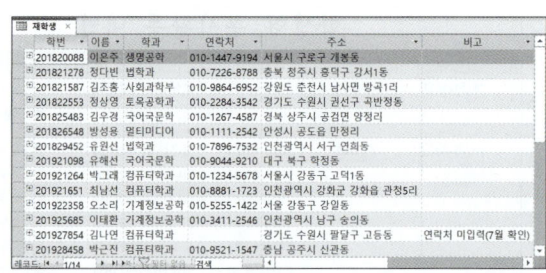

※ 〈연락처미입력확인〉 쿼리의 매개 변수 값으로 7을 입력하여 실행한 후의 〈재학생〉 테이블

2. '학과'과 "컴퓨터학과"이고 '주소'가 "인천" 지역인 학생의 "시수" 합계를 조회하는 〈인천거주학생의시수합계〉 쿼리를 작성하시오. (7점)

   ▶ 〈재학생봉사내역〉 쿼리를 이용하시오.
   ▶ 쿼리 실행 결과 표시되는 필드와 필드명은 〈그림〉과 같이 표시되도록 설정하시오.

3. '봉사날짜'를 기준으로 월별 봉사활동의 횟수를 조회하는 〈월별봉사활동〉 쿼리를 작성하시오. (7점)

   ▶ 〈재학생봉사내역〉 쿼리를 이용하시오.
   ▶ '횟수'는 '학번' 필드를 이용하시오.
   ▶ 쿼리 실행 결과 표시되는 필드와 필드명, 필드의 형식은 〈그림〉과 같이 표시되도록 설정하시오.

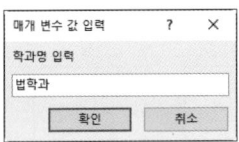

4. 〈재학생봉사내역〉 쿼리를 이용하여 검색할 학과명을 입력받아 입력받은 학과명에 해당하는 활동도를 조회하는 〈년도별학과활동도〉 쿼리를 작성하시오. (7점)

   ▶ 활동년도는 '봉사날짜' 필드를 이용하시오. (Year 함수 사용)
   ▶ 활동도는 '시수' 필드를 이용하시오. (String, Count 함수 사용)
   ▶ 쿼리 실행 결과 표시되는 필드와 필드명은 〈그림〉과 같이 표시되도록 설정하시오.

5. 〈재학생〉, 〈봉사내역〉, 〈봉사기관〉 테이블을 이용하여 학과명의 일부를 매개 변수로 입력받고, 해당 학과의 봉사현황을 조회하여 새 테이블로 생성하는 〈학과현황생성〉 쿼리를 작성하고 실행하시오. (7점)

   ▶ 쿼리 실행 후 생성되는 테이블의 이름은 〈조회학과봉사현황〉으로 설정하시오.
   ▶ 쿼리 실행 결과 생성되는 테이블의 필드는 그림을 참고하여 수험자가 판단하여 설정하시오.

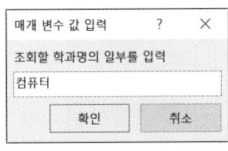
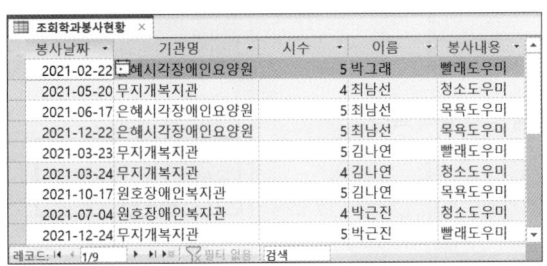

※ 〈학과현황생성〉 쿼리의 매개 변수 값으로 "컴퓨터"를 입력하여 실행한 후의 〈조회학과봉사현황〉 테이블

06회 컴퓨터활용능력 1급 실기(액세스) 정답 및 해설

문제 1   DB 구축

01. 〈봉사내역〉 테이블 완성하기

❶ '기관코드' 필드의 형식 속성

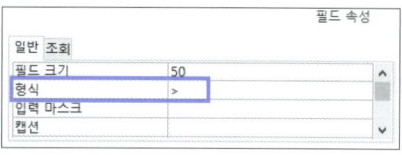

❷ '봉사내용' 필드의 입력 마스크 속성

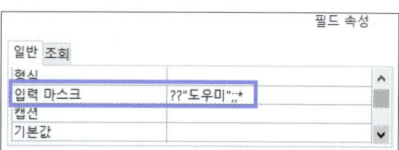

❸ '봉사날짜' 필드의 데이터 형식 및 형식 속성

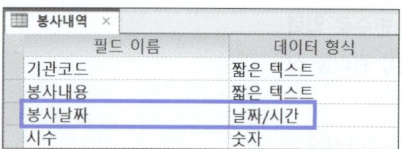

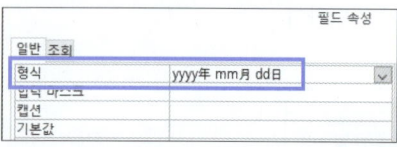

❹ '시수' 필드의 기본값 및 유효성 검사 규칙 속성

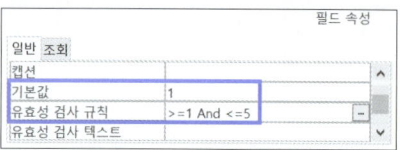

❺ '봉사코드' 필드의 IME 모드 속성

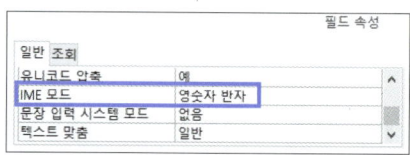

02. 〈재학생〉 테이블, 〈봉사내역〉 테이블, 〈봉사기관〉 테이블 간의 관계 설정하기

정답

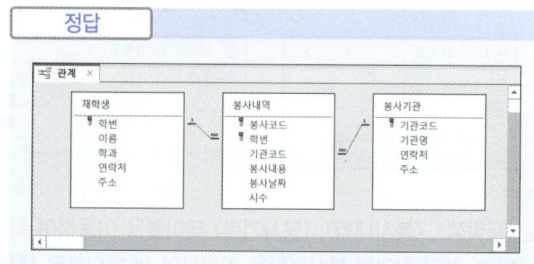

- 〈재학생〉 테이블과 〈봉사내역〉 테이블 간의 '관계 편집' 대화상자

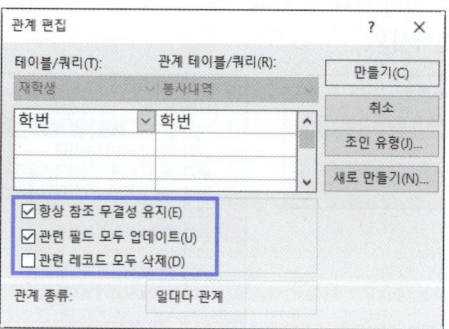

- 〈봉사기관〉 테이블과 〈봉사내역〉 테이블 간의 '관계 편집' 대화상자

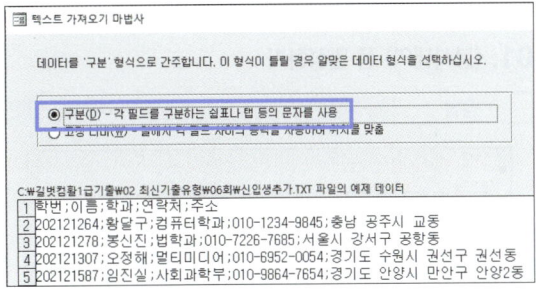

2. '텍스트 가져오기 마법사' 1단계 대화상자

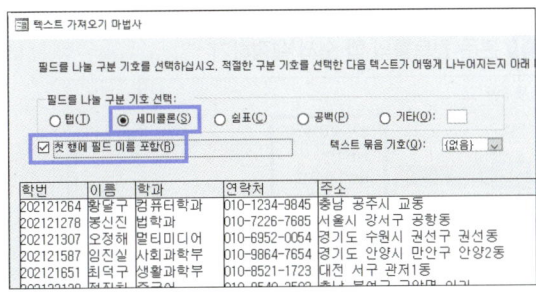

3. '텍스트 가져오기 마법사' 2단계 대화상자

03. '신입생추가.txt' 파일 가져오기

정답

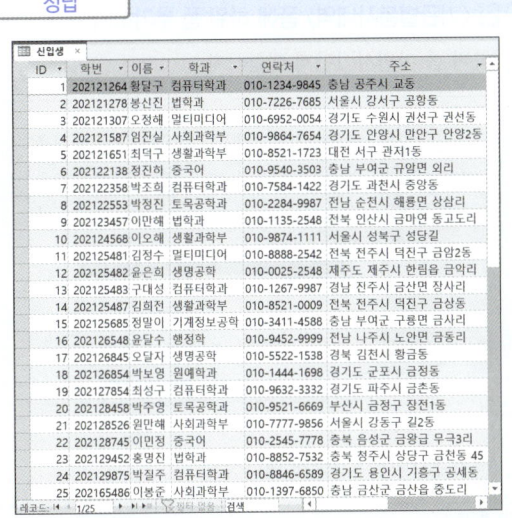

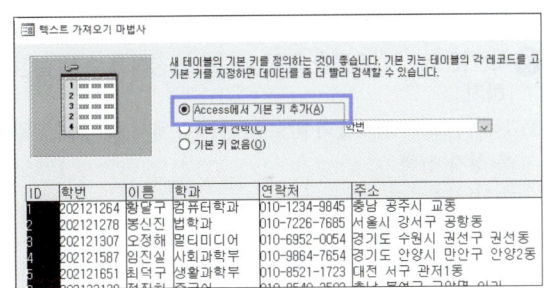

4. '텍스트 가져오기 마법사' 4단계 대화상자

1. '외부 데이터 가져오기 - 텍스트 파일' 대화상자

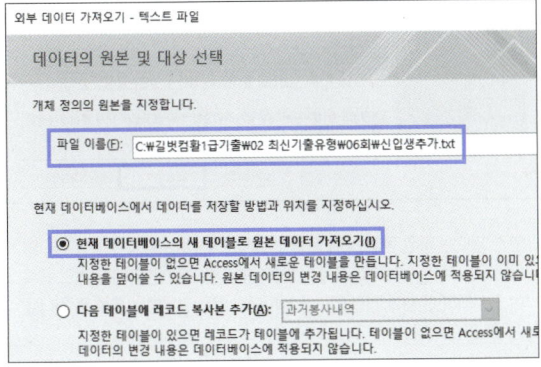

5. '텍스트 가져오기 마법사' 5단계 대화상자

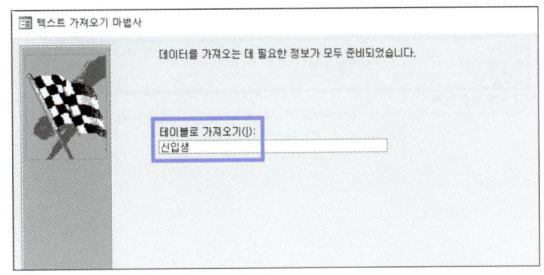

| 문제 2 | 입력 및 수정 기능 구현 | 정답 |

01. 〈봉사내역〉 폼 완성하기

> 정답

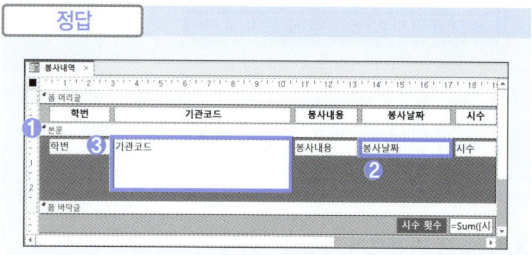

❶ 본문 컨트롤의 탭 순서 설정하기

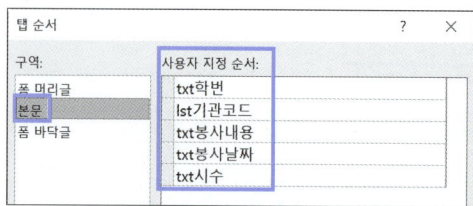

❷ 'txt봉사날짜' 컨트롤에 속성 설정하기
'형식' 탭의 형식 → mm월 dd일

❸ 'lst기관코드' 컨트롤을 목록 상자로 변경하고 속성 설정하기
① 'lst기관코드' 컨트롤의 바로 가기 메뉴에서 [변경] → **목록 상자** 선택
② 속성 지정하기
  • '행 원본', '바운드 열' 속성 설정

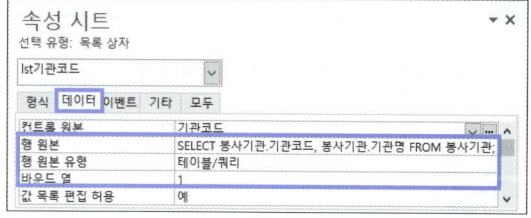

• '열 개수', '열 너비', '높이' 속성 설정

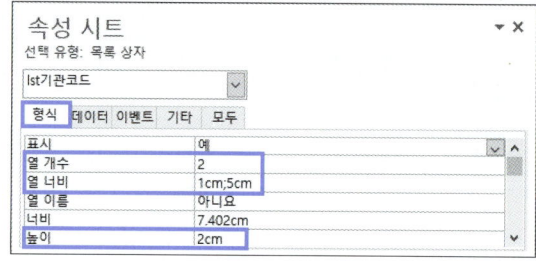

02. 〈기관별봉사내역〉 폼에 하위 폼 추가하기

1. '하위 폼 마법사' 1단계 대화상자

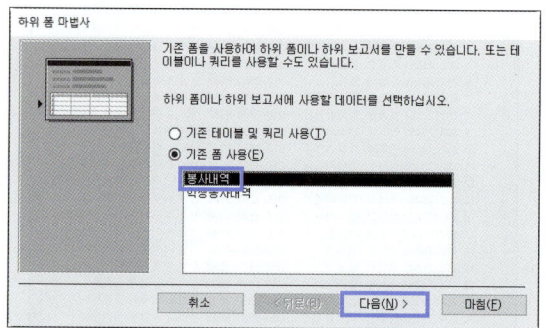

2. '하위 폼 마법사' 2단계 대화상자

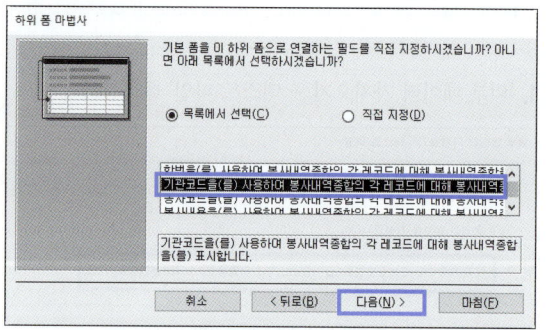

연결 필드는 하위 폼과 상위 폼을 연결시킬 수 있는 공통적인 필드를 말하는 것으로, 일 대 다의 관계가 설정되면 자동으로 연결 대상 필드 목록이 표시되며, 문제에 연결 필드가 제시되지 않은 경우에는 목록 중 하나를 선택하면 됩니다.

3. '하위 폼 마법사' 3단계 대화상자

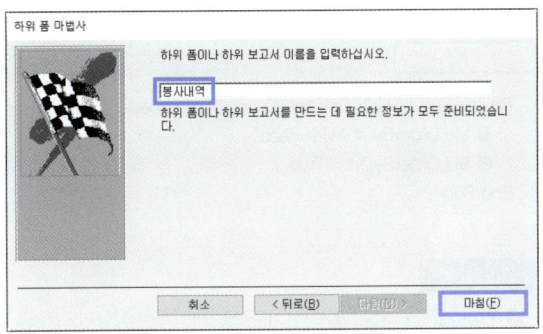

4. 하위 폼 좌측 상단에 삽입된 레이블의 외곽선을 클릭하여 선택한 후 Delete 를 눌러 레이블을 삭제한다.

03. '보고서'(cmd보고서) 단추에 기능 구현하기

정답

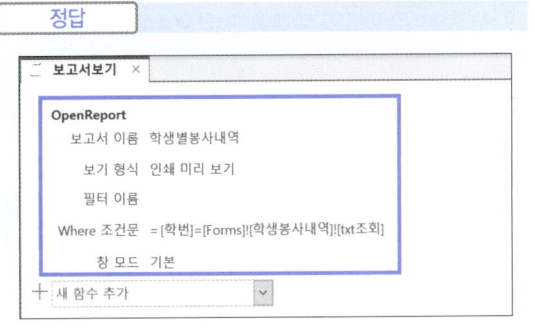

1. 매크로에 이름을 지정하여 사용하는 경우는 먼저 매크로 개체를 생성한 후 이를 연결하여 사용하면 된다. [만들기] → 매크로 및 코드 → **매크로**를 클릭한다.
2. '매크로' 대화상자에서 정답과 같이 설정한 후 매크로 대화상자의 닫기 단추를 클릭한 다음 저장 여부를 묻는 대화상자에서 〈예〉를 클릭한다.
3. '다른 이름으로 저장' 대화상자에서 매크로 이름을 **보고서보기**로 입력한 다음 〈확인〉을 클릭한다.
4. 〈학생봉사내역〉 폼을 디자인 보기 상태로 연다. 이어서 'cmd보고서' 컨트롤을 더블클릭한다.
5. 'cmd보고서' 속성 시트 창의 '이벤트' 탭에서 'On Click' 이벤트의 목록 단추를 눌러 '보고서보기' 매크로를 선택한다.

문제 3 조회 및 출력 기능 구현

01. 〈학생별봉사내역〉 보고서 완성하기

정답

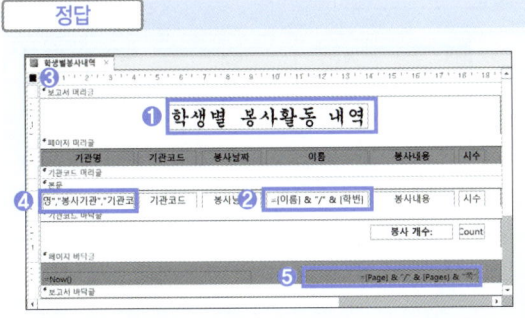

❶ 제목 생성하기
① [보고서 디자인] → 컨트롤 → **레이블(가가)**을 클릭한 후 보고서 머리글의 적당한 위치에 드래그한다.
② **학생별 봉사활동 내역**을 입력한 후 [서식] → 글꼴에서 글꼴 '궁서체', 크기 24, 글꼴 색 '검정, 텍스트 1', '가운데 맞춤'을 지정한다.
③ '기타' 탭의 이름 속성에 **LBL제목**을 입력한다.

❷ 'txt이름' 컨트롤에 속성 설정하기
'데이터' 탭의 컨트롤 원본 → =[이름] & "/" & [학번]

❸ '그룹, 정렬 및 요약' 창

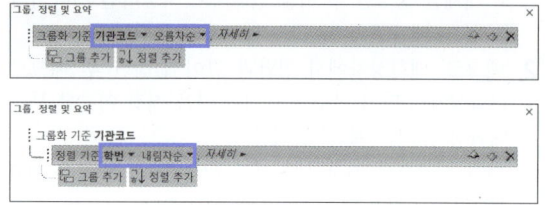

❹ 'txt기관명' 컨트롤에 속성 설정하기
'데이터' 탭의 컨트롤 원본 →
=DLookup("기관명","봉사기관","기관코드=txt기관코드")

❺ 'txt페이지' 컨트롤에 속성 설정하기
'데이터' 탭의 컨트롤 원본 → =[Page] & "/" & [Pages] & "쪽"

02. 〈봉사내역〉 폼 본문의 'txt시수' 컨트롤에 더블클릭 기능 구현하기

정답

```
Private Sub txt시수_DblClick(Cancel As Integer)
    ❶ Me.OrderBy = "시수 desc"
    ❷ Me.OrderByOn = True
End Sub
```

코드설명

❶ 현재 개체가 '시수' 필드를 기준으로 내림차순 정렬되도록 정렬 기준을 정의한다.
   • OrderBy : 폼이나 보고서가 열릴 때 적용할 정렬 기준을 정의하는 속성
❷ 현재 개체의 OrderBy 속성에 정의된 기준을 적용한다.
   • OrderByOn : OrderBy에 정의된 정렬 기준을 폼이나 보고서에 적용할지를 지정함
     − True (−1, 예) : 개체의 OrderBy 속성이 적용됨
     − False (0, 아니오) : 개체에 적용된 OrderBy 속성을 해제함 (기본값)

문제 4 처리 기능 구현

01. 〈연락처미입력확인〉 쿼리 작성하기

쿼리 작성기
[쿼리 디자인] → 쿼리 유형 → **업데이트(**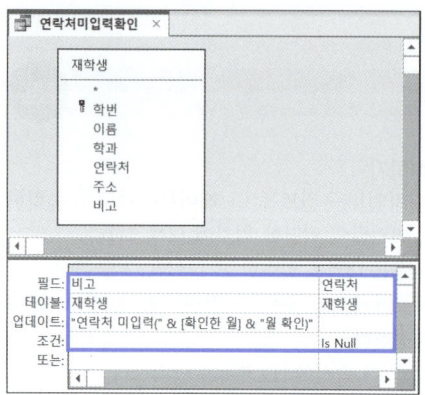

02. 〈인천거주학생의시수합계〉 쿼리 작성하기

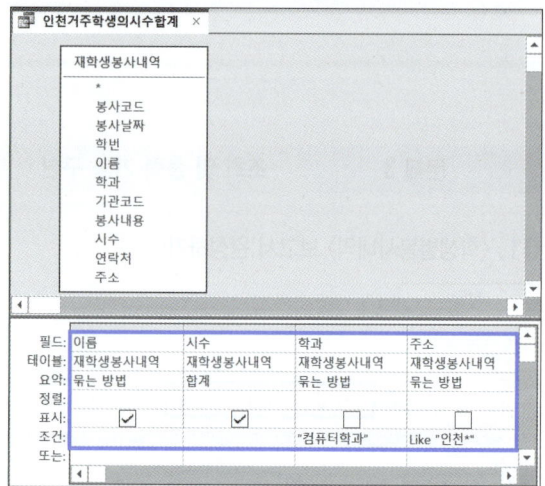

03. 〈월별봉사활동〉 쿼리 작성하기

• 쿼리 작성기

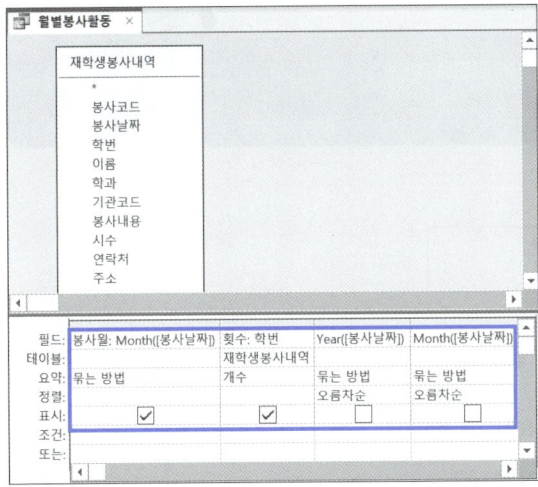

'재학생봉사내역' 쿼리의 '봉사날짜' 필드에는 '2019년 10월'부터 '2020년 9월'까지의 데이터가 입력되어 있으므로, 문제에 제시된 쿼리 실행 결과 〈그림〉과 같이 봉사월을 '10월', '11월', '12월', '1월', '2월', …, '9월'의 순서대로 표시하기 위해서는 '봉사날짜' 필드의 년도를 기준으로 오름차순으로 정렬한 후 이어서 '봉사날짜' 필드의 월을 기준으로 오름차순으로 정렬을 해야 합니다.

• '봉사월' 필드 속성 설정하기
  '일반' 탭의 형식 → #월

04. 〈년도별학과활동도〉 쿼리 작성하기

쿼리 작성기

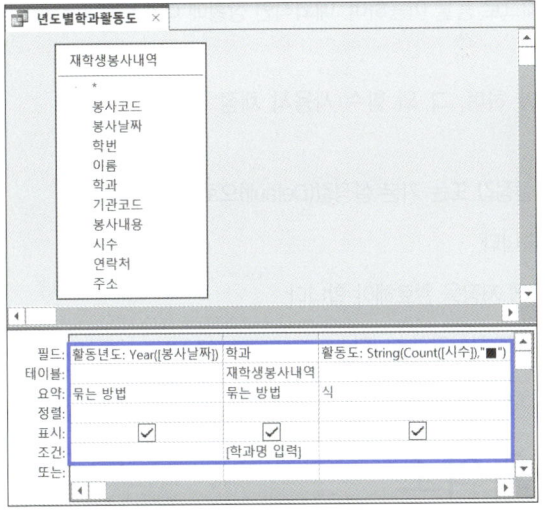

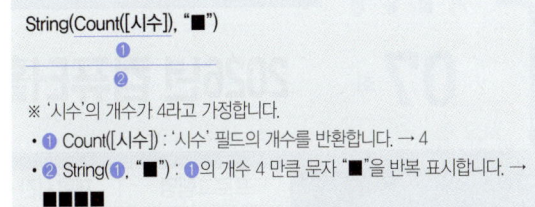

※ '시수'의 개수가 4라고 가정합니다.
• ❶ Count([시수]) : '시수' 필드의 개수를 반환합니다. → 4
• ❷ String(❶, "■") : ❶의 개수 4 만큼 문자 "■"을 반복 표시합니다. →
  ■■■■

05. 〈학과현황생성〉 쿼리 작성하기

• 쿼리 작성기

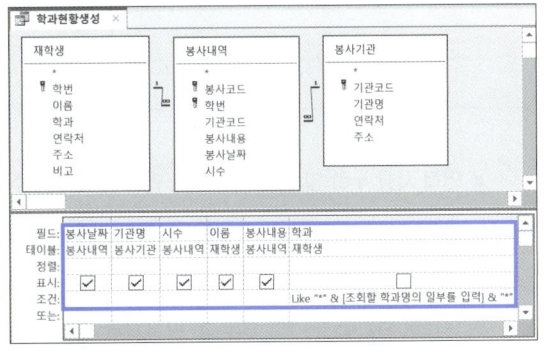

• '테이블 만들기' 대화상자

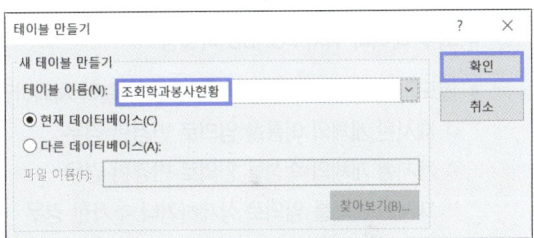

기·출·유·형

07회 2026년 컴퓨터활용능력 1급 실기

프로그램명	제한시간
ACCESS 2021	45분

수험번호 :
성　　명 :

1급

⟨ 유 의 사 항 ⟩

- 인적 사항 누락 및 잘못 작성으로 인한 불이익은 수험자 책임으로 합니다.
- 화면에 암호 입력창이 나타나면 아래의 암호를 입력하여야 합니다.
  - 암호 : 1^6875
- 작성된 답안은 주어진 경로 및 파일명을 변경하지 마시고 그대로 저장해야 합니다. 이를 준수하지 않으면 실격처리 됩니다.
  - 답안 파일명의 예 : C:\DB\수험번호 8자리.accdb
- 외부 데이터 위치 : C:\DB\파일명
- 별도의 지시사항이 없는 경우, 다음과 같이 처리하면 실격 처리됩니다.
  - 제시된 개체의 이름을 임의로 변경한 경우
  - 제시된 개체의 속성을 임의로 변경한 경우
  - 제시된 개체를 임의로 삭제하거나 추가한 경우
- 별도의 지시사항이 없는 경우, 기능의 구현은 모듈이나 매크로 등을 이용하며, 예외적인 상황에 대해서는 고려하지 않아도 됩니다.
- 제시된 함수가 있을 경우 제시된 함수만을 사용하여야 하며, 그 외 함수 사용시 채점 대상에서 제외됩니다.
- 별도의 지시사항이 없는 경우, 주어진 각 개체의 속성은 설정값 또는 기본 설정값(Default)으로 처리하십시오.
- 제시된 화면은 예시이며 나타난 값은 실제와 다를 수 있습니다.
- 저장 시간은 별도로 주어지지 아니하므로 제한된 시간 내에 저장을 완료해야 합니다.
- 본 문제의 용어는 MS Office LTSC Professional Plus 2021로 작성되었습니다.

대한상공회의소

문제 1   DB 구축 (25점)

1. 학생을 관리하기 위하여 데이터베이스를 구축하고자 한다. 다음의 지시사항에 따라 〈학생〉 테이블을 완성하시오. (각 3점)

   ① '학번' 필드에는 9글자까지만 입력되도록 필드 크기를 설정하시오.
   ② '이름' 필드의 IME 모드는 한글로, 빈 문자열은 허용하지 않도록 설정하시오.
   ③ '반' 필드에는 "A", "B", "C", "D"만 입력되도록 설정하시오.
   ④ '연락처' 필드에는 입력시 '####-####'과 같은 형태로 표시하되, 기호도 저장되록 입력 마스크를 설정하시오.
       ▶ 사용자 지정 기호 #을 사용할 것
   ⑤ '주민등록번호' 필드에 대해 다음과 같이 입력되도록 설정하시오.
       ▶ 7번째 자리에 입력되는 '-' 이후에 반드시 7자리가 입력되도록 할 것

2. 〈자격취득〉 테이블의 '학번' 필드와 〈성적〉 테이블의 '학번' 필드는 〈학생〉 테이블의 '학번' 필드를 참조하며, 각 테이블 간에 M:1의 관계를 갖는다. 세 테이블에 대하여 다음과 같이 관계를 설정하시오. (5점)

   ▶ 두 테이블 간에 항상 참조 무결성을 유지하도록 설정하시오.
   ▶ 〈학생〉 테이블의 '학번'이 삭제되면 이를 참조하는 〈자격취득〉 테이블과 〈성적〉 테이블의 '학번'도 삭제되도록 설정하시오.

3. 다음 지시사항에 따라 '신규자격.txt' 파일에 대한 연결 테이블을 작성하시오. (5점)

   ▶ '신규자격.txt' 파일의 첫 번재 행은 필드의 이름이다.
   ▶ 구분자는 세미콜론(;)으로 설정하시오.
   ▶ 연결 테이블의 이름은 '신규자격'으로 하시오.

문제 2   입력 및 수정 기능 구현 (20점)

1. 학생 정보를 입력하는 〈성적입력세부〉 폼을 다음의 화면과 지시사항에 따라 완성하시오. (각 3점)

   ① 'txt이름' 컨트롤에는 '이름'과 '나이'가 표시되도록 설정하시오.
       ▶ 표시 예 : 강민용(만 40세)
   ② 폼 바닥글에 다음과 같이 그림을 삽입하시오.
       ▶ 그림 파일 이름 : 로고.png   ▶ 그림 너비 : 1cm
       ▶ 그림 높이 1cm   ▶ 그림 유형 : 포함
       ▶ 그림 이름 : IMG그림
   ③ 'txt평균' 컨트롤에는 '점수'의 평균이 표시되도록 컨트롤 원본과 형식 속성을 설정하시오.
       ▶ 표시 예 : 1.5(단, 평균이 0일 경우 0.0으로 표시되도록 설정하시오.)

2. 〈성적입력세부〉 폼 본문의 모든 컨트롤에 대하여 다음과 같이 조건부 서식을 설정하시오. (6점)
   ▶ '학점' 필드가 비어있는 본문의 모든 컨트롤에 대한 배경색으로 노랑색을 적용하는 조건부 서식을 설정하시오.
   ▶ 1번 〈그림〉 참조

3. 〈성적입력〉 폼의 본문 영역에 다음의 지시사항을 참조하여 '단추' 컨트롤을 생성하시오. (5점)
   ▶ 명령 단추를 클릭하면 〈과목별성적표〉 보고서를 '인쇄 미리 보기' 형식으로 여는 〈보고서출력〉 매크로를 생성한 후 지정하시오.
   ▶ 컨트롤의 이름은 'cmd출력'으로 지정하시오.

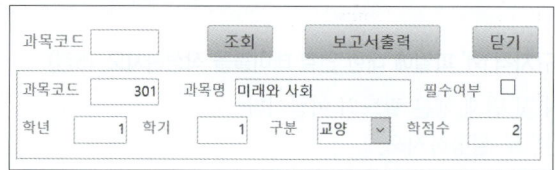

문제 3 조회 및 출력 기능 구현 (20점)

1. 다음의 지시사항 및 화면을 참조하여 〈과목별성적표〉 보고서를 완성하시오. (각 3점)
   ① 〈성적세부정보〉 쿼리를 레코드 원본으로 설정하시오.
   ② 'txt이름' 컨트롤에는 '이름' 필드의 값이 [표시 예]와 같이 표시되도록 '컨트롤 원본'과 '형식' 속성을 설정하시오.
      ▶ 표시 예 : 강민용 → 강민용 학생
   ③ '과목코드' 머리글 영역이 시작되기 전에 페이지를 바꾸도록 '페이지 바꿈' 속성을 설정하시오.
   ④ 페이지 바닥글의 'txt시간' 컨트롤에 현재 시간이 다음과 같은 형식으로 표시되도록 컨트롤 원본과 형식 속성을 설정하시오.
      ▶ 표시 예 : 오후 2:02:33
      ▶ Now 함수 이용
   ⑤ 페이지 바닥글의 'txt페이지' 컨트롤에는 '현재 페이지 / 전체 페이지' 형태로 표시되도록 설정하시오.

▶ 전체 페이지 수가 5이고 현재 페이지가 2이면 '2 / 5'와 같이 표시

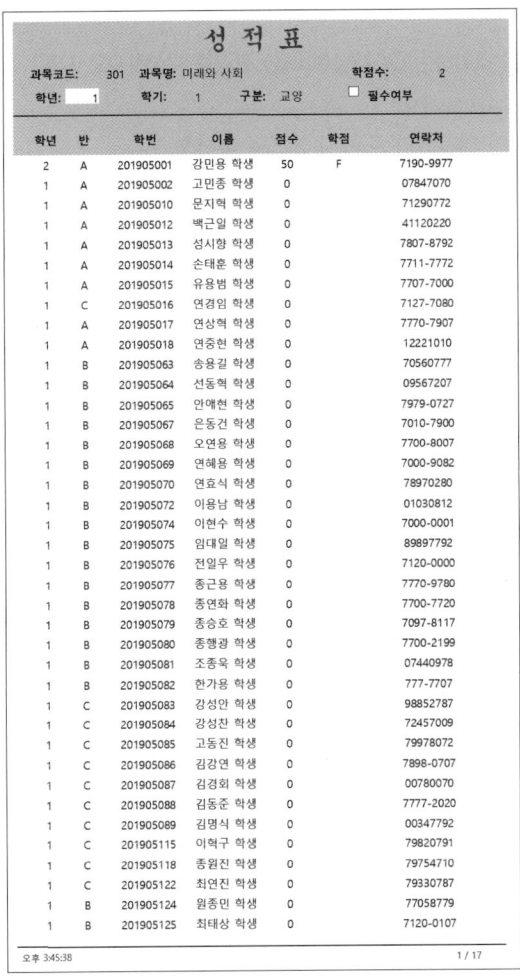

2. 〈성적입력〉 폼에서 '닫기'(cmd닫기) 단추를 클릭하면 현재 시간과 '열려진 폼을 종료할까요?'라는 메시지, 그리고 '예(Y)'와 '아니오(N)' 단추가 있는 메시지 상자가 〈그림〉과 같이 나타나도록 이벤트 프로시저를 구현하시오. (5점)

▶ 〈예〉 단추를 클릭했을 때는 변경 내용을 저장하고 바로 폼을 종료하시오.
▶ 〈아니요〉 단추를 클릭했을 때는 폼 본문의 'txt과목조회' 컨트롤로 포커스가 이동되도록 하시오(GoToControl 함수 사용).
▶ 기본적으로 〈예〉 단추가 선택되어 있도록 설정하시오.
▶ Time 함수를 사용하여 현재 시간을 표시하시오.

문제 4   처리 기능 구현 (35점)

1. 지역별 남자비율과 여자비율을 조회하는 〈2023남여비율〉 쿼리를 작성하시오. (7점)
   - ▶ 〈응시학생수〉 테이블을 이용하시오.
   - ▶ '년도' 필드의 값이 2023인 레코드만 조회 대상으로 하시오.
   - ▶ '남자비율'은 다음과 같이 계산된 결과 값 만큼을 "■"로 표시하시오.
     남자비율 = ('남' 필드의 합계 / '학생수' 필드의 합계 × 100) / 10
   - ▶ '여자비율'은 다음과 같이 계산된 결과 값 만큼을 "■"로 표시하시오.
     여자비율 = ('여' 필드의 합계 / '학생수' 필드의 합계 × 100) / 10
   - ▶ String, Sum 함수를 사용하시오.

2. 〈학생〉과 〈성적〉 테이블을 이용하여 이름별 평균 점수를 조회하는 〈상위권점수〉 쿼리를 작성하시오. (7점)
   - ▶ '핸드폰' 필드는 [표시 예]와 같이 '연락처' 필드의 마지막 다섯 글자를 제외한 앞의 나머지 글자를 "*"로 표시하고, '연락처' 필드의 앞쪽에 "HP 010-"를 붙여 표시하시오.
     [표시 예] 7190-9977 → HP 010-****-9977
   - ▶ '평균 점수' 필드는 '점수' 필드를 이용하여, [표시 예]와 같이 표시되도록 '형식'과 '소수 자릿수' 속성을 설정하시오.
     [표시 예] 0 → 0.0, 30.25 → 30.3
   - ▶ '반' 중 "D"는 조회 대상에서 제외하고, [표시 예]와 같이 표시되도록 '형식' 속성을 설정하시오.
     [표시 예] A → A 등급반
   - ▶ '평균 점수'가 높은 순으로 상위 5개 레코드만 조회 대상으로 설정하시오.
   - ▶ String, Len, Right 함수와 & 연산자를 사용하시오.
   - ▶ 쿼리 실행 결과 표시되는 필드와 필드명은 〈그림〉과 같이 표시되도록 설정하시오.

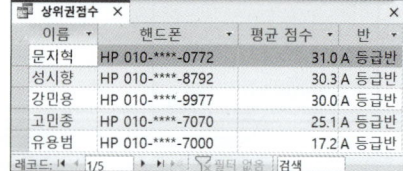

3. 학생의 성취도와 이름을 매개 변수로 입력받아 해당 학생의 성취도만큼 〈학생〉 테이블의 비고란에 "★"을 표시하는 〈성취도확인〉 업데이트 쿼리를 작성한 후 실행하시오. (7점)

   ▶ String 함수를 사용하시오.

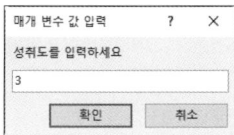 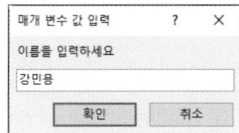

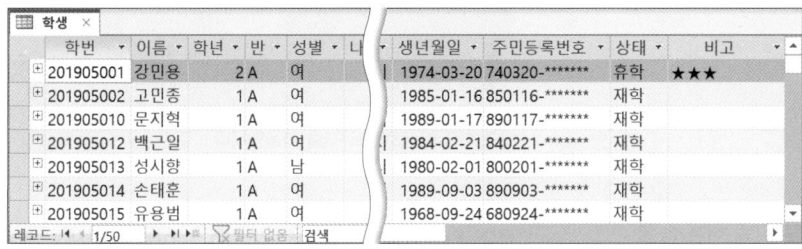

※ 매개 변수 값으로 '성취도'에 3을 '이름'에 "강민용"을 입력하여 실행한 후의 〈학생〉 테이블

4. 〈성적세부정보〉 쿼리를 이용하여 '학점'을 매개 변수로 입력받고, 입력된 '학점'에 해당하는 학생들의 정보를 새 테이블로 생성하는 〈상담대상선별〉 쿼리를 작성하고 실행하시오. (7점)

   ▶ 쿼리 실행 후 생성되는 테이블의 이름은 〈선정된상담대상〉으로 설정하시오.
   ▶ 쿼리 실행 결과 표시되는 필드와 필드명은 〈그림〉과 같이 표시되도록 설정하시오.

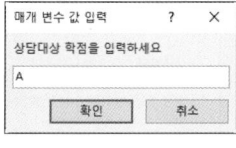 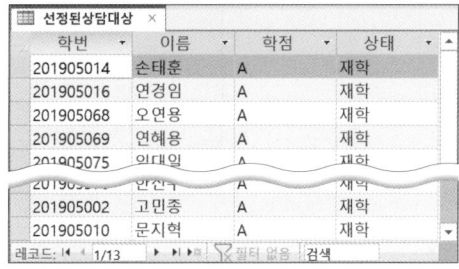

※ 〈상담대상선별〉 쿼리의 매개 변수 값으로 "A"를 입력하여 실행한 후의 〈선정된상담대상〉 테이블

5. 성별, 과목명별로 인원수를 조회하는 〈인원수조회〉 크로스탭 쿼리를 작성하시오. (7점)

   ▶ 〈학생〉, 〈성적〉, 〈과목〉 테이블을 이용하시오.
   ▶ 인원수는 〈학생〉 테이블의 '학번' 필드를 이용하시오.
   ▶ 〈성적〉 테이블의 '과목코드'가 3부터 6까지의 문자 중 하나로 끝나는 것만 조회 대상으로 하시오. (Like 연산자 사용)
   ▶ 쿼리 실행 결과 표시되는 필드와 필드명은 〈그림〉과 같이 표시되도록 설정하시오.

07회 컴퓨터활용능력 1급 실기(액세스) 정답 및 해설

문제 1 DB 구축

01. 〈학생〉 테이블 완성하기

❶ '학번' 필드의 필드 크기 속성

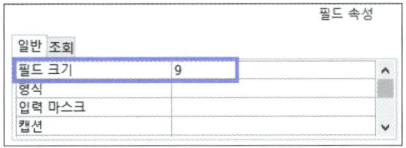

❷ '이름' 필드의 IME 모드와 빈 문자열 허용 속성

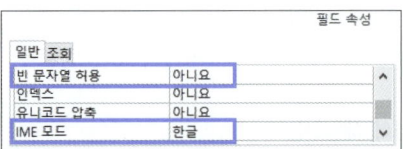

❸ '반' 필드의 유효성 검사 규칙 속성

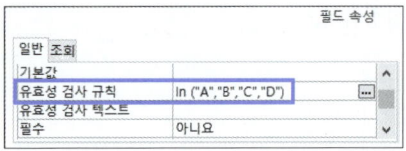

❹ '연락처' 필드의 입력 마스크 속성

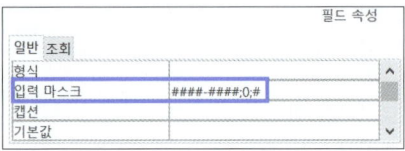

❺ '주민등록번호' 필드의 유효성 검사 규칙 속성

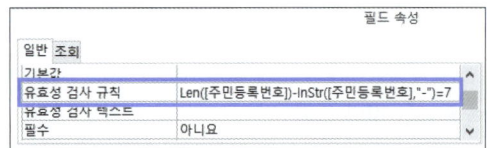

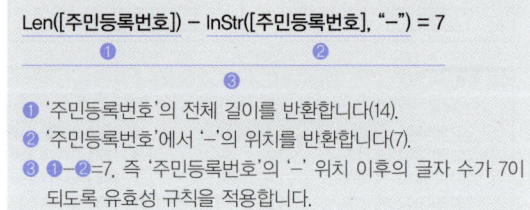

❶ '주민등록번호'의 전체 길이를 반환합니다(14).
❷ '주민등록번호'에서 '-'의 위치를 반환합니다(7).
❸ ❶-❷=7, 즉 '주민등록번호'의 '-' 위치 이후의 글자 수가 7이 되도록 유효성 규칙을 적용합니다.

02. 〈자격취득〉 테이블, 〈성적〉 테이블, 〈학생〉 테이블 간의 관계 설정하기

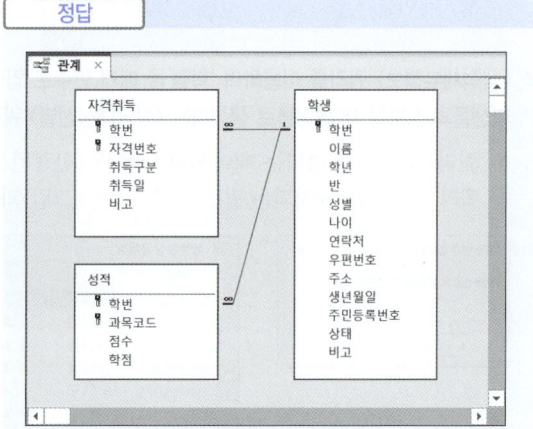

• 〈학생〉과 〈자격취득〉 테이블의 '관계 편집' 대화상자

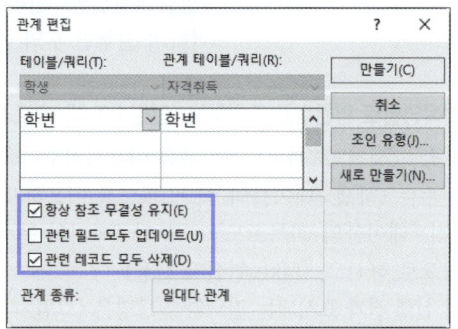

- 〈학생〉과 〈성적〉 테이블의 '관계 편집' 대화상자

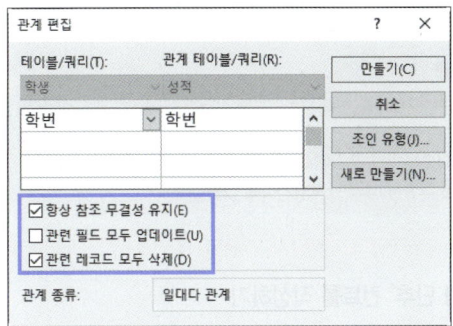

03. '신규자격.txt' 파일 연결하기

정답

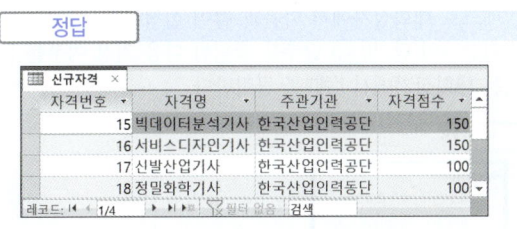

1. '외부 데이터 가져오기 – 텍스트 파일' 대화상자

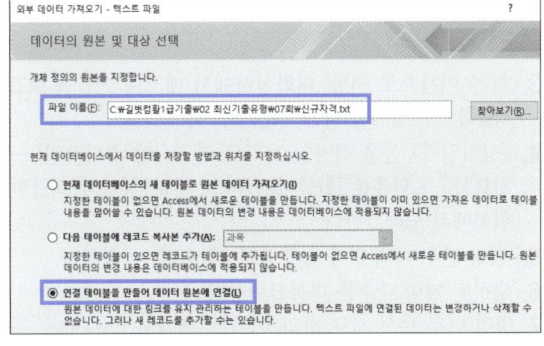

2. '텍스트 파일 가져오기' 1단계 대화상자

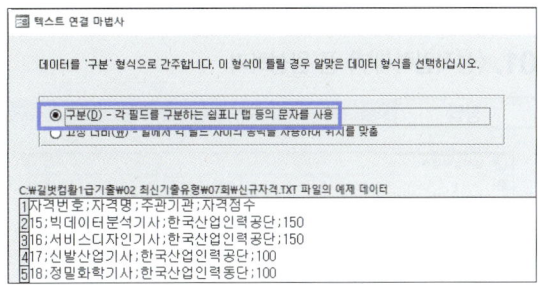

3. '텍스트 파일 가져오기' 2단계 대화상자

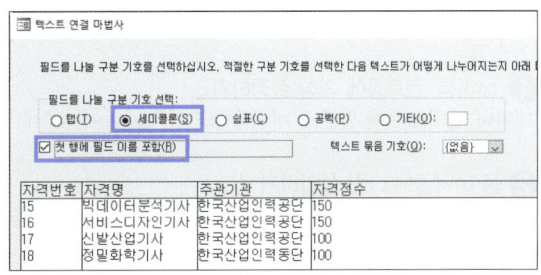

4. '텍스트 파일 가져오기' 4단계 대화상자

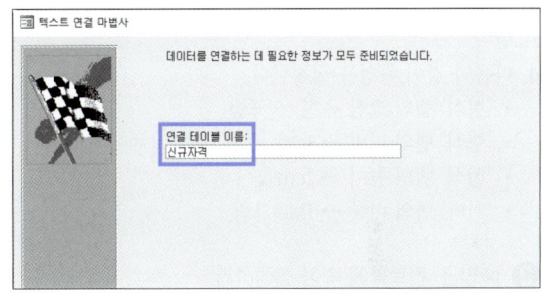

| 문제 2 | 입력 및 수정 기능 구현 | 정답 |

01. 〈성적입력세부〉 폼 완성하기

정답

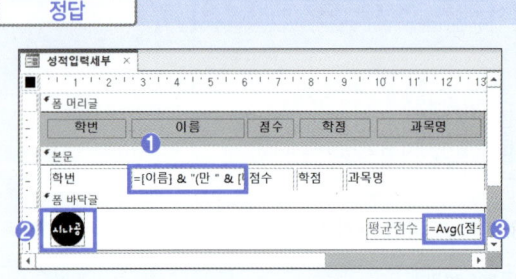

❶ 'txt이름' 컨트롤에 속성 설정하기
'데이터' 탭의 컨트롤 원본 → =[이름] & "(만 " & [나이] & "세)"

❷ 폼 바닥글에 그림 삽입하기
1. [양식 디자인] → 컨트롤 → 이미지 삽입 → **찾아보기**를 클릭한다.
2. '그림 삽입' 대화상자에서 찾는 위치를 'C:\DB'로 지정한 후 '로고.png'를 선택한 다음 〈확인〉을 클릭한다.
3. 폼 바닥글의 왼쪽에 마우스를 드래그하여 그림을 삽입한다.
4. 다음과 같이 속성을 설정한다.
   • '형식' 탭의 그림 유형 → 포함
   • '형식' 탭의 너비 → 1cm
   • '형식' 탭의 높이 → 1cm
   • '기타' 탭의 이름 → IMG그림

❸ 'txt평균' 컨트롤에 속성 설정하기
• '데이터' 탭의 컨트롤 원본 → =Avg([점수])
• '형식' 탭의 형식 → 0.0

02. 〈성적입력세부〉 폼에 조건부 서식 설정하기

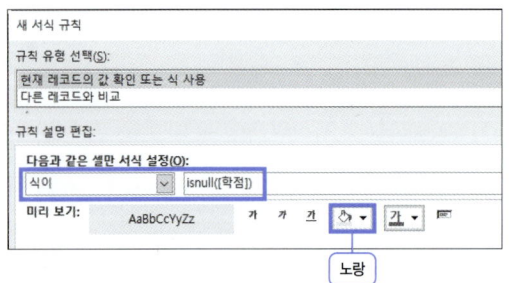

IsNull([학점])
• '학점' 필드가 Null이면 참을 반환하므로 지정한 서식(노랑 배경색)이 적용됩니다.
• IsNull( ) 함수는 인수가 Null인지를 판단하는 함수로 인수가 Null이면 True(참)를 그렇지 않으면 False(거짓)를 반환합니다.

03. '명령 단추' 컨트롤 작성하기

1. 매크로에 이름을 지정하여 사용하는 경우는 먼저 매크로 개체를 생성한 후 이를 연결하여 사용하면 된다. [만들기] → 매크로 및 코드 → **매크로**(□)를 클릭한다.
2. 매크로 대화상자에서 다음과 같이 설정한 후 매크로 대화상자의 닫기(☒) 단추를 클릭한 다음 저장 여부를 묻는 대화상자에서 〈예〉를 클릭한다.

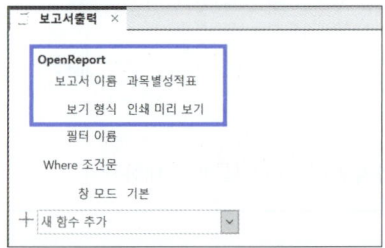

3. '다른 이름으로 저장' 대화상자에서 매크로 이름을 **보고서출력**으로 입력한 다음 〈확인〉을 클릭한다.
4. 〈성적입력〉 폼을 디자인 보기로 연 후 [양식 디자인] → 컨트롤 → **단추**(□)를 클릭하고 본문 영역의 적당한 위치에서 드래그한다.
5. '명령 단추 마법사'가 실행되면 〈취소〉를 클릭한다.
6. 생성된 명령 단추를 더블클릭한다.
7. 명령 단추 속성 시트 창의 '이벤트' 탭에서 'On Click' 이벤트의 목록 단추를 눌러 '보고서출력'을 선택한다.
8. 이어서 '형식' 탭의 '캡션' 속성과 '기타' 탭의 '이름' 속성을 다음과 같이 설정한다.
   • '형식' 탭의 '캡션' 속성 → 보고서출력
   • '기타' 탭의 '이름' 속성 → cmd출력
9. 문제의 〈그림〉을 참조하여 완성된 단추의 크기 및 위치를 조절한다.

현재 〈과목별성적표〉 보고서의 레코드 원본이 설정되지 않은 상태이므로 '보고서출력' 단추를 클릭해도 〈과목별성적표〉 보고서가 정상적으로 표시되지 않습니다. [문제 3] 조회 및 출력 기능 구현의 1번 보고서 완성 문제를 완료한 후 '보고서출력' 단추를 클릭해서 실행 여부를 확인하세요.

문제 3   조회 및 출력 기능 구현

01. 〈과목별성적표〉 보고서 완성하기

정답

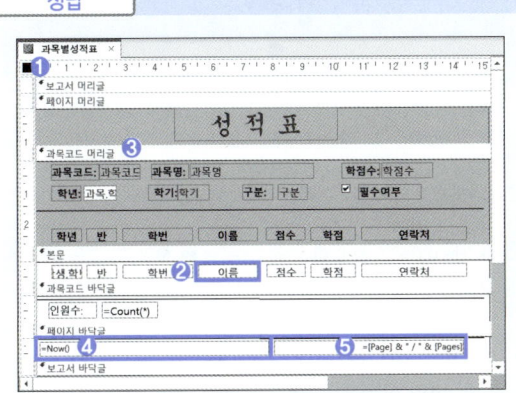

02. '닫기'(cmd닫기) 단추에 클릭 기능 구현하기

정답

```
Private Sub cmd닫기_Click( )
    Dim aa
    aa = MsgBox(Time & " 열려진 폼을 종료할까요?",
        vbYesNo + vbDefaultButton1, "종료")
    If aa = vbYes Then
        DoCmd.Close, , acSaveYes
    Else
        DoCmd.GoToControl "txt과목조회"
    End If
End Sub
```

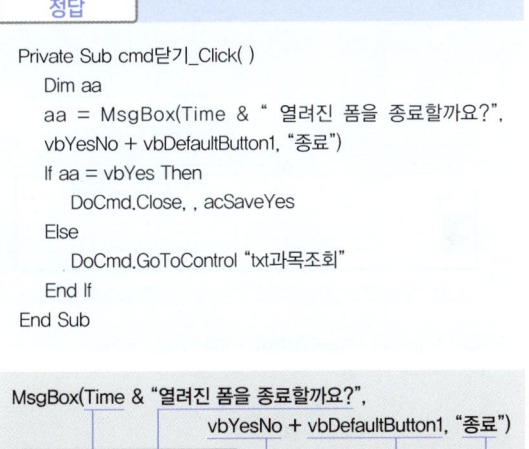

❶ 폼의 레코드 원본 속성 설정하기
'데이터' 탭의 레코드 원본 → 성적세부정보

❷ 'txt이름' 컨트롤에 속성 설정하기
• '데이터' 탭의 컨트롤 원본 → 이름
• '형식' 탭의 형식 → @" 학생"

❸ 과목코드 머리글에 속성 설정하기
'형식' 탭의 페이지 바꿈 → 구역 전

❹ 'txt시간' 컨트롤에 속성 설정하기
• '데이터' 탭의 컨트롤 원본 → =Now( )
• '형식' 탭의 형식 → 자세한 시간

❺ 'txt페이지' 컨트롤에 속성 설정하기
'데이터' 탭의 컨트롤 원본 → =[Page] & " / " & [Pages]

문제 4 처리 기능 구현

01. 〈2023남여비율〉 쿼리 작성하기

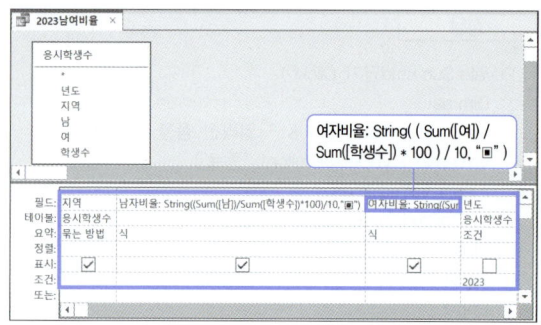

String((Sum([남]) / Sum([학생수]) * 100) / 10, "■")
　　　　　　　①
　　　　　　　②
　　　　　　　③
　　　　　　　④

※ '남' 필드의 합계가 4,3470이고, '학생수' 필드의 합계가 6,6880이라고 가정합니다.
- ① Sum([남]) / Sum([학생수]) : '남' 필드의 합계를 '학생수' 필드의 합계로 나눕니다. → 0.649
- ② ① * 100 : ①의 결과값에 100을 곱합니다. → 64.9 …
- ③ ② / 10 : ②의 결과값을 10으로 나눕니다. → 6.49 …
- ④ String(③, "■") : ③의 정수값 만큼 문자 "■"을 반복 표시합니다. → ■■■■■■

특수 문자 "■"은 한글 자음 ㅁ을 입력한 후 [한자]를 눌러 표시되는 특수 문자 목록 상자에서 찾아 선택하여 입력하면 됩니다.

02. 〈상위권점수〉 쿼리 작성하기

- 쿼리 작성기

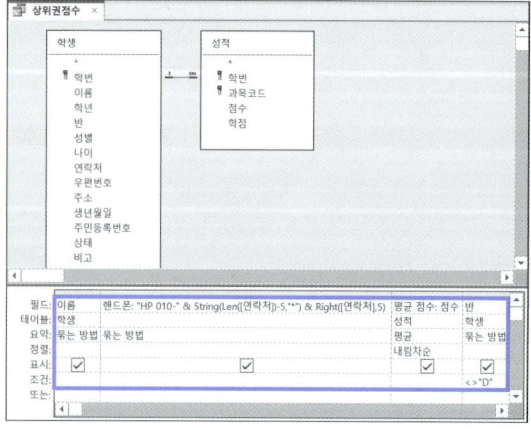

〈정답〉

"HP 010-" & String(Len([연락처])-5,"*") & Right([연락처],5)
　　　　　　　　　　　①　　　　　　　　　　　　　③
　　　　　　　　　　　　　　　②
　　　　　　　　　　　　　　　④

※ 연락처가 7129-0772라고 가정합니다.
- ① Len([연락처])-5 : '연락처' 필드의 길이 9에서 5를 뺍니다.(4).
- ② String(①,"*") : ①의 개수만큼 문자 "*"를 반복 표시합니다. → ****
- ③ Right([연락처],5) : '연락처' 필드에서 오른쪽부터 5글자를 가져옵니다. → -0772
- ④ "HP 010-" & ② & ③ : "HP 010-"와 ②, ③의 결과값을 모두 연결합니다. → HP 010-****-0772

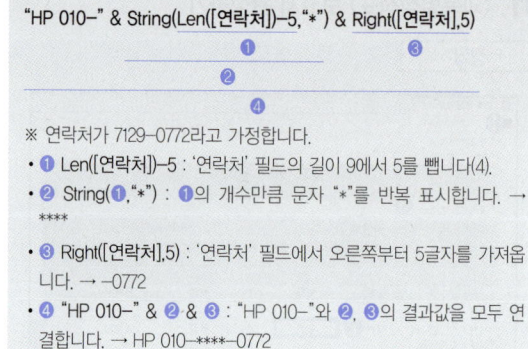

- 쿼리 속성 설정하기
  '일반' 탭의 상위 값 → 5

- '평균 점수' 필드에 속성 설정하기
  - '일반' 탭의 형식 → 0
  - '일반' 탭의 소수 자릿수 → 1

- '반' 필드에 속성 설정하기
  - '일반' 탭의 형식 → @" 등급반"

03. 〈성취도확인〉 쿼리 작성하기

쿼리 작성기
[쿼리 디자인] → 쿼리 유형 → **업데이트**(📋)를 클릭한다.

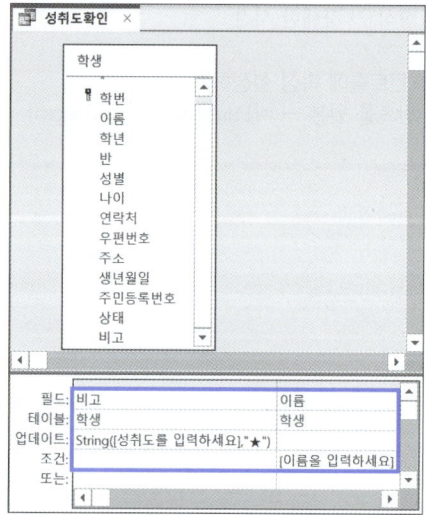

04. 〈상담대상선별〉 쿼리 작성하기

• 쿼리 작성기

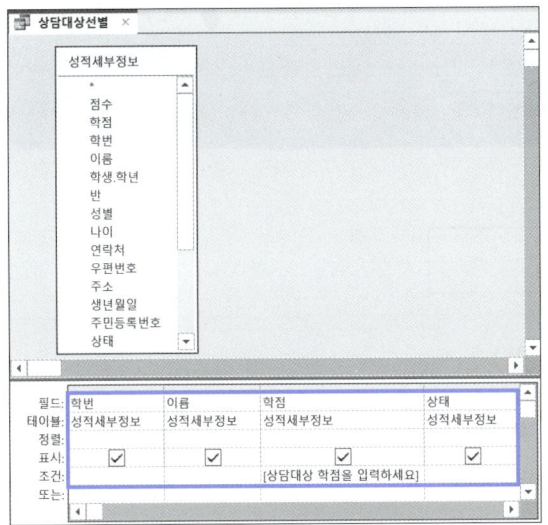

• '테이블 만들기' 대화상자

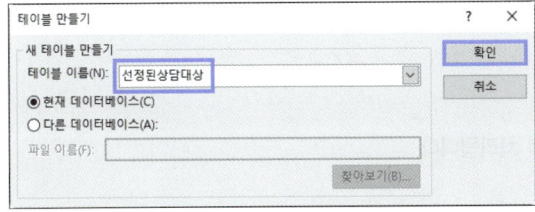

05. 〈인원수조회〉 쿼리 작성하기

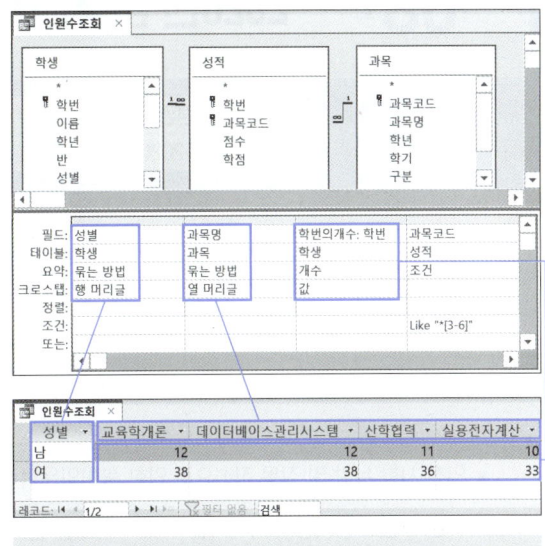

※ Like "*[3-6]" : "301"과 같이 입력되어 있는 과목코드 중 "3", "4", "5", "6"으로 끝나는 과목코드만을 대상으로 하라는 의미입니다.
※ Like 조건에는 대괄호([ ])를 이용하여 문자의 범위를 지정할 수 있습니다.
  • 예1 Like "[a-d]" : a, b, c, d 중 하나를 포함
  • 예2 Like "[!a-d]" : a, b, c, d 중 하나가 포함된 것만 제외
  • 예3 Like "*[a-d]" : a, b, c, d 중 하나가 포함된 문자로 끝남
  • 예4 Like "[a-d]*" : a, b, c, d 중 하나가 포함된 문자로 시작함

기·출·유·형 08회 2026년 컴퓨터활용능력 1급 실기

프로그램명	제한시간
ACCESS 2021	45분

수험번호 :
성   명 :

1급

〈 유 의 사 항 〉

- 인적 사항 누락 및 잘못 작성으로 인한 불이익은 수험자 책임으로 합니다.
- 화면에 암호 입력창이 나타나면 아래의 암호를 입력하여야 합니다.
  - 암호 : 55&873
- 작성된 답안은 주어진 경로 및 파일명을 변경하지 마시고 그대로 저장해야 합니다. 이를 준수하지 않으면 실격처리 됩니다.
  - 답안 파일명의 예 : C:\DB\수험번호 8자리.accdb
- 외부 데이터 위치 : C:\DB\파일명
- 별도의 지시사항이 없는 경우, 다음과 같이 처리하면 실격 처리됩니다.
  - 제시된 개체의 이름을 임의로 변경한 경우
  - 제시된 개체의 속성을 임의로 변경한 경우
  - 제시된 개체를 임의로 삭제하거나 추가한 경우
- 별도의 지시사항이 없는 경우, 기능의 구현은 모듈이나 매크로 등을 이용하며, 예외적인 상황에 대해서는 고려하지 않아도 됩니다.
- 제시된 함수가 있을 경우 제시된 함수만을 사용하여야 하며, 그 외 함수 사용시 채점 대상에서 제외됩니다.
- 별도의 지시사항이 없는 경우, 주어진 각 개체의 속성은 설정값 또는 기본 설정값(Default)으로 처리하십시오.
- 제시된 화면은 예시이며 나타난 값은 실제와 다를 수 있습니다.
- 저장 시간은 별도로 주어지지 아니하므로 제한된 시간 내에 저장을 완료해야 합니다.
- 본 문제의 용어는 MS Office LTSC Professional Plus 2021로 작성되었습니다.

대한상공회의소

문제 1   DB 구축 (25점)

1. 제품 구매 내역을 관리하기 위하여 데이터베이스를 구축하고자 한다. 다음의 지시사항에 따라 〈구매〉 테이블을 완성하시오. (각 3점)

    ① '사번' 필드에는 공백 문자가 입력되지 않도록 유효성 검사를 설정하시오 (INSTR 함수 이용).
    ② '제품번호' 필드에는 빈 문자를 허용하지 않게 속성을 설정하시오.
    ③ '구매수량' 필드를 숫자 형식으로 변경하고 필드 크기를 '바이트'로 설정하시오.
    ④ '구매일자' 필드의 값이 'Feb-Sat-2021'과 같이 표시되도록 형식을 설정하시오.
    ⑤ '구매금액' 필드에는 '구매수량'에 '단가'를 곱한 값과 같은 값만 입력되도록 설정하시오.

2. 〈사원〉 테이블의 '부서코드' 필드는 〈부서〉 테이블의 '부서코드' 필드를 참조하며, 테이블 간에 관계는 M:1이다. 두 테이블에 대해 다음과 같이 관계를 설정하시오. (5점)

    ▶ 〈부서〉 테이블에는 고유 인덱스가 없어 〈사원〉 테이블과 관계를 설정할 때 다음과 같은 오류가 발생한다. 또한 〈부서〉 테이블에는 중복 데이터가 있어 기본 키를 설정하기 전에 중복 데이터를 제거해야 한다.

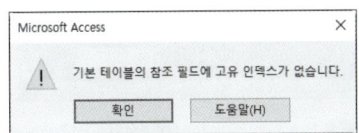

    ※ 〈부서〉 테이블에서 중복 데이터를 검색하는 쿼리 이름은 '중복 데이터'로 하시오.
    ▶ 각 테이블 간에 항상 참조 무결성을 유지하도록 설정하시오.
    ▶ 〈사원〉 테이블이 참조하고 있는 〈부서〉 테이블의 레코드를 삭제할 수 있도록 설정하시오.

3. 다음 지시사항에 따라 '직원실적.xlsx' 파일에 대한 연결 테이블을 작성하시오. (5점)

    ▶ '직원실적.xlsx' 파일의 첫 번째 행은 필드의 이름이다.
    ▶ 연결 테이블의 이름은 '직원실적'으로 하시오.

문제 2   입력 및 수정 기능 구현 (20점)

1. 〈사원정보〉 폼을 다음 지시사항에 따라 완성하시오. (각 3점)

    ① 기본 폼의 '사번' 필드를 이용하여 하위 폼에 〈구매정보입력〉 폼의 내용이 표시되도록 기본 폼과 하위 폼을 연결하시오.
    ② 본문의 'txt근무년수합계' 컨트롤에는 현재 폼 본문의 'txt부서이름'에 표시된 부서의 총 근무년수가 다음과 같이 표시되도록 설정하시오.

▶ '부서이름' 필드에서 "부" 글자 전까지만 추출하여 [표시 예]와 같이 표시되도록 '컨트롤 원본' 속성을 설정하시오.
[표시 예] '부서이름'이 "영업부"이고 총 근무년수가 20인 경우 → 영업팀 총 근무년수 : 20년
▶ 〈Q_사원정보〉 쿼리와 Left, InStr, Dsum, Format 함수를 사용

③ 'txt성명' 컨트롤에 표시되는 '성명'의 마지막 글자가 "＊"로 표시되도록 설정하시오.
▶ 표시 예 : 홍길＊
▶ Left, Len 함수 이용

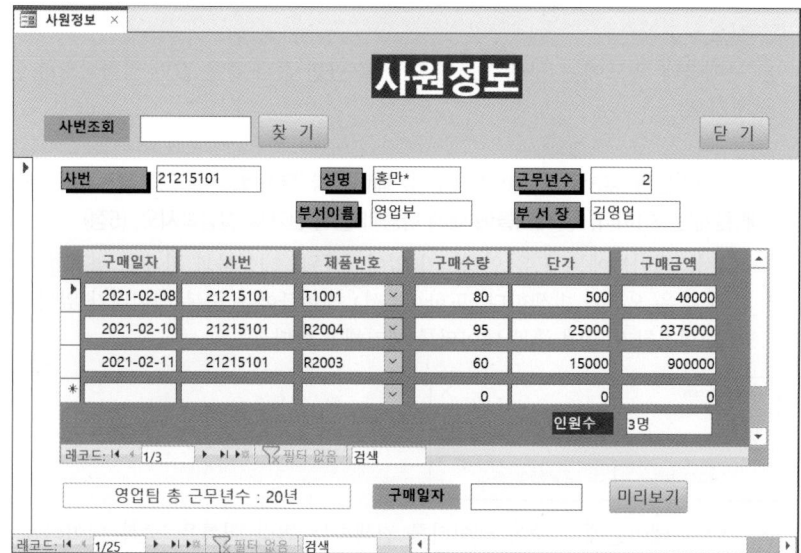

2. 〈구매정보입력〉 폼의 '제품번호(cmb제품번호)' 콤보 상자에 대해 다음과 같이 조회 속성을 설정하시오. (6점)
▶ 〈제품〉 테이블의 '제품번호', '제품명', '제조회사'를 표시하시오.
▶ 컨트롤에는 '제품번호'가 저장되도록 설정하시오.
▶ '제품번호', '제품명', '제조회사'의 열 너비를 1.5cm, 2cm, 2.5cm로 설정하고, 목록 너비를 6cm로 설정하시오.

3. 〈사원정보〉 폼의 '미리보기'(cmd미리보기) 단추를 클릭하면 〈구매일자별 구매금액〉 보고서를 '인쇄 미리 보기' 형식으로 연 후 〈사원정보〉 폼을 닫는 〈미리보기〉 매크로를 생성하여 지정하시오. (5점)
▶ 매크로 조건 : '구매일자' 필드의 날짜 중 일에 해당하는 값이 'txt구매일자'에 입력된 날짜의 일과 동일한 정보만 표시
▶ Day 함수 이용
▶ 문제 1 〈그림〉 참조

문제 3 조회 및 출력 기능 구현 (20점)

1. 다음의 지시사항 및 화면을 참조하여 〈구매일자별 구매금액〉 보고서를 완성하시오. (각 3점)

   ① '보고서 머리글'에 표시되어 있는 '제목(lab제목)'을 매 페이지마다 인쇄되도록 설정한 후 '보고서 머리글'의 높이를 0cm로, '페이지 머리글'의 높이를 2.3cm로 지정하시오.
   ② 본문 영역의 'txt순번' 컨트롤에 그룹별 일련번호가 표시되도록 설정하시오.
   ③ 본문의 각 레코드들 사이에 〈그림〉과 같이 점선이 표시되도록 선을 삽입하시오.
      ▶ 이름 : lin선
   ④ 제품명 바닥글의 'txt구매수량평균'과 'txt구매금액평균'에 '구매수량'과 '구매금액'의 평균이 [표시 예]와 같이 표시되도록 '컨트롤 원본' 속성과 '형식' 속성을 설정하시오.
      ▶ ['구매수량' 표시 예] 0 → 0개, 18 → 18개
      ▶ ['구매금액' 표시 예] 0 → 0원, 2470000 → 2470000원
   ⑤ 페이지 바닥글 영역의 'txt날짜' 컨트롤에 오늘 날짜가 표시되도록 설정하시오.

구매일자별 구매금액 보고서

구매일자	제품명	순번	사번	성명	구매수량	구매금액
2021-02-09	다이오드	1	21215109	최길도	85	2550000
		2	19024006	박민자	80	2400000
		3	21215112	조민명	80	2400000
		4	21215110	노지연	50	1500000
		5	21215108	이세화	90	2700000
		6	21215107	영희은	90	2700000
		7	21215106	문영수	85	2550000
		8	19026002	정호순	90	2700000
		9	21215102	이상화	75	2250000
		10	20083207	사공지연	80	2400000
		11	20083205	송창호	80	2400000
		12	20083204	부정숙	90	2700000
		13	20083202	김동수	90	2700000
		14	21215105	김현철	80	2400000
		15	21215111	김병수	90	2700000
				평균 :	82개	2470000원
2021-02-10	로직IC	1	19024005	이윤철	85	2125000
		2	21215109	최길도	90	2250000
		3	21215106	문영수	85	2125000
		4	21215105	김현철	65	1625000
		5	21215101	홍만철	95	2375000
		6	20083207	사공지연	85	2125000
		7	19026001	김예쁜	40	1000000
		8	19024006	박민자	65	1625000
		9	21215110	노지연	60	1500000
		10	20083206	민병진	70	1750000
		11	21215108	이세화	85	2125000

2024-10-28   1/4페이지

2. 〈구매정보입력〉 폼의 'txt구매금액' 컨트롤에 포커스가 이동(GotFocus)하면 다음과 같은 기능이 수행되도록 이벤트 프로시저를 구현하시오. (5점)

▶ '구매금액' 필드의 값이 2,000,000 이상이면 "5%할인", 1,000,000 이상이면 "3%할인", 그렇지 않으면 "할인제외" 메시지를 표시하는 〈그림〉과 같은 메시지 박스를 표시하시오.

▶ Select ~ Case문 사용

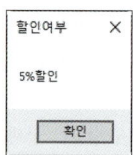

문제 4   처리 기능 구현 (35점)

1. 〈구매〉 테이블을 이용하여 '구매평가' 필드의 값을 변경하는 〈구매평가〉 업데이트 쿼리를 작성한 후 실행하시오. (7점)

▶ '구매평가'는 '구매수량'을 10으로 나눈 값을 정수로 변경하여 1~3이면 "5%할인", 4~6이면 "10%할인", 7~9이면 "20%할인"으로 표시하시오.
[표시 예] 3 → 5%할인, 6 → 10%할인, 7 → 20%할인

▶ Choose, Int 함수 사용

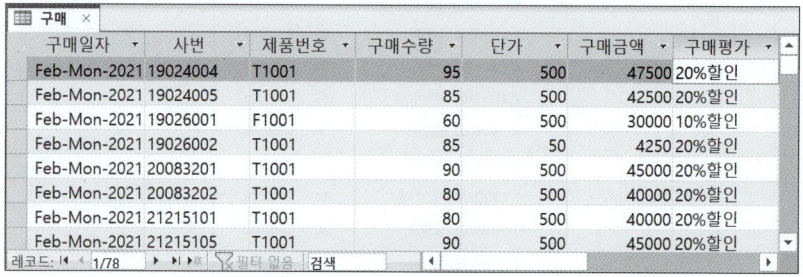

※ 〈구매평가〉 쿼리를 실행한 후의 〈구매〉 테이블

2. 〈제품〉과 〈구매〉 테이블을 이용하여 제품명별 구매건수, 구매수량의 평균, 구매금액의 최대값을 조회하여 새 테이블로 생성하는 〈제품별구매조회〉 쿼리를 작성하고 실행하시오. (7점)

▶ '구매건수'는 '구매일자' 필드를 이용하시오.
▶ '평균구매'는 '구매수량' 필드를 이용하여 평균을 구한 후 반올림하여 소수 첫째 자리까지 표시하시오.
▶ '최대금액'은 '구매금액' 필드를 이용하되, 최대금액이 많은 기준으로 정렬하여 표시하시오.
▶ 구매건수가 3건 이상이고 '제조회사' 필드의 값이 "전자" 또는 "통신"으로 끝나는 자료만을 조회 대상으로 하시오.
▶ 쿼리 실행 후 생성되는 테이블의 이름은 〈제품별구매내역〉으로 설정하시오.

▶ Avg, Max, Round, Right 함수와 In 연산자를 사용하시오.
▶ 쿼리 실행 결과 생성되는 테이블의 필드는 〈그림〉을 참조하여 수험자가 판단하여 설정하시오.

제품명	구매건수	평균구매	최대금액
다이오드	15	82.3	2700000
파워반도체	15	80	1425000
메모리IC	11	81.8	665000
통신IC	13	81.5	47500

※ 〈제품별구매조회〉 쿼리를 실행한 후의 〈제품별구매내역〉 테이블

3. 제품명별 '구매수량'과 '구매금액'의 합계를 조회하는 〈제품별구매현황〉 쿼리를 작성하시오. (7점)
   ▶ 〈Q_구매일자별 구매금액〉 쿼리를 이용하시오.
   ▶ 구매수량의 합계가 90 이상인 제품을 대상으로 하시오.
   ▶ 구매금액의 합계가 큰 순으로 표시하시오.
   ▶ 쿼리 실행 결과 표시되는 필드와 필드명은 〈그림〉과 같이 표시되도록 설정하시오.

제품명	구매수량의합계	구매금액의합계
다이오드	1235	37050000
로직IC	825	20625000
파워반도체	1200	18000000
메모리IC	900	6300000
브레드보드	1000	4460000
통신IC	1060	491750

4. 〈부서〉, 〈사원〉, 〈구매〉 테이블을 이용하여 구매수량을 매개 변수로 입력받아 해당 수량을 구매한 사원의 구매 정보를 조회하는 〈사원별구매현황〉 매개 변수 쿼리를 작성하시오. (7점)
   ▶ '구매자'는 '성명'과 '부서이름' 필드를 이용하여 표시하시오. (& 연산자 사용)
   ▶ '총구매금액'은 '구매금액' 필드를 이용하여 표시하시오.
   ▶ '구매자' 필드를 기준으로 오름차순 정렬하여 표시하시오.
   ▶ 매개 변수로 입력받은 '최소 수량' 이상이고 '최대 수량' 이하인 자료 중에서 '부서이름'이 "기획부"가 아닌 사원만을 조회 대상으로 하시오.
   ▶ 쿼리 실행 결과 표시되는 필드와 필드명, 필드의 형식은 〈그림〉과 같이 표시되도록 설정하시오.

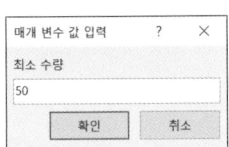 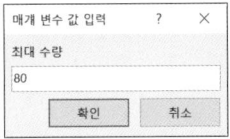

구매자	총구매금액
김현철(영업부)	₩4,025,000
노지연(영업부)	₩3,785,000
박민자(관리부)	₩4,840,000
박세준(영업부)	₩1,050,000
사공지연(영업부)	₩2,400,000
영희은(관리부)	₩40,000
이세화(관리부)	₩37,500
조민영(영업부)	₩2,400,000
최길도(영업부)	₩925,000
홍만철(영업부)	₩940,000

5. 〈구매〉와 〈사원〉 테이블을 이용하여 성명별 구매횟수, 총구매액, 평균구매액을 조회하는 〈구매현황〉 쿼리를 작성하시오. (7점)

   ▶ '구매횟수'는 〈구매〉 테이블의 '사번'의 개수, '총구매액'은 '구매금액'의 합계로 처리하시오.
   ▶ 부서코드가 A부터 B까지의 문자 중 하나로 시작하는 것만 조회 대상으로 하시오. (Like 연산자 사용)
   ▶ 평균구매액 = 총구매액 / 구매횟수
   ▶ 쿼리 실행 결과 표시되는 필드와 필드명, 필드의 형식은 〈그림〉과 같이 표시되도록 설정하시오.

성명	구매횟수	총구매액	평균구매액
김상훈	2	₩497,500	₩248,750
김윤숙	2	₩1,825,000	₩912,500
김현철	3	₩4,070,000	₩1,356,667
노지연	4	₩3,785,000	₩946,250
박민자	4	₩4,840,000	₩1,210,000
박세준	1	₩1,050,000	₩1,050,000
박지은	1	₩1,425,000	₩1,425,000
사공지연	3	₩5,155,000	₩1,718,333
영희은	4	₩4,680,000	₩1,170,000
이세화	5	₩6,737,500	₩1,347,500
이윤철	4	₩3,272,500	₩818,125
정호순	4	₩3,504,250	₩876,063
조민영	3	₩4,305,000	₩1,435,000
최길도	6	₩7,045,000	₩1,174,167
홍만철	3	₩3,315,000	₩1,105,000

기·출·유·형

08회 컴퓨터활용능력 1급 실기(액세스)

정답 및 해설

문제 1   DB 구축

 정답

01. 〈구매〉 테이블 완성하기

❶ '사번' 필드의 유효성 검사 규칙 속성

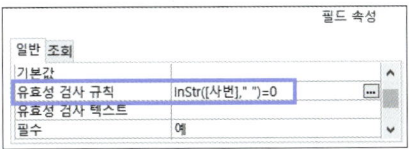

❷ '제품번호' 필드의 빈 문자열 허용 속성

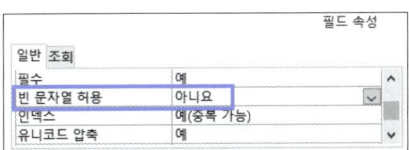

❸ '구매수량' 필드의 데이터 형식 및 필드 크기 설정

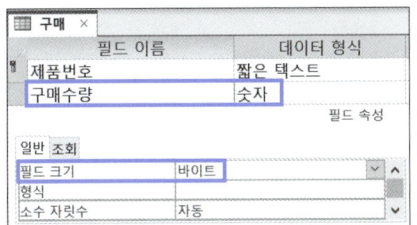

❹ '구매일자' 필드의 형식 속성

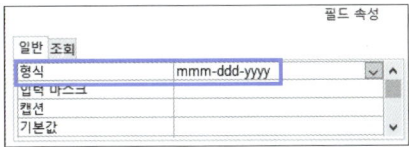

❺ 테이블의 유효성 검사 규칙 속성

[테이블 디자인] → 표시/숨기기 → 속성 시트(📋) 클릭

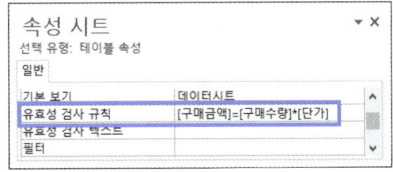

02. 〈사원〉 테이블과 〈부서〉 테이블 간의 관계 설정하기

정답

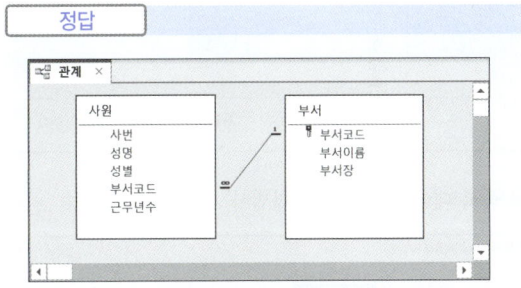

- 중복 데이터 검색하기
① [만들기] → 쿼리 → **쿼리 마법사**를 클릭하여 표시되는 '새 쿼리' 창에서 '**중복 데이터 검색 쿼리 마법사**'를 선택한 후 〈확인〉을 클릭한다.
② '중복 데이터 검색 쿼리 마법사' 1단계 대화상자

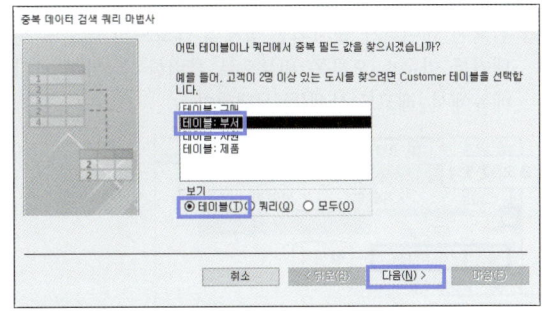

③ '중복 데이터 검색 쿼리 마법사' 2단계 대화상자

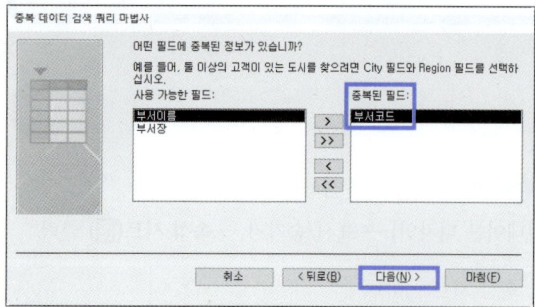

④ '중복 데이터 검색 쿼리 마법사' 3단계 대화상자

⑤ '중복 데이터 검색 쿼리 마법사' 4단계 대화상자

⑥ 검색된 데이터가 표시되면 삭제할 레코드의 레코드 선택기를 마우스 오른쪽 버튼으로 클릭한 후 바로 가기 메뉴에서 [레코드 삭제]를 선택한다.

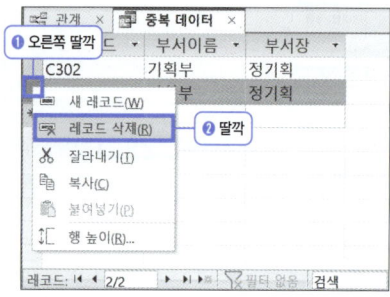

• 〈부서〉 테이블의 '부서코드'에 기본 키 설정

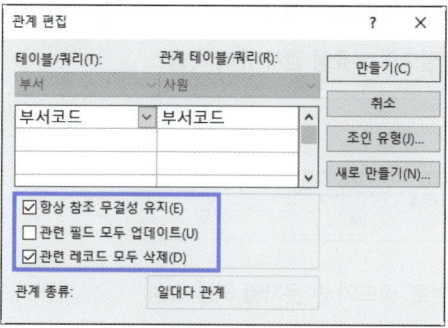

• '관계 편집' 대화상자

03. '직원실적.xlsx' 파일 연결하기

정답

사번	제품번호	판매 수량
19026001	F1001	5
21215105	R2001	87
21215106	R2003	5
21215107	F1001	78
19026002	R2001	45
19026003	R2003	18
20083201	F1001	45
21215104	F1001	72
21215108	R2001	56
21215109	R2003	45
20083202	R2001	85
20083206	T1002	123
20083207	T1003	45
21215101	V1001	62
21215102	T1003	57
21215103	V1001	48
21215110	F1001	85
21215111	R2001	98
21215112	R2003	54
19024004	R2004	54
20083203	R2003	24
20083204	R2004	75
20083205	T1001	152
19024005	T1001	45
19024006	T1002	57

1. '외부 데이터 가져오기 – Excel 스프레드시트' 대화상자

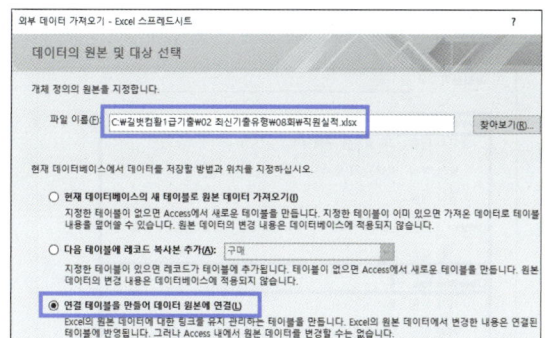

2. '스프레드시트 연결 마법사' 1단계 대화상자

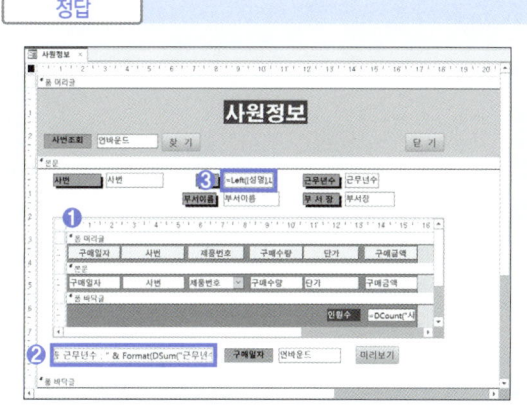

3. '스프레드시트 연결 마법사' 2단계 대화상자

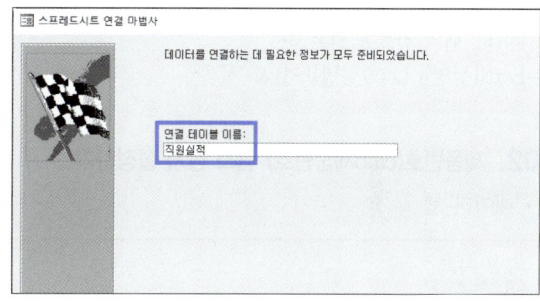

4. '스프레드시트 연결 마법사' 3단계 대화상자

문제 2   입력 및 수정 기능 구현

01. 〈사원정보〉 폼 완성하기

❶ 하위 폼과 기본 폼 연결하기
- 하위 폼의 테두리 부분을 더블클릭한 후 '데이터' 탭의 원본 개체 → 구매정보입력
- '데이터' 탭의 기본 필드 연결 → 사번
- '데이터' 탭의 하위 필드 연결 → 사번

❷ 'txt근무년수합계' 컨트롤에 속성 설정하기
'데이터' 탭의 컨트롤 원본 → =Left([부서이름],InStr([부서이름],"부")-1) & "팀 총 근무년수 : " & Format(DSum("근무년수","Q_사원정보","부서이름=txt부서이름"),"#년")

'=DSum("근무년수","Q_사원정보","부서이름=txt부서이름")'의 의미
- 근무년수 : 결과 값을 구할 필드 이름으로, 여기서는 근무년수의 합계를 구하므로 '근무년수' 필드를 지정합니다.
- Q_사원정보 : 작업 대상 레코드가 들어 있는 테이블이나 쿼리의 이름으로서, 문제에 제시되지 않은 경우 폼 속성의 '데이터' 탭에서 '레코드 원본' 속성과 동일하게 지정하면 됩니다.
- 부서이름=txt부서이름 : 조건으로서 '부서이름'이 'txt부서이름' 컨트롤의 값과 같은 경우를 대상으로 합니다.

'Format(DSum("근무년수","Q_사원정보","부서이름=txt부서이름"),"#년")'의 의미
Format( )은 숫자를 지정된 형식에 맞게 문자열로 변환해주는 함수로, Dsum( ) 함수의 결과값이 20인 경우 **20년**으로 표시합니다.

❸ 'txt성명' 컨트롤에 속성 설정하기
'데이터' 탭의 컨트롤 원본 →
=Left([성명], Len([성명])-1) & "*"

02. '제품번호(cmb제품번호)' 콤보 상자 설정하기

- '데이터' 탭

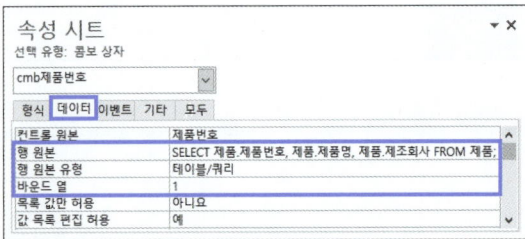

- '형식' 탭

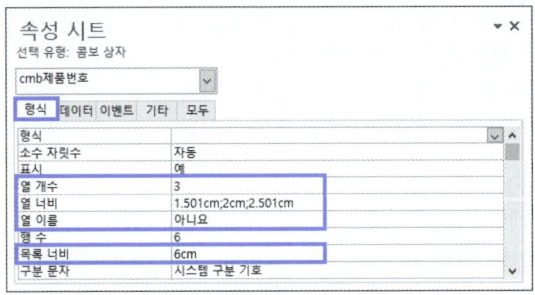

열 너비에 1.5 또는 2.5로 입력하면 자동으로 1.501, 2.501로 변경되어 입력됩니다.

03. '미리보기'(cmd미리보기) 단추에 클릭 기능 구현하기

정답

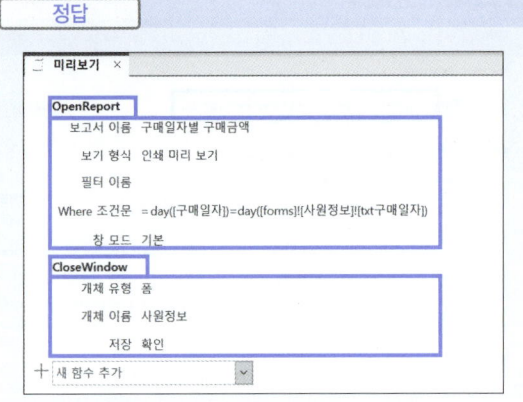

1. 매크로에 이름을 지정하여 사용하는 경우는 먼저 매크로 개체를 생성한 후 이를 연결하여 사용해야 한다. [만들기] → 매크로 및 코드 → **매크로**를 클릭한다.
2. 매크로 대화상자에서 정답과 같이 설정한 후 매크로 대화상자의 닫기(⊠) 단추를 클릭한 다음 저장 여부를 묻는 대화상자에서 〈예〉를 클릭한다.
3. '다른 이름으로 저장' 대화상자에서 매크로 이름을 **미리보기**로 입력한 다음 〈확인〉을 클릭한다.
4. 〈사원정보〉 폼을 디자인 보기 상태로 연 다음 'cmd미리보기' 컨트롤을 더블클릭한다.
5. 'cmd미리보기' 속성 시트 창의 '이벤트' 탭에서 'On Click' 이벤트의 목록 단추를 눌러 '미리보기' 매크로를 선택한다.

문제 3 조회 및 출력 기능 구현

01. 〈구매일자별 구매금액〉 보고서 완성하기

정답

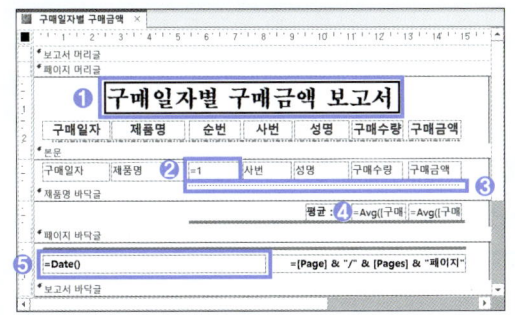

① 'lab제목' 컨트롤의 위치 변경하기
① '페이지 머리글' 영역의 속성 시트에서 '형식' 탭의 '높이'를 2.3cm로 설정한 후 '페이지 머리글'의 모든 컨트롤을 아래쪽으로 드래그하여 이동한다.
② '보고서 머리글'에 있는 'lab제목' 컨트롤을 '페이지 머리글'로 드래그하여 이동한다.
③ '보고서 머리글' 영역의 속성 시트에서 '형식' 탭의 '높이'를 0cm로 설정한다.

② 'txt순번' 컨트롤에 속성 설정하기
• '데이터' 탭의 컨트롤 원본 → =1
• '데이터' 탭의 누적 합계 → 그룹

③ 점선 삽입하기
① [보고서 디자인] → 컨트롤 → **선(◣)** 을 클릭한 후 본문의 아래 부분에 드래그하여 선을 삽입한다.
② '기타' 탭의 이름 → lin선
③ '형식' 탭의 테두리 스타일 → 점선

④ 'txt구매수량평균'과 'txt구매금액평균' 컨트롤에 속성 설정하기
• 'txt구매수량평균' 컨트롤
 − '데이터' 탭의 컨트롤 원본 → =Avg([구매수량])
 − '형식' 탭의 형식 → 0개
• 'txt구매금액평균' 컨트롤
 − '데이터' 탭의 컨트롤 원본 → =Avg([구매금액])
 − '형식' 탭의 형식 → 0원

⑤ 'txt날짜' 컨트롤에 속성 설정하기
'데이터' 탭의 컨트롤 원본 → =Date( )

02. 'txt구매금액' 컨트롤에 기능 구현하기

정답

```
Private Sub txt구매금액_GotFocus( )
    Select Case [구매금액]
        ① Case Is >= 2000000
            MsgBox "5%할인", vbOKOnly, "할인여부"
        ② Case Is >= 1000000
            MsgBox "3%할인", vbOKOnly, "할인여부"
        ③ Case Else
            MsgBox "할인제외", vbOKOnly, "할인여부"
    End Select
End Sub
```

코드설명

① '구매금액'이 2000000 이상이면 다음과 같은 메시지 박스를 표시한다.

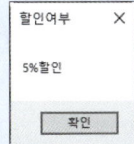

② '구매금액'이 1000000 이상이면 다음과 같은 메시지 박스를 표시한다.

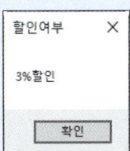

③ '구매금액'이 그 외의 값, 즉 1000000 미만이면 다음과 같은 메시지 박스를 표시한다.

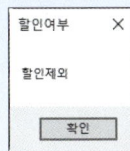

※ Select Case문은 수식의 결과에 따라 해당하는 명령문을 수행하는 제어문입니다.

1. 〈구매정보입력〉 폼의 'txt구매금액' 컨트롤을 더블클릭한 후 'txt구매금액' 속성 시트 창의 '이벤트' 탭에서 'On GotFocus'를 선택한다. 이어서 작성기 단추()를 클릭한다.
2. '작성기 선택' 대화상자에서 '코드 작성기'를 선택한 후 〈확인〉을 클릭한다.
3. 'txt구매금액' 컨트롤의 'GotFocus( )' 이벤트 프로시저에 정답과 같이 코드를 입력한다.

문제 4 처리 기능 구현

01. 〈구매평가〉 쿼리 작성하기

쿼리 작성기
[쿼리 디자인] → 쿼리 유형 → 업데이트(■)를 클릭한다.

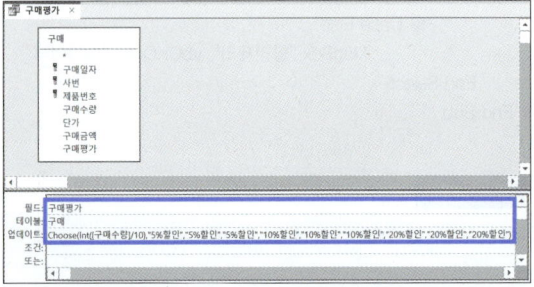

Choose(Int([구매수량]/10), "5%할인", "5%할인", "5%할인", "10%할인",
         ❶
                                ❷
"10%할인", "10%할인", "20%할인", "20%할인", "20%할인")
                                ❷

❶ Int([구매수량]/10) : 구매수량을 10으로 나눈 값에서 소수 부분을 제거하고 정수만을 반환함
❷ Choose(❶, "5%할인", "5%할인", "5%할인", "10%할인", "10%할인", "10%할인", "20%할인", "20%할인", "20%할인") : ❶의 결과가 1이면, "5%할인", 2이면, "5%할인", 3이면, "5%할인", 4이면, "10%할인", 5이면, "10%할인", 6이면, "10%할인", 7이면, "20%할인", 8이면, "20%할인", 9이면, "20%할인"을 반환함

02. 〈제품별구매조회〉 쿼리 작성하기

• 쿼리 작성기

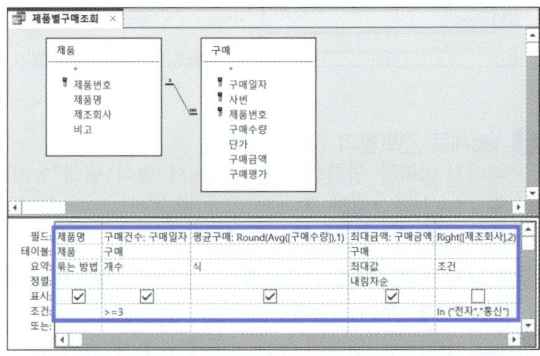

※ '평균구매'와 '최대금액'의 묶는 방법을 '평균'과 '최대값'으로 지정한 후 '평균구매'에 대해 '형식' 속성을 0, '소수 자릿수' 속성을 1로 설정해도 결과는 동일하지만, 지시사항으로 Avg, Max, Round 함수가 제시되었으므로 제시된 함수를 직접 사용하여 정답 그림과 같이 작성해야 합니다.
※ 필드에 함수를 적용하여 값을 표시할 때는 묶는 방법을 '식'으로 지정합니다.
※ 묶는 방법을 '식'으로 지정하고 **최대금액: Max([구매금액])**을 입력하면 정답 그림과 같이 필드에 입력한 함수가 제거되고 묶는 방법이 'Max'로 변경되며, 쿼리를 종료한 후 디자인 보기로 다시 열면 '최대값'으로 변경됩니다. 이는 채점과 관계가 없으니 신경 쓰지 않아도 됩니다.

• '테이블 만들기' 대화상자

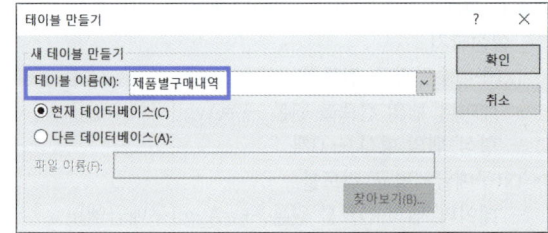

03. 〈제품별구매현황〉 쿼리 작성하기

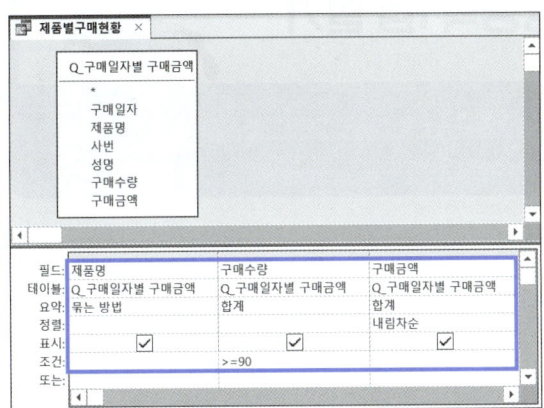

04. 〈사원별구매현황〉 쿼리 작성하기

• 쿼리 작성기

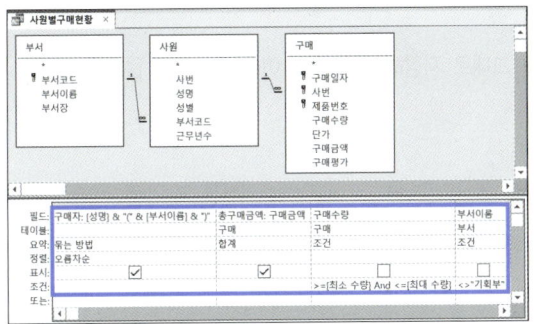

• '총구매금액' 필드에 속성 지정하기
 – '일반' 탭의 형식 → 통화

05. 〈구매현황〉 쿼리 작성하기

• 쿼리 작성기

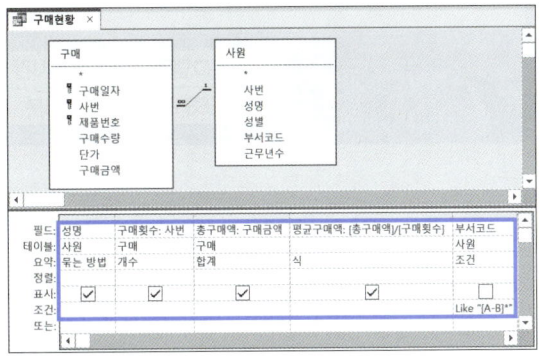

• '총구매액', '평균구매액' 필드에 속성 지정하기
 – '일반' 탭의 형식 → 통화

기·출·유·형

09회 2026년 컴퓨터활용능력 1급 실기

프로그램명	제한시간
ACCESS 2021	45분

수험번호 :
성　　명 :

1급

〈 유 의 사 항 〉

- 인적 사항 누락 및 잘못 작성으로 인한 불이익은 수험자 책임으로 합니다.
- 화면에 암호 입력창이 나타나면 아래의 암호를 입력하여야 합니다.
  - 암호 : 46741*
- 작성된 답안은 주어진 경로 및 파일명을 변경하지 마시고 그대로 저장해야 합니다. 이를 준수하지 않으면 실격처리 됩니다.
  - 답안 파일명의 예 : C:\DB\수험번호 8자리.accdb
- 외부 데이터 위치 : C:\DB\파일명
- 별도의 지시사항이 없는 경우, 다음과 같이 처리하면 실격 처리됩니다.
  - 제시된 개체의 이름을 임의로 변경한 경우
  - 제시된 개체의 속성을 임의로 변경한 경우
  - 제시된 개체를 임의로 삭제하거나 추가한 경우
- 별도의 지시사항이 없는 경우, 기능의 구현은 모듈이나 매크로 등을 이용하며, 예외적인 상황에 대해서는 고려하지 않아도 됩니다.
- 제시된 함수가 있을 경우 제시된 함수만을 사용하여야 하며, 그 외 함수 사용시 채점 대상에서 제외됩니다.
- 별도의 지시사항이 없는 경우, 주어진 각 개체의 속성은 설정값 또는 기본 설정값(Default)으로 처리하십시오.
- 제시된 화면은 예시이며 나타난 값은 실제와 다를 수 있습니다.
- 저장 시간은 별도로 주어지지 아니하므로 제한된 시간 내에 저장을 완료해야 합니다.
- 본 문제의 용어는 MS Office LTSC Professional Plus 2021로 작성되었습니다.

대한상공회의소

문제 1   DB 구축 (25점)

1. 학생 정보를 관리하기 위하여 데이터베이스를 구축하고자 한다. 다음의 지시사항에 따라 〈학생〉 테이블을 완성하시오. (각 3점)
   ① '학번' 필드에는 반드시 7글자만 입력되도록 유효성 검사 규칙을 설정하시오.
   ② '전자우편' 필드에는 대문자로 입력해도 소문자로 표시되도록 형식을 설정하고, '@'이 반드시 포함되도록 유효성 검사 규칙을 설정하시오.
   ③ '성명' 필드는 반드시 입력되도록 설정하시오.
   ④ '지도교수코드' 필드에 다음과 같은 입력 마스크를 설정하시오.
      ▶ 첫 글자는 텍스트, 나머지 세 글자는 숫자로 입력받되, 반드시 값이 입력되도록 설정하시오.
      ▶ 데이터가 입력된 자리에 '#'이 표시되도록 설정하시오.
   ⑤ '전자우편' 필드에 입력된 메일 주소를 클릭하면 전자우편 프로그램에 바로 연결될 수 있도록 데이터 형식을 설정하시오.

2. 〈학생〉 테이블의 '지도교수코드' 필드는 〈교수〉 테이블의 '교수코드' 필드를 참조하며 테이블 간의 관계는 M:1이다. 두 테이블에 대해 다음과 같이 관계를 설정하시오. (5점)
   ▶ 두 테이블 간의 관계를 설정할 수 있도록 〈교수〉 테이블에서 적절한 필드를 골라 기본 키를 설정하시오.
   ▶ 두 테이블 간에 항상 참조 무결성을 유지하도록 설정하시오.

3. 〈건강검진〉 테이블의 '성별' 필드에 대해서 다음과 같이 조회 속성을 설정하시오. (5점)
   ▶ "남자"와 "여자"가 목록 상자의 형태로 나타나도록 설정하시오.

문제 2   입력 및 수정 기능 구현 (20점)

1. 학생 정보를 입력하는 〈지도학생〉 폼을 다음의 화면과 지시사항에 따라 완성하시오. (각 3점)

   ① 본문의 'txt학번' 컨트롤에는 '학번'이 "16"으로 시작하면 '학번' 뒤에 "(복학)"을 붙여 표시하고, 그 외는 '학번'만 표시되도록 설정하시오.
   ② 'txt성명' 컨트롤에는 'txt학번'에 해당하는 '성명'이 표시되도록 설정하시오.
      ▶ 〈학생〉 테이블과 Dlookup, Left 함수 이용
   ③ 폼에 최소화/최대화 단추와 스크롤 막대가 표시되지 않도록 설정하시오.

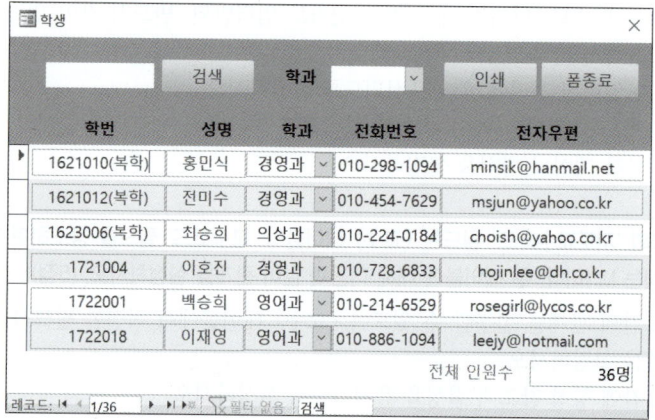

2. 〈지도학생〉 폼의 머리글 영역에 다음의 지시사항과 1번 문제의 〈그림〉을 참조하여 '단추' 컨트롤을 생성하시오. (6점)

   ▶ 명령 단추를 클릭하면 〈지도학생〉 폼을 저장한 후 종료하는 〈폼종료〉 매크로를 생성한 후 지정하시오.
   ▶ 컨트롤의 이름은 'cmd종료'로 지정하시오.

3. 〈교수별 학생지도〉 폼 바닥글의 'txt학과수총계' 컨트롤에 현재 선택된 학과의 총 개수가 표시되도록 컨트롤 원본 속성을 설정하시오. (6점)

   ▶ 〈교수별 학생지도〉 쿼리의 '학과명' 필드가 'txt학과명' 컨트롤의 값과 같은 레코드의 총 개수를 [표시 예]와 같이 표시하시오.
      [표시 예]
      • 학과의 총 개수가 0인 경우 → 해당학과 없음
      • 'txt학과명' 컨트롤의 값이 "경영과"이고 해당 학과의 총 개수가 8인 경우 → 경영과 총 개수 : 8
   ▶ IIF, DCOUNT 함수를 사용하시오.

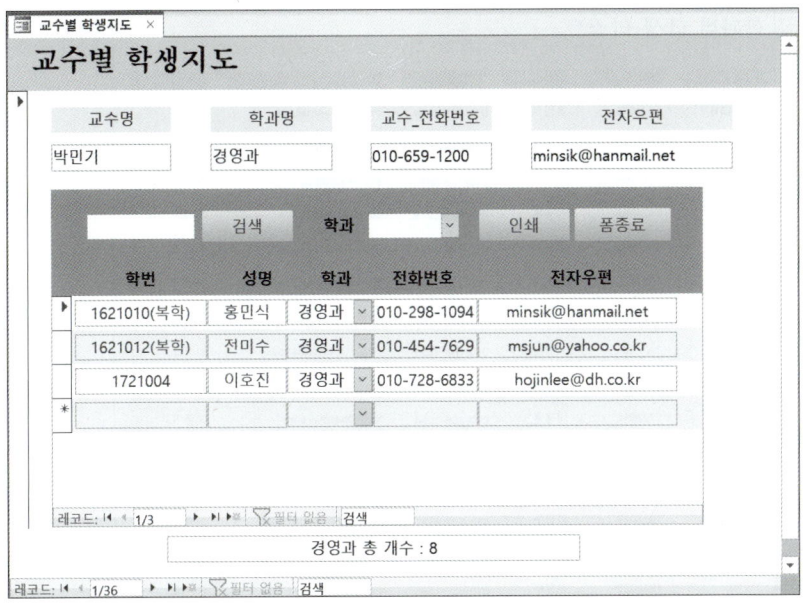

문제 3   조회 및 출력 기능 구현 (20점)

1. 다음의 지시사항 및 화면을 참조하여 〈학과별 학생 리스트〉 보고서를 완성하시오. (각 3점)

   ① 각 필드의 레이블이 페이지마다 상단에 한 번씩만 표시되도록 위치를 변경하시오.
   ② '학과명'과 '학번'을 기준으로 오름차순 정렬하시오.
   ③ 본문의 'txt학과명' 컨트롤에는 '학과명'과 '학과'가 〈그림〉과 같이 표시되도록 설정하시오.
   ④ 페이지 바닥글의 'txt날짜' 컨트롤에 오늘의 날짜가 〈그림〉과 같이 표시되도록 설정하시오.
   ▶ Date 함수를 사용할 것
   ▶ 표시 예 : 2024년 10월 수요일
   ⑤ 보고서 바닥글의 'txt총인원' 컨트롤에 전체 인원이 표시되도록 설정하시오.
   ▶ Format, Count 함수를 사용할 것
   ▶ 표시 예 : 전체 인원수는 36명입니다.

학과별 학생 리스트

학과명	학번	성명	전화번호	전자우편	출신고
경영과(21)	1621010	홍민식	010-298-1094	minsik@hanmail.net	경기고
	1621012	전미수	010-454-7629	msjun@yahoo.co.kr	경기여고
	1721004	이호진	010-728-6833	hojinlee@dh.co.kr	성남고
	1821020	선동훈	010-429-0213	sundh@yahoo.co.kr	백석고
	1821050	조재희	010-389-9294	jjh0614@lycos.co.kr	성남고
	1921023	문도훈	010-224-2462	dhmoon@lycos.co.kr	휘경고
	1921050	주선태	010-884-1392	sunny@lycos.co.kr	안양고
	2021001	박치곤	010-648-1359	ckpark324@hana.co.kr	성북고
영어과(22)	1722001	백승희	010-214-6529	rosegirl@lycos.co.kr	이화여고
	1722018	이재영	010-886-1094	leejy@hotmail.com	문영여고
	1722019	정철우	010-821-9905	chjung24@hanmail.net	오산고
	1822087	장경수	010-453-9522	hansomboy@hotmail.co.kr	용산고
	1922023	양영주	010-332-6527	yangyj82@yahoo.co.kr	소명여고
	1922024	조유진	010-524-5245	cho815@hanmail.net	상명여고
	1922025	선정수	010-352-1588	sunny@lycos.co.kr	충암고
	1922028	성진규	010-366-3392	jinku@hotmail.com	서울고
의상과(23)	1623006	최승희	010-224-0184	choish@yahoo.co.kr	의정부여고
	1723023	김도희	010-332-2174	kimdohee@lycos.co.kr	부천여고
	1723042	김만수	010-836-5408	mansukim@yahoo.co.kr	마포고
	1923042	권혜숙	010-909-1239	khs77@hanmail.net	정신여고
	1923043	성아름	010-211-6785	yellow525@lycos.co.kr	서문여고
	1923044	주상민	010-922-2174	jsmking@hotmail.com	구로고
	2023011	유진옥	010-889-8987	queen88@yahoo.co.kr	덕성여고
	2023012	박지숙	010-8274-008	parkjs@hanmail.net	서문여고

2024년 10월 수요일   현재는 1페이지입니다.

2. 〈지도학생〉 폼에서 'txt전화번호'를 클릭하면 다음과 같은 메시지가 표시되도록 이벤트 프로시저를 구현하시오. (5점)

▶ 해당 '전화번호' 주인의 '성명'과 '보호자연락처'를 표시할 것

문제 4   처리 기능 구현 (35점)

1. 〈건강검진〉 테이블을 이용하여 '비고' 필드의 값을 변경하는 〈자리배치〉 업데이트 쿼리를 작성한 후 실행하시오. (7점)

   ▶ '키' 필드의 값이 180 이상이면 '비고' 필드의 값을 "7~9 라인"으로, '키' 필드의 값이 180 미만 160 이상이면 '비고' 필드의 값을 키' 필드의 값에 "/4~6 라인"이란 문구를 붙인 것으로, '키' 필드의 값이 160 미만이면 '비고' 필드의 값을 "1~3 라인"으로 변경하시오.
   [표시 예] 182 → 7~9라인, 175 → 175/4~6라인, 158 → 1~3라인

   ▶ Switch 함수 사용

   ※ 〈자리배치〉 쿼리를 실행한 후의 〈건강검진〉 테이블

2. 학과별, 혈액형별 학생들의 '몸무게' 평균을 조회하는 〈건강검진내역〉 크로스탭 쿼리를 작성하시오. (7점)

   ▶ 〈임시학과〉와 〈건강검진〉 테이블을 이용하시오.
   ▶ 행 머리글로 이용되는 '학과이름'은 '학과명' 필드의 값에서 좌우 공백을 제거한 후 오른쪽부터 3글자를 가져와 이용하시오. (Right, Trim 함수 이용)
   ▶ '키' 필드의 값이 170 ~ 180 사이인 학생들만 대상으로 하시오. (Between 사용)
   ▶ 몸무게 평균은 [표시 예]와 같이 표시되도록 '형식' 속성을 설정하시오.
   [표시 예 : 70 → 70Kg]
   ▶ 쿼리 실행 결과 표시되는 필드와 필드명, 필드의 형식은 〈그림〉과 같이 표시되도록 설정하시오.

학과이름	A	B	O
경영과	70Kg		
영어과	65Kg		65Kg
의상과	54Kg	56Kg	66Kg
전자과	69Kg	79Kg	

3. 여고출신 학생의 학과별 인원수를 조회하는 〈학과별여고출신학생수〉 쿼리를 작성하시오. (7점)
   ▶ 〈학과〉와 〈학생〉 테이블을 이용하시오.
   ▶ '학생수'는 '성명' 필드를 이용하시오.
   ▶ '출신고' 필드를 이용하여 여고를 판별하시오. (Right 함수 사용)
   ▶ 쿼리 실행 결과 표시되는 필드와 필드명은 〈그림〉과 같이 표시되도록 설정하시오.

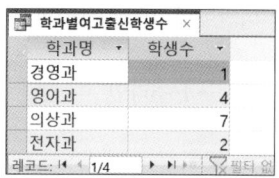

4. 〈건강검진〉 테이블을 이용하여 '혈액형'을 매개 변수로 입력받아 해당 '혈액형'의 남녀별 인원수를 조회하는 〈혈액형별남녀수〉 매개 변수 쿼리를 작성하시오. (7점)
   ▶ '인원수'는 '학번' 필드를 이용하시오.
   ▶ 쿼리 실행 결과 표시되는 필드와 필드명, 필드의 형식은 〈그림〉과 같이 표시되도록 설정하시오.

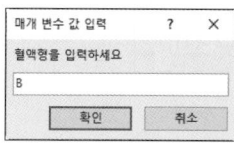 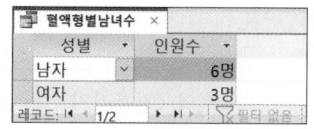

5. 〈학과〉와 〈건강검진〉 테이블을 이용하여 학과명의 일부를 매개 변수로 입력받고, 해당 학과의 검진현황을 조회하여 새 테이블로 생성하는 〈학과현황생성〉 쿼리를 작성하고 실행하시오. (7점)
   ▶ 쿼리 실행 후 생성되는 테이블의 이름은 〈조회학과검진현황〉으로 설정하시오.
   ▶ 쿼리 실행 결과 생성되는 테이블의 필드는 〈그림〉을 참고하여 수험자가 판단하여 설정하시오.

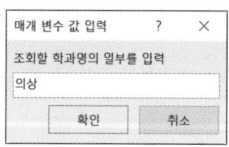 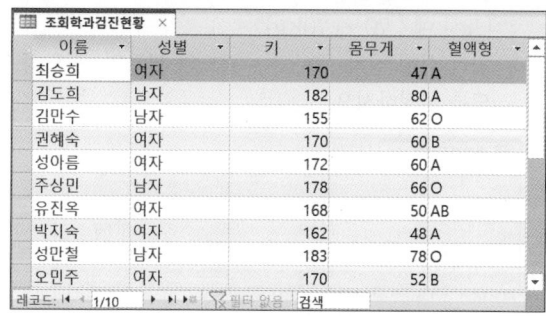

※ 〈학과현황생성〉 쿼리의 매개 변수 값으로 "의상"을 입력하여 실행한 후의 〈조회학과검진현황〉 테이블

09회 컴퓨터활용능력 1급 실기(액세스) 정답 및 해설

문제 1 · DB 구축

01. 〈학생〉 테이블 완성하기

❶ '학번' 필드의 유효성 검사 규칙 속성

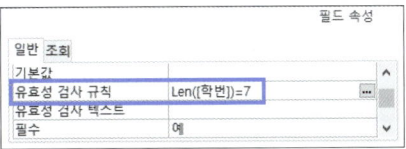

❷ '전자우편' 필드의 형식과 유효성 검사 규칙 속성

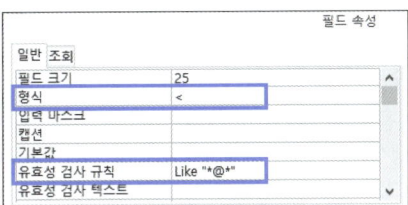

❸ '성명' 필드의 필수 속성

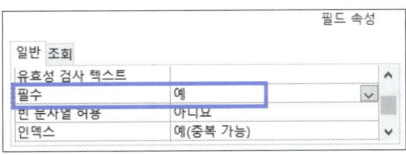

❹ '지도교수코드' 필드의 입력 마스크 속성

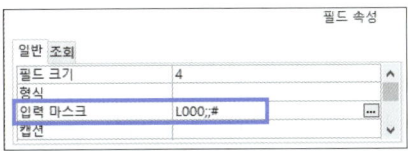

❺ '전자우편' 필드의 데이터 형식

필드 이름	데이터 형식
전화번호	짧은 텍스트
전자우편	하이퍼링크
출신고	짧은 텍스트

02. 〈학생〉 테이블과 〈교수〉 테이블 간의 관계 설정하기

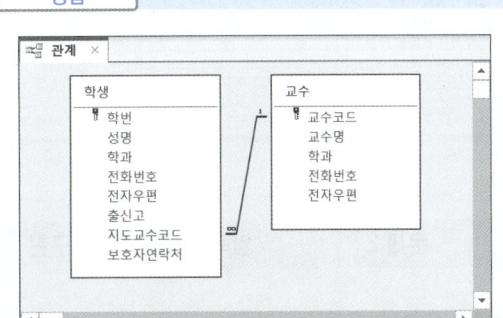

- 〈교수〉 테이블의 '교수코드' 필드에 기본 키 설정

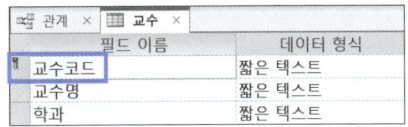

- '관계 편집' 대화상자

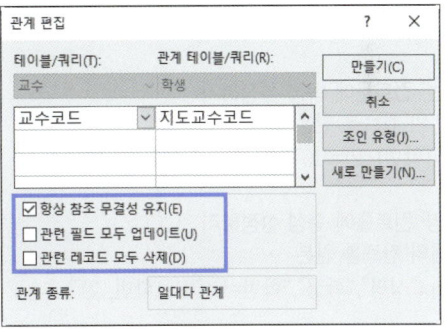

03. '성별' 필드의 조회 속성 설정하기

정답

필드 속성	
일반 조회	
컨트롤 표시	목록 상자
행 원본 유형	값 목록
행 원본	"남자";"여자"
바운드 열	1
열 개수	1
열 이름	아니요
열 너비	
여러 값 허용	아니요
값 목록 편집 허용	아니요
목록 항목 편집 폼	
행 원본 값만 표시	아니요

문제 2 　 입력 및 수정 기능 구현

정답

01. 〈지도학생〉 폼 완성하기

정답

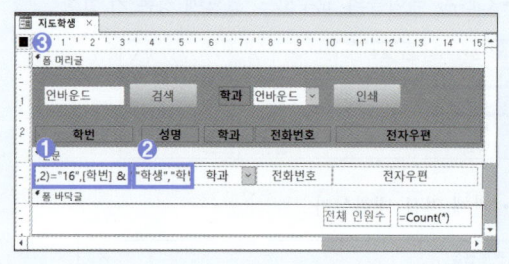

❶ 'txt학번' 컨트롤에 속성 설정하기
'데이터' 탭의 컨트롤 원본 →
=IIF(Left([학번], 2)="16", [학번] & "(복학)", [학번])

❷ 'txt성명' 컨트롤에 속성 설정하기
'데이터' 탭의 컨트롤 원본 →
=DLookup("성명","학생","학번=Left(txt학번, 7)")

❸ 폼에 속성 설정하기
- 최소화/최대화 단추 : '형식' 탭의 최소화/최대화 단추 → 표시 안 함
- 스크롤 막대 : '형식' 탭의 스크롤 막대 → 표시 안 함

02. '명령 단추' 컨트롤 작성하기

1. 매크로에 이름을 지정하여 사용하는 경우는 먼저 매크로 개체를 생성한 후 이를 연결하여 사용하면 된다. [만들기] → 매크로 및 코드 → **매크로(□)**를 클릭한다.
2. 매크로 대화상자에서 다음과 같이 설정한 후 매크로 대화상자의 닫기(×) 단추를 클릭한 다음 저장 여부를 묻는 대화상자에서 〈예〉를 클릭한다.

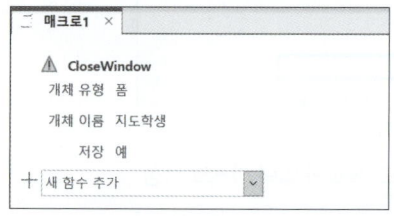

3. '다른 이름으로 저장' 대화상자에서 매크로 이름을 **폼종료**로 입력한 다음 〈확인〉을 클릭한다.
4. 〈지도학생〉 폼을 디자인 보기로 연 후 [양식 디자인] → 컨트롤 → **단추(□)**를 클릭하고 폼 머리글 영역의 적당한 위치에서 드래그한다.
5. '명령 단추 마법사'가 실행되면 〈취소〉를 클릭한다.
6. 생성된 명령 단추를 더블클릭한다.
7. 명령 단추 속성 시트 창의 '이벤트' 탭에서 'On Click' 이벤트의 목록 단추를 눌러 '**폼종료**'를 선택한다.
8. 이어서 '형식' 탭의 '캡션' 속성과 '기타' 탭의 '이름' 속성을 다음과 같이 설정한다.
   - '형식' 탭의 '캡션' 속성 → 폼종료
   - '기타' 탭의 '이름' 속성 → cmd종료

9. 1번 문제 〈그림〉을 참조하여 완성된 단추의 크기 및 위치를 조절한다.

03. 〈교수별 학생지도〉 폼 바닥글의 'txt학과수총계' 컨트롤에 속성 설정하기

> 정답

=IIf(DCount("학과명","교수별 학생지도","학과명=txt학과명")=0, "해당학과 없음",txt학과명 & " 총 개수 : " & DCount("학과명", "교수별 학생지도","학과명=txt학과명"))

=IIf(DCount("학과명","교수별 학생지도","학과명=txt학과명")=0, "해
❶
당학과 없음", txt학과명 & " 총 개수 : " & DCount("학과명","교수별
❷   ❸
학생지도","학과명=txt학과명"))

DCount( ) 함수의 결과가 0이면(❶) "해당학과 없음"을 표시하고(❷), 그렇지 않으면 'txt학과명' 컨트롤 값에 " 총 개수 : "와 DCount( ) 함수의 결과를 덧붙여 표시합니다(❸).

※ DCount("학과명","교수별 학생지도","학과명=txt학과명")
  • 학과명 : 찾아올 값이 들어 있는 필드 이름
  • 교수별 학생지도 : 작업 대상 레코드가 들어 있는 테이블이나 쿼리의 이름(폼 속성의 '데이터' 탭에서 '레코드 원본' 속성을 확인함)
  • "학과명=txt학과명" : 조건
    → '교수별 학생지도' 쿼리에서 '학과명' 필드의 값이 'txt학과명'에 입력된 값과 같은 레코드 수를 구합니다.

| 문제 3 | 조회 및 출력 기능 구현 |

> 정답

01. 〈학과별 학생 리스트〉 보고서 완성하기

> 정답

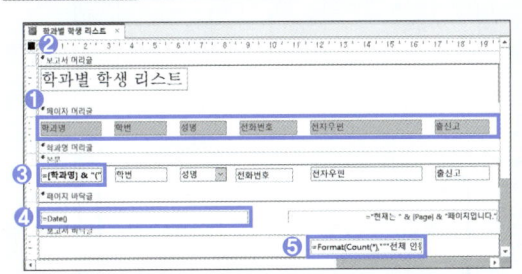

❶ 레이블 위치 변경하기
① 페이지 머리글 영역의 높이를 넓힌 후 본문에 있는 모든 레이블을 페이지 머리글로 드래그하여 이동한다.
② 본문의 모든 컨트롤을 위쪽으로 드래그하여 이동한 후 본문 영역의 높이를 줄인다.

❷ '그룹, 정렬 및 요약' 창

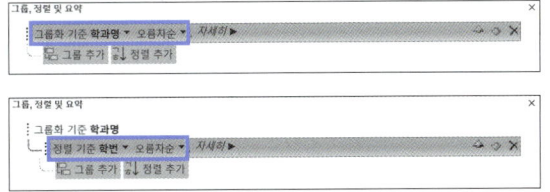

❸ 'txt학과명' 컨트롤에 속성 설정하기
'데이터' 탭의 컨트롤 원본 → =[학과명] & "(" & [학과] & ")"

❹ 'txt날짜' 컨트롤에 속성 설정하기
• '데이터' 탭의 컨트롤 원본 → =Date( )
• '형식' 탭의 형식 → yyyy년 mm월 aaaa

❺ 'txt총인원' 컨트롤에 속성 설정하기
'데이터' 탭의 컨트롤 원본 → =Format(Count(*), "전체 인원수는 #명입니다.")

02. '전화번호'(txt전화번호) 컨트롤에 기능 구현하기

> 정답

Private Sub txt전화번호_Click( )
    MsgBox [성명] & "학생 부모님 연락처 : " & [보호자연락처]
End Sub

문제 4 처리 기능 구현

01. 〈자리배치〉 쿼리 작성하기

쿼리 작성기
[쿼리 디자인] → 쿼리 유형 → **업데이트**(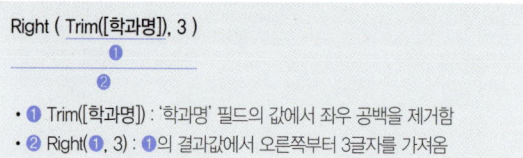)를 클릭한다.

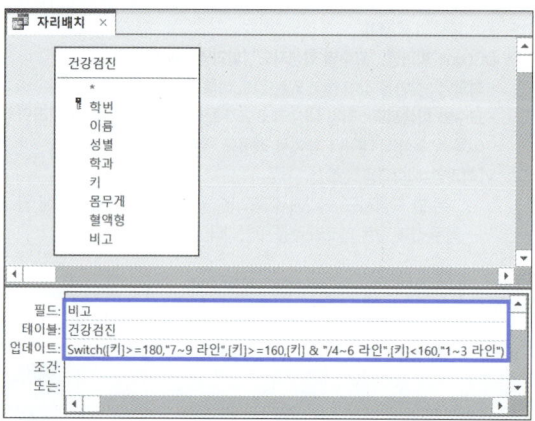

Switch([키])>=180,"7~9 라인", [키])>=160,[키] & "/4~6 라인", [키]<160,
　　　　❶　　　　　　　　　❷　　　　　　　　　　❸
"1~3 라인")

- ❶ '키' 필드의 값이 180 이상이면, "7~9 라인"을 표시합니다.
- ❷ '키' 필드의 값이 160 이상이면, '키' 필드에 값에 "/4~6 라인"을 덧붙여 표시합니다.
- ❸ '키' 필드의 값이 160 미만이면, "1~3 라인"을 표시합니다.

02. 〈건강검진내역〉 쿼리 작성하기

- 쿼리 작성기

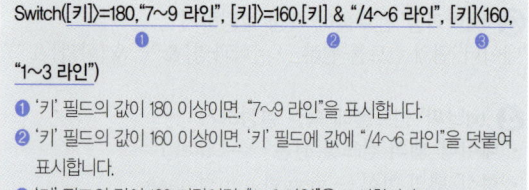

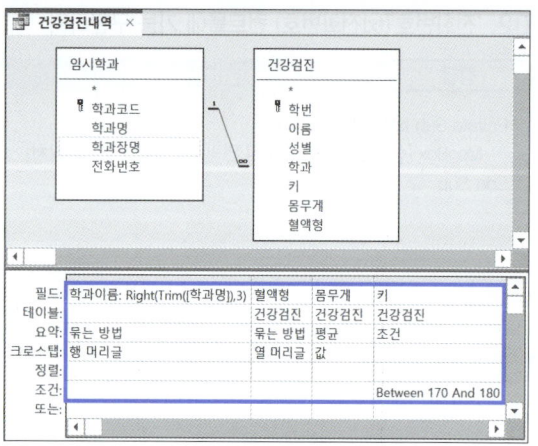

- '쿼리' 속성 설정하기
  - '혈액형'이 표시된 열 머리글을 클릭하고 [쿼리 디자인] → 표시/숨기기 → **속성 시트**를 클릭한 후 다음과 같이 설정한다.
    ▶ '일반' 탭의 열 머리글 → A,B,O
- '몸무게' 필드에 속성 지정하기
  - '일반' 탭의 형식 → #Kg

Right (Trim([학과명]), 3)
　　　　　❶
　　❷

- ❶ Trim([학과명]) : '학과명' 필드의 값에서 좌우 공백을 제거함
- ❷ Right(❶, 3) : ❶의 결과값에서 오른쪽부터 3글자를 가져옴

03. 〈학과별여고출신학생수〉 쿼리 작성하기

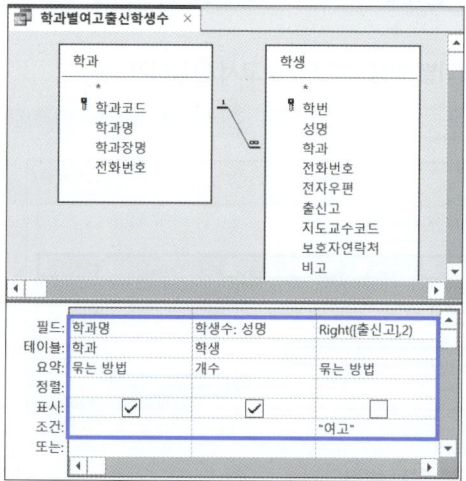

〈학생〉 테이블을 열어 '출신고' 필드의 내용을 살펴보면 '경기고', '경기여고'와 같이 여자 고등학교, 즉 여고의 경우 '출신고' 필드의 마지막 두 글자가 항상 '여고'로 끝나므로 조건을 '출신고' 필드의 오른쪽 두 글자를 추출한 후 "여고"인지 비교하는 것입니다.

04. 〈혈액형별남녀수〉 쿼리 작성하기

• 쿼리 작성기

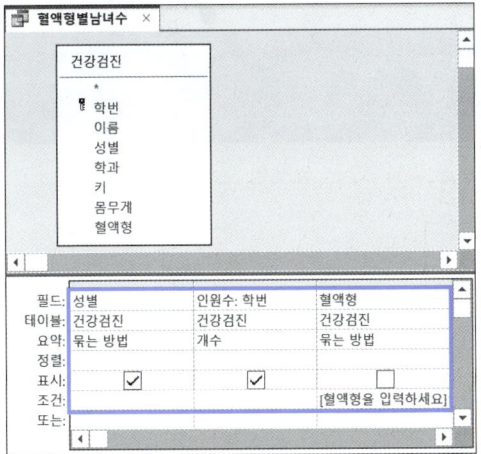

• '인원수' 필드에 속성 지정하기
  – '일반' 탭의 형식 → #명

05. 〈학과현황생성〉 쿼리 작성하기

• 쿼리 작성기

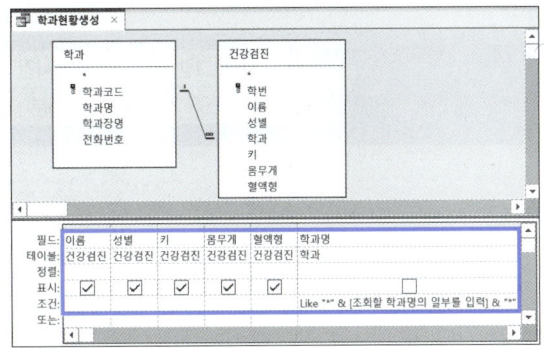

• '테이블 만들기' 대화상자

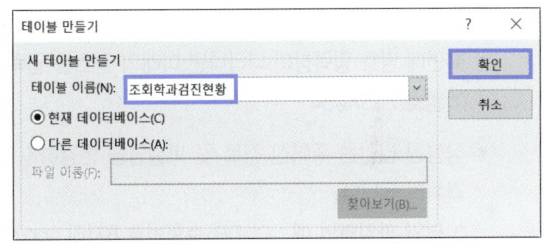

기·출·유·형

10회 2026년 컴퓨터활용능력 1급 실기

프로그램명	제한시간
ACCESS 2021	45분

수험번호 :
성   명 :

1급

─〈 유 의 사 항 〉─

- 인적 사항 누락 및 잘못 작성으로 인한 불이익은 수험자 책임으로 합니다.
- 화면에 암호 입력창이 나타나면 아래의 암호를 입력하여야 합니다.
    ○ 암호 : 357@54
- 작성된 답안은 주어진 경로 및 파일명을 변경하지 마시고 그대로 저장해야 합니다. 이를 준수하지 않으면 실격처리 됩니다.
    ○ 답안 파일명의 예 : C:\DB\수험번호 8자리.accdb
- 외부 데이터 위치 : C:\DB\파일명
- 별도의 지시사항이 없는 경우, 다음과 같이 처리하면 실격 처리됩니다.
    ○ 제시된 개체의 이름을 임의로 변경한 경우
    ○ 제시된 개체의 속성을 임의로 변경한 경우
    ○ 제시된 개체를 임의로 삭제하거나 추가한 경우
- 별도의 지시사항이 없는 경우, 기능의 구현은 모듈이나 매크로 등을 이용하며, 예외적인 상황에 대해서는 고려하지 않아도 됩니다.
- 제시된 함수가 있을 경우 제시된 함수만을 사용하여야 하며, 그 외 함수 사용시 채점 대상에서 제외됩니다.
- 별도의 지시사항이 없는 경우, 주어진 각 개체의 속성은 설정값 또는 기본 설정값(Default)으로 처리하십시오.
- 제시된 화면은 예시이며 나타난 값은 실제와 다를 수 있습니다.
- 저장 시간은 별도로 주어지지 아니하므로 제한된 시간 내에 저장을 완료해야 합니다.
- 본 문제의 용어는 MS Office LTSC Professional Plus 2021로 작성되었습니다.

대한상공회의소

문제 1   DB 구축 (25점)

1. 제품을 관리하기 위하여 데이터베이스를 구축하고자 한다. 다음의 지시사항에 따라 〈제품〉 테이블을 완성하시오. (각 3점)

   ① '제품코드' 필드에는 'A0000' 형식으로 입력되도록 다음과 같이 입력 마스크를 설정하시오.
   ▶ 앞의 한 문자는 영문 대문자로 입력받되, 소문자를 입력해도 대문자로 표시되도록 설정
   ▶ 뒤의 네 자리는 숫자로 입력받되, 공백 없이 반드시 입력되도록 설정

   ② '원자재' 필드에는 '나무', '섬유', '종이', '철', '플라스틱'만 입력할 수 있도록 유효성 검사 규칙을 설정하시오.

   ③ '제품코드' 필드에는 동일한 값이 두 번 이상 입력되지 않도록 설정하시오.

   ④ 새로운 레코드가 추가되는 경우 '생산일자' 필드에는 기본적으로 오늘 날짜의 다음 날이 입력되도록 설정하시오.
   ▶ DateAdd, Date 함수 사용

   ⑤ '제품사진' 필드를 '창고코드' 필드 다음에 추가하고, 그림을 삽입할 수 있도록 데이터 형식을 지정하시오.

2. 〈제품〉 테이블의 '창고코드' 필드는 〈창고〉 테이블의 '창고코드' 필드를 참조하며 테이블 간의 관계는 M:1이다. 두 테이블에 대해 다음과 같이 관계를 설정하시오. (5점)

   ※ 액세스 파일에 이미 설정되어 있는 관계는 수정하지 마시오.
   ▶ 두 테이블 간에 항상 참조 무결성을 유지하도록 설정하시오.
   ▶ 〈창고〉 테이블의 '창고코드'가 삭제되면 이를 참조하는 〈제품〉 테이블의 '창고코드'도 삭제되도록 설정하시오.

3. 〈제품〉 테이블의 '창고코드' 필드에 다음과 같이 조회 속성을 설정하시오. (5점)

   ▶ 〈창고〉 테이블의 '창고코드', '창고명', '창고전화번호'가 콤보 상자 형태로 나타나도록 설정하시오.
   ▶ 열 이름은 표시되고 '창코코드' 필드는 표시되지 않게 지정하시오.
   ▶ 필드에는 '창고코드'가 저장되고, 목록 이외의 값은 입력되지 않도록 설정하시오.
   ▶ '창고명'과 '창고전화번호'의 열 너비는 각각 3cm로 지정하고, 목록 너비는 6cm로 지정하시오.

문제 2 입력 및 수정 기능 구현 (20점)

1. 제품 정보를 입력하는 〈제품내역〉 폼을 다음의 화면과 지시사항에 따라 완성하시오. (각 3점)

   ① 〈제품〉 테이블을 폼의 레코드 원본으로 설정하시오.
   ② 삭제나 추가가 불가능 하도록 설정하시오.
   ③ 'cmb창고코드' 컨트롤에 마우스를 가져가면 〈그림〉과 같이 관련 텍스트가 나타나도록 설정하시오(전화번호도 표시됩니다).

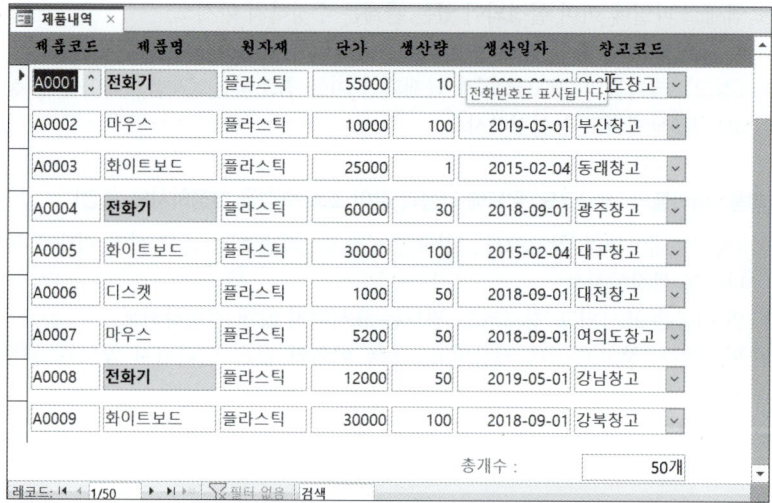

2. 〈제품내역〉 폼 본문의 'txt제품명' 컨트롤에 다음과 같이 조건부 서식을 설정하시오. (6점)

   ▶ '제품명' 필드의 값이 "전화기"인 경우 글꼴 스타일을 '굵게', 배경색을 '표준 색 - 진한 바다색 2'로 설정하시오.
   ▶ 단, 하나의 규칙으로 작성하시오.
   ▶ 문제 2-1의 〈그림〉 참조

3. 〈창고정보〉 폼의 '보고서 보기'(cmd보고서) 단추를 클릭하면 〈창고별 제품 정보〉 보고서를 '인쇄 미리 보기' 형식으로 여는 〈보고서보기〉 매크로를 생성하여 지정하시오. (5점)
   ▶ 매크로 조건 : '창고명' 필드의 값이 'txt창고조회'에 입력한 내용을 포함하는 정보만 표시
   ▶ 문제 2 〈그림〉 참조

문제 3 조회 및 출력 기능 구현 (20점)

1. 다음의 지시사항 및 화면을 참조하여 〈창고별 제품 정보〉 보고서를 완성하시오. (각 3점)
   ① 1차적으로 '창고명' 필드를 기준으로 오름차순 정렬하고, 2차적으로 '생산량' 필드를 기준으로 내림차순 정렬하도록 설정하시오.
   ② 본문 영역의 'txt창고명'과 'txt창고전화번호' 컨트롤의 값이 이전 레코드와 동일한 경우에는 표시되지 않도록 설정하고, 'txt창고명' 컨트롤의 빈 공간에 "★"이 반복하여 표시되도록 설정하시오.
   ③ 창고명 바닥글의 'txt합계' 컨트롤에 '생산량'의 합계가 표시되도록 컨트롤 원본과 형식 속성을 설정하시오(단, 수량이 0일 때 "0개"로 표시할 것).
      ▶ 표시 예 : 1,678개(천 단위 구분 기호 표시)
   ④ 페이지 바닥글의 'txt날짜' 컨트롤에 오늘의 날짜와 시간이 다음과 같이 표시되도록 설정하시오.
      ▶ 표시 예 : 2024년 10월 30일 14시 36분
   ⑤ 페이지 바닥글의 'txt페이지' 컨트롤에는 페이지 번호가 다음과 같이 표시되도록 설정하시오.
      ▶ 표시 예 : 현재 페이지 : 003

창고별 제품 정보

창고명	창고전화번호	제품명	원자재	원가	생산량
창고명 :	강남창고				
강남창고★★★	02-567-4567	전화기	플라스틱	12000	50
				생산량 합계:	50개
창고명 :	강동창고				
강동창고★★★	02-456-3451	화이트보드	플라스틱	24000	80
				생산량 합계:	80개
창고명 :	강북창고				
강북창고★★★	02-987-0123	젓가락(중)	나무	8000	1500
		화이트보드	플라스틱	30000	100
		긴팔	섬유	95000	45
		가구	나무	1020000	23
		밴딩기	철	98000	10
				생산량 합계:	1,678개
창고명 :	강서창고				
강서창고★★★	02-233-1144	젓가락(소)	나무	5100	1000
		디스켓	플라스틱	210	600
		교과서(고등)	종이	9100	320
		반바지	섬유	6300	200
		박스	종이	310	70
		공책(대)	종이	5600	70
		판넬	나무	50000	60
		세절기	철	57000	45
		드라이버	철	8400	30
		가방(중)	섬유	6620	30
		가위	철	210	30
		자켓	섬유	5200	25
		자동차	철	8900000	1
		트랙터	철	1800000	1
				생산량 합계:	2,482개
창고명 :	광주창고				
광주창고★★★	061-111-1234	연필	나무	500	1500

2024년 10월 30일 14시 36분 현재 페이지 : 001

2. 〈창고정보〉 폼에서 '찾기'(cmd찾기) 단추를 클릭하면 다음과 같은 기능이 수행되도록 이벤트 프로시저를 구현하시오. (5점)

▶ '본사직영'이 아닌 창고의 데이터만 표시
▶ 필터(Filter) 기능을 이용하여 작성

문제 4   처리 기능 구현 (35점)

1. 〈창고〉와 〈제품〉 테이블을 이용하여, 정리 대상 창고에 대해 〈창고〉 테이블의 '비고' 필드의 값을 "※ 창고정리대상"으로 변경하는 〈정리대상처리〉 업데이트 쿼리를 작성한 후 실행하시오. (7점)

   ▶ 정리 대상 창고란 생산일자가 2018년 9월 1일부터 2020년 12월 31일까지 중에서 〈창고〉 테이블에는 '창고코드'가 있으나 '제품' 테이블에는 '창고코드'가 없는 창고임
   ▶ Not In과 하위 쿼리 사용

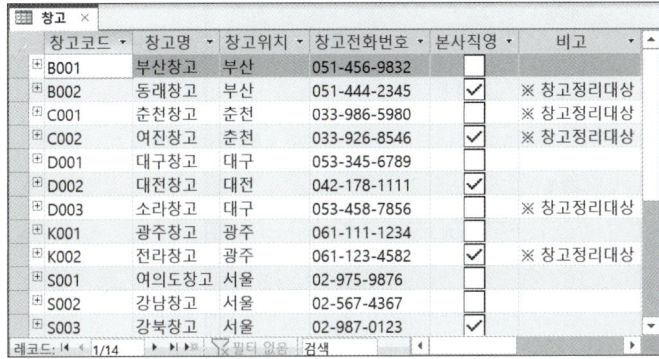

   ※ 〈정리대상처리〉 업데이트 쿼리를 실행한 후의 〈창고〉 테이블

2. 창고별로 저장된 제품수를 조회하는 〈창고별저장제품수〉 쿼리를 작성하시오. (7점)

   ▶ 〈제품〉과 〈창고〉 테이블을 이용하시오.
   ▶ '제품수'는 '제품명' 필드를 이용하시오.
   ▶ 제품이 저장되지 않은 창고까지 표시하되, '제품수'가 많은 순으로 정렬하여 표시하시오.
   ▶ '제품수'가 많은 순으로 상위 25%까지만 표시하시오.
   ▶ 쿼리 실행 결과 표시되는 필드와 필드명은 〈그림〉과 같이 표시되도록 설정하시오.

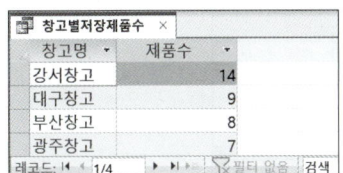

3. 〈제품〉과 〈창고〉 테이블을 이용하여 '제품명'의 일부를 매개 변수로 입력받아 해당 제품의 정보를 조회하는 〈제품별현황〉 매개 변수 쿼리를 작성하시오. (7점)

   ▶ 쿼리 실행 결과 표시되는 필드와 필드명은 〈그림〉과 같이 표시되도록 설정하시오.

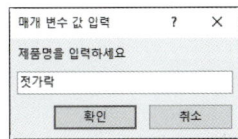

4. 제품코드별, 월별 제품들의 평균 '생산량'을 조회하는 〈제품별월별평균생산량〉 크로스탭 쿼리를 작성하시오. (7점)

   ▶ 〈창고별 제품 정보〉 쿼리를 이용하시오.
   ▶ '생산일자' 필드의 월을 이용하시오. (Month 함수 사용)
   ▶ '제품코드' 필드의 네 번째 문자가 1부터 3까지인 것만 조회 대상으로 하시오. (Like 연산자 사용)
   ▶ 쿼리 실행 결과 표시되는 필드와 필드명, 필드의 형식은 〈그림〉과 같이 표시되도록 설정하시오.

5. 〈창고별 제품 정보〉 쿼리를 이용해 필요한 정보를 조회하여 새 테이블로 생성하는 〈제품평가〉 쿼리를 작성하고 실행하시오. (7점)

   ▶ 쿼리 실행 후 생성되는 테이블의 이름은 〈제품별단가평가〉로 설정하시오.
   ▶ '평가' 필드는 '단가' 필드의 값을 5,000으로 나눈 몫만큼 "◎" 문자를 표시하시오.
   ▶ '원자재'가 "플라스틱"이고, '단가'가 10,000 이상인 경우만 조회 대상으로 하시오.
   ▶ String 함수 사용
   ▶ 쿼리 실행 결과 표시되는 필드와 필드명은 〈그림〉과 같이 표시되도록 설정하시오.

※ 〈제품평가〉 쿼리를 실행한 후의 〈제품별단가평가〉 테이블

10회 컴퓨터활용능력 1급 실기(액세스) 정답 및 해설

문제 1 DB 구축

01. 〈제품〉 테이블 완성하기

① '제품코드' 필드의 입력 마스크 속성

필드 크기: 255
입력 마스크: >L0000

② '원자재' 필드의 유효성 검사 규칙 속성

유효성 검사 규칙: In ("나무","섬유","종이","철","플라스틱")
필수: 아니요

③ '제품코드' 필드의 인덱스 속성

빈 문자열 허용: 아니요
인덱스: 예(중복 불가능)
유니코드 압축: 아니요
IME 모드: 한글

④ '생산일자' 필드의 기본값 속성

기본값: DateAdd("d",1,Date())

- DateAdd("d",1,Date()) : 지정된 날짜에서 형식(d, 日)으로 지정한 값만큼 증가하여 표시합니다. 현재 날짜가 2020-11-23이라면 하루(1) 증가한 2020-11-24가 표시됩니다.
- Date( ) : 현재 날짜를 표시함
- DateAdd(형식, 값, 날짜) : 지정된 날짜에서 형식(년, 월, 일)을 지정한 값만큼 증가하여 표시함

⑤ '제품사진' 필드 추가 및 데이터 형식 지정

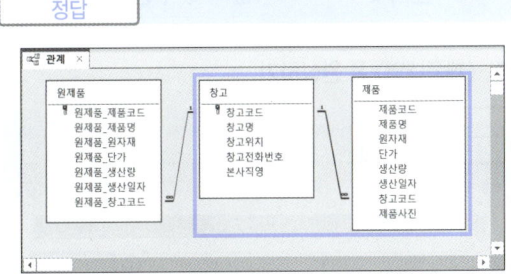

필드 이름	데이터 형식
창고코드	짧은 텍스트
제품사진	OLE 개체

02. 〈창고〉 테이블과 〈제품〉 테이블 간의 관계 설정하기

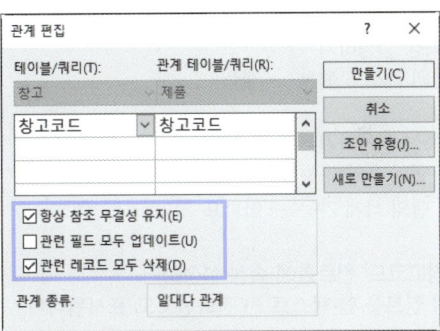

'관계 편집' 대화상자

☑ 항상 참조 무결성 유지(E)
☐ 관련 필드 모두 업데이트(U)
☑ 관련 레코드 모두 삭제(D)

관계 종류: 일대다 관계

03. '창고코드' 필드의 조회 속성 설정하기

> 정답

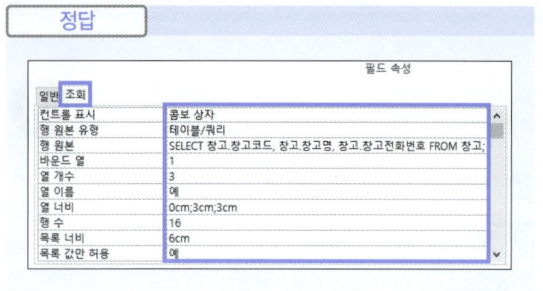

| 문제 2 | 입력 및 수정 기능 구현 | 정답 |

01. 〈제품내역〉 폼 완성하기

> 정답

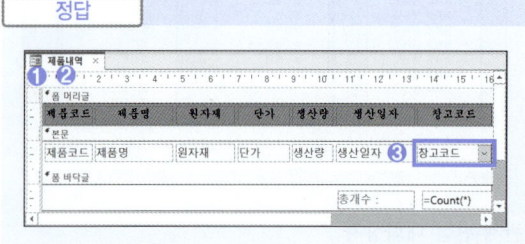

❶ 폼에 속성 설정하기
'데이터' 탭의 레코드 원본 → 제품

❷ 폼에 속성 설정하기
- '데이터' 탭의 추가 가능 → 아니요
- '데이터' 탭의 삭제 가능 → 아니요

❸ 'cmb창고코드' 컨트롤에 속성 설정하기
'기타' 탭의 컨트롤 팁 텍스트 → 전화번호도 표시됩니다.

02. 〈제품내역〉 폼의 'txt제품명' 컨트롤에 조건부 서식 설정하기

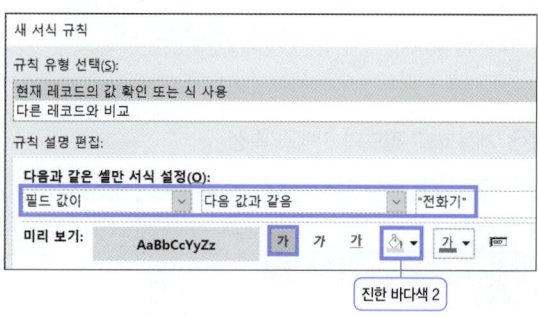

03. '보고서 보기'(cmd보고서) 단추에 기능 구현하기

> 정답

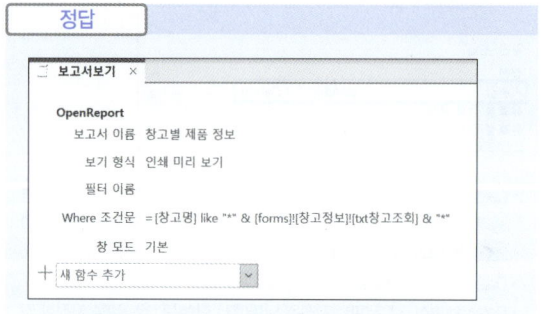

1. 매크로에 이름을 지정하여 사용하는 경우는 먼저 매크로 개체를 생성한 후 이를 연결하여 사용하면 된다. [만들기] → 매크로 및 코드 → **매크로**를 클릭한다.

2. '매크로' 대화상자에서 정답과 같이 설정한 후 매크로 대화상자의 닫기 단추를 클릭한 다음 저장 여부를 묻는 대화상자에서 〈예〉를 클릭한다.
3. '다른 이름으로 저장' 대화상자에서 매크로 이름을 **보고서보기**로 입력한 다음 〈확인〉을 클릭한다.
4. 〈창고정보〉 폼을 디자인 보기 상태로 연다. 이어서 'cmd보고서' 컨트롤을 더블클릭한다.
5. 'cmd보고서' 속성 시트 창의 '이벤트' 탭에서 'On Click' 이벤트의 목록 단추를 눌러 '보고서보기' 매크로를 선택한다.

문제 3 조회 및 출력 기능 구현

정답

01. 〈창고별 제품 정보〉 보고서 완성하기

정답

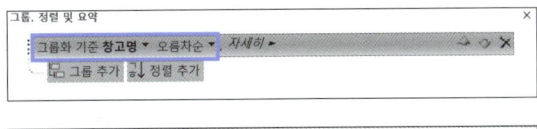

❶ '그룹, 정렬 및 요약' 창

❷ 'txt창고명'과 'txt창고전화번호' 컨트롤에 속성 설정하기
- 'txt창고명' 컨트롤에 속성 설정하기
  - '형식' 탭의 중복 내용 숨기기 → 예
  - '형식' 탭의 형식 → @*★

- 'txt창고전화번호' 컨트롤에 속성 설정하기
  - '형식' 탭의 중복 내용 숨기기 → 예

❸ 'txt합계' 컨트롤에 속성 설정하기
- '데이터' 탭의 컨트롤 원본 → =Sum([생산량])
- '형식' 탭의 형식 속성 → #,##0개

❹ 'txt날짜' 컨트롤에 속성 설정하기
- '데이터' 탭의 컨트롤 원본 → =Now( )
- '형식' 탭의 형식
  → yyyy년 mm월 dd일 hh시 nn분

❺ 'txt페이지' 컨트롤에 속성 설정하기
'데이터' 탭의 컨트롤 원본
→ =Format([Page], "현재 페이지 "":"" 000")

02. '찾기'(cmd찾기) 단추에 클릭 기능 구현하기

정답

```
Private Sub cmd찾기_Click( )
    Me.Filter = "본사직영 = false"
    Me.FilterOn = True
End Sub
```

'본사직영' 필드는 데이터 형식이 'Yes/No' 형식이므로 본사직영이 아닌, 즉 '본사직영' 필드에 체크가 되지 않은 레코드만을 추출하려면 '본사직영' 필드의 값을 no 또는 0과 비교하도록 '본사직영 = no'나 '본사직영 = 0'으로 지정해도 됩니다.

문제 4 처리 기능 구현

01. 〈정리대상처리〉 쿼리 작성하기

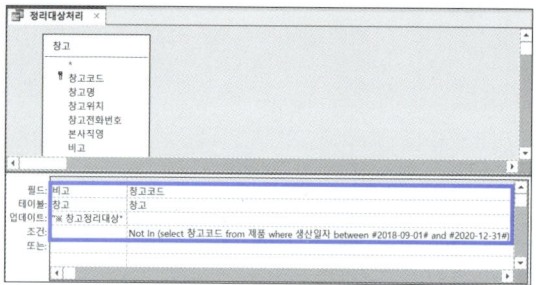

※ 실행하면 6개의 레코드가 수정됩니다.

02. 〈창고별저장제품수〉 쿼리 작성하기

• 쿼리 작성기

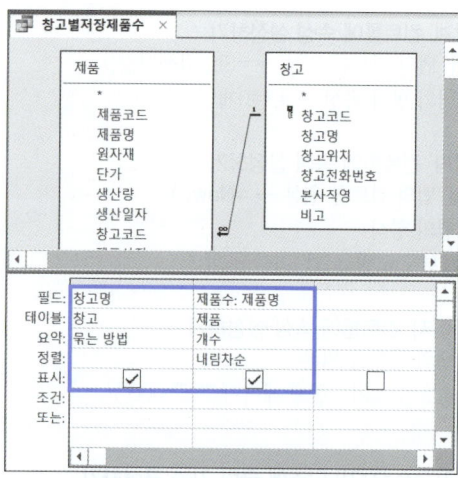

• 조인 속성

〈창고〉 테이블에서는 모든 레코드를 포함하고 〈제품〉 테이블에서는 조인된 필드가 일치하는 레코드만 포함하도록 조인 속성을 설정해야 합니다.

1. 쿼리 작성기에서 관계 연결선을 더블클릭한다.
2. '조인 속성' 대화상자에서 다음과 같이 설정한 후 〈확인〉을 클릭한다.

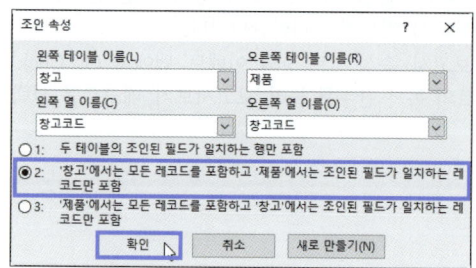

• 쿼리 속성
  – '일반' 탭의 상위 값 속성 → 25%

03. 〈제품별현황〉 쿼리 작성하기

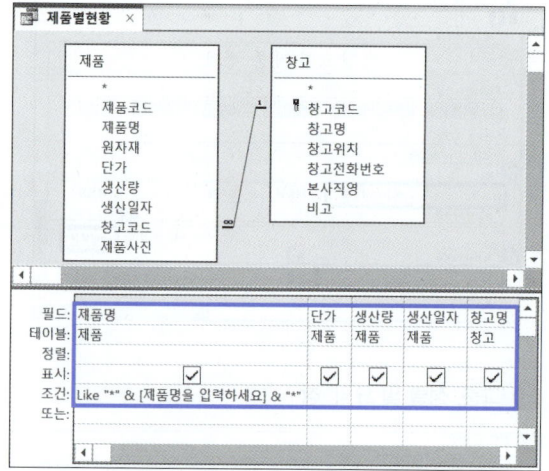

04. 〈제품별월별평균생산량〉 쿼리 작성하기

문제에 제시된 결과 그림처럼 열 머리글에 값이 있는 월만 표시하는 크로스탭 쿼리는 쿼리 마법사가 아니라 쿼리 작성기를 이용해서 작성해야 합니다.

• 쿼리 작성기

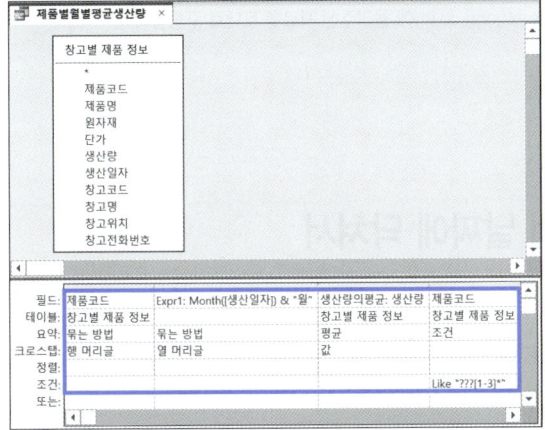

※ Like "???[1-3]*" : "A0015"와 같이 입력되어 있는 제품코드 중 네 번째 문자가 "1", "2", "3"인 제품코드, 즉 A0015, A0025, A0035 등의 제품코드만을 대상으로 하라는 의미입니다.

※ Like 조건에는 대괄호([ ])를 이용하여 문자의 범위를 지정할 수 있습니다.
  • 예1 Like "[a-d]" : a, b, c, d 중 하나를 포함
  • 예2 Like "[!a-d]" : a, b, c, d 중 하나가 포함된 것만 제외
  • 예3 Like "*[a-d]" : a, b, c, d 중 하나가 포함된 문자로 끝남
  • 예4 Like "[a-d]*" : a, b, c, d 중 하나가 포함된 문자로 시작함

• '생산량' 필드에 속성 지정하기
  – '일반' 탭의 형식 → #개

05. 〈제품평가〉 쿼리 작성하기

• 쿼리 작성기

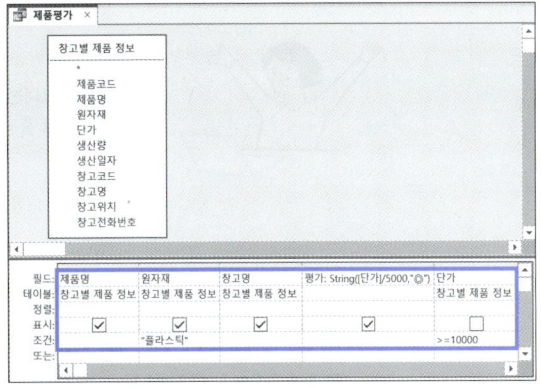

String([단가]/5000,"◎")
• String( ) 함수는 정해진 개수만큼 문자를 반복하여 표시합니다.
• '단가' 필드의 값을 5000으로 나눈 수만큼 "◎"를 반복하여 표시합니다.

• '테이블 만들기' 대화상자

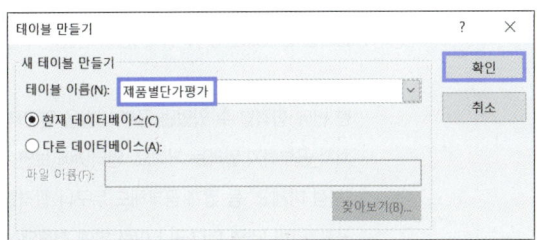

합격수기 코너는 시나공으로 공부하신 독자분들이 시험에 합격하신 후에 직접 시나공 홈페이지(sinagong.co.kr)에 올려주신 자료를 토대로 구성됩니다.

제일 중요한건 절대로 시험 날짜에 닥쳐서 공부하지 말라는 거예요.

오늘 아침에 합격했다는 문자를 받고나서 기분이 정말 좋습니다. 사실 시험 볼 때 액세스 문제에서 당황해서 불합격 할 줄 알았거든요. 그런데 이렇게 떡하니 붙어서 얼마나 기분이 좋은지 모릅니다. 정보처리 기사 자격증 시험 볼 때 시나공을 선택해서 한 번에 붙은 기억 때문에 이번에도 주저 없이 시나공을 선택했는데, 역시 저에게 또 한 번의 합격을 주었네요. 컴퓨터활용능력 필기도 시나공으로 공부해서 합격했다는 문자를 받았었는데, 역시 시나공이 컴퓨터 수험서 중에서는 제일인 것 같아요.

한 번에 합격할 수 있었던 공부 비법을 몇 가지 말씀드리겠습니다. 제일 중요한건 절대로 시험 날짜에 닥쳐서 공부하지 말라는 거예요. 인터넷에 보면 간혹 "2~3일만 공부하면 돼요.", "기출문제만 풀어보세요.", "걱정 마세요" 등 짧게 공부해도 누구나 합격할 수 있을 것 같은 유혹의 말들이 있는데, 저처럼 컴퓨터 전공자가 아니라면 더더구나 이런 말에 현혹돼선 안 됩니다. 최소한 1주일 이상의 시간을 두고 공부를 해야만 실제 시험에서 당황하지 않고 문제를 풀 수 있습니다.

그 다음은, 공부할 때 절대 대충 넘어가지 말라는 거예요. 보통 기출문제는 풀지 않고 설명만 읽어보거나, 이론을 공부하지 않고 문제만 풀어보는데, 그러지 말고 이론 부분의 설명을 먼저 읽고 나서 문제를 풀어보며 꼼꼼하게 살피세요.

마지막으로, 시나공 사이트에 자주 들어오세요. 궁금한 점이나 먼저 합격하신 분들의 이야기를 듣다보면 어느새 합격의 문턱에 와있는 자신의 모습을 발견 할 수 있을 거예요.

반복되는 직장생활에 삶에 대한 긴장이 풀어졌는데, 이렇게 컴퓨터 자격증 공부를 하며 시험을 보니 긴장감도 생기고 모르는 것도 알게 되니 정말 좋네요.
여러분들도 항상 좋은 결과가 함께하길 바랍니다.^^

황정연 • wjddusyo

나는 시험에 나오는 것만 공부한다!
이제 시나공으로 한 번에 합격하세요.

기초 이론부터 완벽하게 공부해서 안전하게 합격하고 싶어요!

기본서
(필기/실기)

특 징

자세하고 친절한 이론으로 기초를 쌓은 후 바로 문제풀이를 통해 정리합니다.

구 성

본권
기출문제
토막강의

온라인 채점 서비스
- 워드프로세서 실기
- 컴퓨터활용능력 실기
- ITQ

출 간 종 목

컴퓨터활용능력1급 필기
컴퓨터활용능력1급 실기
컴퓨터활용능력2급 필기
컴퓨터활용능력2급 실기
워드프로세서 필기
워드프로세서 실기
정보처리기사 필기
정보처리기사 실기
정보처리산업기사 필기
정보처리산업기사 실기
사무자동화산업기사 실기
ITQ OA Master
GTQ 1급/2급

이론은 공부했지만 어떻게 적용되는지 문제풀이를 통해 감각을 익히고 싶어요!

총정리
(필기/실기)

특 징

간단하게 이론을 정리한 후 충분한 문제풀이를 통해 실전 감각을 향상시킵니다.

구 성

핵심요약
기출문제
모의고사
토막강의

온라인 채점 서비스
- 컴퓨터활용능력 실기

출 간 종 목

컴퓨터활용능력1급 필기
컴퓨터활용능력1급 실기
컴퓨터활용능력2급 필기
컴퓨터활용능력2급 실기
사무자동화산업기사 필기

이론은 완벽해요! 기출문제로 마무리하고 싶어요!

기출문제집
(필기/실기)

특 징

최신 기출문제를 반복풀이하며 학습을 최종 마무리합니다.

구 성

기출문제
핵심요약(PDF)
토막강의

온라인 채점 서비스
- 컴퓨터활용능력 실기

출 간 종 목

컴퓨터활용능력1급 필기
컴퓨터활용능력1급 실기
컴퓨터활용능력2급 필기
컴퓨터활용능력2급 실기
정보처리기사 필기
정보처리기사 실기